刑事訴訟法判例ノート

［第3版］

前田雅英・星 周一郎
Masahide Maeda & Shuichiro Hoshi

弘文堂

第3版 は し が き

　本書は、刑事訴訟法の主要判例の客観的な意義を、なるべく一貫した視点から、そして可能な限りわかりやすく解説したものである。法学部の刑事訴訟法の講義の理解を深めることに加え、法科大学院入試、司法試験予備試験に臨む方々に必要な情報を提供することを目指したものである。さらにそれ以上に、法科大学院において、答案を作成する際に十分役立つように、重要論点についての判例の核となる部分を確認し、それを巡る学説を整理したものである。

　第2版刊行以来7年が経過し、その間に刑事訴訟法を取り巻く状況は大きく変化し、それが、実務家はもとより研究者の「刑事訴訟の考え方」にも影響を与えてきている。そのため、判例の最新の動きを踏まえ、学説の整理の視点も修正した。また、司法試験問題の変化にも配意したつもりである。

　ただ本書の特徴である、①一つの判例を見開き2頁に収めて読みやすくし、②当該判例の判旨の重要部分を、具体的事実を踏まえて、しかし可能な限りコンパクトに示し、③初学者を意識して判決文の重要と思われる部分を青色の太字にしてわかりやすく示し、④解説の中で、関連する学説を、司法試験等のための学習にとって必要な範囲で整理・解説するという特色は、変わっていない。

　本書は、執筆者が、いくつかの大学での経験を踏まえて、「今の学生のニーズに最も合った内容」と考えたことを活字化したものである。これまでも、法科大学院生から、司法試験の答案を作成する際に、「判例のどの部分をどの程度詳しく書いたらよいか」が理解できるという評価をいただいてきた。それゆえ、第3版では、より一層、「答案を作成する」という視点に立って「役に立つもの」を目指した。

　令和3年の最新判例も含む本書の、この時期における完成は、弘文堂の北川陽子さんの献身的な編集作業がなければ考えられない。そして、弘文堂全体の法律書出版にかける情熱に支えられている面も大きい。皆様に感謝し、厚く御礼申し上げる次第である。

　2021年3月

前田　雅英

星　周一郎

V 被疑者の防御活動

2 公訴提起

I 総 説

Ⅱ 訴因の変更

Ⅲ 公判期日の手続

4　証拠法

Ⅰ　総　説

Ⅱ　自白法則

Ⅲ　伝聞法則とその例外

5　公判の裁判

Ⅰ　第 1 審の終局的裁判

Ⅱ　裁判の効力

6 上訴等

I 上 訴

II 非常救済手続

凡　例

1　判旨・決定要旨欄で判例集などから直接引用した部分は、「　　」で囲んだ。
　　この部分に含まれる判例の引用は、適宜簡略化した。
2　判例・文献等の略称は、以下の略語表によった。

●判例・判例集

刑録	大審院刑事判決録
刑集	大審院刑事判例集、最高裁判所刑事判例集
民集	大審院民事判例集、最高裁判所民事判例集
裁集刑	最高裁判所裁判集刑事
裁時	裁判所時報
高刑集	高等裁判所刑事判例集
下刑集	下級裁判所刑事判例集
東高時報	東京高等裁判所刑事判決時報
裁特	高等裁判所刑事裁判特報
判特	高等裁判所判決特報
高検速報	高等裁判所刑事裁判速報
刑月	刑事裁判月報
一審刑集	第一審刑事裁判例集
判決全集	大審院判決全集

●単行本

刑事手続	三井誠=中山善房=河上和雄=田邨正義編『刑事手続上・下』（筑摩書房・1988）
実例	松尾浩也=岩瀬徹編『実例刑事訴訟法Ⅰ～Ⅲ』（青林書院・2012）
条解	松尾浩也=松本時夫=土本武司編『条解刑事訴訟法〔第4版増補版〕』（弘文堂・2016）
新刑事手続	三井誠=馬場義宣=佐藤博史=植村立郎編『新刑事手続Ⅰ～Ⅲ』（悠々社・2002）
新実例	平野龍一=松尾浩也編『新実例刑事訴訟法Ⅰ～Ⅲ』（青林書院・1998）
大コメ	藤永幸治=河上和雄=中山善房編『大コンメンタール刑事訴訟法1～8〔第2版〕』（青林書院・2010～2013）
注釈新版	伊藤栄樹=亀山継夫=小林充=香城敏麿=佐々木史朗=増井清彦『注釈刑事訴訟法1～7』（立花書房・1996～2000）
注釈3版	河上和雄=小林充=植村立郎=河村博編『注釈刑事訴訟法1・4・7』（立花書房・2011～2012）
令状基本(上)(下)	新関雅夫ほか『増補令状基本問題上・下』（判例時報社・2002）
宇藤ほか	宇藤崇=松田岳士=堀江慎司『刑事訴訟法〔第2版〕』（有斐閣・2018）
上口	上口裕『刑事訴訟法〔第5版〕』（成文堂・2021）
講	池田修=前田雅英『刑事訴訟法講義〔第6版〕』（東京大学出版会・2018）
田口	田口守一『刑事訴訟法〔第6版〕』（弘文堂・2012）

田宮	田宮裕『刑事訴訟法〔新版〕』（有斐閣・1996）
団藤	団藤重光『新刑事訴訟法綱要〔7訂版〕』（創文社・1967）
寺崎	寺崎嘉博『刑事訴訟法〔第3版〕』（成文堂・2013）
平野	平野龍一『刑事訴訟法』（有斐閣・1958）
分	前田雅英『刑事法最新判例分析』（弘文堂・2014）
最	前田雅英『刑事法判例の最前線』（東京法令出版・2019）
松尾	松尾浩也『刑事訴訟法上〔新版〕』『刑事訴訟法下〔新版補正第2版〕』（弘文堂・1999）
光藤	光藤景皎『刑事訴訟法I』（成文堂・2007）『刑事訴訟法II』（成文堂・2013）

●定期刊行物

解	最高裁判所判例解説・刑事篇
解民	最高裁判所判例解説・民事篇
季刊刑弁	季刊刑事弁護
警研	警察研究
刑ジャ	刑事法ジャーナル
刑弁	刑事弁護
警論	警察学論集
現刑	現代刑事法
研修	研修月報
憲百	憲法判例百選
J	ジュリスト
重	重要判例解説（ジュリスト臨時増刊）
少百	少年法判例百選
新交通百	新交通事故判例百選
セ	判例セレクト（法学教室付録）
争	刑事訴訟法の争点
曹時	法曹時報
続百	続刑事訴訟法判例百選
判時	判例時報
判タ	判例タイムズ
判評	判例評論
百	刑事訴訟法判例百選
法教	法学教室
法時	法律時報
法セ	法学セミナー
論J	論究ジュリスト

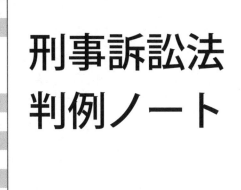

刑事訴訟法
判例ノート

1-1　任意捜査と強制捜査

最 3 小決昭和 51 年 3 月 16 日（刑集 30 巻 2 号 187 頁・判タ 335 号 330 頁）

［参考］香城敏麿・圏昭 51-64、井上正仁・圓8 版 4、大澤裕・圓10 版 4、酒巻匡・法教 284-64、圃78

事実　被告人 X は、午前 4 時 10 分ころ、酒酔い運転により物損事故を起し、事故現場で A、B 両巡査から、運転免許証の提示とアルコール保有量検査のための風船への呼気の吹き込みを求められたが、いずれも拒否したので、N 警察署へ任意同行された。その際の X は、顔は赤くて酒のにおいが強く、身体がふらつき、言葉も乱暴で、外見上酒に酔っていることがうかがわれた。X は、両巡査から警察署内で取調べを受け、運転免許証の提示要求には応じたが、呼気検査については再三説得されても応じず、母が来れば警察の要求に従うなどと答えた。

両巡査は、なおも説得しながら、X の母の到着を待ったが、午前 6 時ころになり、X が「マッチを取ってくる」と言いながら急に椅子から立ち上がって出入口の方へ小走りに行きかけたので、A 巡査は、X が逃げ去るのではないかと思い、X の左斜め前に近寄り、「風船をやってからでいいではないか」と言って両手で X の左手首を摑んだところ、X は、すぐさま同巡査の両手を振り払い、その左肩や制服の襟首を右手で摑んで引っ張り、右手拳で顔面を殴打するなどして暴れたので、A 巡査はこれを制止し、公務執行妨害罪の現行犯人として逮捕した。

1 審は、A 巡査の制止行為は、任意捜査の限界を超え、実質上 X を逮捕するのと同様の効果を得ようとする強制力の行使であって違法であるから、公務執行妨害罪にいう公務にあたらないうえ、X にとっては急迫不正の侵害であることなどから、正当防衛として暴行罪も成立しないとした。これに対し、控訴審は、A 巡査が X の左斜め前に立ち、両手でその左手首を摑んだ行為は、その程度もさほど強いものではなかったから、本件による捜査の必要性、緊急性に照らすときは、呼気検査の拒否に対し翻意を促すための説得手段として客観的に相当と認められる実力行使であり、また、その直後に A 巡査がとった行動は、X の粗暴な振る舞いを制止するためのもので、X を逮捕するのと同様の効果を得ようとする強制力の行使にはあたらない、などとして 1 審判決を破棄した。

これに対して、弁護側が上告した。

決定要旨　上告棄却。「捜査において強制手段を用いることは、法律の根拠規定がある場合に限り許容されるものである。しかしながら、ここにいう強制手段とは、有形力の行使を伴う手段を意味するものではなく、個人の意思を制圧し、身体、住居、財産等に制約を加えて強制的に捜査目的を実現する行為など、特別の根拠規定がなければ許容することが相当でない手段を意味するものであって、右の程度に至らない有形力の行使は、任意捜査においても許容される場合があるといわなければならない。ただ、強制手段にあたらない有形力の行使であっても、何らかの法益を侵害し又は侵害するおそれがあるのであるから、状況のいかんを問わず常に許容されるものと解するのは相当でなく、必要性、緊急性なども考慮したうえ、具体的状況のもとで相当と認められる限度において許容されるものと解すべきである」。

A 巡査の前記行為は、呼気検査に応じるよう X を説得するために行われたもので、その程度もさほど強いものではないから、性質上当然に逮捕その他の強制手段にあた

> るものと判断することはできず、また、酒酔い運転の罪の疑いが濃厚なXをその同意
> を得て警察署に任意同行して呼気検査に応じるよう説得を続けるうちに、Xが急に退
> 室しようとしたため、さらに説得のためにとられた抑制の措置であり、その程度もさ
> ほど強いものではないから、「これをもって捜査活動として許容される範囲を超えた
> 不相当な行為ということはでき」ない。

解説 **1** 法197条1項は、強制の処分（強制捜査）は、特別の定めを要するとする。そ
こで、それがなくても許される任意の処分（任意捜査）とを区別する基準が重要となる。

2 強制捜査の具体例である逮捕や捜索・押収は、相手方の意思に反して直接強制する
ものなので、従来は、強制捜査として、(a)警察官等による物理的な力（有形力）の行使を
伴うという要素が念頭に置かれやすかった。しかし、任意捜査でも、相手方に対する働き
かけといった要素は伴うはずである。また、これとは逆に、有形力を伴わないが個人のプラ
イバシーに重大な影響力を及ぼす捜査手法も、次々に登場している（**【1-9】**以下参照）。

本決定は、㋑強制処分の意義に関し新たな見解を明らかにしたうえで、有形力の行使を、
強制処分にあたるものとそれに至らないものとに区別し、そして㋺後者の場合でも許容限
度があるとする2段階の判断方法をとる旨を判示した点に意義がある（香城・前掲68頁）。

3 ㋑に関して、本決定は、強制手段とは、(b)①個人の意思を制圧し、②身体、住居、
財産等に制約を加えて、③強制的に捜査目的を実現する行為など、④特別の根拠規定がな
ければ許容することが相当でない手段である、とした。ただし、事案に則した見解であり、
①有形力を伴う場合は、個人の意思の制圧の有無が直接問題となるが、通信傍受など、秘
かに行う手段では、個人の意思の合理的解釈を考える必要がある。②については、身体は
憲法33条、住居、財産等は憲法35条による保護に由来するが、現代社会では、プライ
バシーなど、それらと等質の権利・利益も広く考えられる（以上につき**【1-2】**など参照）。

4 ㋺他方、本決定は、その程度に至らない有形力の行使であれば、任意捜査として許
容される場合があるとする。もっとも、強制処分に至らない程度の有形力の行使などが任
意処分として許容されうるとしても、それが何らかの法益侵害を伴いうるものである以上、
無制約に許されるわけではない。本決定は、「必要性、緊急性なども考慮したうえ、具体
的状況のもとで相当と認められる限度において許容される」と判示した。

これは、一方では(1)当該捜査を行う必要性（事案によっては、その緊急性）の程度と、他方
で、(2)当該捜査により加えられる法益侵害の重大性とを比較し、(3)具体的状況のもとで相
当性の認められる限度であれば、任意捜査として許容されるとする見解といえる（「必要
性」「緊急性」「相当性」を平面的に羅列した判断とするのは適切な理解ではない）。より具体的には、
(1)に関して、①事案（犯罪）の重大性・嫌疑の強さ、②当該捜査を行う必要性（緊急性）な
ど、(2)に関して、③対象者の被侵害利益の種類・侵害の程度、④対象者の同意の有無・範
囲・程度などを総合的に考慮して、(3)「任意処分の範囲内での実質的許容範囲（相当性）」
を具体的状況に即して判断する（「総合考量方式」「比例原則」）。

1-2　端末を秘かに取り付けて行う GPS 捜査の強制処分性

最大判平成 29 年 3 月 15 日（刑集 71 巻 3 号 13 頁・判タ 1437 号 78 頁）

［参考］伊藤雅人=石田寿一・圀平 29-14、井上正仁・圀10 版 64、圖81、圖235

事実　被告人 X が、複数の共犯者らとともに、窃盗により調達した車両（車両本体・ナンバープレート）で移動し、出店荒らしをして回ったという広域集団窃盗事件の捜査につき、警察は、組織性の有無・程度や組織内での X の役割を含む犯行の全容を解明する捜査の一環として、約 6 か月半の間、X および共犯者のほか、X の交際女性も使用する蓋然性のあった 1 台を含む計 19 台の車両に、X らの承諾を得ず、かつ、令状を取得することなく、密かに GPS 端末を取り付けて位置情報を検索して、移動状況を把握するという方法での捜査（「本件 GPS 捜査」）を行った。

1 審は、本件 GPS 捜査は、検証の性質を有する強制処分にあたり、検証許可状なく行われた同捜査には重大な違法があるとし、直接得られた証拠・密接に関連する証拠の証拠能力を否定したが、その余の証拠により X を有罪とした。

控訴審は、本件 GPS 捜査に関して、それにより取得可能な情報は、GPS 端末を取り付けた車両の所在位置に限られるなどプライバシーの侵害の程度は必ずしも大きいものではなかったというべき事情があること、X らの行動確認を行っていくうえで、尾行や張込みと併せて本件 GPS 捜査を実施する必要性が認められる状況にあったこと、本件 GPS 捜査が強制の処分にあたり、無令状でこれを行った点において違法と解する余地がないわけではないとしても、令状発付の実体的要件は満たしていたと考えうること、本件 GPS 捜査が行われていたころまでに、これを強制の処分と解する司法判断が示されたり、定着したりしていたわけではなく、その実施にあたり、警察官らにおいて令状主義に関する諸規定を潜脱する意図があったとまでは認め難いこと、また、GPS 捜査が強制処分法定主義に反し令状の有無を問わず適法に実施しえないものと解することも到底できないことなどを理由に、本件 GPS 捜査に重大な違法があったとはいえないとして、1 審判決が証拠能力を否定しなかったその余の証拠の証拠能力を否定せず、X 側控訴を棄却した。これに対し、X 側が上告した。

判旨　上告棄却。「(1)　GPS 捜査は、対象車両の時々刻々の位置情報を検索し、把握すべく行われるものであるが、その性質上、公道上のもののみならず、個人のプライバシーが強く保護されるべき場所や空間に関わるものも含めて、対象車両及びその使用者の所在と移動状況を逐一把握することを可能にする。このような捜査手法は、個人の行動を継続的、網羅的に把握することを必然的に伴うから、個人のプライバシーを侵害し得るものであり、また、そのような侵害を可能とする機器を個人の所持品に秘かに装着することによって行う点において、公道上の所在を肉眼で把握したりカメラで撮影したりするような手法とは異なり、公権力による私的領域への侵入を伴うものというべきである。

(2)　憲法 35 条は、『住居、書類及び所持品について、侵入、捜索及び押収を受けることのない権利』を規定しているところ、この規定の保障対象には、『住居、書類及び所持品』に限らずこれらに準ずる私的領域に『侵入』されることのない権利が含まれるものと解するのが相当である。そうすると、前記のとおり、個人のプライバシーの侵害を可能とする機器をその所持品に秘かに装着することによって、合理的に推

認される個人の意思に反してその私的領域に侵入する捜査手法である GPS 捜査は、個人の意思を制圧して憲法の保障する重要な法的利益を侵害するものとして、刑訴法上、特別の根拠規定がなければ許容されない強制の処分に当たる〔**【1-1】** 参照〕とともに、一般的には、現行犯人逮捕等の令状を要しないものとされている処分と同視すべき事情があると認めるのも困難であるから、**令状がなければ行うことのできない処分**と解すべきである。」(強制処分法定主義との関係について、**【1-3】** 参照)。

解説 **1** 本件以前、捜査対象者の自動車に秘かに端末を設置する形態で行う GPS 捜査については、公的領域からの観察で得られるのと等質の情報しか得られず、捜査官が目視で行う尾行などを補完するものなどとして、(a)任意処分にとどまるとする下級審裁判例もあった。しかし、本件は、そういった捜査が(b)強制処分にあたる旨の判断を示した。

2 最高裁は、その判断をするにあたり、①個人の意思を制圧して、②憲法の保障する重要な法的利益を侵害するものが、特別の根拠規定がなければ許容されない強制処分であるとする見解を示した。**【1-1】** と比較すると、同決定は、上記②に相当する部分を、「身体、住居、財産等に制約を加え」としていた点などに相違がある。だが、**【1-1】** は、任意処分でも有形力の行使が許されうるという事案に則した判示であるため、本判決はそれを参照判例としたもので、強制処分の定義を実質的に変更したものではない。

3 そのうえで、本判決は、本件 GPS 捜査の法的性質の判断にあたり、(1)当該捜査の必要性等や、被侵害利益の内容・程度に関して、具体的な事案での個別的事情を考慮せず、類型的な判断をする。また、(2)被侵害利益の内容・程度に関する類型的な判断に際しては、被侵害利益の内容・程度のみならず「個人のプライバシーの侵害を可能とする機器」を「所持品に秘かに装着すること」によって行うという、侵害の態様を加味した判断をしている。なお、(3)尾行の補助手段たる GPS 捜査とそうではない GPS 捜査とを区別していないことから、前者を任意処分、後者を強制処分とする二分説も採用していない。

4 以上に基づき、本判決は、「個人の行動を継続的、網羅的に把握することを必然的に伴う」ことのみではなく、前記(2)の侵害の態様をも加味したうえで、本件 GPS 捜査を、合理的に推認される個人の意思に反してその私的領域に侵入する捜査手法であるとする。そして、これを、憲法 35 条の規定する「住居、書類及び所持品」に準ずる私的領域に「侵入」されることのない権利、より実質的には個人のプライバシーを侵害するものであるとして、前記のように定義された強制処分にあたるとの判断を示した。

5 なお、本判決は、GPS 端末の装着による個人の行動の継続的、網羅的な把握という点を重視しているため、空間の公私や時間的継続性を問わず、位置情報の把握それ自体が強制処分性を基礎づけるプライバシー侵害にあたる旨の見解を採用してはいない。また、携帯電話等の位置情報の取得に関する判断を示したものでもない。この場合、被処分者は携帯電話会社等であり、守秘義務との関係で位置情報の任意提供を拒むことから、検証許可状に基づきそれを取得するのが捜査実務である(以上につき、伊藤=石田・前掲 65 頁参照)。

1-3　端末を秘かに取り付けて行う GPS 捜査と強制処分法定主義

最大判平成 29 年 3 月 15 日（刑集 71 巻 3 号 13 頁・判タ 1437 号 78 頁）

[参考] 伊藤雅人＝石田寿一・圏平 29-14、井上正仁・圏10 版 64、圏82、圏235

事実　**【1-2】** の **事実** で示した「本件 GPS 捜査」について、最高裁は、個人の行動を継続的、網羅的に把握することを必然的に伴うから、個人のプライバシーを侵害しうるものであり、また、そのような侵害を可能とする機器を個人の所持品に秘かに装着することによって行う点において、公道上の所在を肉眼で把握したりカメラで撮影したりするような手法とは異なり、公権力による私的領域への侵入を伴うものであるとする。そして、憲法 35 条の保障には「住居、書類及び所持品」に限らずこれらに準ずる私的領域に「侵入」されることのない権利が含まれるものと解するのが相当であるから、個人のプライバシーの侵害を可能とする機器をその所持品に秘かに装着することによって、合理的に推認される個人の意思に反してその私的領域に侵入する捜査手法である GPS 捜査は、個人の意思を制圧して憲法の保障する重要な法的利益を侵害するものとして、刑訴法上、特別の根拠規定がなければ許容されない強制の処分にあたり、また、令状を要しないものとされている処分と同視すべき事情があると認めるのも困難であるから、令状がなければ行うことのできない処分と解すべきとした（**【1-2】** 参照）。そのうえで、その令状に関して、最高裁は以下のように判示した。

判旨　「GPS 捜査は、情報機器の画面表示を読み取って対象車両の所在と移動状況を把握する点では刑訴法上の『検証』と同様の性質を有するものの、対象車両に GPS 端末を取り付けることにより対象車両及びその使用者の所在の検索を行う点において、『検証』では捉えきれない性質を有することも否定し難い。仮に、検証許可状の発付を受け、あるいはそれと併せて捜索許可状の発付を受けて行うとしても、GPS 捜査は、GPS 端末を取り付けた対象車両の所在の検索を通じて対象車両の使用者の行動を継続的、網羅的に把握することを必然的に伴うものであって、GPS 端末を取り付けるべき車両及び罪名を特定しただけでは被疑事実と関係のない使用者の行動の過剰な把握を抑制することができず、裁判官による令状請求の審査を要することとされている趣旨を満たすことができないおそれがある。さらに、GPS 捜査は、被疑者らに知られず秘かに行うのでなければ意味がなく、事前の令状呈示を行うことは想定できない。刑訴法上の各種強制の処分については、手続の公正の担保の趣旨から原則として事前の令状呈示が求められており（同法 222 条 1 項、110 条）、他の手段で同趣旨が図られ得るのであれば事前の令状呈示が絶対的な要請であるとは解されないとしても、これに代わる公正の担保の手段が仕組みとして確保されていないのでは、適正手続の保障という観点から問題が残る。

　これらの問題を解消するための手段として、一般的には、実施可能期間の限定、第三者の立会い、事後の通知等様々なものが考えられるところ、捜査の実効性にも配慮しつつどのような手段を選択するかは、刑訴法 197 条 1 項ただし書の趣旨に照らし、第一次的には立法府に委ねられていると解される。仮に法解釈により刑訴法上の強制の処分と

して許容するのであれば、以上のような問題を解消するため、裁判官が発する令状に様々な条件を付す必要が生じるが、事案ごとに、令状請求の審査を担当する裁判官の判断により、多様な選択肢の中から的確な条件の選択が行われない限り是認できないような強制の処分を認めることは、『強制の処分は、この法律に特別の定のある場合でなければ、これをすることができない』と規定する同項ただし書の趣旨に沿うものとはいえない。

　以上のとおり、GPS 捜査について、刑訴法 197 条 1 項ただし書の『この法律に特別の定のある場合』に当たるとして同法が規定する令状を発付することには疑義がある。GPS 捜査が今後も広く用いられ得る有力な捜査手法であるとすれば、その特質に着目して憲法、刑訴法の諸原則に適合する立法的な措置が講じられることが望ましい。」

解説　**1**　ある捜査手法が強制処分にあたる場合には、濫用の余地が乏しく、令状を要求する必要のない現行犯逮捕や逮捕に伴う捜索・差押え等の例外を除けば、令状審査に服するのが原則である。GPS 捜査も、この原則的場合に該当すると考えられる。

　2　本件のような態様の GPS 捜査は、情報機器の画面表示を読み取って位置情報を把握する点において、検証と同様の性質を有し、また、捜索に類する面もある。

　3　だが、(1)令状審査において、捜査機関の権限行使の具体的範囲を明示させ、その恣意的行使を抑制するという令状主義の観点からすると、取り付けた GPS 端末の所在検索による、対象車両の行動の継続的、網羅的な把握を必然的に伴うことから、対象車両や罪名の特定だけでは被疑事実と無関係な対象者の行動の過剰な把握を抑制できず、令状主義の趣旨を満たさないおそれがある。(2)適正手続の保障の観点からも、対象者等に知られずに秘かに行う GPS 捜査の性質上、令状の事前呈示は想定されず、また、代替的な手続の公正を担保する手段の仕組みも確保されていない。また、(3) GPS 捜査の公正性を担保する手段には様々な選択肢が考えられるが、検証として許容する場合、事案ごとに、令状審査にあたる裁判官の判断で多様な選択肢の中から条件選択をせざるをえないことになるが、そういった強制処分を法解釈で認めることは、強制処分法定主義（法 197 条 1 項但書）の趣旨に沿わない。そのため、本件最高裁は、立法的措置を講ずることが望ましいとした。

　4　捜査の許容性判断に関しては、まず、【1-1】【1-2】で示された強制処分の定義に基づき、当該捜査の対象者の権利・利益等に及ぼす影響の程度という視点で、任意処分の程度にとどまるか、強制処分と位置づけられる程度にまで至っているかを判断する。そして、ⓐ任意処分にとどまる場合には、【1-1】で示された比較衡量に基づき、❶許容される処分か、❷任意処分として許容範囲を超えた違法（【1-7】【4-56】参照）かが判断される。ⓑ強制処分にあたる場合には、❸令状を取得等して適法に行われる処分であれば適法であるが、❹取得すべき令状を取得せずに当該手法での捜査をしてしまうという令状主義に反する違法（【1-12】参照）、および❺強制処分にあたる類型ではあるものの、現行法上規定されていない手法で処分を行ってしまうという（強制処分）法定主義に反する違法とが考えられる。

　5　本件 GPS 捜査の違法は、ⓑ強制処分の❺法定主義違反の違法であることになる。

1-4 任意同行と逮捕の限界

富山地決昭和 54 年 7 月 26 日（判時 946 号 137 頁・判タ 410 号 154 頁）

[参考] 龍岡資晃・圓5 版 14、的場純男・圓7 版 14、田村政喜・圓9 版 14、川口政明・圏新版 54、圖121

事実 昭和 54 年 7 月 23 日午前 7 時 15 分こ
ろ、被疑者 X は出勤のため自家用車で自宅を
出たところを警察官から停止を求められ、「事
情を聴取したいことがあるので、とにかく同道
されたい」旨同行を求められた。X が自家用車
でついていく気配をみせると、警察官が、警察
の車に同乗すること、X の車は警察官が代わっ
て運転していく旨説明したので、X は言われた
とおり警察用自動車に同乗して午前 7 時 40 分
ころ T 警察署に到着した。直ちに、取調室に
おいて X の取調べが開始され、昼、夕食時に
各 1 時間など数回の休憩をはさんで翌 24 日午
前 0 時過ぎころまで断続的に続けられた。その
間取調室には取調官のほかに立会人 1 名が配置

され、休憩時あるいは取調官が所用のため退出
した際にも同人が常に X を看視し、X は用便
のときのほかは 1 度も取調室から外に出たこと
はなく、便所に行くときも立会人が同行した。

他方、捜査官は、23 日午後 10 時 40 分地裁
裁判官に対し、通常逮捕状を請求し、その発付
を得て、翌 24 日午前 0 時 20 分ころこれを執行
した。そして同日午後 3 時 30 分、事件は検察
官に送致され、検察官は同日午後 5 時 15 分地
裁裁判官に対し、勾留請求をした。しかし、25
日裁判官は、「先行する逮捕手続に重大な違法
がある」との理由で請求を却下する旨の裁判を
した。

これに対して検察官が準抗告した。

決定要旨 準抗告棄却。「以上の事実によると、当初被疑者が自宅前から T 警察署
に同行される際、X に対する物理的な強制が加えられたと認められる資料はない。し
かしながら、同行後の警察署における取調は、昼、夕食時など数回の休憩時間を除き
同日午前 8 時ころから翌 24 日午前 0 時ころまでの長時間にわたり断続的に続けられ、
しかも夕食時である午後 7 時ころからの取調は夜間に入り、被疑者としては、通常は
遅くとも夕食時には帰宅したいとの意向をもつと推察されるにもかかわらず、被疑者
にその意思を確認したり、自由に退室したり外部に連絡をとったりする機会を与えた
と認めるに足りる資料はない。

右のような事実上の看視付きの長時間の深夜にまで及ぶ取調は、仮に X から帰宅な
いし退室について明示の申出がなされなかったとしても、任意の取調であるとする他
の特段の事情の認められない限り、任意の取調とは認められないものというべきであ
る。従って、本件においては、少なくとも夕食時である午後 7 時以降の取調は実質的
には逮捕状によらない違法な逮捕であったというほかはない」。

「本件においては逮捕状執行から勾留請求までの手続は速かになされており実質逮
捕の時点から計算しても制限時間不遵守の問題は生じないけれども、約 5 時間にも
及ぶ逮捕状によらない逮捕という令状主義違反の違法は、それ自体重大な瑕疵であっ
て、制限時間遵守によりその違法性が治ゆされるものとは解されない。けだし、この
ようなことが容認されるとするならば、捜査側が令状なくして終日被疑者を事実上拘

束状態におき、その罪証隠滅工作を防止しつつ、いわばフリーハンドで捜査を続行することが可能となり、令状主義の基本を害する結果となるからである」。

「以上の事実によれば、本件逮捕は違法であってその程度も重大であるから、これに基づく本件勾留請求も却下を免れないものというべきである」。

解説　1　強制処分と任意処分との区別の基準を、「有形力の行使の有無」に求めた従来の議論は、昭和51年決定（【1-1】）を契機に大きく変化する。任意処分であっても一定程度の有形力を行使する必要性が認められる一方、被処分者の任意の同意を得て行う任意捜査（尾行や張込み等、同意なしの任意捜査もある）であっても、本人の同意があれば、いかなる捜査（取調べ）が許されるわけでもないことが明らかにされた。任意捜査でも、その必要性や被侵害利益の性質等をも含めた、手段・態様等の相当性の判断が必要となる。

2　本件で問題となったのは、いわゆる任意同行である。一般論として、被疑者等の同意があれば、警察署などに同行を求めて事情を聴くことは許される。また、任意同行して事情を聴取し、逮捕要件が整ってから逮捕状を請求したり、すでに発付された逮捕状を執行することも、実務上もしばしばみられる。この運用は、被疑者の名誉を不当に侵害しないようにとの配慮などによるものであるが、他方で、逮捕後の持ち時間の制約を免れるという機能を果たすという面もある。

そのため、任意同行やそれに引き続く取調べが、任意捜査として許容されるのか、その限界を超えて実質的に逮捕したとみるべきかが問題となる。

3　任意同行の場合、有形力の行使があっても、そのことで直ちに実質的逮捕とされるわけではないが、それにより、実質的に被疑者の身体の自由を拘束した状態に置いたと認められる場合には、実質的逮捕がなされていたとされることになろう（【1-1】参照）。一般的には、①同行を求めた時刻・場所、②同行の方法・態様、③同行を求める必要性、④被疑者の属性（年齢・性別等）、⑤同行後の取調べの時間・場所・方法、⑥その間の監視状況、⑦被疑者の対応状況、⑧逮捕状準備の有無、⑨捜査官の主観的意図等の諸事情を総合的に判断し、令状主義の精神に照らし客観的に判断すべきものとされる（龍岡・前掲14頁、田村・前掲15頁）。

4　本件では、任意同行後、監視付きで夜間に至るまでの取調べがなされ、帰宅の意思の確認や外部との連絡の機会が付与されておらず、そのような場合、帰宅ないし退室の明示の意思表示がなくても、夕食時の午後7時以降の取調べは、実質上逮捕にあたるとされた。夕食時以降は、被疑者に対する心理的強制や拘束的な要素が一段と強まり、「実質的に強制捜査である逮捕と同じような侵害性を伴う」と評価したものであろう。

5　なお、逮捕手続が違法とされた場合、引き続く勾留請求が認められるかに関して、【1-25】【1-26】参照。

1-5 令状執行のための留め置き行為

東京高判平成 22 年 11 月 8 日（高刑集 63 巻 3 号 4 頁・判タ 1374 号 248 頁）

[参考] 白取祐司・圏平 23-179、柳川重規・刑ジャ 27-98、森本宏・実例Ⅰ-36、圏118、団36-1、圏218、227

事実 警察官 A らは、自動車（X 車）を運転する被告人 X に不審事由を認め、午後 3 時 50 分ころ職務質問したところ、X の薬物関係の前歴が判明し、腕の注射痕や身体の状況等から、X に規制薬物使用の疑いを強め、尿の任意提出を求めた。X は、仕事や待ち合わせがある、妊娠中の交際相手 W が出血したからすぐ行かなければならない等と説明を変えつつ提出を拒んだ。

A は、W に電話して緊急事態でないことを確認するなどしつつも、X が尿の任意提出に応じないため、午後 4 時 30 分ころ、X に対し、強制採尿令状を請求するから待つように言い、令状請求のため一旦警察署に戻った。それまでの間、A は、X 車に乗り込もうとする X に、待つように言ったが、立ち去らないよう身体を押さえ付けたりひっぱったりしたことはなかった。X は、後日出頭するから行かせてくれ等と言ったが、A は、前記の説明状況、言動、前歴等から、X が後に警察署に出頭するとは思われなかったため強制採尿令状を請求することにした。

X は、警察官 B による尿の任意提出の促しも拒否し、午後 5 時前ころ、X 車運転席に乗り込んだので、他の警察官らが近寄って説得するため、X 車の前方約 2.5m にパトカーを、別の警察官が X 車の後方約 10m にパトカーを駐車し、警察官 3～4 名が X 車の周囲に 1～2m 程度離れて待機するなどした。X は、降車することなく運転席から 1m 程度離れて待機する警察官 C に対し、3 回ほど「まだか」などと尋ねたが、C が「待ってろよ」と答えると、それ以上、帰らせてくれ等と求めることはなかった。

午後 7 時ころ、東京簡易裁判所裁判官に対して強制採尿令状請求がされ、午後 7 時 35 分ころ、同令状が発付された。警察官 D は、午後 7 時 51 分ころ、X に上記令状を示したうえ病院に連行し、午後 8 時 43 分ころ、強制採尿手続を実施した。以上により得られた X の尿を鑑定した結果、覚せい剤成分が検出された。

上記 4 時間にわたる留め置き行為について、東京高裁は以下のように判示して適法とした。

判旨 X に対する職務質問が開始された午後 3 時 50 分ころから捜索差押許可状が X に提示された午後 7 時 51 分までの間、約 4 時間にわたり、警察官が X を職務質問の現場に留め置いているが、「本件におけるこのような留め置きの適法性を判断するに当たっては、午後 4 時 30 分ころ、A 巡査部長が、X から任意で尿の提出を受けることを断念し、捜索差押許可状（強制採尿令状。以下「強制採尿令状」ともいう。）請求の手続に取りかかっていることに留意しなければならない。すなわち、強制採尿令状の請求に取りかかったということは、捜査機関において同令状の請求が可能であると判断し得る程度に犯罪の嫌疑が濃くなったことを物語るものであり、その判断に誤りがなければ、いずれ同令状が発付されることになるのであって、いわばその時点を分水嶺として、強制手続への移行段階に至ったと見るべきものである。したがって、依然として任意捜査であることに変わりはないけれども、そこには、それ以前の純粋に任意捜査として行われている段階とは、性質的に異なるものがあるとしなければならない」。

まず、純粋に任意捜査として行われている段階について検討すると、A らが X に対して職務質問を開始した経緯や、尿の任意提出を求めたことに何ら違法な点はなく、

Xの弁解状況から、午後4時30分ころ強制採尿令状の請求に取りかかったことも、本件の事情の下では妥当な判断である。そして、この間の時間は約40分間であって、警察官から特に問題とされるような物理力の行使があった旨をXも述べていないこと等から、この間の留め置きは、警察官らの求めに応じてXが任意に職務質問の現場に留まったものと見るべきであるから、何ら違法、不当な点は認められない。

「次に、午後4時30分ころ以降強制採尿令状の執行までの段階について検討すると、同令状を請求するためには、予め採尿を行う医師を確保することが前提となり、かつ、同令状の発付を受けた後、所定の時間内に当該医師の許に被疑者を連行する必要もある。したがって、令状執行の対象である被疑者の所在確保の必要性には非常に高いものがあるから、強制採尿令状請求が行われていること自体を被疑者に伝えることが条件となるが、純粋な任意捜査の場合に比し、相当程度強くその場に止まるよう被疑者に求めることも許されると解される」。本件事実関係のもとでは、①Aは令状請求する旨をXに告げたうえで令状請求準備行為に入り、その後、強制採尿令状発付までの留め置きが約3時間5分、同令状執行までは約3時間21分かかっているが、手続の所要時間として、特に著しく長いとまではいえず、②留め置きの具体的態様も、Xの意思を直接抑圧するような行為等はなく、警察官らがXやX車と一定の距離を置きつつ取り囲んだ状態を保っていたことも、令状請求手続が進行中であり、対象者の所在確保の要請が非常に高まっている段階にあったことを考慮すると、必要最小限度のものにとどまっていると評価でき、③警察官らは令状請求手続を進めており、令状主義の趣旨を潜脱する意図があったとは認められないことなどを考えると、「Xに対する強制採尿手続に先立ち、Xを職務質問の現場に留め置いた措置に違法かつ不当な点はないから、尿の鑑定書等は違法収集証拠には当たらない」。

解説 **1** 職務質問等で薬物使用の嫌疑発生後、強制採尿令状の執行まで被疑者等を現場に留め置く行為につき、東京高判平成21年7月1日（判タ1314-302）は、①純粋な任意捜査の段階と、②令状請求への着手、その発付・執行に至る「強制手続への移行段階」とに分けて検討する「二分論」を提示し、②の段階では、対象者の所在確保の必要性が高いことを重視し、対象者の意に反することが明らかでも所在確保のために必要な一定限度にとどまる有形力の行使を伴う留め置き行為を任意捜査として適法とした。任意処分で許容される有形力行使の判断基準を具体化する見解であり、本判決もこれを踏まえる。

2 強制採尿令状の場合、逮捕状、勾留状等における緊急執行の規定もなく、平成21年判決や本件のような留め置きを違法とすると、令状発付後でも捜査官はいかに薬物使用の嫌疑が高くても、被疑者を一旦は釈放せざるをえなくなるという不合理が生じ、問題がある。他方で、以上の裁判例で示された「二分論」は、強制手続への移行段階の留め置きに際して有形力行使が一般的に許される旨の一般論を示す趣旨ではない。注意深く法律上のガイドラインを設定しつつ、真相の究明に役立つ範囲で実施することが求められよう。

1-6 宿泊を伴う取調べ(1)―高輪グリーンマンション事件

最 2 小決昭和 59 年 2 月 29 日（刑集 38 巻 3 号 479 頁・判タ 524 号 93 頁）

[参考] 龍岡資晃・圏昭 59-169、堀江慎司・圓9 版 16、後藤昭・圓10 版 14、園86、122

事実 マンションの一室で発生した殺人事件の捜査対象者であったＸは、事件発覚 2 日後に自ら高輪警察署に出頭し、アリバイを主張したが、捜査の結果その主張が虚偽であることが判明し、Ｘに対する容疑が強まった。そこで捜査官 4 名は、6 月 7 日早朝、Ｘに任意同行を求め、警視庁でのポリグラフ検査をも経て、高輪警察署で取調べを続けたところＸは本件犯行を認めるに至り、午後 11 時すぎには取調べを終えた。

しかしその後、Ｘからの申出もあり、署長宛の「どこかの旅館に泊めていただきたい」旨の答申書を作成提出させたうえ、同署近くの宿泊施設ＡにＸを宿泊させ、捜査官 4、5 名も同宿し、うち 1 名はＸの室の隣室に泊まり込むなどしてＸの挙動を監視した。翌 6 月 8 日から 10 日までも、朝に、捜査官らが自動車でＸを迎えに行き、朝から午後 11 時ころに至るまで高輪警察署でＸを取り調べたが、Ｘが帰宅を望まないということで、捜査官らが手配した自

動車でＸを、8 日の夜は同署からほど近いホテルＢに送り届けて宿泊させ、9 日および 10 日の夜はＣホテルに宿泊させたが、いずれの夜もホテル周辺に捜査官が張り込みＸの動静を監視した。宿泊代金は、7 日から 9 日までの分は警察が支払い、10 日の分のみＸに支払わせた。

捜査官らは、上記Ｘの自白のほかに決め手となる証拠が十分でなかったことなどから、Ｘを逮捕せず、11 日午後 3 時ころ、郷里に帰郷させた。しかし、その後も捜査を続け、8 月 23 日に、本件殺人の容疑で帰省先の実母方でＸを逮捕した。Ｘは、当初は犯行を否認したが、その後犯行を自白し、殺人罪で起訴された。

Ｘ側は、任意捜査段階におけるＸに対する取調べは、無令状で実質的にはＸを逮捕し身柄を拘束した状態でなされた違憲、違法なものであり、このような取調べに基づく自白には、証拠能力および信用性がない旨等を主張して上告した。

決定要旨 上告棄却。最高裁は、任意捜査においては、強制手段（【1-1】）を用いることが許されないということはいうまでもないが、「任意捜査の一環としての被疑者に対する取調べは、右のような強制手段によることができないというだけでなく、さらに、事案の性質、被疑者に対する容疑の程度、被疑者の態度等諸般の事情を勘案して、社会通念上相当と認められる方法ないし態様及び限度において、許容されるものと解すべきである」としたうえで、以下のように判示した。

本件では、Ｘに対する当初の任意同行については、Ｘに対する容疑の程度、事案の性質、重大性等からみると、直接Ｘから事情を聴く必要性があり、任意同行の手段・方法等に相当性を欠くところはなく、また、それに引き続くＸの取調べ自体については、暴行、脅迫等Ｘの供述の任意性に影響を及ぼすべき事跡があったものとは認め難い。

「しかし、Ｘを 4 夜にわたり捜査官の手配した宿泊施設に宿泊させた上、前後 5 日間にわたって被疑者としての取調べを続行した点については、原判示のように、右の間Ｘが単に『警察の庇護ないしはゆるやかな監視のもとに置かれていたものとみるこ

とができる』というような状況にあったにすぎないものといえるか、疑問の余地がある」。

　本件のXは、捜査官の意向に沿うように、宿泊を伴う連日にわたる長時間の取調べに応じざるをえない状況に置かれていたとみられる一面もあり、その期間も長く、任意取調べの方法として必ずしも妥当なものであったとはいい難いが、他面、Xは、初日の宿泊については答申書を差し出しており、また、その間に被告人が取調べや宿泊を拒否し、取調べ室あるいは宿泊施設から退去し帰宅することを申し出たり、そのような行動に出た証跡はなく、捜査官らが、取調べを強行し、被告人の退去、帰宅を拒絶したり制止したというような事実もうかがわれず、これらの諸事情を総合すると、取調べにせよ宿泊にせよ、結局、Xがその意思によりこれを容認し応じていたものと認められる。

　「Xに対する右のような取調べは、宿泊の点など任意捜査の方法として必ずしも妥当とはいい難いところがあるものの、Xが任意に応じていたものと認められるばかりでなく、事案の性質上、速やかにXから詳細な事情及び弁解を聴取する必要性があったものと認められることなどの本件における具体的状況を総合すると、結局、社会通念上やむを得なかったものというべく、任意捜査として許容される限界を越えた違法なものであったとまでは断じ難い」（本件取調べを違法とする少数意見がある）。

解説　**1**　本決定は、法198条に基づき、任意捜査の一環として任意同行後に行う取調べの適法性判断について、①任意捜査では強制手段を用いることは許されない、②強制手段を用いない場合でも、事案の性質、被疑者に対する容疑の程度、被疑者の態度等諸般の事情を勘案して、社会通念上相当と認められる方法・態様・限度で許容される、とする二段階の適法性の判断枠組みを示した。①任意同行が実質的な逮捕にあたる場合（**【1-4】**参照）はもちろん、②あたらない場合でも、許容される取調べには限界があることを示した。

　2　本決定は、形式上は同意を得て行う捜査であっても、違法となる場合があることを示した点で重要である。かつては、被疑者の同意の有無のみが重視される傾向があったが、それだけでは許容される任意の取調べの限界を判断することはできない。本決定は、被疑者の同意の有無に加えて、「事案の性質、被疑者に対する容疑の程度、被疑者の態度等」の事情を勘案して、「社会通念上相当と認められる方法ないし様態及び限度」で許容される、とする実質的要件を示した。これは比較衡量に基づく判断といえる（**【1-1】**参照）。

　3　4夜にわたり宿泊させて取り調べるという本件での捜査手法についてみると、Xは宿泊に任意に同意し、退去や帰宅を求めるようなこともなかった。他方で、殺人という重大事件であり、Xに対する容疑の程度などを考えると、速やかに弁解等を聴取する必要もあった。それゆえ、本件取調べは、①任意処分にあたり、②許容限界内とすることも不可能ではない事案とはいえる。しかし、一般的には、宿泊を伴う取調べは、「社会通念上相当と認められる方法ないし態様」とは評しえず、妥当とはいい難い場合も多いであろう。

1-7 宿泊を伴う取調べ(2)──ロザール事件

東京高判平成 14 年 9 月 4 日（判時 1808 号 144 頁）

[参考] 廣瀬健二・圖10 版 168、小林充・判評 535-198、石山宏樹・研修 656-25、圖122、囜45-2

事実 X（外国籍）は、同棲相手に関する殺人事件への関与が疑われたが、捜査に協力する気持ちもあって、警察の任意同行に応じた（平成 9 年 11 月 10 日）。

警察官は、11 月 10 日以降 17 日まで X を参考人として警察署で取り調べ、その間、書面の承諾を得てポリグラフ検査を実施するなどした。そして、17 日夕刻、X の着衣に被害者と同じ型の血痕が付着しているという鑑定結果が出たため、18 日から、X を参考人から被疑者に切り替えて取調べを始めた。X は、19 日午後になって本件犯行を認めて上申書を作成し、午後

9 時 32 分通常逮捕され、犯行を自白する旨の検事調書が 2 通作成されるなどした後、殺人罪で起訴された。

なお、任意同行から逮捕されるまでの間、夜間に X を帰宅させず、X の長女が入院していた病院（2 日間）、警察官宿舎の女性警察官用の空室（2 日間）、ビジネスホテル（5 日間）に、複数の警察官による監視のもと、X を宿泊させた。この際、X からは宿泊斡旋要望の書面などは出されていなかった。

原審は、証拠収集手続の違法を認めたが、重大でないとして自白に関する証拠能力を認めた。

判旨 破棄自判。「本件においては、X は、参考人として警察署に任意同行されて以来、警察の影響下から一度も解放されることなく連続して 9 泊もの宿泊を余儀なくされた上、10 日間にもわたり警察官から厳重に監視され、ほぼ外界と隔絶された状態で 1 日の休みもなく連日長時間の取調べに応じざるを得ない状況に置かれたのであって、事実上の身柄拘束に近い状況にあったこと、そのため X は、心身に多大の苦痛を受けたこと、X は、上申書を書いた理由について、ずっと取調べを受けていて精神的に参ってしまった、朝から夜まで取調べが続き、殺したんだろうと言い続けられ、耐えられなかった、自分の家に帰してもらえず、電話などすべて駄目で、これ以上何もできないと思ったなどと供述していること、X は、当初は捜査に協力する気持ちもあり、取調べに応じていたものと思われるが、このような長期間の宿泊を伴う取調べは予想外のことであって、X には宿泊できる可能性のある友人もいたから、X は少なくとも 3 日目以降の宿泊については自ら望んだものではないこと、また、宿泊場所については、警察は X に宿泊できる可能性のある友人がいることを把握したのに、真摯な検討を怠り、警察側の用意した宿泊先を指示した事情があること、厳重な監視については、捜査側は X に自殺のおそれがあったと説明するが、仮にそのおそれがあったとしても、任意捜査における取調べにおいて本件の程度まで徹底して自由を制約する必要性があるかは疑問であること等の事情を指摘することができるのであって、他方、本件は殺人という重大事件であり、前記のように重要参考人として X から事情を緊急、詳細に聴取する必要性が極めて強く、また、通訳を介しての取調べであったため時間を要したこと、X は自宅に帰れない事情があったことなどの点を考慮するとしても、

本件の捜査方法は社会通念に照らしてあまりにも行き過ぎであり、任意捜査の方法としてやむを得なかったものとはいえず、任意捜査として許容される限界を越えた違法なものであるというべきである」。

　本件取調べの違法は重大であり、その過程で得られた自白については、違法捜査抑制の見地からしても、証拠能力を付与するのは相当ではない（【4-9】）。

解説　**1**　法197条は、強制の処分は法律に特別の定のある場合でなければすることができない、と規定する。そのため、ある捜査が任意処分であるか強制処分であるかに関し、学説上の争いが存在する。

　2　従来の通説は、逮捕・捜索などの典型的な強制処分を念頭に置きつつ、(a)両者の区別は、有形力の行使の有無によると解してきた。しかし、次第に、被処分者の重要な法益を侵害するが強制力は用いない、といった新しい捜査手法（たとえば写真撮影）が発達してきたことにより、(b)両者の区別を、「その処分が相手の同意を得て行う必要があるか否か」に求める見解も主張されるようになる。

　3　しかし、相手の重要な利益の侵害を伴う処分について、本人の同意を形式的に得さえすればすべて行いうるとすることも妥当性を欠く。最決昭和59年2月29日（【1-6】）は、相手の同意を得て行う任意処分であっても、許容される限界があることを示している。重要なのは、当該処分が「強制処分なのか任意処分なのか」という該当性の判断ではなく、任意処分（あるいは強制処分）としてどこまでが許容されるのか、という実質的判断なのである。

　許容される任意捜査の限界について、最高裁の示している判断基準は、(1)当該捜査を行う必要性、すなわち、①事案の重大性・嫌疑の強さ、②当該具体的捜査の必要性（緊急性）と、(2)被侵害利益の程度、すなわち、③被疑者等の利益侵害の種類・程度、④被疑者の同意の範囲・程度との比較衡量に基づき、(3)相当性が認められるか、であるといってよい。

　4　【1-6】で問題となった4夜にわたる宿泊を伴う取調べは、捜査手法として必ずしも妥当ではないが、③・④宿泊に対する任意の同意があるだけでなく、①・②速やかに弁解等を聴取する必要があったなどとして適法とされた。

　これに対して、本件では、③9泊もの宿泊を余儀なくされ、ほぼ外界と隔絶された状態で取調べに応じざるをえない状況に置かれ、事実上の身柄拘束に近い状況にあり、④当初は捜査に協力する気持ちもあったが、少なくとも3日目以降の宿泊については自ら望んだものではないことなどから、①被疑事実が殺人であり、②重要参考人として事情を緊急かつ詳細に聴取する必要があり、通訳を介しての聴取で時間がかかることなどを勘案しても、許容される限界を超えた違法な捜査とされたが、いずれも妥当な判断といえよう。

　5　また、違法に収集された供述証拠の証拠能力に関して、【4-9】を見よ。

1-8　長時間の取調べと捜査の違法性

最 3 小決平成元年 7 月 4 日（刑集 43 巻 7 号 581 頁・判タ 708 号 71 頁）

[参考]　出田孝一・囮平 1-198、江口和伸・固10 版 16、光藤景皎・囮平 1-176、圖86、121、図45-1

事実　殺人事件の捜査をしていた警察官は、被害者 A 女が被告人 X と同棲し親密な関係にあった旨を聞き込み、速やかに X から A の生前の生活状況や交遊関係を中心に事情を聴取するため、2 月 1 日に X に任意同行を求め、午後 11 時すぎに H 警察署に同行した。

警察官は、取調べの冒頭、X に対し本件捜査への協力方を要請したところ、X は、「同棲していたので知っていることは何でも申し上げます」などと述べて協力を約したので、夜を徹して取調べを行い、翌 2 日午前 9 時半すぎころに至り、X は、A 方で A を殺害しその金品を持ち出した事実について自白を始めた。そこで、X は、警察官の求めに応じ、犯行の概要を記載した上申書を午後 2 時ころ書き上げた。ところが、同上申書の記載やこの間の X の供述は、それまでに警察に判明していた客観的事実とは異なるなどしたため、警察官は、X の供述等には虚偽が含まれているものとみて、X に対しその後も取調べを続けたところ、X は強盗殺人を認める別の上申書を午後 5 時ころまでに書いた。その後警察官は、上記 2 通の上申書をも疎明資料に加え、逮捕状を請求し、逮捕状の発付を得たうえ、午後 9 時 25 分に X を逮捕した。

本件では、午後 11 時に任意同行後、翌日午後 9 時 25 分に逮捕するまでの間になされた X に対する取調べは、法 198 条に基づく任意捜査として行われたものと認められるものであったが、その適法性が争われた。

決定要旨　「任意捜査の一環としての被疑者に対する取調べは、事案の性質、被疑者に対する容疑の程度、被疑者の態度等諸般の事情を勘案して、社会通念上相当と認められる方法ないし態様及び限度において、許容されるものである」（[1-6] 参照）が、「本件任意取調べは、X に一睡もさせずに徹夜で行われ、更に X が一応の自白をした後もほぼ半日にわたり継続してなされたものであって、一般的に、このような長時間にわたる被疑者に対する取調べは、たとえ任意捜査としてなされるものであっても、被疑者の心身に多大の苦痛、疲労を与えるものであるから、特段の事情がない限り、容易にこれを是認できるものではなく、ことに本件においては、X が被害者を殺害したことを認める自白をした段階で速やかに必要な裏付け捜査をしたうえ逮捕手続をとって取調べを中断するなど他にとりうる方途もあったと考えられるのであるから、その適法性を肯認するには慎重を期さなければならない」が、本件では、次のような特殊な事情の存在が認められる。

「警察官は、A の生前の生活状況等をよく知る参考人として X から事情を聴取するため本件取調べを始めたものであり、冒頭 X から進んで取調べを願う旨の承諾を得ていた。

また、X が A を殺害した旨の自白を始めたのは、翌朝午前 9 時半過ぎころであり、その後取調べが長時間に及んだのも、警察官において、逮捕に必要な資料を得る意図

のもとに強盗の犯意について自白を強要するため取調べを続け、あるいは逮捕の際の時間制限を免れる意図のもとに任意取調べを装って取調べを続けた結果ではなく、それまでの捜査により既に逮捕に必要な資料はこれを得ていたものの、殺人と窃盗に及んだ旨のＸの自白が客観的状況と照応せず、虚偽を含んでいると判断されたため、真相は強盗殺人ではないかとの容疑を抱いて取調べを続けた結果であると認められる。

　さらに、本件の任意の取調べを通じて、被告人が取調べを拒否して帰宅しようとしたり、休息させてほしいと申し出た形跡はなく、本件の任意の取調べ及びその後の取調べにおいて、警察官の追及を受けながらなお前記郵便貯金の払戻時期など重要な点につき虚偽の供述や弁解を続けるなどの態度を示しており、……当時Ｘが風邪や眠気のため意識がもうろうとしていたなどの状態にあったものとは認め難い」。

　「以上の事情に加え、本件事案の性質、重大性を総合勘案すると、本件取調べは、社会通念上任意捜査として許容される限度を逸脱したものであったとまでは断ずることができず、その際になされたＸの自白の任意性に疑いを生じさせるようなものであったとも認められない」(本件取調べを違法とする坂上壽夫裁判官の反対意見がある)。

解説　**1**　任意処分と強制処分の区別につき、従来の通説は(a)有形力の行使の有無によると解してきたが、次第に、被処分者の重要な法益を侵害するが強制力は用いないなどの新しい捜査手法（写真撮影など）の発達に伴い、(b)両者の区別を、「その処分が相手の同意を得て行う必要があるか否か」に求める見解も主張されるようになる。

　2　しかし、最決昭和59年2月29日（【1-6】）は、相手の同意を得て行う任意処分でも、許容される限界があることを示した。たしかに、相手の重要な利益の侵害を伴う処分について、本人の同意を形式的に得さえすればすべて行いうるわけではない。重要なのは、当該処分が「強制処分なのか任意処分なのか」の該当性判断ではなく、任意処分（あるいは強制処分）としてどこまで許容されるのかという実質判断である。

　3　本件の取調べは、食事時の20〜30分程度の休憩を除き、夜を徹して行われ、合計約22時間に及んでいる。本決定は、【1-6】の示す実質的要件に依拠し、本件のような長時間（徹夜）の取調べは、たとえ任意捜査としてなされるものであっても、被疑者の心身に多大の苦痛、疲労を与えるものであるから、特段の事情のない限り、容易に是認できるものではないとした。さらに、Ｘが被疑者の殺害を自白した段階で速やかに逮捕手続をとり、取調べを中断するなど他にとりうる方途もあったことも指摘し、本件のような取調べの適法性を肯定するには慎重を期すべきである、として厳しい見解を示した。

　ただし、本件の取調べに関しては、①Ｘが自ら取調べを願っていた、②捜査官が逮捕の時間的制限を免れる目的ではなかった、③Ｘが途中で帰宅しようとした形跡がなかったことなどの特殊事情を挙げ、社会通念上任意捜査として許容される限度を逸脱したものであったとまで断ずることはできないとされた。もっとも、「本件の長時間、連続的な取調べが被告人の心身に与えた苦痛、疲労の程度は、極めて深刻、重大」などとして本件取調べを違法とする坂上壽夫裁判官の反対意見もあり、限界的事例といえよう。

1-9　写真撮影の許容性

最2小決平成20年4月15日（刑集62巻5号1398頁・判タ1268号135頁）

[参考] 鹿野伸二・圏平20-289、洲見光男・圃10版18、宇藤崇・圃平20-208、圃110

事実　平成14年11月、Aが行方不明となり、その後、現金自動預払機によりAの口座から多額の現金が引き出され、あるいは引き出されようとした際の防犯ビデオに写っていた人物がAとは別人であったことや、A宅から多量の血こんが発見されたことから、Aが殺害され、キャッシュカード等を強取されたという被害に遭っている可能性があるとして捜査が進められた。その過程で、被告人Xが本件強盗殺人等にかかわっている疑いが生じ、警察官は、前記防犯ビデオに写っていた人物とXとの同一性を判断するため、Xの容ぼう等をビデオ撮影することとし、同年12月ころ、X宅近くに停車した捜査車両の中から、あるいは付近に借りたマンションの部屋から、公道上を歩いているXをビデオカメラで撮影した。さらに、警察官は、前記防犯ビデオに写っていた人物がはめていた腕時計とXがはめている腕時計との同一性を確認するため、平成15年1月、Xが遊技して

いたパチンコ店の店長に依頼し、店内の防犯カメラによって、あるいは警察官が小型カメラを用いて、店内のXをビデオ撮影した（また、警察官は、Xやその妻がごみ集積所に出したごみ袋を回収して中身を確認し、前記防犯ビデオに写っていた人物が着用していたのと類似するダウンベスト、腕時計等を発見し、これらを領置した。この点について【**1-35**】を見よ）。

以上の各ビデオ撮影による画像は、防犯ビデオに写っていた人物とXとの同一性を専門家が判断する際の資料とされ、その専門家作成の鑑定書等が、1審において証拠として取り調べられた。Xらは、警察官によるXに対する前記各ビデオ撮影は、十分な嫌疑がないにもかかわらず、Xのプライバシーを侵害して行われた違法な捜査手続であるから、前記鑑定書等には証拠能力がないのに、これらを証拠として採用した1審の訴訟手続を是認した原判断は違法であるとして上告した。

決定要旨　上告棄却。「所論引用の各判例〔最大判昭和44年12月24日刑集23巻12号1625頁、最判昭和61年2月14日刑集40巻1号48頁〕は、……警察官による人の容ぼう等の撮影が、現に犯罪が行われ又は行われた後間がないと認められる場合のほかは許されないという趣旨まで判示したものではない」。「前記事実関係及び記録によれば、捜査機関においてXが犯人である疑いを持つ合理的な理由が存在していたものと認められ、かつ、前記各ビデオ撮影は、強盗殺人等事件の捜査に関し、防犯ビデオに写っていた人物の容ぼう、体型等とXの容ぼう、体型等との同一性の有無という犯人の特定のための重要な判断に必要な証拠資料を入手するため、これに必要な限度において、公道上を歩いているXの容ぼう等を撮影し、あるいは不特定多数の客が集まるパチンコ店内においてXの容ぼう等を撮影したものであり、いずれも、通常、人が他人から容ぼう等を観察されること自体は受忍せざるを得ない場所におけるものである。以上からすれば、これらのビデオ撮影は、捜査目的を達成するため、必要な範囲において、かつ、相当な方法によって行われたものといえ、捜査活動として適法なものというべきである」。

解説 **1** 物理力を基準に任意と強制を区別する従来の形式的議論に変化を迫った捜査手法の1つが、写真撮影である。写真撮影は物理的強制を伴わないから任意捜査なのか、その場合でも、許容されない範囲があるのではないかが問題となる。

2 最大判昭和44年12月24日（刑集23-12-1625〔京都府学連事件〕）は、憲法13条を根拠に、「個人の私生活上の自由の一つとして、何人も、その承諾なしに、みだりにその容ぼう・姿態（以下『容ぼう等』という。）を撮影されない自由」を認め、「少なくとも、警察官が、正当な理由もないのに、個人の容ぼう等を撮影することは、憲法13条の趣旨に反し、許されない」としつつも、「個人の有する右自由も、国家権力の行使から無制限に保護されるわけでなく、公共の福祉のため必要のある場合には相当の制限を受けることは同条の規定に照らして明らかである」として、捜査の場合において、承諾を得ない写真撮影が許される場合があるとした（「制限的撮影許容原則」）。

3 街頭での承諾のない写真撮影は、それに伴う利益侵害の程度を考えれば、基本的には任意処分と解される。しかし、一定の利益侵害を伴う以上、無制限に許容されるわけではない。その基準について、昭和44年判決は、①現行犯・準現行犯状況の存在、②証拠保全の必要性・緊急性、③撮影方法の相当性、という3要件を掲げた（限定説）。

4 しかし、本決定は、特に昭和44年判決の挙げた①要件について、捜査官による写真撮影が許される場合を限定した趣旨ではないとした（非限定説）。たしかに、現行犯的な状況以外には捜査官による写真撮影が一切許されないとするのは、非現実的である。

そうであれば、写真撮影の許容範囲は、(1)捜査の必要性と(2)被撮影者の権利・利益の保護という相対立する利害を(3)比較衡量的に判断して決することになる（「比例原則」）。なお、(1)について昭和51年決定（**【1-1】**）は、「必要性、緊急性なども考慮したうえ」と判示するが、「緊急性」は、必要性と明確に区別された独立の要件ではなく、広い意味での必要性判断の一要素である（酒巻匡・囲9版21頁参照）。同事案では、飲酒運転での飲酒の証拠保全の事案なので、緊急性が必要であった。本決定では、その日、その場所で撮影しなければならない「緊急性」はないから、それへの言及もない（鹿野・前掲310頁参照）。「緊急性」を所与の要件として「強盗殺人事件だから捜査の緊急性がある」とする評価では、強盗殺人事件ではあらゆる証拠収集に常に「緊急性」が認められ、許容範囲の限定要件としての意味がなくなる。これは判例の適切な理解ではない。もちろん、現行犯状況を撮影する場合には「緊急性」がある。事実に即した判断が必要となる。また(2)については、単に「プライバシーの利益」とするだけでなく、「容ぼう等をみだりに撮影されない自由」、「住居内を撮影されない自由」といった、撮影対象に即した具体的な評価をする必要がある。

5 本件は、(1)被疑事実は強盗殺人等という重大なもので、嫌疑の程度も強く、防犯ビデオとXとの同一性という重要な判断に必要な証拠資料を入手する必要性があり、他方、(2)本件の撮影は、通常、他人から容ぼう等を観察されることは受忍せざるをえない場所で行われたものである。それゆえ、本件撮影を(3)「捜査目的を達成するため、必要な範囲において、かつ、相当な方法によって行われたもの」とした判断は、妥当である。

1-10　犯罪捜査のためのビデオカメラの設置

東京地判平成 17 年 6 月 2 日（判時 1930 号 174 頁）

［参考］辻裕之・警論 59-12-214、亀井源太郎・圃平 17-11、圓112

事実　被告人 X は、平成 16 年 6 月 21 日午後 11 時 10 分ころ、X 方付近の A 駐車場で駐車中の普通乗用車に灯油を撒いたうえで火をつけバンパー付近を焼損した（「本件事件」）などの、2 件の器物損壊罪で起訴された。

A 駐車場では、平成 15 年に不審火が連続して発生し、A 駐車場経営者らの要望により、警察官は、A 駐車場を見渡せる経営者方 2 階の庇屋根にビデオカメラを設置した。このカメラは、当初から、現場の状況等から関与が疑われた X 方アパート居室の玄関ドアが画像の中心に据えられ、画像左右に両隣の玄関ドアが、画像下端に A 駐車場前道路や A 駐車場に駐車中の自動車数台が撮影されるようになっていた。

本件事件については、目撃者の証言から、放火犯人が X 方から出てきて放火をし、その後 X 方に戻ったことが認められ（ただし、その犯人が X であるとの供述の信用性は否定された）、また、X は一人暮らしをしており、X 方からラ

ベルカバーの溶けたペットボトル、ライター、灯油入りのポリタンクが発見され、ペットボトルの内部から灯油が検出されたことなどから、X が放火犯人であると優に認めることができた。そして、本件ビデオテープには、目撃者が犯行を目撃したのと同時刻に、X 方玄関ドアから、左手に物を持った人物が出入りした後、被害車両の方向に歩いていき、約 1 分後に X 方に戻ってくる様子が撮影されていた。

弁護人は、X 方玄関ドア付近を X の承諾を得ずにビデオカメラで撮影した本件ビデオテープは、X のプライバシー権・みだりに容ぼう等を撮影されない自由を侵害し違法であるから、本件ビデオテープや関係各報告書は違法収集証拠として証拠排除すべきであり、さらに、「ビデオカメラによる撮影が許されるのは、当該現場において犯罪の発生が相当高度の蓋然性をもって認められる場合」でなければならないなどと主張した。

判旨　東京地裁は、以下のように判示して弁護人の主張を斥け、X を有罪とした。

「本件ビデオカメラによる撮影は、……公道に面する X 方玄関ドアを撮影するというプライバシー侵害を最小限にとどめる方法が採られていることや、本件が住宅街における放火という重大事案であることに鑑みると、本件ビデオカメラの撮影が、弁護人が指摘するような犯罪発生の相当高度の蓋然性が認められる場合にのみ許されるとするのは相当ではなく、また、X に罪を犯したと疑うに足りる相当な理由が存在する場合にのみ許されるとするのも厳格に過ぎると解される。むしろ、X が罪を犯したと考えられる合理的な理由の存在をもって足りると解するべきである。……〔本件〕の諸事情に照らすと、警察官が、X が放火を行ったと考えたことに合理的な理由が存したことは明らかである。

そして、本件ビデオカメラ設置までの一連の放火は、早朝、人の現在しない無人の駐車場で、同所に駐車中の自動車に火を放つというものであり、同車両のガソリン等に引火しあるいは付近に駐車中の自動車や家屋に延焼する事態に発展する可能性があり、周囲には住宅が密集していて公共の危険を生じさせるおそれが高度に認められる

重大な事案である。これに加え、ビデオカメラ設置までの各放火事件はいずれも人通りの少ない早朝に発生しており、犯行の目撃者を確保することが極めて困難であり、しかも、犯人を特定する客観的証拠が存せず、警察官がこの場所を終始監視することも困難を伴う状況であって、今後同種事件が発生した場合に、X方及びその周辺状況をビデオ撮影していなければ、結局犯人の特定に至らず捜査の目的を達成することができないおそれが極めて高く、あらかじめ撮影を行う必要性が十分に認められる。ビデオカメラ設置前の各事件が早朝の放火事案であって、その痕跡から犯人を特定することが非常に困難なことから、その緊急性も肯認できるところである。また、本件ビデオ撮影は、上記のとおり、公道に面するX方玄関ドアを撮影するというもので、X方居室内部までをも監視するような方法ではないのであるから、Xが被るであろうプライバシーの侵害も最小限度に止まっており、本件事案の重大性を考慮すれば、やむを得ないところであり、その方法が社会通念に照らし相当とされる範ちゅうを逸脱していたとまではいえない」。以上からすれば、本件ビデオ撮影は適法であり、本件ビデオテープや関係各報告書は証拠能力を有する。

解説 **1** 承諾なしに撮影されない自由・利益は、公共の場所では、保護に対する期待は、住居内等に比べれば相対的に低下する。しかし、犯罪捜査における撮影が、前記自由・利益を制約することには変わりがないので、その撮影には合理性が必要であり、任意処分の限界として、最高裁昭和51年決定（【1-1】）の枠組みで許容性を判断すべきである。

2 本件は、(1)撮影の必要性（および緊急性）につき、まず①撮影が許容される前提としての犯罪発生の蓋然性や嫌疑について、最大判昭和44年12月24日（刑集23-12-1625）が（準）現行犯的状況の存在を、東京高判昭和63年4月1日（【1-11】）が「相当高度の蓋然性」を挙げたのに対し、「合理的な理由の存在をもって足りる」とした。これは、撮影対象の撮影により証拠が得られる可能性がどの程度あるかに関係する問題であって、撮影の必要性・緊急性の判断に相関的にかかわる判断要素であり、また、撮影がなされる文脈や場面によって、その考慮要素も異なりうる。「撮影を許容しうる犯罪の蓋然性の程度」を一般論として定めることは困難である（辻・前掲222頁。【1-9】も参照）。そのうえで、②放火という公共の危険の発生が高度に懸念される重大事案で、③ビデオ撮影がなければ、犯人が特定できず捜査目的を達成できないので必要性が、④犯行の時間帯等から、痕跡からだけでは犯人の特定が困難であるから緊急性が、それぞれ認められるとした。

他方、撮影方法の相当性については、(2)⑤公道に面するX方玄関ドアのみで、居室内部までをも撮影する方法ではないから、Xのプライバシー侵害も最小限度にとどまるとし、本件事案の重大性を考慮すれば、やむをえないところである、と判示した。

3 本件撮影は、将来の発生が予測される犯罪の証拠保全を目的としているが、撮影対象がそれを行うと考えられる人に対して設定されたものであり、個別の犯罪捜査の一環と位置づけられるものである。その点で、いわゆる街頭防犯カメラでの撮影とは異なる。

1-11 街頭防犯カメラによる撮影の適法性

東京高判昭和 63 年 4 月 1 日（判時 1278 号 152 頁・判タ 681 号 228 頁）

[参考] 渥美東洋・判タ 684-36、上垣猛・图8 版 22、中島宏、图9 版 22、井上正仁・图新版 42、圖112

事実 被告人 X は、山谷地区派出所前の路上で、駐車中の警察車両のサイドミラーを損壊したとして、器物損壊罪で起訴された。公判では、当該犯行状況を撮影したビデオテープの証拠能力が問題となった。

当該ビデオテープの作成経緯は以下のようなものであった。山谷地区派出所では、いわゆる山谷通りの道路交通秩序の維持および泥酔者の保護等を主たる目的として、昭和 60 年 5 月ころから、派出所前歩道上の電柱の地上約 8 m の高さに雑踏警備用の円筒型テレビカメラ 1 台を設置し、これを派出所 3 階事務室から遠隔操作して山谷通りの状況をほぼ全周視界で俯瞰的に撮影し、事務室内のカラーモニターにその画像を映し出すようになった。その後、同年 10 月に起きた山谷争議団と暴力団との衝突事件以降は、画像をビデオ装置で録画することになったが、そのころから、当該撮影・録画行為は、

犯罪の発生前にその予防、鎮圧および捜査を目的とし、犯罪が発生した場合に備えてその証拠を保全するためになされていた。本件ビデオテープは、本件当日、山谷通りでの山谷争議団によるデモの状況、および警察車両の赤色回転灯や窓ガラスを損壊する等の状況を撮影・録画したものであったが、その後に本件ビデオテープを再生したところ、本件警察車両のサイドミラーを損壊している X が写っていたため、本件ビデオテープが任意提出された。

本件ビデオテープを証拠採用した原審に対し、弁護人は、最大判昭和 44 年 12 月 24 日（刑集 23-12-1625）の要求する写真撮影の要件を具備していない条件のもとで撮影、録画されたものであるから、憲法 13 条の保障する、何人もその承諾なしにみだりにその容貌等を撮影されない自由を不法に侵害して収集された違法収集証拠であり証拠能力はないと主張して、控訴した。

判旨 控訴棄却。「たしかに、その承諾なくしてみだりにその容貌等を写真撮影されない自由は、いわゆるプライバシーの権利の一コロラリーとして憲法 13 条の保障するところというべきであるけれども、右最高裁判例は、その具体的事案に即して警察官の写真撮影が許容されるための要件を判示したものにすぎず、この要件を具備しないかぎり、いかなる場合においても、犯罪捜査のための写真撮影が許容されないとする趣旨まで包含するものではないと解するのが相当であって、当該現場において犯罪が発生する相当高度の蓋然性が認められる場合であり、あらかじめ証拠保全の手段、方法をとっておく必要性及び緊急性があり、かつ、その撮影、録画が社会通念に照らして相当と認められる方法でもって行われるときには、現に犯罪が行われる時点以前から犯罪の発生が予測される場所を継続的、自動的に撮影、録画することも許されると解すべきであり、本件ビデオカセットテープの撮影、録画された際の具体的事実関係がかかる諸要件を具備しているものである……。……原審が本件ビデオカセットテープの証拠能力を肯認してこれを事実認定の用に供したのはもとより正当」である。

解説 **1** 街頭防犯カメラによる公道上の人物の撮影は、住居内にいる者をひそかに撮

影する場合などに比較すれば、被撮影者の被保護利益の侵害の程度は小さく、原則として、「個人の意思を制圧し、重要な法益に制約を加える手段」（【1-1】参照）たる強制処分ではない。ただし、任意処分だとしても、無制限に許容されるわけではない。重要なのは、その限界をいかなる基準で設定し、どの範囲までを適法として認めるかにある。

　本件東京高裁は、(1)最高裁昭和44年判決の趣旨は、そこで指摘された「要件を具備しないかぎり、いかなる場合においても、犯罪捜査のための写真撮影が許容されないとする趣旨まで包含するものではない」としたうえで、(2)①当該現場において犯罪が発生する相当高度の蓋然性が認められる場合であり、②あらかじめ証拠保全の手段、方法をとっておく必要性および緊急性があり、かつ、③その撮影、録画が社会通念に照らして相当と認められる方法でもって行われるときには、現に犯罪が行われる時点以前から犯罪の発生が予測される場所を継続的、自動的に撮影、録画することも許されるとした。

　2　(1)に関しては、たしかに、（準）現行犯的状況がなければ一切写真撮影が許容されないというのは現実的ではなく、このことは、最決平成20年4月15日（【1-9】）により判例の見解として確立したといえる。そして、本判決は、①犯罪発生の相当高度の蓋然性、②証拠保全の必要性、緊急性、③撮影・録画方法の相当性を許容要件とした。

　しかし、撮影の許容要件として、とりわけ(2)①「犯罪発生の相当高度の蓋然性」が常に要求されるかについては、疑問が残る。東京地判平成17年6月2日（【1-10】）は、撮影対象者が「罪を犯したと考えられる合理的な理由の存在をもって足りる」としている。すなわち、これは、撮影により証拠が得られる可能性がどの程度あるかに関係する問題であって、対象犯罪の種類・性質や撮影の文脈や場面等によって、その考慮要素も異なるのであり、一律の基準を設定することはできない。その意味では、本件判示も、事案に即した事例判断というべきである。

　3　また、本件では犯罪発生前から撮影・録画を許容されるものとした。一方では、捜査は過去の犯罪を対象とするもので、行政警察活動は司法警察活動たる捜査でないことも含め、事前捜査は許容されないとする見解もある。しかし、関連規定上、過去の犯罪のみを対象とすべきとする文言はなく（なお、法189条2項参照）、たとえば、犯罪発生の蓋然性が高度に見込まれるような場合にも、その犯罪に関する公訴提起に向けた証拠収集等の捜査活動をすることは認められよう。

　4　なお、本判決で示された許容要件は、撮影データの証拠能力の判断において示されたものであり、撮影データの抽出・保存の適法性という点において、犯罪捜査における個別撮影の許容性と共通性がある。それゆえ、犯罪捜査（司法警察）における撮影の許容性に関する判示である点に留意する必要がある。

　「犯罪の予防」等（警察法2条1項参照）を目的とした行政警察活動の一環としての街頭防犯カメラの設置・撮影の許容性については、大阪地判平成6年4月27日（判時1515-116）が、①目的の正当性、②客観的・具体的必要性の存在、③設置状況の妥当性、④設置・使用による効果の存在、⑤使用方法の相当性という判断基準を示している。

1-12　梱包品のエックス線検査

最3小決平成21年9月28日（刑集63巻7号868頁・判タ1336号72頁）

[参考] 増田啓祐・圏平21-371、井上正仁・圖9版70、安村勉・圖10版62、圃111、囧34-1

事実　警察官らは、かねてから覚せい剤密売の嫌疑で大阪市内の有限会社A（「本件会社」）に対して内偵捜査を進めていたが、本件会社関係者が東京の暴力団関係者から宅配便により覚せい剤を仕入れている疑いが生じたことから、宅配便業者の営業所に対して、本件会社の事務所にかかる宅配便荷物の配達状況について照会等をした。その結果、同事務所には短期間のうちに多数の荷物が届けられており、それらの配送伝票の一部には不審な記載のあること等が判明した。そこで、警察官らは、同事務所に配達される予定の宅配便荷物のうち不審なものを借り出してその内容を把握する必要があると考え、上記営業所の長の承諾のもと、約2か月弱の間、5回にわたり、同事務所に配達される予定の宅配便荷物各1個を同営業所から借り受けたうえ、関西空港内大阪税関においてエックス線検査を行った。検査の結果、1回目の検査においては覚せい剤とおぼしき物は発見されなかったが、2回目以降の検査においては、いずれも、細かい固形物が均等に詰められている長方形の袋の射影が観察された（「本件エックス線検査」）。なお、本件エックス線検査を経た上記各宅配便荷物は、検査後、上記営業所に返還されて通常の運送過程下に戻り、上記事務所に配達された。また、警察官らは、本件エックス線検査について、荷送人や荷受人の承諾を得ていなかった。

弁護人は、本件検査は任意捜査の範囲を超え違法で、同検査により得られた射影の写真に基づき取得した捜索差押許可状で得られた覚せい剤等（「本件覚せい剤等」）は、違法収集証拠として排除すべき旨主張し上告した。

決定要旨　上告棄却。「〔本件〕の事実関係を前提に検討すると、本件エックス線検査は、荷送人の依頼に基づき宅配便業者の運送過程下にある荷物について、捜査機関が、捜査目的を達成するため、荷送人や荷受人の承諾を得ることなく、これに外部からエックス線を照射して内容物の射影を観察したものであるが、その射影によって荷物の内容物の形状や材質をうかがい知ることができる上、内容物によってはその品目等を相当程度具体的に特定することも可能であって、荷送人や荷受人の内容物に対するプライバシー等を大きく侵害するものであるから、検証としての性質を有する強制処分に当たるものと解される。そして、本件エックス線検査については検証許可状の発付を得ることが可能だったのであって、検証許可状によることなくこれを行った本件エックス線検査は、違法であるといわざるを得ない」。

本件覚せい剤等の発見につながった各捜索差押許可状は、4回目までの本件エックス線検査の射影の写真等を一資料として発付されたものとうかがわれ、本件覚せい剤等は、違法な本件エックス線検査と関連性を有する証拠ではあるが、「本件エックス線検査が行われた当時、本件会社関係者に対する宅配便を利用した覚せい剤譲受け事犯の嫌疑が高まっており、更に事案を解明するためには本件エックス線検査を行う実質的必要性があったこと、警察官らは、荷物そのものを現実に占有し管理している宅

配便業者の承諾を得た上で本件エックス線検査を実施し、その際、検査の対象を限定する配慮もしていたのであって、令状主義に関する諸規定を潜脱する意図があったとはいえないこと、本件覚せい剤等は、司法審査を経て発付された各捜索差押許可状に基づく捜索において発見されたものであり、その発付に当たっては、本件エックス線検査の結果以外の証拠も資料として提供されたものとうかがわれることなどの諸事情にかんがみれば、本件覚せい剤等は、本件エックス線検査と上記の関連性を有するとしても、その証拠収集過程に重大な違法があるとまではいえず、その他、これらの証拠の重要性等諸般の事情を総合すると、その証拠能力を肯定することができる」。

解説 **1** 強制捜査の意義については、①個人の意思を制圧し、②身体、住居、財産等に制約を加えて、③強制的に捜査目的を実現する行為など、④特別の根拠規定がなければ許容できない手段とする見解（【1-1】。なお、【1-2】参照）が判例上定着している。

2 1審は、以上の見解を前提に、②に関して、宅配便荷物をエックス線検査にかけるという捜査方法は、内容物の形状や材質についてある程度知ることが可能となり、荷送人・荷受人のプライバシーを侵害するものではあるが、射影により内容物が何であるかを具体的に特定することは不可能で、プライバシー侵害の程度はきわめて軽度であるとし、捜査機関が任意捜査として実施しうるものと判断し、原審もこの結論を肯定した。

3 しかし、最高裁は、エックス線検査による「射影によって荷物の内容物の形状や材質をうかがい知ることができる上、内容物によってはその品目等を相当程度具体的に特定することも可能であって、荷送人や荷受人の内容物に対するプライバシー等を大きく侵害する」として、本件検査を強制処分たる検証にあたるとした。そして、「本件エックス線検査については検証許可状の発付を得ることが可能だった」のであるから、それを得ずに行った本件検査を違法とした。エックス線検査による内容物の特定が相当程度可能である以上、プライバシー侵害の程度は、②任意捜査の許容範囲を超えると判断したのである。

4 なお、前記①に関して、荷送人・荷受人との関係では通常は秘密裡に行われるという本件捜査の類型からすれば、これらの者の意思が現実に制圧されることはない。そして、運送業者に寄託され、その管理下にある荷物の場合には、受託者の承諾があれば、本件のような処分を令状なしに行いうるとする余地もあろう（笹倉宏紀・圏平21年209頁）。

本件決定は、この点の判断は明示していないが、運送を寄託した荷物の荷送人・荷受人にも、信書における発信人・受信人に認められるのと同様のプライバシーの保護が及ぶことを前提に、荷送人らの意思の合理的解釈として、エックス線検査に対する承諾は考えられないとして、本件処分を強制処分としたものと考えられる（増田・前掲384頁）。

5 また、エックス線検査を疎明資料として得られた捜索差押許可状に基づいて得られた本件覚せい剤等については、(1)エックス線検査を行う実質的必要性があり、検査対象も限定していたことなどから、捜査官らに令状主義に関する諸規定を潜脱する意図があったとはいえず、(2)同令状の発付にあたっては、本件エックス線検査の結果以外の証拠も資料として提供されていること等の事情から、証拠能力は肯定されるとした。

1-13 秘密録音

東京地判平成 2 年 7 月 26 日（判時 1358 号 151 頁・判タ 737 号 62 頁）

[参考] 杉田宗久・固6版 22、岩尾信行・固9版 24、井上正仁・J768-202、固113

事実 過激派 C 派の構成員である被告人 X は、千葉県収用委員会予備委員 A に、その職を辞させるため、A 方に電話をかけ、A が予備委員を辞職しないときは A やその家族の生命、身体、財産等にどのような危害を加えるかも知れない旨告知して脅迫し、もって公務員をしてその職を辞させるために脅迫したという職務強要罪で起訴された。

この事件の捜査の過程で、警察は S 会館を令状に基づいて捜索・差押えをしたが、その際、警察官 D らは、タイピン式マイクをジャンパーの内側に装着するなどして、S 会館内の各所で総括立会人となった X ら C 派活動家の音声を、気づかれないようにテープに録音した。

公判において、弁護人は、本件捜索差押え時の録音は相手方の意思の制圧による人格権あるいはプライバシーの侵害が存在するので強制処分に該当する旨を主張した。

判旨 東京地裁は、本件秘密録音の適法性と証拠能力を認め、X を有罪とした。

「対話者の一方が相手方の同意を得ないでした会話の録音は、それにより録音に同意しなかった対話者の人格権がある程度侵害されるおそれを生じさせることは否定できないが、いわゆる盗聴の場合とは異なり、対話者は相手方に対する関係では自己の会話を聞かれることを認めており、会話の秘密性を放棄しその会話内容を相手方の支配下に委ねたものと見得るのであるから、右会話録音の適法性については、録音の目的、対象、手段方法、対象となる会話の内容、会話時の状況等の諸事情を総合し、その手続に著しく不当な点があるか否かを考慮してこれを決めるのが相当である」。

「本件録音は、本件捜索差押の被疑事実である昭和 63 年 10 月 16 日 A 方に対する脅迫電話の事実自体ないしこれと密接に関連する他の脅迫電話の事実の捜査を目的として、右捜索差押の際に警察官と総括立会人である X らとの捜索差押に関する会話及びその際の雑談を録音したものである。そして、その会話の際、X は会話の相手が警察官であること及び本件捜索差押の被疑事実が右の脅迫電話の事件であることを認識していた。他方、警察官は、X の声を録音するため、X に対して話しかけるなどの働きかけをしているものの、その会話は捜索差押の際のものとして特に異常なものとは言えず、また D が X に対してした X の母親の話も虚偽の内容ではない。その他、警察官が X を挑発し、欺罔ないし偽計を用い、あるいは誘導するなど不当な手段を用いて、話をするまいとしている X に無理に話をさせたというような事情も認められない。

以上の諸事情を総合すれば、本件録音は、その手続に著しく不当な点は認められず、適法であると認めることができる。

なお、弁護人は、本件捜索差押時の録音は相手方の意思の制圧による人格権あるいはプライバシーの侵害が存在するので強制処分に該当する旨主張するが、前叙のとおりいわゆる盗聴と異なる本件録音の性質、態様等に照らせば、それが強制処分に当た

らないことは明らかである」。

「前叙のとおり、捜索時テープについてはその録音の手続に関し、何ら違法な点はなく、捜索時テープはいずれも証拠能力を認められることは明らかである。

そして、右捜索時テープを警察官が再生して文字に反訳した再生解読報告書……、捜索時テープからXの声を抽出して編集したものをA面に、マイクロカセットテープの内容をダビングしたものをB面にそれぞれ収録した前記の……カセットテープ及びその再生解読報告書……は、証拠能力を有するマイクロカセットテープ及び本件捜索時テープ等の写しとして証拠能力を有することは明らかである」。

解説 **1** 私人である会話の一方当事者による秘密録音について、最決昭和56年11月20日（刑集35-8-797）は、「新聞記者において、取材の結果を正確に記録しておくため、対話の相手方が新聞紙による報道を目的として同記者に聞かせた録音テープの再生音と同テープに関して右相手方と交わした会話を録音することは、たとえそれが相手方の同意を得ないで行われたものであっても、違法ではない」と判示した（また、最決平12·7·12刑集54-6-513は、詐欺の被害者が、被告人との会話を同意を得ないで録音する行為を適法と認めている）。

2 この判例を契機に、学説では、(a)会話当事者による秘密録音は原則適法であるが、ただ会話を録音しないという明示の約束がある場合など一定の事情のもとでは違法とする留保付合法説と、(b)原則として違法であるとしつつ、一方で秘密録音をする正当な事由があり、他方で当の会話がプライバシーをそれほど期待しえない状況でなされるものであるときには、例外的に許されるとする利益衡量説とが主流となった。

3 本件は、捜査官である会話の一方当事者による秘密録音が問題となった事案である。本判決は、①秘密録音は、対話者の人格権をある程度侵害するおそれを生じさせるが、②会話の秘密性を放棄しその会話内容を相手方の支配下にゆだねたものとみうるから、③会話録音の適法性については、録音の目的、対象、手段方法、対象となる会話の内容、会話時の状況等の諸事情を総合して、その手続に著しく不当な点があるか否かを考慮して決めるのが相当であるとし、(a)説的な見地に立って適法性を肯定した。

しかし、本件とほぼ同じ事案に関する千葉地判平成3年3月29日（判時1384-141）は、「捜査機関が対話の相手方の知らないうちにその会話を録音することは、原則として違法であり、ただ録音の経緯、内容、目的、必要性、侵害される個人の法益と保護されるべき公共の利益との権衡などを考慮し、具体的状況のもとで相当と認められる限度においてのみ、許容される」として、(b)説の利益衡量的アプローチを採用している。

4 前記②を前提にすれば、①当事者録音によるプライバシー侵害の程度は、任意処分の程度にとどまる。それゆえ、任意捜査の許容限界の問題として、相当な嫌疑の存在や、捜査のために秘密録音をする必要性（とりわけ、録音の場合は緊急性）と比較衡量した、手段としての許容限界の個別的判断が重要となる。それは、(a)説でも同様と考えられ、現実の事案の解決としては、両説とも、それほど相違しないであろう（岩尾・前掲25頁）。

1-14 おとり捜査の適法性

最 1 小決平成 16 年 7 月 12 日（刑集 58 巻 5 号 333 頁・判タ 1162 号 137 頁）

[参考] 多和田隆史・圏平 16-262、伊藤栄二・固10 版 22、大澤裕・圏平 16-190、講116

事実 被告人 X は、あへんの営利目的輸入や大麻の営利目的所持等の罪により懲役 6 年等に処せられた前科のある I 国人で、上記刑につき服役後、退去強制手続により帰国したが、平成 11 年 12 月に偽造パスポートを用いて日本に不法入国した。本件の捜査協力者 A は、大阪刑務所で服役中に X と知り合った者であるが、A の弟が X の依頼に基づき大麻樹脂を運搬したことにより T 国内で検挙されて服役するところとなったことから、X に恨みを抱くようになり、平成 11 年中に 2 回にわたり、近畿地区麻薬取締官事務所に対し、X が日本に薬物を持ち込んだ際は逮捕するよう求めた。

X は、平成 12 年 2 月 26 日ころ、A に対し、大麻樹脂の買手を紹介してくれるよう電話で依頼し、A は、大阪であれば紹介できると答えた。X の上記電話があるまで、A から X に対しては、大麻樹脂の取引に関する働きかけはなかった。A は、同月 28 日、近畿地区麻薬取締官事務所に対し、上記電話の内容を連絡した。

それを受けた同事務所では、A の情報によっても、X の住居や立ち回り先、大麻樹脂の隠匿場所等を把握することができず、他の捜査手法によって証拠を収集し、X を検挙することが困難であったことから、おとり捜査を行うことを

決め、同月 29 日、同事務所の麻薬取締官と A とで打合せを行い、翌 3 月 1 日に新大阪駅付近のホテルで A が X に対し麻薬取締官を買手として紹介することを決め、A から X に対し同ホテルに来て買手に会うよう連絡した。

同年 3 月 1 日、麻薬取締官は、上記ホテルの一室で A から紹介された X に対し、何が売買できるかを尋ねたところ、X は、今日は持参していないが、東京に来れば大麻樹脂を売ることができると答えた。麻薬取締官は、自分が東京に出向くことは断り、X の方で大阪に持ってくれば大麻樹脂 2kg を買い受ける意向を示した。そこで、X がいったん東京に戻って翌日に大麻樹脂を上記室内に持参し、改めて取引を行うことになった。その際、麻薬取締官は、東京・大阪間の交通費の負担を申し出たが、X は、ビジネスであるから自分の負担で東京から持参すると答えた。そしてその翌日、X は、東京から大麻樹脂約 2kg を運び役に持たせて上記室内にこれを運び入れたところ、あらかじめ捜索差押許可状の発付を受けていた麻薬取締官の捜索を受け、現行犯逮捕された。

X の弁護人は、本件のいわゆるおとり捜査は違法であるとして上告した。

決定要旨 上告棄却。「おとり捜査は、捜査機関又はその依頼を受けた捜査協力者が、その身分や意図を相手方に秘して犯罪を実行するように働き掛け、相手方がこれに応じて犯罪の実行に出たところで現行犯逮捕等により検挙するものであるが、少なくとも、直接の被害者がいない薬物犯罪等の捜査において、通常の捜査方法のみでは当該犯罪の摘発が困難である場合に、機会があれば犯罪を行う意思があると疑われる者を対象におとり捜査を行うことは、刑訴法 197 条 1 項に基づく任意捜査として許容されるものと解すべきである。

これを本件についてみると、……麻薬取締官において、捜査協力者 A からの情報に

よっても、Xの住居や大麻樹脂の隠匿場所等を把握することができず、他の捜査手法によって証拠を収集し、Xを検挙することが困難な状況にあり、一方、Xは既に大麻樹脂の有償譲渡を企図して買手を求めていたのであるから、麻薬取締官が、取引の場所を準備し、Xに対し大麻樹脂 2kg を買い受ける意向を示し、Xが取引の場に大麻樹脂を持参するよう仕向けたとしても、おとり捜査として適法というべきである」。

解説 **1** おとり捜査とは、(1)捜査機関（またはその依頼を受けた捜査協力者）が、(2)その身分や意図を相手方に秘して犯罪を実行するように働きかけ、(3)相手方がこれに応じて犯罪の実行に出たところで現行犯逮捕等により検挙するという捜査手法である。アメリカなどでは幅広く利用されているといわれるが、わが国でも、たとえば、麻薬及び向精神薬取締法 58 条が、麻薬取締官らが、麻薬事犯の捜査にあたり、厚生労働大臣の許可を受けて、麻薬を譲り受けることを認める。ただし、麻薬取締官が他人をおとりとして同法違反行為を誘発させる捜査手法までをも正当化するのかについては争いがあり、犯罪防止にあたる捜査機関が犯罪を作り出す側面があるため、刑訴法上の違法性の存在が指摘されてきた。

2 かつて、最決昭和 28 年 3 月 5 日（刑集 7-3-482）は、いわゆる機会提供型のおとり捜査の事案について、「囮捜査は、これによって犯意を誘発された者の犯罪構成要件該当性、有責性若しくは違法性を阻却するものではなく、また公訴提起の手続に違反し若しくは公訴権を消滅せしめるものでもない」としていた。

これに対し、本件決定は、①直接の被害者がいない薬物犯罪等の捜査において、②通常の捜査方法のみでは当該犯罪の摘発が困難である場合に、③機会があれば犯罪を行う意思があると疑われる者を対象におとり捜査を行うことは、法 197 条 1 項の**任意捜査**として許容されると判示した。

3 おとり捜査の許容性は、犯意誘発型と機会提供型とを分け、前者の場合を違法とするという判断では十分ではない。(1)おとり捜査によることの**必要性**、すなわち対象犯罪の種類・性質、捜査の困難性、嫌疑の程度等と、(2)おとり捜査の態様の**相当性**、すなわち対象者が犯意をすでに有するか否か、働きかけの態様・程度等により、総合的に判断すべきであろう。任意捜査の許容限界の問題として位置づけられるのである。

4 なお、違法なおとり捜査の処理に関しては、手続の不公正さを根拠とする(a)公訴棄却説や、国の処罰適格の欠如を理由とする(b)免訴説も有力である。だが、現実には、公訴棄却や免訴となりうるほど違法性の著しい事案は想定し難い。(c)違法収集証拠の排除法則に従って対処するのが、もっとも現実的な解決であろう（甲斐行夫・圖 8 版 27 頁参照）。

5 そのほかに、薬物等の禁制品の不正取引が行われる場合に、取締当局がその事情を知りながら直ちに検挙することなく、十分な監視のもとに禁制品の運搬を許容して追跡し、不正取引に関与する人物を特定する捜査手法、すなわち、コントロールド・デリバリー（「CD」）の適法性も問題となる。麻薬特例法（さらに、銃砲刀剣類所持等取締法）にはその実施を予定した規定があるが、実施に関する具体的な手続規定は設けられておらず、任意捜査の許容限界としてその適法性が判断される（なお、最決平 9・10・30 刑集 51-9-816 参照）。

1-15 職務質問の際の有形力の行使

最 1 小決昭和 53 年 9 月 22 日（刑集 32 巻 6 号 1774 頁・判タ 370 号 70 頁）

[参考] 堀籠幸男・圏昭 53-407、島伸一・圄5 版 20、渥美東洋・判評 244-172、圏100、124

事実 交通違反の取締りに従事中のA・B両巡査は、被告人Xの運転する車両（X車）が赤色信号を無視して交差点に進入したのを現認した。そこで、A巡査が合図してX車を停車させ、さらに事情聴取のためパトカーまで任意同行を求めた。しかし、Xが応じないので、A巡査は、さらに任意同行に応ずるよう説得した結果、Xは下車したが、その際、Xは酒臭をさせており、酒気帯び運転の疑いが生じたため、A巡査は、Xに対し「酒を飲んでいるのではないか、検知してみるか」と言って酒気の検知をする旨告げた。ところが、Xは、急激に反抗的態度を示して「うら酒なんて関係ないぞ」と怒鳴りながら、A巡査が提示を受けて持っていた自動車運転免許証を奪い取り、エンジンのかかっているX車の運転席に乗り込んで、ギア操作をして発進させようとしたので、B巡査は、運転席の窓から手を差し入れ、エンジンキーを回転してスイッチを切り、Xが運転するのを制止した。Xは、それに憤激し、車外に出て、B巡査に対して胸倉を摑み、手拳で殴打するなどの暴行を加えた。さらに、Xを公務執行妨害罪の現行犯人として逮捕しようとした両巡査に対し、土管およびブリキ罐を振り上げて投げつけるなどの暴行を加えて職務の執行を妨害し、両巡査に対し約 1 週間の傷害を負わせた。

1 審は、Xに対しその自動車のエンジンスイッチを切るというような実力を行使してまで同行を促すことは、任意同行の域を超えており、適法な職務行為とはいえないと判示したうえ、エンジンスイッチを切った行為に対してなされたXの暴行は適法な公務執行に対するものではなく、またXを公務執行妨害罪の現行犯人として逮捕する行為も適法なものとは認められないとして、Xを無罪とした。

ところが、検察官の控訴に対し、原審は、警察官がX車の窓から手を差し入れてエンジンキーを回転してスイッチを切ったことは適法であると判示し、Xに対し公務執行妨害、傷害罪の成立を認めた。そのため、X側が上告した。

決定要旨 上告棄却。「B巡査が窓から手を差し入れ、エンジンキーを回転してスイッチを切った行為は、警察官職務執行法 2 条 1 項の規定に基づく職務質問を行うため停止させる方法として必要かつ相当な行為であるのみならず、道路交通法 67 条 3 項〔現 4 項〕の規定に基づき、自動車の運転者が酒気帯び運転をするおそれがあるときに、交通の危険を防止するためにとった、必要な応急の措置にあたるから、刑法 95 条 1 項にいう職務の執行として適法なものである」。

解説 1 職務質問は、犯罪捜査自体ではないが、それによって犯罪が発覚することも多く、捜査の端緒として重要なものの 1 つである。職務質問に関しては、警職法 2 条 1 項が、「何らかの犯罪を犯し、若しくは犯そうとしていると疑うに足りる相当な理由のある者」などを「停止させて質問することができる」と定める。この「停止」は、身柄の拘束にあたるものであれば許されない（警職法 2 条 3 項）。

職務質問は、その意味で「任意」処分である。そのため、質問に対して任意に応じない者に対しては、物理的強制は一切許されないとする(a)完全否定説もある。

しかし、現代社会における捜査の端緒としての職務質問の機能を考えると、一定程度の有形力の行使は認めざるをえない。問題は、その限界をどこに求めるかである。一方では、捜査の実質上の必要性を背景に、強制にわたらない程度の、任意と強制の中間たる「実力」の行使は許されるとする(b)実力説が主張された。しかし、この見解に対しては、「実力」という概念は曖昧すぎ、実際には強制と同じになるのではないか、とする批判が強い。他方で、身柄「拘束」に至らない程度の自由の制限を認める(c)制約説（中間説）も有力だが（田宮58頁）、「身柄拘束に至らない軽度の一時的拘束」の内容が必ずしも明らかではない。たしかに、中間説は妥当な方向を示すものであろうが、有形力の行使が許容される範囲は、単に拘束の強弱や時間の長短のみで決定すべきではない。

2 職務質問については、それから捜査に発展したり、職務質問の過程で発見された資料などが証拠として用いられることも少なくないなど、両者には強い一体性・連続性がある。それゆえ、職務質問における「停止」の限界を考慮するにあたっては、捜査活動の規制との整合性を検討する必要がある。また、「停止」は任意処分であることから、刑訴法上の任意捜査の限界の判断と、基本的には同じ判断枠組みで考察すべきである（大谷直人・令状基本(上)67頁など）。具体的には、疑われている犯罪の軽重、嫌疑の強弱、質問の必要性の大小等も併せ、総合的に判断することになる（「警察比例の原則」）。

原則として、人に対する職務質問の程度は、肩や腕に手をかけて呼び止める程度であり、それ以上の有形力の行使は違法とならざるをえない。逆にいえば、その限りにおいて、「身柄拘束に至らない程度の一時的拘束」は許容されるべきである。そして、重大な犯罪（たとえば、強盗殺人）の嫌疑が濃厚で、その場をやりすごしたらその後は捕捉しにくくなるなどの場合には、質問の必要性も高まる。そのため、「停止」させる際に、かなりの程度の有形力の行使が許されることも考えられる。また、有形力の有無・程度のほか、「停止」等の措置をとった際の時間的な長さも考慮する必要がある（**【1-16】**）。

3 本件で問題となったのは、自動車の窓から運転席に手を突っ込んでエンジンキーを回してスイッチを切った行為である。

この行為に関する最高裁の適法性判断を基礎づけたのは、①警職法2条1項の規定に基づく職務質問を行うため停止させる方法として必要かつ相当な行為であることと、②道交法67条4項の規定に基づき、自動車の運転者が酒気帯び運転をするおそれがあるときに、交通の危険を防止するためにとった必要な応急の措置にあたる、という2点である。Xに対する拘束の程度のみで判断したわけではない点に、留意が必要である。

4 やはり、エンジンスイッチを切るという行為には、個人の自由意思の制圧という要素も含まれうるため、任意の職務質問においては、原則として許されないといわざるをえない。しかし、本件では、被疑事実に酒気帯び運転が含まれ、その嫌疑の程度も高いのみならず、「交通の危険を防止する必要性」が存したことも総合して判断すれば、適法な行為であったといえよう（それゆえ、警察官に対する暴行には、公務執行妨害罪の成立が認められる）。

1-16　職務質問の際の有形力の行使と停止の限界

最3小決平成6年9月16日（刑集48巻6号420頁・判タ862号267頁）

[参考] 中谷雄二郎・圏平6-152、江口和伸・圏9版6、酒巻匡・圏平6-165、圏117、圏36-2

事実　被告人Xにつき覚せい剤使用の嫌疑を抱いた警察は、午前11時5分ころ、X運転車両を発見し、高速道路IC近くの交差点付近（「本件現場」）に停止させた。当時、付近の道路は、積雪により滑りやすい状態であった。

警察官らは、午前11時10分ころ、Xに対する職務質問を開始したが、Xは、目をキョロキョロさせ、落ち着きのない態度で素直に質問に応ぜず、エンジンを空ふかししたり、ハンドルを切るような動作をしたため、A巡査部長は、X運転車両の窓から腕を差し入れ、エンジンキーを引き抜いて取り上げた。さらに、Xの覚せい剤取締法違反の前科情報を得た警察官数名が、午後5時43分ころまでの間、順次、Xに対し、職務質問を継続するとともに、警察署への任意同行を求めたが、Xは、自ら運転することに固執して他の方法による任意同行をかたくなに拒否し続けた。他方、警察官らは、車に鍵をかけさせるためエンジンキーをいったんXに手渡したが、Xが車に乗り込もうとしたので、両脇から抱えてこれを阻止し、その後、Xからエンジンキーを戻された警察官らは、Xにエンジンキーを返還しなかった。

その間、午後3時26分ころB警部が令状請求のため現場を離れ、X運転車両およびXの身体に対する各捜索差押許可状ならびにXの尿を医師をして強制採取させるための捜索差押許可状（強制採尿令状）が発付された後の午後5時43分ころから、本件現場において、Xの身体に対する捜索がXの抵抗を排除して執行された（その後、強制採尿令状を呈示されたXは激しく抵抗したため、付近の病院にXを連行し尿を強制採取した）。

上告審では、①Xに対する職務質問およびその現場への留め置きという一連の手続の適法性、ならびに②強制採尿手続の適法性（【1-60】を見よ）が争われた。

決定要旨　上告棄却。「（一）職務質問を開始した当時、Xには覚せい剤使用の嫌疑があったほか、幻覚の存在や周囲の状況を正しく認識する能力の減退など覚せい剤中毒をうかがわせる異常な言動が見受けられ、かつ、道路が積雪により滑りやすい状態にあったのに、Xが自動車を発進させるおそれがあったから、前記のX運転車両のエンジンキーを取り上げた行為は、警察官職務執行法2条1項に基づく職務質問を行うため停止させる方法として必要かつ相当な行為であるのみならず、道路交通法67条3項〔現4項〕に基づき交通の危険を防止するため採った必要な応急の措置に当たるということができる。

（二）これに対し、その後Xの身体に対する捜索差押許可状の執行が開始されるまでの間、警察官がXによる運転を阻止し、約6時間半以上もXを本件現場に留め置いた措置は、当初は前記のとおり適法性を有しており、Xの覚せい剤使用の嫌疑が濃厚になっていたことを考慮しても、Xに対する任意同行を求めるための説得行為としてはその限度を超え、Xの移動の自由を長時間にわたり奪った点において、任意捜査として許容される範囲を逸脱したものとして違法といわざるを得ない。

（三）しかし、右職務質問の過程においては、**警察官が行使した有形力は、エンジンキーを取り上げてこれを返還せず、あるいは、エンジンキーを持ったXが車に乗り込むのを阻止した程度であって、さほど強いものでなく、Xに運転させないため必要最小限度の範囲にとどまるものといえる。また、路面が積雪により滑りやすく、X自身、覚せい剤中毒をうかがわせる異常な言動を繰り返していたのに、Xがあくまで磐越自動車道で宮城方面に向かおうとしていたのであるから、任意捜査の面だけでなく、交通危険の防止という交通警察の面からも、Xの運転を阻止する必要性が高かったというべきである。しかも、Xが、自ら運転することに固執して、他の方法による任意同行をかたくなに拒否するという態度を取り続けたことを考慮すると、結果的に警察官による説得が長時間に及んだのもやむを得なかった面があるということができ、右のような状況からみて、警察官に当初から違法な留め置きをする意図があったものとは認められない。これら諸般の事情を総合してみると、前記のとおり、警察官が、早期に令状を請求することなく長時間にわたりXを本件現場に留め置いた措置は違法であるといわざるを得ないが、その違法の程度は、いまだ令状主義の精神を没却するような重大なものとはいえない」。**

解説　**1**　職務質問の際の有形力の行使に関しては、最高裁昭和 53 年決定（**【1-15】**）以降、一定程度であれば行使しうるとすることで、実務上の争いはなくなっている。ただ、職務質問はあくまで「任意」であり、質問の際の「停止」が、身柄の拘束にあたるものとなれば許されないとされることから（警職法 2 条 3 項）、どの程度まで許されるかの具体的判断が問題となる。

　2　本件では、職務質問に応じず、自動車を発進させるそぶりを見せたため、警察官がエンジンキーを取り上げた行為が問題となった。これに対し最高裁は、①警職法 2 条 1 項の職務質問を行うために停止させる方法として必要かつ相当な行為であり、②覚せい剤中毒が疑われる者が、路面状態の悪い道路を運転しようとしたのであり、交通の危険を防止するという道交法 67 条 4 項に基づく措置にあたるとして、適法であるとした。

　3　ただし、その後 6 時間半以上にわたり現場に留め置いた行為は、任意同行を求める説得行為としての限度を超え、許容される任意捜査の範囲を逸脱するとした。すなわち、このような場合には、対象者を解放するか強制捜査に移行するかについて、より迅速な判断が必要とされるという趣旨であると解される（中谷・前掲 186 頁。**【1-5】**も参照）。

　もっとも、本件では、①行使された有形力は必要最小限度で、②交通警察の点から運転を阻止する必要性が高く、③Xが自ら運転することに固執し、他の方法での任意同行をかたくなに拒否したために、説得が長時間に及んだという事情があり、警察官に令状主義僭脱の意図はうかがわれず、違法の程度は令状主義の精神を没却するような重大なものとはいえないとされた（本件後の下級審裁判例として、東京高判平 19・9・18 判タ 1273-338 参照）。

1-17　職務質問の際の居室への立入りと質問付随性

最１小決平成 15 年５月 26 日（刑集 57 巻５号 620 頁・判タ 1127 号 123 頁）

[参考] 永井敏雄・圏平 15-314、宮木康博・圖10 版 8、圖大澤裕=辻裕教・法教 308-76、圓104、圀35-1

事実　ホテルに宿泊中の被告人Ｘにつき、料金不払いや薬物使用を懸念したホテル責任者の通報を受けた警察官らは、①ホテルの居室に赴き職務質問を実施しようとし、客室入口において外ドアをたたいて声をかけた。しかし、返事がなく、無施錠の外ドアを開けて内玄関に入り、直後に室内に向かって料金支払を督促する来意を告げたのに対し、Ｘは、制服姿の警察官に気づくと、いったん開けた内ドアを急に閉めて押さえるという不審な行動に出たため、警察官らは無銭宿泊や薬物使用の疑いを深め、質問を継続しうる状況を確保するため、Ｘが内側から押さえている内ドアを押し開け、ほぼ全開の状態にし、内玄関と客室の境の敷居上辺りに足を踏み入れ、内ドアが閉められるのを防止した。その直後、Ｘが殴りかかるようにしてきたので、Ａ・Ｂ両巡査は、Ｘが突然暴行に出るという瞬間的な出来事に対し、ほとんど反射的に腕を摑

みソファーに座らせてＸを押さえつけるなどの一連の流れの中でＸを制止するため不可避的に内ドアの中に立ち入る結果になったが、意識的に内ドアの中に立ち入ったわけではなかった。②その後、Ｘの財布の中から覚せい剤が発見されたため、Ｘを覚せい剤所持の現行犯人として逮捕し、その場でビニール袋入り白色結晶１袋等が差し押さえられた。両巡査は、上記逮捕に至るまでの約 30 分間全裸のＸを押さえ続けていたが、仮に押さえるのをやめた場合には、警察官側が殴られるような事態が予想される状況にあった（なお、本件では、所持品検査の限界、および採取された尿の証拠能力も争われた）。

　１審は、警察官によるホテル客室の内ドアの中への立入り等を違法であるとし、その際に得られた証拠等の証拠能力をすべて否定し、Ｘを無罪とした。これに対して、控訴審が本件立入りを適法としたため、Ｘ側が上告した。

決定要旨　上告棄却。「一般に、警察官が〔警職法〕２条１項に基づき、ホテル客室内の宿泊客に対して職務質問を行うに当たっては、ホテル客室の性格に照らし、宿泊客の意思に反して同室の内部に立ち入ることは、原則として許されない」が、ホテルの責任者に不審に思われ、警察に退去させる要請をされるなど、「Ｘは、もはや通常の宿泊客とはみられない状況になって」いて、「警察官は、職務質問を実施するに当たり、客室入口において外ドアをたたいて声をかけたが、返事がなかったことから、無施錠の外ドアを開けて内玄関に入ったものであり、その直後に室内に向かって料金支払を督促する来意を告げている。これに対し、Ｘは、何ら納得し得る説明をせず、制服姿の警察官に気付くと、いったん開けた内ドアを急に閉めて押さえるという不審な行動に出たものであった。このような状況の推移に照らせば、Ｘの行動に接した警察官らが無銭宿泊や薬物使用の疑いを深めるのは、無理からぬところであって、質問を継続し得る状況を確保するため、内ドアを押し開け、内玄関と客室の境の敷居上辺りに足を踏み入れ、内ドアが閉められるのを防止したことは、〔警職法〕２条１項に基づく職務質問に付随するものとして、適法な措置であ」り、「その直後に警察官らが内ドアの内部にまで立ち入った事実があるが、この立入りは、…… Ｘによる突然

の暴行を契機とするものであるから、上記結論を左右するものとは解されない」。また、「警察官らが約30分間にわたり全裸のXをソファーに座らせて押さえ続け、その間衣服を着用させる措置も採らなかった行為は、職務質問に付随するものとしては、許容限度を超えて」いるが、「XがC巡査に殴りかかった点は公務執行妨害罪を構成する疑いがあり、警察官らは、更に同様の行動に及ぼうとするXを〔警職法〕5条等に基づき制止していたものとみる余地もあるほか、Xを同罪の現行犯人として逮捕することも考えられる状況にあ」り、「C巡査らは、暴れるXに対応するうち、結果として前記のような制圧行為を継続することとなったもので」、巡査らに令状主義を潜脱する意図はなかった。

解説 **1** 本件事案は、問題となった職務質問が、公道上などではなく、ホテルの客室で行われたという点に、通常の職務質問とは異なる特徴がある。

2 本件では、警察官が事前に得た情報などから、薬物使用等の疑いがあったのであり、重大事犯であることも考えれば、居室に赴いて職務質問をすることに問題はない。

もっとも、ホテルの居室は、宿泊者にとっては住居に準ずる場所であるから、警察官が職務質問をするにあたり、意思に反して客室内へ立ち入ることは原則として許されない。ただし、本件は、X自身の言動により、Xは「もはや通常の宿泊客とはみられない状況になって」おり、宿泊客としての地位が揺らいでいたという事情があるため、通常の宿泊客と同程度にプライバシーの利益を保護する必要性はないとも解しうる事案であったことに、前提として留意すべきである（永井・前掲326頁、大澤＝辻・前掲82頁）。

3 まず、(1)警察官が、外ドアを開けて内玄関に立ち入った行為については、ノックをしており、外ドアが無施錠であったことを考えれば、本件立入りにより侵害される利益は重大ではなく、適法といえる。

4 そして、(2)Xが警察官に気づくと、いったん開けた内ドアを急に閉めて押さえたため、警察官が、内ドアを押し開けて敷居上辺りに足を踏み入れた行為について、最高裁は、「質問を継続し得る状況を確保するため……〔警職法〕2条1項に基づく職務質問に付随するものとして、適法な措置」であるとした。本件の立入り行為は、「質問を継続し得る状況」の確保という観点では、警察法2条1項にいう「停止」と共通するものであり、前記**2**で挙げた本件に固有の事情をも併せて考慮すれば、適法であると評価しうる。

5 なお、その際に警察官は、(3)内ドアをほぼ全開にし、(4)内ドアの中にまで立ち入っているが、いずれも、Xとのドアの押し合いやXによる突然の暴行が契機となったもので、警察官の意図したところではなく、適法性の検討という観点では問題にならないといえよう。また、(5)覚せい剤所持での現行犯逮捕まで約30分間にわたりXを制圧した行為については、職務質問に付随するものとしては違法であるが、警職法5条に基づく制止行為と解する余地や公務執行妨害罪で現行犯逮捕等ができる状況にあり、その違法は令状主義を僭脱するような重大なものではないとされた。

1-18　所持品検査──米子銀行事件

最 3 小判昭和 53 年 6 月 20 日（刑集 32 巻 4 号 670 頁・判タ 366 号 152 頁）

［参考］岡次郎・圏昭 53-198、池田修・圄6 版 10、渡邉一弘・圄8 版 10、長沼範良・圄10 版 10、諭101

事実　警察官 A は、米子市内で発生した猟銃とナイフを所持した 4 人組による銀行強盗事件の犯人が銀行から 600 万円余を強奪して逃走中であり、それらしい男が近隣をうろついていたとの情報を得たため、警察官 B らを指揮して、午後 11 時ころから国道上で緊急配備につき検問を行った。そして、翌日午前 0 時 10 分ころ、手配人相に似た 2 人の若い男（X・Y）が乗った乗用車が来たので、職務質問を始めた。しかし、X らは職務質問に対し黙秘し、持っていたボーリングバッグとアタッシュケースの開披要求も拒否し、約 30 分後に連行された警察署でも黙秘を続けた。

この質問の過程で、Y に対してボーリングバッグとアタッシュケースを開けるよう何回も求めた警察官 B は、同日午前 1 時 40 分ころ、Y の承諾のないまま、その場にあったボーリングバッグのチャックを開けたところ、大量の紙幣が無造作に入っているのが見え、引き続き鍵のかかっていたアタッシュケースにドライバーを差し込んでこじ開けると、被害銀行の帯封のしてある大量の紙幣が入っているのが見えたので、B および A は、Y・X を強盗被疑事件で緊急逮捕した。

原審は、Y の明示の意思に反してボーリングバッグを開披した B の行為を職務質問附随行為として適法であるとした。これに対し X 側が上告した。

判旨　上告棄却。所持品検査については明文の規定がないが、「所持品の検査は、口頭による質問と密接に関連し、かつ、職務質問の効果をあげるうえで必要性、有効性の認められる行為であるから、〔警職法 2 条 1 項〕による職務質問に附随してこれを行うことができる場合があると解するのが、相当である。所持品検査は、任意手段である職務質問の附随行為として許容されるのであるから、所持人の承諾を得て、その限度においてこれを行うのが原則である……。しかしながら、職務質問ないし所持品検査は、犯罪の予防、鎮圧等を目的とする行政警察上の作用であって、流動する各般の警察事象に対応して迅速適正にこれを処理すべき行政警察の責務にかんがみるときは、所持人の承諾のない限り所持品検査は一切許容されないと解するのは相当でなく、捜索に至らない程度の行為は、強制にわたらない限り、所持品検査においても許容される場合があると解すべきである。もっとも、……所持品について捜索及び押収を受けることのない権利は憲法 35 条の保障するところであり、捜索に至らない程度の行為であってもこれを受ける者の権利を害するものであるから、状況のいかんを問わず常にかかる行為が許容されるものと解すべきでないことはもちろんであって、かかる行為は、限定的な場合において、所持品検査の必要性、緊急性、これによって害される個人の法益と保護されるべき公共の利益との権衡などを考慮し、具体的状況のもとで相当と認められる限度においてのみ、許容されるものと解すべきである」。

「B の行為は、猟銃及び登山用ナイフを使用しての銀行強盗という重大な犯罪が発

生し犯人の検挙が緊急の警察責務とされていた状況の下において、深夜に検問の現場を通りかかったY及びXの両名が、右犯人としての濃厚な容疑が存在し、かつ、兇器を所持している疑いもあったのに、警察官の職務質問に対し黙秘したうえ再三にわたる所持品の開披要求を拒否するなどの不審な挙動をとり続けたため、右両名の容疑を確める緊急の必要上されたものであって、所持品検査の緊急性、必要性が強かった反面、所持品検査の態様は携行中の所持品であるバッグの施錠されていないチャックを開披し内部を一べつしたにすぎないものであるから、これによる法益の侵害はさほど大きいものではなく、上述の経過に照らせば相当と認めうる行為であるから、……警職法2条1項の職務質問に附随する行為として許容される」。

　また、「前記ボーリングバッグの適法な開披によりすでにYを緊急逮捕することができるだけの要件が整い、しかも極めて接着した時間内にその現場で緊急逮捕手続が行われている本件においては、所論アタッシュケースをこじ開けた警察官の行為は、Yを逮捕する目的で緊急逮捕手続に先行して逮捕の現場で時間的に接着してされた捜索手続と同一視しうるものであるから、アタッシュケース及び在中していた帯封の証拠能力はこれを排除すべきものとは認められ」ない。

解説　**1**　職務質問の際に、相手方の承諾を得ないで行う所持品検査に関して、警職法は、2条4項で、被逮捕者について、身体に凶器を所持しているかどうかを調べてもよいと定めるにすぎない。ただし、本人が承諾しない限り所持品検査は一切許されないとする否定説は不合理であり、現在では、(a)警職法2条1項の「停止させて質問する」行為の一部として許されるとする見解と、(b)警察法2条1項の定める公共の安全と秩序維持のための責務の一部として許されるとする見解（**【1-19】**参照）とが対立する。

　2　本判決は、所持品検査は、明文規定はないものの、口頭による質問と密接に関連し、かつ職務質問の効果を上げるうえで必要性、有効性が認められる行為であるので、職務質問に付随して行うことができるとした。そして、任意手段として許容されるのであるから、(1)捜索に至らない程度の行為であれば、強制にわたらない限り、(2)所持品検査の必要性、緊急性、(3)侵害される個人の法益と保護されるべき公共の利益との権衡を考慮し、(4)具体的状況のもとで相当と認められる限度で許容されるとの判断基準を示した。

　そうであれば、職務質問の際に警察官の安全を確保するのに必要な範囲以外にも、所持品検査は許容されうることになる。

　3　問題は、その許容限度をどこに求めるかである。強盗の嫌疑が濃厚な本件状況では、承諾のないまま、バッグの鍵のかかっていないチャックを開け、内部を一瞥する行為は許容されうる。しかし、鍵のかかったアタッシュケースをこじ開ける行為は、侵害の程度が大きく、具体的な状況にもよるが、緊急逮捕に基づく捜索としてしか許容されないことが多いであろう。

1-19　集会参加者に対する検問

大阪高判平成 2 年 2 月 6 日（判タ 741 号 238 頁）

[参考] 稲田伸夫・圖8 版 8、津村政孝・圖9 版 8、木藤繁夫・刑事手続(上)113、圖104

事実　被告人 X は、大阪市西成区の通称釜ヶ崎に居住する日雇労働者の組織である釜日労の組合員であった。釜日労集団は、昭和 61 年 5 月 11 日午前 9 時 30 分から O 公園で開催される集会に参加するため、同日午前 8 時ころ、X を含む約 70 名がバスに乗り、約 20 名が電車と徒歩で出発した。その際バス内には長めの組合旗 2 本、これより短い長さ約 2.5m の組合旗約 10 本およびプラカード 15〜20 本くらいが積み込まれていた。

　当日の O 公園警備を担当した機動隊約 100 名には、警察署から、この出発状況について無線連絡が入った。なお、当日のデモに関しては、あらかじめ公安委員会から、「鉄棒、棍棒、竹棒、石又は先端をとがらせるなど危険な加工を施した旗ざお、プラカードその他危険な物を携帯しないこと」等の条件で許可していたが、同組合員らの参加した以前のデモ行進の際、一部参加者が、公安委員会の許可条件に反して違法行為に出るという経緯があったことなどから、機動隊員らは、所持品検査を目的とする検問の実施を決め、公園付近で警戒にあたっていた。その後、電車を利用してきた約 20 名の組合員が徒歩で公園東出入口に近づいて来たため、これを停止させて所持品検査を実施するべく、機動隊員らが検問のための隊形を作ったが、約 20 名の集団は、機動隊の阻止線によって会場内への通行を妨げられたので、機動隊員に罵声を浴びせ、抗議し、中には機動隊の楯を蹴る者もいた。間もなくバスも到着し、バスから降りた組合員も合流し約 90 名の集団にふくれ、機動隊員と対峙して怒号し、押し合いになった。

　X もバスから降りたものの、そのままでは会場に行くことができないので、同所北側の土手を乗り越えて行くこととし、2 度にわたり土手に上がり会場に向かおうとしたが、いずれも機動隊員に腕を掴まれるなどされて土手下に下ろされた。この間、X は、土手の上に上がって土手下の同参加者らの動向を監視していた機動隊員に対し、長さ約 127cm の木製警杖を両手で突き出すようにして投げ上げてその先端部分を顔面に当てる暴行を加え、当該機動隊員を負傷させた。

　公務執行妨害罪および傷害罪で起訴された X に対し、原判決は、前者について、本件検問は、警職法 2 条 1 項に基づく職務質問に付随する所持品検査の要件を満たさない違法な公務であるとして、無罪を言い渡した。これに対して双方が控訴したが、検察官は、公共の場所での集会、特に本件のような公道におけるデモ行進等は、一般の交通に少なからず支障を及ぼし、群衆心理の法則や現実の経験から明らかなように、場合によっては治安または公共の安全に重大な脅威になりうるから、当該行動への参加者は、警備当局が合理的に考えて必要と思われる限度で行う公安委員会等の許可条件違反の存否に関する点検などの規制に協力すべきで、点検などの規制は、警察法 2 条 1 項に定められた警察の責務を根拠としてなしうるから、必ずしも警職法 2 条 1 項の定める要件に厳格に拘束されず、したがって、警職法 2 条 1 項と警察法 2 条 1 項の両者を根拠とし、通常の職務質問よりも緩やかな要件に従って判断でき、本件検問の場合、優に承諾なき所持品検査を行う必要性、緊急性を認めることができる旨を主張した。

判旨　控訴棄却。「『警察官がその責務を遂行するに当たり、相手方の意思に反しな

い任意手段を用いるについては、必ずしもその権限を定めた特別の法律の規定を要せず、警察の責務の範囲を定めた警察法2条1項の規定を根拠として、これを行い得る場合があるとしても〔最決昭和55年9月22日【1-20】参照〕、本件で行われた相手方の承諾のない所持品検査のように、相手方の意思に反して、国民の権利を制限し、これに義務を課す場合には、その権限を定めた法律の規定が必要であり、同法2条1項の規定によってこれを根拠づけることはできないと解せられる。』そうだとすると、本件所持品検査の適法性の要件を、もっぱら警職法2条1項に基づいて判断し、所論のいうように警察法2条1項を根拠としてその要件をより緩和することを考慮しなかった原判決の判断は正当であ」る。

解説 **1** 本件では、集会や引き続くデモ行進への参加者を対象とした警備活動としての、職務質問やそれに伴う所持品検査のための検問の適法性の判断が問題となった。

2 本判決では、職務質問に付随する所持品検査が一義的でなく、本件は相手方の承諾のない所持品検査にあたるが、「そのような所持品検査が許容されるためには、最判昭和53年6月20日〔米子銀行事件【1-18】〕の示した要件を満たすことが必要で」、「本件においては、その必要性、緊急性が認められない」としていた。不審事由の存在を要件とする警職法2条1項による職務質問、所持品検査が認められない事案だとされたのである。

そこで、検察官は、警職法2条1項に加え、警察法2条1項をも根拠として援用し、通常の職務質問よりは緩やかな要件に従って、その適否を判断すべきであると主張した。この点、「集会等に伴って違法行為が行われるおそれのある場合には、警察官において当該集会等に先立って職務質問をしたり、所持品の提示を求めて確認したりすることは、強制にわたらない、任意の協力を求めるものである限り、〔警察法2条1項〕の責務を実現する手段として許されることがある」とする東京地判平成5年4月16日（判タ827-91）など、警察法2条1項による職務質問、所持品検査等を肯定する裁判例もある。

これに対し、本判決は、警察官がその責務を遂行するにあたり相手方の意思に反しない任意手段を用いるには、警察法2条1項を根拠として行いうる場合があるとしても、本件のような相手方の承諾のない所持品検査のように、相手方の意思に反して、国民の権利を制限し義務を課す場合には、警察法2条1項ではなく、その権限を定めた法律の規定が必要である、とした。

3 しかしながら、本件ではそもそも、許可条件に違反してプラカード等を携帯している疑い等があり、前記昭和53年判決（【1-18】）の示す要件に従っても、警職法2条1項による停止、質問が認められる事案であったようにも思われる。

仮に、それが認められないとしても、やはり本判決の引用する昭和55年決定（【1-20】）の趣旨に照らせば、公の場所で集会等の許可条件への違反の疑いが存する場合、参加者らには、当該許可を受けたことに伴う当然の負担として、一定の範囲で職務質問や場合によって所持品検査を受忍すべきと解する余地もあろう。

1-20 自動車検問

最3小決昭和55年9月22日（刑集34巻5号272頁・判タ422号75頁）

[参考] 渡辺保夫・囮昭55-149、原田和往・囻9版12、河上和雄・新交通囻242、圃106

事実 警察官A、Bは、時期的に飲酒運転が多く、飲食店の多い地域から帰るために通過する車両の多いため検問に適していると判断したT橋の南詰道路端で、同所を通過する車両のすべてに対し走行上の外観等の不審点の有無にかかわりなく赤色燈を廻して合図をして停止を求める方法で検問を実施した。Xの車両には、その走行の外見的状況からは格別不審の点はなかったが、Xは、停止の合図に気づき、自ら車両をAの前で停止させた。Aは、Xに対して窓越しに運転免許証の呈示を求めたが、酒臭がするので酒気帯び運転の疑いを持ち、XにN派出所までの同行を求め、Xの承諾のもと、同所から10〜20m離れたN派出所にXを連れて行き、飲酒検知をしたところ、アルコールが検出されたため、Xを酒気帯び運転で検挙した。

Xおよび弁護人は、本件自動車検問は、何らの法的根拠もなくなされた違法なもので、この検問が端緒となって収集された証拠は、証拠能力がないなどと主張した。しかし、1審、控訴審とも、交通取締りの一環としての交通検問の実施が警察法2条により許容され、強制手段ではなく任意手段による限りなしうるとして、この主張を排斥したため、Xらが上告した。

決定要旨 上告棄却。「警察法2条1項が『交通の取締』を警察の責務として定めていることに照らすと、交通の安全及び交通秩序の維持などに必要な警察の諸活動は、強制力を伴わない任意手段による限り、一般的に許容されるべきものであるが、それが国民の権利、自由の干渉にわたるおそれのある事項にかかわる場合には、任意手段によるからといって無制限に許されるべきものでないことも同条2項及び警察官職務執行法1条などの趣旨にかんがみ明らかである。しかしながら、自動車の運転者は、公道において自動車を利用することを許されていることに伴う当然の負担として、合理的に必要な限度で行われる交通の取締に協力すべきものであること、その他現時における交通違反、交通事故の状況などをも考慮すると、警察官が、交通取締の一環として交通違反の多発する地域等の適当な場所において、交通違反の予防、検挙のための自動車検問を実施し、同所を通過する自動車に対して走行の外観上の不審な点の有無にかかわりなく短時分の停止を求めて、運転者などに対し必要な事項についての質問などをすることは、それが相手方の任意の協力を求める形で行われ、自動車の利用者の自由を不当に制約することにならない方法、態様で行われる限り、適法なものと解すべきである」。

解説 **1** 法律上の定義はないが、自動車検問とは、犯罪の予防・検挙のため、警察官が一定の場所で走行中の自動車を停止させて、運転者等に必要な質問を行うことをいう。職務質問の一態様であるが、疑わしい者についてのみ停止を求めて行う職務質問とは異なり、質問を行う前提として無差別に自動車の停止を要求するところに特色がある。

2 自動車検問には、一般に3つの類型があるとされる。①緊急配備活動としての検問

は、不特定の車両を対象とするものであるが、特定の犯罪について犯人の検挙および情報収集のために停止を求める必要性が高い場合になされるもので、警職法2条1項を根拠に許されるとされる。また、特定犯罪の発生後になされるものであるから、任意捜査の一環として行われる検問ともいえよう（犯罪捜査規範93条〜95条参照）。当該自動車や乗員について外形上具体的異常を現認できるのであれば、警職法2条1項に該当する場合が多く、同条の「停止させて」にあたる範囲で有形力の行使も認められることになる（嫌疑が濃厚であれば、かなり強い有形力の行使も認められる。たとえば、名古屋高金沢支判昭52・6・30判時878-118、東京高判昭57・4・21刑月14-3=4-245など参照）。

②交通違反の予防・検挙のために行われるのが**交通検問**である。整備不良車両（道交法63条）や危険防止に必要な場合（道交法61条・67条）には、道路交通法で警察官に停止権限が認められており、その目的に絞った検問であれば、同法により認められる。

これに対し、③それ以外の道交法違反の取締りや、犯罪一般の予防・検挙をも目的として行われるいわゆる**一斉検問**もあり、これには**警戒検問**の要素がかなり含まれる。

3 本件で問題となったのは、いわゆる交通一斉検問であり、③類型の検問にあたる。

一斉検問については、明確な根拠規定がないため、原則としては、任意に停止した自動車にしか質問はできないことになる。ただし、交通違反の現状等を考えれば、不特定の交通違反を対象とし、走行の態様の外観に不審点があるか否かにかかわらず無差別に停止を求める形で行う一斉検問の必要性は否定しえない。

問題は、その法的根拠をどこに求めるかである。(a)**警職法2条1項根拠説**は、職務質問は自動車運転者等に対してもできるはずで、性質上、自動車の場合は停止させなければ質問できず、また質問すべき嫌疑があるかどうかも判明しないとするが（大阪高判昭38・9・6高刑集16-7-526参照）、無差別停止の根拠としては十分ではない。(b)**警察法2条1項根拠説**は、「交通の取締」という警察の責務の一環であると説明するが、行政組織法である警察法は、具体的な警察活動の適法性の根拠としては抽象的すぎる。また、憲法31条等を直接の根拠規定とし、判例による必要性と相当性の限界設定を要件として解決を図る(c)**憲法説**も有力だが、限界設定の客観的指針を示しうるか疑問は残る。

4 本決定は、まず、(b)説を基本に、交通の取締りが警察の責務として定められていることから、それに必要な警察の諸活動は任意手段として原則として許容されるが、国民の権利、自由の干渉にわたるおそれがある場合には一定の制約を受けるとの判断枠組みを示した。それに加え、自動車運転者は、「公道において自動車を利用することを許されていることに伴う当然の負担」として、合理的な交通取締りに協力すべきであるとする実質的根拠（「協力義務の措定」）があり、その負担として合理的に必要な限度であれば一斉検問は許されるとした点が重要である。以上を踏まえ、(1)必要性判断として、現在の交通違反、交通事故の状況を考慮すべきであり、(2)被侵害利益との比較衡量に基づく相当性判断として、一斉検問が、⑦交通違反の多発する地域で、④短時分の停止を求め、⑨相手の任意に協力を求める形で行われ、㋹自動車利用者の自由を不当に制限することにならない方法、態様で行われるならば、適法なものとして許容されるとした。

1-21 現行犯逮捕の「現行」犯人性

最1小判昭和50年4月3日（刑集29巻4号132頁・判タ323号273頁）

［参考］香城敏麿・圏昭50-59、石川才顯・圏昭50-126、阿部純二・冝3版40、圏129

事実 漁業監視船C丸は、海上においてあわびの密漁をしていたB丸を発見した。B丸の乗組員Aらの密漁行為は漁業法に違反する犯罪行為であったが、B丸が逃走を始めたので、C丸は現に同罪を犯した現行犯人と認めて現行犯逮捕をするため追跡した。しかし、C丸は、船足が遅く追跡が困難であったため、付近にいたD丸に事情を告げて追跡を依頼した。

D丸の船員であった被告人Xらは、この依頼に応じ、Aらを現行犯逮捕するため約3時間B丸を追跡し、同船と併航するようになったので、停船するよう呼びかけたが、同船は、これに応じないばかりでなく、3回にわたりD丸の船腹に突っ込んで衝突させるなどして追跡を妨害しようとしてきた。そのため、Xは、3回目に衝突した後さらに逃走しようとするB丸に対し、逃走を防止するため鮫突用の銛を投げつけたりしたうえ、D丸の船上から、B丸を操舵中のAの手足を竹竿で叩き突くなどし、Aに全治約1週間を要する右足背部刺創の傷害を負わせた。その後、B丸はさらに逃走しようとしたが、海上保安庁の巡視船が付近に到着していたため、逃走を断念した。

Xは、Aに対する傷害で起訴され、1審、原審とも有罪としたが、X側は、本件行為は現行犯人逮捕という正当行為を行うためやむをえない実力行使であり、違法性が阻却されるなどと主張して上告した。

判旨 破棄自判（被告人は無罪）。「漁業監視船C丸は、B丸の乗組員を現に右の罪を犯した現行犯人と認めて現行犯逮捕をするため追跡し、D丸も、C丸の依頼に応じ、これらの者を現行犯逮捕するため追跡を継続したものであるから、いずれも刑訴法213条に基づく適法な現行犯逮捕の行為であると認めることができる」。

「現行犯逮捕をしようとする場合において、現行犯人から抵抗を受けたときは、逮捕をしようとする者は、警察官であると私人であるとをとわず、その際の状況からみて社会通念上逮捕のために必要かつ相当であると認められる限度内の実力を行使することが許され、たとえその実力の行使が刑罰法令に触れることがあるとしても、刑法35条により罰せられないものと解すべきである。これを本件についてみるに、前記の経過によると、Xは、Aらを現行犯逮捕しようとし、同人らから抵抗を受けたため、これを排除しようとして前記の行為に及んだことが明らかであり、かつ、右の行為は、社会通念上逮捕をするために必要かつ相当な限度内にとどまるものと認められるから、Xの行為は、刑法35条により罰せられないものというべきである」。

解説 **1** 現行犯人とは、「現に罪を行い、又は罪を行い終わった者」をいう。犯罪を行っていることが客観的状況から明確であって誤認逮捕のおそれがなく、また直ちに逮捕する必要性が大きいため、令状主義の例外として逮捕状なしで、何人でも逮捕することができる（法213条）。

現行犯逮捕の明白性については、このような現行犯逮捕が可能な根拠に照らせば、(a)現

にいかなる犯罪が行われているかが外部的に何人の目にも明らかである必要があるとすべき理由はなく、(b)逮捕者が得ている知識（資料）を一般人が持ったならば、その者にとって現行犯であることが明らかであるというのも、現行犯逮捕における「明白性」にあたることになる（東京高判昭41・6・28判夕195-125）。また、現行犯逮捕をするには、逮捕者が犯行を必ずしも現認していなくても、周囲の状況からみて、特定の犯罪が現に行われたことが逮捕者にとって明白であればよい。

2 現行犯逮捕にいう、「現に」とは「直後」を意味する。しかし、どの範囲までが「現に」に含まれるかは微妙な問題である。判断要素として、まずは時間的な接着性が挙げられる。比喩的にいえば「犯罪の生々しい痕跡が残り、犯罪が終わったばかりの状況」などと表現できる状況にあることが必要である。たとえば、犯罪が終わって私人から通報があり、数分後に警察官が駆けつけてその場にいる犯人を逮捕するというのは、まさに「現に罪を行い終わった者」の逮捕といえる。もっとも、駆けつけた警察官自身が、その状況からみて、「現に罪を行い終わった」と評価できることが必要である（【1-25】も参照）。

また、逮捕者がこの要件を判断できることが予定されていると考えられるから、時間的接着性のほかに、場所的な接着性も考慮されることになる。

3 従来の判例をみると、たとえば、最決昭和33年6月4日（刑集12-9-1971）では、「今被害者宅に、若い衆が2人塀を乗り越えて入り、煙突なんかを壊しているからすぐ来て下さい」旨の申告を受けて現場に急行した警察官が、現場から約30m離れた路上で犯人を現行犯逮捕した事案について、適法とされた。また、最決昭和31年10月25日（刑集10-10-1439）では、硝子戸を破損された飲食店甲の主人が派出所に赴き、「今酔っ払いが硝子を割って暴れているから早く来て下さい」と届け出たので警察官が急行したところ、同店従業員から暴行と器物損壊の被害を訴えられ、犯人が約20m離れた乙店にいると告げられたため、直ちに乙店に赴き、手を負傷して大声で叫びながら足を洗っていた犯人を暴行と器物毀棄で現行犯逮捕した事案につき、犯行後30～40分しか経過していないことなどを指摘し適法な逮捕としたが、限界的な事例であろう。

4 これに対し、本件の場合は、犯行を現認した船舶から事情を告げられて直ちに逮捕に着手したものの、実際に逮捕行為を行うまでに約3時間が経過している。そのため、逮捕行為の時点では「現に罪を行い終わった」とはいえないようにも思われる。しかし、逮捕行為に出ようとしたが犯人の抵抗にあったため逮捕を完了するまでに時間がかかったという場合であっても、その間追跡等が継続されているのであれば、やはり適法な現行犯逮捕と認めることはできよう。

5 なお、警察官だけでなく、私人であっても、現行犯逮捕をする場合には、「その際の状況からみて社会通念上逮捕のために必要かつ相当であると認められる限度内の実力を行使することが許され」る。そして、その範囲内であれば、当該実力の行使が刑罰法令に触れるとしても、刑法35条により正当化される（東京高判平10・3・11判時1660-155は、私人による実力行使を違法と認めた。これに対し、銃刀法違反・公務執行妨害に基づく現行犯逮捕の際の警察官による発砲を違法とした最決平11・2・17刑集53-2-64も参照）。

1-22　現行犯逮捕における逮捕の必要性

大阪高判昭和 60 年 12 月 18 日（判時 1201 号 93 頁・判タ 600 号 98 頁）

[参考] 小林充・令状基本(上)157、梅田豊・圖8 版 30、滝沢誠・圖9 版 30、圖128

事実　タクシー運転手 X（原告・被控訴人）は、6 月 18 日午後 8 時 40 分ころ、京都市内でタクシーに乗務中、警報機が鳴っているのに本件踏切に進入した旨の違反事実（踏切進入違反〔道交法 33 条 2 項〕。3 月以下の懲役または 5 万円以下の罰金〔故意犯〕、10 万円以下の罰金〔過失犯〕）を、警察官 A から告げられた。

X は、A からの車の移動に関する指示には従い、逃走しようとする形跡もなかったが、違反事実を否認し、運転免許証の提示も拒否し、A との間で押し問答となった。そのため、A は、X に対し「運転免許証を見せないのなら逮捕する」と告げ、警察官 B とともに再度免許証の提示を求めたが、X はこれに応じようとしなかったため、A は B の許可を得て、X を道交法違反で現行犯逮捕した。なお、逮捕時、X は会社名入りの制服を着用し、また、住所、氏名、生年月日、運転免許証番号や雇入年月日等が正しく記載された乗務員証が、車内のダッシュボード上の見やすい位置に掲示されていたが、警察官らが、この乗務員証を確認した形跡はなかった。X は、その後警察署へ引致され、取調べを受けた後、翌 19 日午前 2 時前ころ釈放された。

X は、違反行為がない、違反行為の現認が不可能であることに加え、逮捕の必要性がなかったことを理由として、京都府（被告・控訴人）に対して国家賠償を請求した。1 審は、「A らは、X が、単に道交法違反の事実を認めず、免許証を提示しないということだけで、直ちに、X には逃亡のおそれや罪証隠滅のおそれがあると速断して本件現行犯逮捕をしたもので、本件現行犯逮捕は逮捕の必要性の要件を欠いた違法な逮捕である」として、請求を一部認容した。これに対して、京都府は、現行犯については、逮捕の必要性の有無を問題にする余地はなく、仮にそれが問われるとしても、その程度は通常逮捕における逮捕の必要性よりもはるかにゆるやかに解すべきであり、本件では逮捕の必要性があった旨を主張して控訴した。

判旨　控訴棄却。「現行犯逮捕においても逮捕の必要性（逃亡または罪証隠滅のおそれ）が要件となるか否かについて検討するに、刑事訴訟法及び同規則には、逮捕の必要性を現行犯逮捕の要件とする旨の明文の規定が存しないことは、控訴人主張のとおりであるが、現行犯逮捕も人の身体の自由を拘束する強制処分であるから、その要件はできる限り厳格に解すべきであって、通常逮捕の場合と同様、逮捕の必要性をその要件と解するのが相当である。

　なるほど交通事件においては、同種事犯を大量かつ適正迅速に処理する必要があり、交通事犯の発生状況、その取締状況及び現場での取調べの現況などの特殊性があるほか、道路交通法においては運転者に対して運転免許証の携帯を義務付けてはいるが、他方、交通法令違反事件は、日常生活に直結する問題であり、かつ、その罪質も軽微であることが少なくないのであるから、逃亡その他特別の事情がある場合のほか、現行犯逮捕を行わないようにすべきであることは、犯罪捜査規範〔現 219 条〕にも規定されているところである。そして、取締りの日時、場所、取締り対象の差異によって

交通事犯の発生状況及びその取締り状況が異なることは当然であるから常に同一になす必要はなく、比較的閑散な道路における取締りにおいて、違反者が逃亡や罪証を隠滅するなどの行為を何らなしておらず、単に警察官の指摘した違反事実を否認し、免許証の提示を拒否したことのみをもって、住所、氏名を質すこともなく、他に人定事項の確認手段をとらないまま、直ちに現行犯として逮捕することは、逮捕の必要性の要件を充たしていないといわざるを得ない」。

解説 **1** 通常逮捕に関する法199条2項は、「明らかに逮捕の必要がないと認めるときは、裁判官は逮捕状を発する必要はない」旨を規定する。逮捕の必要性は、逃亡または罪証隠滅のおそれがある場合に認められるとされ、被疑者の年齢・境遇、犯罪の軽重・態様、その他諸般の事情を総合的に考慮して判断される（規143条の3参照）。そして、この規定は、緊急逮捕の場合にも準用されている（法211条）。

これに対し、裁判官の令状が不要な現行犯逮捕の場合にも、逮捕の必要性が要件とされるか、必要であるとして、どの程度を要求するか、が問題とされてきた。

2 この点について、(a)必要性不要説に立つ下級審裁判例もある。東京高判昭和41年1月27日（判時439-16）は、必要説に立つ原審を破棄し、「現行犯人の逮捕については特にその必要性に関する規定がなく」、法217条が「極めて軽微な事件についても、一定の場合には、これを逮捕することができるとしていることに徴すれば、現行犯人の逮捕については、逮捕の必要性の有無を問題にする余地はない」などとする。

3 しかし、逮捕は人の身体の自由を拘束する重大な処分であるから、その運用にあたっては十分な慎重さが必要であって、それは現行犯逮捕の場合も同様であり（本判決のほか、東京高判昭41・1・28高検速報1454も参照）、また、令状主義の例外としての厳格解釈の要請もある。さらに、法217条は、軽微事件に関して、罪証隠滅のおそれだけでは逮捕はできず、類型的に逃亡のおそれがある場合に限り逮捕を認める趣旨であるとすれば、それ以外の事件では、「逃亡または罪証隠滅のおそれ」という必要性の一般原則が妥当すると解しうる（小林・前掲160頁）。本判決も、(b)必要性必要説の立場を明らかにした。

4 ただし、現行犯逮捕する場合、特に「逃亡のおそれ」という観点からは、ほとんどの場合には逮捕の必要性が認められるというのが現状ではあろう。また、特に交通事犯の場合、大量・迅速な処理の要請から、必要性の考慮が現実には困難であるとの指摘もある。それゆえ、犯罪類型ごとの相違を考慮する必要もあろう。

東京地判平成19年10月16日（判タ1275-122）は、信号無視を被疑事実とする現行犯逮捕につき、反則行為にすぎないことをも踏まえつつ、事案に即した判断に基づき、当該逮捕を違法とした。これに対し、京都地判平成12年1月17日（判タ1039-108）は、「罪証隠滅のおそれ」について、①罪証隠滅の対象事実、②隠滅の方法・態様、③隠滅の意図、④隠滅された場合の影響、これに加え、⑤初期の段階に行っておくべき捜査の内容・程度（初期捜査の必要性・重要性）等をも総合勘案して判断すべきと述べ、事案に即した判断として、飲酒検問における酒気帯び運転の罪による当該事案の現行犯逮捕を適法とした。

1-23　準現行犯逮捕―和光大学内ゲバ事件

最 3 小決平成 8 年 1 月 29 日（刑集 50 巻 1 号 1 頁・判タ 901 号 145 頁）

[参考] 木口伸之・圏平 8-1、大澤裕・圖7 版 32、洲見光男・圖9 版 32、丸橋昌太郎・圖10 版 26、圕129

事実　本件は、被告人 X、Y および Z の準現行犯逮捕と、逮捕に伴う所持品等の差押えの適法性が争われた事案である。

X については、兇器準備集合、傷害の犯行現場から直線距離で約 4km 離れた派出所で勤務していた警察官が、いわゆる内ゲバ事件が発生し犯人が逃走中であるなど、本件に関する無線情報を受けて逃走犯人を警察中、本件犯行終了後約 1 時間を経過したころ、X が通りかかるのを見つけ、その挙動や、小雨の中で傘もささずに着衣をぬらし靴も泥で汚れている様子を見て、職務質問のため停止するよう求めたところ、X が逃げ出したので、約 300m 追跡して追いつき、その際、X が腕に籠手を装着しているのを認めたなどの事情があったため、X を本件犯行の準現行犯人として逮捕した。

また、Y、Z については、本件の発生等に関する無線情報を受けて逃走犯人を検索中の警察官らが、本件犯行終了後約 1 時間 40 分を経過したころ、犯行現場から直線距離で約 4km 離れた路上で着衣等が泥で汚れた Y・Z を発見し、職務質問のため停止するよう求めたところ、Y らが小走りに逃げ出したので、数十 m 追跡して追いつき、その際、Y らの髪がべっとりぬれて靴は泥まみれであり、Z は顔面に新しい傷跡があって、血の混じったつばを吐いているなどの事情があったため、Y・Z を本件犯行の準現行犯人として逮捕した。

弁護人は、事実誤認のほか、原審認定の事実を前提にしても、X らの逮捕はいずれも犯罪との時間的・場所的接着性を欠き、準現行犯逮捕の要件を満たしていないなどと主張して上告した（なお、逮捕に伴う捜索・差押えの適法性も争ったが、この点は【1-53】を見よ）。

決定要旨　上告棄却。「以上のような本件の事実関係の下では、被告人 3 名に対する本件各逮捕は、いずれも刑訴法 212 条 2 項 2 号ないし 4 号に当たる者が罪を行い終わってから間がないと明らかに認められるときにされたものということができるから、本件各逮捕を適法と認めた原判断は、是認することができる」。

解説　**1**　準現行犯とは、法 212 条 2 項各号のいずれかに該当する者が、「罪を行い終ってから間がないと明らかに認められる」場合であり、現行犯人とみなして逮捕することができる。

2　準現行犯逮捕は、犯罪と犯人の明白性を客観的に担保する各号の事由の存在を条件に、現行犯の場合よりも、犯罪と逮捕との時間的接着性の要件を緩和したものであるが、「間がない」と言える程度の時間的な近接性は必要である。また、各号は犯罪と犯人との明白性を担保するものであるから、その存在は逮捕者が直接認識する必要があるが、準現行犯の場合、犯行時と逮捕時がある程度離隔していることが想定されている。そのため、各号の該当性や「間がないと明らかに認められる」かの判断には、現行犯の場合（【1-25】）とは異なり、逮捕者が得ていた情報（通報内容など）を判断資料に加えることも許される（大澤・前掲 33 頁、洲見・前掲 33 頁、丸橋・前掲 27 頁）。以上を含めた、その場の具体的状況に

より適法性が判断される（【1-24】も見よ）。

　時間的限界に関しては、最大数時間、あるいは一般的には3〜4時間以内程度を意味するともされるが（2〜3時間以内、または特別の事情がない限り1〜2時間以内とする見解もある）、一応の目安でしかない。また、場所的な近接性も必要とされる。

　3　個別に検討すると、まず1号該当の場合、通常は「犯人として追呼されている」こと自体で、時間的・場所的近接性が認められることが多いであろう。たとえば、犯人を自動車で追跡し、犯行の数分後、約1.5km離れた場所での逮捕を適法とした事例（東京高判昭46・10・27刑月3-10-1331）がある。

　2号または3号該当の場合、たとえば、生々しい血の付いた凶器を所持し、または返り血を浴びた衣服を着用している場合には、そのこと自体から間がないと認められるであろうが、他の事情により時間的・場所的近接性が認められる場合もある。2号について、最判昭和30年12月16日（刑集9-14-2791）は、品川区内でモーターを窃取した犯人が、2時間半くらい後、台東区内で風呂敷包を重そうに抱えていたので警察官に追跡され、電機店の前で風呂敷包をほどき、モーター1台を出して店員と一緒にモーターの試験をしたが、店内で現金を受け取った後、来た道を早足に行くので、なおも追跡され、職務質問を受けて任意同行後に犯行を自供し、犯行後約4時間後に逮捕された事案について、逮捕を適法とした原審を是認した。ただし、犯人の自供までをも逮捕者の判断資料とできるかは問題で、客観的事情に加えて犯人の供述を確認的資料として使う程度なら許されようが、この事案がそれにあたる場合であるかには、疑問も残る。

　4号の場合、「誰何されて逃走しようとする」こと自体は、犯行との時間的・場所的近接性を推認させるものではないので、他の事情によりそれを認定する必要が生じよう。最決昭和42年9月13日（刑集21-7-904）は、犯罪発生後直ちに現場に急行した警察官が犯人を捜索し、犯行後40〜50分経過後、現場から約1100mの場所で犯人と思われる者を懐中電灯で照らし警笛を鳴らしたのに対し、相手方が警察官と知って逃走しようとした場合、口頭で「たれか」と問わないでも4号に該当するとしている。

　なお、各号の事由に重複して該当する場合、それだけで犯人の明白性が強くなるため、時間的・場所的近接性の要求は緩和されよう（条解406頁）。

　4　本決定は、準現行犯人の明白性の判断につき、警察官に発見された時点でのXらの挙動や着衣の状況などが、(1)無線等により本件について事前に情報を得て、逃走犯人を警戒していた警察官という立場に立ち、その認識力等を前提にした場合、本件との関係を当然に疑わせる事情があり、(2)警察官らに職務質問を求められた後のXらの対応、様子等にも、Xらが本件の逃走犯人であることを示す状況があったことなどの、具体的な事情の存在を重視している。そして、以上の具体的事情の存在を前提として、犯罪行為とXらの発見・逮捕との間にある程度の時間的・場所的間隔があったとしても、2号ないし4号にあたる者の準現行犯逮捕として、適法であるとした。

1-24　準現行犯逮捕の適法性判断

東京高判昭和 62 年 4 月 16 日（判時 1244 号 140 頁・判タ 652 号 265 頁）

［参考］藤永幸治・注釈新版 3-178、池田修・令状基本(上)136、圖129

事実　午後 8 時 40 分ころ都内 G 地区のコンビニ「S」で、過激派 C 派の被告人 X ら 6 名と K 派と目される者数名との間で乱闘があり、目撃者 W が H 交番に赴き、「14、5 名の者が殴り合い、5、6 名の者が 1 名を鉄パイプ様の物で殴って路上に倒し、ワゴン車で逃走した」旨届け出たため、午後 9 時 1 分ころ全体配備が発令された。警視庁自動車警ら隊所属の巡査部長 A らは、パトカーに乗車して警ら中、午後 9 時 19 分ころ近傍の F 駅付近で、手配車両に該当する本件車両を発見し、「S」から約 600 m 離れた地点で同車を停止させ、午後 9 時 20 分ころから X らに職務質問を始めた。

　A は、運転者 Y に運転免許証の提示を求めて受け取ったのち、助手席にいた X に質問するとともに、車内を見せるように求めたが、X から「G 地区から来た」との答えを得たのみで、これを拒否され、その後降車した X に質問を続けるうち、X の着ていたワイシャツの両襟および右脇腹に血痕が付着しているのを確認した。警察官らは、X らに対し質問に答えるように説得するなどし続け、その一方で、前記 W に来てもらって、本件車両が「S」付近で目撃したワゴン車と同じものであるとの確認を取り付け

たりした。午後 10 時 30 分過ぎころ現場に臨場した I 警察署 B 警備課長は、午後 11 時 2 分ころ、本件車両に乗車していた全員を「S」付近での暴力行為等処罰に関する法律違反の準現行犯逮捕を命じ、X ら 9 名を逮捕した。

　その間の Y の逮捕直後、B は、本件車両のドアから、座席の間の床上に金属バット 3 本が置いてあるのを発見し、X ら全員を兇器準備集合の現行犯人としても逮捕することにし、I 警察署に帰った後、逮捕手続書に、逮捕警察官らに対し前記準現行犯逮捕と併せて上現行犯逮捕をも記載させた。また、I 警察署警備課勤務の巡査 D は、B 課長の命を受けて、逮捕直後から翌日午前 2 時ころにかけて逮捕場所および本件車両を運び入れた I 警察署構内で、同車内について逮捕現場における捜索差押えを行い、金属バット 3 本およびハンマー 1 丁を差し押さえた。

　控訴審で X らは、①逮捕に先立つ職務質問、②暴力行為等処罰に関する法律違反による準現行犯逮捕、③兇器準備集合による現行犯逮捕は、いずれも違法であるなどと主張したが、東京高裁は①・③をいずれも適法とし、②についても、以下のように判示して適法とした。

判旨　「警察当局は、W が乱闘の目撃後直ちにした具体性のある届け出に基づき、本件車両を被疑車両として手配していたところ、同車両は右乱闘の約 40 分後に、乱闘場所から僅か約 600 メートル離れただけの地点で発見され、X らはこれに乗車していたのであり、しかも、そのうちの 1 人の着衣に血痕が付着していたというのであるから、X らに罪を行ったと明らかに認められる状況があったことは否定し難く、警察官らが X らについて準現行犯逮捕の要件としての犯罪の明白性があると認めたことは、正当として是認することができる。なるほど、被告人 T、同 U ら 3 名は第 3 キャンプから本件車両に乗り込んだものであって、『S』付近での乱闘には参加しておらず、その限りでは結果的に警察官らの認定に誤りがあったことになるが、右のような事情は本件に特有の例外的な出来事であって、警察官らがこの事情の介在に気付か

なかったことを非難することはできず、前記のような外形的状況が存在した以上、警察官らの認定は正当として是認すべきであり、その点に結果として誤りがあったことによって、右3名に対する準現行犯逮捕が違法となるものではない。

　また、Xらは、乱闘後警察官らによって発見された時間及び距離の関係からすると、準現行犯逮捕の要件としての犯罪後間がないと明らかに認められる場合に該当するものということができる。

　更に、Xのワイシャツに付着していた血痕については、それがX自身からの出血によるものか、相手方の出血が返り血となって付いたものかなど、付着経緯の詳細は不明であったとうかがわれるが、その血痕は、付着箇所や付着状況からみて、少なくともXが乱闘に加わったことにより付着したと認められるものであったから、Xが『被服に犯罪の顕著な証跡があるとき』(刑訴法212条2項3号)の要件を具備していたことは疑いを容れない。また、X以外の被告人らについては、その者ら自身の被服には格別の証跡等があったわけではないが、犯行が複数の犯人によるものであって、しかも、その犯人らが同一の事両に乗って行動を共にしていたことが明らかな場合であるから、Xのワイシャツに血痕が付着していたことは、その同乗者である他の被告人らについても『被服に犯罪の顕著な証跡があるとき』にあたるものと解することができる」。

解説　**1**　法212条2項の規定する準現行犯と認めるためには、①特定の罪を犯したものであること、②罪を行い終わってから「間がないこと」、③法212条2項1号ないし4号のいずれかに該当すること、が必要となる。

　2　①「何らかの犯罪」に関係している疑いがあればよいと規定する警職法2条とは異なり、準現行犯の場合、現行犯と同じく、「罪」は特定していなければならない。そして、①に加え、②この特定の犯罪の終了後、時間的に相当接着していることが、客観的状況から、逮捕者に「明らか」でなければならない。それにより、罪を行い終わってから間がない犯人であることの明白性が価値的に現行犯と同視できることになる(藤永・前掲178頁)。

　3　そして、逮捕者の判断が恣意にわたることのないよう、1号から4号のいずれかに該当することが要求される。これは、犯罪と犯人の明白性(犯行後間がないこと)を推認させる事項を類型化した制限列挙で、これらにあたる場合のみ①・②の判断がなされる。

　4　本件では、乱闘事件について、目撃者の具体性のある届け出に基づいて緊急手配中、当該乱闘の約40分後、現場から約600m離れた所で手配車両を発見し、同乗者の1人であるXの着衣に血痕が付着し、その血痕は、付着箇所や付着状況からみて、少なくともXが乱闘に加わったことで付着したと認められるものであった。そうであれば、Xについて、法212条2項3号の「身体又は被服に犯罪の顕著な証跡があるとき」の要件を満たす。また、被服等に格別の証跡等があったわけではないX以外の者についても、犯行が複数の犯人によるものであり、しかも、その犯人らが同一の事両に乗って行動を共にしていたことが明らかな場合であるから、同乗者であるX以外の者についても、3号に基づく準現行犯と認めることができると判断されている。

1-25　逮捕手続の瑕疵と違法性の程度

京都地決昭和 44 年 11 月 5 日（判時 629 号 103 頁）

[参考] 池田修・令状基本(上)136、小田健司・令状基本(上)151、木谷明・令状基本(上)274、圖126

事実　被疑者 X は 10 月 29 日午後 8 時 55 分ころ A 方において恐喝未遂に及び、A は直ちに 110 番通報したが、その間に X はいずれかの方向へ逃走した。警察当局の指令を受けた司法巡査 2 名が、午後 9 時 5 分ころ A 方に到着し、A から犯人の着衣、風体などの特徴を聴取したうえで犯人を発見すべく、現場付近の巡回に出た。そして、同巡査らは、約 10 分後の午後 9 時 15 分ころ、A 方より東方約 20 m の地点にある路上で A から聴取した犯人の人相、年齢、服装とよく似た風態の X を発見し、直ちに X に対する職務質問を実施したが、X は、犯行を否認して自分は犯人ではない旨申し立てた。そこで、同巡査らは、その場に A の同行を求めて X と対面させたところ、A から X が犯人にまちがいない旨の供述が得られたので、その場で X を本件被疑事実を犯した現行犯人と認めて「現行犯逮捕」に及んだ。

この現行犯逮捕後の 11 月 1 日に検察官が勾留請求したところ、京都地裁裁判官は、現行犯人とはいえない X を令状なく逮捕した違法があるとの理由から勾留請求を却下したので、検察官は準抗告を申し立てた（なお、本件準抗告申立中に、検察官はいったん X の身柄を釈放し、その後直ちに緊急逮捕の手続をとり、緊急逮捕状を得た直後、最初の「現行犯逮捕」時点から 72 時間以内の時点で再度勾留請求をし、勾留状の発付を得ていた）。

決定要旨　京都地裁は、以下のように述べて本件準抗告を棄却した。

「被疑者を現行犯人として逮捕することが許容されるためには、被疑者が現に特定の犯罪を行い又は現にそれを行い終った者であることが、逮捕の現場における客観的外部的状況等から、逮捕者自身においても直接明白に覚知しうる場合であることが必要と解されるのであって、被害者の供述によること以外には逮捕者においてこれを覚知しうる状況にないという場合にあっては、事後的に逮捕状の発布請求をなすべきことが要求される緊急逮捕手続によって被疑者を逮捕することの許されるのは格別、逮捕時より 48 時間ないし 72 時間内は事後的な逮捕状発布請求手続もとらず被疑者の身柄拘束を継続しうる現行犯逮捕の如きは、未だこれをなしえないものといわなければならない」。

「司法巡査が被疑者を『現行犯逮捕』したのは、犯行時よりわずか 20 数分後であり、その逮捕場所も犯行現場からわずか 20 数メートルしか離れていない地点であったのであるが、逮捕者である司法巡査とすれば犯行現場に居合わせて被疑者の本件犯行を目撃していたわけでなく、またその逮捕時において被疑者が犯罪に供した凶器等を所持しその身体、被服などに犯罪の証跡を残していて明白に犯人と認めうるような状況にあったというわけでもないのであって、被害者の供述に基づいてはじめて被疑者を本件被疑事実を犯した犯人と認めえたというにすぎないのである」。

「以上によれば、司法巡査が被害者の供述に基づいて被疑者を『現行犯逮捕』した

時点においては、被疑者について緊急逮捕をなしうる実体的要件は具備されていたとは認められるけれども、現行犯逮捕ないしは準現行犯逮捕をなしうるまでの実体的要件が具備されていたとは認められないといわなければならない。

　このような場合にあっては、司法警察職員がその時点で被疑者を逮捕したこと自体には違法の点はないとしても、直ちに事後的措置として裁判官に対して緊急逮捕状の発布請求の手続をとり、右逮捕についての裁判官の司法審査を受けるべきであったというべく、従って、そのような手続をとらずに漫然と被疑者の逮捕を継続したという点において、本件逮捕手続には重大な違法があるといわなければならない」。

　また、裁判官が勾留請求についての裁判において違法逮捕に対する司法的抑制を行うことを期待しているという逮捕前置主義の法意からも、「本件の如き違法な逮捕手続に引続く勾留請求を受けた裁判官とすれば、仮に被疑者につき勾留の実体的要件が具備されていて将来同一事実に基づく再度の逮捕や勾留請求が予想されるという場合であっても、その時点において逮捕手続の違法を司法的に明確にするという意味において当該勾留請求を却下するほかなきものと解される」。

解説　**1**　現行犯人を逮捕する場合、①犯人であることが逮捕者に明らかで、誤認逮捕のおそれがなく、②犯人を確保し、犯罪を制圧するなど、直ちに逮捕する必要性が大きいから、**令状主義の例外**として、逮捕状なしで何人でも逮捕できる（憲法33条、法213条）。

　2　本件でXが逮捕されたのは、犯行後20数分、犯行現場から20数mの地点であり、「現に罪を行い終わった」という犯罪の現行性には問題はない。しかしながら、現行犯逮捕する場合、逮捕者が直接犯行を現認した場合に限る必要はないものの、現場の状況等から、現行犯であることが逮捕者に直接覚知しうる場合であることが必要とされる。その場合、被害者の通報や被疑者の自供等の供述証拠のみで覚知するのでは不十分であるとする見解が有力であり、本件もその立場に立って、本件現行犯逮捕を違法とした。

　3　ただし、本件では緊急逮捕できる状況は存在したのであるから、本件逮捕の違法性は、逮捕手続の選択の誤りに基づくものにすぎず、重大ではないようにも思われる。

　しかし、本件では、逮捕後、事後的措置として直ちに緊急逮捕状の発付請求の手続をとったわけでなく、裁判官による令状審査（司法的抑制）を受けていない。他方で、現行犯逮捕できるのであれば、令状主義の例外として、裁判官による令状審査は不要となるが、本件では現行犯逮捕できる状況はない。令状審査を介した逮捕の司法的抑制という趣旨に鑑みれば、本件逮捕手続の違法性は重大とせざるをえない。

　4　なお、本件では、被疑者を勾留するため早晩再逮捕することが予想されるため、逮捕の違法を宣言しつつも勾留請求を認めた方が、被疑者にとっては有利なようにも思われる。しかし、あえて勾留請求を却下することには、「逮捕手続の違法を司法的に明確」にし、将来の手続を慎重ならしめる点でそれなりの意義がある。他方、被疑者を再逮捕をした場合には、間をおかず直ちに勾留請求をするなどの対応をすべきであろう。

1-26　逮捕手続の違法と勾留

東京高判昭和 54 年 8 月 14 日（刑月 11 巻 7=8 号 787 頁・判タ 402 号 147 頁）

[参考] 大澤裕・圖6 版 28、髙部道彦・圖9 版 34、川口政明・圏新版 54、圖120、143

事実　7 月 14 日午後 3 時 24 分ころ、飯山市内で原付自動車の荷籠から買物袋が窃取され、犯人は自動車（後に盗難車と判明）で逃走した。警察は緊急手配を行い、午後 6 時 20 分ころ、車両検問中の警察官 A らが手配車両を発見し停止の合図をしたが、車両は走り去った。警察官は直ちに追跡したが、運転者は約 6 km 離れた中学校校庭に車両を放置し、山林内に逃げ込んだ。午後 8 時 5 分ころ、付近の T 駅で張込中の警察官 B らが X を発見し、その人相・服装等や山林を逃げ回った形跡などから、手配犯人と認め、X を T 駅待合室に任意同行し職務質問を行った。X は犯行を否認するなどしたが、所持していた運転免許証、出所証明書によって本籍・氏名・生年月日、さらに刑務所を出所したばかりであることが判明した。その間に A らも駆けつけ、検問を突破し山林内に逃走したのは X に相違ないことを確認した。そこで嫌疑が濃いと判断した B は、X の承諾を得て、軽乗用車に乗せて午後 8 時 30 分ころ最寄り（徒歩約 20 分）の駐在所に同行し事情聴取を行った。X は否認し続けたが、この間、X に対し特段の強制力は加えられなかった。

午後 10 時 30 分ころ、C 警部補は、X の嫌疑は濃厚だが、緊急逮捕には無理がありなお継続して取調べをする必要があると判断し、X に飯山署に同行するよう求めたところ、X は、半ば自棄的になり勝手にしろといった調子で「どこにでも行ってよい」旨を述べたため、午後 11 時ころ、5 名の警察官が乗り込んだ覆面パトカーの後部座席中央に X を乗せ、午後 11 時 50 分ころ飯山署に到着した。その後引き続き取調べが行われたが、結局 X 否認のまま逮捕状が発付され、7 月 15 日午前 2 時 18 分に執行された。そして、16 日午後 1 時に検察庁送致の手続がとられ、その後間もなく勾留請求がなされ、午後 4 時 18 分勾留の執行がなされた。

X 側は、T 駅で警察官に職務質問をされて以降約 6 時間余にわたる本件任意同行は、実質上逮捕の状態に置き違法に身柄を拘束されたもので、その後、飯山署においてなされた X に対する逮捕は違法であり、違法逮捕の後に得られた X の自白調書は違法収集証拠として証拠能力を否定すべきであると主張して控訴した。

判旨　控訴棄却。「駐在所から飯山署に向かうべく X をいわゆる覆面パトカーに乗せてからの同行は X が始めに『どこにでも行ってよい』旨述べたとはいえ、その場所・方法・態様・時刻・同行後の状況等からして、逮捕と同一視できる程度の強制力を加えられていたもので、実質的には逮捕行為にあたる違法なものといわざるを得ない。しかし、当時警察官は緊急逮捕はできないと判断していたのであるが、前記の諸事情、特に、買い物袋窃取の犯人が乗って逃走した自動車をその 2、3 時間後に X が運転しており、しかも警察官の停止合図を無視して逃走したこと、約 1 週間前に遠隔地の刑務所を出所したばかりで、しかも運転免許をもたない X が数時間前に盗まれた自動車を運転していたことなどからすると、右実質的逮捕の時点において緊急逮捕の理由と必要性はあったと認めるのが相当であり、他方、右実質的逮捕の約 3 時間後には逮捕令状による通常逮捕の手続がとられていること、右実質的逮捕の時から 48

時間以内に検察官への送致手続がとられており、勾留請求の時期についても違法の点は認められないことを合わせ考えると、右実質的逮捕の違法性の程度はその後になされた勾留を違法ならしめるほど重大のものではないと考える。また他に右勾留を違法無効とするような事情は記録上何ら認められない。したがって逮捕の違法を理由として右勾留中に作成されたXの供述調書（所論指摘の自白調書）を違法収集証拠であるとする所論は失当である」。

解説 **1** 逮捕手続に重大な違法があった場合、それを前提とした勾留請求は許されないとするのが、今日では一般である。その根拠に関して見解は一致していないが、(a)逮捕前置主義を採用する現行法では、逮捕が違法で直ちに釈放すべき被疑者について、勾留請求することは許されない、(b)逮捕につき独立の不服申立て手段が認められていないため（**【1-27】** 参照）、勾留審査の段階で逮捕の適法性についても審査する必要がある、(c)将来の違法逮捕の再発抑止にとって有効である、などが挙げられている。

2 逮捕の違法が、身柄拘束の根拠を失わせるほどではない軽微な手続的瑕疵にすぎない場合には、勾留請求は認められよう。問題は、どの程度重大な違法があれば勾留請求が却下されるかである。一般論としては、その違法を無視することが、被疑者の人権を保障する法の精神や令状主義の精神に照らして許されるかが、捜査官の主観的意図をも考慮に入れて判断されることになろう。

具体的には、①逮捕状の方式の重大な瑕疵として、逮捕状に裁判官の押印を欠いた場合（東京地決昭39・10・15下刑集6-9=10-1185）、②逮捕状請求書に規142条1項8号所定事項の記載（**【1-30】**）がなかった場合（京都地決昭33・2・10一審刑集1-2-319など）、③緊急逮捕の要件がないのに逮捕した場合（神戸地決昭46・9・25判時649-103など。なお、被疑事実などの理由の告知も逮捕する旨の告知もなかった緊急逮捕を違法とした大阪地判平3・3・7判タ771-278も参照）などに、勾留請求が却下されている。

3 先行する任意同行が実質上逮捕にあたるとされた場合の勾留請求の許容性につき、⑦逮捕状によらない逮捕は、令状主義に違反する重大な瑕疵であり、制限時間遵守によりその違法性が治癒されないとして、勾留請求を却下したもの（富山地決昭54・7・26**【1-4】**など）もある。

これに対し、本件は①実質的逮捕の開始時点で緊急逮捕の要件が存在し、制限時間内に検察官送致・勾留請求がなされれば、勾留を違法たらしめる程度ではないとして、勾留請求を認めた。

実質的逮捕といってもその態様はさまざまであるから、基本的には①の見解に立ちつつ、令状主義の精神に照らし、具体的な事案ごとに実質的に判断していくことになろう（なお、浦和地決平元・11・13判時1333-159も参照）。

1-27　逮捕に対する準抗告の可否

最 1 小決昭和 57 年 8 月 27 日（刑集 36 巻 6 号 726 頁・判タ 477 号 94 頁）

［参考］田中開・圓5 版 256、香城敏麿・別冊判タ 9-179、川口正明・圈平 7-15、圖208、551

事実　8 月 3 日、H 簡裁裁判官は、被疑者 X に対する電汽車往来危険および威力業務妨害被疑事件について逮捕状を発付し、そして、この逮捕状に基づき、S 警察署司法警察員が、8 月 4 日午前 7 時 4 分、X を逮捕し、同日午前 9 時、X を S 警察署に引致した。

　この逮捕状の発付および逮捕の処分に対し X が準抗告を申し立てたところ、準抗告裁判所は、「刑事訴訟法 429 条 1 項各号が規定する準抗告の対象となる裁判に該当しないので、これに対して準抗告は許されないものといわなければならない」とし、その理由として、「法が逮捕について準抗告による不服申立の方法を認めていない理由は、逮捕に続く勾留において逮捕前置主義を採用しており、逮捕から勾留請求手続に移るまでの時間が比較的接着していることから、勾留の手続において裁判官の司法審査を受けるうえ、この勾留の裁判に対して準抗告が許されている以上、さらにそれ以前の逮捕段階で準抗告を認める必要性に乏しいからであり、逮捕について準抗告が許されないとしても、憲法に規定する刑事手続上の人権保障の趣旨に反するものではない」として、本件準抗告の申立てを棄却した。

　この原決定に対し、X は、「憲法に文理する令状処罰主義の精神を根底より覆すべき誤解釈にてなされたものである」と主張して、特別抗告を申し立てた。

決定要旨　抗告棄却。「逮捕に関する裁判及びこれに基づく処分は、刑訴法 429 条 1 項各号所定の準抗告の対象となる裁判に含まれないと解するのが相当であるから、本件準抗告棄却決定に対する特別抗告は、不適法である」。

解説　**1**　法 429 条は、裁判官が単独でした裁判（命令）に対する準抗告を定める。そして、その対象については、同条 1 項が「裁判」であるとし、同項 2 号は、「勾留、保釈、押収又は押収物の還付に関する裁判」を列挙するが、そこに「逮捕」は含まれていない。それゆえ、現行法は、逮捕に対する準抗告を認めていないと解するのが自然である。

　2　それゆえ、従来の通説は、逮捕に対する準抗告は認められないと解してきた（消極説）。①逮捕と勾留とを明確に区別する現行法において、「勾留に関する裁判」に逮捕が含まれないことは、文理上あまりにも当然であることに加え、②勾留とは異なり、逮捕による身柄拘束時間は最大限 72 時間であって、比較的短く、逮捕自体に対する不服申立て手段を認めなくても、被疑者の人権保障上それほど重大な問題は生じないと思われること（「逮捕の一時的処分性」）、③この段階で不服の申立てを認めると、その処理をめぐり手続が煩瑣となり、捜査の遂行に支障を生ずるおそれがあること、さらに④勾留請求の段階に至れば、逮捕手続の適否に関しても司法審査を受けることになるため、勾留の審査によって、逮捕に対する準抗告的な機能を相当程度代替させることができると考えられること（「実質上の代替的手段の存在」）、などを理由とする。

　3　しかし、(1)旧法と異なり、現行法では、逮捕は勾留に似た独立の拘束処分となって

おり、逮捕も勾留の前手続という性質を持っていること、(2)英米法的な裁判官への予備出頭の制度がないこと、(3)逮捕状は発付されたがいまだ執行されていないという場合には、逮捕それ自体に対する不服申立ての明白な実益があることなどを根拠に、少なくとも逮捕状発付については勾留に関する法 429 条 1 項 2 号を準用して、逮捕についての準抗告を認めるべきとする見解（積極説）も有力に主張されている（田宮 81 頁、田口 71 頁など）。

4 たしかに、積極説が主張するように、逮捕状の発付はあったがいまだ執行されてないという段階では、逮捕それ自体に対する不服申立てを認める必要性があるようにも思われる。ただし、それを認めると、さらに、⑤現行犯逮捕の場合との均衡という問題も生ずる。すなわち、現行犯逮捕は「裁判」ではなく、法 430 条の対象に含まれないことも明白であり、解釈論として準抗告を認める余地はない（三井誠・法教 29 号 102 頁）。しかし、通常逮捕や緊急逮捕に対する準抗告を認める一方で、現行犯逮捕については、その要件の存否が捜査機関や私人にもっぱらゆだねられているため、直接の不服申立ての必要がより高いとも考えられるのに、その現行犯逮捕に対する準抗告が許容されないというのでは、均衡を失して不公平を生ずることになる（木谷明・圖昭 57 年 244 頁、田中・前掲 257 頁）。以上の①〜⑤を考えると、やはり、現行法の解釈としては消極説が妥当である。

本件以前にも、「被疑者に対し裁判官が逮捕状の発付をした場合その取消を求める申立は不適法である」とする先例もあった（最決昭 54・2・13 裁集刑 214-55 など）。本決定は、以上の論拠に基づき、消極説に立つことを明らかにしたものといえよう（香城・前掲 197 頁）。

5 なお、最決平成 5 年 7 月 19 日（刑集 47-7-3）では、勾留理由開示手続における裁判官の理由告知行為が、準抗告の対象となるかが争われたが、最高裁は、「勾留理由の開示は、公開の法廷で裁判官が勾留の理由を告げることであるから、その手続においてされる裁判官の行為は、刑訴法 429 条 1 項 2 号にいう勾留に関する裁判には当たらない」として、否定説を採用した。

勾留理由開示の制度趣旨について、実務上は、勾留理由の公開を要求できるにとどまるものとする見解によっており、これによれば、告知すべき勾留の理由は、令状発付時のもので足りる。また、勾留理由開示は、すでになされた裁判に関してその理由を「公開の法廷」で示すことに意義があることになり、理由開示は純然たる事実行為であるから、起訴前または第 1 回公判期日前に裁判官がした「裁判」を対象とする準抗告（法 429 条）の対象にはならないことになる。

実質的に考えても、被勾留者には、勾留の裁判に対する準抗告と勾留取消請求権が認められているし、告知された開示時の勾留の理由ないし勾留の継続に不服があるのであれば、勾留取消請求や保釈請求をすればよい（名古屋地決昭 34・3・4 下刑集 1-3-861）のであるから、勾留理由開示に準抗告申立権を認める実益は認められない（以上の点で、少年法 45 条 4 号によるいわゆる「みなし勾留」の場合とは事情が異なる）。

1-28　罪証隠滅のおそれと勾留判断の基準

最 1 小決平成 26 年 11 月 17 日（裁集刑 315 号 183 頁・判タ 1409 号 129 頁②事件）

［参考］水野智幸・㊷10 版 28、飯田喜信・㊷平 27-169、㊟141、㊟264

事実　被疑者 X は、要旨「被疑者は、平成 26 年 11 月 5 日午前 8 時 12 分頃から 8 時 16 分頃までの間、京都市営地下鉄烏丸線の五条駅から烏丸御池駅の間を走行中の車両内で、当時 13 歳の女子中学生〔被害女性〕に対し、右手で右太腿付近及び股間をスカートの上から触った」という被疑事実で逮捕された。

検察官が、勾留を請求したところ、原々審は、勾留の必要性がないとして請求を却下した。

これに対して、検察官が準抗告したところ、原決定（京都地決平 26・11・7LEX/ DB25505087）は、「被疑者と被害少女の供述が真っ向から対立しており、被害少女の被害状況についての供述内容が極めて重要であること、被害少女に対する現実的な働きかけの可能性もあることからすると、被疑者が被害少女に働きかけるなどして、罪体について罪証を隠滅すると疑うに足りる相当な理由があると認められる」として、罪証隠滅を疑うに足りる相当な理由があるとして、勾留の必要性を肯定し、原々審を取り消して、勾留を認めた。これに対して X 側が特別抗告した。

決定要旨　原決定取消し（準抗告棄却）。「X は、前科前歴がない会社員であり、原決定によっても逃亡のおそれが否定されていることなどに照らせば、本件において勾留の必要性の判断を左右する要素は、罪証隠滅の現実的可能性の程度と考えられ、原々審が、勾留の理由があることを前提に勾留の必要性を否定したのは、この可能性が低いと判断したものと考えられる。本件事案の性質に加え、本件が京都市内の中心部を走る朝の通勤通学時間帯の地下鉄車両内で発生したもので、被疑者が被害少女に接触する可能性が高いことを示すような具体的な事情がうかがわれないことからすると、原々審の上記判断が不合理であるとはいえないところ、原決定の説示をみても、被害少女に対する現実的な働きかけの可能性もあるというのみで、その可能性の程度について原々審と異なる判断をした理由が何ら示されていない。

そうすると、勾留の必要性を否定した原々審の裁判を取り消して、勾留を認めた原決定には、刑訴法 60 条 1 項、426 条の解釈適用を誤った違法があ」る。

解説　**1**　被疑者または被告人を拘束する裁判およびその執行を、勾留という。被告人の刑の確定後の拘束も含めて勾留というため、実務上、刑の確定後の勾留を既決勾留、確定前の勾留を未決勾留と呼んで区別する。未決勾留には、⑴被疑者段階の勾留と⑵被告人段階の勾留があるが、本件では、⑴被疑者段階の勾留が認められるかが問題となった。

2　勾留の要件として、まず、勾留請求手続の適法性が前提となる（**【1-32】【1-33】**参照）。それを踏まえて、勾留が認められるための実質的要件は、勾留の理由と必要性である。勾留の理由とは、法 60 条 1 項本文の規定する、被疑者が罪を犯したことを疑うに足りる相当な理由の存在と、同項各号に掲げられている、被疑者の①住居不定、②罪証隠滅

のおそれの存在、③逃亡または逃亡のおそれの存在の、いずれかに該当することである。**勾留の必要性**とは、起訴の可能性（事案の軽重等）、捜査の進展の程度、被疑者の個人的事情（年齢、身体の状況等）などから判断した勾留の相当性である。

　勾留の請求を受けた裁判官は、検察官の提出した資料を検討し、勾留の裁判を開き、勾留質問での被疑者の陳述をも考慮して、勾留の要件の存否・可否を判断する。

　3　本件事案では、勾留を認めた原決定も逃亡のおそれを否定していることなど、勾留の必要性の判断を左右する要素は、罪証隠滅の現実的可能性の程度である。原々審と原決定とで勾留の可否の結論が分かれたのは、その程度の評価の相違によるものである。

　罪証隠滅のおそれの判断には、困難を伴う。ここでいう罪証には、被疑事実の証拠に加え、検察官の訴追判断や量刑判断で重要な意味をもつ事情に関する証拠も含む。証拠の隠匿、共犯者との口裏合わせのほか、証人等に圧力をかけ供述を変えさせることも問題となる。罪証隠滅の可能性は、客観的な実行可能性や罪証隠滅の実効性の程度という客観的可能性と、身柄が解かれた場合の罪証隠滅の意図の存否という主観的可能性の両面から判断される。主観面については、予想される刑の軽重、客観的可能性の程度のほか、否認・黙秘という被疑者の供述態度も、総合的判断の中での考慮要素となりうる。ただし、被疑者には防御活動の権利もあるため、それとの限界の判断は困難となる。一方で、被疑者が犯罪事実を否認していること自体から、罪証隠滅のおそれを認定することは許されない。

　他方、上記の証拠隠滅の可能性と客観的と主観面とを総合考慮して、証人への圧力、共犯者との通謀・連絡などの危険性が具体的なものであれば、罪証隠滅のおそれがあるといいうる。一般的には、「罪証隠滅の単なる抽象的な可能性では足りず、罪証を隠滅することが、何らかの具体的な事実によって蓋然的に推測されうる場合でなければならない」（大阪地決昭38・4・27下刑集5-3=4-444）などとされてきた。

　4　本件のような、電車内の迷惑防止条例違反にあたる程度の痴漢事案では、被疑者が行為や犯意を否認することはままあるが、被害者を付け狙いその生活圏を把握しているなどの特殊事情がなければ、被害者に、供述を変えるような働きかけに及ぶ客観的可能性は、類型的に低いとされている（安藤範樹・刑ジャ40号11頁以下）。最高裁は、本件事案に認められる上記のような性質と、事案の発生経緯・場所などから、被疑者が被害者に接触する可能性が高いことを示す具体的事情はうかがわれないとし、罪証隠滅の可能性が低いとした原々審の判断は不合理とはいえないとした。

　5　なお本決定は、基本的には事後審である準抗告審たる原決定の判断方法を、原々審を不合理と評価した理由を何ら説示していない点でも誤っている旨も指摘している。

　6　本決定は、勾留要件として要求される「罪証隠滅のおそれ」の程度が、具体的・現実的なものでなければならないとする一般論を、最高裁としてはじめて明示し、「抽象的・類型的おそれ」と「具体的・現実的おそれ」との境界線に関する判断基準を、わかりやすく示した点に意義がある（水野・前掲29頁）。勾留請求の却下率は上昇傾向にあるが（圖141頁参照）、本決定は、これを是認し、推し進める方向のものといえよう。

1-29　勾留の場所

東京地決昭和 47 年 12 月 1 日（刑月 4 巻 12 号 2030 頁・判時 702 号 118 頁）

[参考] 多田辰也・固7 版 36、島伸一・固8 版 36、中谷雄二郎・圏平 7-186、團147

事実　窃盗事件につき、X の勾留場所を、「代用監獄警視庁留置場」とした勾留の裁判（原裁判）に対し、X の弁護人（申立人）は、①勾留場所は原則として拘置所とすべきで、これを代用監獄たる留置場とするには、やむをえない例外的な場合に限るべきであり、勾留場所の決定に際し捜査の便宜を考慮することは許されない、②X は、本件勾留の基礎となった窃盗罪で公訴提起されており、本事件に関する捜査は完了しているのに、勾留場所が代用監獄たる警視庁留置場とされたまま、連日余罪や本件につき取調べを受けているが、公訴提起後は、捜査官による被告人の取調べは許されず、余罪捜査の必要性を理由として X を代用監獄に留置しておくこと自体許されるべきではない、として、勾留場所を東京拘置所と指定する旨の決定を求めて、準抗告した。

決定要旨　準抗告棄却。「監獄法 1 条 3 項は、警察官署に附属する留置場はこれを監獄に代用することができる旨規定しているのであるが、勾留の裁判をするに際し、勾留場所を拘置監たる監獄にするか、代用監獄たる留置場にするかは、検察官の意見を参酌し、拘置所の物的、人的施設能力、交通の便否のほか、捜査上の必要性、被疑者または被告人の利益等を比較考量したうえ、裁判官の裁量によって決すべきものであって、適法な捜査のための便宜は、当然これを考慮に入れることが許されるというべきである。……本件捜査の進展状況等に照らすと、勾留場所を代用監獄たる警視庁留置場と指定することが、特に被告人の利益を害するというような事情は認められないのであって、原裁判が右のような指定をしたことが違法または不当であるとは認められない。また申立人は、公訴提起後において、余罪捜査のため被告人を代用監獄に勾留しておくことは違法であ……ると主張するけれども、……原裁判によって勾留され、その後……本件窃盗の事実について公訴が提起されている本件においては、専ら原裁判の適否、当否を判断の対象とする準抗告審の性格上、……公訴提起後に生じた事由をもって、原裁判の適否、当否の判断の資料とすることはできないものと解すべきである」。

解説　1　逮捕による身柄拘束である留置は、通常、警察が行い、警察署内に設置された留置施設（従来は「留置場」）に収容される。それに対し、勾留の場合、その場所は刑事施設（刑務所・拘置所。従来は「監獄」）であるが、刑事収容施設法 15 条は「刑事施設に収容することに代えて、留置施設に留置することができる」とする（旧監獄法 1 条 3 項は「留置場」を「監獄」に代用しうると規定し、代用監獄と呼ばれた）。そのため、被疑者の多くは、勾留期間中（起訴後に刑事施設に移されるまでの間）は、留置施設に収容される。

　留置施設を代替施設として勾留場所としてきた背景には、捜査機関の側にとって、取調

べ時間の確保等の面において便利であったことが指摘できる。そのため、警察管理の留置施設に勾留することは、自白の強要など不当な捜査を誘発すると批判されてきた。

2 鳥取地決昭和44年11月6日（判時591-104）は、勾留場所は原則として拘置所であるとする見解をとり、留置施設に勾留できるのは拘置所で捜査することが不可能または著しく困難である等特段の事情のある場合に限るとし、一般的な捜査上の必要性だけでは不十分で、具体的な根拠が必要であるとする（なお、浦和地決平4·11·10判タ812-260参照）。

3 しかし、本決定は、勾留場所を拘置所にするか、代用施設たる留置施設にするかは、検察官の意見を参酌し、拘置所の物的、人的施設能力、交通の便否のほか、捜査上の必要性、被疑者・被告人の利益等を比較考量したうえ、裁判官の裁量によって決すべきものであり、適法な捜査のための便宜は、当然これを考慮に入れることが許される、とした。

これは、「合理的な場所を裁判官が裁量で決める」とする見解であり、現在の裁判実務は、この見解で運用されている。

4 刑事収容施設法15条は、刑事施設に代えて、留置施設に勾留することができる旨定めるが、そこから直ちに、勾留場所は刑事施設が原則で留置施設は例外と解さなければならないわけではない。すべての被疑者を収容できる刑事施設がない現状を前提に考えると、重要なのは、①勾留段階での取調べにおいて被疑者の人権を確保しつつ、②捜査の目的を可能な限り合理的に実現するという、相対立する要請の調整である。

留置施設については、その収容生活条件を利用した自白の誘導・強要や接見交通権の侵害が生じやすく、「警察による24時間監視のもと、留置施設の管理者が実質的に取調べを行うから、冤罪を生む」と指摘される。しかし、少なくとも現在は、取調べ等の捜査担当者と留置施設にかかる留置業務管理者とは、警察組織上完全に区別されており（「捜留分離」。刑事収容施設法16条以下で明確にされた）、収容生活条件を利用した違法な取調べが行われる危険性は低下している。他方、留置施設の場合、十分な取調べ時間が確保できるほか、被害者・目撃者等との面通し、犯行現場への引き当たり、多数の証拠物の被疑者への展示などにおいて、捜査機関にとって効率的な面がある。

5 それゆえ、勾留場所を決める裁判官としては、個々の事件の性格（被疑者の供述内容や証拠の構造など）に照らし、留置施設とした場合の弊害と捜査の便益等を考慮して、その場所を判断すべきものと考えられる。もちろん、勾留場所がどこであっても、被疑者の取調べにあたって被疑者の人権の確保が図られなければならないのは当然である。

6 なお、勾留場所の移監（規80条）について、最決平成7年4月12日（刑集49-4-609）は、「勾留に関する処分を行う裁判官は職権により被疑者又は被告人の勾留場所を変更する旨の移監命令を発することができる」として、裁判官（または裁判所）の職権による移監命令を肯定した。①職権による移監命令の明文規定はないが、規80条はそれを禁じてはいない、②勾留状発付の段階では勾留場所を定めるのは裁判官の権限とされている、③勾留開始後も裁判官が勾留の取消し・勾留執行停止ができる、④実質的にも、裁判官が職権により移監命令を発付する必要性が認められること、などが根拠となる（これに対し、被疑者・被告人による移監請求権は否定する解釈が示されている）。

1-30　再逮捕・再勾留

東京地決昭和 47 年 4 月 4 日（刑月 4 巻 4 号 891 頁・判タ 276 号 286 頁）

[参考] 小田健司・令状基本(上)270、山﨑学・圏8 版 38、伊藤栄二・圏9 版 36、古江頼隆・圏10 版 32、圏151

事実　被疑者 X は、5 件の爆発物取締罰則違反事件について同時に 20 日間の勾留を受け釈放されていたところ、検察官は、右のうち 1 個の被疑事実につき再度の勾留請求をした。請求を受けた原裁判官は、「被疑者に対する同一被疑事実による勾留は、やむを得ない事由があるとすべきときであっても、また、その回数を 1 回に限らないとしても、勾留期間は通じて 20 日間を超えることができないと解すべきであり（このことは前の釈放をされた後に、新たな証拠が発見される等の事由が生じた場合でも同一であると解する。）本件に関しては、すでに右の 20 日間の期間の勾留を経ているのであるから、本件の再度の請求を不適法として却下すべきものとする」として、請求を却下した。

　これに対して、検察官は、格別の事情変更があり、やむをえない場合には、同一事実についての再度の勾留も許されるべきで、本件は爆発物使用テロという特殊重大な事案であり、前回の勾留時に存在しなかった新たな証拠によって犯罪の容疑が濃厚になった場合にも、単に勾留事実が先の勾留事実と同一であるという理由だけで勾留請求を不適法として却下したのは不当として準抗告を申し立てた。

決定要旨　準抗告審裁判所は、以下のように述べて原裁判を取り消し、X を勾留した。「同一被疑事件について先に逮捕勾留され、その勾留期間満了より釈放された被疑者を単なる事情変更を理由として再び逮捕・勾留することは、刑訴法が 203 条以下において、逮捕勾留の期間について厳重な制約を設けた趣旨を無視することになり、被疑者の人権保障の見地から許されないものといわざるをえない。しかしながら、同法 199 条 3 項は再度の逮捕が許される場合のあることを前提にしていることが明らかであり、現行法上再度の勾留を禁止した規定はなく、また、逮捕と勾留は相互に密接不可分の関係にあることに鑑みると、法は例外的に同一被疑事実につき再度の勾留をすることも許しているものと解するのが相当である。そしていかなる場合に再勾留が許されるかについては、前記の原則との関係上、先行の勾留期間の長短、その期間中の捜査経過、身柄釈放後の事情変更の内容、事案の軽重、検察官の意図その他の諸般の事情を考慮し、社会通念上捜査機関に強制捜査を断念させることが首肯し難く、また、身柄拘束の不当なむしかえしでないと認められる場合に限るとすべきであると思われる。このことは、先に勾留につき、期間延長のうえ 20 日間の勾留がなされている本件のような場合についても、その例外的場合をより一層限定的に解すべきではあるが、同様にあてはまるものと解され、また、かように慎重に判断した結果再度の勾留を許すべき事案だということになれば、その勾留期間は当初の勾留の場合と同様に解すべきであり、先に身柄拘束期間は後の勾留期間の延長、勾留の取消などの判断において重視されるにとどまるものとするのが相当だと思われる」。

　「本件についてみると、関係記録により、本件事案の重大さ、その捜査経緯、再勾

留の必要性等は〔準抗告〕申立理由中に記載されているとおりであると認められ、その他、前回の勾留が期間延長のうえその満了までなされている点についても、前回の勾留は本件被疑事実のみについてなされたのではなく、本件を含む相互に併合罪関係にある5件の同種事実……についてなされたものであることなどの点も考慮すると、本件の如き重大事犯につき捜査機関に充分な捜査を尽させずにこれを放置することは社会通念上到底首肯できず、本件について被疑者を再び勾留することが身柄拘束の不当なむしかえしにはならないというほかなく前記の極めて例外的な場合に該当すると認めるのが相当である」。

解説 **1** 逮捕・勾留の効力は、その基礎となっている被疑事実にのみ及ぶ（「事件単位の原則」）。そして、刑訴法規の明文はないが、同一事実についての逮捕・勾留は、原則として1回しか許されない。再逮捕・再勾留を無条件に認めれば、逮捕・勾留の期間の制限は意味を失うからである。これを**一罪一逮捕・一勾留**（逮捕・勾留の一回性）の原則という。

2 しかし、この原則にも例外はある。たとえば、逮捕中に逃亡した被疑者の再逮捕は認められよう。さらに、**逮捕**に関しては、再逮捕を予想した規定があり（法199条3項、規142条1項8号）、そのため、重要な新証拠の発見や逃亡・罪証隠滅のおそれの新たな発生などの**事情変更**により、**再逮捕の合理的必要性**が生じ、逮捕の不当な蒸し返しにならないと評価されるような場合には、**再逮捕は許容される**と解されている。

3 これに対し、再勾留に関しては、関連する規定が存在しない。そのため、(a)同一事実に関する再勾留は認められないとする学説もある。また、本件原決定は、(b)20日間の勾留期間満了により釈放された後の再勾留は一切認められないとの見解に立っている。

しかし、⑦再逮捕に関する前記規定が、同一事実に関して、前に逮捕状の請求・発付があった場合にその旨を裁判所に通知することを求めるのは、裁判官に、再度の逮捕状請求が不当な蒸し返しでないか慎重な審査を求める趣旨であるが、勾留請求の際には、逮捕状請求書等が添付資料とされるので（規148条1項）、裁判官は、同一事実に関して先行する勾留の存在を知りうる。そして、④再勾留を禁止する規定は存在していない。また、⑰逮捕と勾留は相互に密接不可分であり、さらに、実質的に考えても、再勾留を一切認めないのであれば、流動する捜査の場面において再逮捕を認めた趣旨が失われてしまい、現実的ではない。それゆえ、(c)同一事実についての再勾留も認めるべきである。

4 もっとも、逮捕に比して勾留の期間がはるかに長いことに鑑み、再勾留を許容するための要件は厳格に解する必要があろう。

本決定は、①先行の勾留期間の長短、その期間中の捜査経過、身柄釈放後の事情変更の内容、事案の軽重、検察官の意図その他の諸般の事情を考慮し、②社会通念上捜査機関に強制捜査を断念させることが首肯し難く、③身柄拘束の不当な蒸し返しでないと認められる場合、例外的に再勾留が認められるとした。

1-31　一罪一逮捕・一勾留の原則

仙台地決昭和 49 年 5 月 16 日（判タ 319 号 300 頁）

[参考] 田中康郎・圖8 版 44、河原俊也・圖9 版 42、河村博・圖10 版 38、井上弘道・圏新版 70、圃151

事実　被疑者 X は、昭和 49 年 2 月 18 日 A 警察署に賭博被疑事件で逮捕のうえ、引き続き勾留され、同年 3 月 7 日に、賭博開張図利、常習賭博（常習賭博については昭和 48 年 2 月 3 日、4 日、14 日の賭博の事実・Ⓐ事実）で T 簡易裁判所に起訴された。その後、昭和 48 年 2 月 1 日の常習賭博事件につき取調べを受けた後、昭和 49 年 4 月 1 日保釈を許可され、その後は、任意捜査により前記常習賭博事件および昭和 48 年 5 月初めころの常習賭博事件の取調べを受け、いずれも常習賭博として裁判所に訴因の追加請求がなされた。

一方、昭和 48 年 5 月 19 日の賭博の事実（「本件常習賭博」・Ⓑ事実）については、昭和 49 年 1 月 4 日に、関係者 Y の供述により B 警察署に判明し、同年 4 月 27 日には、X が犯人であることが判明し、X は逮捕され、勾留された（「本件勾留」）。しかし、この逮捕請求書中の規 142 条 1 項 8 号所定の記載欄には、X が本件以前にも前記のとおり逮捕・勾留がなされた旨の記載がなかった。

弁護人が本件勾留の取消しを請求したところ、裁判所は、以下のように述べて、本件勾留を取り消した。

決定要旨　「本件常習賭博は、昭和 48 年 5 月 19 日になされたものであり、前記起訴にかかる常習賭博と一罪をなすものであり、その逮捕勾留中に同時に捜査を遂げうる可能性が存したのである。（本件は昭和 49 年 1 月 4 日に B 警察署に認知されており、直ちに捜査を行えば本件被疑者を割り出すことは充分可能であったのであり、事件自体が全く認知されていなかった場合とは異なるのである。）従って本件逮捕勾留は、同時処理の可能性のある常習一罪の一部についての逮捕勾留であるから、一罪一勾留の原則を適用すべきである」。

「本件逮捕勾留は一罪一勾留の原則により適法視しえないものであるが、本件は常習賭博中の一部の事件である関係上、一個の犯罪事実につき再度の逮捕勾留がなされた場合に該当すると思料されるので、再逮捕勾留の適否が問題となる。刑訴法 199 条 3 項、刑訴規則 142 条 1 項 8 号は、……不当な逮捕のむし返しを防ぐという司法抑制の実効性を確保するための措置であり、この記載を欠くことにより裁判官の判断を誤まらせる虞れを生じさせるものであるから、右記載を欠く逮捕状請求にもとづく逮捕状は違法無効であり、逮捕の前置を欠くことになるのでその勾留も違法とすべきである。同一の犯罪事実とは公訴事実の単一性および同一性がある犯罪事実であり本件においてもその単一性があり同一犯罪事実であるところ、前記認定のごとく前掲起訴にかかる常習賭博につき逮捕状の発付があった事実の記載を欠き、違法というべきである。

本件において実質的に再逮捕状の発付につきその司法審査を誤る可能性が存したかどうかであるが前記認定のごとく被疑者は保釈後、本件と一罪をなす常習賭博事件中、

未取調の事件につき任意捜査に応じて取調を受けているのであり、本件につき一般的な逮捕要件としては格別、再逮捕の必要性が存するかどうかについては多大な疑問が残り、又、逮捕状発付当時以前に逮捕勾留がなされたことを窺わせる資料も存しなかったのであって前掲記載を欠いたことにより実質的に司法審査を誤る可能性は十分存したといわざるを得ない」。

解説 **1** 刑訴法規の明文はないが、同一事実についての逮捕・勾留は、原則として1回しか行うことができないと解されている。一罪について複数回の逮捕・勾留を無条件に認められれば、逮捕・勾留の期間制限は意味を失うからである。

2 「一罪」すなわち「同一事実」とは、基本的には刑法上の罪数に従い、単一・同一の犯罪事実をいう。

ただし、この点については、(a)罪数に従わず、個々の犯罪事実ごとに分けて逮捕・勾留が可能であるとする見解（単位事実説）もありうる（福岡高決昭42・3・24高刑集20-2-114）。しかし、二重起訴・既判力（一事不再理）の範囲等の他の論点との整合性を欠くばかりでなく、1個の行為で複数の法益を侵害した観念的競合の場合のように、通常は同時に捜査することが可能な場合にも複数回の逮捕・勾留を許すことになってしまい、妥当ではない。

他方、(b)いかなる場合にも刑法上の罪数に従うとする見解（実体法上一罪説）もありうる。しかし、一罪とされるものの中には、包括一罪や常習一罪のように、個々の犯罪事実の独立性が強く、捜査をしてみないとそれらが一罪の関係にあるか否かわからない場合がある。特に、常習一罪を犯したものとして勾留され起訴された者が、保釈中に新たに同じ常習一罪の一部となるべき犯罪を犯した場合のように、一罪であっても同時に捜査することが不可能な例もある。したがって、この見解を徹底するのも相当でない。

3 そこで、(c)基本的には実体法上一罪説を基準としつつ、一罪の全部につき、捜査官は同時処理の義務を負うことを前提に、**捜査を同時処理することが不可能ないし著しく困難である場合**には、例外的に新たな逮捕・勾留が許されるものと解すべきであろう（広島高松江支決昭46・5・22判時650-100、福岡高決昭49・10・31刑月6-10-1021など）。

もっとも、最近では、(d)一罪一逮捕・一勾留の原則の例外が問題となる場面と、再逮捕・再勾留の可否が問題となる場面は、いずれも不当な逮捕・勾留の蒸し返しや法定の身柄拘束期間の潜脱の有無が検討されるという点で共通性があり、同一の基準により解決を図るべきとする見解も有力である（井上・前掲71頁、川出敏裕・刑ジャ4号147頁、中島経太・別冊判タ26号333頁など）。本決定は、規142条1項8号所定の記載に関して再逮捕・再勾留の適否を問題としたが、この観点で興味深い（河原・前掲43頁参照）。

4 なお、仮に、本件のⒷ事実で勾留を認める場合、検察官としては、法208条1項の公訴提起を訴因変更と読み替え、10日ないし20日以内に、Ⓑ事実追加の訴因変更手続をしない限り、身柄を釈放しなければならない。その場合、同一犯罪事実についてⒶ勾留とⒷ勾留という二重勾留の状態が存するので、それを当然とする(a)説以外では、いずれかの勾留を取り消す手続が必要となる（田中・前掲45頁参照）。

1-32　別件逮捕・勾留の適否─富士高校放火事件証拠決定

東京地決昭和 49 年 12 月 9 日（刑月 6 巻 12 号 1270 頁・判タ 321 号 204 頁）

[参考] 小林充・令状基本（上）211、堀江慎司・囮10版34、椎橋隆幸・研修 598-9、囮152

事実　捜査当局は、昭和 48 年 10 月 26 日深夜に F 高校で発生した火災につき、X が放火犯人との嫌疑を深めたが、逮捕状を請求しうる資料は得られなかった。だが、捜査当局は、当該捜査中、X に対し、昭和 45 年 5 月に A 警察署で発生した警察官の制服・制帽、無線通信機等の窃盗事件の嫌疑を深め、X を任意で取り調べたところ X は自白し、捜索差押令状に基づく捜索の結果、X 居室から盗品が発見されたので、窃盗事件（別件）の逮捕状も得て、11 月 12 日に X を逮捕し、勾留した（第 1 次逮捕勾留）。

捜査当局は、逮捕後、午前中は主として窃盗事件の取調べを行い、午後と夜間は主として放火事件（本件）の取調べを行った。X は、勾留後も放火事件を否認し続けたが、11 月 20 日に放火事件の概略を自白したので、捜査当局は、24 日に放火事件の逮捕状を得て X を逮捕し、引き続き勾留した（第 2 次逮捕勾留）。その後、X の持病悪化に伴う勾留執行停止期間（12 月 1 日から 15 日）終了後、さらに勾留の延長を得て取調べを行い、12 月 28 日に X を起訴した。

弁護人は、検察側が請求した X の供述調書について、違法な別件逮捕により作成されたもので任意性を欠く、などとして争った。

決定要旨　「未だ令状の発付されていない重い甲事件（以下、本件という。）を捜査する手段として、軽微な乙事件（以下、別件という。）についての逮捕勾留を利用する捜査方法は、一般に、別件逮捕勾留または、たんに別件逮捕と呼ばれる……」。

「別件逮捕及び別件逮捕中の被疑者について本件の取調べをすることの許否並びにその限度について。

(1)　まず、この点については、①本件についての捜査の意図を伴った別件による被疑者の身柄拘束の許否の問題と、②別件による身柄拘束中の被疑者について、本件の取調べをすることの許否及びその限度という問題とを、区別して考える必要がある。ところで、右①の問題に限定して考える限り、右のような身柄拘束の許否は、当然のことながら、別件について逮捕勾留の要件があるか否かによって決せられるべきである。したがって、別件による逮捕勾留の実質的要件……が満たされる限り、右身柄拘束の期間内に、捜査官が併せて本件についての捜査をする意図を有するからといって、そのことだけで、別件による逮捕勾留が許されなくなるということはない。……

(2)　しかし、別件による身柄拘束が認められる場合でも、右被疑者について、どの程度……本件の取調べをすることができるかという点は、右①とは自ら次元を異にする問題である」。②別件逮捕勾留中の本件の取調べについては、被疑者には原則として取調受忍義務がないから、本件たる余罪が別件と密接な関係がある等本件についての取調べが別件の捜査としても重要な意味を有する場合以外は、被疑者に、取調受忍義務がないことを告知して行う等、任意捜査の方法によらなければならない。

本件では、第 1 次逮捕勾留の基礎となった窃盗の事実は、そもそも別件による身柄

拘束の根拠それ自体を欠くようなものではないが、その間の取調時間の大部分は放火事件についての取調べにあてられ、同事件について取調受忍義務のないことを告知した事実がないなどの事情を考えれば、（第2次勾留中の検察官に対する供述調書の一部を除き）第2次逮捕勾留中のものも含め、各供述調書の証拠能力は認められない。

解説　**1**　別件逮捕・勾留（以下、「別件逮捕」）とは、一般に、Ⓑ事実（本件・例：殺人）の証拠が未だ揃っておらず、その事件で被疑者を逮捕しえない場合に、専らⒷ事件について取調べをする目的で、証拠の揃っているⒶ事実（別件・例：窃盗）で被疑者を逮捕・勾留し、その身柄拘束を利用してⒷ事実の取調べをする捜査手法のことをいう。

2　別件逮捕については、(1)令状に記載されていない犯罪事実（本件）を取り調べてよいとすれば、厳格な要件の下で令状を要求する意味が失われ、**令状主義を潜脱する**、(2)令状が1つの事実（別件）に対応したものなのに、別の事実（本件）について取調べを認めることになり、**事件単位の原則に反する**、(3)自白の獲得を目的とした見込み捜査を許容することになる、(4)別件逮捕後、本件についての再逮捕・勾留を認めると、**逮捕・勾留期間の脱法的な延長を認める**ことになる、(5)別件逮捕下での供述の証拠能力が認められるか、といった問題が指摘される。だが、これらは理論的に次元を異にする論点であり、①別件による身柄拘束の適否、②別件の令状に基づく身柄拘束中の本件の取調べの適否、③本件での再逮捕・勾留の適否という、手続の段階ごとに整理して議論する必要がある。

3　①別件（第1次）逮捕の適否に関しては、別件（令状請求の基礎となるⒶ被疑事実）自体により判断すべきとする(a)**別件基準説**（最決昭52・8・9刑集31-5-821）と、本件（捜査機関が取調べを意図したⒷ被疑事実）での身柄拘束という実質を伴った脱法的逮捕かどうかを基準とする(b)**本件基準説**との対立がある。(b)説の論者は、(a)説が論ずるのは「逮捕の適否という一般論にすぎず、別件逮捕の『問題』はどこかにふきとんでしまっている」とし、理論的に「形式的合法性のからをまとった逮捕権の『濫用』という別件逮捕の新しい問題性」を強調することの重要性を主張する（田宮裕・法教79号96頁）。

4　だが現実には、「書かれざる捜査官の意図」（本件の取調べ）を推測し、別件での令状請求を却下することが令状裁判官にとって「至難のわざ」であることは、(b)説の論者も認める（田宮97頁、田口127頁）。さらに、別件被疑事実に関して身柄拘束要件が充足されている場合、捜査官の本件取調べ意図の存在だけを理由に、別件での逮捕が直ちに許されなくなるのか、その理論的説明も困難である（小林・前掲213頁、216頁、椎橋・前掲13頁）。

5　その意味で、(1)**令状発付段階の判断としては**(a)**説が妥当である**。そして、一般的には、逮捕の理由と必要性とを別件を基準に厳格審査すれば、軽微な別件を理由とした口実的身柄拘束は排除しうる。別件を基準とした審査で、その事実での身柄拘束の必要性の吟味は当然行われる。仮に本件取調べの意図がうかがわれた場合、それにより別件自体の捜査の必要性を減殺することになるから、かえって厳格な審査が期待できるともいえる。

6　だが、本決定の説示からも示唆されるように、別件逮捕の議論の本体は、②別件で逮捕・勾留した場合に本件の取調べがどこまで許されるかにある（**【1-33】【1-34】**）。

1-33　別件逮捕・勾留と余罪の取調べ—神戸まつり事件

大阪高判昭和 59 年 4 月 19 日（高刑集 37 巻 1 号 98 頁・判タ 534 号 225 頁）

［参考］石川才顯・圓5 版 36、川出敏裕・圓6 版 34、長沼範良・圓9 版 38、圖155

事実　神戸まつりの期間中、群衆約 6000 名がい集して騒然とした状況になり、午後 11 時ころタクシーを転覆させる等の事件をきっかけに一部が暴徒化、現場に派遣された警察官車の大型輸送車が立往生した。これを見た暴走族クループや群衆が同車の周囲を取り囲むなどし、午後 11 時 35 分ころ、同車の前部付近や車体側面に取りついてこれを押したところ、同車が動きだし、その際たまたま同所付近で取材中に群衆から暴行を受け、路上に昏倒していた報道関係者 A を同車で轢過して死亡させる事件（本件殺人事件・「乙事実」）が発生した。

捜査本部は、現場写真などから被告人 X・Y を容疑者と断定したが、殺人を被疑事実とする逮捕状の請求が困難であったため、別件であるタクシーに対する暴処法違反（「甲事実」）で X・Y を逮捕・勾留した。そして、その過程で、本件殺人事件などについて取調べがなされ、自白調書を得たうえで、本件起訴がなされた。

1 審は、別件逮捕・勾留中に得られた本件殺人事件に関する供述調書の証拠能力を否定し、殺人につき無罪としたため、検察が控訴した。

判旨　控訴棄却。「一般に甲事実について逮捕・勾留した被疑者に対し、捜査官が甲事実のみでなく余罪である乙事実についても取調べを行うことは、これを禁止する訴訟法上の明文もなく、また逮捕・勾留を被疑事実ごとに繰り返していたずらに被疑者の身柄拘束期間を長期化させる弊害を防止する利点もあり、一概にこれを禁止すべきでないことはいうまでもない。しかしながら、……逮捕・勾留中の被疑者に対する余罪の取調べには一定の制約があることを認めなければならない。とくに、もっぱらいまだ逮捕状・勾留状の発付を請求しうるだけの証拠の揃っていない乙事実（本件）について被疑者を取り調べる目的で、すでにこのような証拠の揃っている甲事実（別件）について逮捕状・勾留状の発付を受け、同事実に基づく逮捕・勾留に名を借りて、その身柄拘束を利用し、本件について逮捕・勾留して取り調べるのと同様の効果を得ることをねらいとして本件の取調べを行う、いわゆる別件逮捕・勾留の場合、別件による逮捕・勾留がその理由や必要性を欠いて違法であれば、本件についての取調べも違法で許容されないことはいうまでもないが、別件の逮捕・勾留についてその理由又は必要性が欠けているとまではいえないときでも、右のような本件の取調べが具体的状況のもとにおいて実質的に令状主義を潜脱するものであるときは、本件の取調べは違法であって許容されないといわなければならない」。

「別件（甲事実）による逮捕・勾留中の本件（乙事実）についての取調べが、右のような目的のもとで、別件の逮捕・勾留に名を借りてその身柄拘束を利用して本件について取調べを行うものであって、実質的に令状主義の原則を潜脱するものであるか否かは、①甲事実と乙事実との罪質及び態様の相違、法定刑の軽重、並びに捜査当局の両事実に対する捜査上の重点の置き方の違いの程度、②乙事実についての証拠とくに

客観的な証拠がどの程度揃っていたか、③甲事実についての身柄拘束の必要性の程度、④甲事実と乙事実との関連性の有無及び程度、ことに甲事実について取り調べることが他面において乙事実についても取り調べることとなるような密接な関連性が両事実の間にあるか否か、⑤乙事実に関する捜査の重点が被疑者の供述（自白）を追求する点にあったか、客観的物的資料や被疑者以外の者の供述を得る点にあったか、⑥取調担当者の主観的意図がどうであったか等を含め、具体的状況を総合して判断するという方法をとるほかはない」。本件では、①甲事実は乙事実とは径庭のある軽い犯罪で、捜査官の関心は乙事実の解明に向けられ、②乙事実の客観的証拠は乏しく、③在宅取調べでも捜査目的は達成可能で、④甲事実の取調べが乙事実の取調べにもつながるという密接な関連性は存せず、⑤捜査の重点は、乙事実の故意についての供述を得ることにおかれ、⑥捜査官に、甲事実による逮捕・勾留期間を乙事実の取調べに積極的に利用する意図があったといえるから、X・Y「両名に対する右各逮捕・勾留は、その理由又は必要性が欠けているとまでは断定しえないとしても、……両名に対する本件殺人の事実に対する取調べは、具体的状況に照らし、実質的に憲法及び刑事訴訟法の保障する令状主義を潜脱するものであって、違法で許容されえないもの」であり、その結果得られた供述調書は、「その取調べに存する違法性が令状主義の潜脱という重大なものであって、司法の廉潔性の保持及び将来における同様の違法な取調方法の抑制という見地から、違法収集証拠としてその証拠能力は否定されるべきである」。

解説　**1**　東京地決昭49・12・9（【1-32】）でみたように、別件逮捕の議論の本体は、①別件での逮捕の令状発付時の適法性判断ではなく、②別件で逮捕した場合に本件の取調べがどこまで許されるかという点にある。すなわち、別件を基準にした令状による身柄拘束である以上、それは、別件の捜査のために逃亡・罪証隠滅を防止すべきものでなければならず、本件の捜査のために令状を流用したとされるような「余罪の取調べ」は許されないのである。

その限界につき、(a)Ⓐ事実（「別件」）で逮捕・勾留した場合、取調受忍義務はⒶ事実にのみ認められ、Ⓑ事実には及ばないから、Ⓑ事実（「本件」）に余罪取調べが認められるのは例外にすぎないとする事件単位説も主張される（【1-32】など）。

しかし、(a)説は、身柄拘束令状を「取調令状」とするもので理論的に妥当でないと批判され、(b)余罪の取調べが、違法な別件逮捕・勾留による取調べとなり令状主義を潜脱しうるような場合には、違法として禁止されるとする**令状主義潜脱説**が主張され、本判決もこの見解に立つ（なお、近時の有力説である(c)**実体喪失説**については、【1-34】参照）。

2　問題は、捜査の実効性を図るために、令状主義の趣旨を確保しつつ、どこまで令状に記載のない事実（本件）の取調べを許容できるかにある。(1)別件と本件の大小・軽重関係、(2)両事実の関連性の程度、(3)本件を取り調べた時間の割合の程度や取調官の主観的意図等の諸事情を考慮し、もっぱら本件を取り調べたものか否かが判断される。両事実が密接に関連し、本件を取り調べることが別件の取調べともいえるのであれば、本件に重点を置いた取調べも許容される（最決昭52・8・9刑集31-5-821）。また、被疑者が自発的に供述する場合には、被疑者に有利と考えられるから、本件に取調べが及んでも許容される。

1-34　別件逮捕と余罪の取調べ・本件による再逮捕の可否

東京地決平成 12 年 11 月 13 日（判タ 1067 号 283 頁）

[参考] 中谷雄二郎・新刑事手続 I−314、佐藤隆之・圏8 版 40、津村政孝・J1224-187、圏156

事実　警察は、強盗致傷事件（3 人組の強盗が押し入り、犯人の 1 人が被害者 2 名に傷害を負わせた。⑩事件）の捜査中の 7 月 8 日、犯人に関する匿名の通報に基づき、被告人 X（C 国人）を旅券不携帯で現行犯逮捕した（④事件）。その後 X は勾留されたが、不法入国（⑧事件）の嫌疑も生じ、両事実について連日相当長時間の取調べが行われた。さらに、勾留延長後にも都合 8 日間取調べが行われたが、その間、④・⑧事件に関する調書は 1 通のみ作成された。

この間の 7 月 23 日、I 検事と警察との打合せで、X の⑧事件の証拠が集まらない場合、当時の証拠収集状況に照らし、⑩事件での逮捕は無理で、その間に X の余罪として明らかになった偽造公文書行使（偽造された外国人登録証を行使した。⑥事件）で再逮捕することになった。24 日の夕方、X が⑥事件への関与を自白するに至り、調書が作成されたが、I 検事は、27 日ころ、⑥事件で再逮捕するよう警察に伝

えるとともに、⑥事件による勾留期間中、同事件に関する捜査が終わるまで⑩事件については積極的に触れないよう指示した。ただ、27 日には、強盗致傷に関する詳細な調書が作成された。29 日、X は、④事件について処分保留のまま釈放されると同時に、⑥事件で再逮捕された。

⑥事件での再逮捕後、X は、⑥事件につき一貫して事実を認め、8 月 6 日には、⑩事件等に関する取調べが行われ調書が作成された。X は、9 日に⑥事件で起訴された。10 日には、⑩事件の共犯者 Y が逮捕され、⑩事件の現場に残された指紋の 1 つと一致し、被害者からも犯人の 1 人に間違いない等の供述が得られ、Y は、25 日に、X らと⑩事件を敢行した旨を自白した。

⑥事件の起訴後も、X に対する⑩事件の取調べは断続的に行われ、X は、30 日に⑩事件で逮捕・勾留され、勾留期間延長後、9 月 20 日に⑩事件で起訴された。

決定要旨　東京地裁は、⑩事件に関する別件逮捕・勾留の適否につき、大要以下のような判断を示した。まず、(1)逮捕勾留の理由および必要性等について検討し、④および⑥事件に関する逮捕・勾留の理由と必要性は認められるとした。

次に、(2)捜査のあり方等について検討し、(イ)④事件による勾留延長後の取調べは、その大半が⑩事件の取調べに費やされ、X は、⑩事件について頑強に否認を続け、自白後も取調べに抵抗を続けていたことから、「右期間中における⑩事件の取調べは、④事件による逮捕勾留期間中に許された限度を大きく超えて」おり、「右勾留期間延長後は、④事件による勾留としての実体を失い、実質上、⑩事件を取り調べるための身柄拘束となった」ので、「その間の身柄拘束は、令状によらない違法な身柄拘束となったものであり、その間の X に対する取調べも、違法な身柄拘束状態を利用して行われたものとして違法」であるとし、その間に得られた⑩事件の供述調書等、および⑥事件で勾留中に得られた⑩事件の供述調書も、違法勾留期間中の違法な取調べの影響下にあるとして、証拠能力を否定した。

また、(ロ)「本件違法勾留により、実質上は、既に X が⑩事件について相当期間勾留

されていることの影響」について検討し、「⒜事件による逮捕勾留が、専ら⒟事件を取り調べる目的で、⒜事件の勾留に名を借りその身柄拘束を利用して、⒟事件につき勾留して取り調べるのと同様の効果を狙ったもの、すなわち、積極的に令状主義を潜脱しようとしたものとまでは認められない。しかも、I検事は、⒜事件の勾留期間中、Xの自白が概括的なものにとどまり、共犯者の身柄が確保されていないことなどから、直ちに⒟事件で逮捕しない方針を固めていた旨証言している上、……捜査の進展状況をも合わせ考慮すると、同事件による逮捕は、前掲客観証拠が順次収集され固められていったことが決め手となったとうかがわれるのである。さらに、本件違法勾留終了から同事件による逮捕までに1か月余りの期間が経過していること、……本件違法勾留期間中の取調べの影響は、ⓒ事件の起訴後に次第に薄らぎ希薄化していったものと認められることも考慮すると、⒟事件による逮捕勾留については、逮捕勾留の蒸し返しに当たるとまではいえない」とした。

解説 **1** ②別件逮捕・勾留中の余罪取調べの限界につき、学説では、(a)被疑者取調べにも事件単位の原則があることを認める**事件単位説**や、(b)実質的に令状主義を潜脱するような取調べか否かを問題にする**令状主義潜脱説**が主張されてきた（**【1-33】**参照）。

しかし、近時、(a)説を、⑦身柄拘束令状を同時に取調令状と解することになる点や、⑦捜査の機能性を害する点で、(b)説も、⑨余罪取調べが令状主義違反になるというのは理論的に成立しない点などで、それぞれ批判し、起訴前の身柄拘束期間を、逮捕・勾留の理由たる被疑事実につき、被疑者の逃亡・罪証隠滅を阻止した状態で、起訴・不起訴の決定に向けた捜査を行うための期間と捉えたうえで、(c)第1次逮捕・勾留が、本件の取調べにより、別件による身柄拘束としての実体を失い、違法とされるか否かの点に余罪取調べの限界を求める**実体喪失説**が有力に主張されている（中谷・前掲319頁、川出敏裕・別件逮捕・勾留の研究221頁等）。本決定は、(c)説に依拠しつつ、具体的な判断基準を示したものと思われる点で注目される。

2 さらに、③第1次（別件）逮捕・勾留していた間に本件の取調べをしながら、改めて本件について第2次逮捕・勾留を認めた場合、一罪一逮捕・一勾留の原則（**【1-31】**）に抵触する形で、その違法性が顕在化する（最決昭52・8・9刑集31-5-821）。違法な別件逮捕は、実質上は**逮捕・勾留の不当な蒸し返し**につながる場合が多い。それゆえ、違法な別件逮捕・勾留が行われたとされた場合には、本件による再逮捕・勾留は許されない。

他方、合理的な理由のある場合は同一の被疑事実による再逮捕・勾留は許される（規142条1項8号）。本決定では、捜査の具体的経過や、再逮捕が違法勾留終了後1か月余り後であること、本件違法勾留期間中の取調べの影響はⓒ事件の起訴後に希薄化したことに照らし、本件による逮捕・勾留は不当な蒸し返しにあたるとまではいえないと判断された。

3 また、別件での身柄拘束を利用して本件の取調べを行った場合、本件の取調べを行った期間は、本件による逮捕・勾留の期間に通算すべきである。

1-35　公道上に排出されたごみの領置

最2小決平成20年4月15日（刑集62巻5号1398頁・判タ1268号135頁）

[参考] 鹿野伸二・團平20-289、宇藤崇・J1376-208、川出敏裕・研修753-3、團172

事実　本件は、被告人Xが、被害者Aを殺害してキャッシュカード等を強取し、それを用いて現金自動預払機から多額の現金を窃取するなどしたとして、強盗殺人、窃盗、窃盗未遂で起訴された事案である。

平成14年11月、被害者Aが行方不明になったとして捜索願が出されたが、行方不明となった後に現金自動預払機によりAの口座から多額の現金が引き出され、あるいは引き出されようとした際の防犯ビデオに写っていた人物がAとは別人であったことや、A宅から多量の血こんが発見されたことから、Aが凶悪犯の被害に遭っている可能性があるとして捜査が進められた。

その過程で、Xが本件にかかわっている疑いが生じ、警察官は、前記防犯ビデオに写っていた人物とXとの同一性を判断するため、Xの容ぼう等をビデオ撮影するなどの捜査をすると同時に、Xおよびその妻が自宅付近の公道上にあるごみ集積所に出したごみ袋を回収し、そのごみ袋の中身を警察署内において確認し、前記現金自動預払機の防犯ビデオに写っていた人物が着用していたものと類似するダウンベスト、腕時計等を発見し、これらを領置した。そして、前記のビデオ撮影による画像が、防犯ビデオに写っていた人物とXとの同一性を専門家が判断する際の資料とされ、その専門家作成の鑑定書等並びに前記ダウンベストおよび腕時計は、1審において証拠として取り調べられた。

そして1審が、強盗殺人等の事実を認定してXを無期懲役に処したのに対し、X側は、訴訟手続の法令違反および事実誤認を理由に控訴したが棄却されたため、弁護人は、さらに、警察官によるダウンベストおよび腕時計の各領置手続は、令状もなくその占有を取得し、プライバシーを侵害した違法な捜査手続であるから、前記鑑定書等には証拠能力がないのに、これらを証拠として採用した1審の訴訟手続を是認した原判断は違法である旨主張して上告した（また、Xに対するビデオ撮影は、Xのプライバシーを侵害して行われた違法な捜査手続であるとも主張した。**【1-9】**を見よ）。

決定要旨　上告棄却。「前記事実関係及び記録によれば、捜査機関においてXが犯人である疑いを持つ合理的な理由が存在していたものと認められ、……ダウンベスト等の領置手続についてみると、X及びその妻は、これらを入れたごみ袋を不要物として公道上のごみ集積所に排出し、その占有を放棄していたものであって、排出されたごみについては、通常、そのまま収集されて他人にその内容が見られることはないという期待があるとしても、捜査の必要がある場合には、刑訴法221条により、これを遺留物として領置することができるというべきである。また、市区町村がその処理のためにこれを収集することが予定されているからといって、それは廃棄物の適正な処理のためのものであるから、これを遺留物として領置することが妨げられるものではない。

したがって、〔本件〕捜査手続が違法であることを理由とする所論は前提を欠き、原判断は正当として是認することができる」。

解説 **1** 法221条は、捜査官は、「被疑者その他の者が遺留した物又は所有者、所持者若しくは保管者が任意に提出した物は、これを領置することができる」と規定する。この領置については、占有取得の過程に強制の要素がないので、令状は必要ではない（川上拓一・刑事訴訟の実務(上)〔3訂版〕456頁）。物の占有を取得する唯一の任意捜査である。客体は、遺留された物と任意に提出された物に限られる。もっとも、一度占有を取得したら、強制的に占有を継続することができる。占有取得時は任意でなければならないが、領置した後は強制的な占有となる。

2 本件で問題となったのは、ごみとして排出された物について、令状によることなくその占有を取得できるか、できるとすれば、法221条により領置できるかどうかである。すなわち、①領置の対象である「遺留物」に、ごみが含まれるかどうか、②仮に含まれるとして、捜査機関は何の制限もなく領置できるのか、という問題である（なお、下級審裁判例として、被告人がごみ集積所に投棄したビニール袋を、警察官が拾得して持ち帰り、内容を見分けてその中からDNA鑑定の前提となる資料を発見した行為について違法でないとした、東京高判平8・5・9判タ922-296がある）。

3 ①法221条にいう「遺留物」は、「遺失物」よりも広い概念で、自己の意思によらず占有を喪失した物だけでなく、自己の意思によって占有を放棄し、離脱させた物をも含む（池上政幸=河村博・大コメ〔2版〕4巻579頁）。後者の物についても、占有が放棄されているのであるから、その物の占有取得には強制の要素が認められず、領置の対象になりうると考えられるからである。そうであれば、「ごみ」に関しても、被疑者などが不要物として公道上のごみ集積所に排出し、その占有を放棄したものであれば、遺留物にあたるということができよう。本決定も、本件ごみ袋について、「不要物として公道上のごみ集積所に排出し、その占有を放棄していたもの」であるとして、「遺留物」にあたるとしている。

4 ②もっとも、「ごみ」が遺留物にあたるとしても、捜査機関が何の制限もなく領置できるかは問題である。「ごみ」といえども、それを領置する場合、被疑者等のプライバシーを侵害する面が皆無とはいえない。本決定でも、「排出されたごみについては、通常、そのまま収集されて他人にその内容が見られることはないという期待がある」ことが認められている。しかし、本件で問題となったごみは公道上のごみ集積場に排出したものであり、それによってプライバシーに対する期待を放棄したとも考えられ、その反面として捜査の必要がある場合には領置できるものと解される。

5 集合住宅内のごみ集積所に出されたごみについて、東京高判平成30年9月5日（判タ1466-130）は、清掃業務の委託を受けたマンション管理会社・清掃会社が、①マンション各階のゴミステーションから地下1階のごみ置き場に下ろすなどしてごみの回収・搬出作業を行っていた場合に、②警察官が管理責任者や回収責任者等の了解・立会いのもと、被告人が出した可能性のあるごみの任意提出を受けて領置し、内容を確認して関連性あるごみを改めて領置した事案につき、①時点で占有はマンション管理会社・清掃会社に移転し、②は領置に、内容物を確認した行為は占有継続の要否の判断にとっての必要な処分にあたり、適法とした。ごみ自体については、その占有が離脱した時点で、保護されるべき上記プライバシーの利益については、捨て場所による差異は生じないと考えられる。

1-36 承諾による捜索の許容性

福岡高判平成5年3月8日（判タ834号275頁）

[参考] 村瀬均・令状基本(下)283、圖172

事実 「暴力団組長である被告人Xが覚せい剤5kgを仕入れ、外国製普通乗用車（B車）のトランクに隠し、当日中に客に売り捌く予定である」旨の確度の高い情報を提供する匿名電話が警察署にあった。

そこで警察官らが張込みや尾行する中、Xは、組事務所から出てきたAとともに、B車でA居住のマンションに赴き、B車トランク等から荷物を取り出してA居室に運び込んだ。警察官らは、張込みを継続し、A居室から出てきてB車の運転席ドアを開けようとしたXに職務質問をするため声をかけたところ、Xは突然全力で走り出した。警察官は「止まれ」と大声を出してXに停止を求めたが、Xは、脇に抱えていたペーパーバッグを隣家敷地内に向かって高く放り投げた後、警察官に衝突し転倒した。警察官らは、Xを立たせた後、Aに対し、話を聞くためにA居室に入っていいか尋ねたところ、Aが承諾したので、XらとともにA居室に入った。警察官が、室内でXに対し、ペーパーバッグの中身を確認してもいいかと尋ねたところ、

Xは「勝手にしない。しょんなかたい。もう往生した」と言ったため、Xの承諾があったものと判断してペーパーバッグの中を捜索し、ポリ袋入りの覚せい剤1袋（約1kg）を発見した。他方、警察官は、事前の情報から、XがさらにA方に残りの覚せい剤を隠匿しているのではないかとの疑いを持ち、Aに対し、「他に覚せい剤を隠していないか。あったら出しなさい」と告げると、Xは急に大声で「A見せんでいいぞ」などと怒鳴ったが、Aが「いいですよ。室内を捜して下さい」と答えたので、警察官らは、A居室を捜索し、台所流し台の下からポリ袋入り覚せい剤2袋（約2kg）を発見したため、XとAを本件覚せい剤の営利目的による共同所持の現行犯人として逮捕した。

本件控訴審は、覚せい剤営利目的所持で有罪とした原判決を、営利目的の存在を認定できないとして破棄し、さらに本件捜索の違法性を認めたが、その重大性を否定し【**1-55**】も見よ）、単純所持で有罪とした。

判旨 「承諾に基づく住居等に対する捜索については、犯罪捜査規範108条が、人の住居等を捜索する必要があるときは、住居主等の任意の承諾が得られると認められる場合においても、捜索許可状の発付を受けて捜索をしなければならない旨規定しているが、住居等の捜索が生活の平穏やプライバシー等を侵害する性質のものであることからすれば、捜索によって法益を侵害される者が完全な自由意思に基づき住居等に対する捜索を承諾したと認められる場合には、これを違法視する必要はないと考えられる。しかし、住居等に対する捜索は法益侵害の程度が高いことからすれば、完全な自由意思による承諾があったかどうかを判断するに当たっては、より慎重な態度が必要であると考えられる。そこで、この点を本件についてみると、確かにA方に対する捜索は、T警部からの申し出に対し、Aが『いいですよ。室内を捜して下さい』と返事したことを受けて行われたものではあるが、Aは当時20歳前の女性であったこと、また、AがT警部から捜索への承諾を求められる直前には、それまで父親代わりとし

てAの面倒を見てくれていたXが、数名の警察官らに連れられてA方に来ていた上、Xが持っていたペーパーバッグの中から覚せい剤も発見されていたこと、しかも、当時Xと一緒にA方に入って来た警察官の人数は決して少ない数ではなかった上、その最高責任者であるT警部から、『他に覚せい剤を隠していないか。あったら出しなさい』と告げられた上で、A方に対する捜索についての承諾を求められていたことを併せ考えると、Aが同警部の申し出を拒むことは事実上困難な状況にあったと考えざるを得ない。そうすると、Aとしては、A方にまだ覚せい剤が隠されているのではないかとの警察官らの疑いを晴らす必要があったことや、Xが『A見せんでいいぞ』と怒鳴ってAが捜索を承諾するのを制止したにもかかわらず、Aが『いいですよ』等と返事していることを考慮に入れても、Aの承諾が完全な自由意思による承諾であったと認めるのは困難であって、T警部らによるA方の捜索がAの承諾に基づく適法な捜索」とはいえない。

解説　**1**　処分を受ける者の同意・承諾を得て物の占有を取得する処分は領置（強制処分の場合は差押え）、同じく同意・承諾を得て行う検証は実況見分と呼ばれ、しばしば行われる。そして、同意・承諾を得て行う捜索も、一般に、自らの完全な自由意思による承諾に基づいていれば違法ではないとされる。

　その場合には、承諾権限があり、捜索の意味を理解しうる能力のある者の承諾を要する。それゆえ、たとえば、夜間両親の不在中に、捜査官から「家の中を見てよいか」と尋ねられた17歳の娘の「どうぞ」という答えが有効な承諾といえるかは疑問である（「父母共に不在中17才の少女が、家庭の秘密、住居及び財産の安全を侵すような異常な事態に当面して、その捜索を承諾するが如き権限は通常これを有しないものと見るを至当とする」旨の最大判昭36・6・7【1-51】の少数意見も参照）。

　2　しかし、一般論として承諾による捜索が許されるとしても、任意捜査一般としての限界はある。また、捜索の対象によっても、承諾の有無の判断は異なる。

　たとえば、自動車内のプライバシーも当然保護されるべきではあるが、その保護の程度を考えれば、自動車内の捜索は、相手方からの真意の承諾があれば許容されやすい（肯定例として、福岡高判昭50・6・25判時802-119など。否定例として、最決平7・5・30刑集49-5-703）。

　これに対し、住居等の捜索の場合は、その平穏の保障は特に重要である。本判決も、理論的には住居に対する承諾捜索の可能性は認めつつ、その場合の承諾の有無の判断には慎重な態度が必要であるとし、本件具体的事情のもとでは、Aが承諾を拒むことは事実上困難であったと判断した。

　3　たしかに、住居に対する承諾捜索を認めることが社会通念上相当といえるかには慎重な判断が必要となろう。犯罪捜査規範108条が住居における承諾捜索を避ける（なお、同107条は女子の任意の身体検査も原則禁止する）旨を規定していることも、承諾捜索に関する適法性判断にあたって、参考にすべきである。

1-37　捜索差押許可状の記載内容—都教組捜索差押え事件

最大決昭和 33 年 7 月 29 日（刑集 12 巻 12 号 2776 頁・判時 156 号 6 頁）

［参考］栗田正・圏昭 33-555、平野龍一・続圓158、圖174

事実　地方公務員法違反の被疑事件（争議行為等の禁止）についての証拠収集のため、捜索差押許可状が発付されたが、同許可状には、罪名として「地方公務員法違反事件」、捜索すべき場所として「東京都千代田区神田一ツ橋 2 丁目 9 番地、教育会館内、東京都教職員組合本部」、差し押さえるべき物として「会議議事録、闘争日誌、指令、通達類、連絡文書、報告書、メモ、その他本件に関係ありと思料せられる一切の文書及び物件」と記載されていた。

被疑者らは、①憲法 35 条は、裁判官が正当な理由ありと内部的判断において思料した場合に令状を発すべきことを規定したものではなく、令状に「正当な理由に基づいて発せられた」ことを明示して国民の基本的人権を保護しその防御権を全からしめる趣旨にあり、令状自体において「正当な理由に基づいて発せられた」ことを判断しうるためには少なくとも適用条文を示して罪名が記載されなければならない、②本件許可状の場所の表示は抽象的に団体名を表示し、場所そのものの表示ではないから同条に違反する、③本件のような記載のある令状は、同条の「押収する物を明示する令状」に欠けるところがあるなどと主張し、特別抗告をした。

決定要旨　抗告棄却。「憲法 35 条は、捜索、押収については、その令状に、捜索する場所及び押収する物を明示することを要求しているにとどまり、その令状が正当な理由に基いて発せられたことを明示することまでは要求していないものと解すべきである。されば、捜索差押許可状に被疑事件の罪名を、適用法条を示して記載することは憲法の要求するところでなく、捜索する場所及び押収する物以外の記載事項はすべて刑訴法の規定するところに委ねられており、刑訴 219 条 1 項により右許可状に罪名を記載するに当っては、適用法条まで示す必要はないものと解する。

そして本件許可状における捜索すべき場所の記載は、憲法 35 条の要求する捜索する場所の明示として欠くるところはないと認められ、また、本件許可状に記載された『本件に関係ありと思料せられる一切の文書及び物件』とは、『会議議事録、斗争日誌、指令、通達類、連絡文書、報告書、メモ』と記載された具体的な例示に附加されたものであって、同許可状に記載された地方公務員法違反被疑事件に関係があり、且つ右例示の物件に準じられるような闘争関係の文書、物件を指すことが明らかであるから、同許可状が物の明示に欠くるところがあるということもできない」。

解説　**1**　原則として、裁判官の発する適式の令状がなければ捜索・差押えはできない。捜索令状には、被疑者の氏名と罪名のほか、捜索すべき場所、身体または物が、差押令状の場合には、「差し押えるべき物」の具体的な明示が必要である（法 219 条 1 項）。これは、憲法 35 条の令状主義の要求を受けたものである。

2　本件の争点は、①憲法 35 条は、記載内容（令状の形式要件）の明示のみを要求するのか、令状が正当な理由に基づいて発せられた旨の明示も要求しているのか（罪名の記載の程

度にかかわる）、②「捜索すべき場所」の記載、さらに③「差し押えるべき物」の記載として、どの程度の明示が必要かである。

3 実務上、「罪名」に関して、刑法犯では殺人、強盗などの一般的名称が用いられるが、特別法犯では法令名のみが表示される。この運用に対しては、同一法令に多種の罰則が含まれることもあること、後述のように、捜索場所、押収物についてある程度の概括的記載を許容する関係上、罰条により個別化作用を期待すべきとする批判論も有力である。

しかし、対人的強制処分に関する憲法 33 条が、令状に理由となった犯罪の明示を要求するのに対し、憲法 35 条は「犯罪の明示」を規定せず、同条の「正当な理由に基いて」も令状が発せられるまでの要件に関する事項であるとするなら、罪名の記載は、憲法上の要求ではないとも考えられる。そうであれば、法 219 条の規定する「罪名」の記載は事件を特定する手段にすぎず、捜索場所や押収物の特定明示は、令状におけるそれ自体の記載で判断すべきと解する余地もある。

4 憲法 35 条が「捜索する場所」の明示を求めるのは、人の住居権・管理権を保護する趣旨と解されるから、住居権・管理権等の個数を基準に特定明示すべきことになる（最決昭 30・11・22 刑集 9-12-2484）。また「押収する物」についても、差押えの現場で、他の物と混同しない程度に明示する必要があると思われる。

ただし、捜索・差押えは捜査の初期の段階で行われることも少なくなく、捜索する前から差し押さえるべき物を詳細に把握できるわけではない。また、なるべく物証を中心とした捜査とするためには、捜索・差押えを先行させる必要もある。このような事情は、捜索差押許可状の請求には、「罪を犯したと思料されるべき資料」（規 156 条 1 項）を提出すればよいとされ、逮捕状の場合（規 143 条）よりも規定が緩やかであることにも現れているが、令状の記載事項としても、想定できる物品を具体的にできるだけ列挙したうえ、「その他本件に関連があると思料される物件」というように、例示物件に準ずる物件が概括的に表示されることも少なくない。

5 問題は、どこまでの概括的表示が許されるかである。本事案では、「本件に関係ありと思料せられる一切の文書及び物件」という概括的表示は、「会議議事録、闘争日誌、指令、通達類、連絡文書、報告書、メモ」と記載された具体的例示に付加されたもので、同許可状に記載された地公法違反被疑事件に関係があり、しかもその例示の物件に準じられるような闘争関係の文書、物件を指すことが明らかであるから適法であるとされた。これに対し、「本件犯罪に関係ある文書（頒布先メモ、頒布指示書、同印刷関係書類等）及び郵便関係物件（封筒印鑑等）」のように、具体的例示が概括的文言の一部となっている場合、限定作用がなく違法であろう（東京地決昭 33・6・12 判時 152-20）。

6 捜索差押許可状では、犯罪事実の記載が、逮捕状の場合と異なって要求されていない。これは、第三者に対して執行される場合の被疑者の名誉や捜査の秘密などが考慮されているためである。こういった点にも、身柄を直接拘束する逮捕との相違が存在する。

1-38　捜索・差押えの必要性──国学院大学映研フィルム事件

最 3 小決昭和 44 年 3 月 18 日（刑集 23 巻 3 号 153 頁・判タ 232 号 344 頁）

[参考] 桑田連平・囲昭 44-39、小瀬保郎・囿3 版 62、光藤景皎・囲昭 44-133、講176

事実　被疑者 X の参加した新宿駅騒擾事件（昭和 43 年 10 月）に関して、X は、同騒擾事件を撮影した 16 ミリ映画フィルムが K 大学映画研究会室に存在する旨の検察官に自供をしたため、検察官の指示を受けた司法警察員 S は、捜索差押許可状に基づいて、K 大学映画研究会室において捜索を行い、前記映画フィルム 2 本を含む 20 数点の証拠物件を差し押さえた。

これに対し、同映画研究会代表者が本件捜索差押許可の裁判および S による捜索差押処分の各取消し等を求める準抗告の申立てをしたところ、東京地裁は、前者は、これに基づく差押処分が完了した以上、取消しを求める利益はないとして請求を棄却した。しかし、後者については認容し、本件差押処分を全部取り消す旨の決定を下したが、本件 16 ミリ映画フィルムについては、被疑者の被疑事実との関連性は認められるが、第三者（K 大学映画研究会）の所有する物について押収する場合は、捜査の必要性と押収される第三者のもつ利益との比較衡量が必要で、それによれば、本件では、その差押えは許されないとするものであった。

この原決定に対し、同映画フィルム 1 本につ

いて、検察官と S が、最高裁に対して特別抗告を申し立てた。その際には、①憲法 35 条が令状発付の条件として規定する「正当な理由」とは、犯罪の嫌疑があること、捜索・差押えの目的物がその犯罪と関連性を有することのみを内容とするもので、差押えの実質的な必要性の判断は捜査官の裁量に属し、捜査遂行の権限と責任を有しない裁判官が差押えの実質的必要性の有無について審査・判断をすることは許されない、②原決定が、証拠価値の高い本件物的証拠の収集を認めなかったことは、法 1 条の法理に反する、また、法 218 条 1 項の捜査の必要性の判断は捜査機関の権限に属するもので、一見明白な瑕疵がなく、著しく合理性を逸脱しないかぎり、裁判官は必要性を判断することはできず、まして捜査上その必要性が明らかな場合に第三者の利益との比較衡量をすることは、裁判官としての権限を逸脱した判断であり、逮捕の必要性に関する法 199 条 2 項の改正の経緯と比較しても、差押えの実質的必要性に関する裁判官の判断権はきわめて例外的な場合に限られる、ことなどを主な理由としていた。

決定要旨　抗告棄却。「刑訴法 218 条 1 項によると、検察官もしくは検察事務官または司法警察職員は『犯罪の捜査をするについて必要があるとき』に差押をすることができるのであるから、検察官等のした差押に関する処分に対して、同法 430 条の規定により不服の申立を受けた裁判所は、**差押の必要性の有無についても審査することができる**ものと解するのが相当である。そして、差押は『証拠物または没収すべき物と思料するもの』について行なわれることは、刑訴法 222 条 1 項により準用される同法 99 条 1 項に規定するところであり、差押物が証拠物または没収すべき物と思料されるものである場合においては、差押の必要性が認められることが多いであろう。しかし、差押物が右のようなものである場合であっても、犯罪の態様、軽重、差押物の証拠としての価値、重要性、差押物が隠滅毀損されるおそれの有無、差押によって受

ける被差押者の不利益の程度その他諸般の事情に照らし明らかに差押の必要がないと認められるときにまで、差押を是認しなければならない理由はない。したがって、原裁判所が差押の必要性について審査できることを前提として差押処分の当否を判断したことは何ら違法でない」。

解説 **1** 法218条1項は、捜査機関が犯罪を捜査するのに必要があれば、裁判官の発する令状により捜索・差押え等ができると規定する。ただし、同条は、逮捕についてその必要性を明確に要求する法199条2項ただし書のような規定形式にはなっていない。そのため、捜索・差押えの必要性に関しては捜査機関が判断すべきであり、裁判官による審査は予定されていないとする(a)必要性不要説もありうる。

しかし、捜索・差押えは、捜索場所の居住者等の平穏な生活やプライバシー等を脅かし、対象物件の所有者の財産権等を制約するものである。また、裁判官による審査を経ることを要求する令状主義の趣旨に照らしても、捜索・差押えの必要性も裁判官による審査の対象になるとする(b)必要性必要説が妥当である。それゆえ、上にみた法218条1項の「犯罪の捜査をするについて必要があるとき」の定める「必要」とは、単に捜査のために必要があるというだけではなくて、強制処分である捜索・差押え・検証を行わなければ捜査の目的を達することができない場合をいう、と解することになる。

2 本決定は、直接には、検察官等のした差押えに関する処分に対して準抗告（法430条）を受けた裁判所は、差押えの必要性の有無についても審査できると判示したものである。しかしながら、それは事案に即しただけであって、令状請求を受けた裁判官にも捜索・差押えの必要性の有無につき、実質的に審査する権限があることをも認めた趣旨であると解されている（桑田・前掲43頁）。

それゆえ、裁判官は、①特定の犯罪の嫌疑の存在（規156条1項）、②捜索につき法102条、差押えにつき法99条1項・100条の要件の存在（法222条1項）に加え、③捜索・差押えの必要性の有無を判断することになる。

3 もっとも、(1)捜索・差押えが捜査の初期段階で行われることが少なくないこと、(2)自白に頼らずに物的証拠を重視する捜査方法が望ましいこと、(3)対物的強制処分である捜索・差押えは、権利制約の程度が対人的強制処分である逮捕に比すると軽いといえることなどから、実務的には、令状発付裁判官としては、捜索・差押えの必要性の判断において、捜査機関の判断をより重視すべきものと考えられている。それゆえ、任意捜査で容易にその目的を遂げることができるなど、必要性のないことが積極的に明らかになった場合には、令状を発付しないことができるとされている。

4 差押えの必要性については、対象物が証拠物または没収すべき物であれば、一般的にはそれを肯定できることが多いと考えられるが、より具体的には、当該犯罪の重大性、証拠としての価値の重要性、代替手段の困難性等から認められる差押えの必要性と、差押えを受ける者の不利益等の諸事情を比較衡量して、必要性の有無を判断することになろう。

1-39　報道機関の取材フィルムに対する提出命令─博多駅事件

最大決昭和 44 年 11 月 26 日（刑集 23 巻 11 号 1490 頁・判タ 241 号 272 頁）

[参考] 船田三雄・圏昭 44-414、前田宏・圏3 版 60、鈴木茂嗣・判タ 242-103、圏175

事実　昭和 43 年 1 月 16 日、いわゆる三派系全学連所属学生約 300 名が、米軍空母の佐世保港寄港反対運動に参加するため博多駅に下車した際、警備にあたっていた警察機動隊員や鉄道公安官らと衝突した。この際、機動隊員らが、学生を逮捕する際に暴行を加えたとされ、それが特別公務員暴行陵虐罪や公務員職権濫用罪にあたるとして付審判請求がなされた。請求を受けた福岡地裁は、RKB 毎日放送をはじめ報道

機関計 4 社に対し、事件の状況を撮影したフィルムの提出を依頼したが、いずれも断ったため、昭和 44 年 8 月 28 日付で、法 99 条 2 項に基づき、本件事件の状況を撮影したフィルム全部の提出命令を発した。

この提出命令に対して、会社側は、提出命令の取消しを求める抗告を福岡高裁に申し立てたが、棄却されたため、さらに特別抗告を申し立てた。

決定要旨　抗告棄却。「報道機関の報道は、民主主義社会において、国民が国政に関与するにつき、重要な判断の資料を提供し、国民の『知る権利』に奉仕するものである。したがって、思想の表明の自由とならんで、事実の報道の自由は、表現の自由を規定した憲法 21 条の保障のもとにあることはいうまでもない。また、このような報道機関の報道が正しい内容をもつためには、報道の自由とともに、報道のための取材の自由も、憲法 21 条の精神に照らし、十分尊重に値いするものといわなければならない。

ところで、本件において、提出命令の対象とされたのは、すでに放映されたフィルムを含む放映のために準備された取材フィルムである。それは報道機関の取材活動の結果すでに得られたものであるから、その提出を命ずることは、右フィルムの取材活動そのものとは直接関係がない。もっとも、報道機関がその取材活動によって得たフィルムは、報道機関が報道の目的に役立たせるためのものであって、このような目的をもって取材されたフィルムが、他の目的、すなわち、本件におけるように刑事裁判の証拠のために使用されるような場合には、報道機関の将来における取材活動の自由を妨げることになるおそれがないわけではない。

しかし、取材の自由といっても、もとより何らの制約を受けないものではなく、たとえば公正な裁判の実現というような憲法上の要請があるときは、ある程度の制約を受けることのあることも否定することができない。

本件では、まさに、公正な刑事裁判の実現のために、取材の自由に対する制約が許されるかどうかが問題となるのであるが、公正な刑事裁判を実現することは、国家の基本的要請であり、刑事裁判においては、実体的真実の発見が強く要請されることもいうまでもない。このような公正な刑事裁判の実現を保障するために、報道機関の取

材活動によって得られたものが、証拠として必要と認められるような場合には、取材の自由がある程度の制約を蒙ることとなってもやむを得ないところというべきである。しかしながら、このような場合においても、一面において、審判の対象とされている犯罪の性質、態様、軽重および取材したものの証拠としての価値、ひいては、公正な刑事裁判を実現するにあたっての必要性の有無を考慮するとともに、他面において取材したものを証拠として提出させられることによって報道機関の取材の自由が妨げられる程度およびこれが報道の自由に及ぼす影響の度合その他諸般の事情を比較衡量して決せられるべきであり、これを刑事裁判の証拠として使用することがやむを得ないと認められる場合においても、それによって受ける報道機関の不利益が必要な限度をこえないように配慮されなければならない」。

　①本件付審判請求事件の審理対象は、多数の機動隊等と学生との間で衝突した際の機動隊員等の公務員職権乱用罪、特別公務員暴行陵虐罪であるが、事件後2年近く経過し、被疑者や被害者の特定すら困難な状態で、本件フィルムは証拠上きわめて重要な価値を有し、ほとんど必須のものと認められ、他方、本件フィルムは、既放映分を含む放映のために準備されたもので、証拠とすることにより報道機関が蒙る不利益は、報道の自由そのものではなく、将来の取材の自由が妨げられるおそれにとどまり、本件刑事裁判の公正を期すには、この程度の不利益は、報道機関としては、なお忍受すべき程度のもので、②提出命令を発した福岡地裁は、本件フィルムにつき、一旦押収した後も時機に応じた仮還付などの措置により、報道機関のフィルム使用に支障をきたさないよう配慮すべき旨を表明しているから、本件提出命令は、憲法21条に違反ないし牴触するものではない。

解説　**1**　本件は、博多駅事件として知られている判例であるが、差押対象物が報道機関の取材フィルムであったという事案であり、表現の自由との関係が問題となった。

2　報道の自由は「国民の知る権利」に奉仕するものであり、その前提として、正確な報道のための「取材の自由」も、憲法21条に照らし、十分尊重に値する。しかし、「取材の自由」といえども、無制約に認められるわけではなく、その意味で、「報道の自由」それ自体との間に、保障の程度に差異が生ずることも認めざるをえない。

そして、取材の自由は、公正な裁判の実現といった、他の、同じく憲法上の要請があるときは、ある程度の制約を受けるとしてもやむをえないといわざるをえない。

3　それゆえ、(1)対象となる犯罪の性質・態様・軽重、取材フィルムの証拠としての価値、公正な刑事裁判を実現する際の必要性の有無と、(2)それによって報道機関の取材の自由が妨げられる程度、報道の自由に及ぼす影響の度合その他諸般の事情を比較衡量して、差押え等の必要性が審査されることになる。また、証拠として使用する場合も、報道機関の受ける不利益が必要な限度を超えないように配慮しなければならない。

1-40　取材ビデオテープの差押え―TBS 事件

最 2 小決平成 2 年 7 月 9 日（刑集 44 巻 5 号 421 頁・判タ 736 号 83 頁）

[参考] 山田利夫・圏平 2-119、白取祐司・圖 8 版 46、渡辺咲子・圖 9 版 44、田中開・圖 10 版 40、團176

事実　TBS のテレビ番組中において、債権取立ての場面があり、暴力団組長らが被害者を脅迫等して債権回収を迫っている状況が放映された。警察は、これを端緒として暴力行為、傷害被疑事件の捜査を開始し、暴力団組長らを逮捕・勾留した後、TBS 本社内においてビデオテープ 29 巻（マザーテープ）を差し押さえた。

TBS は、押収処分の取消しを求めて準抗告を申し立てたが、その係属中に還付された 25 巻を除くビデオテープ 4 巻に対する押収が合憲・適法とされるなどして棄却されたため、さらに特別抗告を申し立てた。

決定要旨　抗告棄却。「報道機関の報道の自由は、表現の自由を規定した憲法 21 条の保障の下にあり、報道のための取材の自由も、憲法 21 条の趣旨に照らし十分尊重されるべきものであること、取材の自由も、何らの制約を受けないものではなく、公正な裁判の実現というような憲法上の要請がある場合には、ある程度の制約を受けることがあることは、いずれも博多駅事件決定〔最大決昭和 44 年 11 月 26 日【1-39】〕の判示するところである。そして、その趣旨からすると、公正な刑事裁判を実現するために不可欠である適正迅速な捜査の遂行という要請がある場合にも、同様に、取材の自由がある程度の制約を受ける場合があること、また、このような要請から報道機関の取材結果に対して差押をする場合において、差押の可否を決するに当たっては、捜査の対象である犯罪の性質、内容、軽重等及び差し押さえるべき取材結果の証拠としての価値、ひいては適正迅速な捜査を遂げるための必要性と、取材結果を証拠として押収されることによって報道機関の報道の自由が妨げられる程度及び将来の取材の自由が受ける影響その他諸般の事情を比較衡量すべきであることは、明らかである〔最 2 小決平成元年 1 月 30 日刑集 43 巻 1 号 19 頁参照〕。

右の見地から本件について検討すると、本件差押は、暴力団組長である被疑者が、組員らと共謀の上債権回収を図るため暴力団事務所において被害者に対し加療約 1 箇月間を要する傷害を負わせ、かつ、被害者方前において団体の威力を示し共同して被害者を脅迫し、暴力団事務所において団体の威力を示して脅迫したという、**軽視することのできない悪質な傷害、暴力行為等処罰に関する法律違反被疑事件の捜査として行われたものである**。しかも、本件差押は、被疑者、共犯者の供述が不十分で、関係者の供述も一致せず、傷害事件の重要な部分を確定し難かったため、真相を明らかにする必要上、右の犯行状況等を収録したと推認される本件ビデオテープ……を差し押さえたものであり、右ビデオテープは、**事案の全容を解明して犯罪の成否を判断する上で重要な証拠価値を持つものであったと認められる**。他方、本件ビデオテープは、すべていわゆるマザーテープであるが、申立人において差押当時既に放映のための編集を終了し、編集に係るものの放映を済ませていたのであって、**本件差押により申立**

人の受ける不利益は、本件ビデオテープの放映が不可能となって報道の機会が奪われるというものではなかった。また本件の撮影は、暴力団組長を始め組員の協力を得て行われたものであって、右取材協力者は、本件ビデオテープが放映されることを了承していたのであるから、報道機関たる申立人が右取材協力者のためその身元を秘匿するなど擁護しなけれならない利益は、ほとんど存在しない。さらに本件は、撮影開始後複数の組員により暴行が繰り返し行われていることを現認しながら、その撮影を続けたものであって、犯罪者の協力により犯行現場を撮影収録したものといえるが、そのような取材を報道のための取材の自由の一態様として保護しなけれならない必要性は疑わしいといわざるを得ない。そうすると、本件差押により、申立人を始め報道機関において、将来本件と同様の方法により取材をすることが仮に困難になるとしても、その不利益はさして考慮に値しない。このような事情を総合すると、本件差押は、適正迅速な捜査の遂行のためやむを得ないものであり、申立人の受ける不利益は、受忍すべきものというべきであ」り、「これと同旨の原決定は正当である」。

解説 **1** 差押対象物が報道機関の取材テープなどである場合、(1)公正な裁判の実現の要請と、(2)取材の自由の制約の程度とを比較衡量して、押収の可否を判断するという博多駅事件決定（**【1-39】**）の判断方法は、押収主体の相違によっては本質的な差異を生じない。博多駅事件での主体は裁判所であったが、**検察事務官**が主体であった**最決平成元年1月30日**（刑集43-1-19〔**日本テレビ事件**〕）は、同決定の基本的立場を踏襲するとし、本決定は、差押えの主体が**警察**であったことは特に考慮せず、前記判断方法を踏襲した。

2 (1)具体的な犯罪の性質・態様・軽重については、日本テレビ事件では、国民が関心を寄せていた贈収賄事件に関するもので「重大な事件」であったのに対し、本件では、暴力団員による暴力事件、傷害事件で、軽視できない悪質な被疑事件である旨の指摘にとどまる。また、ビデオテープの証拠としての価値についても、日本テレビ事件が「ほとんど不可欠」としたのに対し、本件は、重要な証拠価値を持つとしたにすぎない。

3 (2)について、日本テレビ事件では、①当該差押処分による不利益は、将来の取材の自由が妨げられるおそれがあるにとどまる、②証拠保全を意図した被取材者からの情報提供と依頼に基づくという当該取材経緯の特殊性、③被取材者自身が重要な証拠資料として当該ビデオテープの存在を挙げた、④差押えに先立ち検察官が報道機関との間でその立場に配慮した事前折衝を行ったこと等が、取材の自由への弊害を軽減する事情として考慮された。これに対し、本件では、㋐差押え当時すでにビデオテープの編集・放映は済んでおり、報道の機会が奪われるという不利益はない、㋑本件撮影は、暴力団組長らが放映を了承のうえ、その協力を得て行われたもので、報道機関が取材協力者のために擁護すべき利益はほとんどない、㋒犯罪者の協力で犯行現場を撮影収録するという取材を報道のため取材の自由の一態様として保護すべき必要性は疑わしい、㋓本件差押えにより、将来本件と同様の取材が困難になっても、その不利益はさして考慮に値しないことを考慮している。

4 それゆえ、本件は、日本テレビ事件と比べ、(1)の要請は若干低いものの、(2)差押えによる取材の自由・報道の自由への不利益が格段に低い事案であったといえる。

1-41　捜索差押許可状の呈示前の立入り

最 1 小決平成 14 年 10 月 4 日（刑集 56 巻 8 号 507 頁・判タ 1107 号 203 頁）

［参考］永井敏雄・圏平 14-203、菊池浩・圓9 版 50、田中開・圖平 14-178、圜177

事実　警察官 A らは、かねてから覚せい剤取締法違反罪の被疑者として被告人 X を捜査していたが、ホテル G から X らしき者が投宿したとの通報があったため、X 宿泊のホテル G の居室、使用車両および着衣携帯品に対する各捜索差押許可状の発付を受け、午後 6 時ころホテル G に到着した。当初は、警察官がホテルの従業員を装い「シーツ交換に来ました」などと声をかけ X にドアを開けさせようとしたが、X はドアを開けようとしなかった。そこで、A らは、捜索差押許可状執行の動きを察知されれば、覚せい剤事犯の前科もある X において、直ちに覚せい剤を洗面所に流すなど短時間のうちに差押対象物件を破棄隠匿するおそれがあったため、ホテルの支配人からマスターキーを借り受けたうえ、午後 6 時 5 分ころ、A が、来意を告げることなく、マスターキーを用いて同室のドアを開けて入室し、ベッドに横たわっていた X に対し、「警察や、X やろ、ガサや」と声をかけたところ、X は興奮してベッドから動こうとしたことから、警察官らが X の身体を押さえるなどして制止するなどした。その後、A は、午後 6 時 6 分ころ、ベッド上で X に対し同室の捜索差押許可状を呈示し、X は大声を上げて暴れようとしたが、警察手帳を示すとともに着衣携帯品の捜索差押許可状も呈示した。

そして、警察官らが捜索を開始したところ、X がいた居室内から注射器や、白色の結晶粉末が入ったビニール袋などが発見され、差し押さえられた。なお、この間、警察官 B が覚せい剤の簡易予試験をしようとしたところ、X が B を足蹴りしたことから、警察官らは覚せい剤所持の被疑事実で X を現行犯逮捕している。

弁護人は、X がホテル内の居室の捜索・差押えを受けた際、警察官らは、その執行に先立って X に捜索差押令状を呈示していないから違法であるなどと主張した。しかし、1 審はそれを適法とし、弁護人の控訴を受けた原審も、令状呈示前の開錠措置は、「覚せい剤取締法違反という被疑事実の内容、差押対象物件の性質等から、捜索を事前に察知すれば、室内にいる者が証拠隠滅の挙に出るおそれが大であったので、これを防ぎ、捜索差押の実効性を確保するために、令状提示前に必要であったと認められ、その手段方法もなお社会的相当な範囲内にあるといえるから、令状呈示に先立ち必要かつ許容される適法な準備行為」であるとした。これに対して、弁護人側が上告した。

決定要旨　上告棄却。「警察官らは、被疑者に対する覚せい剤取締法違反被疑事件につき、被疑者が宿泊しているホテル客室に対する捜索差押許可状を被疑者在宅時に執行することとしたが、捜索差押許可状執行の動きを察知されれば、覚せい剤事犯の前科もある被疑者において、直ちに覚せい剤を洗面所に流すなど短時間のうちに差押対象物件を破棄隠匿するおそれがあったため、ホテルの支配人からマスターキーを借り受けた上、来意を告げることなく、施錠された上記客室のドアをマスターキーで開けて室内に入り、その後直ちに被疑者に捜索差押許可状を呈示して捜索及び差押えを実施したことが認められる。

以上のような事実関係の下においては、捜索差押許可状の呈示に先立って警察官らがホテル客室のドアをマスターキーで開けて入室した措置は、捜索差押えの実効性を

確保するために必要であり、社会通念上相当な態様で行われていると認められるから、刑訴法222条1項、111条1項に基づく処分として許容される。また、同法222条1項、110条による捜索差押許可状の呈示は、手続の公正を担保するとともに、処分を受ける者の人権に配慮する趣旨に出たものであるから、令状の執行に着手する前の呈示を原則とすべきであるが、前記事情の下においては、警察官らが令状の執行に着手して入室した上その直後に呈示を行うことは、法意にもとるものではなく、捜索差押えの実効性を確保するためにやむを得ないところであって、適法というべきである」。

解説 **1** 本件では、(1)被疑者方等に対する捜索差押許可状を執行する際、来意を告げずに、施錠されたドアを開ける措置の適否、(2)令状の呈示時期に関して、先に令状の執行に着手して入室したうえで、後から令状を呈示する措置の適否が問題となる。

2 (1)本件のマスターキーでドアを開ける行為は、法222条1項が準用する法111条の定める「必要な処分」としての「錠をはず」す行為といえる。これには、錠の破壊といった手荒な措置も含まれうるが、捜査官としては、必要もないのにいきなり過大な措置をとるのではなく、具体的状況に応じた相応の措置をとるべきである。具体的には、被疑事実の重大性、差押対象物件の重要性、差押対象物件の破棄隠匿のおそれ、開扉措置によって被捜索者が受ける不利益の内容、開扉措置によって生ずる財産的損害の内容、被捜索者の協力態様などを考慮し、開扉措置の許否が判断される（永井・前掲209頁）。

本件は覚せい剤事犯であり、被疑者には覚せい剤事犯の前科もあり、令状執行の動きを察知すれば覚せい剤等を破棄隠匿するおそれがあった。そのため、令状呈示に先立ち被疑者の宿泊するホテル客室のドアを来意を告げることなくマスターキーで開けて入室した措置は、前記「必要な処分」として許容される（なお、**【1-42】**も参照）。

3 (2)捜索差押許可状を捜査機関が執行する際には、処分を受ける者に令状を呈示しなければならない（法222条1項→法110条）。令状の呈示は、手続の公正さを担保し、被処分者の人権に配慮する趣旨である。それゆえ、明文の根拠はないが、原則として令状の執行に着手する前に呈示する必要がある（事前呈示原則）。

しかし、呈示する前に執行に着手しなければ差押対象物件を破棄されることが明白であるような例外的な場合に、事前呈示原則に対する例外を認めることはできると解される。

まず令状の事前呈示は、刑訴法上ないしは憲法上の厳格な要請とは必ずしもいえないことに留意すべきである。裁判所による捜査機関の事前抑制は、令状主義という形で顕在化するが、それは「事前の令状審査」を核心部分とするもので、令状の事前呈示は、必ずしも核心部分ではない。さらに、手続の公正性の担保や被処分者の人権に対する配慮は、必ずしも令状の事前呈示がなくても達成可能である（井上正仁・捜査手段としての通信・会話の傍受73頁以下）。そうであれば、①被処分者が不在の場合のほか、②被処分者が呈示を受ける権利を放棄したといえる場合、あるいは③被処分者等による証拠隠滅が予想され、令状呈示前にそれを防ぐ措置をとる必要がある場合などには、執行に着手（本件では入室行為がこれにあたる）後、呈示可能となった段階ですみやかに呈示すればよいと考えられる。

1-42　令状による捜索の際の住居への立入り

大阪高判平成 6 年 4 月 20 日（高刑集 47 巻 1 号 1 頁・判タ 875 号 291 頁）

[参考] 山室惠・圄7 版 50、宮城啓子・囲平 6-171、圖177

事実　警察官 A ら 7 名は、X に対する覚せい剤取締法違反被疑事件につき発付された X 方の捜索差押許可状を所持して、午前 8 時 30 分ころ X 方に赴き、その玄関扉が施錠されていたことから、チャイムを鳴らし、屋内に向かって「宅急便です」と声をかけた。X が、玄関扉の錠をはずして開けたところ、A らは、直ちに「警察や。切符出とんじゃ」等と言いながら屋内に入った。A は、玄関を入った所にある台所を通り抜け、X 方住居のほぼ中央で全体を見渡せる位置関係にある四畳半間まで入り込んで

から、午前 8 時 35 分ころ、X に捜索差押許可状を示した。警察官らは、これを待って X 方の捜索に取りかかり、六畳間でビニール袋入り覚せい剤白色結晶 1 袋、注射筒 1 本、注射針 2 本を発見し、午前 9 時 2 分ころ、X を覚せい剤所持の現行犯人として逮捕し、逮捕に伴う処分として、覚せい剤等を差し押さえ、さらにその後、奥の四畳半間で注射器 1 本を発見して差し押さえた。

弁護側は、本件手続の違法性を争って控訴した。

判旨　控訴棄却。「刑事訴訟法は、捜査官が、捜索差押許可状に基づき捜索差押をする際は、その処分を受ける者に対し当該令状を示さなければならないと規定しており（222 条 1 項、110 条）、その趣旨は、捜索差押手続きの公正を保持し、執行を受ける者の利益を尊重することにあるから、捜索差押の開始前に、その執行を受ける者の要求の有無にかかわらず、捜査官が令状を示すのが原則である……。他方、法は、捜索を受ける者に対しても、それなりの受忍的協力的態度に出ることを予定し、かつ、捜査官が、処分を受ける者に直接面と向かい令状を提示できる状況があることを前提にしているものと解される。しかし、現実には、相手方が、……捜査官が捜索差押に来たことを知るや、玄関扉に施錠するなどして、令状を提示する暇も与えず、捜査官が内部に入るまでに、証拠を隠滅して捜索を実効のないものにしてしまうという行為に出ることがないではない。ことに薬物犯罪における捜索差押の対象物件である薬物は、撒き散らして捨てたり、洗面所等で流すなどして、ごく短時間で容易に隠滅することができるものであり、この種犯罪は、証拠隠滅の危険性が極めて大きい点に特色があり、かつ、捜索を受ける者が素直に捜索に応じない場合が少なくないという実情にある。ところで、法は、捜索を受ける者が受忍的協力的態度をとらず、令状を提示できる状況にない場合においては、……社会通念上相当な手段方法により、令状を提示することができる状況を作出することを認めていると解され、かつ、執行を円滑、適正に行うために、執行に接着した時点において、執行に必要不可欠な事前の行為をすることを許容して〔いる〕（111 条）……。……薬物犯罪において、捜索に拒否的態度をとるおそれのある相手方であって、その住居の玄関扉等に施錠している場合は……正直に来意を告げれば……容易に証拠を隠滅される危険性があるから……このような場合、

捜査官は、令状の執行処分を受ける者らに証拠隠滅工作に出る余地を与えず、かつ、できるだけ妨害を受けずに円滑に捜索予定の住居内に入って捜索に着手でき、かつ捜索処分を受ける者の権利を損なうことがなるべく少ないような社会的に相当な手段方法をとることが要請され、法は、前同条の『必要な処分』としてこれを許容しているものと解される。

本件〔で〕……警察官らが、宅急便の配達を装って、玄関扉を開けさせて住居内に立ち入ったという行為は、有形力を行使したものでも、玄関扉の錠ないし扉そのものの破壊のように、住居の所有者や居住者に財産的損害を与えるものでもなく、平和裡に行われた至極穏当なものであって、手段方法において、社会通念上相当性を欠くものとまではいえない。

次に、……令状提示前の数分間……になされた警察官らの室内立ち入りは、捜索活動というよりは、むしろその準備行為ないし現場保存的行為というべきであり、本来の目的である捜索行為そのものは令状提示後に行われていることが明らかであるから、本件においてＡら警察官がとった措置は、社会的に許容される範囲内のものと認められる。

従って、本件捜索差押手続きに違法はない」。

解説 **1** 本件は、捜査官が、被告人住居に対する捜索差押許可状の執行にあたって、宅配便の配達を装うという「欺罔行為」を用いて扉を開けさせたうえ、住居内に立ち入った後に捜索差押許可状を呈示して捜索を開始し、覚せい剤を発見して差し押さえた措置について、その適法性が争われた事案である。

2 本判決は、警察官が宅配業者を装って玄関扉を開けさせて住居に立ち入った行為を、法111条の「必要な処分」として許されるとした。同条は「錠をはずし、封を開」く行為を例示しているが、下級審裁判例では、捜査官が覚せい剤取締法違反の捜索差押令状を執行する旨を告げずに、勝手口のガラス戸を破損した行為を違法ではないとしたもの（大阪高判平7・11・1判時1554-54〔国賠事件〕）などがある。

そうであれば、警察官が身分を偽って扉を開けさせる行為は、欺罔手段を使っているとはいえ、錠や扉などを破壊する場合と比較すれば、社会的により穏当な手段であると評価することもできる。また、①覚せい剤事犯が重大犯罪であり、②その被疑者が受忍的協力的態度で応じないことが少なくなく、また、③対象物件である覚せい剤等は、短時間で容易に証拠隠滅できるという実情を考えれば、本件行為は十分に許容されるといえよう。

3 さらに、本判決は、令状呈示前に居室に立ち入った行為について、捜査活動の準備行為ないし現場保存行為として適法とした。もっとも、令状の執行着手前の事前呈示は、必ずしも必須の要件ではない（**【1-41】**）。

1-43　令状記載の目的物の範囲─賭博メモ差押え事件

最1小判昭和51年11月18日（裁集刑202号379頁・判時837号104頁）

[参考] 香川喜八朗・囚7版52、的場純男・囚8版52、安井哲章・囚9版52、滝沢誠・囚10版46、囲178

事実　T警察署署員らは、暴力団O連合O組幹部の被疑者Xが、Aから現金1000万円を喝取した旨の恐喝被疑事件につき、捜索すべき場所を「O組事務所及び附属建物一切」、差し押さえるべき物を「本件に関係ある、一、暴力団を標章する状、バッチ、メモ等、二、拳銃、ハトロン紙包みの現金、三、銃砲刀剣類等」と記載した捜索差押許可状に基づき、O組事務所を捜索し、O連合名入りの腕章、ハッピおよび組員名簿等とともに、賭博の状況を記録したメモ196枚を差し押さえた。その後、Xは、このメモの写しに基づき、恐喝罪ではなく賭博罪で起訴され、1審で有罪とされた。

これに対しXが控訴したところ、控訴審は、本件メモは賭博特有のメモであることが一見して明らかであり、前記許可状請求書の記載からうかがわれる恐喝被疑事件に関係があるものとは到底認められず、また「暴力団を標章する状、バッチ、メモ等」に該当するものとも考えられないから、本件メモの差押えは、許可状に差押えの目的物として記載されていない物に対してされた違法なものであり、憲法31条の趣旨に照らして証拠として供することができず、他の証拠では本件賭博事件を認定しえない、などとして、Xを無罪とした。

これに対して、検察側が上告した。

判旨　破棄自判。「右捜索差押許可状には、前記恐喝被疑事件に関係のある『暴力団を標章する状、バッチ、メモ等』が、差し押えるべき物のひとつとして記載されている。この記載物件は、右恐喝被疑事件が暴力団であるO連合O組に所属し又はこれと親交のある被疑者らによりその事実を背景として行われたというものであることを考慮するときは、O組の性格、被疑者らと同組との関係、事件の組織的背景などを解明するために必要な証拠として掲げられたものであることが、十分に認められる。そして、本件メモ写しの原物であるメモには、O組の組員らによる常習的な賭博場開張の模様が克明に記録されており、これにより被疑者であるXと同組との関係を知りうるばかりでなく、O組の組織内容と暴力団的性格を知ることができ、右被疑事件の証拠となるものであると認められる。してみれば、右メモは前記許可状記載の差押の目的物にあたると解するのが、相当である。

憲法35条1項及びこれを受けた刑訴法218条1項、219条1項は、差押は差し押えるべき物を明示した令状によらなければすることができない旨を定めているが、その趣旨からすると、令状に明示されていない物の差押が禁止されるばかりでなく、捜査機関が専ら別罪の証拠に利用する目的で差押許可状に明示された物を差し押えることも禁止されるものというべきである。そこで、さらに、この点から本件メモの差押の適法性を検討すると、それは、別罪である賭博被疑事件の直接の証拠となるものではあるが、前記のとおり、同時に恐喝被疑事件の証拠となりうるものであり、O連合名入りの腕章・ハッピ、組員名簿等とともに差し押えられているから、同被疑事件に

関係のある『暴力団を標章する状、バッチ、メモ等』の一部として差し押えられたものと推認することができ、……捜査機関が専ら別罪である賭博被疑事件の証拠に利用する目的でこれを差し押えたとみるべき証跡は、存在しない」。

解説 **1** プライバシーを含む国民の人権を保護する趣旨から、捜索差押許可状には、捜索すべき場所および差し押さえるべき物が明示される（憲法35条、法219条）。また、令状発付時に捜索の場所や差し押さえるべき物をいかに特定したとしても、令状執行時に、その範囲を逸脱して物を差し押さえることが横行するのであれば、令状主義は事実上否定される。

2 とはいえ、捜索の着手前に差押対象物件を詳細に把握することは困難で、一定程度概括的な記載も許されるとする以上（【1-37】）、執行に際しても、具体的に明示された物件以外の物件の差押えをすべて違法とすることはできない。ただ他方、明示された物以外の差押えをあまり広く認めると、事実上の別件捜索・差押えにあたる場合も、適法とされてしまいかねない。

3 そこで、差し押さえられた物件が、特に「その他本件に関連すると思料される物件」というように概括的に記載されたものに含まれるか否かが、限界として問題となる。

一般論としては、被疑事実の内容や具体的に列挙された他の物件の内容等を考慮して、事案ごとに判断することになろう。さらに、差し押さえるべき物を明示した令状によらなければ差押えはできないとする法の趣旨を敷衍すれば、本判決の認めるように、令状に明示されていない物の差押えが単に禁止されるだけでなく、「捜査機関が専ら別罪の証拠に利用する目的で差押許可状に明示された物を差し押えること」を禁止するという観点も重要性を持つ。

4 本件メモに関しては、「別罪」である賭博被疑事件の直接の証拠となるものであるが、同時に、被疑者らが所属する暴力団組織の性格や事件の組織的背景などの間接事実や情状事実を解明するために必要な証拠で、恐喝被疑事件の証拠となると捉えることのできるものである。また、捜査機関としても、あくまでも恐喝事件の証拠として差し押さえたのであって、「専ら別罪の証拠に利用する目的」があったとは考えられないとされた。そうであるならば、令状主義を潜脱するような違法な捜査であるとはいえないことになる。

5 これに対し、差押対象物の限定機能を重視して、間接証拠・情状証拠を「関係ある」証拠とすることには謙抑的な態度をとりつつ、本件のような場合、適法な捜索の過程で、偶然の事情で、明白な別罪の証拠を発見し、それ以上の捜索をせずに直ちに押収可能であれば、令状によらないで押収を認める旨の「プレイン・ビューの法理」によるべきとする見解もある。

1-44　電磁的記録物の押収

最 2 小決令和 3 年 2 月 1 日（裁時 1761 号 4 頁）

［参考］池田修・釈平 10-78、平木正洋・固 9 版 54、宇藤崇・固 10 版 48、川出敏裕・重平 10-181、講 180、刑 40-1

事実　警察官は、インターネットサイト「F」の運営管理会社 E 社の関係者である被告人 X・Y ほか 1 名が共謀のうえ、同サイトで公然わいせつ幇助、風適法違反の各犯行に及んだことを被疑事実とする捜索差押許可状（「本件令状」）に基づき、E 社事務所および付属設備において、捜索差押えの執行を開始した（「本件捜索差押え」）。本件令状は、リモートアクセスによる電磁的記録の複写の処分（法 218 条 2 項）を許可したものである。

本件捜索差押えでは、国外に設置されたメールサーバ等にメール等へのリモートアクセス等が必要となる可能性があったため、警察官は、X・Y を含む E 社役員や従業員らに対し、メールサーバ等にリモートアクセスをしたメール等のダウンロード等の承諾を求めた（**【1-46】** 参照）。そして、アカウントおよびパスワードの開示を受ける等してリモートアクセスを行い、電磁的記録を複写をしたパソコンについては、Y からの任意提出の手続をとった（「手続⑦」）。

また、この捜索等の開始日以降、E 社事務所で、メール等を使用者のパソコンに複写する作業等が続いたが、終了のめどが立たない状況下で、E 社の提案・関係者との協議により、警察官は、E 社作成の承諾書を得て、E 社事務所外の機器からリモートアクセスを行い、電磁的記録の複写を行った（「手続④」）。

なお、以上の手続について、警察官は、主観的には、本件令状の執行としてではなく、任意捜査としてリモートアクセス等を行っているつもりであったが、令状によることなく任意の捜査を行うとの説明をしないまま手続を続行していたため、E 社関係者は、すべて強制捜査であると認識したまま捜査が進められていた。

弁護側は、日本国外に所在するサーバへのリモートアクセスによる電磁的記録の取得行為の違法性を争う（**【1-46】**）とともに、令状主義の統制のもと、被疑事実との関連性が認められる物に限って差押えが許されるのが原則であり、警察官は、被疑事実との関連性を問わず包括的に電磁的記録を取得した違法がある旨を主張して上告した。

決定要旨　上告棄却。「原判決が説示するとおり、手続⑦は、実質的には、司法審査を経て発付された前記捜索差押許可状に基づく手続ということができ、警察官は、同許可状の執行と同様の手続により、同許可状において差押え等の対象とされていた証拠を収集したものであって、同許可状が許可する処分の範囲を超えた証拠の収集等を行ったものとは認められない」。

「前記の事実関係に照らすと、前記捜索差押許可状による複写の処分の対象となる電磁的記録には前記被疑事実と関連する情報が記録されている蓋然性が認められるところ、原判決が指摘するような差押えの現場における電磁的記録の内容確認の困難性や確認作業を行う間に情報の毀損等が生ずるおそれ等に照らすと、本件において、同許可状の執行に当たり、個々の電磁的記録について個別に内容を確認することなく複写の処分を行うことは許されると解される」。

「以上によれば、警察官が手続⑦、④により収集した証拠の証拠能力は、いずれも肯定することができ」る。

解説 **1** 捜索差押処分を執行する際、捜査官は、捜索の現場で差押対象物件の発見に努めることになるが、そのために必要であれば、開錠・開封等の処分（必要な処分）をすることができる（法222条1項→法111条1項）。たとえば、ある物件が外形上は差押対象物件に該当するとしても、その内容を確認しなければ当該事件との関連が明確でない場合や、差押えの必要性の有無を判断できない場合である。

2 コンピュータシステムの飛躍的な発展・普及により、従来は文書で記録・保存されていた情報が、HD（ハードディスク）、CD-ROM、USBメモリやクラウドサーバ等の電磁的記録媒体等に記録・保存されることが多くなった。HD等は大量の情報を容れることができるうえ、文書類のような可視性・可読性がなく、情報の処理・加工・消去等が容易であることなどから、従来の文書類の差押えとは異なる種々の問題が生じてくる。

電磁的記録媒体の場合には、その内容を確認しなければ、被疑事実との関連性を判断することは困難である。それゆえ、その場で内容をパソコン等のディスプレイに表示させて、または、プリントアウトさせて確認することなどが、必要な処分として許されることになる。

3 しかし、それを行っていたのでは記録されている情報を損壊される危険があるような場合には、電磁的記録媒体の性質に照らせば、捜査官がその場で内容を正確に判断するのは困難である。特に、その場で確認しようとするなら、情報を消去される危険があるなど例外的な場合には、証拠保全の観点から、内容を確認せずに差し押さえることも許される。

最決平成10年5月1日（刑集52-4-275）は、「令状により差し押さえようとするパソコン、フロッピーディスク等の中に被疑事実に関する情報が記録されている蓋然性が認められる場合において、そのような情報が実際に記録されているかをその場で確認していたのでは記録された情報を損壊される危険があるときは、内容を確認することなしに右パソコン、フロッピーディスク等を差し押さえることが許される」との判断を示した。

4 電磁的記録の捜査に関して、平成23年刑訴法一部改正により、記録媒体自体の差押えに代替的方法による差押えが規定された（法222条1項→法110条の2）。代替的方法としては、被処分者が協力的でない場合などを念頭に、捜査機関が自ら他の記録媒体に複写等することが想定されている。また、パソコン等端末からインターネットで接続された遠隔のサーバ等の記録媒体にアクセスしてこれを複写し、複写した端末や記録媒体を差し押さえるというリモートアクセス捜査も認められた（法218条2項・99条2項、**【1-46】**参照）。

5 上記のような複写等をして、当該複写した端末等を差し押さえる場合にも、データ等を個別に確認して、被疑事実と関連性があると認められるもののみを複写するのが原則である。しかしながら、本決定は、複写の処分の場合も、捜索差押許可状による複写の処分の対象となる電磁的記録（サーバ）に、被疑事実と関連する情報が記録されている蓋然性が認められる場合において、差押えの現場における電磁的記録の内容確認の困難性や確認作業を行う間に情報の毀損等が生ずるおそれがある場合にも、当該令状の執行にあたって、個々の電磁的記録について個別に内容を確認することなく複写の処分を行うことは許されるとした。前記最高裁平成10年決定の趣旨を踏まえた判断といえる。

1-45 電磁的記録物の差押処分の相当性

東京地決平成 10 年 2 月 27 日（判時 1637 号 152 頁）

[参考] 北村篤・圃8 版 56、髙﨑秀雄・圃9 版 56、梅林啓・研修 604-13、圃181

事実 司法警察員らは、インターネット接続会社 A 社（「本件会社」）の会員である被疑者が、本件会社の管理するサーバーコンピュータのディスクアレイ内に、わいせつ画像データの含まれたホームページ（「本件ホームページ」）のデータを記憶、蔵置させて、不特定多数の者がわいせつな画像を閲覧できるようにしたという、わいせつな図画公然陳列の被疑事実により、捜索差押許可状（「本件捜索差押許可状」）に基づき A 社を捜索し、本件顧客管理データが記録されたフロッピーディスク 1 枚（「本件物件」）などを差し押さえた。A 社は、本件物件について所有権放棄書を提出した。

本件ホームページを開設した被疑者は、氏名等は不詳であったが、ホームページ等のアドレスに「morokin」のアカウントを使用する者であると認められた。本件捜索差押許可状に記載された差し押さえるべき物は、「サーバーコンピュータ、ディスクアレイ、ルーター等通信機器、本件に関するデータが記録されたフロッピーディスク・マグネットオプチカルディスク等電磁的記録媒体、本件に関するデータをプリントアウトした書面、ログファイル・苦情処理作業内容が記録されたフロッピーディスク等電磁

的記録媒体、パーソナルコンピュータ、ハードディスクドライブユニット等記憶ソフト起動機器、プリンター、苦情処理等業務作業に関する簿冊、電子掲示板広告資料、広告に関する書類、金銭出納簿、代金の支払い受領等に関する領収証書等書類、伝票、申込書類、入会申込書、顧客名簿、通信文、電子メール控、私製電話帳、アドレス帳、手帳等メモ帳票類、名刺、ID 番号記録紙、預貯金通帳、印鑑」であった。

差し押さえられたフロッピーディスクに記録された本件顧客管理データは、本件会社とインターネットによる通信サービスの契約を結んだ会員のうち、アダルトのジャンルを選択したホームページ開設希望者 428 名の氏名、住所、電話番号等からなるデータであり、差し押さえるべき物のうち「顧客名簿」に該当するものとして差し押さえられた。

これに対し、A 社は、①本件捜索差押許可状自体が、被疑事実と関連性がなく、差押えの必要性もない物の差押えを許可したものであって、違法である、②本件顧客管理データは、被疑事実との関連性がなく、差押えの必要性もないものであるから、当該差押処分は違法であるとし、その取消しを求めて準抗告を申し立てた。

決定要旨 東京地裁は、以下のとおり判示し、本件顧客管理データの差押処分を取り消した。「本件会社は、本件被疑事実の被疑者ではない上、利用者のプライバシー保護が強く要請される電気通信事業法上の特別第 2 種電気通信業者であるから、本件会社に対する捜索差押の適法性を判断するにあたっては、捜索差押の必要性と並んで利用者のプライバシー保護を十分に考慮する必要がある」。

「そこで、本件捜索差押について検討すると、本件捜索差押許可状の差し押さえるべき物は、前記のとおり包括的であるところ、その記載の適否はともかく、具体的差押処分にあたっては、差押えの必要性を厳格に解する必要がある。本件顧客管理データは、本件会社とインターネットによる通信サービスの契約を結んだ会員のうち、ア

ダルトのジャンルを選択したホームページ開設希望者428名の氏名、住所、電話番号等からなるデータであり、差し押さえるべき物のうち『顧客名簿』に該当するものとして差し押さえられたものと認められる。このうち『morokin』のアカウントを使用して本件ホームページを開設した被疑者に関するものについては、本件被疑事実との関連性、差押えの必要性は明らかであるが、その余の会員に関するデータについては、アダルトホームページの開設希望者に限定したところで、本件被疑事実との関連性を認めがたく、差押えの必要性は認められないというべきである」。

解説 **1** 法218条1項は、捜査機関が犯罪を捜査するのに必要があれば、裁判官の発する令状により捜索・差押え等ができると規定する。捜索差押許可状には、プライバシーを含む国民の人権を保護する趣旨から、捜索すべき場所および差し押さえるべき物が明示される（法219条）。そうすると、①本件令状の「差し押さえるべき物」の記載は、やや包括的なようにも思われる。しかし、本件令状は、被疑者氏名が不詳という初期段階で発せられたもので、ある程度概括的な表示はやむをえない。また、インターネット関連犯罪の現状を考えれば、記載された物も、被疑事実との関連性や差押えの必要性は認められる。また、記載事項の一部に関連性のないものが含まれていても、当該許可状に基づく差押えがすべて違法となるわけではない（東京高判昭和47・6・29判タ285-314）。本決定はこの点の判断を避けたが、許容されるものと解すべきである（髙﨑・前掲57頁）。

2 現行法上、差押えの対象は、有体物に限ると一般に解されている。そのため、電磁的記録媒体そのものが差押えの対象物となるのであるから、差押えの理由（関連性）の存否は、この有体物に関して判断すべきである（北村・前掲56頁）。本決定は、顧客管理データのデータごとに関連性を判断しているが、フロッピーディスクという有体物の一部に関連性があるデータが記録されている以上、本件物件自体の関連性を否定しえないであろう（一部にのみ関連情報のある物理的に不可分な帳簿等の場合と同様である）。

3 また、差押えの必要性（相当性）も考慮する必要がある（**【1-38】**）。電磁的記録物については、記録情報をプリントアウトしてそれを差し押さえる方法などもあり、そういった方法で目的が達せられるのであれば、それによるのが相当であろうが、常にそのような方法を取りうるとは限らない（**【1-44】**）。また、記録の改ざんがなされていない等、データの信用性を調査分析するためには、記録媒体自体を差し押さえる必要があることも考えられる。そういった事情等も踏まえたうえで、捜査目的達成のための必要性と被処分者に与える不利益との衡量によって、必要性（相当性）を判断すべきことになる。

4 なお、本決定は、本件における被差押人の所有権放棄により「本件顧客管理データの差押えの違法性が治癒されるものではない」とした。ただし、本決定の、処分対象者が「利用者のプライバシー保護が強く要請される電気通信事業者」であることの重視が、「通信の秘密」等に基づく情報の重要性を捜査機関等が判断するという趣旨であれば逆に問題であるとの意識から、この判断を疑問視する見解もある（髙﨑・前掲57頁）。

1-46　国外にあるサーバへのリモートアクセスの許容性

最 2 小決令和 3 年 2 月 1 日（裁時 1761 号 4 頁）

［参考］四方光『日常の中の〈自由と安全〉』250、川出敏裕・警論 71-9-173、星周一郎・警論 73-4-71

事実　警察官は、インターネットサイト「F」の運営管理会社 E 社関係者の被告人 X・Y ほか 1 名が共謀のうえ、同サイトで公然わいせつ幇助、風適法違反の各犯行に及んだことを被疑事実とする捜索差押許可状（「本件令状」）に基づき、E 社事務所および付属設備において、捜索差押えの執行を開始した。本件令状は、リモートアクセスによる電磁的記録の複写の処分（法 218 条 2 項）を許可したものである。

E 社では、アメリカ合衆国に本社がある A 社提供のメールサービス等が使用されている疑いがあった。そのため、警察官は、国外に設置されたメールサーバ等にメール等の電磁的記録が蔵置されている可能性が判明した場合にリモートアクセス等を行う場合には、令状の執行として行うのではなく、当該パソコンの使用者の承諾を得て行う旨事前に協議していた。

警察官は、上記方針に基づき、X・Y を含む E 社役員や従業員らに対し、メールサーバ等にリモートアクセスをしたメール等のダウンロード等の承諾を求め、アカウントとパスワードの開示を受ける等してリモートアクセスを行い、電磁的記録を複写をしたパソコンについては、Y からの任意提出の手続をとった（「手続㋐」）。

この捜索等の開始日以降、E 社事務所で、メール等を使用者のパソコンに複写する作業等が続いたが、終了のめどが立たない状況下で、E 社は、警察官に対し、より E 社の業務に支障が少ない方法として、警察のパソコンでメールサーバ等にアクセスできるアカウントを付与するなどして E 社事務所以外の場所でダウンロード等をする旨の提案を行った。E 社幹部と警察官との間で E 社の顧問弁護士も交えて協議が行われ、警察官は、E 社が作成した承諾書に基づき、E 社事務所外の機器からリモートアクセスを行い、電磁的記録の複写を行った（「手続㋑」）。

手続㋐・㋑の各リモートアクセスの対象である記録媒体は、日本国外に存在するか、その蓋然性が否定できなかった。なお、上記各リモートアクセス等について、他の条約締結国から反対の意思が表明されていたような事情がうかがわれない。

弁護側は、日本国外に所在するサーバへのリモートアクセスによる電磁的記録の取得行為は、現行刑訴法では行いえず、国際捜査共助によるべきであるが、警察官が、これらを認識したうえで、国際捜査共助を回避し、令状による統制を潜脱する意図の下に手続㋐・㋑を実施した行為は、サーバ存置国の主権を侵害し、重大な違法があるから、各手続によって違法に収集された証拠は排除すべきである旨主張して上告した。

決定要旨　上告棄却。「刑訴法 99 条 2 項、218 条 2 項の文言や、これらの規定がサイバー犯罪に関する条約（平成 24 年条約第 7 号）を締結するための手続法の整備の一環として制定されたことなどの立法の経緯、同条約 32 条の規定内容等に照らすと、刑訴法が、上記各規定に基づく日本国内にある記録媒体を対象とするリモートアクセス等のみを想定しているとは解されず、電磁的記録を保管した記録媒体が同条約の締約国に所在し、同記録を開示する正当な権限を有する者の合法的かつ任意の同意がある場合に、国際捜査共助によることなく同記録媒体へのリモートアクセス及び同記録の複写を行うことは許されると解すべきである」。

手続㋐は、E 社関係者の任意の承諾に基づくものとは認められないから、任意捜査として適法とはいえず、上記条約 32 条が規定する場合にも該当しない。しかし、手

続⑦は、実質的には、司法審査を経て発付された本件令状に基づく手続ということができ、警察官は、本件令状の執行と同様の手続により、本件令状において差押え等の対象とされていた証拠を収集したものであって、本件令状が許可する処分の範囲を超えた証拠の収集等を行ってはいない。本件事実関係の下では、警察官が、国際捜査共助によらずにE社関係者の任意の承諾を得てリモートアクセス等を行うという方針を採ったこと自体も不相当ではなく、警察官が任意の承諾に基づく捜査である旨の明確な説明を欠いたこと以外に、E社関係者の承諾を強要するような言動をしたとか、警察官に令状主義に関する諸規定を潜脱する意図があったとも認められない。また、手続⑦について、E社関係者の承諾の効力を否定すべき理由はないとした原判断が不合理ともいえない。手続⑦・⑦に重大な違法はなく、証拠能力は肯定することができる。

解説 **1** パソコンやスマートフォン等の端末を、インターネットでクラウドサーバなどの記録媒体に接続し、そこに保存されたソフトやデータを利用するクラウドコンピューティング等が一般化している。法218条2項は、コンピュータ等端末の差押えの場合に、当該端末に接続している記録媒体のうち、当該端末からアクセスしていると認められる状況にあるものから、当該端末を操作して、必要な電磁的記録を当該端末・他の記録媒体に複写して、それらを差し押さえるリモートアクセス捜査を認める（法99条2項も同様）。

2 もっとも、国境のないインターネットの世界で、これら遠隔のコンピュータのサーバ等の記録媒体は、物理的に日本国内に存在するとは限らない。その場合、国外に所在するサーバ等の記録媒体に対するリモートアクセス捜査の可否が、急速に問題化している。

3 サイバー犯罪条約32条は、コンピュータ・システムを通じてデータを自国に開示する正当な権限者の合法的で任意の同意が得られる場合には、他の条約締結国の許可なしに、当該他国の領域内に所在するコンピュータ・データへのアクセスを可能とする。そのため、捜査対象の端末の利用者の承諾を得て、国外に所在と思われるサーバへリモートアクセス等をする運用となっている。本件の警察官も、令状執行ではなく、任意処分としてリモートアクセスをしようとした。

4 ただし、手続⑦につき、任意の承諾に基づく捜査である旨の明確な説明が警察官からなされず、対象者の任意の承諾はなく（**【1-44】**）、任意捜査にも同条約32条規定の場合にも該当しないとされた。しかし、本決定は、本件令状で差押え等の対象とされ、その許可する処分の範囲内での証拠収集が行われたので、実質的には、司法審査を経て発付された本件令状に基づく手続といえるとし、警察官に、令状主義に関する諸規定を潜脱する意図はなかったとして、証拠排除するほどの重大な違法はないと判示している。

5 国外に存するサーバへの、国際捜査共助によらないリモートアクセスは、たしかに、当該国の主権との関係で問題が生じうる。しかし、同条約32条の趣旨を踏まえれば、刑訴法が、国内でのリモートアクセスのみを想定していると解する必要はない。刑訴法の解釈としては、同法の定める捜査手続等に則った捜査であるか否かが、捜査の違法性評価に影響を及ぼす。それゆえ、外国の主権との関連で生ずる問題は、次元を異にするともいえる。抜本的検討が早急に必要とされる課題である。

1-47 捜索場所に居合わせた者に対する捜索

最 1 小決平成 6 年 9 月 8 日（刑集 48 巻 6 号 263 頁・判タ 868 号 158 頁）

[参考] 小川正持・圏平 6-110、川出敏裕・圏7 版 48、河村博・圏8 版 48、宇藤崇・圏9 版 46、圖179

事実 被告人 X は、X および内妻 A の居住するマンションの一室（501 号室）において、営利の目的で覚せい剤を所持したとして、逮捕・起訴された。

本件捜査の過程は以下のようなものであった。N 警察署の警察官らは、A に対する別件の覚せい剤取締法違反被疑事件について、A および X の居住するマンションの一室を捜索場所とする捜索差押許可状の発布を受けた。そして、警察官らが 501 号室付近に赴いた際、証拠隠滅工作を防ぐため、在室者がその玄関扉を開けたときに入室して捜索を実行すべく同室付近において張込みを続けていたところ、在室していた X が外出しようとして同室の玄関扉を若干開け、顔を出して室外の様子をうかがうような態度を示したので、すかさず走り寄って同扉から次々に室内に入り込み、同室玄関付近において「警察や。ガサや」と X に告げ、続いて同室内各室に立ち入って A を捜した。しかし、A は不在であったことから、X を立会人として捜索を実行することとし、同室内南東側ダイニングキッチンにおいて X に対し前記捜索差押許可状を示して捜索を開始した。

その際、警察官らは、X が右手にボストンバッグを持っていたので、再三にわたりバッグを任意提出するように求めたが、X がこれを拒否してバッグを抱え込んだので、やむをえず抵抗する X の身体を制圧して強制的にバッグを取り上げてその中を捜索し、バッグの中から本件覚せい剤を発見し、X を覚せい剤営利目的所持の現行犯人として逮捕し、次いで逮捕に伴う捜索を実施して本件覚せい剤、ボストンバッグ等を差し押さえた。

弁護人は、本件捜索・差押えの手続の違法性を争ったが、1 審は、「警察官らは捜索の開始に当たって捜索場所である 501 号室に居住する X に対し捜索差押許可状を呈示し、立会人を X として捜索を実施したものであり、また、右場所に対する捜索差押許可状の効力は、捜索場所に居住し、かつ捜索開始時に同場所に在室している者の携帯するバッグにも及ぶものと解されるから、右捜索差押の手続には何ら違法はない」とし、控訴審もこの判断を是認した。これに対し、弁護人は、マンション居室に対する捜索令状で、X の携帯物を捜索したことは許されない、などと主張して上告した。

決定要旨 上告棄却。「N 警察署の警察官は、X の内妻であった A に対する覚せい剤取締法違反被疑事件につき、同女及び X が居住するマンションの居室を捜索場所とする捜索差押許可状の発付を受け、……右許可状に基づき右居室の捜索を実施したが、その際、同室に居た X が携帯するボストンバッグの中を捜索したというのであって、右のような事実関係の下においては、前記捜索差押許可状に基づき X が携帯する右ボストンバッグについても捜索できるものと解するのが相当であるから、これと同旨に出た第 1 審判決を是認した原判決は正当である」。

解説 **1** 特定の場所に対する捜索差押許可状により、捜索場所に居合わせた者の身体や所持品を捜索することは許されるであろうか。

2 捜索令状には、捜索すべき場所、身体もしくは物を記載することが要求される（法

219条）。また、刑訴法は、捜索の対象を、(1)人の身体、(2)物、(3)住居その他の場所の3種類に区分している（法102条）。

それゆえ、刑訴法の文言上は、特定の場所を対象とした捜索令状では、その場に居合わせた人の身体や所持品の捜索を行うことはできないようにも思われる。また、実質的に考えても、人の身体や所持品の捜索と場所の捜索とでは、保護すべきプライバシーの利益に質的な相違があることは否定できない。

3　しかし、捜索場所に居合わせた者の所持品に関しては、①捜索場所の居住者は、被疑事件や被疑者と何らかの関係があり、差押対象物を所持している旨の疑いを抱かせるから、その者の所持品を捜索する必要性は大きく、②ポケット内の所持品の捜索等とは異なり、バッグ等の携帯品の捜索は当該物を捜索するにすぎず、権利侵害の程度は身体の捜索の場合に比べれば小さく、③捜索場所の居住者がその場で携帯しているバッグ等は、捜索場所から離脱しておらず、捜索場所にある物と同一視できるといった理由から、特定の場所に対する捜索差押許可状で、捜索場所に居合わせた人の所持品を捜索することは適法と解することは、十分に可能である（小川・前掲114頁）。

4　では、特定の場所に対する捜索令状によって、捜索場所に居合わせた者の身体の捜索は許されるだろうか。たしかに、身体に対する捜索によって侵害される人身の自由はプライバシーの利益は、場所や所持品に関するそれとは異質であるし、人の身体が「場所」に含まれるとするのにも、やや無理がある。

しかしながら、その場に居合わせた者が、捜索の目的物を身体や着衣に隠匿しているような場合に、その者の身体や着衣の捜索が一切できないとするのでは、厳格にすぎる。そこで、前記のプライバシーの利益の質的相違から、人の身体が場所に含まれることはありえないことを前提に、この場合は、捜索令状の執行の際の「必要な処分」（法222条1項→法111条1項）として許容されるとする見解もある（川出・前掲49頁）。しかし、東京高判平成6年5月11日（判タ861-299）は、「場所に対する捜索差押許可状の効力は、当該捜索すべき場所に現在する者が当該差し押さえるべき物をその着衣・身体に隠匿所持していると疑うに足りる相当な理由があり、許可状の目的とする差押を有効に実現するためにはその者の着衣・身体を捜索する必要が認められる具体的な状況の下においては、その者の着衣・身体にも及ぶものと解するのが相当である（もとより『捜索』許可状である以上、着衣・身体の捜索に限られ、身体の検査にまで及ばないことはいうまでもない。）」とし、覚せい剤取締法違反被疑事件での、捜索場所を「A方居室」、差し押さえるべき物を「取引メモ、電話番号控帳、覚せい剤の小分け道具」とする捜索差押許可状の執行の現場において、その場に現存するXが両手をズボンのポケットに突っ込んだままという異常な挙動を続け、そのポケット内に差押えの目的物を隠匿している疑いがきわめて濃厚で、また、Xが部屋を出ていく素振りをみせ、激しく抵抗してその場を逃れようとし、捜査官の目の届かない所でポケット内の物を廃棄するなどの行為に出る危険性が顕著に認められるなどの状況下においては、捜査官がXの着衣ないし身体を捜索することは適法であるとした。

1-48　捜索場所に配達された物に対する捜索

最1小決平成19年2月8日（刑集61巻1号1頁・判タ1250号85頁）

[参考]　入江猛・圏平19-1、池田公博・圃平19-200、大久保隆志・圏10版44、圃179

事実　警察官らは、被告人Xに対する覚せい剤取締法違反被疑事件につき、差し押さえるべき物を「覚せい剤、覚せい剤使用器具類、覚せい剤計量器具類、覚せい剤分包紙袋類、覚せい剤取引関係文書・手帳・メモ類、被疑者使用の携帯電話及び付属の充電器」とし、X方居室等を捜索すべき場所とする捜索差押許可状に基づき、平成17年9月13日午後1時13分ころ、X方居室の捜索を開始したところ、居室内から、ティッシュペーパーに包まれた注射器、チャック付きビニール袋、電子計量器等が発見された。

さらに、捜索実施中の同日午後2時2分ころ、X方に、宅配業者から、伝票に依頼主兼受取人としてXの氏名が記載された荷物が配達され、Xは、玄関で、受取伝票に「X」と署名してこれを受け取った。警察官らは、以前にも同様に伝票に依頼主兼受取人として被疑者の氏名が記載された荷物の中から覚せい剤を発見するという事件を担当したことがあったことから、本件荷物の中に覚せい剤が入っているとの疑いを持ち、Xに対し、X方居室の居間において、受け取った本件荷物について任意の承諾に基づく開封を求めるべく、中身を確認したいから自分で開封してほしいと何度も説得した。これに対し、Xは、心当たりのない荷物で開封したくない、宅配業者に返却したい、自分では開けられないなどとして開封を拒んでいたが、約10分間のやり取りが続いた後、警察官らが「ガサで来ているから、荷物の中身を確認する必要があり、

権限で開ける」旨発言したところ、Xは、投げやりな感じで、「権限で開けるのであれば、好きなように見ればいい」旨発言した。

警察官らは、Xの上記発言を受けて、本件荷物を開封したところ、本件荷物の中からチャック付きビニール袋入り覚せい剤5袋が発見されたため、Xを覚せい剤取締法違反（所持）の被疑事実で現行犯逮捕し、覚せい剤5袋は、逮捕の現場で差し押さえられた。

控訴審は、本件捜索について、㋐当時の外形的・客観的状況から、本件荷物には、本件令状で差し押さえるべき物とされている覚せい剤等が入っている蓋然性が十分に認められる状況が存した、㋑捜索差押許可状に基づく捜索差押えの範囲が、その許可状を被疑者に示した時点で捜索場所に所在する物に限定されなければならないとすべき明文上の根拠はない、㋒実質的にみても、執行の途中で被疑者が捜索場所で所持・管理するに至った物について捜索・差押えを行ったとしても、新たな居住権・管理権の侵害は生じず、令状主義逸脱の問題を生じないことを理由に、㋓捜索差押許可状の執行についての必要な処分（法222条1項→法111条1項）として適法であるとした。

これに対し、X側は、捜索差押許可状の効力は、それが立会人に呈示された時点で捜索場所に存在する物に限られ、令状呈示後、他から搬入された荷物には及ばないと主張して上告した。

決定要旨　上告棄却。「原判決の認定によれば、警察官が、Xに対する覚せい剤取締法違反被疑事件につき、捜索場所をX方居室等、差し押さえるべき物を覚せい剤等とする捜索差押許可状に基づき、X立会いの下に上記居室を捜索中、宅配便の配達員によって被告人あてに配達され、Xが受領した荷物について、警察官において、これを開封したところ、中から覚せい剤が発見されたため、Xを覚せい剤所持罪で現行犯

逮捕し、逮捕の現場で上記覚せい剤を差し押さえたというのである。所論は、上記許可状の効力は令状呈示後に搬入された物品には及ばない旨主張するが、警察官は、このような荷物についても上記許可状に基づき捜索できるものと解するのが相当であるから、この点に関する原判断は結論において正当である」。

解説 **1** 捜索開始時点において、特定の場所に対する捜索差押許可状により、捜索場所に居合わせた人の所持品の捜索することも、捜索すべき物を所持していると認められる場合には可能である（**[1-47]**）。

それでは、本件のように、特定の場所に対する捜索差押許可状により、捜索に着手した後、捜索場所に持ち込まれた物を捜索することはできるだろうか。

2 この問題を考えるにあたっては、①捜索差押許可状に捜索すべき場所の記載が必要（法 219 条 1 項）とされた趣旨は何か、②捜索差押許可状について、令状呈示の時点で捜索場所にある物にのみ令状の効力が限定されるか、を検討する必要がある（入江・前掲 4 頁）。

3 まず①に関しては、その趣旨は憲法 35 条 1 項の定める住居の不可侵の保障に求められる。そうであれば、捜索実施中にほかから捜索場所に持ち込まれ、X が所持・管理するようになった物を捜索しても、新たな住居権・管理権の侵害は生じないから、新たな令状が必要であるとする理由は認められない。

②についても、以下の理由から限定されないと解するのが妥当である。まず(1)捜索差押許可状について、令状呈示時点で捜索場所にある物にその効力が限定されるとする規定は存在しない。また(2)裁判官は、令状の有効期間内に捜索場所に対象物が存在する蓋然性の有無を審査するが、物がいつ捜索場所に持ち込まれるかは問題とせず、捜査機関も、令状の有効期間内であればいつ捜索に着手してもよいので、**捜索開始時期が前後することで、捜索場所にある物の捜索の可否が左右されるとするのは不合理である**（本件でも、捜索開始が 1 時間後であれば、本件荷物の捜索は問題なくできるのである）。さらに、(3)令状呈示の趣旨は、執行対象者に裁判の内容を知らせる機会を与え、手続の明確性と公正を担保し、裁判に対する不服の機会を与えることにある。そうであれば、令状呈示により、呈示時点に捜索場所に存在する物にのみ許可状の効力が限られるとする理由はない。

4 本件決定は、本件捜索を適法とした理由は明示していないが、以上のような考え方に基づいていると解することができよう（入江・前掲 6 頁）。

5 なお、本件控訴審は、㋐本件荷物に差し押さえるべき物が入っている具体的な蓋然性の存在を、本件令状執行の要件としているようにも読めるが、前記 **3** の(2)でみたように、裁判官は捜索場所に差し押さえるべき物が存在する蓋然性を認めて令状を発付するのであるから、当該場所に含まれる物について、改めてそのような「具体的な蓋然性」を要件とすべき理由はない。また、㋑本件荷物の開封行為を、法 222 条 1 項→法 111 条 1 項の「必要な処分」にあたるとする点についても、本件のような場合には、開封し中身を捜索する行為は、令状の執行に当然観念されるものと位置づけられよう（入江・前掲 8 頁）。

1-49　捜索・差押え時の写真撮影

大津地決昭和 60 年 7 月 3 日（刑月 17 巻 7=8 号 721 頁）

[参考] 本田守弘・新実例Ⅰ-192、西山卓爾・実例Ⅰ-90、圖178

事実　司法警察職員らはＡマンション 1 階 101 号室本件（申立人）事務所に赴き、申立人会社の責任者として同社の社員Ｃに「被疑者Ｂに対する覚せい剤取締法違反被疑事件について、右事務所を捜索し、且つ、覚せい剤、覚せい剤が付着していると認められる物、覚せい剤の小分けに用いられたと認められる物、注射器、注射針など使用に関する器具、覚せい剤取引き使用などに関する日記帳、通信文、電話アドレス帳、金銭出納帳、預金通帳及びメモ類、を差し押えることを許可する」旨の捜索差押許可状を示したうえ、Ｃの立会いのもとに申立人事務所の捜索を開始し、日記帳 2 冊、金銭出納帳、住所録、テレホンリスト、元帳、経費明細書各 1 冊合計 7 冊を差し押さえるなどした。

さらに、司法警察職員らは金銭出納帳等経理帳簿類に不備な点があったためこれを補うべく、①Ｃおよび申立人会社の代表取締役Ｄの承諾を得て、領収書および請求書等の写真撮影を行っていた。ところが、②ゴルフ場の造成計画平面図等の各図面（「別紙添付の写真中の各書類」）を撮影しようとしたところ、両名から、同各図面がＢに対する覚せい剤取締法違反被疑事件と何ら関係がないから写真撮影をすべきでない旨強く抗議されたものの、同各図面が本件覚せい剤取締法違反被疑事件の資金ルートを解明するために必要である旨の説明をし、なおも口頭による抗議は受けたが、同各図面についても写真撮影を続け、Ｃに押収品目録交付書を交付して本件捜索を終えた。なお、司法警察職員らは、前記の領収書、請求書、図面等の写真撮影をする際に、Ｃ・Ｄから写真撮影をすることについての同意書等の書面をとっていなかった。

申立人は、本件捜索・差押えの際、被疑事件と関係のない書類の写真撮影につき、写真撮影処分は実質的にみて押収と同視できる処分であるのに、裁判官の発する令状によることもなく、また申立人の承諾を得ることもなく行われた違法な処分であるから取り消されるとともに、同写真撮影処分による写真・ネガフィルム等は申立人に提出されねばならない、として準抗告を申し立てた。

決定要旨　大津地裁は以下のように判示して、写真撮影の一部を違法とした。

「捜索差押の際に、捜査機関が写真撮影をすることは必ずしも許されないわけではなく、証拠物の証拠価値をそのまま保存するために証拠物をその発見された場所、発見された状態とともに写真撮影することや、捜索差押手続の適法性を証拠づける目的でその執行状況を写真撮影することは許されるし、又、書類や図面等についてその内容等を確保する目的で写真撮影する場合にも捜索差押許可状に記載されている書類や図面等そのものやこれらを補足、補充するものを写真撮影するなど限定された場合には許されるものというべきであるが、右の範囲を超えて写真撮影することは、捜索差押の目的物とされていない物件をも捜索差押したのと実質的に異ならない結果となるので許されず、任意捜査として所有者らの承諾のもとに写真撮影されたものでない限り、刑事訴訟法 430 条 1 項又は 2 項に基き写真撮影処分の取消しを求めることができるものと解するのが相当である」。

本件写真撮影については、①領収書および請求書等別紙添付の写真中の各書類を除くその余の各書類については本件捜索差押許可状に記載されている物件を補足、補充するものとして写真撮影が許され、かつ申立人会社の代表取締役Ｄの同意のもとに写真撮影されたものであるから、その写真撮影は適法であるが、②別紙添付の写真中の各書類の写真撮影については、本件捜索差押許可状に記載されている物件を補足、補充するものでもなく、また、責任者として立会ったＣやＤが写真撮影をすべきでない旨抗議しており、かつ写真撮影についての同意書等の書面もなく、申立人の真意による承諾があったものとは認められないから、同写真撮影処分は違法であるといわざるをえず、②に関する写真撮影処分は、これを取り消すのが相当である（ただし、申立人が求めたネガフィルム等の申立人への提出については、法430条が「押収……処分の取消又は変更を請求することができる。」と規定するにとどまり、また、同法432条により準用する同法426条2項も申立人の求める裁判をすることまでをも予定する趣旨のものとは解されず、申立人に②に関する各写真およびネガフィルム等の所有権等本権があるわけではないとして、これを認めなかった）。

解説　**1**　捜索差押許可状の執行の際に写真撮影について定めた規定は存在しない。また、捜索場所における写真撮影は、検証の性質を有するから、検証令状がなければ撮影は一切許されないとする見解もある。

　2　しかし、①証拠物の証拠価値は発見状況等により影響を受けることがあるから、証拠価値保全のため発見状態等を記録する必要が生ずることはある。②捜索差押許可状記載の証拠物そのものや、それを補足・補充するものを写真撮影することが、当該証拠物の内容等を確保する目的で必要となる場合も考えられる。また、③現実に、捜索差押手続の適法性が争われることは少なくなく、手続の適法性を担保するため執行状況を写真撮影により記録する必要もある。以上の場合、捜索・差押えの付随処分として写真撮影が許されるとすべきである（以上の趣旨での撮影を、法222条1項→法111条1項の「必要な処分」として位置づける見解もあるが、同条の趣旨に必ずしも沿うものではないであろう）。

　以上の範囲で行われる写真撮影は、捜索・差押えを受ける者に予定されるプライバシー侵害の程度を超えるものではないという点が重要である。それゆえ、特段の事情がない限り捜索場所をくまなく撮影すること、あるいは、捜索差押許可状に記載されてない物件や内容を意図的に撮影することは許されない（高松高判平12・3・31判時1726-130は、押収品ではない預金通帳等の撮影を、必要性もないうえ上記目的で行われたものでもなく違法とする）。

　3　なお、たとえば、差押対象物として「メモ」が令状に記載され、被疑事実と関連性があると思われる文字などが壁に描かれているのを発見したような場合、それも差押対象物となりうるが、壁の一部を損壊して取り外すことに代え、差押えの代替手段として、写真撮影による証拠保全をすることも認めるべきであろう（本田・前掲202頁、西山・前掲93頁）。

　4　写真やフィルムの返還を捜査機関に求める準抗告の可否につき、【1-50】参照。

1-50　捜索・差押え時の写真撮影と準抗告

最2小決平成2年6月27日（刑集44巻4号385頁・判タ732号196頁）

［参考］大谷直人・圏平2-83、上冨敏伸・回10版72、井上正仁・警研64-2-34、圖178、551

事実　被疑者Aに対する建造物侵入未遂被疑事件について、X方居室等を捜索場所とし、犯行を計画したメモ類ならびに被疑者の生活状況を示す預貯金通帳、領収証、請求書、金銭出納帳および日記帳の差押えを許可する旨の捜索差押許可状が発付され、司法警察員は、この捜索差押許可状により、X方居室において捜索を行い、A名義の預金通帳2通と振込金受取書2通を差し押さえるとともに、本件捜索・差押えの際に写真撮影を行ったが、その中で、印鑑や洋服ダンス内の背広等を、床面に並べ、あるいは接写の状態で撮影した。これに対し、Xは、被疑事実と関連性のない物の写真撮影は違法で、それにより得られたネガおよび写真の廃棄または返還を求めるなどして準抗告を申し立てた。

準抗告裁判所は、本件写真撮影の適否について、「捜索差押の際に捜査機関が、証拠物の証拠価値を保存するために証拠物をその発見された場所、発見された状態において写真撮影することや、捜索差押手続の適法性を担保するためその執行状況を写真撮影することは捜索差押に付随するものとして許される」としたが、本件写真撮影にかかる印鑑等は、本件捜索差押許可状記載の「差し押えるべき物」に該当せず、また、撮影態様も捜索差押手続の適法性の担保に資するものではないことから違法とした。しかし、違法な写真撮影により得られたネガおよび写真の廃棄・返還を求める準抗告の申立ては、法430条・426条の文理等から刑訴法では認められていないとして、準抗告は棄却した。

これに対し、弁護人は、写真撮影処分を違法として取り消しても、捜査機関にネガや写真がある限りプライバシー侵害状態は回復されず、また、法426条2項が処分の取消し・変更に加え、「必要がある場合には、更に裁判をしなければならない」とするのは、権利侵害状態を実質的に除去しうるような具体的な措置を命ずることによって、違法な押収処分等によって引き起こされた権利侵害状態を回復せしめる趣旨であるから、原決定は、プライバシー侵害状態を放置した点で憲法13条違反があるとして、特別抗告を申し立てた。

決定要旨　抗告棄却。「原決定の認定によれば、本件においては、裁判官の発付した捜索差押許可状に基づき、司法警察員がX方居室において捜索差押をするに際して、右許可状記載の『差し押えるべき物』に該当しない印鑑、ポケット・ティッシュペーパー、電動ひげそり機、洋服ダンス内の背広について写真を撮影したというのであるが、右の写真撮影は、それ自体としては検証としての性質を有すると解されるから、刑訴法430条2項の準抗告の対象となる『押収に関する処分』には当たらないというべきである。したがって、その撮影によって得られたネガ及び写真の廃棄又はXへの引渡を求める準抗告を申し立てることは不適法であると解するのが相当であるから、これと同旨の原判断は、正当である」。

解説　**1**　捜査機関が捜索差押許可状を得て、それを執行する際に、その現場で写真撮影を行うことは、実務上しばしば行われている。住居等の様子を写真撮影する行為は、一

般には検証としての性質を有する（本決定の藤島昭裁判官の補足意見参照）。しかし、①証拠物の発見状況等、証拠価値保全のために必要な写真撮影をする場合、その撮影は、捜索・差押対象者のプライバシー侵害の程度を超えるものではなく、②捜索差押手続の適法性が争われる場合に備え、手続の適法性を担保するため執行状況を撮影して記録する必要性が認められることもある。その場合の写真撮影は、捜索・差押えの付随処分として許される（大津地決昭60・7・3【1-49】。本件原決定も、「捜索差押の際に捜査機関が、証拠物の証拠価値を保存するために証拠物をその発見された場所、発見された状態において写真撮影することや、捜索差押手続の適法性を担保するためその執行状況を写真撮影することは捜索差押に付随するものとして許される」と判示している）。

2 それでは、そのような写真撮影の適法性判断に関して、いかなる不服申立てができるだろうか。民事上の損害賠償のほか、(1)写真撮影の違法により差押処分の違法も招来されることに基づく差押処分の取消し、(2)公判段階での、撮影された写真の、違法収集証拠として証拠能力の否定、といった可能性があることに争いはない。本件では、さらに、(3)写真撮影それ自体に対する準抗告が許されるかが問題となった。

従来の下級審では、①撮影されたネガ等の廃棄を求める準抗告を可能とするもの（傍論であるが、名古屋地決昭54・3・30判タ389-157）、②写真撮影の取消しを求める限度で準抗告を可能とするもの（【1-49】）もあった。しかし、本件決定は、③準抗告そのものが不可能とする見解に立った。

3 法430条は、本来は行政訴訟の対象たる捜査機関の処分のうち、接見に関する処分や押収・押収物の還付に関する処分に限り、刑事手続内での不服申立てを認めたもので、文言上からも検証は準抗告の対象とならないことは一般に認められている。

他方、捜索・差押え執行時の写真撮影を、捜索差押手続の付随処分として認めるとしても、捜索差押許可状の執行の際に行われた写真撮影のすべてが「押収に関する処分」となるわけではない。すなわち、本件のように捜索差押許可状に明記されていない物の撮影は、捜索差押手続の付随処分といえず、その限りで本来なら検証許可状の必要な検証となる。それゆえ、令状なく行えば違法な検証行為となるが、検証には法430条の適用がない以上、準抗告は認められない。本件もそのような立場に立って③の見解を導いたものと解される。

4 なお、検証と捜索・差押えとで準抗告に関し取扱いを異にする実質的理由を、後者が有体物の占有の排他的取得を伴うのに対し、前者は情報などの無体的要素の捜査機関による排他的取得が考えられない点に求めるとすると、検証により捜査機関の得る無体的情報の価値がきわめて重大である場合などは、準抗告の対象とすることも考えられる。もっとも、撮影につき「実質的な押収」を観念する見解もあるが（「写真撮影という手段によって実質的に日記帳又はメモが差し押さえられたものと観念し、これを『押収に関する処分』として刑訴法430条の準抗告の対象とし、同法426条2項によりネガ及び写真の廃棄又は引渡を命ずることができるとする考え方もあり得よう」とする前記藤島昭裁判官の補足意見参照）、立法的に解決すべき問題であろう。

1-51　逮捕に伴う捜索・差押え

最大判昭和 36 年 6 月 7 日（刑集 15 巻 6 号 915 頁・判タ 119 号 22 頁）

［参考］高田卓爾・圕3 版 70、松尾浩也・警研 49-3-50、圕186

事実　麻薬取締官らは、午後 8 時 30 分ころ、路上において麻薬を所持していた A を現行犯逮捕し、A を連行のうえ、麻薬の入手先である被疑者 X 宅に X を緊急逮捕すべく午後 9 時 30 分頃赴いたところ、X は他出中であった。しかし、帰宅次第逮捕する態勢にあった麻薬取締官らは、X の家族の立会いのもと、X 宅の捜索を開始し、麻薬の包紙に関係ある雑誌および麻薬を押収した。そして、捜索のほとんど終わるころに X が帰宅したので、午後 9 時 50 分ころ X を緊急逮捕した。

原審大阪高裁は、本件押収物について、法 220 条 1 項後段の捜索・差押えは、(1)緊急逮捕に着手した後に開始することを要し、着手前に捜索、差押えを先に行うことは許されないが、本件では、X が不在のため緊急逮捕に着手しな

いうちに X 宅の捜索を開始して差し押さえたもので、その捜索・差押えがほとんど終わるころになって帰宅した X を逮捕しており、(2)緊急逮捕の現場でする捜索・差押えであっても、対象となるべき証拠物件の範囲は、その逮捕の基礎である被疑事実に関するものに限られるべきであって、他の犯罪に関するものにまでは及ばないが、本件では、X につきその被疑事実とは別の麻薬所持の証拠保全のためになされたものと解されるなどとして、本件捜索・差押えは、法 220 条 1 項後段に適合せず、かつ、令状によらない違法な捜索・差押えであるから、憲法 35 条に違反して押収された麻薬やその捜索差押調書等を証拠排除し、X を所持罪で無罪としたために、検察官が上告した。

判旨　破棄差戻。「憲法……35 条が右の如く捜索、押収につき令状主義の例外を認めているのは、この場合には、令状によることなくその逮捕に関連して必要な捜索、押収等の強制処分を行なうことを認めても、人権の保障上格別の弊害もなく、且つ、捜査上の便益にも適なうことが考慮されたによるものと解されるのであって、刑訴 220 条が被疑者を緊急逮捕する場合において必要があるときは、逮捕の現場で捜索、差押等をすることができるものとし、且つ、これらの処分をするには令状を必要としない旨を規定するのは、緊急逮捕の場合について憲法 35 条の趣旨を具体的に明確化したものに外ならない。

もっとも、右刑訴の規定について解明を要するのは、『逮捕する場合において』と『逮捕の現場で』の意義であるが、前者は、単なる時点よりも幅のある逮捕する際をいうのであり、後者は、場所的同一性を意味するにとどまるものと解するを相当とし、なお、前者の場合は、逮捕との時間的接着を必要とするけれども、逮捕着手時の前後関係は、これを問わないものと解すべきであって、このことは、同条 1 項 1 号の規定の趣旨からも窺うことができるのである。従って、例えば、緊急逮捕のため被疑者方に赴いたところ、被疑者がたまたま他出不在であっても、帰宅次第緊急逮捕する態勢の下に捜索、差押がなされ、且つ、これと時間的に接着して逮捕がなされる限り、その捜索、差押は、なお、緊急逮捕する場合その現場でなされたとするのを妨げるもの

ではない。

　そして緊急逮捕の現場での捜索、差押は、当該逮捕の原由たる被疑事実に関する証拠物件を収集保全するためになされ、且つ、その目的の範囲内と認められるものである以上、同条１項後段のいわゆる『被疑者を逮捕する場合において必要があるとき』の要件に適合するものと解すべきである。

　ところで、本件捜索、差押の経緯に徴すると、……本件は緊急逮捕の場合であり、また、捜索、差押は、緊急逮捕に先行したとはいえ、時間的にはこれに接着し、場所的にも逮捕の現場と同一であるから、逮捕する際に逮捕の現場でなされたものというに妨げなく、右麻薬の捜索、差押は、緊急逮捕する場合の必要の限度内のものと認められるのであるから、右いずれの点からみても、違憲違法とする理由はない」。

解説　**1**　憲法 35 条は、令状主義の例外として、被疑者を逮捕する場合に、令状によらない捜索・差押えを認める。これを受けて、法 220 条が、令状なしでの捜索・差押えを認めており、①被疑者を逮捕する場合に必要があるときは、令状なしで人の住居に立ち入って被疑者を捜索することができ、また、②逮捕の現場では、令状なしで証拠の捜索・差押えをすることができる。ただし、緊急逮捕の場合に、逮捕現場で差押えをしたが逮捕状が得られなかったときは、差押物は直ちに還付しなければならない（同条 2 項）。

　2　令状によらない捜索・差押えが許される根拠について、多数説は、(a)被逮捕者の抵抗や逃亡、証拠隠滅を防止するための緊急の必要性から認められるとする（緊急処分説）。しかし、そのように限定する必然性はなく、(b)逮捕の現場には証拠が存在する蓋然性が高く、令状によることなくその逮捕に関連して必要な捜索・差押え等の強制処分を行うことを認めても、人権保障上格別の弊害はなく、捜査上の便益にも適うことが考慮されたものといえよう（蓋然性（相当）説）。なお、逮捕者に危険を及ぼしうる凶器や被逮捕者の逃走手段となりうる物については、法 220 条による捜索・差押えの対象に当然なりうるとする見解（松尾(上)・75 頁など）と、逮捕行為に付随するものとして、警職法 2 条 4 項により行いうるとする見解（条解 420 頁など）とがある。

　3　問題となるのは、逮捕の現場で「捜索・差押え・検証」をする際の、逮捕の現場の意義である。

　本判決は、「逮捕の現場で」というのは場所的同一性を意味するにとどまり、また、「逮捕する場合において」は、単なる時点よりも幅のある逮捕をする際をいい、後者は、逮捕との時間的接着を必要とするが、逮捕着手時の前後関係は問わないとした。

　たしかに、被疑者の捜索（法 220 条 1 項 1 号）の場合には、逮捕に先立って捜索が行われるのであり、それを考えれば、「逮捕着手時の前後関係は問わない」とする解釈も成立しうる。ただし、そう解されるものである以上、逮捕状が出ていれば本人が不在中でも捜索・差押えができるというわけではない。逮捕したのと同時に行ったと同視できるような範囲の捜索・差押えに限られるべきである。

1-52　逮捕の現場の意義

東京高判昭和 53 年 11 月 15 日（高刑集 31 巻 3 号 265 頁）

［参考］亀山継夫・圖5版 52、大野市太郎・圖6版 54、圃186

事実　被告人 3 名は、蒲田駅東口前路上において A や他 4 名とともに街頭宣伝や機関紙の販売活動等を行っていた際、A の所持していた機関紙の束が通行人 B の頭部に当たり、B の申告を受けた派出所警察官が現場に赴き、A に派出所までの任意同行を求めたが、A は応じなかった。その後、別の警察官は、付近に駐車中の宣伝カーの中に逃げ込んだ A を暴行の準現行犯として逮捕しようとしたが、A はドアをロックし車外に出ようとしなかった。そのうち、付近の他の者が宣伝カーの屋根の上に上がりアジ演説をはじめ、付近に多数の群集が集ってきたため機動隊も出動した。その後も A が説得に応じないため、警察官は、宣伝カーのドアをこじあけて A を逮捕しようとしたが、宣伝カーの屋根上の被告人らがそれぞれ旗竿で突くなどして暴行を加えた。そのため、午後 9 時 13 分ころ被告人らを公務執行妨害で現行犯逮捕し、直ちにパトカーに乗せ、3〜4 分で現場から直線距離で約 400m の所にある蒲田署に連行し、到着後直ちに腕章、軍手、ヘルメット、ポケット内の機関紙等を押収した。なお、その手続は逮捕後約 30 分で終了した。

その後、被告人らは、公務執行妨害罪で起訴され、1 審で有罪とされたため控訴した。その際、控訴理由の 1 つとして、逮捕された後 30 分くらいして連行先の警察署内で機関紙、腕章、ヘルメット・軍手・所持品等を令状なく押収した行為について、逮捕現場でない所での押収であるから違法である、と主張した。

判旨　控訴棄却。「被告人 3 名は当日午後 9 時 13 分頃相次いで前記宣伝カー屋根上において機動隊員らに逮捕されたが、当時右宣伝カー付近には数百名の群集が集り、駅前のことで交通が混雑し、酔払いが騒ぎ立てる等して混乱を生ずるおそれもあったので、被告人らを直ちにパトロールカーに乗せ、3、4 分で現場から直線距離で約 400 米南東の蒲田署に連行し、到着後直ちに腕章、軍手、ヘルメット、ポケット内の機関紙等を押収し、その手続は逮捕後約 30 分で終ったことが認められるところ、逮捕現場が群集に取り囲まれていて同所で逮捕者について着衣や所持品等を捜索押収することが、混乱を防止し、被疑者の名誉を保護するうえで適当ではないと認められる場合、当該現場から自動車で数分、距離約数百メートル程度離れた警察署等適当な場所で押収手続をとることは刑訴法 220 条 1 項 2 号にいう逮捕の現場で差押する場合に当ると解すべきであるから、本件押収も右法条による適法な手続というべきであ」る（なお、被告人らは上告したが、最決昭 54・10・22 判例集未登載で棄却されている）。

解説　**1**　逮捕する場合に、令状なく捜索・差押えが許されるのは、逮捕の現場では、①逮捕事実に関する証拠を緊急に収集・保全する必要性があり、②逮捕者に危険を及ぼす武器等を押収することにより（もっとも、法 220 条で行いうるとする見解と、逮捕行為に付随するものとして警職法 2 条 4 項により行いうるとする見解とがある）逮捕を円滑に遂行する必要性があることによる。緊急処分説によれば、以上の根拠に限られるであろうが、捜索の場合に

は、③逮捕によってすでに住居の平穏等を侵害している面があり、捜索を行っても新たな法益侵害は相対的に小さいという事情も考慮される（蓋然性（相当）説）。問題は、逮捕からどの程度時間的・場所的に離れた場合まで差押え等が許容されるかである。

2 たとえば、大阪高判昭和 49 年 11 月 5 日（判タ 329-290）は、公園出入口付近歩道上で凶器準備集合罪等で現行犯逮捕した被逮捕者につき、パトカーに乗せて約 7 分後約 1km 離れた警察署に連行し、同警察署で被逮捕者の身体を捜索してジャンパーの内ポケットに所持していた爆竹を差し押さえた事案につき、逮捕時は火炎びんが投擲された直後で現場が混乱し、被逮捕者を奪還されるおそれもあったので、その場で捜索・差押えができなかったことは首肯できるが、被逮捕者を連行して幅約 18m の道路を横断した電力会社営業所前歩道上ではもはやその事情はなくなり、同営業所付近で待機中のパトカーに同乗させた場所で、被逮捕者の所持品について捜索・差押えができなかった合理的理由はないから、本件捜索・差押えは、逮捕の現場における捜索・差押えとはいえないとして、違法であるとした（また、東京高判昭 47・10・13 刑月 4-10-1651 も参照）。

3 これに対して、大阪高判昭和 50 年 7 月 15 日（刑月 7-7=8-772）は、軽犯罪法違反（鉄棒所持）で現行犯逮捕した際、被逮捕者着用の背広上衣の内側に左肩からつるしていた鉄棒を「これ押収や」と告げたが、現場が路上で執行に不適当であったため、約 120m 離れた派出所に連行し、逮捕の数分後同所で背広上衣などを脱がせて鉄棒等を押収した事案につき、逮捕地点で押収に着手したが、路上の執行は被逮捕者に不利、不体裁であるばかりか、捜査官にとっても抵抗その他不測の事態を招来し、スムースに完了しがたいおそれがあり、押収の対象物の同一性、逮捕地点と派出所の間の時間的接着、場所的近接等から、逮捕現場でなされた捜索・押収といえるとする。

そして、本件では、公務執行妨害罪で現行犯逮捕された現場から約 400m 離れた警察署に連行し、逮捕から約 30 分経過するまでの間に、所持品を押収したという事案について、適法な手続であるとされた。

4 逮捕に伴う捜索・差押えは、逮捕したその場で直ちに行うのが本来の形態である。しかし、それを困難とする事情がある場合には、最寄りの適当な場所において、捜索・差押えを実施することも認められる。

その際、「逮捕の現場」といえるかどうかの限界は、逮捕の場所と捜索・差押えの実施場所との時間や距離の離隔の程度だけでなく、その場における群衆の有無、混乱の防止の必要性、さらに、その場で捜索・差押えを実施することが被逮捕者の名誉を保護するうえで適当でないといった事情の有無など、それを困難とする事情の具体的な内容・程度を勘案して判断される。

1-53　逮捕の現場─被逮捕者の身体等の捜索

最3小決平成8年1月29日（刑集50巻1号1頁・判タ901号145頁）

[参考] 木口信之・圏平8-1、河村博・圏7版58、井上宏・圏9版62、丸橋昌太郎・圏10版26、圏187

事実　大学内で発生したいわゆる内ゲバ事件に関して、兇器準備集合罪、傷害罪の嫌疑事実につき、被告人Xが、犯行終了後約1時間経過後、犯行現場から直線距離で約4km離れた派出所で、また、被告人Y・Zについては、本件犯行終了後約1時間40分を経過したころ、犯行現場から直線距離で約4km離れた路上で、それぞれ準現行犯として逮捕された（本件準現行犯逮捕の詳細な状況については【1-23】を見よ）。

Xが腕に装着していた籠手、およびY・Zがそれぞれ持っていた所持品（バッグ等）は、いずれも逮捕時に警察官らがその存在を現認したものの、逮捕後直ちには差し押さえられず、Xの逮捕場所からは約500m、Y・Zの逮捕場所からは約3kmの直線距離があるM警察署に各被告人を連行した後に差し押さえられた。ただし、Xが本件により準現行犯逮捕された場所は店舗裏搬入口付近であって、逮捕直後の興奮さめやらぬXの抵抗を抑えて籠手を取り上げるのに適当な場所でなく、逃走を防止するためにも至急Xを警察車両に乗せる必要があったうえ、警察官らは、逮捕後直ちに同車両で同所を出発した後も、車内において実力で籠手を差し押さえようとすると、Xが抵抗してさらに混乱を生ずるおそれがあったため、そのままXをM警察署に連行し、約5分かけて同署に到着した後間もなくその差押えを実施したという事情があった。また、Y・Zが準現行犯逮捕された場所も、道幅の狭い道路上であり、車両が通る危険性等もあったうえ、警察官らは、同逮捕場所近くの駐在所でいったんYらの前記所持品の差押えに着手し、これを取り上げようとしたが、Yらの抵抗を受け、さらに実力で差押えを実施しようとすると不測の事態を来すなど、混乱を招くおそれがあるとして、やむなく中止し、その後手配によって来た警察車両にYらを乗せてM警察署に連行し、その後間もなく、逮捕の時点からは約1時間後に、その差押えを実施したという事情があった。

弁護人は、本件の差押手続は、法220条1項2号の「逮捕の現場」におけるものとはいえず違法である、などと主張した上告した。

決定要旨　最高裁は上告を棄却したが、本件捜索・差押えの適法性について以下のように職権判断した（準現行犯逮捕の適法性については【1-23】を見よ）。

「刑訴法220条1項2号によれば、捜査官は被疑者を逮捕する場合において必要があるときは逮捕の現場で捜索、差押え等の処分をすることができるところ、右の処分が逮捕した被疑者の身体又は所持品に対する捜索、差押えである場合においては、逮捕現場付近の状況に照らし、被疑者の名誉等を害し、被疑者らの抵抗による混乱を生じ、又は現場付近の交通を妨げるおそれがあるといった事情のため、その場で直ちに捜索、差押えを実施することが適当でないときには、速やかに被疑者を捜索、差押えの実施に適する最寄りの場所まで連行した上、これらの処分を実施することも、同号にいう『逮捕の現場』における捜索、差押えと同視することができ、適法な処分と解するのが相当である」。

「本件の事実関係の下では、被告人3名に対する各差押えの手続は、いずれも、逮捕の場で直ちにその実施をすることが適当でなかったため、できる限り速やかに各被告人をその差押えを実施するのに適当な最寄りの場所まで連行した上で行われたものということができ、刑訴法220条1項2号にいう『逮捕の現場』における差押えと同視することができるから、右各差押えの手続を適法と認めた原判断は、是認することができる」。

解説 **1** 法220条1項2号は、被疑者を逮捕する場合に、必要があるときは「逮捕の現場」で捜索・差押え等を行うことができるとする。逮捕の現場には、①被疑事実に関する証拠存在の蓋然性が高く、緊急に収集・保全する必要性、②逮捕を円滑に遂行するという必要性があり、また、③逮捕によってその場所の平穏等をすでに侵害しており、捜索を行っても新たな法益侵害は相対的に小さく、人権の保障上格別の弊害もないと考えられるからである（【1-51】【1-52】）。

2 それゆえ、逮捕に伴う捜索・差押えは、逮捕した場合、その場で直ちに行うのが本来の姿ではある。しかし、被逮捕者が興奮したり、関係者が付近にいて現場が混乱したり、プライバシー保護の観点等から、逮捕場所で直ちに処分を行うことが適当でないこともあり、そのような処分を実施するのに適当な場所にまで被逮捕者を連行した後、処分を行うこともある。

このような場合も、逮捕に伴う捜索・差押えとして許容されると解することに争いはない。その根拠として、①上記の捜査上の事情、②被疑者の身体・所持品等が捜索等の対象となっている場合、場所的な移動を伴っても、身体や所持品の所持状況などは変化せず、証拠存在の蓋然性、捜索・差押え等の必要性が継続すること、③被逮捕者自身とその所持品が対象なので、新たな法益侵害が生ずるとはいえないこと、が挙げられる。

3 ただし、法220条1項は、令状主義に対する例外を定めたものであり、無制限・無限定に認められるわけではない。最高裁としては、その趣旨に鑑みて、⑦被逮捕者の名誉の侵害、抵抗による混乱、現場付近の交通の妨げの各おそれがあるなどの事情のため、その場で直ちに処分を実施することが適当でない場合、被疑者を①速やかに、⑦処分の実施に適する最寄りの場所まで連行したうえで、処分を実施することも許されるという要件を示したものと解される。

4 なお、「処分の実施に適する最寄りの場所」が「逮捕の現場」なのかという文理上の問題も生じうる。しかし、本決定は、法の趣旨を合理的に解釈し、捜索・差押えが「逮捕の現場におけるものと同視できる」のであれば適法であるとし、その要件を明示した。

1-54 逮捕の現場——場所に対する捜索の限界

東京高判昭和 44 年 6 月 20 日（高刑集 22 巻 3 号 352 頁・判タ 243 号 262 頁）

[参考] 今崎幸彦・圖8 版 58、井上和治・圖9 版 58、加藤克佳・圖10 版 50、圖187

事実 在日米兵の被告人 X は、日本に向かう飛行機の中で米国人 A と知り合い、B ホテル 7 階 714 号室に同宿していた。警察官は、「B ホテルから出てきた外国人 2 人が大麻らしいものを喫っていた」旨の通報を受け、午後 3 時 10 分ころ、ホテルに帰って来た A を、B ホテル 5 階待合所で職務質問し、任意に所持品検査したところ、所持品から大麻たばこ 1 本を発見したため、直ちに同所で A を大麻所持容疑で現行犯逮捕した。

逮捕後 A が、7 階 714 号室内にある自己の所持品を携行したいと申し出たので、司法警察員らはこれを許すとともに、A に対し、逮捕現場では令状によらずとも捜索・差押えができるから同室を捜索する旨を告げ、なお A の要求により SP に連絡し、その到着を待って、午後 3 時 45 分ころから、A や SP 2 名の立会いのもと、7 階 714 号室居間およびベッド・ルーム内の所持品について、A のものとして区別されたもののみを捜索した。

警察官は、引き続き同室洗面所内の捜索に移ったが、洗面所における所持品については、A

にその所持品を X の所持品から区別させないで捜索したところ、午後 4 時 10 分ころ、洗面所の棚の上から内容物の入った洗面用具入れバッグを発見した。A からは、洗面用具入れバッグは X の所持品である旨の申出があったが、警察官がその内容を捜索した結果、大麻たばこ 7 本（『本件大麻』）が入った石けん入れケースを認め、直ちに X 所有の洗面用具入れをその大麻たばこ 7 本等の内容物とともに差し押さえて、A に対する捜索を終えた。その後、午後 5 時 30 分ころ、X が帰って来たので、警察官が直ちに X に対し職務質問したところ、X は、洗面用具入れが自己の所有物であることを認めたため、すぐその場で X を、本件大麻の所持の容疑で緊急逮捕した。

1 審は、本件大麻等に関する捜索・差押えは、逮捕時に A が直接支配していた場所を越えてなされたもので、急速を要する状態も存しない点で、法 220 条 1 項に適合しない違法な捜索・差押えであるとして、本件大麻等について証拠能力を否定し、X を無罪とした。これに対して、検察官が控訴した。

判旨 破棄自判。「刑事訴訟法第 220 条第 1 項第 2 号が、被疑者を逮捕する場合、その現場でなら、令状によらないで、捜索差押をすることができるとしているのは、逮捕の場所には、被疑事実と関連する証拠物が存在する蓋然性が極めて強く、その捜索差押が適法な逮捕に随伴するものである限り、捜索押収令状が発付される要件を殆んど充足しているばかりでなく、逮捕者らの身体の安全を図り、証拠の散逸や破壊を防ぐ急速の必要があるからである。従って、同号にいう『逮捕の現場』の意味は、前示最高裁判所大法廷の判決〔最大判昭和 36 年 6 月 7 日【1-51】〕からも窺われるように、右の如き理由の認められる時間的・場所的且つ合理的な範囲に限られるものと解するのが相当である」。

「A の逮捕と〔本件大麻〕の捜索押収との間には、……時間的には約 35 分ないし 60 分の間隔があり場所的には……B ホテル 5 階の、なかば公開的な待合所と同ホテル 7

階の、宿泊客にとっては個人の城塞ともいうべき714号室との差異のほかに若干の隔りもあり、……Aが同室の洗面所で司法警察員らに対し同大麻たばこ7本は自分のものではなくて、Xのものである旨述べていることなどからすると、同たばこに対する捜索押収が果して適法であったか否かについては疑いの余地が全くないわけではないけれども、……本件捜査の端緒、XとAとの関係、殊に2人が飛行機の中で知り合い、その後行動を共にし、且つ同室もしていたこと、右のような関係から同たばこについても或いは2人の共同所持ではないかとの疑いもないわけではないこと、Aの逮捕と同たばこの捜索差押との間には時間的、場所的な距りがあるといってもそれはさしたるものではなく、また逮捕後自ら司法警察員らを引続き自己とXの投宿している相部屋の右714号室に案内していること、同たばこの捜索差押後被告人も1時間20分ないし1時間45分位のうちには同室に帰って来て本件で緊急逮捕されていることおよび本件が検挙が困難で、罪質もよくない大麻取締法違反の事案であることなどからすると、この大麻たばこ7本の捜索差押をもって、直ちに刑事訴訟法第220条第1項第2号にいう『逮捕の現場』から時間的・場所的且つ合理的な範囲を超えた違法なものであると断定し去ることはできない」。

解説 1 本件は、Aをホテル5階待合所で逮捕し、約35分後にホテル7階客室の捜索を開始し、約1時間後に本件大麻を差し押さえたという、逮捕現場から一定程度離れた場所を対象とする捜索・差押えの当否が争点となったものである。そのため、被逮捕者を警察署等に連行してから、被逮捕者の身体・所持品の捜索・差押えを行ったという【1-52】や【1-53】の事案とは、類型が異なる。

2 「逮捕の現場」とは、無令状捜索差押えの根拠に関する緊急処分説によれば、被疑者の身体または直接支配下にある場所に限られるのに対し、相当説によれば、逮捕場所と同一管理権の及ぶ範囲までが含まれる。ただし、本件では、逮捕場所が5階「待合所」で、捜索場所が7階客室であるから、両室に同一管理権が及ぶともいえない。

しかし、本判決は、①本件大麻にはX・Aの共同所持の疑いがあり、②逮捕現場との時間的、場所的隔たりもさしたるものでなく、③Aが自ら司法警察員らを客室に案内したこと、④本件大麻の捜索・差押え後Xも1時間20分～45分後に緊急逮捕されており、⑤本件が検挙が困難で罪質もよくない大麻取締法違反の事案であることを挙げ、本件捜索・差押手続を適法とした。

3 たしかに③については、捜索対象の場所的範囲を広げる要素として、また、客室での証拠隠滅のおそれも考えられる本件では、捜索・差押えの緊急の必要性を認める要素としてみることも不可能ではない。しかし、本件客室はXも管理する場所であり、また①についても、本件逮捕の被疑事実がAの大麻所持である以上、Xも管理する場所での無令状捜索・差押えを認める根拠にはなりえない。それを踏まえると、②・④・⑤で本件手続を適法とすることにも疑問が残らざるをえない（今崎・前掲59頁）。

1-55　逮捕に伴う捜索・差押えの範囲

福岡高判平成 5 年 3 月 8 日〔判タ 834 号 275 頁〕

[参考] 井上宏・研修 547-27、渡邉一弘・圖7 版 60、笹倉宏紀・圖8 版 62、三好幹夫・圖9 版 60、圖187

事実　警察官らは、「暴力団組長である被告人 X が覚せい剤 5kg を仕入れ、外国製普通乗用車（B 車）のトランクに隠し、当日中に客に売り捌く予定である」旨の確度の高い情報を提供する匿名電話が警察署にあった。

そこで警察官らが張込みや尾行をする中、X は、組事務所から出てきた A とともに、B 車で A 居住のマンションに赴き、B 車トランク等から荷物を取り出して A 居室に運び込んだ。警察官らは、張込みを継続し、A 居室から出てきて B 車の運転席ドアを開けようとした X に職務質問をするため声をかけたところ、X は突然全力で走り出した。警察官は「止まれ」と大声を出して X に停止を求めたが、X は、脇に抱えていたペーパーバッグを隣家敷地内に向かって高く放り投げた後、警察官に衝突し転倒した。警察官らは、X を立たせた後、A に対し、話を聞くために A 居室に入っていいか尋ねたところ、A が承諾したので、X らとともに A 居室に入った。警察官が、室内で X に対し、ペーパーバッグの中身を確認してもよいかと尋ねたところ、X は「勝手にしない。しょんなかたい。もう往生した」と言ったため、X の承諾があったものと判断してペーパーバッグの中を捜索し、ポリ袋入りの覚せい剤 1 袋（約 1kg）を発見した。他方、警察官が、A に対し、「他に覚せい剤を隠していないか。あったら出しなさい」と告げると、X は急に大声で「A 見せんでいいぞ」などと怒鳴ったが、A が「いいですよ。室内を捜して下さい」と答えたので、警察官らは、A 居室を捜索し、台所流し台の下からポリ袋入り覚せい剤 2 袋（約 2kg）を発見したため、X と A を本件覚せい剤の営利目的による共同所持の現行犯人として逮捕した。

本件控訴審は、覚せい剤営利目的所持で有罪とした原判決を、営利目的の存在を認定できないとして破棄し、さらに本件捜索の違法性を認めたが、その重大性を否定し（**[1-36]** も見よ）、単純所持で有罪とした。

判旨　「本件においては、C 巡査が、X の目前においてペーパーバッグを開披し、ポリ袋入り覚せい剤 1 袋を確認した時点では、X を右覚せい剤所持の現行犯人として逮捕する要件が充足されており、実際にも、警察官らは、A 方の捜索をした後とはいえ、X を右覚せい剤所持の現行犯人として逮捕しているのであるから、原判決が、警察官らの A 方に対する捜索を同条項の捜索に当たるかどうかの観点から検討したことは正当であると考えられる。しかしながら、同条項〔法 220 条 1 項〕にいう『逮捕の現場』は、逮捕した場所との同一性を意味する概念ではあるが、被疑者を逮捕した場所でありさえすれば、常に逮捕に伴う捜索等が許されると解することはできない。すなわち、住居に対する捜索等が生活の平穏やプライバシー等の侵害を伴うものである以上、逮捕に伴う捜索等においても、当然この点に関する配慮が必要であると考えられ、本件のように、職務質問を継続する必要から、被疑者以外の者の住居内に、その居住者の承諾を得た上で場所を移動し、同所で職務質問を実施した後被疑者を逮捕したような場合には、逮捕に基づき捜索できる場所も自ずと限定されると解さざるを得ないので

あって、A方に対する捜索を逮捕に基づく捜索として正当化することはできないというべきである。更に、A方に対して捜索がなされるに至った経過からすれば、A方の捜索は、Xが投げ捨てたペーパーバッグの中から発見された覚せい剤所持の被疑事実に関連する証拠の収集という観点から行われたものではなく、Xが既に発見された覚せい剤以外にもA方に覚せい剤を隠匿しているのではないかとの疑いから、専らその発見を目的として実施されていることが明らかである。そして、右2つの覚せい剤の所持が刑法的には一罪を構成するとしても、訴訟法的には別個の事実として考えるべきであって、一方の覚せい剤所持の被疑事実に基づく捜索を利用して、専ら他方の被疑事実の証拠の発見を目的とすることは、令状主義に反し許されないと解すべきである。そうすると、原判決のようにA方に対する捜索を現行犯逮捕に伴う捜索として正当化することもできない」。

解説 **1** 本件は、職務質問を開始した後、質問を継続する必要から被疑者X以外のAの住居内にその居住者の承諾を得たうえで移動し、同所で職務質問を実施した後にXを現行犯逮捕した事案である。

Xは、A居室で現行犯逮捕されており、第三者たるAの管理下にある居室でも「逮捕の現場」にあたり、逮捕に伴う捜索・差押えが認められるように思われる。

2 ところが、本判決は、「逮捕の現場」とは、逮捕した場所との同一性を意味する概念だが、被疑者を逮捕した場所でありさえすればよいと解することはできず、住居に対する捜索が生活の平穏やプライバシー等の侵害を伴うものであることに鑑み、本件のように、職務質問開始後に、その場所を被疑者以外の者の住居内に移し逮捕した場合、その際に行われた捜索を逮捕に伴う捜索として正当化することはできないとした。

3 逮捕に伴う捜索・差押えの場合でも、法99条・102条が準用され、必要性や押収すべき物の存在を認めるに足りる状況の存在が要件となる。その意味で、逮捕の現場であれば、同一管理権の及ぶ範囲であっても、常に捜索・差押えができるというわけではない。

しかし、本件では、A方におけるXの逮捕時に発見された覚せい剤は約1kgと大量で、事前の情報やXのA方への立入り状況などの逮捕に至る経緯を踏まえれば、A方に、さらに覚せい剤や関連する証拠物の存在する高度の蓋然性は優に認められる事案である。第三者方を捜索する場合には、たしかに一定の配慮が必要であるが（法102条参照）、本件捜索に関しては、それを違法とした結論には疑問が残らざるをえない。

4 また、逮捕に伴う捜索・差押えは、逮捕の基礎となった被疑事実に関するものに限られるが、本件は、この点でも違法があるとした。しかし、本件で現行犯逮捕の要件が備わった時点での被疑事実は覚せい剤の営利目的所持であり、被逮捕者がさらに覚せい剤を所持、隠匿しているか否かは、所持の認識、目的、動機その他の背景事情に関連する重要な証拠となる。そうだとすると、本件がいわゆる違法な別件捜索・差押えにあたるかも疑問である（渡邉・前掲61頁、三好・前掲61頁）。

1-56　別件捜索・差押え

広島高判昭和 56 年 11 月 26 日（判時 1047 号 162 頁・判タ 468 号 148 頁）

[参考] 柳俊夫・刑事手続(上)297、洲見光男・圓8 版 64、津村政孝・圓10 版 56、圖174

事実 昭和 51 年 9 月 27 日午後 11 時ころ、A 社 B 支店の作業主席 X は、X 方車庫で自動車運転席の床に置き忘れた、会社から業務上預かり保管していた従業員の給料が入った手提鞄（現金約 800 万円入り）を盗まれたとする旨の盗難被害の申告を警察にした（「給料紛失事件」）。X は、X が給料を横領したのではないかとの疑いを抱いた警察官から、被害状況と併せて X の借金、預金等について取調べを受けた。

他方、本件に先立つ昭和 51 年 8 月末ころから A 社の下請けの C 社の作業員 D らが中心となって、A 社従業員など約 50 名を相手方とした競艇レースののみ行為をしていたことが発覚し、D らが逮捕、起訴されたが、X ものみ行為の相手方となっていたことが捜査の過程で遅くも同年 9 月 5 日ころまでに警察当局に判明していた。しかし、本件の給料紛失事件が発生するまで、X の取調べはなされていなかった。

警察官は、同年 10 月 11 日、X を被疑者とするモーターボート競走法違反の被疑事件について、捜索すべき場所を X 方居室、差し押さえるべき物を「本件を立証するメモ、ノート類、日記帳、通信文、預金通帳、スポーツ新聞」とする捜索差押許可状の発付を受け、翌 12 日に、この令状に基づいて X 方の捜索が行われた。捜索の際に、警察官は、X が着衣の下に預金通帳 3 冊、印鑑 1 個、現金 21 万円（「本件預金通帳等」）を所持しているのを発見し、これを被疑事件を立証する物とは認めなかったのに、それらを任意提出させ、領置した。

原審は、本件預金通帳等の証拠に基づいて X を業務上横領罪で有罪としたが、弁護人は、事実誤認のほか、本件の捜索および預金通帳等の押収は違法で証拠能力を欠く、などと主張して控訴した。

判旨 広島高裁は、以下のように述べて弁護人の主張を退けた。

「問題のモーターボート競走法違反被疑事件は、X に対する被疑事実の内容、X の関与の態様、程度、当時の捜査状況からみて、多数関係者のうち特に X 方だけを捜索する必要性が果してあったものかどうか、記録を検討してみてもすこぶる疑問であるばかりでなく、……右捜索に際し、X が預金通帳 3 冊を所持しているのを発見したが、これが右被疑事件を立証する物とは認めなかった（したがって……捜索差押調書の捜索差押の経過欄には、「室内を捜索したが、目的物を発見するに至らなかった。」旨記載されている。）のに、これをその場で X より提出させて領置していること、X は右被疑事件について逮捕、勾留されたが起訴されなかったことなどを併せ考えると、右 X 方の捜索は警察当局において、本件業務上横領事件の証拠を発見するため、ことさら X 方を捜索する必要性に乏しい別件の軽微なモーターボート競走法違反事件を利用して、捜索差押令状を得て右捜索をしたもので、違法の疑いが強いといわざるを得」ない。

「右捜索に際に、X が背広、ズボン姿で幼児を長時間抱えているのに不審を抱いた警察官 E が X に対し、持ち物の提示を求めたこと、その際同警察官は X の着衣、シャツの上から手で X の体に触れて所持品の有無を確かめたことはあったが、着衣、シ

ャツの内側に無理に手を差し入れるなど強制にわたる行為はなかったこと、Ｘは同警察官から所持品を確認され、渋々右預金通帳等を自ら提出し、領置されたことが認められ〔る〕。……右の事実に、捜索差押令状に基づく捜索の場に被疑者が居合わせた場合、差押えるべき物を被疑者が所持している疑いがある以上、限度を超えない限り被疑者の所持品検査を行うことかできることを考慮すると、本件捜索が前記認定のとおり違法の疑いが強く、右預金通帳等の押収が右捜索の際に行われたものであることを考慮しても、右押収は、叙上認定のような経緯で任意に提出されたものを領置したものであるから、その押収手続に令状主義の精神を没却するような重大な違法があるとまではいえず、その証拠能力を否定すべきものではな」い（ただし、事実誤認を理由に原判決を破棄し、Ｘを無罪とした）。

解説　**1**　別件（Ⓐ事実）につき捜索・差押えを行う理由も必要性もないのに、もっぱら本件（Ⓑ事実）の証拠に利用する目的で、別件について捜索差押許可状を得て、これに基づいて捜索・差押えを実施し、本件の証拠を収集する場合、いわゆる**別件捜索・差押えに**あたるとされ、その適法性が論じられてきた。

　2　最高裁は、差押対象物の令状への記載を求める法218条1項、法219条1項の趣旨からすれば、令状に明示されていない物の差押えの禁止だけでなく、「捜査機関が専ら別罪の証拠に利用する目的で差押許可状に明示された物を差し押えることも禁止される」とする（**【1-43】**）。

　別件捜索・差押えは、令状主義の潜脱が問題となる点では別件逮捕・勾留と同様だが、身柄拘束期間制限の潜脱という問題はない。したがって本判決の示すように、別件についての捜索・差押えの理由・必要性と「もっぱら本件の証拠に利用する目的」とが問題となるにすぎない（このように、別件逮捕・勾留とは問題の本質が全く異なるため、令状執行における差押え物件と被疑事実の関連性の有無の問題として処理すればよく、「別件捜索・差押え」として独立に論ずる必要はないとする見解もある。寺崎・154頁。酒巻匡・法教363号61頁）。

　3　それゆえ、捜索の過程で、たまたま別罪の証拠を発見したような場合、常に違法な別件捜索・差押えにあたるわけではない（**【1-57】**参照）。しかし、その限界に関する判断は容易ではない。

　「もっぱら本件の証拠に利用する目的」というのは捜査官の主観的意図・目的の問題であるが、その認定は困難である。それゆえ、客観的な捜査状況、たとえば、①別件の事案の内容、②すでに収集された証拠の量、内容、③捜索・差押えにより証拠が発見される見込みの程度、④本件の事案の内容、⑤本件の嫌疑の程度、本件の捜索差押許可状の入手の可否、⑥実際の捜索の態様、⑦収集された証拠と別件および本件との関係等に基づいて判断することになろう（柳・前掲298頁）。

　4　違法な別件捜索・差押えにより得られた証拠物は、その違法の程度により証拠排除されうる（**【4-52】**参照）。

1-57　逮捕時の余罪の証拠の捜索・押収

札幌高判昭和 58 年 12 月 26 日（判時 1111 号 143 頁・判タ 544 号 265 頁）

[参考]　廣瀬健二・固5 版 54、小津博司・固6 版 56、圖187

事実　Aは、Aの姉で被告人Xと同棲中のB
に対し、覚せい剤の使用を疑い非難したところ、
Xから顔面を平手で1回殴打されたとして、被
害を申告した。警察官らは、Xが暴力団員で犯
行後所在をくらましていたことから逃亡のおそ
れありと判断し、暴行事実による逮捕状の発付
を受けて、Xアパート居室に赴いた。

　警察官らが同居室内に入ったところ、XがB
とともにいたので、午前9時40分ころ、逮捕
状を示してXを逮捕した。その際、逮捕に伴
う強制処分として居室内を捜索したところ、逮
捕の直後ころ、Xが直前まで寝ていた布団の枕
元の畳の上にあった桐の木箱やその傍にあった
紙袋の中から、覚せい剤と思われる白色結晶性
粉末少量が入ったビニール小袋、注射器一式等
を発見した。そこで、警察官らはXの同意を
得て、覚せい剤試薬によりこの粉末を検査して

陽性の反応を確認したうえ、同9時57分ころ、
Xを覚せい剤所持の現行犯人と認めて重ねて逮
捕するとともに、上記各物件を覚せい剤取締法
違反被疑事件の証拠物として差し押さえ、同
10時5分ころ、暴行事件に関する証拠物は発
見されないまま、X方居室内における逮捕、捜
索等を終了した。

　1審は、本件捜索開始時に覚せい剤被疑事件
での捜索差押令状を得るだけの資料がなく、暴
行被疑事実の動機・背景等に関する証拠として
注射器等を捜索・差押えの対象としたのは違法
としつつ、警察官らが令状主義を潜脱する意図
までは有していなかったとして、覚せい剤等の
証拠能力を肯定した。これに対して、弁護人は、
本件覚せい剤等は、令状主義の精神に著しく違
反する捜索の過程で発見、収集されたもので、
証拠能力は否定されるべきとして控訴した。

判旨　札幌高裁は、本件捜索の目的につき、暴行事件に関してXが記載したメモ、
日記、わび状の類が存在すると思われたほか、その背景事情としてBの覚せい剤使用
の嫌疑が見込まれ、注射器等も存在すると思われたので、暴行事件の証拠として、そ
れらを発見、収集する目的で捜索を行ったとする警察官の主張に対し、「メモ、日記
類などの存在を期待しうる状況にあったかどうか疑わしく、また、Bが使用した注射
器等も、暴行事件に関する証拠として収集すべき実際上の必要性があったかどうか甚
だ疑問」であることに加え、X方において、居間、寝室、玄関、便所、押入の中、ス
トーブまわりを調べたり、ぬいぐるみの犬の飾り物を壊してその中を調べる等の捜索
状況、さらに、暴行事件の捜査を通じて、BがXから覚せい剤を渡されていたとの嫌
疑を抱いていた形跡のあることなどから、「警察官らは右暴行事件によるXの逮捕の
機会を利用し、右暴行事件の逮捕、捜査に必要な範囲を越え、余罪、特にX又はB
による覚せい剤の所持、使用等の嫌疑を裏付ける証拠の発見、収集を意図していた」
と認定したが、以下のように判示して本件控訴を棄却した。

　法220条1項2号の「捜索、差押は、逮捕の原由たる被疑事実に関する証拠物の発
見、収集、及びその場の状況からみて逮捕者の身体に危険を及ぼす可能性のある凶器

等の発見、保全などに必要な範囲内で行われなければならず、この範囲を越え、余罪の証拠の発見、収集などのために行なうことが許されないことは多言を要しないところであるから、……警察官らが右覚せい剤粉末を発見した後、Xを覚せい剤所持の現行犯人として逮捕し、かつ、右被疑事件に関する証拠物として覚せい剤粉末を差押さえたとしても、それは違法な捜索の過程中に発見、収集された証拠物であるとの評価を受けることを免れない」。

「右覚せい剤粉末に関する捜索は、違法のものではあるが、全くの無権限で開始されたものではなく、形式的には前記暴行被疑事実による逮捕に伴う強制処分として適法に開始されたものであること、また、差押を受けた覚せい剤粉末に限定していうならば、右はXが直前まで寝ていた布団の枕元の木箱の中にあったものであるから、警察官らにおいて右暴行被疑事実によりXを逮捕する際、これに伴う必要最小限の強制処分としてXの身体にごく近接する範囲内を一通り捜索しただけで容易に発見することができたものであることなどを考えると、右覚せい剤粉末の発見、収集手続上の瑕疵は実質的に重大なものということはできず、このような場合、右覚せい剤粉末及びこれに関連して作成された証拠書類の証拠能力を否定することは相当でないというべきである」。

解説 **1** 逮捕の現場でなされる捜索・差押えの対象物としては、逮捕の原因となった被疑事実に関する証拠と、逮捕者に危険を及ぼしうる凶器等のみが認められる。無令状の捜索・差押えの根拠を、㋐逃亡と証拠隠滅を防ぐ緊急の必要性、㋑逮捕者の安全確保、㋒逮捕現場での証拠存在の蓋然性の高さに求めることからの帰結である。

本件では、暴行事件での逮捕の機会を利用した、余罪（覚せい剤所持）の証拠収集を目的とする捜索・差押えであり、違法とされた。しかし、(1)まったく無権限で開始されたものではなく、(2)差押えを受けた覚せい剤は、逮捕に伴う必要最小限の強制処分により容易に発見できたものであるとして、その証拠能力までは否定されなかった。

2 もっとも、別罪の証拠となるものでも、同時に、逮捕の被疑事実に関する証拠でもあり、必要性が認められれば、捜索・差押えも許される（**【1-43】**参照）。

ただ、令状による捜索・差押えの場合には、対象物が令状に記載されるのに対し（法219条）、逮捕に伴う捜索・差押えの場合には、あらかじめ対象物を具体的に特定できないため、その許容範囲（必要性判断）は、個別の事案ごとの判断によらざるをえない。

本件では、たしかに覚せい剤関連の証拠は同時に本件暴行事件の背景事情に関係するものでもあったが、単純な暴行事件の捜索としては行きすぎと判断されたものといえる。

3 なお、逮捕事実に関する適法な捜索によって、たまたま別事件の証拠を発見したような場合には、①任意提出を求めて領置するか、②新たに差押許可状を得て執行するか、③対象物が禁制品である場合には、所持者を所持罪の現行犯で逮捕し、その逮捕に伴う差押えをするかの、いずれかによるべきことになる。

1-58　強制採血

仙台高判昭和 47 年 1 月 25 日（刑月 4 巻 1 号 14 頁）

[参考] 高窪貞人・囲3 版 74、小林充・令状基本(下)369、葛野尋之・囲10 版 58、圃193

事実　被告人 X は自宅や飲食店で清酒約 2 合 5 勺を飲んだ後、被害者 A を助手席に同乗させて自動車を運転したが、前方不注意により先行車の後部に自車を接触させて横転し、A を死亡させる事故を起こした。X はその際顔面等を負傷して失神し、直ちに付近の病院に搬入され医師 H らによる治療を受けたが、その際警察嘱託医でもある医師 H は、X から酒臭がしたため、血液中アルコール濃度検査の資料として警察の依頼に応える意図で、看護婦に指示して注射器を使用して X の中静脈から血液約 5g（2ml）を採取させた。X は、採血後治療の終わる直前ごろに意識を回復したが、採血に気づかず、もとより承諾を求められたことも承諾したこともなかった。そして、このように採取された血液について、翌日警察の鑑識課で犯罪科学研究室警察技術吏員 M による検査が実施され、血液 1ml につき 1.3mg のアルコールを含有することが判明し、その旨の鑑定結果を記載した鑑定書が作成された。

この鑑定書は原審において検察官より証拠調の請求がなされ、証人 M の供述によりその成立の真正を立証したうえ法 321 条 4 項により証拠調べを終わったが、原判決は、X の承諾も法 218 条所定の身体検査令状もなくしてなされた採血には、憲法 31 条および法 1 条の趣旨に鑑みて重大な手続違背があり、これを資料としてなされた鑑定結果およびこれに関する前記 M 供述部分は証拠能力を欠き排除されるべきであるなどとして、酒酔い運転の罪に関する部分について無罪とした。

これに対して、検察官が控訴した。

判旨　控訴棄却。「たとえ採血が治療の際に行われ僅か約 5 グラムすなわち 2 ミリリットルという少量で身体の健康にどれほどの影響も及ぼさない程のものにすぎなかったにしても捜査官としては任意の承諾のもとに血液の提出を受けえない以上医師 H に対して刑事訴訟法第 223 条に基づく鑑定の嘱託をなし同法第 225 条第 168 条第 1 項による鑑定処分許可状を求める手続を践むべき場合であったことは否み難い。……原判決は同法第 218 条の身体検査令状によるべき場合であったというが同条の身体検査はあくまで検証としてすなわち身体の外部から五官の作用によって為しうる程度のものに限られるべきで軽度であるにせよ身体に対する損傷を伴い生理的機能に障害を与えるおそれのある血液の採取はいささか検証の限度を超えると思われ特別の知識経験を必要とする医学的な鑑定のための処分としての身体検査によるのが相当と思料される」。

「採血行為自体は人の身体に対する傷害を伴うもので重大な人権にかかわるものであり、本件採血行為は令状主義に反し重大な手続違背を犯してなされたものといわなければならない……。すすんで実体的真実の故に適正手続の要請を閑却することなく両者の調和をはかるように配慮しつつ所論諸般の法益の均衡を考察するとき、酩酊運転が極めて悪質な犯罪であって事故を惹起した運転者の挙措顔貌臭匂に飲酒の確実な

徴憑があり早急に検査するに非ざれば寸刻の経過とともに身体に保有するアルコール濃度が急速に消失して了うこと明らかな事態のもとで病院における治療の際に心得のある看護婦の手で通常の医学的手法により危険でも苦痛でもない微量の採血がなされたにとどま〔る〕……と認められることよりすれば、M作成の鑑定書および同人の供述中の血中アルコール濃度に関する部分に至るまで排除しなければならない程のことはなくそれらの証拠能力がいずれも認容されて然るべきが如く思わしめるものがないわけではない。しかしながら、血液採取のために身体検査令状を要すると解するにせよ鑑定処分許可状を要すると解するにせよ孰れにしても憲法および刑事訴訟法上の基本的な令状主義にかかわる問題であり、……血液採取についての令状主義の原則は尚厳格に遵守されるべき法のたてまえであると解するほかないのである……から、本件の場合における重大な違法収集証拠の罪証に供すべからざることまことに原判決のいうとおりである」。

解説　**1**　血液の採取は、飲酒運転などの捜査においてしばしば必要となる。呼気検査を拒否された場合には、その者から強制的に採血して、血中アルコール濃度を調べるのが、飲酒の程度を立証するうえで最も客観的な証拠を収集することになるからである。

この点、かつては、飲酒運転の疑いがあれば無令状で採血できるとする見解もあったが、採血を拒む者の血液を採取することが強制捜査であることに疑いはなく、実務上も、令状を得て行う運用が定着した。

2　ただし、用いる令状の種類については争いがあった。本件原判決は、検証としての(a)**身体検査令状**（法218条1項）によるべきとしたが、注射器を用いて身体に傷を付け、血液を採って身体の完全性を損なうことになる以上、安全性等の観点からの制限を要求するのが相当である。そうであれば、(b)**鑑定処分許可状**（法225条1項・168条1項）によるのが妥当であることになり、本判決もそのような考え方を採用した。しかし、この見解では、対象者が執行を拒否する場合、鑑定処分許可状では起訴前は直接強制ができないという問題が生ずる。

そこで、結局、実務では、(c)**両方の令状**を得て併用して執行するという運用が確立し、多数説もそのような考え方に立つようになった。この場合の身体検査令状には、「採血は医師をして医学的に相当と認められる方法により行わせること」という条件が付されるのが通例である。

3　なお、強制採尿について、最高裁判例（【1-59】）により捜索差押許可状による運用となった後も、採血の場合には、身体検査令状と鑑定処分許可状を併用する運用に変わりはない。生体の一部である血液と、いずれは体外に排出されるべき尿との性質の違いによるものであろう。

1-59 強制採尿

最 1 小決昭和 55 年 10 月 23 日（刑集 34 巻 5 号 300 頁・判タ 424 号 52 頁）

［参考］稲田輝明・囲昭 55-166、佐藤文哉・囲5 版 56、團194

事実 昭和 52 年 6 月 28 日午前 10 時ころ、愛知県警 K 署の警察官 A らは、覚せい剤の譲渡しの被疑事実で逮捕した被告人 X につき、両腕に存する静脈注射痕様のもの、その言語・態度などに照らし、覚せい剤の自己使用の余罪の嫌疑をも抱き、尿の任意提出を再三にわたり求めたが、X は拒絶し続けた。

そこで、翌 29 日午後 4 時ころ、同署は、強制採尿もやむなしとして身体検査令状および鑑定処分許可状の発付を得、鑑定受託者である医師 B は、強制採尿に着手するに先立ち、X に自然排尿の機会を与えたのち、午後 7 時ころ、同署医務室のベッド上において、数人の警察官に身体を押さえつけられている X から、ゴム製導尿管を尿道に挿入して約 100cc の尿を採取した。X は、採尿の開始直前まで採尿を拒否して激しく抵抗したが、開始後はさして抵抗しなかった。その後、採取した尿につき、B から任意提出を受け領置のうえ、覚せい剤含有の有無等につき鑑定書が作成された。

原審は、本件強制採尿手続を違法としたが、鑑定書等の証拠能力は肯定したため、X 側が上告した。

決定要旨 上告棄却。「尿を任意に提出しない被疑者に対し、強制力を用いてその身体から尿を採取することは、身体に対する侵入行為であるとともに屈辱感等の精神的打撃を与える行為であるが、右採尿につき通常用いられるカテーテルを尿道に挿入して尿を採取する方法は、被採取者に対しある程度の肉体的不快感ないし抵抗感を与えるとはいえ、医師等これに習熟した技能者によって適切に行われる限り、身体上ないし健康上格別の障害をもたらす危険性は比較的乏しく、仮に障害を起こすことがあっても軽微なものにすぎないと考えられるし、また、右強制採尿が被疑者に与える屈辱感等の精神的打撃は、検証の方法としての身体検査においても同程度の場合がありうるのであるから、被疑者に対する右のような方法による強制採尿が捜査手続上の強制処分として絶対に許されないとすべき理由はなく、被疑事件の重大性、嫌疑の存在、当該証拠の重要性とその取得の必要性、適当な代替手段の不存在等の事情に照らし、犯罪の捜査上真にやむをえないと認められる場合には、最終的手段として、適切な法律上の手続を経てこれを行うことも許されてしかるべきであり、ただ、その実施にあたっては、被疑者の身体の安全とその人格の保護のため十分な配慮が施されるべきものと解するのが相当である。

そこで、右の適切な法律上の手続について考えるのに、体内に存在する尿を犯罪の証拠物として強制的に採取する行為は捜索・差押の性質を有するものとみるべきであるから、捜査機関がこれを実施するには捜索差押令状を必要とすると解すべきである。ただし、右行為は人権の侵害にわたるおそれがある点では、一般の捜索・差押と異なり、検証の方法としての身体検査と共通の性質を有しているので、身体検査令状に関

する刑訴法218条5項〔現6項〕が右捜索差押令状に準用されるべきであって、令状の記載要件として強制採尿は医師をして医学的に相当と認められる方法により行わせなければならない旨の条件の記載が不可欠であると解さなければならない」。

解説 **1** 覚せい剤事犯の増加に伴い、尿の任意提出を拒む者に対しカテーテル（導尿管）を用いて体内から強制的に採尿できるかが、激しく争われるようになった。一方では、自然排尿を待たずに強制的に尿を採取することは人間の尊厳を侵すものであり、いくら令状があっても許されないとする(a)否定説が主張される。たしかに、尿道にカテーテルを挿入されることによる屈辱感等の精神的打撃の大きさは否定できない。

2 しかし、最高裁は(b)肯定説を採用した。すなわち、強制採尿は、㋐医師などが行えば身体上、健康上の障害をもたらす危険性は軽微であり、㋑屈辱感等の精神的打撃も他の身体検査と比較して重大とはいえないとする。そして、①被疑事件の重大性、嫌疑の存在、当該証拠の重要性とその取得の必要性、適当な代替手段の不存在等の事情に照らし、犯罪の捜査上真にやむをえないと認められる場合に、②最終的手段として、③適切な法律上の手続を経て、④実施にあたって被疑者の身体の安全とその人格の保護のため十分な配慮を施せば、強制採尿も認められるとしたのである。

3 生体の一部である血液の強制採取が令状により許されるとするなら、いずれ体外に排出されるべき尿を、身体の傷害を伴わずに体内から、その意思に反して採取することも、一定の態様のものであれば可能なはずである。強制的に被疑者に排尿行為をさせるわけではなく、医師がカテーテルを挿入して尿をとるのを被疑者に受忍させるにとどまるからである。また、覚せい剤使用事犯の客観的証拠を収集するため、強制採尿の要請が非常に強いという事情もある。それゆえ、被疑者が尿の任意提出を拒む場合、上記①〜④のもと、令状により強制採尿することも許されると解される。

4 また、強制採尿を認めるとしても、現行法上、強制的な排尿を内容とする種類の令状はないとする批判もある（③が充足されない）。

これに対し、最高裁は、体内に存在する尿を犯罪の証拠物として強制採取する行為は、捜索・差押えの性質を有し、捜索差押許可状を必要とするが、強制採尿は、人権侵害にわたるおそれがある点で検証としての身体検査と共通の性質を有するとして、身体検査令状に関する法218条6項を準用し、その捜索差押許可状には「医師をして医学的に相当と認められる方法により行わせなければならない」旨の条件の記載が不可欠であるとした（当初の実務で採用された、身体検査令状と鑑定処分許可状の併用説は否定された）。

以上の見解は、判例による新種の令状の創出であり許されないとする批判もあるが、現在の実務は、この令状（「強制採尿令状」と呼ばれる）によっている。

1-60　強制採尿令状の効力

最3小決平成6年9月16日（刑集48巻6号420頁・判タ862号267頁）

［参考］中谷雄二郎・圏平6-152、原田國男・囮7版66、大澤裕＝原田國男・法教316-55、圆195、囝36-2

事実　被告人Xにつき覚せい剤使用の嫌疑を抱いた警察は、Xの運転する車両を発見し、高速道路インターチェンジ近くの交差点付近（本件現場）に、X車両を停止させた。午前11時10分ころ、Xに対する職務質問を開始したところ、Xは、目をキョロキョロさせ、落ち着きのない態度で素直に質問に応ぜず、エンジンを空ふかししたり、ハンドルを切るような動作をしたため、A巡査部長は、X運転車両の窓から腕を差し入れ、エンジンキーを引き抜いて取り上げた。さらに、Xに覚せい剤取締法違反の前科が4犯あるとの情報を得た警察官数名が、午後5時43分ころまでの間、順次、Xに対し、職務質問を継続するとともに、警察署への任意同行を求めたが、Xは、自ら運転することに固執して他の方法による任意同行をかたくなに拒否し続けた。他方、警察官らは、車に鍵をかけさせるためエンジンキーをいったんXに手渡したが、Xが車に乗り込もうとしたので両脇から抱えて阻止し、その後、警察官らはエンジンキーを返還しなかった。

その間、午後3時26分ころ、本件現場で指揮を執っていたB警部が令状請求のため現場を離れ、X運転車両およびXの身体に対する各捜索差押許可状ならびにXの尿を医師をして強制採取させるための捜索差押許可状（強制採尿令状）の発付を請求し、それらが発付された後の午後5時43分ころから、本件現場で、Xの身体に対する捜索がXの抵抗を排除して執行された。

また、午後5時45分ころ、C巡査部長らが、Xの両腕を摑みXを警察車両に乗車させたうえ、強制採尿令状を呈示したが、Xが興奮してCに頭を打ち付けるなど激しく抵抗したため、X運転車両に対する捜索差押手続を先行させた。ところが、Xの興奮状態が続き、なおも暴れて抵抗しようとしたため、Cらは、午後6時32分ころ、両腕を制圧してXを警察車両に乗車させたまま本件現場を出発し、午後7時10分ころ、S病院に到着した。午後7時40分ころから52分ころまでの間、同病院において、Xをベッドに寝かせ、医師がカテーテルを使用してXの尿を採取した。

上告審では、①Xに対する職務質問およびその現場への留め置きという一連の手続の適法性（【1-16】を見よ）、および②強制採尿手続の適法性が争われた。

決定要旨　上告棄却。最高裁は、本件強制採尿令状について、Xを本件現場に留め置く措置が違法とされる（【1-16】を見よ）ほど長期化する前に収集された疎明資料に基づき発付されたもので、発付手続に違法はないとしたうえで、以下のように判示した。

「身柄を拘束されていない被疑者を採尿場所へ任意に同行することが事実上不可能であると認められる場合には、強制採尿令状の効力として、採尿に適する最寄りの場所まで被疑者を連行することができ、その際、必要最小限度の有形力を行使することができるものと解するのが相当である。けだし、そのように解しないと、強制採尿令状の目的を達することができないだけでなく、このような場合に右令状を発付する裁判官は、連行の当否を含めて審査し、右令状を発付したものとみられるからである。」

その場合、右令状に、被疑者を採尿に適する最寄りの場所まで連行することを許可する旨を記載することができることはもとより、被疑者の所在場所が特定しているため、そこから最も近い特定の採尿場所を指定して、そこまで連行することを許可する旨を記載することができることも、明らかである」。

本件では、Xを任意に採尿に適する場所まで同行することは事実上不可能であったということができ、連行のために必要限度を超えて被疑者を拘束したり有形力を加えたものとはみられず、また、病院における強制採尿手続にも、違法と目すべき点は見当たらないから、「本件強制採尿手続自体に違法はない」。

解説 **1** 最高裁昭和55年決定（【1-59】）により、捜索差押許可状を用いた強制採尿が、実務上定着する。さらに、同決定は、被疑者が任意提出を拒んだ事案であったが、そのような場合に限られず、錯乱状態に陥り任意の尿の提出が期待できない状況にあった者に対しても、犯罪の捜査上真にやむをえない場合に実施されたものであれば、強制採尿は違法ではないとされている（最決平3・7・16刑集45-6-201）。

2 では、強制採尿のための捜索差押許可状（強制採尿令状）が発付されている場合、身柄を拘束されていない被疑者を採尿する医療施設などへ任意に同行することが事実上できない場合、採尿に適する最寄りの場所まで連行することはできるだろうか。

学説では否定説も主張されているが、実務は肯定説をとる。ただし、その根拠としては、(a)法222条1項で準用される法111条の「**必要な処分**」として許されるとする見解（東京高判平2・8・29判時1374-136など）と、(b)強制採尿**令状の効力**として許されるとする見解（東京高判平3・3・12判時1385-129）とに分かれていた。

3 本件は、⑦身柄を拘束されていない被疑者の採尿場所への任意同行が事実上不可能である場合（連行の要件）、④採尿に適する最寄りの場所まで被疑者を連行でき（連行の場所）、⑦その際、必要最小限度の有形力を行使できるとした。そして、その根拠として、①採尿場所への連行を認めなければ、強制採尿令状の目的を達成できないこと、②裁判官は連行の当否を含めて審査をし令状を発付したと解しうることを挙げ、(b)**令状効力説**によることを明らかにした。さらに、③昭和55年決定（【1-59】）は、採尿に適した場所で行うことを前提としていると思われること、④強制連行が人身に対する重大な侵害行為で、事前の司法審査（令状審査）に服させる必要があることも考慮されていると解される（中谷・前掲169頁）。

4 本決定は、強制採尿令状に「被疑者を採尿に適する最寄りの場所まで連行することを許可する」旨を記載できるとした。これは、連行の当否についても司法審査がなされたことを明示する方法と捉えうる。

1-61　検証としての通信傍受

最 3 小決平成 11 年 12 月 16 日（刑集 53 巻 9 号 1327 頁・判タ 1023 号 138 頁）

［参考］池田修＝飯田喜信・圏平 11-220、椎橋隆幸・圓8 版 72、清水真・圓10 版 70、圖195

事実　警察が、地元暴力団による組織的、継続的な覚せい剤密売事犯の内偵を進めた結果、組事務所の電話で客から注文を受け、外にいる組員に電話連絡して客との待ち合わせ場所に赴かせ、客に覚せい剤を交付させるという密売方法がとられていることを探知した。そこで、警察は、裁判官に対し、氏名不詳の組関係者の営利目的による覚せい剤譲渡し事件について、組事務所に設置された 2 台の電話の傍受を検証として行うことを許可する旨の検証許可状を請求した。

裁判官は、NTT 支店において 2 台の電話に発着信される通話内容についての検証を許可する旨の検証許可状を発付した。同許可状には、通話内容は覚せい剤取引に関するものに限定すること、また、検証の期間も特定の 2 日間の一定の時間帯に限ること、さらに、検証の方法として「地方公務員 2 名を立ち会わせ、対象外と思料される通話内容については、スピーカーの音声遮断及び録音中止のため、立会人をして直ちに分配器の電源スイッチを切断させる」旨が記載された。

警察は、本件検証許可状に基づき電話傍受を実施して、本件の客と X との間の覚せい剤売買に関する通話等を傍受した結果、客と X および共犯者を検挙した。

弁護人は、本件当時、電話傍受を捜査の手段として許容する法律上の根拠はなかったとして、法 197 条 1 項但書の強制処分法定主義違反を強調し、憲法 31 条・35 条、ひいては 13 条・21 条 2 項に違反すると主張した。

決定要旨　上告棄却。「電話傍受は、通信の秘密を侵害し、ひいては、個人のプライバシーを侵害する強制処分であるが、一定の要件の下では、捜査の手段として憲法上全く許されないものではないと解すべきで……ある。そして、重大な犯罪に係る被疑事件について、被疑者が罪を犯したと疑うに足りる十分な理由があり、かつ、当該電話により被疑事実に関連する通話の行われる蓋然性があるとともに、電話傍受以外の方法によってはその罪に関する重要かつ必要な証拠を得ることが著しく困難であるなどの事情が存する場合において、電話傍受により侵害される利益の内容、程度を慎重に考慮した上で、なお電話傍受を行うことが犯罪の捜査上真にやむを得ないと認められるときには、法律の定める手続に従ってこれを行うことも憲法上許されると解するのが相当である」。

本件当時、電話傍受を直接の目的とした令状は存していなかったが、(1)電話傍受が、通話内容の聴覚による認識とその記録という点で、五官の作用による対象の存否、性質、状態、内容等についての認識、保全という検証としての性質をも有するといえること、(2)裁判官において、捜査機関から提出される資料により、前記要件充足の有無に関する事前審査を行うことが可能であること、(3)検証許可状の記載に当たり、傍受すべき通話や傍受実施の方法、期間などを限定することによって、傍受対象の特定と

いう要請を相当程度満たすことができること、(4)身体検査令状に関する法218条5項の準用により、捜査機関以外の第三者を立ち会わせて対象外と思料される通話内容の傍受の遮断措置を採らせる等の適当な条件を付することができること、(5)捜査機関において、電話傍受の実施中、傍受すべき通話に該当するかどうかの判断に必要な限度で当該通話の傍受をすることは、法129条所定の「必要な処分」に含まれると解しうること、といった諸点にかんがみると、前記の一定の要件を満たす場合に、対象の特定に資する適切な記載がある検証許可状による電話傍受の実施は、本件当時においても法律上許されていたものと解するのが相当である。

また、検証許可状による場合、通話当事者に対する事後通知や不服申立ての規定が欠如しており、問題があることは否定し難いが、電話傍受が、犯罪の捜査上真にやむを得ないと認められる場合に限り、厳格な手続に従うことによって初めて実施されることなどを考慮すれば、その点を理由に検証許可状による電話傍受が許されないとまで解するのは相当でない。

解説 **1** 薬物犯罪を含む組織犯罪に対する捜査手法として、電話を中心とした通信の傍受が欧米諸国で行われるようになり、わが国でも、犯罪捜査のため検証許可状に基づき通話者双方に知られずに電話を傍受・録音する捜査手法がとられるようになった。

2 ただし、現在の社会生活において、電話等の通信内容を通信中の当事者双方に知られず傍受・録音することは、憲法21条2項の保障する通信の秘密を、ひいては個人のプライバシーを侵害する行為であるから、犯罪捜査のためでも、無制約に許されるものでないことは当然である。また、通信傍受には、密行性があり、令状の事前呈示原則（【1-41】参照）に抵触し、被処分者の不服申立ての機会が奪われるという批判もある。さらに、対象が特定しにくく正当に保護すべき情報も傍受対象となる危険が大きいこと、令状発付時以降の「将来の会話」を対象にするもので、将来の犯罪の見込みによる捜査にあたるなどといった指摘も存在する。

3 しかし、通信の秘密が侵害されるおそれの程度と、犯罪の重大性、嫌疑の明白性、証拠方法としての重要性と必要性、他の手段によることの困難性等に照らし、真にやむをえないと認められる場合には、電話の傍受も捜査手段として許容されると解すべきである（法222条1項→法100条は、郵便物等の押収を認める）。

そして、本事案後の平成11年、法222条の2および犯罪捜査のための通信傍受に関する法律が新設され、通信傍受自体の合法性が確立するとともに、その手法に具体的な限定が加えられることになった。

4 そのため、電話の傍受を検証許可状によって行うことは許されなくなったが、通信履歴や携帯電話の位置情報等のみを目的として他人間の通信を対象とする場合には、検証許可状により行うことになる。それゆえ、本決定で示された検証関係規定に関する解釈や通信傍受が許容されるための要件は、なお重要な意義を有する。

1-62　黙秘権の保障と呼気検査

最 1 小判平成 9 年 1 月 30 日（刑集 51 巻 1 号 335 頁・判タ 931 号 131 頁）

［参考］三好幹夫・團平 9-42、中野目善則・団8 版 70、森岡安廣・判タ 832-7、團200、团39-2

事実　被告人 X は、酒気帯びおよび無免許運転で検挙された際、X が酒気を帯びて普通貨物自動車を運転するおそれがあると認めた警察官から、身体に保有しているアルコールの程度について調査するため、政令で定める方法で行う呼気の検査に応ずるよう求められたのにこれを拒んだという、呼気検査拒否罪（道交法 67 条 2 項・120 条 1 項 11 号〔当時〕）で起訴され、有罪とされた。

　弁護人は、道交法 67 条 2 項の規定による警察官の呼気検査を拒んだ者を処罰する同法 120 条 1 項 11 号は、自己に不利益な事実を供述すべきことを強要するものであり、憲法 38 条 1 項に違反するとして上告した。

判旨　上告棄却。「憲法 38 条 1 項は、刑事上責任を問われるおそれのある事項について供述を強要されないことを保障したものと解すべきところ、右検査は、酒気を帯びて車両等を運転することの防止を目的として運転者らから呼気を採取してアルコール保有の程度を調査するものであって、その供述を得ようとするものではないから、右検査を拒んだ者を処罰する右道路交通法の規定は、憲法 38 条 1 項に違反するものではない。このことは、当裁判所の判例〔最大判昭和 32 年 2 月 20 日刑集 11 巻 2 号 802 頁、最大判昭和 47 年 11 月 22 日刑集 26 巻 9 号 554 頁〕の趣旨に徴して明らかである」。

解説　**1**　憲法 38 条 1 項は、「何人も、自己に不利益な供述を強要されない」として、いわゆる自己負罪拒否特権を保障し、法 311 条 1 項は、その趣旨に沿って、「被告人は、終始沈黙し、又は個々の質問に対し、供述を拒むことができる」と規定している。この権利は、憲法の保障する権利より広いものであり、黙秘権（供述拒否権）と呼ばれる。刑訴法には、被疑者にその権利を認める明文はないが、被告人と同様の権利が認められているものと解される（法 198 条 2 項）。

　2　黙秘権は、歴史的経験に則り、被疑者・被告人の供述の自由（任意性）を保障するために認められたものとされる。英米の刑事裁判の長い歴史の中で生まれてきたものであり、憲法 38 条 1 項もアメリカ法の強い影響を受けて設けられている。たとえ実際に罪を犯した者であっても、自分が有罪になる供述をなすべき義務を法律で負わせることは人格を尊重する上から許されないとして、供述の自由を保障したのである（自己負罪の拒否）。

　また、現行刑訴法が基本的に採用している当事者主義によれば、一方当事者である被告人に供述の義務を課すのは望ましくない。対等であるはずの検察側の取調べの客体になってしまうからである。そして、被告人になっていく被疑者にも黙秘権を保障しておくことは、当事者主義的構造に適うものと考えられる。

　3　黙秘権の意義に関し、最大判昭和 32 年 2 月 20 日（刑集 11-2-802）は、「憲法 38 条 1 項の……法意は、何人も自己が刑事上の責任を問われる虞ある事項について供述を強要

されないことを保障したものと解すべきであることは、この制度発達の沿革に徴して明らかである」として、**被疑者の氏名**は原則として不利益な事項に該当せず、憲法38条1項の保障する権利の対象ではないとした（さらに、弁護人選任届が却下され、結局その氏名を開示するに至ったというだけでは、供述を強要されたとはいえないとも判示している）。

4 本件では、呼気検査と黙秘権との関係が争われた。昭和45年の道交法改正により、呼気検査を拒んだ者に対する罰則規定が設けられ、法定刑も徐々に引き上げられてきた（道交法67条3項・118条の2〔3月以下の懲役又は50万円以下の罰金〕）。そのため、飲酒運転をしている者は、呼気検査に応ずれば酒気帯び運転罪の端緒となり、拒否すれば呼気検査拒否罪で処罰されるという、一種のジレンマに陥る。

本件において、弁護人は、まさにこのような点を問題とし、呼気検査拒否罪は、自己の犯罪を明らかにするよう間接的に強制する効果を持つから、「自己に不利益な供述を強要されない」とする憲法38条1項の黙秘権の保障に反し無効であると主張した。

5 呼気検査は、警察官が酒気帯び運転行為を中止させるなどし、道路交通の危険を防止するという行政上の目的から出たもので、直接的には行政手続である。ただし、呼気検査の結果、酒気帯び運転に該当するアルコール濃度が検出された場合、ほぼ例外なく酒気帯び運転罪の捜査に移行し、当該検知結果が刑事手続の証拠として使用されることになるのが実態である（なお、自然呼気の強制採取は、強制採血や強制採尿とは異なり、身体に対する侵襲がないので、必要性と緊急性を考慮しつつ、相当と認められる限度で任意処分として行うことができる。福井地判昭56・6・10刑月13-6=7-461）。

そして、純然たる刑事手続でなくても、実質上、刑事責任追及の資料収集に直接結びつく作用を一般的に有する手続には、憲法38条1項の保障は及ぶ（所得税法に基づく収税官吏の質問検査権との関係に関する、最大判昭47・11・22刑集26-9-554〔川崎民商事件〕）。

6 それでは、憲法38条1項にいう「不利益な供述」に、本件のような呼気の採取も含まれるのだろうか。

たしかに、憲法38条の保障する黙秘権を(a)「自己の犯罪発覚の端緒となる不利益な情報を提供することを拒否する権利」と解することも不可能ではない（非限定説）。

しかし、黙秘権の趣旨を「内心の事実ないし知識の暴露を強制されないという意味では、広い意味におけるプライバシーの保護をねらいとする。精神の内奥をのぞき見することを排斥し、人間の尊厳を貫徹しようとする趣旨に出たもの」（田宮334頁）であるなどと解し、(b)字義どおりの「供述」に限るとする見解（限定説）が通説となっている（もっとも、「供述を記載した文書」をも含むかについては、見解は必ずしも一致していない）。

そして本判決も、前記最高裁昭和32年判決の立場を確認したうえで、憲法38条1項の及ぶ事項は、何らかの意味での「供述」といえるものでなければならず、「呼気を風船に吹き込ませること」は身体の「呼気」という物的・非供述的証拠を採取するもので、供述を得ようとするものではないとして、呼気検査拒否罪は同条同項に違反しないとした（また、ポリグラフ検査と黙秘権との関係について、**【4-51】**参照）。

1-63　黙秘権行使の効果—城丸君事件

札幌高判平成 14 年 3 月 19 日（判時 1803 号 147 頁・判タ 1095 号 287 頁）

[参考] 岩瀬徹・圏8 版 142、梅林啓・研修 657-27、青山彩子・警論 48-12-111、遠藤邦彦・実例Ⅲ-208、圏201

事実　昭和 59 年 1 月 10 日に行方不明となっ
た A（当時 9 歳）のものと思われる人骨片が昭
和 63 年に被告人 X の関係先から発見され、警
察は、X から事情を聴取するなどしたが、起訴
には至らなかった。しかし、DNA 鑑定などを
踏まえ、殺人罪の時効完成直前の平成 10 年 11
月 15 日、X は、逮捕・勾留され、12 月 7 日、
「被告人は、昭和 59 年 1 月 10 日、S 市内所在
の T 荘 2 階 1 号室の当時の被告人方において、
A（当時 9 歳）に対し、殺意をもって、不詳の
方法により、同人を殺害したものである」旨の
公訴事実で起訴された。X は、捜査段階や公判
における被告人質問で黙秘を貫いた。
　1 審（札幌地判平 13・5・30 判タ 1068-277）は、
「本件人骨片は A のものであると合理的に認定
することができ」、「X が、右 X 方において、

……A の死亡につながる行為に及んだものと合
理的に認定」できるが、「X が殺意をもって A
を死亡させたと認定するには、なお合理的な疑
いが残る」として X を無罪にした。
　これに対して検察官は、①情況証拠によれば、
X には身代金要求目的のもと、A 殺害の明確な
動機がある、②この点を除いても、X の殺意を
認定するに足りる数多くの情況証拠が存在する
などと主張して控訴した。その際、検察官の所
論には、③X には「捜査・公判を通じて、自
己に有利な説明や弁明をする機会があったにも
かかわらず、一切供述を拒否し説明も弁明もし
なかったことは、X が殺意をもって A を死亡
させたことを推認させるものである」との主張
が含まれていた。

判旨　控訴棄却。札幌高裁は、検察官の③の主張に対して、以下のように判示した。
　「X が逮捕以来、捜査・公判を通じて一切説明も弁明もしなかったこと」、すなわち、
「X が事実について一切黙秘し何の説明も弁明もしないために、検察官側の立証によ
り形成された心証を崩すことができず、それが事実上 X に不利益に働いてしまうと
いうことがあることは否定できないところと思われる。……それは一般論としては不
当なところはないように思われる。しかし、前記の主張の中に、……検察官から、X
が嫌疑をかけられている殺人罪の重大性や X が犯した犯罪が傷害致死罪、過失致死罪
であればすでに時効が完成していて X が起訴されたり処罰されることはないことなど
の説明を受けるとともに、具体的な証拠を指摘されてその証拠に対して弁明の機会を
与えられたにもかかわらず X が一切説明も弁明もしなかったこと、更には原審公判廷
においても、X が犯人であり殺意をもって A を死亡させたことを推認させる各情況証
拠に対する説明と弁明を求められたのに対して X が一切説明も弁明もしなかったこと
を指摘し、このように X が一切説明も弁明もしなかったのは、X が殺意をもって A を
死亡させた犯人であるため説明や弁明をしようとするとどうしてもその中に虚偽が混
入せざるを得ず、その矛盾を突かれ真相が露見する危険を回避する必要があったから
であるとする主張が含まれているのである。これを素直に読む限り、この所論には、
X が黙秘し供述を拒否した態度をもって 1 個の情況証拠とし X の殺意を認定すべきで

あるとの趣旨が含まれているものと解さざるを得ない。そうだとすると、……Ｘの黙秘・供述拒否の態度をそのように１個の情況証拠として扱うことは、それはまさにＸに黙秘権、供述拒否権が与えられている趣旨を実質的に没却することになるのであり、その所論は到底受け入れることができない」。

「所論は、……Ｘが原審の第19回及び第32回の各公判期日において実施された被告人質問において、検察官が発する約400回にわたる多くの質問に対しことごとく黙秘するなどしたことを指摘している。しかし、もともと弁護人は、Ｘには黙秘権を行使する意思があるとして、被告人質問を実施することに反対していたのである。もとより、そのような状況の下であっても、被告人質問を実施すること自体を不当ということはできないけれども、実際に被告人質問を実施してみてＸが明確に黙秘権を行使する意思を示しているにもかかわらず、延々と質問を続けるなどということはそれ自体Ｘの黙秘権の行使を危うくするものであり疑問を感じざるを得ない。Ｘが黙秘する意思を明確に示しているのに検察官がこのような形で被告人質問を続行したのは、……Ｘに対して次々と質問を行いその結果Ｘがその質問項目に対して一切説明も弁明もしないという黙秘の態度が顕著になったとして、それをＸに不利益な事実の認定に供しようとしたからであると解されるが、そのような形でＸの黙秘の態度を取り扱うことができないことはすでに述べたとおりである」。

解説 **1** 憲法38条1項の規定する黙秘権を付与することの意味は、刑罰その他の制裁で供述を強要しない点にある。それゆえ、黙秘したということを自体を有罪の証拠にすることも許されないとする不利益推認の禁止原則も、広く承認されている。

2 ところで、本件控訴趣意において、検察官は、被告人Ｘが、具体的な証拠を指摘され、それに対し自己に有利な説明や弁明の機会を与えられたにもかかわらず、捜査・公判を通じ、一切供述を拒否し説明も弁明もしなかったのは、Ｘが殺意をもってＡを殺害したことを推認させるので、Ｘが黙秘し供述を拒否した態度をもって1個の情況証拠とすべきである旨主張した。

3 なお、イギリスでは、「1994年刑事司法および公共秩序法」が、被疑者・被告人が黙秘ないし供述拒否をした場合、その事実から、被告人の有罪・無罪の判断を行うに際し適当と思われる推認を行うことができる旨を規定し、黙秘権行使を有罪認定の証拠の1つにできるとする。だが、わが国における犯罪発生状況、犯罪処理状況、また国民一般の意識の現状を前提にすれば、現時点で、このような黙秘権制限を直ちにわが国に導入すべき理由や必然性はない。ただ、前述の諸状況を常に検証し、合理的な手続のあり方を不断に探究していく必要はあろう（井上正仁ほか・ケースブック刑事訴訟法〔4版〕431頁参照）。

4 本件検察官も黙秘の態度をもって殺意立証の決定的証拠であるとまで主張したわけではないが、不利益推認の禁止原則を堅持した本判決の判断は妥当である（また、公判廷で黙秘権を行使する被告人に、検察官が次々と多数の質問を行うことにも慎重であるべきであろう）。

1-64 弁護人選任権の意義と保障の範囲—安藤事件

最大判平成 11 年 3 月 24 日（民集 53 巻 3 号 514 頁・判タ 1007 号 106 頁）

[参考] 大坪丘・圏民平 11 上-250、松尾浩也・圖平 11-185、椎橋隆幸・現刑 1-2-40、圖203

事実 Xは、昭和 62 年 12 月 4 日、恐喝未遂容疑で逮捕され、翌 5 日から 24 日まで、福島県警 K 警察署の留置場に勾留された（法 81 条に基づく接見禁止決定も受けた）。12 月 4 日に X と接見して弁護人に選任された A は、9 日以降、留置副主任官の警察官と捜査担当の検察官に対して、X との接見を再三にわたり求めた。しかし、検察官が接見指定書の受領・持参を要求して折り合いがつかず、A は 2 度にわたり準抗告を申し立て、福島地裁郡山支部から、準抗告を容認し、検察官の処分を取り消す旨の決定を得た。検察官は、その後も弁護人に来庁させて接見指定書を渡す方針を変えなかったため、A は福島地検郡山支部に赴き、接見指定書を受領して、13 日、17 日、19 日、23 日に接見した。

A および弁護人 B は、違法に接見を妨害されたと主張して、国と福島県とに対し、国家賠償法に基づく損害賠償を請求した。1 審は、検察官の措置の一部に違法があったと認め、国に損害賠償の支払いを命じた（福島県の責任は否定した）。当事者双方が控訴したところ、控訴審は、検察官の行為に違法な点はなかったとして、原判決を破棄、国の敗訴部分を取り消した。なお、法 39 条 3 項の合憲性も争われたが、違憲の主張は斥けられた。

これに対し、A・B が上告を申し立て（その後、A が死去したため訴訟継続が行われた）、その上告理由は多岐にわたるが、上告理由第 2 点で、「法 39 条 3 項本文の規定は憲法 34 条前段、37 条 3 項、38 条 1 項に違反する」旨を主張した。本件は当初、第 3 小法廷に係属したが、上告理由第 2 点については、大法廷で審理裁判すべきものとされ、いわゆる「論点回付」された。

判旨 最高裁は、上告理由第 2 点には理由がないとしたうえで、弁護人選任権の意義と保障の範囲に関して、全員一致で以下のように判示した。

「憲法 34 条前段は、『何人も、理由を直ちに告げられ、且つ、直ちに弁護人に依頼する権利を与へられなければ、抑留又は拘禁されない。』と定める。この弁護人に依頼する権利は、身体の拘束を受けている被疑者が、拘束の原因となっている嫌疑を晴らしたり、人身の自由を回復するための手段を講じたりするなど自己の自由と権利を守るため弁護人から援助を受けられるようにすることを目的とするものである。したがって、右規定は、単に被疑者が弁護人を選任することを官憲が妨害してはならないというにとどまるものではなく、被疑者に対し、弁護人を選任した上で、弁護人に相談し、その助言を受けるなど弁護人から援助を受ける機会を持つことを実質的に保障しているものと解すべきである」。

「憲法 37 条 3 項は『刑事被告人』という言葉を用いていること、同条 1 項及び 2 項は公訴提起後の被告人の権利について定めていることが明らかであり、憲法 37 条は全体として公訴提起後の被告人の権利について規定していると解されることなどからみて、同条 3 項も公訴提起後の被告人に関する規定であって、これが公訴提起前の被

疑者についても適用されるものと解する余地はない」。

解説 **1** 憲法 34 条は、身柄拘束された被疑者に弁護人依頼権を保障し、それを受けた法 30 条は、身柄拘束の有無を問わず被疑者・被告人は「何時でも弁護人を選任することができる」と定める。本判決は、最高裁として、接見指定（法 39 条 3 項）の合憲性に関し初めて判断を示した（**【1-65】**）ものであるが、接見指定の合憲性を論ずる前提として、まず、憲法 34 条前段の保障する弁護人依頼権の意義について判断を示した。

2 憲法 34 条前段の趣旨については、従来、主として検察実務家側から、これは単に弁護人の選任を禁ずることができないという趣旨にとどまり、弁護人の具体的権限までは触れていないと解する見解が主張されていた（古江頼隆・刑事手続(上)327 頁など）。

これに対して、多数説は、憲法 34 条の趣旨は、捜査官憲によってこれを妨害されてはならないとする消極的なものにとどまらず、弁護人による実質的な弁護を受けることの保障という積極的な趣旨を含むものと解してきた。そして、本判決も、「単に被疑者が弁護人を選任することを官憲が妨害してはならないというにとどまるものではなく、被疑者に対し、弁護人を選任した上で、弁護人に相談し、その助言を受けるなど弁護人から援助を受ける機会を持つことを実質的に保障しているものと解すべきである」として、多数説の考え方に与することを明らかにした。

このように、憲法 34 条を実質的に弁護人からの援助を受けられることを保障した趣旨であるすると、身柄拘束された被疑者に弁護人が面会し、助言を与えることが可能にされなければならないということが当然に導かれることになる。これは、接見指定に関する法 39 条 3 項の解釈にとっても重要な前提となる（**【1-65】**）。

3 また、本判決では、憲法 37 条 3 項の国選弁護人の保障範囲について、公訴提起後の被告人に限られるとした。同規定の文言に照らせば当然の帰結であり、従来も国選弁護人は被告人にしか認められなかった。

しかし、平成 16 年の法改正により、必要的弁護相当事件（平成 18 年 10 月以降平成 21 年 5 月までは法定合議相当事件）について被疑者に対して勾留状が発せられている場合において、被疑者が貧困その他の事由により弁護人を選任できないときは、裁判官（通常は勾留担当裁判官）は、被疑者の請求により、国選弁護人を付さなければならないとされ（法 37 条の 2 第 1 項）、実質的な意味での弁護人選任権が、被告人に加えて被疑者にまで拡充されたといえる（なお、本判決は、憲法 38 条 1 項の不利益供述強要の禁止規定を根拠に、被疑者の取調べは接見交通権の行使を制限する理由にならないとする弁護人の主張に対応する形で、身柄拘束中の被疑者の取調べ受忍義務に関し、「身体の拘束を受けている被疑者に取調べのために出頭し、滞留する義務があると解することが、直ちに被疑者からその意思に反して供述することを拒否する自由を奪うことを意味するものでないことは明らかである」と判示している。東京高判昭 53・3・29 判時 892-29 も参照）。

1-65　接見交通の意義と接見指定の合憲性―安藤事件

最大判平成 11 年 3 月 24 日（民集 53 巻 3 号 514 頁・判タ 1007 号 106 頁）

［参考］大坪丘・圏民平 11 上-250、佐藤隆之・圏10 版 74（その他【1-64】掲記の文献）、圏206

事実　Xは、恐喝未遂容疑で逮捕され、福島県警 K 警察署の留置場に勾留された（法 81 条に基づく接見禁止決定も受けた）。12 月 4 日に X と接見して弁護人に選任された A は、留置副主任官の警察官と捜査担当の検察官に対して、X との接見を再三にわたり求めたが、検察官が接見指定書の受領・持参を要求して折り合いがつかず、A は 2 度にわたり準抗告を申し立て、福島地裁郡山支部から、準抗告を容認し、検察官の処分を取り消す旨の決定を得た。しかし、検察官は、弁護人に来庁させて接見指定書を渡

す方針を変えなかったため、A は福島地検郡山支部に赴き、接見指定書を受領して、13 日以降合計 4 回接見した。A・弁護人 B は、違法に接見妨害されたとして、国と福島県とに対し、国賠法に基づく損害賠償を請求したが、原審は、検察官の行為に違法な点はなかったとし、また、法 39 条 3 項を違憲とする主張も斥けた。

A・B が上告し、その上告理由のうち憲法論の部分（「上告理由第 2 点」）について、大法廷で審理されることになった（以上の経緯の詳細に関しては【1-64】を見よ）。

判旨　最高裁は、上告理由第 2 点に理由がないとしたうえで、接見交通権の意義に関し、全員一致で以下のように判示した。①法 39 条 1 項は、憲法 34 条の趣旨（【1-64】）にのっとり、「身体の拘束を受けている被疑者が……弁護人等から援助を受ける機会を確保する目的で設けられたもので……憲法の保障に由来するものである」。②「もっとも、憲法は、刑罰権の発動ないし刑罰権発動のための捜査権の行使が国家の権能であることを当然の前提とする……から、……接見交通権が……刑罰権ないし捜査権に絶対的に優先する……ということはできない。そして、捜査権を行使するためには、身体を拘束して被疑者を取り調べる必要が生ずることもあるが、憲法はこのような取調べを否定するものではないから、接見交通権の行使と捜査権の行使との間に合理的な調整を図らなければならない」。

③法 39 条 3 項本文は、「刑訴法において身体の拘束を受けている被疑者を取り調べることが認められていること……、被疑者の身体の拘束については刑訴法上最大でも 23 日間……という厳格な時間的制約があること……などにかんがみ、被疑者の取調べ等の捜査の必要と接見交通権の行使との調整を図る趣旨で置かれたものである。そして、〔同〕項ただし書は、……捜査機関のする右の接見等の日時等の指定は飽くまで必要やむを得ない例外的措置であって、被疑者が防御の準備をする権利を不当に制限することは許されない旨を明らかにしている」。「このような刑訴法 39 条の立法趣旨、内容に照らすと、捜査機関は、弁護人等から被疑者との接見等の申出があったときは、原則としていつでも接見等の機会を与えなければならないのであり、同条 3 項本文にいう『捜査のため必要があるとき』とは、右接見等を認めると取調べの中断等により捜査に顕著な支障が生ずる場合に限られ、右要件が具備され、接見等の日時等の指定

をする場合には、捜査機関は、弁護人等と協議してできる限り速やかな接見等のための日時等を指定し、被疑者が弁護人等と防御の準備をすることができるような措置を採らなければならない……。捜査機関が現に被疑者を取調べ中である場合や実況見分、検証等に立ち会わせている場合、また、間近い時に右取調べ等をする確実な予定があって、弁護人等の申出に沿った接見等を認めたのでは、右取調べ等が予定どおり開始できなくなるおそれがある場合などは、原則として右にいう取調べの中断等により捜査に顕著な支障が生ずる場合に当たると解すべきである」。

④以上によれば、「刑訴法 39 条 3 項本文の規定は、憲法 34 条前段の弁護人依頼権の保障の趣旨を実質的に損なうものではないというべきである」。「なお、刑訴法 39 条 3 項本文が被疑者側と対立する関係にある捜査機関に接見等の指定の権限を付与している点も、刑訴法 430 条〔は〕……捜査機関のする接見等の制限に対し、簡易迅速な司法審査の道を開いていることを考慮すると、……違憲であるということはできない」。

解説 **1** 最高裁は、本判決で、接見指定の合憲性に関し初めて判断を下した。

2 法 39 条 1 項は、いわゆる秘密接見交通権を規定する。弁護人と被疑者との接見が十分にできないと、弁護人選任権を保障した意義は減少する。もっとも、本判決では、「憲法 38 条 1 項の不利益供述の強要の禁止の定めから身体の拘束を受けている被疑者と弁護人等との接見交通権の保障が当然に導き出されるとはいえない」とされている。

3 ただし、法 39 条 3 項は、捜査機関は、捜査のため必要があるときは、被疑者と弁護人等の接見の日時、場所等を指定できると定める（接見指定）。この規定については、接見交通権は憲法内在的権利であり、刑訴法上認められたにすぎない捜査権に優越する、一方当事者の捜査機関が一方的に「捜査の必要」という要件で接見の制限を認めることはできない、などを根拠とする違憲説も一部で主張されてきた（【1-64】参照）。

4 本判決は、まず、①被疑者と弁護人等との接見交通権が憲法の保障に由来することを認めつつ（【1-64】）、②接見交通権は、刑罰権・捜査権に絶対的に優先するものではなく、捜査権の行使には、身体を拘束して被疑者を取り調べる必要も生じうるし、憲法もそれを否定していないから、接見交通権の行使と捜査権の行使との間に合理的な調整を図らなければならず、憲法 34 条の趣旨（【1-64】）が実質的に損なわれない限り、法律にこの調整規定を設けることは可能とする。

そして、③法 39 条 3 項本文は、法が身柄を拘束した被疑者の取調べを認め、被疑者の身体拘束について厳格な時間的制約があることなどに鑑み、被疑者の取調べ等の捜査の必要と接見交通権の行使との調整を図る趣旨で置かれたものであって、その調整が合理的に行われる限り（その実質的根拠や合理的な調整の具体的要件に関しては、【1-66】参照）、法 39 条 3 項は憲法 34 条の弁護人依頼権の保障の趣旨を実質的に損なうものではないと判断した。また、④法 39 条 3 項本文が捜査機関側に接見指定権限を付与している点についても、捜査機関のする接見制限に対する簡易迅速な司法審査（準抗告。法 430 条）の存在を根拠に合憲としている（本件については、最判平 12・2・22 判時 1721-70 も参照）。

1-66　接見指定の要件

最 3 小判平成 12 年 6 月 13 日（民集 54 巻 5 号 1635 頁・判タ 1040 号 113 頁）

［参考］矢尾渉・囲民平 12 下−552、川出敏裕・圓 8 版 78、吉村典晃・圓 9 版 80、宮村啓太・圓 10 版 78、圓 207

事実　X は、10 月 10 日午後 3 時 53 分ころ、東京都公安条例違反容疑で現行犯逮捕され、午後 4 時 10 分ころ T 警察署に引致された。その際、X は、救援連絡センター登録弁護士を弁護人に選任する旨を述べた。一方、同センターの弁護士 A は、X と接見するために午後 4 時 25 分頃 T 警察署に到着し、午後 4 時 35 分ころ玄関口に出てきた B 捜査主任官（接見指定権者）に即時の接見を申し出た。B は、X は取調べ中のため、接見を待ってほしいと繰り返し述べ、いったん署内に引き揚げ、午後 5 時 45 分ころ玄関に来て、接見日時を翌日 10 時以降に指定する旨を A に告げた。そのため、A は、午後 6

時ころ引き揚げた。この間、X の取調べは、午後 4 時 45 分から午後 5 時 28 分ころまで行われ、午後 6 時 15 分ころまでは夕食のため中断した。取調べを担当した巡査部長は、夕食終了後も取調べを行う予定でいたが、夕食終了直前になって、逮捕現場での実況見分の応援に赴き、夕食後の取調べは行われなかった。

A と X は、B が逮捕直後の接見を認めず、接見日時を翌日に指定したのは違法であるとして、東京都に損害賠償を請求したところ、1 審が請求を一部認容したのに対し、控訴審は、B による接見指定を適法とした。これに対して、A・X が上告した。

判旨　一部破棄自判。捜査機関は弁護人等から被疑者との接見等の「申出があったときは、原則としていつでも接見等の機会を与えなければならないのであり、刑訴法 39 条 3 項本文にいう『捜査のため必要があるとき』とは、右接見等を認めると取調べの中断等により捜査に顕著な支障が生ずる場合に限られる。そして、弁護人等から接見等の申出を受けた時に、捜査機関が現に被疑者を取調べ中である場合や実況見分、検証等に立ち会わせている場合、また、間近い時に右取調べ等をする確実な予定があって、弁護人等の申出に沿った接見等を認めたのでは、右取調べ等が予定どおり開始できなくなるおそれがある場合などは、原則として右にいう取調べの中断等により捜査に顕著な支障が生ずる場合に当たると解すべきである〔**【1-65】**参照〕。

右のように、弁護人等の申出に沿った接見等を認めたのでは捜査に顕著な支障が生じるときは、捜査機関は、弁護人等と協議の上、接見指定をすることができるのであるが、その場合でも、その指定は、被疑者が防御の準備をする権利を不当に制限するようなものであってはならないのであって（刑訴法 39 条 3 項ただし書）、捜査機関は、弁護人等と協議してできる限り速やかな接見等のための日時等を指定し、被疑者が弁護人等と防御の準備をすることができるような措置を採らなければならないものと解すべきである。

とりわけ、弁護人を選任することができる者の依頼により弁護人となろうとする者と被疑者との逮捕直後の初回の接見は、身体を拘束された被疑者にとっては、弁護人の選任を目的とし、かつ、今後捜査機関の取調べを受けるに当たっての助言を得るための最初の機会であって、直ちに弁護人に依頼する権利を与えられなければ抑留又は

拘禁されないとする憲法上の保障の出発点を成すものであるから、これを速やかに行うことが被疑者の防御の準備のために特に重要である。したがって、右のような接見の申出を受けた捜査機関としては、前記の接見指定の要件が具備された場合でも、その指定に当たっては、弁護人となろうとする者と協議して、即時又は近接した時点での接見を認めても接見の時間を指定すれば捜査に顕著な支障が生じるのを避けることが可能かどうかを検討し、これが可能なときは、留置施設の管理運営上支障があるなど特段の事情のない限り、犯罪事実の要旨の告知等被疑者の引致後直ちに行うべきものとされている手続及びそれに引き続く指紋採取、写真撮影等所要の手続を終えた後において、たとい比較的短時間であっても、時間を指定した上で即時又は近接した時点での接見を認めるようにすべきであり、このような場合に、被疑者の取調べを理由として右時点での接見を拒否するような指定をし、被疑者と弁護人となろうとする者との初回の接見の機会を遅らせることは、被疑者が防御の準備をする権利を不当に制限するものといわなければならない」。

解説 **1** 接見指定は、かつての一般的指定制度が昭和62年に改められ、現在は、検察官が、「捜査のため必要があるときは、接見の日時などを指定することがある」旨の「通知書」(内部的な事務連絡文書とされよう。最判平3・5・31判タ763-177〔若松事件〕参照)を施設の長宛に送り、弁護人が刑事施設等に赴いた場合、施設の担当者が速やかに検察官と連絡を取り、接見指定が必要と検察官が判断した場合、弁護人と協議のうえ具体的な指定をし、書面や口頭など適切な方法で行われている(通知事件制度)。

2 ただし、接見の具体的指定につき、それが、①法39条3項本文の「捜査のため必要があるとき」にあたるか、②同項ただし書の「被疑者が防禦の準備をする権利を不当に制限」しないか、などが問題とされている。

3 ①については、罪証隠滅のおそれを含めた捜査全般の必要性をいうとする(a)**捜査全般(非限定)説**と、被疑者の取調べ等、その身柄を利用した捜査が行われる場合などに限るとする(b)**限定説**とが対立する。判例は、基本的に(b)説(最判昭53・7・10民集32-5-820〔杉山事件〕)に立ち、具体的判断として、⑦現に取調べ中とか実況見分等に立ち会わせている場合だけでなく、①間近い時に取調べ等をする確実な予定があり、接見等を認めると、取調べ等が予定どおり開始できなくなるおそれがある場合も、接見指定ができるとする。そして、⑦捜査の支障が顕著な場合、弁護人と協議してできる限り速やかな接見日時を指定し、被疑者が防御のため弁護人と打ち合わせできる措置を採るべきとし、捜査機関による指定権の行使につき、捜査の必要性と接見交通権行使との合理的な調整を図ろうとする(最判平3・5・10民集45-5-919〔浅井事件〕、**【1-65】**)。

4 本判決では、特に②について、被疑者にとって逮捕直後の弁護人との初回の接見は、防御の準備のために特に重要であるから、たとえ比較的短時間のものであっても、速やかに接見を認めるべきであるとの判断が示された点が重要である。そのうえで、接見時間を指定すれば捜査への顕著な支障を避けることができた本件事情のもとでは、本件の接見指定は「被疑者が防御の準備をする権利を不当に制限するようなもの」とされた。

1-67 起訴後の余罪捜査と接見指定

最1小決昭和55年4月28日（刑集34巻3号178頁・判タ415号114頁）

［参考］ 金築誠志・囲昭55-87、飯田喜信・囹8版84、高倉新喜・囹10版80、大澤裕・囲平13-190、圀207

事実 県職員の被告人Xは、県立高校の新改築工事に関し土木建設業者から収賄したとして、昭和55年3月15日収賄被告事件について勾留のまま起訴され、4月7日別件の収賄被告事件について追起訴された。さらに、その後余罪である別件の収賄被疑事実に基づき逮捕され、4月10日に勾留されて勾留中、地検検察官は、4月16日に接見等に関する指定（「本件接見指定」）をした。

弁護人は、本件接見指定は、法39条3項にいう「公訴の提起前に限り」との要件を欠いて違法であるから、本件接見指定を取り消すとともに、「検察官は本件被告人兼被疑者Xについて接見に関する指定をしてはならない」旨の裁判を求め、準抗告を申し立てた。準抗告審は、「本件のように、同一人について被告事件の勾留とその余罪である被疑事件の逮捕、勾留が競合する場合、……検察官等にその接見指定権を

認めたうえ、当該被告事件の訴訟の進行状況（既に第1回公判期日が指定されているかどうか、それが近接した時期にあるかどうか、現に公判審理中のものであるかどうかなど）、事案の軽重、それまでの接見状況、被疑事件の重大性など具体的な場合、状況に応じ、接見時間の大幅な緩和など特段の配慮をなすことによって、被告人の防禦権と余罪捜査の必要性との調和を図るのが相当である」として、準抗告を棄却した。

これに対して、弁護人は、起訴後の被告人については、余罪につき逮捕・勾留されていたとしても、「公訴の提起前に限り」の要件が欠けるから、接見指定権の行使を認めた原決定は、法39条3項に違反し、ひいては憲法34条・37条3項に違反するとともに、判例（最決昭41・7・26刑集20-6-728）に違反すると主張して、特別抗告を申し立てた。

決定要旨 抗告棄却。「同一人につき被告事件の勾留とその余罪である被疑事件の逮捕、勾留とが競合している場合、検察官等は、被告事件について防禦権の不当な制限にわたらない限り、刑訴法39条3項の接見等の指定権を行使することができるものと解すべきであって、これと同旨の原判断は相当である」。

解説 **1** 勾留のまま起訴された被告人について、余罪の捜査が行われることはしばしばある。このように同一人につき被告事件の勾留と被疑事件の逮捕・勾留とが競合する場合、余罪捜査の必要を理由として、被告人と接見しようとする弁護人等に対して、検察官等は接見指定権を行使できるかが問題となる。

2 この点について、最決昭和41年7月26日（刑集20-6-728）は、「およそ、公訴の提起後は、余罪について捜査の必要がある場合であっても、検察官等は、被告事件の弁護人または弁護人となろうとする者に対し、同39条3項の指定権を行使しえないものと解すべきであ」るとして消極に解した。ただし、この判例は、余罪について被告人が逮捕・勾留されていない事案に関するものであり、接見指定権を逮捕・勾留に関する権限と解するのであれば、当然の結論であった。

そこで、被告事件の勾留と被疑事件（余罪）の逮捕・勾留が競合する場合についてどう考えるべきかがなおも争われていたが、本決定は、そのような場合には、「検察官等は、被告事件について防禦権の不当な制限にわたらない限り、刑訴法 39 条 3 項の接見等の指定権を行使することができる」とする積極の判断を示した。

3 本決定により、まず、①接見指定権は被疑事件の逮捕・勾留を前提としたものが明らかとなり、昭和 41 年決定の射程は、それがない場合にとどまることが確認された。また、②被疑事件に関する接見指定権の行使が、被告事件に関する被告人と弁護人等との接見に対しても効果を及ぼすことが是認された。たしかに、同一人の被告人としての勾留と被疑者としてのそれが競合する場合、いわゆる事件単位の原則に基づき、被疑事件の接見指定と被告事件の自由な接見交通が抵触しないとするのは、あまりにも観念的で非現実的である。

そして、被告事件について接見指定権を行使する場合、③「被疑者の取調べ等の捜査の必要と接見交通権の行使との調整を図る」という法 39 条 3 項の趣旨と、「捜査のため必要があるとき」の意義に関するゆるやかな限定説の観点に基づく要件に服することは当然である（【1-65】）。それに加え、④本決定では、「被告事件について防禦権の不当な制限にわたらない限り」とする要件が加えられた。被告人と弁護人との接見交通のより強い保障（被告人との接見交通には接見指定はできない）に基づくものである。それゆえ、たとえ余罪捜査（被疑事件）に関して接見指定の必要がある場合でも、当該要件を欠く場合には、接見指定は認められないことになる。具体的には、被告事件の公判準備のため緊急に接見する必要がある場合などが考えられよう（以上について、金築・前掲 96 頁以下、飯田・前掲 85 頁）。

4 ただ、本決定は被告事件と被疑事件の両方に関して弁護人が選任された事案に関するものであり、⑤被告事件についてのみ選任された弁護人に接見指定できるかについては判示していない。

この点に関して、最決平成 13 年 2 月 7 日（判タ 1053-109）は、被告事件の勾留と被疑事件の勾留が競合している場合、検察官は、「被告事件についてだけ弁護人に選任された者に対しても」接見指定権を行使できる旨の判断を示した。法 39 条 3 項を、被疑事件の捜査の必要と接見交通権の行使との合理的調整を図る規定とする前記判例の見解（【1-65】）によれば、それは、被告事件の弁護人が被疑事件の弁護人を兼ねているかどうかで変わらないと考えられ（大澤・前掲 191 頁）、また、もし被告事件のみについて選任された弁護人に対して被疑事件の接見指定権を行使できないとすれば、そのような弁護人が接見を続ける限り、捜査機関は被疑者の身柄を必要とする捜査を一切できないというきわめて不当な結果になる。それゆえ、平成 13 年決定の判断は妥当である。

1-68　秘密交通権の保障とその判断

福岡高判平成 23 年 7 月 1 日（訟月 57 巻 11 号 2467 頁・判時 2127 号 9 頁）

[参考] 細田啓介・囲10 版 82、河村有教・海保大研究報告 57-2-113、圏271

事実　Aは、被害者V（当時 11 歳）に衝突し負傷させる交通事故を起こした後、Vを自車の助手席に乗せ、当該事故を隠蔽するため、Vを人目につかない山中に運び込んで置き去りにしたが、Vは家族に発見・救助されたという本件刑事事件を生じさせた。弁護人X・Yは、①業務上過失致傷等の嫌疑で逮捕・勾留されたAの弁護人となり、その後、②殺人未遂の嫌疑で、再度逮捕・勾留されたAの弁護人となった。

Aは、①での勾留中から、捜査機関に殺意を認める供述をし、その旨の報道もされた。しかし、Yは、Aに接見後、報道機関に、Aは殺意を否定している旨を回答し、翌日の新聞等で報道された。事件担当の検察官Pは、上記記事を読み、Aの供述の信用性につきより慎重な判断を要すると考えAを取り調べたところ、Aは殺意を認める旨の供述を維持した。

そこで、Pは、④「〔Yに対して〕Vが死んだと思った」旨の供述をした事実の有無をAに尋ね、これを認めたAに対し、回その理由を尋ねると、Aは、罪が重くなると思ったためYに虚偽の説明をした旨を供述した。Pは、Aが迎合して供述している可能性を感じたため、さらに⊛「殺意を認めると罪が重くなるとなぜ分かっていたのか」を

質問したところ、Aは「Yからも生きている人間を放置した方が罪が重くなると言われたが、その前から、そのことは常識的に分かっていた」などと答えた。さらに、Pは、Aに対し、⊜「死んだと思った」旨の供述が虚偽であることをYに伝えているかを確認したところ、Aはそれを認めた。Pは、以上の聴取結果を供述調書にまとめ、Aに内容を確認させたうえで、同調書の末尾に署名・指印させた。

殺人未遂で起訴されたAの公判に関し、Pは、本件刑事事件の第 1 回公判前整理手続期日前に、「生きていた被害児童を殺そうと考えたこと、逮捕直後は警察官に『死んだと思った。』旨嘘をついていたこと、その理由、弁護士にも嘘をついていたこと等」を立証趣旨として、上記供述調書の取調べを請求した。第 2 回公判期日で、Xはこの供述調書の取調べ請求に対して異議を述べたが、裁判所は証拠採用した。

Xは、PがAからXとの接見内容を聴取して調書化し、Aに署名・指印させて供述調書を完成させ、裁判所にその証拠調べ請求をしたことは、Xの固有権たる秘密交通権の違法な侵害であるなどと主張し、国家賠償を求めて提訴したが、1 審はそれを退けたため、控訴した。

判旨　原判決一部変更。(1)「刑訴法 39 条 1 項所定の秘密交通権は、憲法 34 条の保障に由来するものであり、同条にいう『立会人なくして』との文言は、接見に際して捜査機関が立ち会ってはならないということを意味するにとどまらず、**弁護人等の固有権として、接見終了後においても、接見内容を知られない権利を保障したものである**」が、「被疑者等と弁護人等との接見交通権は、刑罰権ないし捜査権に絶対的に優先するような性質のものとはいえない」。上記のような法の趣旨に鑑みると、「捜査機関は、刑訴法 39 条 1 項の趣旨を尊重し、被疑者等が有効かつ適切な弁護人等の援助を受ける機会を確保するという同項の趣旨を損なうような接見内容の聴取を控えるべき注意義務を負っている」。被疑者等がある時点で一貫していた供述を突然に翻したり、従前から何度も供述を変転、変遷させ、かつ、その理由が必ずしも合理的とは認められない場合などには、被疑者等に対しその供述を変えた理由等に

ついて聴き出そうとするのは、捜査官として当然であり、また職責でもあるから、こうした際に、被疑者等の供述が弁護人等との接見内容に及ぶことはままありうることであり、その限度で、捜査権の行使が秘密交通権の保障と抵触することは、事実としては承認せざるをえない。「もとより、被疑者等と弁護人等との接見交通権は、身体を拘束された被疑者等が弁護人等の援助を受けることができるための刑事手続上最も重要な基本的権利に属するものであるとともに、弁護人等にとって、その固有権の最も重要なもののひとつであるから、捜査権の行使と秘密交通権の保障とを調整するに際しては、秘密交通権の保障を最大限尊重すべきであ」る。「捜査権の行使と秘密交通権の保障とを調整するに際しては、秘密交通権の保障を最大限尊重すべきであり、被疑者等と弁護人等との自由な意思疎通ないし情報伝達に萎縮的効果を及ぼすことのないよう留意することが肝要であって、刑訴法 39 条 1 項の趣旨を損なうことになるか否かについても、かかる観点から慎重に判断すべき」である。Yは、接見の際のAの供述の一部を報道機関に対して公表し、それにより秘密性が消失した事実等の質問（㋑㋺）には、接見交通権に萎縮的効果を及ぼすおそれはないが、未だ秘密性の消失していない情報交換の内容の確認（㋥㋬）には、そのおそれがあり、国賠法上違法である。

(2)被疑者供述の調書への録取は、単に聴取した被疑者の供述を書面化して証拠化する行為にすぎず、当該調書に署名・指印を求める行為も、当該調書の記載内容の正確性を承認し、当該調書に証拠能力を付与することを求める行為にすぎないから、Pが**接見内容の調書化は、接見内容を聴取した行為と一体のものとして国賠法上違法となる。**

(3)Pが、本件供述調書の証拠調べ請求の際に「弁護人にも嘘をついていたこと」までをも立証趣旨とする必要はなく、かかる訴訟活動は、XとAとの信頼関係を破壊するおそれのある行為であり、Xに対し、**実質的弁護権としての秘密交通権を行使する機会を持つことに心理的な萎縮効果を生じさせたものと認められるから、聴取行為とは別個に国賠法上違法である。**(最決平 25・12・19 日 LEX/DB25502950 で確定)

解説　**1**　被疑者と弁護人等との秘密交通権の内容をなす「立会人なくして」というのは、事後的に接見内容を知られない権利をも保障したものとされる。憲法 34 条の定める実質的な弁護人依頼権（**【1-64】**参照）の保障に由来するが、これも、捜査権に絶対的に優先するものではない（**【1-65】**参照）。両者の調整について、本判決は、捜査機関には、被疑者等が有効かつ適切な弁護人等の援助を受ける機会の確保という法の趣旨を損なうような接見内容の聴取を控えるべき注意義務があるとする。そして、秘密性の消失していない弁護人との情報交換内容を尋ねる質問（㋥㋬）は、「被疑者等と弁護人等との自由な意思疎通ないし情報伝達に萎縮的効果を及ぼすおそれがある」ので国賠法上違法であるが、弁護人が公表し秘密性が消失した事実とその関連事項の聴取（㋑㋺）は違法でないとした。また、供述内容の調書化は、聴取行為と一体のものとして違法性の有無を判断すべきとする。

　2　これに対して、上記供述調書の証拠調べ請求に関しては、「弁護人にも嘘をついていたこと」までも立証趣旨とする必要はないとして、聴取行為とは別個に違法と評価した。

1-69　接見室等の設備がない場合の対処—定者事件

最 3 小判平成 17 年 4 月 19 日（民集 59 巻 3 号 563 頁・判タ 1180 号 163 頁）

[参考] 森義之・圃民平 17 上-236、渡辺修・圃平 17-194、川出敏裕・刑ジャ 1-165、圃207

事実　被疑者 X（当時 17 歳）は、非現住建造物等放火容疑で逮捕され、広島地検に送致された。X の弁護人 A は、平成 4 年 3 月 5 日午後 2 時 20 分ころ、X が広島地検で取調べのため待機中であると知り、X に、勾留場所が変更された旨をできるだけ早く伝えて元気づけようと思って接見を急ぎ、事件担当の B 検事に電話で X との接見を申し出たが、B 検事は、広島地検の庁舎内での接見は、同庁舎内に接見のための設備がないのでできないなどと述べ、これを拒否した（第 1 回目の接見拒否）。なお、A は、同日夜、取調べ終了後に X が押送された少年鑑別所で X と接見した。

　また、X は、同年 3 月 16 日、別件の現住建造物等放火容疑で再逮捕され、A は、X から弁護人選任届を受領し、X に再度黙秘権について

教示する必要があると考え、18 日午前 10 時 5 分ころ、広島地検に赴き、X との接見を申し出たが、広島地検の庁舎内には接見のための設備がないので接見はできず、そのことは広島弁護士会も了承しているなどとして、接見申入れに応じなかった（第 2 回目の接見拒否）。なお、B 検事は、午前 11 時 45 分ころから午後 0 時 5 分ころまでの間、X から弁解聴取のうえで、午後 1 時 11 分、広島地裁に X の勾留を請求し、X は、午後 4 時ころ勾留質問のために同地裁に押送されたが、その際、A は、同地裁内の接見室において、X と接見をし、弁護人に選任された。1 審・原審ともに、B 検事は、広島地検の同行室を利用して X と A とを接見させるべきであったとし、その点において B 検事の対応は違法で過失があるとした。

判旨　破棄自判。附帯上告却下。(1)「検察庁の庁舎内に被疑者が滞在している場合であっても、弁護人等から接見の申出があった時点で、……これに応じても捜査に顕著な支障が生ずるおそれがない場合には、本来、検察官は、上記の申出に応ずべきものである。もっとも、被疑者と弁護人等との接見には、被疑者の逃亡、罪証の隠滅及び戒護上の支障の発生の防止の観点からの制約があるから、検察庁の庁舎内において、弁護人等と被疑者との立会人なしの接見を認めても、被疑者の逃亡や罪証の隠滅を防止することができ、戒護上の支障が生じないような設備のある部屋等が存在しない場合には、上記の申出を拒否したとしても、これを違法ということはできない。……上記の設備のある部屋等とは、接見室等の接見のための専用の設備がある部屋に限られ……ないが、その本来の用途、設備内容等からみて、接見の申出を受けた検察官が、その部屋等を接見のためにも用い得ることを容易に想到することができ、また、その部屋等を接見のために用いても、被疑者の逃亡、罪証の隠滅及び戒護上の支障の発生の防止の観点からの問題が生じないことを容易に判断し得るような部屋等でなければならない」。

　(2)しかしながら、「刑訴法 39 条所定の接見を認める余地がなく、その拒否が違法でないとしても、同条の趣旨が、接見交通権の行使と被疑者の取調べ等の捜査の必要との合理的な調整を図ろうとするものであること〔**【1-65】** 参照〕にかんがみると、検

察官が上記の設備のある部屋等が存在しないことを理由として接見の申出を拒否したにもかかわらず、弁護人等がなお検察庁の庁舎内における即時の接見を求め、即時に接見をする必要性が認められる場合には、検察官は、例えば立会人の居る部屋での短時間の『接見』などのように、いわゆる秘密交通権が十分に保障されないような態様の短時間の『接見』（以下、便宜『面会接見』という。）であってもよいかどうかという点につき、弁護人等の意向を確かめ、弁護人等がそのような面会接見であっても差し支えないとの意向を示したときは、面会接見ができるように特別の配慮をすべき義務があると解するのが相当である。そうすると、検察官が現に被疑者を取調べ中である場合や、間近い時に取調べをする確実な予定があって弁護人等の申出に沿った接見を認めたのでは取調べが予定どおり開始できなくなるおそれがある場合など、捜査に顕著な支障が生ずる……場合ではないのに、検察官が、上記のような即時に接見をする必要性の認められる接見の申出に対し、上記のような特別の配慮をすることを怠り、何らの措置を執らなかったときは、検察官の当該不作為は違法になる」。

解説 **1** (1)検察庁庁舎内に被疑者と弁護人との接見設備がない場合の接見申出に対する対応として、本判決は、㋐本来の用途、設備内容等からみて、検察官が、その部屋等を接見にも用いうることを容易に想到でき、㋑その部屋等を接見に用いても、被疑者の逃亡、罪証の隠滅および戒護上の支障発生の防止の観点から問題が生じないことを容易に判断しうるような部屋等が存しない場合、接見申出を拒否できるとした（当該措置を採りうる根拠について、本件1審は、法39条1項の内在的制約とする）。本件では、広島地検庁舎内には、そのような部屋等は存在しないから、B検事がそのことを理由にAからの接見の申出を拒否したとしても、直ちに違法ではない、とされた。

2 しかし、(2)法39条の接見を認める余地がなくても、被疑者の取調べ等の捜査の必要と接見交通権の行使との合理的な調整を図るという観点（【1-65】）からは、検察官が上記を理由に接見申出を拒否しても、弁護人がなお即時の接見を求め、その必要性が認められ、捜査に顕著な支障が生じず、弁護人が立会人のいる部屋での短時間の面会（本判決は「面会接見」と表現する）でも差し支えない旨の意向であれば、それができるよう配慮する必要があるとした点が注目される。

3 それゆえ、本件では、B検事が2回にわたる接見拒否の際、①なおAは即時の接見を求め、②第1回目には、被疑者を元気づけようと接見を急ぎ、第2回目には、弁護人選任届を受領する等の必要があった、という各事情があり、③短時間の接見であれば、捜査に顕著な支障が生ずるおそれはなかったことから、B検事が、Aに対し何の配慮もしなかったことは違法とされた（ただし、本件当時、参考となる裁判例等は乏しく、本件の特別の配慮義務がある旨の見解は、検察官の職務行為基準として確立しておらず、むしろ、広島地検では、接見設備のない検察庁庁舎内では弁護人等と被疑者との接見はできない旨を第1審強化方策広島地方協議会等で説明していたことなどから、B検事の対応に過失は認められないとして、Aの請求は棄却された）。

1-70　任意取調べ中の被疑者との面会

福岡高判平成 5 年 11 月 16 日（判時 1480 号 82 頁・判タ 875 号 117 頁）

［参考］椎橋隆幸・J1051-81、佐藤博史・回8 版 82、杉田宗久・回9 版 82、圖206

事実　福岡県警 T 警察署は、昭和 61 年 12 月 13 日午前 7 時ころ、公共工事をめぐる贈収賄事件の被疑者として町長 X に任意同行を求め、それに応じた X を U 派出所に同行のうえ、午前 8 時ころから取調べを始めた。X の連行を X の妻から聞いた弁護士 A（X の弁護人になろうとしていた者）は、午前 9 時ころ T 署に電話をし、X が逮捕されていないことを確認のうえ、昼ごろ T 署に行く旨を伝え、正午ころ T 署を訪れ、X との面会を求めた。これに対応した B 刑事課長は、C 警部（捜査の具体的指揮者）に X の意思確認を指示したが、A には「面会の段取りはしたからこちらから連絡するまで待ってくれ」などと言うだけであった。一方、C は、T 署から車で 10 分以上かかる U 派出所で X を取り調べていた D 警部補に、A からの面会申出の事実を連絡し、X の意思を確認するよう指示したが、D は、X に面会申出の事実を伝えないまま取調べを継続した。A が、午後 1 時 1 分ころ、B に X の意思について聞くと、B は、「担当者に伝えてあるが、返事がいつになるかはわからない」旨回答した。そこで、いつまで待たされるかわからないと判断した A は、B に対し訴訟を提起する旨述べたうえで、その場から退席した。

A が、福岡県に対し国賠法 1 条に基づき慰藉料支払を求める訴訟を提起したところ、1 審（福岡地判平 3・12・13 判タ 791-122）は、B および C の措置を違法として A の請求を一部認容したため、県が控訴した。

判旨　控訴棄却。「被疑者の弁護人又は弁護人を選任することができる者の依頼により弁護人となろうとする者（以下『弁護人等』という。）は、当然のことながら、その弁護活動の一環として、何時でも自由に被疑者に面会することができる。その理は、被疑者が任意同行に引き続いて捜査機関から取調べを受けている場合においても、基本的に変わるところはないと解するのが相当であるが、弁護人等は、任意取調べ中の被疑者と直接連絡を取ることができないから、取調べに当たる捜査機関としては、弁護人等から右被疑者に対する面会の申出があった場合には、弁護人等と面会時間の調整が整うなど特段の事情がない限り、取調べを中断して、その旨を被疑者に伝え、被疑者が面会を希望するときは、その実現のための措置を執るべきである。任意捜査の性格上、捜査機関が、社会通念上相当と認められる限度を超えて、被疑者に対する右伝達を遅らせ又は伝達後被疑者の行動の自由に制約を加えたときは、当該捜査機関の行為は、弁護人等の弁護活動を阻害するものとして違法と評され、国家賠償法 1 条 1 項の規定による損害賠償の対象となるものと解される。

これを本件についてみるに、A は、昼休みの時間帯に T 署に赴き、X との面会を申し出たものであるが、B からその旨の連絡を受けた C 及び現に X の取調べに当たっていた D は、捜査の都合を理由に、右申出があったことを速やかに X に伝達しないまま取調べを継続し、他方、A と直接折衝に当たった B は、具体的な面接時間の調整

を図るなどAの弁護活動に配慮した対応をせず、取調べ中の捜査官からの連絡を待つようにと一方的に通告する態度に終始した。加えて、本件でXが同行された場所は、被疑者側の誰にも知らされておらず、したがって、Aは、T署から車で10分以上掛かる別の場所でXの取調べが行われていることを知らないまま、その場で直ちに面会できることを期待してBと交渉に当たっていたという経緯があり、以上のような具体的な状況の下では、B及びCの行為は、社会通念上相当と認められる限度を超えて弁護人等の弁護活動を阻害した違法があるものと認められる」。

解説 **1** 法39条1項は、身体の拘束を受けている被疑者は、弁護人等と立会人なくして接見することができると規定するが、同時に同条3項は、「捜査のため必要があるときは」接見指定できる旨を規定し、この規定をめぐり多数の判例の積み重ねがある。

これに対し、本件では、任意の取調べに応じている身柄不拘束の被疑者とその弁護人となろうとする者との「面会」が問題になり、この面会の申出に対する捜査機関側の対応のあり方が問われた。

2 この場合は、法39条が予定する場面ではなく、本来の接見交通権は問題とならない。そして、任意捜査の場合、身柄不拘束の被疑者は取調べを拒否し「何時でも退去することができ」（法198条1項ただし書）、退去することで弁護人の援助を受けることが可能となるから、身柄拘束中の被疑者とは異なり、弁護人との「面会権」を認める必要はないとする見解もありうる。

しかし、逮捕されていないとしても、任意同行された場合、事実上外界と遮断された状態で取調べが行われることも多く、その場合、身柄不拘束の被疑者が自らの意思で取調べを拒否して退室することは、現実には難しい。

3 身体拘束の被疑者に、弁護人依頼権と、それを実質的に担保する接見交通権を保障する現行法では、それとの権衡からも、任意の取調べを受けている被疑者に弁護人依頼権や「何時でも自由に面会できる権利」が認められるのは、当然といえよう（法30条参照）。また、任意取調べ中は、捜査機関に指定権は認められない（最決昭41・7・26刑集20-6-728参照）。さらに、任意の取調べの続行を望むか拒否するかは高度な裁量を要する判断でもあり、その段階で弁護人等の適切なアドバイスが求められる場合もあろう。

4 本判決は、捜査機関としては、弁護人らから面会の申出があった場合、たとえ現に被疑者を取調べ中であってもこれを中断してその旨を被疑者に伝え、被疑者が面会を希望するときは、その実現のための措置を執るべきであるとした（「伝達義務を媒介とした面会の実現」）。これに対し、身柄不拘束の被疑者と弁護人等との面会が法39条の接見に劣らぬ重要性があり、接見に関して「原則としていつでも接見等の機会を与えなければならない」とする判例の見解（**【1-65】**など）との権衡を考えれば、面会の申出があった場合、被疑者の意思を問うことなく面会の場を設定すべきとする指摘もある（杉田・前掲83頁）。

2-1　起訴状への文書の引用

最 1 小決昭和 44 年 10 月 2 日（刑集 23 巻 10 号 1199 頁・判タ 240 号 223 頁）

［参考］大久保太郎・圏昭 44-363、萩原太郎・国3 版 76、臼井滋夫・注釈新版 3-517、講225

事実　Y 党所属の大阪府議会議員である被告人 X は、B 党所属の同僚議員 A と推知される人物がアメリカへ公務出張したその前後の行状をユーモラスに描いた文章を執筆し、出版社に投稿したところ、それが同社発行の雑誌に「外遊はもうかりまっせ──大阪府会滑稽譚」との標題で掲載された。A の告訴に基づき、検察官は、X を名誉毀損罪で公訴提起したが、その起訴状に公訴事実を記載するにあたり、同文書のうちの 3 頁強（約 3500 字）にあたる部分の原文をそのまま（（前略）（中略）という注記も含めて）引用した。

弁護人は、名誉毀損罪の成否を争ったほか、本件起訴状は、問題となった原文を長々と引用しており、実質的には、起訴状に証拠物たる雑誌を添付したのと異なるところがないほどであって、法 256 条 6 項に違反し、公訴棄却されるべきであると主張したが、1 審、原審がともにこの主張を退けたので、さらに上告した。

決定要旨　上告棄却。「本件起訴状における『外遊はもうかりまっせ、大阪府会滑稽譚』と題する文章原文の引用は、検察官が同文章のうち犯罪構成要件に該当すると思料する部分を抽出して記載し、もって罪となるべき事実のうち犯罪の方法に関する部分をできるかぎり具体的に特定しようとしたものであって、刑訴法 256 条 3 項に従って本件訴因を明示するための方法として不当とは認められず、また、これをもって同条 6 項にいう裁判官に事件につき予断を生ぜしめるおそれのある書類の内容を引用したものというにはあたらない」。

解説　**1**　法 256 条 6 項は、起訴状には、裁判官に事件について予断を生じさせるおそれのある書類その他の物を添付し、またはその内容を引用してはならないと明示する。このような、起訴の際には起訴状のみを提出しなければならないとする制度を、**起訴状一本主義**という。両当事者の主張を判断する裁判所は、捜査段階の心証を引き継ぐことなく、公正な第三者の立場での判断を純化しようとするものであり（予断排除の原則）、当事者主義をもっとも鮮明に示している規定といえよう。

2　しかし他方、起訴状に記載すべき訴因を明示するには、できる限り日時、場所および方法をもって罪となるべき事実を特定しなければならない（法 256 条 3 項）。もちろん、起訴状一本主義の要請から、犯罪事実の記載は必要最小限度のものにとどめるべきであるが、訴因は、審判対象の範囲を画定するとともに被告人の防御の範囲を明らかにする機能を有するから、それを十分に特定するだけの記載が必要となる（**【2-5】～【2-8】**参照）。

それゆえ、起訴状一本主義といっても、それに実質的に違反するか否か微妙な場合もいくつか考えられる。たとえば、脅迫罪、名誉毀損罪等の起訴状に脅迫文書、名誉毀損文書等の内容を引用する場合が問題となりうる。一般論としては、引用の程度が訴因の明示に

必要な程度であれば、法256条6項に違反することはない。

3　その限界に関し、最判昭和33年5月20日（刑集12-7-1398）は、恐喝罪について、脅迫文書の趣旨が婉曲暗示的であって、その郵送が財産的利得の意図からの加害の通告にあたるのか、平穏な社交的質問書にすぎないのかは、その書簡の記載内容の解釈によって判定されるという微妙な関係があった事案につき、一般論として、「起訴状において郵送脅迫書翰の記載内容を表示するには……少しでもこれを要約して摘記すべきである」としつつ、本件のような「恐喝罪においては、被告人が財物の交付を受ける意図をもって他人に対し害を加えるべきことの通告をした事実は犯罪構成事実に属するから、具体的にこれを記載しなければならな〔い〕こというまでもな」く、「起訴状に脅迫文書の内容を具体的に真実に適合するように要約摘示しても相当詳細にわたるのでなければその文書の趣旨が判明し難いような場合には、起訴状に脅迫文書の全文と殆んど同様の記載をしたとしても、それは要約摘示と大差なく、被告人の防禦に実質的な不利益を生ずる虞もな」いとして、法256条6項に反しないとした。

4　これに対し、本件では、昭和33年判例で重視された、文書の趣旨が婉曲暗示的であるとか、要約摘示が困難であるという事情は存在しない場合であるが、それでも、本件原文の引用は、「検察官が同文章のうち犯罪構成要件に該当すると思料する部分を抽出して記載し、もって罪となるべき事実のうち犯罪の方法に関する部分をできるかぎり具体的に特定しようとしたものであって」、訴因明示の方法として不当とは認められないとして、原文の引用が罪となるべき事実の特定のために一般的に許されることを明らかにした。

　たしかに、たとえば、犯罪構成要件に該当する文書の内容が簡潔である場合には、要約摘示の方法がないので全文引用してもよいが、長文の場合には要約摘示を要するとするのであれば、首尾一貫しないであろう。これは、起訴状の記載につき、より簡潔を選ぶか（要約摘示）、より具体的な表現を望むか（全文引用）の選択であり、せいぜい当不当の問題にすぎず、法256条6項違反の有無には関係しないという考え方を背景としたものであろう（大久保・前掲368頁。さらに、脅迫状のほぼ全部を引用した起訴状を法256条6項に違反しないとした、名古屋高判平6・9・28判時1521-152参照）。

5　なお、法256条6は訓示規定ではなく効力規定であるから、これに違反して予断を生じさせるおそれのある記載がなされた場合は、公訴提起は無効として、公訴棄却の判決（法338条4号）がされる。違法の程度が重大な場合は、その記載等を後に削除しても瑕疵は治癒されないとする考え方である。

　他方で、その程度に至っていない場合は、無効とまではならず、削除・訂正等をすれば足りるものと解される。たとえば、事件について裁判官に予断を生じさせるおそれのない事項について余事記載をした場合、それによって公訴提起が違法とされることはない（【2-2】参照）。

2-2　起訴状における余事記載

大阪高判昭和 57 年 9 月 27 日（判タ 481 号 146 頁）

[参考] 山室惠・囚5 版 64、飯田喜信・囚6 版 74、榎本雅記・囚9 版 92、渕野貴生・囚10 版 92、團225

事実　暴力団幹部（若頭補佐）である被告人 X は、手形金の支払いにつき被害者 A が誠意を示さないとして立腹し、組員 Y・Z と共謀のうえ、A に対して段る、蹴る、腕をねじあげるなどの暴行を加えて、加療約 10 日間を要する顔面等挫傷の傷害を負わせた。

X は傷害罪で起訴されたが、本件起訴状には、「被告人 X は暴力団 M 会系 N 組の若頭補佐、被告人 Y、同 Z は同組の組員であるが」との記載があった。1 審が X を傷害罪で有罪とし、懲役 6 月の実刑に処したのに対し、X は、量刑不当のほか、本件起訴状の前記記載は、本件訴因を明示するために必要なものとはいえないばかりか、裁判官に事件につき予断を生ぜしめるおそれのある記載であるから、起訴状一本主義を定めた法 256 条 6 項に違反し、したがって、本件公訴の提起も違法・無効であり、公訴棄却の判決をすべきである、と主張して控訴した。

判旨　破棄自判。大阪高裁は、1 審判決後の情状により X を懲役 4 月の実刑に処したが、法 256 条 6 項違反の主張については、以下の理由から退けた。

「本件起訴状の公訴事実の冒頭には『被告人 X は暴力団 M 会系 N 組の若頭補佐、被告人 Y、同 Z は同組の組員であるが』との記載のあることが明らかである。そこで所論にかんがみ、右記載の当否について検討するに、刑事訴訟法 256 条 6 項の規定が起訴状の中に裁判官をして事件の審理に先立ち当該被告人にとって不利な予断を生ぜしめる事実の引用を禁止していることは所論のとおりである。しかしながら、反面、同条 3 項は『公訴事実は、訴因を明示してこれを記載しなければならない。訴因を明示するにはできる限り日時、場所、方法を以て罪となるべき事実を特定してこれをしなければならない。』と規定する。そして、右の罪となるべき事実とは犯罪構成要件該当事実のみならず、共犯者があれば、その者との共謀の事実、態様をも含むと解すべきである。以上の観点に立ってみると、本件は X を含む共犯者 3 名が 1 通の起訴状で一括して公訴を提起せられた傷害被告事件であって、X が単独で本件傷害事件を惹起したとされる案件ではない。このような案件の場合には、起訴状の中になされた所論のような記載は、X と共犯者の関係を明らかにすることによって共謀の態様を明示し、公訴事実を特定するためのものであるとも解せられ、いまだ刑事訴訟法 256 条 6 項の規定に違反するものとはみられない。従って、本件公訴の提起が違法、無効であるとはいえない」。

解説　1　起訴の際には起訴状のみを提出すべきであり、その起訴状には、裁判官に事件について予断を生じさせるおそれのある書類その他の物を添付し、またはその内容を引用してはならないとする、いわゆる**起訴状一本主義**に関する法 256 条 6 項は、両当事者の主張を公平に判断すべき裁判所は、旧法とは異なり、捜査段階の心証を引き継ぐことなく

公判に望むべきであるとするもので、当事者主義をもっとも鮮明に示した規定であるといえよう。

2 ただ他方で、訴因明示の要請もあり、起訴状一本主義といっても、その限界が微妙な場合もある。

起訴状に前科、特に公訴事実と同種の前科を記載することは、予断を生じさせるおそれのある事項に属するし、通常は訴因の明示に必要なものではない。したがって、訴因の明示に必要のない前科を記載した起訴状は、法256条6項違反となる。しかし、**前科の存在が構成要件になっている場合**（常習累犯窃盗など）や、**犯罪行為の内容となっている場合**（前科のあることを手段方法とした恐喝など）には、起訴状に前科を記載するのは訴因を明示するうえで不可欠であるから、当然許される（最大判昭27・3・5刑集6-3-351参照）。

3 さらに、被告人の性格、経歴等の記載についても、①予断を与える内容か否か、②訴因の明示に必要か否かにより、その可否が決定される。たとえば、最判昭和26年12月18日（刑集5-13-2527）は、被告人の経歴、素行、性格等に関する事実を相手方が知っているのに乗じて恐喝の罪を犯したという場合には、これらの経歴等に関する事実を相手方が知っていたことは恐喝の手段方法を明らかにするのに必要であるので、起訴状に記載することが許されるとしている。

4 以上に対し、本件では、起訴状冒頭の「被告人Ｘは暴力団の若頭補佐であるが」とする記載が問題となった。本件判決は、この記載が法256条6項違反ではないとする理由として、「被告人と共犯者の関係を明らかにすることによって共謀の態様を明示し、公訴事実を特定するためのものであるとも解せられ」ることを挙げており、余事記載ではないと解している。たしかに、被告人の悪性行等の記載は、犯罪事実の内容を具体的に明らかにするうえで役立つものもあるから、「余事」記載といえるかは微妙な場合もある。

しかしながら、謀議の日時、場所、具体的内容等を記載することなく、単に暴力団の組織内の地位だけを記載しただけで共謀の態様を明示したことになるというのは、やや無理な解釈であると思われる。むしろ、本件のような記載は、無視すれば足りる程度の、裁判官に予断を生じさせるおそれのない単なる余事記載と解した方が明快であるとする見解も有力である（山室・前掲65頁）。

5 なお、現在の実務では、このような記載は、犯罪構成要件の要素である場合や、犯罪構成要件と密接不可分の関係にある場合であればともかく、「共謀の態様を明らかにする」という程度の理由であれば記載しないのが通例とされる。また、事件について裁判官に予断を生じさせるおそれのない事項の記載は直ちに公訴提起を無効としないにせよ、訴因明示のうえで必要のない記載というのは、争点を混乱させたり攻撃防御の力点の置きどころを誤らせたりするおそれがあるので、避けるべきである。

2-3　訴因の設定と裁判所の審判の範囲

最大判平成 15 年 4 月 23 日（刑集 57 巻 4 号 467 頁・判タ 1127 号 89 頁）

［参考］福崎伸一郎・圏平 15-277、田口守一・圖9 版 90、川出敏裕・圖10 版 90、圃227

事実　宗教法人 A の責任役員である被告人 X は、平成 4 年 4 月、業務上占有する A 所有の土地①を B 社に売却し、また、同年 9 月、業務上占有する A 所有の土地②を C 社に対して売却し、それぞれ所有権移転登記手続を了して横領した、という事実で起訴された。

ところが、X は、上記各売却に先立ち、土地①について、昭和 55 年 4 月、X が経営する D 社を債務者とする極度額 2500 万円の根抵当権②を設定してその旨の登記を了し、その後、平成 4 年 3 月、D 社を債務者とする債権額 4300 万円の抵当権⑥を設定してその旨の登記を了し、また、土地②については、平成元年 1 月、D 社を債務者とする債権額 3 億円の抵当権②を設定してその旨の登記を了していた。

控訴審判決は、抵当権②・②の設定の経緯等が明らかでなく、これらの抵当権設定行為が横領罪を構成するようなものであったかどうかは明瞭でないし、仮に横領罪を構成することが証拠上明らかであるとしても、これらについては、公訴時効が完成しているとし、また、抵当権⑥の設定は横領にあたるが、土地①の売却と抵当権⑥の設定とでは土地売却の方がはるかに重要であるとして、土地①・②を売却したことが各抵当権設定との関係でいわゆる不可罰的事後行為にあたることを否定し、両土地の売却行為について横領罪の成立を認定した 1 審判決を是認した。これに対して、弁護側が上告した。

判旨　上告棄却。最高裁は、委託を受けて他人の不動産を占有する者が、これにほしいままに抵当権を設定してその旨の登記を了した後、その不動産につき、ほしいままに売却等による所有権移転行為を行いその旨の登記を了したときは、後行の所有権移転行為について、横領罪の成立自体は肯定することができ、先行の抵当権設定行為が存在することは、後行の所有権移転行為について横領罪の成立自体を妨げる事情にはならない旨を認めたうえで、以下のように判示した。

「このように、所有権移転行為について横領罪が成立する以上、先行する抵当権設定行為について横領罪が成立する場合における同罪と後行の所有権移転による横領罪との罪数評価のいかんにかかわらず、検察官は、事案の軽重、立証の難易等諸般の事情を考慮し、先行の抵当権設定行為ではなく、後行の所有権移転行為をとらえて公訴を提起することができるものと解される。また、そのような公訴の提起を受けた裁判所は、所有権移転の点だけを審判の対象とすべきであり、犯罪の成否を決するに当たり、売却に先立って横領罪を構成する抵当権設定行為があったかどうかというような訴因外の事情に立ち入って審理判断すべきものではない。このような場合に、被告人に対し、訴因外の犯罪事実を主張立証することによって訴因とされている事実について犯罪の成否を争うことを許容することは、訴因外の犯罪事実をめぐって、被告人が犯罪成立の証明を、検察官が犯罪不成立の証明を志向するなど、当事者双方に不自然な訴訟活動を行わせることにもなりかねず、訴因制度を採る訴訟手続の本旨に沿わな

いものというべきである」。

解説　**1**　当事者主義の訴訟構造をとる現行法において、検察官には広範な訴追裁量権が認められており、その裁量権の行使による一部起訴も、判例・通説は許容する。**最決昭和59年1月27日**（刑集38-1-136）は、「選挙運動者たる乙に対し、甲が公職選挙法221条1項1号所定の目的をもって金銭等を交付したと認められるときは、たとえ、甲乙間で右金銭等を第三者に供与することの共謀があり乙が右共謀の趣旨に従いこれを第三者に供与した疑いがあったとしても、検察官は、**立証の難易等諸般の事情**を考慮して、甲を交付罪のみで起訴することが許される」との判断を示した。

2　一部起訴は、「検察官の合理的裁量」に基づくものでなければならない。(1)立証上の難点や法律上の問題点を回避するためのもの、(2)特別予防に配慮したもの、(3)迅速な審理や争点の解消を意図したものなどが許されるとの指摘もある（杉田・前掲91頁）。

3　また、昭和59年決定では、訴追にかかる交付罪につき、①供与罪が存在しても犯罪として成立するのか、②その場合には供与罪に吸収されて犯罪として成立しないのかは明確でなかった。しかし、②の趣旨であるとすると、犯罪として成立しないものに有罪判断を下しうることになってしまう（福崎・前掲290頁）。

本判決は、先行横領行為に犯罪が成立しても、後行横領行為に犯罪の成立する可能性を確認したうえで、後行横領行為のみの一部起訴を適法としており、昭和59年決定を①の場合と解すれば、両判例は整合する。そうであれば、検察官の訴因設定権限は、実体法上の犯罪の成否にも控制される場合がある（②の場合には、訴因として設定しえない）旨を意味することになる（大澤裕=今崎幸彦・法教336号80頁〔今崎〕、川出・前掲91頁）。

4　他方、裁判所は、いかに事件の存在を確信していても、自ら職権によりそれを取り上げて裁判することはできない。裁判所は、公訴が提起された事件についてのみ審判することができる。これを、**不告不理の原則**という（法378条3号参照）。

本判決は、後行の所有権移転行為に横領罪が成立することを確認したうえで、それのみが起訴されたときは、裁判所は、所有権移転の点だけを審判の対象とすべきであり、犯罪の成否を決するにあたり、同行為に先立って横領罪を構成する抵当権設定行為があったかどうかといった訴因外の事情に立ち入って審理判断すべきではないとした。

たしかに、本件の場合、被告人に対し訴因外の犯罪事実（先行横領行為）を立証することで訴因とされている事実について犯罪の成否を争うことを許容すると、訴因外の犯罪事実に関して、被告人が犯罪成立の証明を、検察官が犯罪不成立の証明を志向するなど、当事者双方に不自然な訴訟活動を行わせることになりかねない（福崎・前掲291頁）。

5　もっとも、訴追にかかる後行行為が先行行為の存在により不処罰となる場合（器物損壊で起訴されたが、その物が遺失物横領で領得した物であった場合）にまで、本判示が妥当するかは疑問である（それを肯定すると、検察官の設定した訴因事実を基準に実体法上の罪数関係が決せられ、手続法が実体法に優先するのを認めることになる）。訴訟条件の審理などを含めた本判決の射程や、不可罰的事後行為の法的性質論など、検討課題は多い（川出敏裕・鈴木茂嗣先生古稀祝賀(下)313頁、宇藤崇・刑ジャ14号40頁など参照。一事不再理効の及ぶ範囲につき、**【5-7】**）。

2-4　余罪の審理

最大判昭和 42 年 7 月 5 日（刑集 21 巻 6 号 748 頁・判タ 208 号 97 頁）

[参考] 海老原震一・圏昭 42-255、安冨潔・圄5 版 210、杉田宗久・圄8 版 90、圃228

事実　被告人 X は、K 郵便局集配課に勤務中、郵便局長保管の郵便物を窃取したとして起訴された。

1 審判決は、「宿直勤務中の昭和 39 年 11 月 21 日午前 1 時 30 分ごろ宿直員によって区分作業を終了し道順組立棚に区分保管されていた K 郵便局長 A 保管にかかる……現金合計 7880 円、郵便切手合計 684 円在中の普通通常郵便物 29 通をひそかに取り出して……、これを窃取した」という公訴事実を認定して X を窃盗罪で有罪とし、懲役 1 年 2 月の実刑判決を下した。ただし、その理由中で、X が捜査官に対し「供述するところによれば、X は本件と同様……に昭和 37 年 5 月ごろから 130 回ぐらいに約 3000 通の郵便物を窃取し、そのうち現金の封入してあったものが約 1400 通でその金額は合計約 66 万円に、郵便切手の封入してあったものが約

1000 通でその金額は合計約 23 万円に達しているというのである」り、これが「真実に略々近いものであることは、首肯できることであるというべきであり、これによれば、X の犯行は、その期間、回数、被害数額等のいずれの点よりしても、この種の犯行としては他に余り例を見ない程度のものであったことは否定できないことであり、事件の性質上量刑にあたって、この事実を考慮に入れない訳にはいかない」と判示していた。

原判決が、1 審判決の量刑のみを破棄自判したのに対し、弁護人は、本件では窃盗罪としての審理に終始したにもかかわらず、たまたま窃盗罪の法定刑の範囲が広いのに乗じ、あたかも郵便法違反等の罪を審判したと同様の刑の効果をもたらそうとしたもので、憲法 31 条に違反する、などと主張して上告した。

判旨　上告棄却。「刑事裁判において、起訴された犯罪事実のほかに、起訴されていない犯罪事実をいわゆる余罪として認定し、実質上これを処罰する趣旨で量刑の資料に考慮し、これがため被告人を重く処罰することが、不告不理の原則に反し、憲法 31 条に違反するのみならず、自白に補強証拠を必要とする憲法 38 条 3 項の制約を免れることとなるおそれがあって、許されないことは、すでに当裁判所の判例〔最大判昭和 41 年 7 月 13 日刑集 20 巻 6 号 609 頁〕とするところである。（もっとも、刑事裁判における量刑は、被告人の性格、経歴および犯罪の動機、目的、方法等すべての事情を考慮して、裁判所が法定刑の範囲内において、適当に決定すべきものであるから、その量刑のための一情状として、いわゆる余罪をも考慮することは、必ずしも禁ぜられるところでないと解すべきことも、前記判例の示すところである。）」

「ところで、本件について、これを見るに、……この判示〔1 審判決の前記判示〕は、本件公訴事実のほかに、起訴されていない犯罪事実をいわゆる余罪として認定し、これをも実質上処罰する趣旨のもとに、X に重い刑を科したものと認めざるを得ない」から、憲法 31 条、38 条 3 項違反であり、「原判決は、……右判示を目して、たんに本件起訴にかかる『X の本件犯行が 1 回きりの偶発的なものかあるいは反覆性のある

計画的なものかどうか等に関する本件犯行の罪質ないし性格を判別する資料として利用する』趣旨に出たにすぎないものと解すべきであるとして、『証拠の裏づけのないため訴追することができない不確実な事実を量刑上の資料とした違法がある』旨のX側の主張を斥けたことは、第1審判決の違憲を看過し、これを認容したもので、結局において、憲法38条3項に違反する判断をしたことに帰着する」。

しかしながら、原判決は、結局、1審判決の量刑を破棄してXを懲役10月に処した際には、余罪を犯罪事実として認定し処罰する趣旨をも含めて量刑したわけではないから、「右憲法違反は、刑訴法410条1項但書にいう判決に影響を及ぼさないことが明らかな場合にあたり、原判決を破棄する理由とはならない」。

解説　1　裁判所は、いかに事件の存在を確信していても、自ら職権によりそれを取り上げて裁判することはできない。裁判所は、公訴が提起された事件についてのみ審判することができる。これを、**不告不理の原則**という（法378条3号参照）。

2　公訴の提起を受けた裁判所は、訴因として掲げられた事実のみを審判の対象とすることになり、他の犯罪が成立する余地があるとしても、訴因外の事情に立ち入って審理・判断すべきものではない。たとえば、自動車運転過失致傷で起訴された場合、自動車運転過失致死の事実が認められると裁判所が判断したとしても、訴因の範囲内でのみ審判すべきである（名古屋高判昭62・9・7判タ653-228。さらに【2-3】参照）。

当事者主義構造をとる現行法のもと、検察官には広く訴追裁量権が認められ、訴因をどのように設定するかもその裁量権に含まれるから、検察官が訴追した事実を超えて犯罪が成立する可能性があっても、その点にまで立ち入って審理・判断すべきではないのである（ただし、【2-3】も参照のこと）。

3　このように、公訴提起されていない犯罪事実を審判することは、不告不理の原則に反して許されないが、起訴された犯罪事実の量刑に際して起訴されていない犯罪事実（余罪）を考慮することは、一定の限度で許される。すなわち、①余罪を犯罪事実として認定したり、あるいは実質的に余罪を処罰する趣旨で量刑の資料とし、それによって被告人を重く処罰することは、起訴されていない犯罪事実を審判したのと同じ結果になるので、不告不理の原則のほか、適正手続の保障（憲法31条）や証拠裁判主義（法317条）、自白の補強法則（憲法38条3項、法319条2項・3項）、二重の危険の禁止（憲法39条）に違反することになる。これと異なり、②余罪を単に被告人の性格・経歴や、起訴された犯罪の動機・目的・方法等の情状を推知する一資料として用いることは、余罪そのものを審判することとは異なり、起訴された犯罪事実の適切な量刑を決するという量刑の本質から、許容される（最大判昭41・7・13刑集20-6-609）。

4　①類型にあたるか②類型にあたるかの区別は明確とはいいにくいが、本件では、1審が、余罪事実につき、あたかも犯罪事実を認定するような詳細な判示をしており、「量刑のための一情状として」考慮したとは解し難く、①にあたり違法であるとされた。

2-5　訴因の特定(1)──白山丸事件

最大判昭和 37 年 11 月 28 日（刑集 16 巻 11 号 1633 頁・判タ 140 号 69 頁）

［参考］川添万夫・圏昭 37-229、時國康夫・回3 版 94、圃234

事実　被告人 X は、昭和 27 年 4 月ころまで水俣市内に居住し、その後行方がわからなくなったが、昭和 33 年 7 月 8 日に中国塘沽発の引揚船「白山丸」に一般の引揚者に紛れて乗り込み、7 月 13 日に舞鶴港に入港したとして、出入国管理令違反で起訴された。X に対する起訴状記載の公訴事実は、「被告人は、昭和 27 年 4 月頃より同 33 年 6 月下旬までの間に、有効な旅券に出国の証印を受けないで、本邦より本邦外の地域たる中国に出国したものである」というもので、犯罪の日時の表示を 6 年余の期間内とし、場所を単に本邦よりとし、その出国の方法につき具体的な表示をしていなかった。

X は、1 審以来、本件公訴事実中の日時、場所等は明確を欠き、特定しておらず、本件公訴は棄却されるべきであると主張して、上告した。

判旨　上告棄却。「刑訴 256 条 3 項において、公訴事実は訴因を明示してこれを記載しなければならない、訴因を明示するには、できる限り日時、場所及び方法を以て罪となるべき事実を特定してこれをしなければならないと規定する所以のものは、裁判所に対し審判の対象を限定するとともに、被告人に対し防禦の範囲を示すことを目的とするものと解されるところ、犯罪の日時、場所及び方法は、これら事項が、犯罪を構成する要素になっている場合を除き、本来は、罪となるべき事実そのものではなく、ただ訴因を特定する一手段として、できる限り具体的に表示すべきことを要請されているのであるから、犯罪の種類、性質等の如何により、これを詳らかにすることができない特殊事情がある場合には、前記法の目的を害さないかぎりの幅のある表示をしても、その一事のみを以て、罪となるべき事実を特定しない違法があるということはできない」。

本件では、検察官は、第 1 審第 1 回公判での冒頭陳述で、証拠により証明すべき事実として、①昭和 33 年 7 月 8 日 X は中国から白山丸に乗船し、同月 13 日本邦に帰国した事実、②同 27 年 4 月頃まで X は水俣市に居住していたが、その後所在がわからなくなった事実、および③ X は出国の証印を受けていなかった事実を挙げており、「これによれば検察官は、X が昭和 27 年 4 月頃までは本邦に在住していたが、その後所在不明となってから、日時は詳らかでないが中国に向けて不法に出国し、引き続いて本邦外にあり、同 33 年 7 月 8 日白山丸に乗船して帰国したものであるとして、右不法出国の事実を起訴したものとみるべきである。そして、本件密出国のように、本邦をひそかに出国してわが国と未だ国交を回復せず、外交関係を維持していない国に赴いた場合は、その出国の具体的顛末についてこれを確認することが極めて困難であって、まさに上述の特殊事情のある場合に当るものというべく、たとえその出国の日時、場所及び方法を詳しく具体的に表示しなくても、起訴状及び右第 1 審第 1 回公判

の冒頭陳述によって本件公訴が裁判所に対し審判を求めようとする対象は、おのずから明らかであり、Xの防禦の範囲もおのずから限定されているというべきであるから、Xの防禦に実質的の障碍を与えるおそれはない」。

解説 **1** 起訴状に記載すべき訴因を明示するには、できる限り日時、場所および方法をもってこれをしなければならない（法256条3項）。訴因は、審判対象の範囲を画定する機能（訴因の識別機能）とともに被告人の防御の範囲を明らかにする機能（訴因の防御機能）を有するから、それを十分に特定するだけの記載が必要とされる。

2 起訴状に記載される公訴事実は、訴因として法律的に構成された歴史的・社会的事実としての犯罪事実であるから、事実的側面の特定が必要となり（なお、共同正犯における訴因の特定につき、**【3-8】**参照）、①誰が（犯罪の主体）、②いつ（犯罪の日時）、③どこで（犯罪の場所）、④何を誰に対し（犯罪の客体）、⑤どのような方法で（犯罪の方法）、⑥何をしたか（犯罪の行為と結果）の6項目につき、具体的な記載が必要とされる。

法256条3項は、②・③・⑤を列挙するが、①・④・⑥は、通常「罪となるべき事実」を構成する事実にあたる。

3 事実特定の程度は、一般論としては、他の訴因と紛れることのない程度に、日時、場所、方法等によって罪となるべき事実を特定することを要し、かつ、これをもって足りると解される（識別説。**【3-8】**参照）。ただし、事件によっては、詳細な具体的事実の記載を要求するのは、必ずしも容易ではない。法256条3項は、「できる限り」としているが、その意義につき、(a)「知れる限り」（as far as known）と解する見解と、(b)「できる限り厳格に」と解する見解とがある。

4 本件の起訴状の記載は、**事実** に挙げたとおりで、日時は6年余の幅を持ち、場所は単に本邦よりとしたのみであり、出国の方法は具体的に表示されていない。

しかし、最高裁は、国交のない国への密出国という犯罪の種類・性質等から詳細にできない特殊な事情があり、不法出国という出入国管理令違反の罪の訴因の特定に欠けるところはないとした。これは、起訴状表示の期間内の密出国が2回以上であるという疑いのない限り、密出国は1回であるから、訴因の特定性は具備されている、とする見解によったものと解される（なお、本判決に付された奥野健一裁判官の補足意見は、「特定された帰国に対応する出国行為を起訴したもの」と解すべきであるとする）。

5 日時、場所、方法等は、訴因を特定するための1つの手段にすぎず、犯罪の種類、性質等によっては、日時や場所を特定できなかったり、ある程度幅のある表示しかできないこともありうる。そのような場合でも、審判の対象を特定して被告人の防御に実質的な支障を来さないようにするという目的を達成することはできる。訴因の特定を要求する趣旨はそこにあるから、特定されているか否かは、行為の時間や場所の具体性のみで判断されるわけではなく、(1)被告人の防御への支障の有無・程度に加え、(2)犯罪の種類・性質、(3)特定が困難な特段の事情の有無等が考慮されることになる（その意味で(a)説が妥当である）。

2-6　訴因の特定⑵─吉田町覚せい剤事件

最 1 小決昭和 56 年 4 月 25 日（刑集 35 巻 3 号 116 頁・判タ 441 号 110 頁）

[参考] 金築誠志・囲昭 56-103、川口宰護・囲昭 63-374、甲斐行夫・囲9 版 96、植村立郎・囲10 版 98

[事実]　被告人 X は覚せい剤自己使用罪で起訴されたが、起訴状記載の公訴事実は、「被告人は、法定の除外事由がないのに、昭和 54 年 9 月 26 日ころから同年 10 月 3 日までの間、広島県高田郡吉田町内およびその周辺において、覚せい剤であるフェニルメチルアミノプロパン塩類を含有するもの若干量を自己の身体に注射又は服用して施用し、もって覚せい剤を使用したものである」とするもので、犯行の日時を 8 日間の期間内、犯行の場所を吉田町およびその周辺とし、覚せい剤の使用量および使用方法につき具体的な表示はなかった。

　弁護人は、本件の起訴状記載の公訴事実では犯行の日時、場所、方法、覚せい剤の使用量の特定は不十分で、審判の対象を特定したことにならず、被告人の防禦権の行使に重大な支障を来たすものであるから、このような公訴の提起は違法であり、公訴棄却の判決をすべきであると主張した。これに対し、原審は、「検察官は〔第 1 審〕第 1 回公判における冒頭陳述として、

X は公訴事実記載の日時の間は、前記吉田町及び賀茂郡豊栄町内におり、その間に覚せい剤を自己使用し、10 月 5 日尿を警察官に任意提出し、鑑定の結果覚せい剤が検出された事実を立証する旨陳述していること、本件犯行の日時、覚せい剤使用量、使用方法につき具体的表示がされない理由は、X が終始否認しているか、供述があいまいであり、目撃者もいないためであることが推認できること、覚せい剤の自己使用は犯行の具体的内容についての捜査が通常極めて困難であることを合わせ考えると、本件はまさに……特殊の事情がある場合に当るものというべく、また、本件は、X が 10 月 5 日に警察官に任意提出した尿から検出された覚せい剤を自己の体内に摂取したその使用行為の有無が争点となるものであるから、本件の審判の対象と X の防禦の範囲はおのずから限定されているというべきであり、X の防禦に実質的な障害を与えるおそれも存しない」と判示したため、弁護人はさらに上告した。

[決定要旨]　上告棄却。「『被告人は、法定の除外事由がないのに、昭和 54 年 9 月 26 日ころから同年 10 月 3 日までの間、広島県高田郡吉田町内及びその周辺において、覚せい剤であるフェニルメチルアミノプロパン塩類を含有するもの若干量を自己の身体に注射又は服用して施用し、もって覚せい剤を使用したものである。』との本件公訴事実の記載は、日時、場所の表示にある程度の幅があり、かつ、使用量、使用方法の表示にも明確を欠くところがあるとしても、検察官において起訴当時の証拠に基づきできる限り特定したものである以上、覚せい剤使用罪の訴因の特定に欠けるところはないというべきである」。

[解説]　**1**　訴因を明示するには、「できる限り日時、場所及び方法を以て罪となるべき事実を特定」すべきであるが、事件によっては、詳細な具体的事実の記載が容易でない場合もある。白山丸事件判決（**[2-5]**）は、犯罪の種類、性質等のいかんによりこれをつまびらかにすることができない特殊事情がある場合には、「裁判所に対し審判の対象を限定するとともに、被告人に対し防禦の範囲を示す」という目的を害さないかぎり、幅のある表

示をしても、やむをえないと判示した。

2 この問題は、近時は覚せい剤の自己使用事犯でしばしば争われる。尿検査により覚せい剤が検出されれば、体内残留期間内に覚せい剤を摂取したことは推認できるが、覚せい剤の自己使用は通常は密かに行われるものであり、被告人の自白等がなければ、具体的な使用の日時、場所、方法、使用量等が明らかにならないことが多い。

そのため、被告人が否認・黙秘している事案では、起訴状には、覚せい剤の体内残留期間を根拠に、採尿時から遡って数日から1週間程度の期間をもって犯行の日時を表示し、犯行場所については被告人の行動状況等から推認したある程度幅のある表示をし、使用量、使用方法を明確にしないという公訴事実の記載をするのが通例となっている（長沼範良=池田修・法教322号90頁〔池田〕参照）。ただし、白山丸事件とは異なり、覚せい剤の自己使用は短期間に繰り返される蓋然性の高い犯罪であって、数日から1週間程度の期間内に2回以上覚せい剤を使用した可能性も考えられるし、その場合、いずれの行為を起訴したのかが公訴事実の記載からは明らかとならない、という問題が生ずる。

3 この場合に、(a)訴因の特定を否定する見解もあるが、手続法的に解決を図る見地から、(b)幅のある期間内の最終の使用行為を起訴したものと解して訴因の特定があるとする**最終行為説**、(c)幅のある期間内の間に少なくとも1回の使用をしたと解して訴因が特定されるとする**最低一行為説**が主張されている（覚せい剤自己使用罪を継続犯または複数回使用を包括一罪と解して、実体法的に解決を図る学説もある。なお、**【2-8】**参照）。

(b)説は、尿から覚せい剤を検出した時期に直近の最終行為を特定したうえで捜査・起訴を行う実務的扱いを前提とした見解であるが、尿の鑑定結果から認定できるのは1つの使用行為にすぎず、最終使用は観念的にしか考えられないと批判される。ただし、(b)説も、観念的に最終使用を擬制することで他の使用行為と一応識別できることを考慮して、「1回の使用行為」のうち「最終使用行為」を強調するものと理解することもできる。そうであれば、(b)説と(c)説とは理論的に相容れないものではなく、説明の重点の差異にすぎないともいいうる（川口・前掲398頁、臼井滋夫・注釈〔新版〕3巻477頁）。

4 本件は、訴因の特定性を肯定した実質的理由について明示していないが、白山丸事件判決との理論的整合性や、自己使用罪につき近接した日時・場所での使用に訴因変更できるとしたその後の判例（**【3-15】**）の趣旨を考えれば、(c)説に近いとする指摘もある（古田・前掲85頁参照。なお、長沼=池田・前掲98頁〔池田〕参照）。

なお、起訴事実と他の事実との区別ということに関しては、審理の過程において2回以上使用したことが具体的に明らかになった時点で、どの事実を起訴したのか明らかになるよう訴因を補正することで対応すればよい（金築・前掲110頁）。

5 訴因の特定の問題は、形式的な日時等の記載だけでなく、(1)被告人の防御への支障の有無・程度、(2)犯罪の種類・性質、(3)特定が困難な特段の事情の有無等により実質的に判断すべきである。また、本件程度以上の具体的な特定を要求するなら、自白強要・自白偏重の弊害を招きかねないことにも留意しなければならない。

2-7 訴因の特定⑶

最 1 小決平成 14 年 7 月 18 日（刑集 56 巻 6 号 307 頁・判夕 1105 号 140 頁）

［参考］平木正洋・圉平 14-141、佐藤隆之・圉平 14-181、井上和治・J1299-175、家令和典・実例Ⅱ-17

事実 被告人Xは、「被告人は、平成 9 年 9 月 30 日午後 8 時 30 分ころ、F市T区所在のビジネス旅館『S』2 階 7 号室において、A（当時 29 年）に対し、同人の頭部等に手段不明の暴行を加え、同人に頭蓋冠、頭蓋底骨折の傷害を負わせ、よって、そのころ、同所において、同人を右傷害に基づく外傷性脳障害により死亡するに至らしめたものである」旨の公訴事実により、傷害致死（さらに、死体遺棄）で起訴された。

本件捜査は、山林からAの白骨死体が発見されたことが端緒となったが、①鑑定結果では、遺体には致命傷となりうる頭蓋冠、頭蓋底骨折が存在するが、高度の白骨化により死因は不明とされた、②共犯者とされるZは、「XがAに暴行を加えて死亡させたので、X・Yと共に遺体を山林に遺棄した」旨供述したが、その供述は変遷を重ね、Zが最終的に供述する暴行態様で、Aに頭蓋冠、頭蓋底骨折が発生するとは考えにくい、③Xは基本的に犯行を否認し、犯行を認めていた時期の供述もZの供述する暴行態様とは大きく異なる、④もう 1 人の共犯者とされるYはすでに死亡し、ほかに犯行目撃者がいない、といった真相解明を困難にする事情が存在した。

1 審は、傷害致死事件につき、Xの暴行行為によりAに致命傷たる頭蓋冠、頭蓋底骨折が生じたとは認められないとして、暴行行為と死

の結果との因果関係を否定し、Aを一時失神状態に陥らせたという限度で傷害罪の成立を認めた（死体遺棄については無罪）。

これに対し、検察側・被告側双方から控訴がなされた。控訴審において、検察官は、傷害致死の公訴事実につき、第 1 次および第 2 次予備的訴因を追加した。第 1 次予備的訴因は、「被告人は、単独又はY及びZと共謀の上、平成 9 年 9 月 30 日午後 8 時 30 分ころ、F市T区所在のビジネス旅館『S』2 階 7 号室において、A（当時 29 年）に対し、同人の頭部等に手段不明の暴行を加え、同人に頭蓋冠、頭蓋底骨折等の傷害を負わせ、よって、そのころ、同所において、同人を頭蓋冠、頭蓋底骨折に基づく外傷性脳障害又は何らかの傷害により死亡するに至らしめたものである」とするものであり、検察官は、同訴因中の「頭蓋冠、頭蓋底骨折等の傷害」の「等」について、「外傷性脳障害又は何らかの傷害」という死因につながる何らかの傷害である旨を釈明した。控訴審は、基本的にこの訴因に基づき、Xを傷害致死（および死体遺棄）で有罪とした。

これに対し弁護人は、控訴審における訴因変更手続を争い、第 1 次予備的訴因は「XがAの犯罪死に何らかの関与をしている」といった内容を示すにすぎず、訴因として特定していないなどと主張して上告した。

決定要旨 上告棄却。「原判決によれば、第 1 次予備的訴因が追加された当時の証拠関係に照らすと、被害者に致死的な暴行が加えられたことは明らかであるものの、暴行態様や傷害の内容、死因等については十分な供述等が得られず、不明瞭な領域が残っていたというのである。そうすると、第 1 次予備的訴因は、暴行態様、傷害の内容、死因等の表示が概括的なものであるにとどまるが、検察官において、当時の証拠に基づき、できる限り日時、場所、方法等をもって傷害致死の罪となるべき事実を特

> 定して訴因を明示したものと認められるから、訴因の特定に欠けるところはないというべきである」。

解説　**1**　訴因の特定の要請（法256条3項）は、公訴提起の場合だけでなく、訴因変更の場合にも当然に妥当する。

　本件の第1次予備的訴因は、結局のところ、「被害者の身体のいずれかの部位に対し、手段不明の暴行を加え、被害者に何らかの傷害を負わせて死亡させた」という内容を含むものであり、犯行の日時、場所、行為の客体は特定しているが、暴行態様、傷害の内容、死因、因果関係の表示が概括的で、訴因の特定として十分であるかが問題となった。

　2　訴因は、審判対象の範囲を画定する機能（訴因の識別機能）とともに被告人の防御の範囲を明らかにする機能（訴因の防御機能）を有するから、それを十分に特定するだけの記載が必要となる。ただ、事案によっては、詳細な具体的事実の記載は必ずしも容易ではない。従来、訴因の特定が問題となった判例は、国交のない国への密出国という、その具体的顛末を確認することがきわめて困難であるという特殊事情（白山丸事件【2-5】）が、または、秘密裡に行われるのが通例で、自白がなければ使用日時、場所等の特定が困難という事情（吉田町覚せい剤事件【2-6】）がある事案であった。さらに、これら事案では、犯罪の日時、場所、方法の表示に幅があっても、当該期間内の1回の行為を起訴したと解すれば、審判対象は明確であるといえ、また、被告人の防御にとっても、直ちに支障にはならないと解しうるものであった。

　3　これに対し、本件で問題となった傷害致死については、密出国や覚せい剤の自己使用と比較した場合、通常の捜査によっては、犯罪の日時、場所、方法等をつまびらかにすることが一般的に困難な犯罪であるとはいえないであろう。ただし、前述した訴因の特定の趣旨を前提とすれば、事案の真相解明を困難にする事情がある場合に、概括的な表示にとどまるからといって、直ちに訴因の特定に欠けると解すべきではない。

　4　傷害致死の場合、被害者の死亡という事実は1回限りであり、犯行の日時、場所の表示が限定されている場合、他の犯罪事実との識別は問題とならない。また、傷害致死罪における傷害の内容や因果関係は、犯罪構成要件要素であるから、概括的な表示ではなく、具体的な表示を必要とするのが原則であろうが（もっとも、傷害致死罪における「傷害」は、死に至るまでの因果の一過程としての性質が強く、犯罪結果そのものである傷害罪における「傷害」よりは、相対的に重要度が低いともいいうる。平木・前掲153頁）、本件の具体的事情のもとでは、暴行態様や傷害の内容等については概括的な表示しかできない。

　しかし、そのような場合でも、概括的な表示部分と明確な表示部分とが相まって、被告人の行為が当該犯罪の構成要件に該当するものであることを認識でき、他の犯罪事実と区別できる程度に特定されていれば、訴因制度の目的を達成しているから、訴因の特定として十分であると考えられる。

2-8　訴因の特定⑷──包括一罪の訴因

最 1 小決平成 26 年 3 月 17 日（刑集 68 巻 7 号 663 頁・判タ 1404 号 99 頁）

[参考] 辻川靖夫・圏平 26-75、芦澤政治・固10 版 100、圃235

事実　被告人 X は、殺人、傷害致死等の多数の訴因で起訴されたが、以下の 2 件の傷害被告事件の訴因の特定が問題となった。

被害者 A に対する傷害被告事件（「A 事件」）についての（変更後の）訴因は、概要「X は、かねて知人の A（当時 32 年）を威迫して自己の指示に従わせた上、同人に対し支給された失業保険金も自ら管理・費消するなどしていたものであるが、同人に対し、⑴平成 14 年 1 月頃から同年 2 月上旬頃までの間、……当時の A 方等において、多数回にわたり、その両手を点火している石油ストーブの上に押し付けるなどの暴行を加え、よって、同人に全治不詳の右手皮膚剝離、左手創部感染の傷害を負わせ、⑵D と共謀の上、平成 14 年 1 月頃から同年 4 月上旬頃までの間、上記A方等において、多数回にわたり、その下半身を金属製バットで殴打するなどの暴行を加え、よって、同人に全治不詳の左臀部挫創、左大転子部挫創の傷害を負わせたものである」というものである。

被害者 E に対する傷害事件（「E 事件」）の（変更後の）訴因は、概要「X は、F、G 及び H と共謀の上、かねて E（当時 45 年）に自己の自動車の運転等をさせていたものであるが、平成 18 年 9 月中旬頃から同年 10 月 18 日頃までの間、O 市……路上と S 市……路上の間を走行中の普通乗用自動車内、同所に駐車中の普通乗用自動車内……及びその付近の路上等において、同人に対し、頭部や左耳を手拳やスプレー缶で殴打し、下半身に燃料をかけ、ライターで点火して燃上させ、頭部を足蹴にし、顔面をプラスチック製の角材で殴打するなどの暴行を多数回にわたり繰り返し、よって、同人に入院加療約 4 か月間を要する左耳挫・裂創、頭部打撲・裂創、三叉神経痛、臀部から両下肢熱傷、両膝部瘢痕拘縮等の傷害を負わせたものである」というものである。

1 審は、これら傷害はいずれも包括一罪を構成するとの前提に立ち、訴因の特定に欠けるところはないとし、原判決もこれを是認した。

これに対して、弁護側が上告した。

決定要旨　上告棄却。「検察官主張に係る一連の暴行によって各被害者に傷害を負わせた事実は、いずれの事件も、約 4 か月間又は約 1 か月間という一定の期間内に、X が、被害者との上記のような人間関係を背景として、ある程度限定された場所で、共通の動機から繰り返し犯意を生じ、主として同態様の暴行を反復累行し、その結果、個別の機会の暴行と傷害の発生、拡大ないし悪化との対応関係を個々に特定することはできないものの、結局は一人の被害者の身体に一定の傷害を負わせたというものであり、そのような事情に鑑みると、それぞれ、その全体を一体のものと評価し、包括して一罪と解することができる。そして、いずれの事件も、……訴因における罪となるべき事実は、その共犯者、被害者、期間、場所、暴行の態様及び傷害結果の記載により、他の犯罪事実との区別が可能であり、また、それが傷害罪の構成要件に該当するかどうかを判定するに足りる程度に具体的に明らかにされているから、訴因の特定に欠けるところはないというべきである」。

解説 **1** 1個の訴因として扱われるのは、一罪の関係にある事実である。その場合の訴因は、審判の対象を確定し、その結果、被告人の防御の範囲を明らかにする程度に、他の事実と識別できる程度の特定（識別説。**【3-8】**参照）が必要となる（法256条3項）。

2 昭和22年の刑法改正で、科刑上一罪の一種である連続犯の規定（刑法55条）が削除された。これは、戦後、被疑者の勾留期間の制限や一事不再理の原則の強化など、刑事司法手続に対する制約が厳格化し、連続犯制度を存置すると、多くの犯罪が処罰を免れてしまう（連続犯にあたる行為のうちの1個につき裁判が確定すると、連続した同種行為のすべてに一事不再理効が及び、刑事責任が追及できなくなる）ことが憂慮されたことによる措置である。

ところが、連続犯規定の削除に伴い、それまで連続犯とされた数個の行為を併合罪と解すると、各行為について具体的に特定した訴因の記載が必要となる。しかし、同種の行為が反復して繰り返された場合、その始期と終期、被害全体は判明するが、各行為は特定できないという場合も多く、その際には、すべての行為について責任を問えないという不合理が生じかねない（土本武司・公判法体系Ⅰ巻141頁）。これらの点から、従来連続犯とされたもののうち一罪性の顕著な場合を、包括一罪（または接続犯）と解する見解が定着する。

3 そのような場合の**包括一罪の訴因**は、従来の連続犯の記載に類似する記載方法である、犯罪の日時としてその始期と終期を示し、場所として主要なものを列挙し、被害者の重要な者を掲げて「外何名」とし、その他、回数、被害総額等を包括的に示せばよいとされてきた（東京高判昭27・1・29高刑集5-2-130など）。これは、前記識別説の観点により、包括一罪の事案では、犯罪を構成する個々の行為の個性・独自性は捨象されるから、それらの個別の特定は不要となり、全体として、他の犯罪事実との区別・識別される程度に特定されていれば足りる、とする考え方に基づく。**最決平成22年3月17日**（刑集64-2-111）は、約2か月間にわたり関西一円の複数の街頭で多数の通行人から現金を騙取した街頭募金詐欺につき、その特徴に鑑みて一体のものと評価し包括一罪と解しうるとの見解に立ち、募金に応じた多数人を被害者としたうえで、募金の方法・期間・場所・詐取した総金額の摘示をもってその特定に欠けるところはないとした（常習犯、営業犯などの集合犯の場合も同様である。最決昭61・10・28刑集40-6-509、最決平17・10・12刑集59-8-1425など）。

4 本決定は、法益侵害の一体性、および主観面を含む行為の一体性の観点から、争点となった2件の傷害は、いずれも「全体を一体のものと評価し、包括して一罪と解することができる」とした。そのうえで、**事実**のとおり、約4か月または約1か月という一定期間内に被害者に対し繰り返し暴行を加え、傷害を負わせたことが、それぞれ1つの傷害の公訴事実として記載され、個別機会の暴行の日時等や、それら暴行に対応する傷害結果の発生を個々に特定して記載してはいない当該事件の訴因につき、本決定は、包括一罪を構成する一連の暴行による傷害の訴因としては、共犯者・被害者・期間・場所・暴行の態様および傷害結果の記載をもって、訴因の特定に欠けるところはないと判断した。

5 近年、配偶者等に対する暴力（DV）事案や児童虐待事案などで、数日間ないしは数か月間にわたり繰り返し暴行を加え、傷害を負わせた事案に関して、検察官が一罪として起訴する事例がみられる。本件判断は、この種の事案の処理にとっても参考になる。

2-9　公訴の提起と犯罪の嫌疑──芦別事件国賠訴訟

最 2 小判昭和 53 年 10 月 20 日（民集 32 巻 7 号 1367 頁・判タ 371 号 43 頁）

[参考] 篠田省二・囲民昭 53-470、河野信夫・囲民平 2-289、芦澤政治・囮10 版 100、囻241

事実　昭和 27 年 7 月 29 日夜、国鉄〔当時〕根室本線芦別－平岸間の線路がダイナマイトで爆破され（いわゆる芦別事件）、捜査の結果、X・Y の両名が、①爆発物取締罰則違反、電汽車往来危険（ダイナマイトを使用して鉄道を爆破し、列車の脱線顛覆の危険を生じさせた）、②窃盗（犯行に使用した発破器の窃取）、③火薬類取締法違反（ダイマイトと雷管の不法所持）の各罪で起訴された。1 審は、③については両名とも有罪、②については両名とも無罪、①については Y は有罪、X は無罪としたが、控訴審は、X について、①・②に関する検察官の控訴を棄却し、③の有罪部分を破棄して無罪とした（Y は、控訴審中に死亡したため公訴棄却）。検察官は上告せず、控訴審判決が確定した。

X とその家族、Y の遺族らは、本件の捜査および公訴提起は違法であり、故意または重過失があったとして、国家賠償と謝罪広告を求めて訴えを提起した。

1 審、控訴審とも、一般論として、警察官・検察官による逮捕、公訴提起等の違法性の判断基準について、警察官または検察官の判断が、証拠の評価につき通常考えられる個人差を考慮に入れてもなお行きすぎで、経験則・論理則に照らして到底合理性を肯定できない程度に達していることが、違法判断のための要件であるとする見解に立った。しかし、事実認定の相違から、1 審判決は、判断を違法として国家賠償を認めたのに対し、控訴審は、適法として国家賠償を否定した。

これに対して、X・Y 側は、無罪判決が確定した場合には、原則として逮捕・公訴提起等は違法であったと判断されるべきであると主張して、上告した。

判旨　上告棄却。「刑事事件において無罪の判決が確定したというだけで直ちに起訴前の逮捕・勾留、公訴の提起・追行、起訴後の勾留が違法となるということはない。けだし、逮捕・勾留はその時点において犯罪の嫌疑について相当な理由があり、かつ、必要性が認められるかぎりは適法であり、公訴の提起は、検察官が裁判所に対して犯罪の成否、刑罰権の存否につき審判を求める意思表示にほかならないのであるから、起訴時あるいは公訴追行時における検察官の心証は、その性質上、判決時における裁判官の心証と異なり、起訴時あるいは公訴追行時における各種の証拠資料を総合勘案して合理的な判断過程により有罪と認められる嫌疑があれば足りるものと解するのが相当であるからである」。

解説　**1**　公訴を提起するには、訴訟条件の具備が必要である。しかし、起訴のために必要な積極的要件を定めた明文は存在しない。法 248 条が、「犯人の性格、年齢及び境遇、犯罪の軽重及び情状並びに犯罪後の情況により訴追を必要としないときは、公訴を提起しないことができる」として、いわば裏側から、訴追しなくてもよい場合を定めているのみである。

2　そこで、犯罪の嫌疑の存在が公訴提起の要件であるかが問題となる。捜査段階でも、

通常逮捕には罪を犯したことを疑うに足りる「相当」な理由が要求され（法199条）、緊急逮捕には罪を犯したことを疑うに足りる「充分」な理由が必要とされている（法210条）ことや、判決の段階に至ると、有罪判決には合理的な疑いを容れない確信が要求されている（法333条・335条、最判平19・10・16刑集61-7-677等参照）ことからしても、起訴の際には、相当高度の嫌疑の存在が必要であろう。実務的には、「的確な証拠によって有罪判決が得られる高度の見込み」などと表現されることもあるが、罪を犯したことを疑うに足りる確実な理由が必要とされる、ということができよう。

3 この点に関して、かつて、この高度の嫌疑がなければ公訴を棄却すべきであるとする説と、嫌疑は訴訟条件ではないから終局裁判をすれば足りるとする説とが対立した。これは、裁判所が実体審理に先立って「嫌疑の有無」を検討する必要があるかについての争いといってよいが、裁判自体が全体として嫌疑の有無を検討していくプロセスである以上、その入り口で嫌疑の有無を判断するのには無理がある。

そこで、この議論の実質的意味は、検察官にどれだけ慎重な起訴を要請するのかということに帰着していく。起訴時に収集されていた証拠等から判断して明らかに嫌疑を欠く起訴は違法であり、公訴権濫用論（**【2-10】**）や民事上の損害賠償責任論によって対応することになる。

4 それでは、無罪判決が確定した場合、捜査や公訴の提起は、直ちに違法ということになるのだろうか。一方では、(a)当該捜査・公訴の提起等は結果として妥当とはいえないので、国家賠償の見地からは違法とする結果違法説もある。しかし、無罪にも様々な場合（事実誤認、法解釈の見解の相違等）がありうるだけでなく、公訴提起の法的性質（検察官が裁判所に対し有罪・無罪の実体判決を求める意思表示（実体判決請求権説））や、訴訟の動的構造等を考えれば、無罪（結果の違法）になったからといって、直ちに公訴提起等の職務行為も違法となるとすべきではない。

それゆえ、(b)無罪判決が確定した場合でも、公訴の提起等については、客観的に犯罪の嫌疑が十分で、起訴時に有罪判決を期待しうる合理的根拠があれば違法ではないが、そのような合理的根拠が欠如しているにもかかわらず、あえて公訴提起した場合には違法であるとする**職務行為基準説**（合理的理由欠如説）が妥当であろう（なお、(b)説内部では、経験則・論理則に照らして到底その判断の合理性を肯定できない場合に違法とする一見明白説や、違法・不当な目的に出た行為のみを違法とする違法性限定説も主張される）。その場合、公訴の提起に必要とされる嫌疑は、その性質上、有罪判決に必要な嫌疑の程度よりも低いもので足りる。

5 また、公訴提起の違法性の判断資料としては、①検察官が公訴提起時に現に収集していた証拠資料に加え、②現に収集しなかったが、通常要求される捜査を遂行すれば公訴提起時に収集しえたはずの証拠資料も含まれると解される。不十分な捜査により十分な証拠（特に、被告人に有利な証拠）を収集せず、それが誤った公訴提起につながった場合、検察官が現に収集した証拠資料のみで判断するとすれば、公訴の提起が違法とされえないことになってしまうからである（最判平元・6・29民集43-6-664、最判平2・7・20民集44-5-938）。

2-10　公訴権濫用論―チッソ川本事件

最1小決昭和55年12月17日（刑集34巻7号672頁・判タ428号69頁）

[参考] 渡部保夫・匿昭55-392、田宮裕・固5版60、臼井滋夫・注釈新版3-333、團242、図37-2

事実　水俣病患者である被告人Ｘは、被害の補償を求めるため、連日のように支援者らとともに、原因企業とされたＡ本社に赴き、これを阻止する同社従業員4名に対し5回にわたり暴行を加えて負傷させたとして、傷害罪で起訴された。1審は、Ｘを有罪としたが、本件の特異な事情を考慮し、罰金5万円、執行猶予1年という異例に軽い刑を言い渡した。

控訴審は、①水俣病の未曽有の被害、行政の停滞、Ａ社側の責任回避などの特殊事情があり、交渉の際の行きすぎに直ちに刑罰で臨むのは妥当でない、②国には、Ａ社に対する捜査、訴追を怠り水俣病公害の発生・拡大させたという一半の責任がある、③紛争過程において、Ａ社と被害者の側の双方にそれぞれ相手側を被害者とする違法行為が発生したが、前者に対する刑責の追及はほとんどなされていないのに対し、後者に対しては迅速、峻烈なものであって、Ｘに対する本件訴追はいかにも偏頗、不公平である、という理由から、本件公訴提起は訴追裁量権の濫用で、法248条に照らし無効であるとして、法338条4号により公訴を棄却した。

決定要旨　上告棄却。「検察官は、現行法制の下では、公訴の提起をするかしないかについて広範な裁量権を認められているのであって、公訴の提起が検察官の裁量権の逸脱によるものであったからといって直ちに無効となるものでないことは明らかである。たしかに、右裁量権の行使については種々の考慮事項が刑訴法に列挙されていること（刑訴法248条）、検察官は公益の代表者として公訴権を行使すべきものとされていること（検察庁法4条）、さらに、刑訴法上の権限は公共の福祉の維持と個人の基本的人権の保障とを全うしつつ誠実にこれを行使すべく濫用にわたってはならないものとされていること（刑訴法1条、刑訴規則1条2項）などを総合して考えると、**検察官の裁量権の逸脱が公訴の提起を無効ならしめる場合のありうることを否定することはできないが、それはたとえば公訴の提起自体が職務犯罪を構成するような極限的な場合に限られるものというべきである**」。

本件では、(1)Ｘの犯行そのものの態様は必ずしも軽微なものとはいえないから、当然に検察官の公訴提起を不当とすることはできず、他方で、少なくとも公訴権の発動については、犯罪の軽重のみならず、犯人の一身上の事情、犯罪の情状および犯罪後の情況等をも考慮しなければならないから（法248条）、起訴・不起訴処分の当不当は、犯罪事実の外面だけでは断定できないという見地に立てば、審判の対象とされていない他の被疑事件についての公訴権の発動の当否を軽々に論定することは許されないのであり、他の被疑事件についての公訴権の発動の状況との対比などを理由にして本件公訴提起を著しく不当とする原審の認定判断は肯認できず、まして、本件事態が公訴提起を無効とするような極限的な場合にあたるとは考えられない。(2)しかしながら、1審の罰金5万円、執行猶予1年の判決の言渡しに対して検察官からの控訴はなく、

Xの控訴に基づき原判決が公訴を棄却したものであるが、本件のきわめて特異な背景事情に加えて、犯行からすでに長期間が経過し、その間、Xを含む患者らとA社との間に水俣病被害の補償について全面的な協定が成立して双方の間の紛争は終了し、本件の被害者らにおいても今なお処罰を求める意思を有しているとは思われないし、また、Xが公害によって父親を失い自らも健康を損なっていることなどを考え合わせると、原判決を破棄して1審判決の執行猶予付きの罰金刑を復活させなければ著しく正義に反するとは考えられず、法411条を適用すべきものとは認められない。

解説 **1** **公訴権濫用論**とは、検察官の訴追に「濫用」があった場合、裁判所は形式裁判で訴訟を打ち切るべきであるとする理論である。訴訟条件は具備していても、なお訴追が違法・無効といえる場合があるとする主張で、一般に、①**嫌疑なき起訴**、②**訴追裁量権の逸脱**、③**違法捜査に基づく起訴**が問題とされる。ただし、①については、当該訴訟内において実体的判断（無罪判決）が行われれば足りるので、現実には問題とならない。

2 ②については、起訴猶予にすべき事件を起訴すれば訴訟条件を欠くとする主張とともに、訴追が被告人の権利を制約することも考えると、法治国である以上、検察官の裁量権の行使のいかんは、司法的コントロールに服すべきものとする見解が有力化する。

本決定は、検察官に広範な訴追裁量権があることを前提に、公訴の提起に訴追裁量権の逸脱があったとしても直ちに無効にはならないとする。ただし、訴追裁量権の行使については、種々の考慮事項が刑訴法に列挙されていること（法248条）、検察官は公益の代表者として公訴権を行使すべきものとされていること（検察庁法4条）、さらに、刑訴法上の権限は公共の福祉の維持と個人の基本的人権の保障とを全うしつつ誠実にこれを行使すべく濫用にわたってはならないものとされていること（法1条、規1条2項）などを総合し、検察官の裁量権の逸脱が公訴の提起を無効ならしめる場合のありうることを認め、理論的には、公訴権濫用論を承認した。しかし、公訴提起が無効とされるのは、公訴の提起自体が職務犯罪を構成するような極限的な場合に限られるとした。

3 なお、③類型は、②類型の1つの態様でもあるが、違法捜査がなされた場合に、弁護側が公訴棄却を主張することも多い。しかし判例は、捜査手続の違法は、直ちに公訴提起手続の違法をもたらすものではないとする（最判昭41・7・21刑集20-6-696など）。

4 公訴権濫用論は、かつて、いわゆる妨訴抗弁として実務上頻繁に主張されていたが、本決定が要件を厳しく絞ったことや、その後も公訴権濫用を認めた原審判決を否定した判例（最判昭56・6・26刑集35-4-426）が生じたことで、その例は少なくなった。

同理論は、理論面では、起訴猶予にすべき情状の有無の存否などの、本来は事件の実体それ自体に関する事由を、訴訟条件・訴訟障害といった手続法上の事由として捉えようとするところに難点がある。また、実際面でも、公訴権濫用の主張が提起された場合、公判で論争が続き、手続も実体的審理と二重手間になるため、訴訟が著しく遅延するという現実があり、形式裁判により被告人を刑事手続から早期に解放しようとする同理論の意図するところは果たされていない（臼井・前掲343頁）。それゆえ、公訴権濫用論は、刑法における期待可能性論などと同様、「非常救済手段」として機能すべきものであろう。

2-11 告発の効力の及ぶ範囲

最3小判平成4年9月18日（刑集46巻6号355頁・判タ798号76頁）

［参考］龍岡資晃=大谷直人・圏平4-62、井上宏・固8版98、指宿信・圏平4-190、圃247

事実 Z航空会社代表取締役であった被告人Xは、昭和51年2月16日と3月1日、衆議院予算委員会で、Z社における航空機採用の経緯等に関して証人として出頭を求められて証言し、同年6月18日、同委員会からその証人尋問の際偽証したとして告発された。同委員会の告発状には、前記両日にされた「Xの前任者であるAとM社との間に航空機の発注に関するオプションがあったことは知らなかった」旨の陳述（「Aオプション関係の陳述」）は摘示されていたが、2月16日にされた「Z社がR社から正式の契約によらないで現金を受領してこれを簿外資金としたことはない」旨の陳述（「簿外資金関係の陳述」）は摘示されていなかった。しかし、それにもかかわらず、検察官は、Aオプション関係の陳述のほか簿外資金関係の陳述についても、「議院における証人の宣誓及び証言等に関する法律」（「議院証言法」）違反（偽証罪）で公訴を提起した。

1審、控訴審とも、本件告発の効力は簿外資金関係の陳述についても及ぶとしたため、X側は、本件偽証罪に関する公訴提起の範囲は告発者の明示の意思に従うのが相当であり、簿外資金関係の陳述部分については告発がなく、その公訴の提起および処罰は訴訟条件を欠く、などと主張して上告した。

判旨 上告棄却。「議院証言法6条1項の偽証罪について同法8条による議院等の告発が訴訟条件とされるのは、議院の自律権能を尊重する趣旨に由来するものであること……を考慮に入れても、議院等の告発が右偽証罪の訴訟条件とされることから直ちに告発の効力の及ぶ範囲についてまで議院等の意思に委ねるべきものと解さなければならないものではない。議院証言法が偽証罪を規定した趣旨等に照らせば、偽証罪として一罪を構成すべき事実の一部について告発を受けた場合にも、右一罪を構成すべき事実のうちどの範囲の事実について公訴を提起するかは、検察官の合理的裁量に委ねられ、議院等の告発意思は、その裁量権行使に当たって考慮されるべきものである。そして、議院証言法6条1項の偽証罪については、1個の宣誓に基づき同一の証人尋問の手続においてされた数個の陳述は一罪を構成するものと解されるから……、右の数個の陳述の一部について議院等の告発がされた場合、一罪を構成する他の陳述部分についても当然に告発の効力が及ぶものと解するのが相当である」。

解説 **1** 親告罪について告訴（告発を訴訟条件とする犯罪については告発）を欠く公訴提起は無効であり、公訴棄却の判決が言い渡される（法338条4号）。

2 そこで、親告罪については、特に告訴の効力の及ぶ範囲が問題となる。告訴は、被害者その他告訴権を有する一定の者が捜査機関に対し犯罪事実を申告し、犯人の処罰を求める意思表示であるから（法230条）、共犯者の1人または数人に対して行われた告訴は、他の共犯者に対しても効力を生ずる（告訴の主観的不可分。法238条1項）。また、明文はないが、単一の犯罪の一部分についてした告訴は、その全部に対して効力を生じると解され

る（告訴の客観的不可分）。

3　もっとも、親告罪を設けて被害者の意思を尊重しようとする実質的根拠として、㋐犯罪の性質から、訴追するとかえって被害者の名誉を傷つけるおそれがある場合（強姦罪等）、㋑個人的法益に関する犯罪で被害が軽微なものも含まれうる場合（器物損壊罪等）、㋒特定の犯罪において犯人と被害者との間に一定の身分関係がある場合（親族相盗の場合等）があるとされる。その場合に、告訴不可分の原則を厳格に適用すると、かえって親告罪を設けた趣旨に反する結果となる場合もあるから、告訴不可分の原則にも例外がある。

まず、主観的不可分の例外として㋒の場合（相対的親告罪）は、身分関係が重要な意味を有するから、身分関係のない共犯者に対してなされた告訴の効力は、身分関係のある他の共犯者には及ばないと解される。

客観的不可分の例外は、科刑上一罪の場合に問題となる。親告罪が設けられた趣旨は告訴権者の意思の尊重にあるから、科刑上一罪の一部分に限定された告訴は、他の部分の被害者が同一人であると別人であるとを問わず、また、両方が親告罪であると一方が非親告罪であるとを問わず、原則として、他の部分には及ばないものと解すべきである。それが告訴人の意思の合理的な解釈といえるであろうからである。

4　本件で問題となった議院証言法違反の偽証罪については、同法 8 条（昭和 63 年改正で現在は 8 条 1 項）が議院等の告発義務を規定し、議院等の告発が訴訟条件であると解されている（最大判昭 24・6・1 刑集 3-7-901）。そして、本判決は、議院証言法違反の偽証罪について、1 個の宣誓に基づき同一の証人尋問の手続においてされた数個の陳述は一罪を構成すると解した。

5　告訴と告発は、刑訴法上ほぼ同列の扱いがなされており、告発が訴訟条件である犯罪について、主観的不可分（法 238 条 2 項）および客観的不可分が認められることに争いはない。

もっとも、告発の主体は、通常優れた専門的調査能力を有し、検察官も尊重すべき独立の国家機関であるから、告発の場合、客観的にも主観的にも告発の不可分性は否定されるとする見解もある（限定説。青柳文雄・警論 31 巻 1 号 1 頁）。ただし、これに対しては、検察官に公訴権を独占させている現行法（法 247 条）では、立法措置なく解釈でその権限を制約することはできず、実際にも、告発機関の調査能力は、犯人および犯罪事実の正確な特定の観点では十分でないとする反論もある（無限定説。東條伸一郎・警論 31 巻 4 号 40 頁）。

本判決は、告発の効力の及ぶ範囲を実体法上の罪数によって決するという、一般に承認されている従来の明確な基準について、議院証言法上の偽証罪の場合に告発者の意思による限定という形で例外を認める合理的根拠はないとする見解（限定説）に立ったと解される（龍岡=大谷・前掲 85 頁）。そして、議院等の告発意思は、検察官の合理的裁量権の行使（**【2-3】**）にあたって考慮されるべき問題であるとしている。

2-12　訴訟条件と訴因──親告罪の告訴

東京地判昭和 58 年 9 月 30 日（判時 1091 号 159 頁）

[参考] 松尾浩也・Ⅰ5 版 104、髙部道彦・Ⅰ8 版 112、亀井源太郎・Ⅰ10 版 110、Ⅲ247

事実　被告人 X は、元勤務先の A 社作業所から自動車の鍵や倉庫の鍵を持ち出し、道路側溝に投げ捨てたという事実（ほかに窃盗、詐欺の 3 つの公訴事実）で、起訴された。検察官は、当初、この事実について主位的訴因として窃盗罪を構成すると主張したが、公判で不法領得の意思の存否が問題となり、検察官は、器物毀棄の訴因を予備的に追加した。

東京地裁は、X は、A 社に恨みを抱いていたため、会社が車を使用できなくしようとのもっぱら嫌がらせの意図で鍵を持ち出し、投棄したものであって、自動車の鍵の経済的用法に従って処分する意思が当初からまったくないため、不法領得の意思を欠くとして、予備的訴因たる器物毀棄罪を認定して、X を有罪とした。

なお、起訴の時点では器物毀棄罪に関する告訴はなかったが、訴因変更の段階で告訴がなされた。

判旨　東京地裁は、以下のように判示して、本件の訴訟条件の具備を肯定した。

「非親告罪として起訴された後にこれが親告罪と判明した場合について起訴の時点では告訴がなかった点をどう考えるべきかについて付言するに、当初から検察官が告訴がないのにもかかわらず敢えてあるいはそれを見過ごして親告罪の訴因で起訴したのとは全く異なり、本件のように、起訴の進展に伴ない訴因変更の手続によって親告罪として審判すべき事態に至ったときは、その時点で初めて告訴が必要となったにすぎないのであるから、現行法下の訴因制度のもとでは、右時点において有効な告訴があれば起訴条件の具備につきなんら問題はなく実体裁判をすることができると解する」。

解説　**1**　公訴が提起されると、事件は裁判所に係属する（訴訟係属）。もっとも、訴訟が係属すれば常にその事件の実体について審理・裁判できるというものではなく、いくつかの条件が必要とされる。これを**訴訟条件**という。公訴の有効要件ということもでき、公訴提起行為そのものが有効であるとともに、有効な公訴が存続するための要件でもある（法 339 条 1 項 1 号・3 号等）。訴訟条件が欠けていれば、実体的審理が打ち切られることになり、被告人にとっても、早期に手続の負担から解放される利益がある。

2　訴訟条件には、これが欠けている場合には管轄違いまたは公訴棄却の裁判で訴訟が打ち切られるもの（**形式的訴訟条件**）と、免訴の裁判で訴訟が打ち切られるもの（**実体的訴訟条件**）とに大別される。本件で問題となった親告罪の訴因は前者に該当する。

管轄違い・公訴棄却の裁判は再訴を妨げない（一事不再理効を有しない）。すなわち、形式的訴訟条件を欠くとして公訴が打ち切られても、検察官が訴訟条件を備えて再び公訴を提起すれば、裁判所はその事件について実体的な審判をすることができる（もっとも、形式的訴訟条件の存否は、実体に立ち入らなければ判断できない場合もあるから、形式的訴訟条件も実体的訴訟

条件も実体的真実との関係の度合いでは程度の差にすぎない。そのため、訴訟条件を欠く場合の一方を免訴としたのは立法政策にすぎないと考え、一事不再理効のある免訴も形式裁判の一種と解する見解が有力である）。

3 訴訟条件のうちには、訴追された犯罪が何罪であるのかはっきりしなければその存否を判定しえないものも多い（たとえば、管轄（法 329 条）、親告罪の告訴（法 338 条 4 号）、刑の廃止（法 337 条 2 号）、大赦（法 337 条 3 号）、時効の完成（法 337 条 4 号）など）。

基本的には、起訴状に記載された訴因が何罪であるかによってその存否が判断される。そこで、起訴状記載のⒶ訴因を基準とすると訴訟条件が欠けるが、Ⓑ訴因に変更すれば訴訟条件を具備するという場合、Ⓐ訴因を基準とするのであれば、直ちに形式的裁判で打ち切るべきであるようにも思われる。しかし、そのような場合でも訴因変更は可能であり、Ⓑ訴因に変更すれば訴訟条件が欠けないことになるのであれば、訴因変更を許可して訴訟を進行させるべきである（最決昭 29・9・8【3-22】）。訴因変更を許さずに形式的裁判で手続を打ち切っても、Ⓑ訴因で再起訴することが可能であるから、訴因変更を許可して審理する方が訴訟経済に資すると考えられるからである。

4 これに対し、起訴状記載のⒶ訴因（窃盗）を基準にすると訴訟条件は備わっているが、実体審理の結果Ⓐ訴因は認められず、認定が可能なⒷ事実（器物損壊）を基準にすると訴訟条件が欠けるという場合も考えられる。(a)審判の対象を公訴事実とする見解（公訴事実対象説）によれば、訴因に拘束されることなく実体形成の結果（裁判所の心証）を基準にして訴訟条件を考え、形式裁判をすればよい。すなわち、訴因は窃盗のままで器物損壊の事実を認定し、公訴棄却という形式裁判で手続を打ち切ることになる。

しかし、公訴事実対象説は、現行法が訴因制度を導入した趣旨と乖離するばかりか、法 256 条 6 項の示す予断排除原則などにも反するものとなる。したがって、(b)審判の対象は訴因と解すべきであり（訴因対象説）、訴訟条件の存否も、実体判決をするための要件であるから、訴因を基準に考えるべきである。それゆえ、基本的には、訴因変更がなされず窃盗の訴因のままであれば無罪を言い渡し、器物損壊の訴因に変更されれば公訴棄却の判決（法 338 条 4 号）をすべきことになる。

5 また、公訴提起の時点では欠けていた訴訟条件を後に追完することが許されるかについても、見解が分かれる。訴訟経済を理由に広く認める見解や、冒頭手続までに追完された場合や被告人の同意がある場合にのみ認める見解もあるが、手続の確実性の要請からも一般的には許されないものと解すべきである。

もっとも、審理の結果、当初の訴因とは別個の訴因に変更され、その時点では変更後の訴因の訴訟条件が備わっていたような場合などは、別に考えるべきであろう。本件の場合、訴因を基準に判断すれば、公訴提起時の訴因は非親告罪であり、訴訟条件としての告訴が問題となる余地はないから、公訴の提起手続自体に違法は認められない。そのため、本件のように、親告罪への訴因変更時までに告訴がなされれば、訴訟条件に欠けるところはなく、訴訟の継続を認めるべきである。

2-13 公訴時効の起算点—水俣病事件

最3小決昭和63年2月29日（刑集42巻2号314頁・判タ661号59頁）

[参考] 金谷利廣=永井敏雄・囲昭63-137、岩瀬徹・囮7版92、中谷雄二郎・囮8版96、囲252

事実 本件は、C社水俣工場が塩化メチル水銀を含む排水を水俣湾に排出し、それによって汚染された魚介類を摂食していた周辺住民の多数が、いわゆる水俣病に罹患し死傷したという、いわゆる水俣病の刑事事件判決である。

社長Xと工場長Yが、昭和33年9月から昭和35年6月ころまでの間工場排水を水俣川河口海域に排出し、それによって汚染された魚介類を摂食するなどしたA〜Gの7名を水俣病に罹患させて死傷させたとして、業務上過失致死傷罪で起訴された。公訴提起に至るまでの経過は右表のとおりである。

1審判決は、ほぼ公訴事実どおりの事実を認定したが、公訴時効について、A〜Eを被害者とする各業務上過失致死傷罪については、すでに公訴時効（3年〔当時〕）が完成しているとして、理由中で免訴の判断を示し、F・Gを被害者とする各業務上過失致死罪についてのみ有罪とした。これに対し、X・Y側が控訴したが、控訴審判決も、基本的に1審判決を是認し控訴を棄却したので、Xらは、さらに上告した。

昭和33年9月初旬〜35年6月末	過失行為
昭和34年7月	A死亡
昭和34年9月	B出生
	（胎児性傷害・存命）
昭和34年11〜12月	C・D・E死亡
昭和35年8月	G出生
	（胎児性傷害・後に死亡）
昭和46年12月	F死亡
昭和48年6月	G死亡
昭和51年5月4日	公訴提起

決定要旨 上告棄却。最高裁は、公訴時効に関して以下のように判示した。

「Gの出生は昭和35年8月28日であり、その死亡は昭和48年6月10日であって、出生から死亡までの間に12年9か月という長年月が経過している。しかし、公訴時効の起算点に関する刑訴法253条1項にいう『犯罪行為』とは、刑法各本条所定の結果をも含む趣旨と解するのが相当であるから、Gを被害者とする業務上過失致死罪の公訴時効は、当該犯罪の終了時である同人死亡の時点から進行を開始するのであって、出生時に同人を被害者とする業務上過失傷害罪が成立したか否か、そして、その後同罪の公訴時効期間が経過したか否かは、前記業務上過失致死罪の公訴時効完成の有無を判定するに当たっては、格別の意義を有しないものというべきである」。

「観念的競合の関係にある各罪の公訴時効完成の有無を判定するに当たっては、その全部を一体として観察すべきものと解するのが相当であるから〔最判昭和41年4月21日刑集20巻4号275頁参照〕、Gの死亡時から起算して業務上過失致死罪の公訴時効期間が経過していない以上、本件各業務上過失致死傷罪の全体について、その公訴時効はいまだ完成していないものというべきである」。

解説 1 公訴時効は、実体的訴訟条件の代表例であり、一定期間起訴されない状況が

続いたという事実状態を法的に尊重する趣旨で設けられたとされる。時の経過により、①証拠が散逸し、真実の発見が困難になるという訴訟法上の理由と、②犯罪の社会的影響が弱くなり、応報、改善等の処罰の必要性が減少ないし消滅しているという実体法上の理由から、もはや訴追を求めること自体の利益ないし必要がないと考えられて、訴訟条件の1つにされている。もっとも、DNA 鑑定の精度が高まり、諸記録のデジタル化も進んでいる等の近時の事情等を背景に、時効制度に大きな改正が加えられている。

2 公訴時効は、犯罪行為が終わった時から進行する（法 253 条 1 項）。これは実行行為の終了時をいうとする(a)行為時説もあったが、ここにいう「犯罪行為」とは広義のもので、構成要件に該当する事実全体、すなわち実行行為とその結果を含めたものであり、起算点を結果の発生時点とする(b)結果発生時説で実務・学説はほぼ一致していた。結果犯では結果発生により処罰可能となり、処罰感情や採証可能性も高まり、また、時効制度が犯罪の社会的影響の減少を主要な根拠とする以上、行為から時を経て結果が生じた場合、結果発生時を起算点とするのが合理的だからである。本決定も、(b)説の採用を明示した。

3 ただし、結果的加重犯の場合には、基本犯（傷害）の公訴時効が経過した後に加重結果（致死）が生ずる場合がありうる。この場合、基本結果発生時を公訴時効の起算点とする(c)基本結果発生時説も主張される。

しかし、通説は、加重結果発生時を起算点と解する。①(b)説の当然の帰結という面に加え、②加害行為に起因して被害客体に一層重大な結果が発生しているのに、加害者に早々に公訴時効の完成を認めてしまうと、ゆっくり進行するタイプの病気に感染させたような場合、症状が軽微な段階で公訴時効が完成して不当であることや、③人の「死」という新たな結果の発生によって、保護されるべき平穏な事実状態は崩れるのであり、時効完成による被告人の「安堵感」のみを尊重するわけにはいかない、などの理由が挙げられている。本決定も、致死結果発生時を公訴時効の起算点とした。

4 さらに、科刑上一罪と公訴時効の起算点の関係についても問題となる。科刑上一罪は本来数罪であるから、各罪ごとに公訴時効を算定する(a)個別説も有力である。さらに、先行する罪の公訴時効完成前に後行する罪の結果が発生したときは時効が中断するが、先行する罪の公訴時効完成後に後行する罪の結果が発生したときは、先に完成した時効はそのまま確定すると解する(b)時効的連鎖説もあり、本件 1 審が採用し、控訴審も基本的に支持した（大判大 12・12・5 刑集 2-922 は、牽連犯につき(b)説を採用する）。

これに対し、最高裁は、観念的競合の各罪につき、「その全部を一体として観察」して公訴時効を算定すべきとする(c)一体説を採用し、各罪全体について公訴時効の完成を否定した。①一括処罰する科刑上一罪は、手続上も一括して扱うべき、②犯罪の社会的影響は、最終結果が発生してから減少していくと考えるべき、③順次結果が発生しているので証拠は保持されている、④観念的競合の場合、行為は 1 個で、最終結果が発生するまでは犯罪は完結しないともいえる、などの理由によると解されよう（金谷=永井・前掲 181 頁参照）。

2-14　公訴時効規定の改正と遡及適用

最 1 小判平成 27 年 12 月 3 日（刑集 69 巻 8 号 815 頁・判タ 1404 号 126 頁）

[参考] 馬渡香津子・圏平 26-75、芦澤政治・囲10 版 100、圃251

事実　被告人 X は、平成 9 年 4 月 13 日に強盗殺人を行ったが、当時の法 250 条 1 項によれば、強盗殺人罪の公訴時効は 15 年であった。

ところが、本件犯行後の平成 22 年 4 月 27 日に、強盗殺人等の公訴時効を廃止する改正法が施行され、その改正法（本法）附則 3 条 2 項は、本法施行の際その公訴時効が完成していないものについても、本法による改正後の法 250 条 1 項を適用すると定めた。この規定によれば、本件強盗殺人の公訴時効は、前記施行時点では完成していなかった。そのため、改正後の同条同項が適用され、X は、行為時から 15 年以上経過した平成 25 年 2 月 22 日に起訴された。

そこで、適用範囲を前記のように定めた本法附則 3 条 2 項が、憲法 39 条の遡及処罰の禁止や同法 31 条の適正手続条項に違反しないかが争点となった。控訴審は、同附則はそれらに違反しないなどとしたため、弁護側が上告した。

判旨　上告棄却。「公訴時効制度の趣旨は、時の経過に応じて公訴権を制限する訴訟法規を通じて処罰の必要性と法的安定性の調和を図ることにある。本法は、その趣旨を実現するため、人を死亡させた罪であって、死刑に当たるものについて公訴時効を廃止し、懲役又は禁錮の刑に当たるものについて公訴時効期間を延長したにすぎず、行為時点における違法性の評価や責任の重さを遡って変更するものではない。そして、本法附則 3 条 2 項は、本法施行の際公訴時効が完成していない罪について本法による改正後の刑訴法 250 条 1 項を適用するとしたものであるから、被疑者・被告人となり得る者につき既に生じていた法律上の地位を著しく不安定にするようなものでもない。

したがって、刑訴法を改正して公訴時効を廃止又は公訴時効期間を延長した本法の適用範囲に関する経過措置として、平成 16 年改正法附則 3 条 2 項の規定にかかわらず、同法施行前に犯した人を死亡させた罪であって禁錮以上の刑に当たるもので、本法施行の際その公訴時効が完成していないものについて、本法による改正後の刑訴法 250 条 1 項を適用するとした本法附則 3 条 2 項は、憲法 39 条、31 条に違反せず、それらの趣旨に反するとも認められない」。

解説　**1**　公訴時効制度の法的性質については、時の経過により、(a)証拠が散逸し、真実の発見が困難になるという訴訟法上の理由に求める**訴訟法説**、(b)犯罪の社会的影響が弱くなり、応報・改善等の処罰の必要性が減少ないし消滅するという、実体法上の理由を根拠とする**実体法説**、(c)(a)と(b)を兼有するとする**競合説**、(d)同制度を国家からみた機能的な側面でとらえ、一定期間訴追されていないという事実状態を尊重し、国家の訴追権を抑制し、個人を保護する制度とする**新訴訟法説**などがある。ただし、①公訴時効は訴訟条件とされ、時効完成の場合は免訴とする刑訴法上の制度である一方、②犯罪の重大性に応じて

時効期間を段階的に定めるという実体法的側面もあるため、多義的に捉えるべきである。

2　それゆえ、公訴時効の制度趣旨は、時の経過による、①(a)説の訴訟法的観点、②(b)説の実体法的観点、さらに、(c)一定期間起訴されない状況が続いた場合に、犯人を不安定な状態から解放する等の事実状態の尊重という(c)説の観点から多義的に理解される（【2-13】参照）。それ以外に、④捜査機関・裁判所の負担軽減という政策的観点も指摘される。これらは、時の経過に伴って生ずる変化に応じた法的安定性を図ろうとするものである。

しかし、公訴時効が完成し訴追可能性が消滅した場合、本来処罰されるはずの犯人が処罰を免れるという望ましくない効果も生ずる。それゆえ、公訴時効制度の具体的内実は、処罰の必要性と法的安定性を図るという利益との比較衡量、両者の調和を図る点に求められ、総合的判断に基づく立法政策に委ねられる事項である。公訴時効は、平成16年改正法で公訴時効期間が延長され、平成22年改正法（本法）で殺人等の人を死亡させた犯罪に関する公訴時効の廃止等がなされた。これらの相次ぐ改正は、国民一般の間で共有される意識に基づいた、適正な公訴権の範囲の確保のための政策的判断の帰結である。

3　平成22年改正後の公訴時効の規定は、①本法施行時に公訴時効が完成していたものには適用しないが、②㋑平成16年改正法施行前に犯された「人を死亡させた罪であって禁錮以上の刑に当たるもの」、および㋺平成16年改正法施行後に犯された罪で、それぞれ、本法施行時に公訴時効が完成していないものには適用するとされた。本件事案は、②㋑の場合にあたるため、犯行後に改正された公訴時効規定を適用する取扱いと、憲法39条の遡及処罰禁止条項、憲法31条の適正手続条項との関係が争点となった。

4　憲法39条の趣旨についても争いはあるが、罪刑法定主義の一内容として、直接には、行為時に適法な行為を可罰化する新たな刑罰法令や重罰化した刑罰法令という、実体法の遡及適用を禁ずるもので、公訴時効の廃止・期間延長といった手続法の遡及適用までをも、当然に禁止するものではないと解される。そして、前記のような、時の経過に伴って生ずる変化に応じた法的安定性の確保と、犯人が処罰を免れるという望ましくない効果との比較衡量を踏まえた総合的判断に基づく立法政策の帰結という公訴時効の制度趣旨に鑑みると、基本的に訴訟法規である公訴時効の遡及適用が、憲法39条に当然に違反するとはいえない。たしかに、公訴時効に実体法的側面があるとしても、公訴時効の廃止や期間の延長は、行為時点での違法性や責任の評価をさかのぼって変更するものではない。

また、憲法39条・31条は、犯罪に該当する行為の事前告知による、行為者の予測可能性の保障という刑罰告知機能の趣旨を含むが、公訴時効完成による処罰免脱の予測やそれへの期待までもが、憲法上、その他法律上の保護に値するともいえない。もっとも、①すでに公訴時効が完成したものについては、公訴権の消滅により公訴提起されないといういったん得られた法律上の地位を覆し、それを不安定にするだけでなく、刑罰権の事後的な復活と同様の効果をもたらすため、実体法上の刑罰権との関係も問題となりうる。よって、本法附則3条2項は、①の場合には適用しないとの立法政策に基づく帰結と理解できよう。

2-15 捜査機関による被告人の取調べ

最3小決昭和 36 年 11 月 21 日（刑集 15 巻 10 号 1764 頁・判タ 126 号 49 頁）

[参考] 吉田由己夫・團昭 36-286、田宮裕・團3 版 58、兒島武雄・実例刑訴新版 63、團270

事実 被告人 X は、A・B と共謀のうえ、3 件の窃盗および窃盗未遂を行ったとして、昭和 35 年 7 月 20 日に起訴された。1 審は、証拠の一部として、①X の検察官に対する昭和 35 年 9 月 6 日付供述調書、②A の検察官に対する昭和 35 年 8 月 3 日付、同月 31 日付供述調書、③B の検察官に対する昭和 35 年 8 月 5 日付（2 通）、同月 31 日付供述調書を採用し、X を有罪とした。

これに対し、弁護人は、現行刑訴法においては、公訴提起後は当該起訴状に訴因として掲げられた事実に関して捜査機関による被告人の取調べは許されず、これに違反した取調べによる供述を録取した供述調書には証拠能力がないから、1 審判決が①～③を証拠に掲げたのは訴訟手続の法令違反がある旨を主張した。しかし、控訴審は、「検察官は訴訟の当事者たると同時に公訴の提起及びその維持に当る公の機関である。従て公訴の維持に必要な限度における捜査は公訴提起後といえどもこれを為しうることは勿論である。但し公訴提起後においては検察官

の証拠の収集は専ら任意捜査に限るべく強制捜査に属するものはすべて公判廷における訴訟行為を通じてなされなければならない。ところで所論の各供述調書は何れも……任意の供述を録取したものであることは……明らかである。されば所論の各供述調書には証拠能力がありこれを証拠に採用することは別段違法ではない」とした。

これに対し弁護人は、現行法では、被告人の人権の尊重、法の趣旨、明文の規定がないこと等により、公訴維持のための検察官の起訴後の取調べは否定的に解すべきで、仮に一歩ゆずっても、検察官の起訴後の取調べは公訴維持に必要な限度での任意捜査に限られるべきであるのに、本件起訴後の取調べの態様は被告人が勾留中になされた取調べであり任意捜査ではなく強制捜査であって、被告人の供述は任意的な供述ではなく、強制力による供述であるから、被告人に対する起訴後の取調べによって作成された被告人の供述を録取した書面には証拠能力がない、と主張して上告した。

決定要旨 上告棄却。「刑訴 197 条は、捜査については、その目的を達するため必要な取調をすることができる旨を規定しており、同条は捜査官の任意捜査について何ら制限をしていないから、同法 198 条の『被疑者』という文字にかかわりなく、起訴後においても、捜査官はその公訴を維持するために必要な取調を行うことができるものといわなければならない。なるほど起訴後においては被告人の当事者たる地位にかんがみ、捜査官が当該公訴事実について被告人を取り調べることはなるべく避けなければならないところであるが、これによって直ちにその取調を違法とし、その取調の上作成された供述調書の証拠能力を否定すべきいわれはなく、また、勾留中の取調べであるのゆえをもって、直ちにその供述が強制されたものであるということもできない。本件において、第 1 審判決が証拠に採用している所論 X の検察官に対する昭和 35 年 9 月 6 日付供述調書は、起訴後同年 9 月 7 日の第 1 回公判期日前に取調がなされて作成されたものであり、しかも、右供述調書は、第 1 審公判において、X および

その弁護人がこれを証拠とすることに同意している。したがって、原判決には所論のような違法は認められない」。

解説 **1** 被告人が起訴された後も、捜査が続けられることはある。その場合、捜査機関が、目撃証言をさらに収集したり、物的証拠を収集するにとどまらず、当該公訴事実について被告人の取調べを行うことは許されるのであろうか。

2 たしかに、捜査機関が被告人を取り調べるとなると、被疑者段階とは異なり、被告人は、検察官と対等な訴訟当事者としての地位を有することから、(1)当事者主義の原則に抵触しかねず、また、起訴後に公判廷外での真相の解明に向けた証拠収集活動がなされる点で、(2)公判中心主義との関係も問題となる。それゆえ、取調べを認めることに反対する(a)消極説も少なくない。同説は、法 198 条が取調べの客体を「被疑者」に限定していることを援用し、それは、以上の理由から、被告人の取調べを許さない趣旨であり、公訴提起後に当該公訴事実について被告人を取り調べた捜査機関の供述調書には証拠能力がないとする。また、原則は違法だが、①被告人の方から検察官等に面接を求めた場合、②共犯者に対する捜査が進行したため、改めて被告人に事情を聴く必要が生じた場合などは、適法とする余地があるとする(b)中間説もある（松尾(上)188 頁）。

だが、起訴後に、いわゆる公訴維持のため、被告人の取調べを含めた、捜査機関による捜査が必要になる場合があることも否定できない。また、刑訴法自体が、起訴後であっても第 1 回公判期日前までは、証人尋問（法 226 条・227 条）や、被告人・弁護人等による証拠保全手続（法 179 条）といった、公判廷外での証拠収集活動を認める規定を設けていることにも留意を要する。そこで、取調べが任意捜査として行われるのであれば許されるとする(c)積極説も主張される。もっとも、その内部では、④弁護人を排斥した密室での取調べであれば強制処分にあたるので、弁護人立会いのない取調べであれば、法 198 条により被疑者に関してのみ許されるにすぎないとする説もある（田宮 137 頁）。しかし、回法 197 条は任意捜査については何ら制限をしていないのであるから、同意を得た任意の態様で取り調べることは許されるであろうとする見解もある。必要性があり、被告人の地位を傷つけない態様の取調べであれば、弁護人の立会いがなくても許容されると解するのである。

3 以上にみたような、(1)当事者主義や(2)公判中心主義といった刑訴法上の基本原則を考えれば、捜査機関が当該公訴事実について被告人を取り調べることは、できるだけ避けるべきではある。だが、証人尋問や証拠保全などの関連規定の存在、さらには、法 198 条は、たしかに取調べの客体として「被疑者」のみを規定しているものの、法 197 条が任意捜査について何ら制限を設けていないことを勘案すれば、被告人の、当事者としての地位を害さないような趣旨・態様での取調べは許容されるとする前記(c)回説が妥当である。

4 本決定も、以上の立場に立っていると理解することができる（さらに、最決昭 57・3・2 裁集刑 225-689 も参照）。実務上も、共犯者が新たに逮捕されるなどして取り調べる必要が生じたときや、被告人が自ら供述を改めるために取調べを求めたときなどに、被告人に対する取調べが行われている。

2-16　裁量保釈の判断基準

最 2 小決平成 22 年 7 月 2 日（判時 2091 号 114 頁・判タ 1331 号 93 頁）

［参考］四宮啓・圏平 22-233、松本芳希・J1312-128、川出敏裕・J1370-107、三好幹夫・実例Ⅱ-77、圏274

事実　被告人 X は、平成 21 年 9 月から 22 年 3 月にかけて、①傷害事件（平成 19 年 5 月、当時 16 歳の男性被害者に暴行を加え、通院加療 11 日間の傷害を負わせた）、②傷害・窃盗事件（平成 19 年 8 月、公園で、当時 19 歳の男性被害者の顔面を、刃物様のものを持ったげん骨で 1 回殴りつけ、全治約 10 日間の傷害を負わせ、財布 1 個を窃取した）、③強盗致傷事件（平成 21 年 6 月、マンションの入口で、帰宅途中の当時 21 歳の女性被害者の手提げバッグを奪おうとして刃物様のものでその右前胸部を 1 回突き刺すなどしたが、抵抗されたため、バッグは奪えず、その際、入院加療 16 日間の傷害を負わせた）、④器物損壊事件（平成 19 年 5 月、スーパーの出入口ドアガラス 1 枚を蹴り破って壊した）という 4 つの事件で起訴された。

このうち③事件は、裁判員裁判の対象事件であったが、公判裁判所は、すべての事件を公判前整理手続に付し、主張整理、証拠整理を進めたところ、同手続の中で、X 側は、②・③事件について犯人性を争い、検察官は、これらの事件については、間接事実の総合評価によって犯人性を立証する予定とした。

弁護人は、公判前整理手続が終了する前ではあるが、概ね審理計画が定まり、公判裁判所が裁判員裁判の日程（職務従事予定期間）を定めて裁判員等候補者の呼出しなどをした段階で、X が勾留されていた①・②・③事件について保釈請求をしたところ、裁判官は、①・②事件については権利保釈の除外事由である法 89 条 4 号に、③事件は 89 条 1 号・4 号に各該当し、裁量保釈も相当でないとして、保釈請求を却下した（原々決定）。

弁護人の準抗告に対し、準抗告審は、法 89 条各号の該当性について、②事件の法 89 条 4 号、③事件の法 89 条 1 号の該当性はそれぞれ認めたが、③事件について、「公判前整理手続がまもなく終了する……現時点では、X が実効的な罪証隠滅行為をなし得るとは考えにくく、具体的な罪証隠滅のおそれがあるとは認められない」とし、①事件とともに法 89 条 4 号の該当性を否定した。そして、裁量保釈の当否について、「公判前整理手続がまもなく終了する現時点において、①及び③事件については、罪証隠滅の具体的なおそれがあるとは認められない。また、②事件については、被害者との関係で罪証隠滅のおそれは認められるが、その程度が強いとまでは認められない」としたほか、保釈期間中の厚い監督体制も見込まれること、X がすでに約 11 か月にわたり身体拘束を受けていること、連日開廷に対応した効果的な弁護活動を行うためには X と弁護人が即時かつ緊密に打合せを行う必要があることなどを理由として、裁量保釈を認めるのが相当とし、保釈請求却下決定を取り消し、関係者との接触禁止等の指定条件を付して X の保釈を許可した（東京地決平 22・6・22 判時 2091-122〔原決定〕）。

これに対し、検察官は、原決定の判例違反、法 90 条等の解釈適用の誤り（罪証隠滅のおそれの高さや、X の粗暴性、両親の監督能力等についての認定・評価の誤り、14 日間も判断を留保するなどした準抗告審の手続等の違法、保釈が証人に与える不安感、裁判員裁判の進行への影響など）を理由として、原決定のうち②、③事件につき保釈を許可した部分の取消しを求めて、特別抗告を申し立てた。

決定要旨　抗告棄却。「所論にかんがみ職権により調査すると、裁量により保釈を

許可した原決定には、本件勾留に係る公訴事実とされた犯罪事実の性質等に照らせば、所論が指摘するような問題点もないとはいえないが、いまだ刑訴法 411 条を準用すべきものとまでは認められない」。

解説　**1**　保釈とは、勾留されている被告人について、一定額の保証金の納付を条件として勾留の執行を停止し、拘禁状態から解く制度である。裁判所が適当と認めるときに職権で保釈を許す職権保釈（法 90 条）もあるが、実務上は、職権保釈はほとんどない。現実には、権利保釈（必要的保釈。法 89 条本文）の例外を定める法 89 条 1 号～6 号に掲げる事由の判断（裁量保釈・任意的保釈）が、争いとなってきた。

2　近時、裁判員制度の導入を契機として、保釈の運用の見直しを図る提言がなされている。すなわち、⑴保釈の判断基準に類型化・抽象化の傾向のある現状を改め、被告人の防御権の行使を十全なものにするために、可能な限り保釈を認める方向で、法 89 条各号の該当性の有無・程度、裁量保釈の可否をより具体的、実質的に判断していく必要がある（保釈判断の実質化）、⑵裁判員裁判での連日開廷の審理における被告人の防御権の円滑な進行の確保のため、より弾力的な保釈の運用を図るべきであり、かつ、公判前整理手続で争点・証拠の整理が早期に確定されるなどの事由は、それを容易にする要素たりうる（裁判員事件の保釈運用の弾力化）、とするのである（松本・前掲 128 頁以下）。

その後の実務の運用は、この提言に沿った方向に変わりつつあるとの評価が一般的にされ、裁判員制度の実施に向け、裁判所が積極的な保釈の運用を図っていこうとする姿勢がうかがわれるとの指摘もなされている（角田正紀・原田國男判事退官記念論文集 135 頁など）。

3　本件原決定も、否認事件である②事件や③事件についても、実効的な罪証隠滅行為をなしうるかを具体的に判断しているほか、出頭確保に関し X に対する手厚い監督体制、連日開廷に対応した効果的な弁護活動を行うために X と弁護人が即時かつ緊密に打合せを行う必要があることなどを考慮しており、上記のような実務の運用の変化を反映したものと捉えることができる。

4　本決定は、検察官が特別抗告申立書で指摘した、罪証隠滅のおそれの高さや、X の粗暴性、両親の監督能力等についての認定・評価の誤り、保釈が証人に与える不安感、裁判員裁判の進行への影響などの点について、「本件勾留に係る公訴事実とされた犯罪事実の性質等に照らせば、所論が指摘するような問題点もないとはいえない」として、裁量保釈の際に考慮すべき点について注意喚起をしつつも、上記運用の変化を背景にした原決定の判断に対し、特別抗告審として介入を控える旨を明らかにしたものである。

5　もとより、保釈は、それを広く認めれば認めるほどよいというものではなく（川出・前掲 114 頁参照）、被告人の防御権行使の確保等と、公判への出頭の確保、罪証隠滅の防止という未決勾留の目的との合理的な調和点を検証・探求していくことが重要である。

2-17　保釈と余罪

最3小決昭和44年7月14日（刑集23巻8号1057頁・判タ237号253頁）

[参考] 佐藤文哉・圓3版56、神垣英郎・令状基本(下)20、小林充・令状基本(上)265、圖274

事実　被告人Xは、暴力行為等処罰法違反の罪（「甲事実」）で起訴され、その後2件の恐喝罪（「乙事実」「丙事実」）で追起訴され、同一裁判官のもとで審理されていた。甲事実については勾留状が発せられたが、乙、丙事実については発せられていなかった。

弁護人の請求によりXの保釈を許可した1審裁判所に対する検察官の抗告に対し、控訴審は、本件勾留理由である甲事実については法89条3号所定の権利保釈の除外事由があると認め、なお法90条による裁量保釈も適当とは認められないと判断して抗告を認容し、保釈許可決定を取り消し、保釈請求を却下した。その決定理由中で、「審理の経過、事実の内容、被告人の経歴、行状、犯行の手口、態様等諸般の事情を参酌する意味において、仮りに甲事実のみについて勾留がなされ、乙、丙事実については勾留がなされていない場合であっても、乙、丙事実について全くこれを度外視して単純に甲事実について保釈を適当であると裁量することは軽率の議りを免れないであろう」と説示した。

弁護人は、原決定の説示は、「およそ被告人の勾留は、罪を犯したことを疑うに足る相当の理由がある場合に、その犯罪事実について、審判の円滑な遂行を保障するため、当該犯罪事実を単位として行われるのが建前であり、勾留の理由その必要の有無、勾留期間の更新事由の有無、保釈の適否等も形式的には、すべて当該勾留にかかる犯罪事実のみを基準として決定されるべきものであり、この一事件一勾留の原則は被告人の身柄拘束を持続する方向に不当に緩和することは許されず、追起訴事実のみの審理のため必要な身柄の拘束は、新たな勾留によるべきものと解せられる」とする高松高決昭和41年10月20日（下刑集8-10-1346）に相反すると主張して、特別抗告を申し立てた。

決定要旨　抗告棄却。「被告人が甲、乙、丙の三個の公訴事実について起訴され、そのうち甲事実のみについて勾留状が発せられている場合において、裁判所は、甲事実が刑訴法89条3号に該当し、従って、権利保釈は認められないとしたうえ、なお、同法90条により保釈が適当であるかどうかを審査するにあたっては、甲事実の事案の内容や性質、あるいは被告人の経歴、行状、性格等の事情をも考察することが必要であり、そのための一資料として、勾留状の発せられていない乙、丙各事実をも考慮することを禁ずべき理由はない。原決定も、この趣旨を判示したものと認められる。所論引用の高松高等裁判所昭和41年10月20日決定……は、勾留状の発せられている起訴事実について裁量保釈が適当と認められる場合には、勾留状の発せられていない追起訴事実の審理のために被告人の身柄拘束の継続が必要であることを理由として保釈を拒否すべきではない旨を判示したものであって、本件と事案、論点を異にし、適切ではないから、所論のうち判例違反の論旨は、前提を欠くことに帰する」。

解説　**1**　保釈とは、勾留されている被告人について、一定額の保証金の納付を条件として勾留の執行を停止し、拘禁状態から解く制度である。勾留されている被告人、または

その弁護人・法定代理人・保佐人・配偶者・直系親族・兄弟姉妹は、保釈の請求ができる（請求による保釈。法88条1項）。保釈請求があれば、原則として許さなければならないが（権利保釈・必要的保釈。法89条本文）、法89条1号〜6号に掲げる場合（除外事由）は必要的保釈の例外であり、裁判所の裁量により保釈の可否が判断される（裁量保釈・任意的保釈）また、裁判所は適当と認めるときは、職権で保釈を許すことができる（職権保釈。法90条）。いずれの場合も、裁判所が保釈拒否の決定をするには、あらかじめ検察官の意見を聴く必要がある（法92条1項）。

　裁判所は、保釈を許す場合、保証金額を定めなければならない（法93条1項）。保釈された被告人に対して、一定の取消事由が生じた場合、保釈の取消しに加え、保証金が没取されるかもしれないという心理的負担を課し、経済的威嚇を与えることで、逃亡防止・罪証隠滅防止を図るという勾留の目的を全うしつつ、勾留の執行を停止し、拘禁状態から解くのが保釈であるから、保証金額の決定は保釈許可の必要不可欠の条件である。

　2　権利保釈の除外事由の有無は、勾留の基礎となっている犯罪事実（勾留事実）を基準（事件単位）として判断される。ただし、その際、たとえばⒶ事実で勾留され、Ⓐ・Ⓑ両事実について起訴された被告人について、Ⓑ事実が除外事由に該当する場合に、勾留事実（Ⓐ事実）以外の事実（Ⓑ事実）を考慮できるかについては、争いがある。

　通説は、(a)勾留の効力は勾留状記載事実であるⒶ事実以外に及ばないから、Ⓑ事実を考慮できないとする（事件単位説）。これに対し、(b)勾留は拘束されている被告人単位に考えるべきで、起訴事実であるⒷ事実も考慮できるとする見解（被告人単位説）、(c)事件単位を前提としつつ、逃亡のおそれは犯罪事実単位ではなく被告人単位でしか考えられないとして、逃亡のおそれを類型化した法89条1号・3号についてはⒷ事実を考慮できるとする見解（折衷説）、(d)令状手続は手続単位で考えるべきで、併合されている限りⒷ事実を考慮できるとする見解（手続単位説）が対立する。

　3　本件は、職権保釈に関する事案であるが、Ⓐ事実の事案の内容・性質、被告人の経歴・行状・性格等の事情を考慮する際の一資料として、勾留状の発付されていない他の犯罪事実（Ⓑ事実）を考慮することは差し支えないと判示した。これは、一見すると、(b)説的な見解をとり入れているようにも思われる。しかし、この判示によれば、Ⓑ事実を考慮しても、Ⓐ事実と被告人の性格等を考察する資料にしかできないのであり、Ⓐ事実以外の事実により直ちに保釈の拒否を決定しうるわけではないから、なお、(a)説によったものとみるべきであろう。

　勾留の手続（60条1項）や、法89条各号（特に1号・5号）は、勾留事実を前提としていることも考えれば、(a)事件単位説を基本とすべきである。そして、他の犯罪事実（余罪）は、権利保釈の除外事由の存否を判断するための一資料としてであれば、考慮することは差し支えないと解される（川上拓一・大コメ〔2版〕2巻171頁、河上和雄・注釈〔新版〕108頁）。

　4　なお、(a)事件単位説を前提としても、実務的な取扱いとしては、Ⓑ事実について勾留状を発することにより、不当な保釈を制限することになる（河上・前掲109頁）。

3-1　裁判官の除斥

最 1 小決平成 17 年 8 月 30 日（刑集 59 巻 6 号 726 頁・判タ 1188 号 249 頁）

[参考] 松田俊哉・圏17-325、松代剛枝・圏9 版 110、小坂敏幸・注釈 3 版 1-167、圏289

事実　来日外国人である被告人 X は、強盗致死等で逮捕されたが、X は、実際より 1 年繰り上げた生年月日が記載された旅券で入国しており、それによれば、起訴時点で、すでに 20 歳であったため、成人として、通常の手続により起訴された（「前件」）。

前件第 1 審では、審理が相当進み、被告人質問がほぼ終了した段階に至って、X は自己の生年月日を偽っており、起訴の時点では未成年であったことが判明した。それゆえ、起訴には少年法上の家裁の逆送決定が必要であるのに、これを欠くことになるため、裁判所は、公訴提起の手続が法令に違反して無効であるとして公訴

棄却の判決をし、同判決は即日確定した。

その後、X は、前件と同じ事件で再度起訴され、前記公訴棄却の判決をした裁判所と同じ裁判官で構成された裁判所が、前件で取り調べたものと同一の証拠および前件で行われた被告人質問等の公判調書の謄本を取り調べたうえ、改めて被告人質問をして有罪判決を言い渡した。

弁護人は、前件で公訴棄却の判決をした裁判所と裁判官の構成が同じ裁判所が、再起訴後の第 1 審公判の審理を担当し、前件で取り調べた証拠等を基に犯罪事実の認定を行ったのは、裁判官の除斥事由である前審関与に該当する旨主張して、上告した。

決定要旨　上告棄却。「裁判官が事件について公訴棄却の判決をし、又はその判決に至る手続に関与したことは、その手続において再起訴後の第 1 審で採用された証拠又はそれと実質的に同一の証拠が取り調べられていたとしても、事件について前審の裁判又はその基礎となった取調べに関与したものとはいえないから、刑訴法 20 条の定める裁判官の除斥原因に該当しないとした原判断は、結論において、正当である」。

解説　**1**　憲法 37 条 1 項は、被告人に対し、公平な裁判所の迅速な公開裁判を受ける権利を保障している。公平な裁判所とは、組織・構成等において不公平のおそれのない裁判所という意味である（最大判昭 23・5・5 刑集 2-5-447、最大判昭 23・6・30 刑集 2-7-773）。

2　具体的な事件に利害関係を有しているなど、第三者からみて不公平な裁判をするおそれがあると思われる裁判官には、その事件を担当させるべきではない。このような考えを制度化したのが、除斥・忌避・回避である。除斥とは、不公平な裁判をするおそれのある事情（⑦裁判官がその事件と人的につながりのある場合と、④その事件につき一定の職務を行ったことがある場合）を類型化し、それに該当する裁判官を当然に職務の執行から排除する制度である（法 20 条）。

除斥原因は、もしそれに該当すれば当然職務の執行から除外されるとするものであるから、その範囲は限定的に解すべきである。たとえば、「事件について検察官又は司法警察員の職務を行ったとき」（法 20 条 6 号）に関し、裁判官がその任官前に当該事件について検察官等として具体的な職務行為をした場合に限られ、同種同質の事件に検察官として関与したことは除斥事由には該当しない（最大決昭 47・7・1 刑集 26-6-355）。

本件では、担当裁判官が、「前審の裁判」または「（前審の）裁判の基礎となった取調べに関与したとき」（法20条7号）に該当するかが問題となった。

3　ここにいう「前審の裁判」とは、控訴審においては第1審の、上告審においては控訴審および第1審の、抗告審においては原審または原々審の各終局的裁判（不服申立を前提として、上級審からみた下級審の終局裁判）をいう。①制度趣旨からすれば、除斥の対象となるのは、前審の終局裁判の内部的成立に関与した場合に限られ、前審の判決の宣告手続のみに関与した場合（大判大15・3・27刑集5-125）などは、除斥原因にあたらない。②また、「前審」とは審級制度における上級審からみた下級審を意味し、時間的前後関係は問題とならないから、少年法20条の検察官送致決定をした場合（最決昭29・2・26刑集8-2-198）、控訴審の裁判官が差戻後の再度の控訴審を担当する場合（最決昭28・5・7刑集7-5-946等）、原確定判決に関与した裁判官が再審請求事件に関与した場合（最決昭34・2・19刑集13-2-179）などは、やはり除斥原因にあたらない。

4　「裁判の基礎となった取調べに関与したとき」というのは、再考慮手続からの排除という狙いを、終局的判断を目的として心証形成を行った裁判官にまで拡張するものである。裁判官が本案の心証形成のために行った証拠調べの結果がその事件の終局裁判に採証されたか否かが基準となる。たとえば、Ⓐ裁判官が第1審裁判官として公判期日に証拠を取り調べ、当該証拠が更新後のⒷ裁判官による有罪判決の事実認定に用いられた場合、Ⓐ裁判官は、当該事件の控訴審における職務執行から除斥される（最大判昭41・7・20刑集20-6-677）が、控訴審における事実調べは直接本案についての心証形成ではないから、その結果が差戻し後の第1審判決に採証されたときでも、第1次控訴審の裁判官は第2次控訴審で除斥されない（最決昭29・6・23刑集8-6-943）。

また、法20条7号ただし書が、受託裁判官としての関与が除斥事由にあたらないとするのは、受託裁判官は自ら心証形成を行う職責を有しないからであるとされるが（柴田・前掲156頁）、通説は、法179条・226条・227条の手続に関与した裁判官は、自ら事件について心証形成を行う職責を有するものでないという点において、受託裁判官に準ずるものと説明する。

なお、この場合も、本案について前・後審的審査機構が設定されている趣旨を貫徹する目的に由来すると解されるから（柴田・前掲155頁）、逮捕状発付、起訴前勾留、保釈等の身柄の処置に関与した場合（最大判昭25・4・12刑集4-4-535）、法226条または法227条の証人尋問をした場合（最判昭30・3・25刑集9-3-519）、共犯者の裁判に関与した場合（最判昭28・10・6刑集7-10-1888）などは、除斥原因にあたらない。

5　本事案では、前件第1審と本件第1審は、**同一審級であるから**、文理上、前審関与にはあたらず、また、前件で公訴棄却の判決をした裁判体は、**本案につき心証形成を行ったわけでもない**。それゆえ、形式面からも実質面からも除斥原因にあたらないと解される。

3-2　裁判官の忌避

最大決平成 23 年 5 月 31 日（刑集 65 巻 4 号 373 頁・判タ 1358 号 92 頁）

［参考］矢野直邦・曹時 65-3-224、近藤和義・圖昭 48-246、金子章・圓平 23-181、講289、図33-2

事実　本件は、平成 21 年度導入の裁判員制度の憲法適合性が上告審で争われ、大法廷に回付された事件（【3-36】）に関して、弁護人が、本件当時の最高裁判所長官である竹崎博允裁判官に対して、忌避の申立てをした事案である。

弁護人は、竹崎裁判官が、①昭和 63 年陪参審制度の研究のため渡米した、②最高裁判所長官として、裁判員法の施行を推進するために裁判員制度を説明するパンフレット等の配布を許した、および③平成 23 年の憲法記念日に際して裁判員制度を肯定するような発言をしたことを挙げ、裁判員制度の憲法適合性を争点とする上告事件につき、法 21 条 1 項後段の「不公平な裁判をする虞」があるなどと主張した。

決定要旨　忌避申立て却下。「所論は、要するに、竹崎裁判官は、①昭和 63 年に陪参審制度の研究のため渡米しており、また、②最高裁判所長官就任後、裁判員の参加する刑事裁判に関する法律の施行を推進するために裁判員制度を説明するパンフレット等の配布を許すとともに、③憲法記念日に際して裁判員制度を肯定するような発言をしていること等に照らし、裁判員制度の憲法適合性を争点とする本件について、刑訴法 21 条 1 項にいう『不公平な裁判をする虞』があるというのである。

しかし、所論①が指摘する渡米研究の点は、国民の司法参加に関する一般的な調査研究をしたというものにすぎない。

また、所論②が指摘するパンフレット等の配布に係る点は、最高裁判所長官である同裁判官が、国会において制定された法律に基づく裁判員制度について、その実施の任に当たる最高裁判所の司法行政事務を総括する立場において、司法行政事務として関与したものであり、所論③が指摘する憲法記念日に際しての発言も、同じ立場において、同制度の実施に関し、司法行政事務として現状認識や見通し及び意見を述べたものである。最高裁判所長官は、最高裁判所において事件を審理裁判する職責に加えて、上記のような司法行政事務の職責をも併せ有しているのであって（裁判所法 12 条 1 項参照）、こうした司法行政事務に関与することも、法律上当然に予定されているところであるから、そのゆえに事件を審理裁判する職責に差し支えが生ずるものと解すべき根拠はない。もとより、上記のような司法行政事務への関与は、具体的事件との関係で裁判員制度の憲法上の適否について法的見解を示したものではないことも明らかである。

その他所論に鑑み検討しても、竹崎裁判官が本件につき刑訴法 21 条 1 項にいう『不公平な裁判をする虞』があるものということはできない」。

解説　**1**　忌避とは、裁判官に除斥原因がある場合、または不公平な裁判をするおそれがある場合に、裁判官を職務の執行から排除する制度である（法 21 条）。忌避権の濫用を

防ぐため、後者の理由による場合は、申立て時期に制限がある（法22条）。

2 「不公平な裁判をするおそれがある場合」の具体的内容について、法21条は何も規定していない。ただ、除斥原因が、⑦裁判官がその事件と人的につながりのある場合と、④その事件につき一定の職務を行ったことがある場合を類型化したものであって、いずれも当該手続外の客観的要因により、裁判の公平を維持できない場合が列挙されていることとの均衡を考えるべきである。法21条が除斥の補充規定であることや、忌避制度の立法趣旨に鑑みれば、それに準ずる場合と解すべきことになろう。それゆえ、不公平な裁判をするおそれがある場合とは、当事者の主観によるものではなく、実質において除斥原因に準ずる客観的事情のある場合（裁判官が一方当事者と特別の関係にあったり、当該訴訟を離れてすでに一定の判断を固めているという事情が存在する場合など）をいうものと解される。

3 従来の忌避事由に関する事案は、大別すると、(1)当該具体的事件の手続の中での訴訟指揮権の行使などが忌避事由として主張される類型と、(2)当該具体的事件の手続を離れた裁判事務以外の職務や言動などが忌避事由として主張される類型に分けられる。そして、後者の類型については、①そのような関与等が職責上当然に予定されているかどうかという観点や、②当該具体的事件との関係で示された意見等であるかどうかという観点から、忌避事由の有無が判断されている旨が指摘されている（矢野・前掲229頁）。

4 (1)類型について、チッソ川本事件（**【2-10】**）に関する**最決昭和48年10月8日**（刑集27-9-1415）は、「裁判官の忌避の制度は、裁判官がその担当する事件の当事者と特別な関係にあるとか、訴訟手続外においてすでに事件につき一定の判断を形成しているとかの、当該事件の手続外の要因により、当該裁判官によっては、その事件について公平で客観性のある審判を期待することができない場合に、当該裁判官をその事件の審判から排除し、裁判の公正および信頼を確保することを目的とするものであって、その手続内における審理の方法、態度などは、それだけでは直ちに忌避の理由となしえないものであり、これらに対しては異議、上訴などの不服申立方法によって救済を求めるべきであるといわなければならない。したがって、訴訟手続内における審理の方法、態度に対する不服を理由とする忌避申立は、しょせん受け容れられる可能性は全くないもの」とする。

5 本件は(2)類型にあたる。大法廷は、竹崎長官のパンフレット等の配布や、憲法記念日に際しての発言に関連して、長官たる竹崎裁判官が、国会の制定法に基づく裁判員制度につき、その実施の任にあたる最高裁判所の司法行政事務を総括する立場において、司法行政事務として、関与または現状認識や見通しや意見を述べたものであることを前提に、①最高裁判所長官は、最高裁判所で事件を審理裁判する職責に加え、司法行政事務の職責をも併せ有し（裁12条1項参照）、それに関与することも法律上当然に予定されているから、そのゆえに事件を審理裁判する職責に差し支えが生ずるものと解すべき根拠はない、②このような司法行政事務への関与は、具体的事件との関係で裁判員制度の憲法上の適否について法的見解を示したものではないとして、いずれも忌避事由にはあたらないとした。

以上は、従来の判例の見解（①に関し最決平3・2・25民集45-2-117、②に関し最大決昭34・7・1刑集13-7-1001・最決昭48・9・20刑集27-8-1395など）を踏襲した判断といえる。

3-3　国選弁護人の解任と再選任請求

最 3 小判昭和 54 年 7 月 24 日（刑集 33 巻 5 号 416 頁・判タ 399 号 143 頁）

[参考] 高木俊夫・圖昭 54-201、久岡康成・圖8 版 120、椎橋隆幸・圄昭 54-203、圖41

事実　いわゆる 4・28 沖縄デー事件に関与したとして起訴された被告人ら約 240 名のうち約 90 名は、私選弁護人を選任のうえ、統一公判を主張したが、被告人らは 2 つのグループに分けられ、東京地裁刑事第 6 部に配点された。第 1 回公判期日前に私選弁護人が全員辞任し、被告人らは第 1 回期日当日に国選弁護人を請求したところ（なお、本件は任意的弁護事件である）、1 審は両グループに各 3 名の国選弁護人を選任し、各第 6 回公判からは、両グループを併合して、さらに審理を続けた。

ところが、国選弁護人 6 名は、第 10 回公判の開廷前に突如書面により辞意を表明した。1 審が、その事情に関し事実の取調べをしたところ、被告人らは弁護人らを罵倒し続けるなど著しい非礼を重ねるなどしたため、国選弁護人ら

は、もはや被告人らには誠実に弁護人の弁護を受ける気持ちがないものと考えるに至ったことが判明した。そのため、1 審は、国選弁護人らの辞意を容れ全員を解任した。被告人らは、国選弁護人の再選任を請求したが、1 審は、被告人らに対し、前記事実につき弁明を求めるとともに、以後このような行為をしないことを確約できるかを尋ねる等をしたところ、被告人らはこれを拒否するなどしたため、第 12 回公判で国選弁護人の再選任請求を却下し、その後、被告人らから 3 回にわたり国選弁護人の再選任請求がされたが、第 15 回公判で、これらをすべて却下した。1 審は、そのまま審理を進めて有罪判決を下し、控訴審も 1 審判決を是認したため、被告人 7 名が、憲法 37 条 3 項違反などを主張して上告した。

判旨　上告棄却。「右事実によれば、被告人らは国選弁護人を通じて権利擁護のため正当な防禦活動を行う意思がないことを自らの行動によって表明したものと評価すべきであり、そのため裁判所は、国選弁護人を解任せざるを得なかったものであり、しかも、被告人らは、その後も一体となって右のような状況を維持存続させたものであるというべきであるから、被告人らの本件各国選弁護人の再選任請求は、誠実な権利の行使とはほど遠いものというべきであり、このような場合には、形式的な国選弁護人選任請求があっても、裁判所としてはこれに応ずる義務を負わないものと、解するのが相当である。

ところで、訴訟法上の権利は誠実にこれを行使し濫用してはならないものであることは刑事訴訟規則 1 条 2 項の明定するところであり、被告人がその権利を濫用するときは、それが憲法に規定されている権利を行使する形をとるものであっても、その効力を認めないことができるものであることは、当裁判所の判例の趣旨とするところであるから……、第 1 審が被告人らの国選弁護人の再選任請求を却下したのは相当である。このように解釈しても、被告人が改めて誠実に国選弁護人の選任を請求すれば裁判所はその選任をすることになるのであり、なんら被告人の国選弁護人選任請求権の正当な行使を実質的に制限するものではない。したがって、第 1 審の右措置が憲法

37条3項に違反するものでないことは右判例の趣旨に照らして明らかである」。

「国選弁護人は、裁判所が解任しない限りその地位を失うものではなく、したがって、国選弁護人が辞任の申出をした場合であっても、裁判所が辞任の申出について正当な理由があると認めて解任しない限り、弁護人の地位を失うものではないというべきであるから、辞任の申出を受けた裁判所は、国選弁護人を解任すべき事由の有無を判断するに必要な限度において、相当と認める方法により、事実の取調をすることができるもの、と解するので相当である」。

解説　**1**　国選弁護人の選任行為（法38条1項、規29条）の法的性質については、被選任者の応諾を要件とした裁判長の一方行為とする(a)**公法上の一方行為説**、裁判長は被告人のため（被告人に代わり）弁護士と交渉し弁護人を選任するのであり、被選任者の応諾を当然要するとする(b)**公法上の契約説**も主張された。だが、法38条1項、規29条の文言や憲法37条3項の趣旨からすれば、国選弁護人選任の効力を被選任者の応諾の有無にかからしめることを法は予定していないと考えられるから、裁判長の意思表示たる命令であるとし、被選任者の応諾を不要とする(c)**裁判説**が妥当である。

そうであれば、国選弁護人の解任は、弁護人の辞任の申出や被告人の要求によってその効力が生ずるわけではなく、裁判所（起訴前は裁判官）の解任の裁判によってはじめて効力を生ずることになる。

2　以上の見解を前提にすれば、裁判所が解任事由の有無を判断するにつき、事実調査ができるのは当然ということになろう（法43条3項）。なお、その場合、裁判所が、弁護人から辞任申出の事情などについて事情聴取することが弁護人の守秘義務（弁護士法23条。なお、法149条参照）の侵害にあたらないかが問題となりうるが、本件最高裁は、「必要な限度において、相当と認める方法により」調査できるとした。

3　憲法37条3項の弁護人依頼権は、自由権の1つであり、国選弁護人制度もこれを基礎とするから、その行使は被告人の意思にかかるもので、放棄の許される権利でもある（最大判昭24・11・2刑集3-11-1737）。そして本件のように、いったん選任した国選弁護人を裁判所が解任せざるをえない状況を自ら現出させた被告人について、そのような態度を改めることの確約のないままに国選弁護人を再度選任しても、同様の事態の繰り返しにしかならないであろう。それゆえ、そのような状況下での再選任請求は、訴訟法上の権利の濫用（規1条2項）にあたり、却下されることになる。

4　なお、国選弁護人の解任については、平成16年の法改正により、裁判所・裁判官の解任の権限と解任事由が明確に定められ、①私選弁護人の選任等により国選弁護人が不要となったとき、②被告人と弁護人との利益相反により職務の継続が相当でないとき、③心身の故障等により弁護人の職務の遂行が不能または困難になったとき、④弁護人の任務違背により職務の継続が相当でないとき、⑤弁護人に対する暴行など、被告人の帰責事由により継続が相当でないときには、解任することができると規定された（法38条の3）。

3-4 必要的弁護

最 2 小決平成 7 年 3 月 27 日（刑集 49 巻 3 号 525 頁・判タ 875 号 59 頁）

[参考] 中谷雄二郎・圏平 7-141、古江頼隆・固 8 版 122、榎本雅記・固 10 版 120、讅 281

事実 本件は、暴力行為等処罰に関する法律違反（常習傷害・暴行・脅迫）等被告事件で、いわゆる必要的弁護事件（法 289 条 1 項）である。第 1 次第 1 審は約 10 年間に及んだが、この間、被告人 X は、国選弁護人に対して公判期日への不出頭を要求し、裁判所にその解任を請求するなどしたため、国選弁護人の選任・解任が繰り返され、延べ 8 名の国選弁護人が審理に関与したが、最後に選任された国選弁護人 2 名も辞任届を提出して公判期日に出頭しなくなったため、裁判所は、被告人・弁護人の立会いがないまま証拠調べを行って結審したうえ、有罪判決を言い渡した。

X の控訴に対し、第 1 次控訴審は、第 1 次第 1 審が弁護人の立会いがないまま実質審理をした点に違法があるとして、破棄差戻しの判決をした。

差戻後の第 2 次第 1 審においても、X は公判審理の進行を阻止しようとして、公判期日への不出頭や裁判官忌避申立てを繰り返し、私選弁護人も、このような X の意向に沿って公判期日への不出頭や裁判官の在廷命令を無視した退廷を繰り返し、裁判所が弁護人出頭確保のため選任した国選弁護人に対しても、その本人や家族に暴行・脅迫を加えて、その出廷を妨害した結果、公判期日に出頭しなくなった。そのため、裁判所は、被告人・弁護人の立会いがないまま審理を行い、結審して有罪判決を言い渡した。

これに対し、X は控訴したが、第 2 次控訴審判決（原判決）は、第 2 次第 1 審の訴訟手続に違法はないとして控訴を棄却したため、X は、さらに上告した。

決定要旨 上告棄却。「刑訴法 289 条に規定するいわゆる必要的弁護制度は、被告人の防御の利益を擁護するとともに、公判審理の適正を期し、ひいては国家刑罰権の公正な行使を確保するための制度である」。

「裁判所が弁護人出頭確保のための方策を尽したにもかかわらず、被告人が、弁護人の公判期日への出頭を妨げるなど、弁護人が在廷しての公判審理ができない事態を生じさせ、かつ、その事態を解消することが極めて困難な場合には、当該公判期日については、刑訴法 289 条 1 項の適用がないものと解するのが相当である。けだし、このような場合、被告人は、もはや必要的弁護制度による保護を受け得ないものというべきであるばかりでなく、実効ある弁護活動も期待できず、このような事態は、被告人の防御の利益の擁護のみならず、適正かつ迅速に公判審理を実現することをも目的とする刑訴法の本来想定しないところだからである」。

解説 **1** 弁護人の立会いがないと開廷できない事件を**必要的弁護事件**という（法 289 条 1 項・316 条の 29・350 条の 9）。これは、被告人の防御の利益を擁護するとともに、公判審理の適正を期し、ひいては国家刑罰権の公正な行使を確保するための制度である（最判昭 23・10・30 刑集 2-11-1435）。必要的弁護事件の審理の際、弁護人が出頭しないとき、在廷しなく

なったとき、弁護人がないときは、裁判長は職権で弁護人を付さなければならない（法289条2項・38条）。

2　ただし、必要的弁護事件については、訴訟指揮に対する不満等から被告人と意思を通じたうえ、弁護人が、公判期日に出頭しない、許可を受けずに退廷する、などの事態に至った場合でも、弁護人の立会いなく実質審理することはできないのかが争われてきた。

3　被告人に関しては、一定の場合の出頭拒否に関して、被告人不出頭のまま審理できる旨を定めた規定が存するが（法286条の2。さらに、法341条も参照）、弁護人に関しては、明文の規定は存しない。そのため、かつては、(a)必要的弁護制度に例外はなく、弁護人の立会いなしで審理することは許されないとする見解（消極説）が一般であった（本件の第1次控訴審も、このような見地に立っている）。だが、いわゆる荒れる法廷の極端化などの問題を背景に、(b)弁護人の不出頭につき、被告人側に帰責事由がある場合には、例外的に弁護人の立会いなしで実質審理を行うことが許されるとする見解（積極説）が、次第に有力主張されるようになる（なお、一定の場合に必要的弁護制度の例外を認める趣旨の「刑事事件の公判の開廷についての暫定的特例を定める法律案」が昭和53年3月に国会に上程されたが、翌年4月に廃案になったという経緯がある）。

4　そして、本決定は、必要的弁護制度に例外があることを正面から認めた。すなわち、①裁判所が弁護人出頭確保のための方策を尽したこと、②それにもかかわらず、被告人が、弁護人の公判期日への出頭を妨げるなど、弁護人が在廷しての公判審理ができない事態を生じさせたこと、③その事態を解消することがきわめて困難であること、という3要件を充足する場合、当該公判期日については、法289条1項の適用がなく、弁護人の立会いのないまま公判審理を行うことができるとした（ただし、この3要件を充足する場合以外には、法289条1項の例外を一切認めないという趣旨であるのかは、なお検討の余地があろう。古江・前掲123頁）。

その根拠につき、最高裁は、前記の要件が満たされる場合、被告人は、もはや必要的弁護制度による保護を受けられないものであって、しかも、実効ある弁護活動も期待できず、また、このような事態は、被告人の防御の利益の擁護だけでなく、適正かつ迅速に公判審理を実現することをも目的とする刑訴法の本来想定しないところである、とする見解を示した。

5　なお、弁護人不出頭による公判期日の空転等を避けられるようにするために、平成16年の法改正により、弁護人が出頭しないおそれがあるときも、裁判所は職権で弁護人を付することができるようになった（法289条3項。弁護人の立会いが必要的な公判前整理手続につき、法316条の8）。また、裁判所は、検察官・弁護人の出頭を確保するため、必要と認めるときは、出頭および在廷を命じることができることになった。検察官・弁護人が正当な理由なくこれに従わない場合には、過料の制裁を加え、さらに検察官の指揮監督者または弁護人の所属弁護士会等に対し適当な処置をとるよう求めることができるとされた（法278条の2）。

3-5 主張明示義務と自己負罪拒否特権

最 1 小決平成 25 年 3 月 18 日（刑集 67 巻 3 号 325 頁・判タ 1389 号 114 頁）

［参考］辻裕教・曹時 57-8-73、稲谷龍彦・囯10 版 128、圖266

事実 過激派 K 協関係者である被告人 X らは、福岡地裁で開かれた別件公判の傍聴券交付、警備等の業務を妨害したという威力業務妨害と、地裁所長から庁舎敷地外への退去命令を受けたのに退去しなかったという建造物不退去の事案で起訴された。1 審裁判所が事件を公判前整理手続に付したところ、X 側は、公判前整理手続において被告人に主張明示義務および証拠調べ請求義務を課している法 316 条の 17 が、「何人も、自己に不利益な供述を強要されない」と定める憲法 38 条 1 項に違反する旨主張した。

原判決は、「公判前整理手続は、検察官が、その主張立証の全体像を示し（法 316 条の 13）、取調請求証拠のみならず（法 316 条の 14）、それ以外の証拠（法 316 条の 15）についても広範に被告人側に開示することを前提に、①被告人又は弁護人に対し、証明予定事実その他の公判期日においてすることを予定している事実上及び法律上の主張がある場合には、時期を前倒しして、公判前整理手続において、その予定している主張を明らかにすることを義務付けている

にすぎず、被告人が公判期日において黙秘する予定であるときにまで何らかの主張を明示することを義務付けているものではなく（法 316 条の 17 第 1 項）、また、②被告人又は弁護人に対し、そのような証明予定事実がある場合に、これを証明するために用いる証拠の取調べを請求することを義務付けているにすぎないのである（同条第 2 項）。すなわち、被告人は、そもそも、黙秘するのか、何らかの主張立証を行うのか、どのような訴訟対応をするのかについて、いずれかの時点ではその意思決定をしなければならないところ、公判前整理手続は、検察官が、その主張立証の全体像を示すとともに、その請求証拠の証明力を吟味するために重要な証拠も被告人側に開示することとした上で、被告人に対し、訴訟対応に関する意思決定の前倒しを求め、何らかの主張立証を行う場合には、その内容を明らかにするように求めているにすぎないのであって、何ら被告人の黙秘権を侵害することになるものではない」と判示した。

これに対し、X 側が上告した。

決定要旨 上告棄却。「所論は、公判前整理手続において被告人に対し主張明示義務及び証拠調べ請求義務を定めている刑訴法 316 条の 17 が、憲法 38 条 1 項に違反する旨主張する。

公判前整理手続は、充実した公判審理を継続的、計画的かつ迅速に行うために、事件の争点及び証拠を整理する公判準備であるところ、公判前整理手続において十分に争点及び証拠を整理するためには、検察官の主張に対する反論として、被告人側の主張やその取調べ請求証拠が明らかにされなければならないことから、刑訴法 316 条の 17 は、被告人又は弁護人に対し、検察官の証明予定事実を記載した書面の送付を受け、かつ、同法 316 条の 14、316 条の 15 第 1 項の各規定による証拠開示を受けた場合に、公判期日においてすることを予定している主張があるときには、これを明らかにするとともに、その証明に用いる証拠の取調べを請求することを義務付けている。

このように、同法 316 条の 17 は、被告人又は弁護人において、公判期日において

する予定の主張がある場合に限り、公判期日に先立って、その主張を公判前整理手続で明らかにするとともに、証拠の取調べを請求するよう義務付けるものであって、被告人に対し自己が刑事上の責任を問われるおそれのある事項について認めるように義務付けるものではなく、また、公判期日において主張をするかどうかも被告人の判断に委ねられているのであって、主張をすること自体を強要するものでもない。

そうすると、同法316条の17は、自己に不利益な供述を強要するものとはいえないから、憲法38条1項違反をいう所論は前提を欠」く。

解説 **1** 公判前整理手続では、その目的である争点・証拠の整理と審理計画の策定という観点から、まず、検察官に、①主張立証の全体像を示し、検察官請求証拠の証明力を判断するのに重要な一定類型の証拠の開示を求める（法316条の13）。その後、被告人側による、②検察官請求証拠に対する証拠意見の明示（法316条の16）、③証明予定事実等の明示と証拠請求（法316条の17）、④請求証拠の検察官に対する開示（法316条の18）、そして、検察官による、⑤被告人側請求証拠に対する意見の明示（法316条の19）、⑥主張関連証拠の開示（法316条の20）等を求める手続が置かれている。

本件では、前記③手続において、被告人側に一定の主張を義務づける（主張明示義務）ことが、憲法38条1項に違反するかが争われた（さらに、法311条1項参照）。

2 主張明示義務と憲法上の自己負罪拒否特権や黙秘権との関係については、見解の対立がある。一方では、法311条1項の黙秘権が憲法38条1項によって直接保障されていることを前提に、憲法上保障されている黙秘権は、何時いかなる段階で自己の主張を述べるかを含めて保障しているから、(a)合憲限定解釈をしない限り主張明示義務は黙秘権の侵害になる（小坂井久・季刊刑弁41号77頁）、などとする見解もある。

3 しかしながら、㋐主張明示義務が存するのは、公判ですることを予定している主張に限られ、公判でも黙秘し、何の主張・立証もする予定がない場合には、主張明示義務は生じない。また、㋑準備手続で検察官の主張する事実を争うか否かを明らかにする義務は、自己が刑事責任を問われるおそれのある特定の事項について、それを認めることを義務づけるものではなく、被告人が準備手続である事実を争わないことを明らかにし、そのことが結果的に、後の公判で被告人の刑事責任を基礎づける証拠になったとしても、被告人自身の決断によるものにすぎず、不利益供述の「強要」とはいえない（川出敏裕・現刑43号48頁）。㋒この手続を経ることで受ける立証制限についても、やむをえない事由で請求できなかった場合は制限を受けないとされているほか、制限を受けても裁判所が職権で証拠調べをすることができるとされている（法316条の32）。さらに、㋓主張そのものの制限は課されていない。以上を考えれば、この義務は、公判で予定するものをあらかじめ、公判前整理手続で行わせる、すなわち、主張明示の時期の公判から公判前整理手続の段階へ前倒しを義務づけるにすぎず、(b)自己負罪拒否特権を不当に侵害するものではない。

4 本決定も、上記(b)の考え方に基づき、公判前整理手続における被告人の主張明示義務等が、憲法38条1項に違反するものではない旨の判断を示したものと解される。

3-6　訴訟指揮に基づく証拠開示命令

最2小決昭和44年4月25日（刑集23巻4号248頁・判タ233号284頁）

[参考] 田尾勇・囮昭44-166、長沼範良・囮7版128、池田修・囮8版128、囮293

事実　被告人Ｘは、税務調査に従事中の税務署職員Ａに対する公務執行妨害で起訴された。1審公判において、Ａの証人尋問が行われた後、裁判長が弁護側の立証計画を質したところ、弁護人は、反証準備のためとして、捜査段階で法226条の証人として取り調べられた5名（Ａ以外の者）の証人尋問調書（検察官手持証

拠）の開示を要求した。

検察官は、それらの調書を証拠請求する意思はなく開示義務はないとして、それを拒否した。そこで、裁判所は、検察官に対し、それらの調書を弁護人に閲覧させるよう命じ、それに対する検察官からの異議申立ても棄却した。

これに対し、検察官が特別抗告を申し立てた。

決定要旨　抗告棄却。「裁判所は、その訴訟上の地位にかんがみ、法規の明文ないし訴訟の基本構造に違背しないかぎり、適切な裁量により公正な訴訟指揮を行ない、訴訟の合目的的進行をはかるべき権限と職責を有するものであるから、本件のように証拠調の段階に入った後、弁護人から、具体的必要性を示して、一定の証拠を弁護人に閲覧させるよう検察官に命ぜられたい旨の申出がなされた場合、事案の性質、審理の状況、閲覧を求める証拠の種類および内容、閲覧の時期、程度および方法、その他諸般の事情を勘案し、その閲覧が被告人の防禦のため特に重要であり、かつこれにより罪証隠滅、証人威迫等の弊害を招来するおそれがなく、相当と認めるときは、その訴訟指揮権に基づき、検察官に対し、その所持する証拠を弁護人に閲覧させるよう命ずることができるものと解すべきである」。

解説　**1**　当事者主義（当事者追行主義）を徹底すれば、当事者が証拠を収集し、自らの主張を証明できる証拠を提出すべきことになるから、検察官の手持ち証拠を弁護側に開示する必要はないことになる。しかし、「対等な両当事者」というのはフィクションであり、現実には、組織力を有し、強制的な証拠収集の権限を有している捜査機関が証拠のほとんどすべてを手にしていることが多い。また、大陸法系では、検察官には客観義務があり、公的機関として公平に行動すべきとする考え方も強い。当事者主義を原則として採用しつつ、一定の範囲で客観的に行動することを検察官に要請することも、理論的に十分可能である。

また、事案の真相を解明し、刑罰法令の適正・迅速な適用の実現（法1条）という法の目的を達成するには、真の争点を確定し、相互に不意打ちを防止しつつ争点に集中した適正な審理を行う必要がある。そのためには、当事者が、弊害のない範囲で互いに相手方の証拠の概要を知ることで、その主張の強弱等を知るなどして、争点を限定できるようにすることが望ましい。

2　それゆえ、弁護側が検察官の手許にある証拠を事前に検討する機会を与える必要が

あるのではないかという議論が生ずる。具体的には、被告人側の公判準備との関係で、検察官にその手持ち証拠を被告人に開示すべき義務があるか、あるいは、裁判所は、検察官に対し手持ち証拠を被告人側に開示するよう命ずることができるか、という証拠開示が問題となる（旧法下では、起訴と同時に一件記録が裁判所に引き継がれたため、弁護人はそれを閲覧・謄写できたが、起訴状一本主義を採用した現行法では、法40条も機能しない）。

現行法制定当初は、当事者が請求を予定している証拠については、あらかじめ相手方に知らせる（人証であればその氏名等を知る機会を、書証や証拠物であれば閲覧の機会を与える）ことなどを定め（法299条1項）、実際にも、検察官は第1回公判期日前に請求予定の書証等を弁護人に閲覧・謄写させるなどしてきている（規178条の6・178条の7）が、請求予定のない証拠はその対象とならない。しかし、検察官が請求する予定のない証拠の中にこそ、被告人側の反証にとって貴重なものが含まれている可能性があるため、被告人側が検察官手持ち証拠の閲覧を求めることにも理由がある。

3 学説は、(a)検察官は弁護側から請求があれば事前に全面開示すべきとする**事前全面開示説**と、(b)証拠開示はもっぱら検察官の裁量によるとする**検察官裁量説**を両極として、多くの見解が対立していた。そして、本件以前の判例は、検察官手持ち証拠について事前の全面開示はできず（最決昭34・12・26刑集13-13-3372）、弁護人に閲覧請求権はない（最決昭35・2・9判時219-34）と判示するにとどまっていた。

これに対して、本決定は、(c)裁判所が、具体的事案によっては**訴訟指揮権に基づいて証拠開示を命ずることができる**と判示した。

証拠開示を認めると、実質的にも、迅速で十分な反証活動が展開され、真実発見に資する面があるが、逆に、真実に合わない反証の作出や、証人威迫、偽証工作のおそれなどの弊害が生ずるおそれもある。そこで判例は、裁判所が、冒頭手続の後に、①事案の性質、②審理の状況、③証拠の種類・内容、④閲覧の時期・程度・方法、⑤その他諸般の事情を考慮し、その閲覧が被告人の防御のため特に重要であり、かつこれにより罪証隠滅・証人威迫等の弊害を招くおそれがなく、相当と認めるときは、訴訟指揮権に基づき、検察官に対し証拠開示を命じうるとした。これにより、第1回公判期日後は、具体的事案における必要性と弊害を総合考慮し個別の証拠開示が認められることになった。

4 平成16年に、公判整理手続において、検察官は、被告人側に、基本的に従来と同じ①検察官請求証拠の開示に加え、新たに②検察官請求証拠の証明力を判断するために重要な一定類型の証拠と、③被告人側の主張に関連する証拠について、開示の必要性と弊害の有無、種類、程度等を勘案して開示するものとし、また、証拠開示の要否について争いがある場合には、裁判所が裁定する旨の法改正がなされた（法316条の13～316条の27）。

5 今後、証拠開示をめぐり深刻な争いが生ずるような事案では、公判前整理手続（または期日間整理手続）を行い、その中で改正法に従った処理をするのが望ましい。しかし、それらの手続が行われない事件において証拠開示をめぐる争いが生じた場合には、判例で認められた訴訟指揮権に基づく証拠開示を行う余地も残る。もっとも、その場合でも、改正法の趣旨等を取り込んだ形のものに変容していくことになろう。

3-7 取調べメモの証拠開示

最 1 小決平成 20 年 9 月 30 日〈刑集 62 巻 8 号 2753 頁・判タ 1292 号 157 頁〉

[参考] 上岡哲生・圏平 20-638、秋吉淳一郎・囮9 版 120、前田巌・囮10 版 120、圀297

3

公判手続

I 公判の構成

事実 被告人 X は、強盗致傷（「本件犯行」）等の罪で起訴され、公判前整理手続の結果、X の本件犯行の犯人性が争点であることが確認され、犯人性を立証するための間接証拠の取調べ予定などの審理計画が定められた。

ところが、公判前整理手続終了後の第 1 回公判期日前の段階で、検察官から、これまで請求されていなかった A の検察官調書が証拠請求された。A は、すでに検察官請求証人として採用され、その尋問が予定されていたが、検察官の請求する同検察官調書は、尋問予定事項とは異なる事項を立証趣旨としていた。公判前整理手続が終了した後の証拠請求には「やむを得ない事由」（法 316 条の 32 第 1 項）が必要であるため【**3-26**】参照）、検察官は、公判前整理手続終了後に、証人に対する事実の確認（規 191 条の 3）を行ったところ、A が「X が犯行への関与を自認する言動をしたこと」について、新たに供述した（「新規供述」）ために同検察官調書が作成されたことや、捜査段階で警察官が行った参考人取調べの際にも新規供述事項について質問が行われていたことを明らかにした。そのうえで、検察官は新規供述に沿う内容を証明予定事実として追加主張した。

そのため、事件は再び公判前整理手続に付され、弁護人は、検察官が証明予定事実に加えた「X が犯行を自認する言動をした」事実を否認し、新規供述の信用性を争った。そのうえで、弁護人は、A の取調べメモについて、検察官が証拠開示に応じないことから、証拠開示命令を請求した。当該請求の判断のために裁判所が取調べメモの提示を命じた結果、捜査段階で A を取り調べた際に担当の B 警察官が A の応答を書き留めたメモ（「本件メモ」）を記載したノートが検察官から裁判所に提示された。検察官は、①本件メモは、B が私費で購入したノートに記載し、一時期自宅に持ち帰るなど個人的に保管するメモであり、犯罪捜査規範 13 条に基づいて作成されたものではないから証拠開示の対象文書にあたらず、また、②新規供述の信用性を争う旨の弁護人の主張が具体的でないから主張関連証拠開示命令請求の前提である主張明示がなされておらず、主張と開示を求める証拠との関連性も認められないと主張した。

原々決定は、本件メモにつき、作成経過や保管状況から犯罪捜査規範 13 条に基づいて作成された取調べメモに該当するとして対象文書性を肯定し、他の証拠開示要件も認めて証拠開示を命じた。原決定もこれを維持したため、検察官が特別抗告をした。

決定要旨 抗告棄却。「以上の経過からすると、本件メモは、B 警察官が、警察官としての職務を執行するに際して、その職務の執行のために作成したものであり、その意味で公的な性質を有するものであって、職務上保管しているものというべきである。したがって、本件メモは、本件犯行の捜査の過程で作成され、公務員が職務上現に保管し、かつ、検察官において入手が容易なものに該当する。また、A の供述の信用性判断については、当然、同人が従前の取調べで新規供述に係る事項についてどのように述べていたかが問題にされることになるから、A の新規供述に関する検察官調書あるいは予定証言の信用性を争う旨の弁護人の主張と本件メモの記載の間には、一定の関連性を認めることができ、弁護人が、その主張に関連する証拠として、本件メモの証拠開示を求める必要性もこれを肯認することができないではない。さらに、本件メ

モの上記のような性質やその記載内容等からすると、これを開示することによって特段の弊害が生ずるおそれがあるものとも認められない。

そうすると、捜査機関において保管されている本件メモの証拠開示を命じた原々決定を是認した原判断は、結論において正当として是認できる」。

解説 **1** 公判前整理手続・期日間整理手続（以下、「公判前整理手続等」）での証拠開示に関し争いが生じた場合の裁判所の裁定には、(1)当事者が取調べを請求した証拠につき、裁判所が必要と認めるときに、当該当事者の請求により開示の時期・方法を指定・条件を付する場合（法316条の25第1項）と、(2)当事者が開示すべき証拠を開示していないと認めるときに、相手方の請求により開示を認める場合（法316条の26第1項）とがある。

2 (2)類型に関して、**最決平成19年12月25日**（刑集61-9-895）は、**争点整理と証拠調べを有効かつ効率的に行うという公判前整理手続等における証拠開示制度の趣旨**に基づき、①法316条の26第1項の証拠開示命令の対象となる証拠は検察官の手持ち証拠に限られず、当該事件の捜査の過程で作成・入手した書面等で、公務員が職務上現に保管し、かつ、検察官において入手が容易なものを含むとした。そして、②被告人の供述調書の任意性やその取調べ状況が争点となった当該事案に関して、取調べの経過等を記録した書面、すなわち、取調べ警察官のいわゆる取調べメモは、「個人的メモの域を超え、捜査関係の公文書」であるとして証拠開示命令の対象となりうるとする。

以上を踏まえ、本件決定は、警察官が参考人取調べの際に私費で購入したノートに記載して作成した取調べメモにつき、警察官が一時期自宅に持ち帰るなどして保管するものでも、本件事実関係のもとでは前記①に該当し、証拠開示対象文書であるとした。

なお、**最決平成20年6月25日**（刑集62-6-1886）は、**取調べ以外の捜査の経過等が記録された書面も対象になりうる**とする。

3 前記の裁定に際して、裁判所は、裁定に必要なときは当該証拠の提示を、また、検察官に対しては、一定範囲内の手持ち証拠の標目を記載した一覧表の提示を求めることができる（法316条の27第2項）。前掲最決平成20年は、警察官が捜査の過程で作成し保管する取調べメモの証拠開示命令の対象となるか否かの判断は、裁判所が行うもので、その判断に必要があると認めるときは、検察官に対し同メモの提示を命ずることができるとする。

4 本件での、開示を求める弁護人の新規供述の信用性を争う主張と当該取調べメモとの関連性・必要性につき、当該新規供述がなされる以前の取調べで作成された本件メモでは、当該供述に関する取調べ状況は吟味できない。しかし、本件決定は、本件メモにより、参考人の過去の供述が明らかにされ、その内容を踏まえて新規供述の信用性が吟味されるという意味で、主張と本件メモとの関連性が認められるとした。

5 公判前整理手続等における証拠開示の対象範囲は、検察官手持ち証拠に限るとする立法当初の理解は、これら一連の判例の解釈により拡張された。このことの是非も争われているが、争点整理・証拠整理を有効・効率的に行うという公判前整理手続等の制度趣旨を踏まえ、両当事者の証拠収集能力の不均衡の是正という証拠開示制度の実質的意義や、検察官の主張・立証にあたって考慮されている可能性に基礎づけられている証拠であるか否かの観点などから、開示対象範囲の明確化を図っていくべきとする見解もある。

3-8 訴因変更の要否(1)──具体的判断基準

最 3 小決平成 13 年 4 月 11 日（刑集 55 巻 3 号 127 頁・判タ 1060 号 175 頁）

[参考] 池田修・圏平 13-57、井上弘通・圁8 版 102、上田信太郎・圁10 版 102、大澤裕・法教 256-28、圓312

3

公判手続

Ⅱ

訴因の変更

事実 被告人Xは、Y・Aらと共謀し、火災保険金を騙取するなどしたほか、口封じのため、Yと共謀して、Aを殺害し、死体を遺棄したとして起訴された。このうち、殺人事件の公訴事実は、当初、要旨「Xは、Yと共謀の上、昭和63年7月24日ころ、青森市内に停車中の自動車内において、Aの頸部をベルト様のもので絞めつけて殺害した」というもので、実行行為者は特定されていなかった。公判において、Xは、Yとの共謀の存在と実行行為への関与を否定して無罪を主張して争い、1審公判の途中において、検察官が訴因変更を請求したことにより、公訴事実は、要旨「Xは、Yと共謀の上、同日夜、青森市内に停車中の自動車内において、Xが、Aの頸部を絞めつけるなどして殺害した」に変更され、Xが実行行為者であると明示された。この事実につき、1審は、「Xは、Yと共謀の上、前同日午後8時ころから翌25日未明までの間に、青森市内又はその周辺に停車中の自動車内において、Y又はXあるいはその両名において、扼殺、絞殺又はこれに類する方法でAを殺害した」旨の事実を認定した。

X側は、訴因変更せずに殺害の実行行為者を「Y又はXあるいはその両名」と認定したのは違法であるなどと主張して上告した（択一的認定に関しては【5-3】を見よ）。

決定要旨 上告棄却。「訴因と認定事実とを対比すると、……犯行の態様と結果に実質的な差異がない上、共謀をした共犯者の範囲にも変わりはなく、そのうちのだれが実行行為者であるかという点が異なるのみである。そもそも、殺人罪の共同正犯の訴因としては、その実行行為者がだれであるかが明示されていないからといって、それだけで直ちに訴因の記載として罪となるべき事実の特定に欠けるものとはいえないと考えられるから、訴因において実行行為者が明示された場合にそれと異なる認定をするとしても、審判対象の画定という見地からは、訴因変更が必要となるとはいえないものと解される。とはいえ、実行行為者がだれであるかは、一般的に、被告人の防御にとって重要な事項であるから、当該訴因の成否について争いがある場合等においては、争点の明確化などのため、検察官において実行行為者を明示するのが望ましいということができ、検察官が訴因においてその実行行為者の明示をした以上、判決においてそれと実質的に異なる認定をするには、原則として、訴因変更手続を要するものと解するのが相当である。しかしながら、実行行為者の明示は、前記のとおり訴因の記載として不可欠な事項ではないから、少なくとも、被告人の防御の具体的な状況等の審理の経過に照らし、被告人に不意打ちを与えるものではないと認められ、かつ、判決で認定される事実が訴因に記載された事実と比べて被告人にとってより不利益であるとはいえない場合には、例外的に、訴因変更手続を経ることなく訴因と異なる実行行為者を認定することも違法ではないものと解すべきである」。本件の具体的審理経過のもとでは、「訴因変更手続を経なかったことが違法であるとはいえない」。

解説 **1** 訴因を構成要件に該当する具体的犯罪事実を記載したものとする**事実記載説**によれば、事実面で一定の限度を超える変化があれば訴因変更が必要になる。しかし、わずかな変化だけであれば、当事者にとっても予測不可能なことではないし、訴訟経済を考えても、**訴因の同一性**は失われず、訴因変更は不要である（また、罰条の記載については、訴因特定のための補助的手段であるから、被告人の防御に実質的な不利益が生じない限り、罰条変更手続を経なくても、起訴状に記載されていない罰条を適用できる。最決昭53・2・16刑集32-1-47）。

2 本件では、共犯者の範囲に変化はなく、犯行の態様と結果にも実質的な差異がなく、実行行為者が共犯者のうちの誰かという点のみが異なるという事案に関して、訴因の変更を要するか否かが問題となった。

3 共同正犯の訴因において、共謀共同正犯か実行共同正犯か、前者であればその共謀の日時・場所・内容に関して、訴因の明示に必要な事項であるかの争いがある。訴因の記載につき、他の犯罪事実からの識別・特定ができれば足りるとする(a)**識別説**からは不要だが、被告人の防御権を重視する(b)**防御権説**からは必要とされる。審判範囲の対象の画定という訴因の本来的機能を考えると(a)説が妥当であり、共同正犯の場合に、実行行為者の明示は訴因の記載として不可欠でないとすれば、実行行為者につき訴因と異なる認定をするとしても、審判対象の画定という見地からは、訴因変更の必要はないと解される。

4 ただし、それらの事項が被告人の防御にとって重要な場合も少なくないため、弁護側が釈明を求めた場合には、争点の明確化の見地から検察官において釈明することが望ましい。そして、本件のように、検察官が訴因において実行行為者を明示した以上は、実行行為者が誰であるかは、一般的に被告人の防御にとって重要な事項であるから、訴因と実質的に異なる認定をするには、原則として訴因変更手続が必要となる。

5 さらに本決定は、そもそも実行行為者の明示は訴因の記載として不可欠な事項ではないから、少なくとも、被告人に不意打ちを与えるものではなく、かつ、認定事実が訴因事実と比べて被告人にとってより不利益であるとはいえない場合には、例外的に、訴因変更手続を経ないで訴因と実質的に異なる認定をしても違法ではないとした。これは、具体的防御の観点を補充的に考慮したものといえる。

6 いかなる場合に訴因変更の手続を要するかという**訴因変更の要否**に関しては、訴因のもつ審判対象の画定という観点と、被告人の防御という観点の両者を考慮した、実質的考察が必要となる（抽象的防御説と具体的防御説の対立という説明では十分でない）。

すなわち、訴因の本来的機能は、審判対象の画定という点にあるから、その判断が優先し、①審判対象の画定に必要不可欠な事項が変動すれば、被告人の防御の不利益の有無に関わらず常に訴因変更が必要となる（審判対象説）。②審判対象画定の観点からは訴因変更が不要でも、被告人の防御権の保障の観点から訴因変更が必要となる事項については、変更が必要となる（抽象的防御的観点）が、③②にあたる場合でも、審理経過等から被告人に不利益を与えない場合には例外的に訴因変更は不要である（具体的防御的観点）と解される。(a)識別説による原則基準（①）と、被告人の防御の観点からする原則・例外基準（②・③）による多元的判断が必要なのである（井上・前掲103頁など）。

3-9 訴因変更の要否(2)

最 2 小決平成 24 年 2 月 29 日（刑集 66 巻 4 号 589 頁・判タ 1373 号 151 頁）

[参考] 岩崎邦夫・曹時 65-9-261, 笹倉宏紀・圃平 24-183, 辻本典央・研修 774-3, 圜311, 圀41-2

事実 被告人 X は、要旨「ガス自殺を企て、自宅台所にガスを充満させたが、自殺できず、ガスに引火、爆発させて爆死しようと企て、『本件ガスコンロの点火スイッチを作動させて点火し』、上記ガスに引火、爆発させて放火し、自宅や周辺の住居を焼損させた」旨の現住建造物等放火の訴因で起訴された。公判では、X が、故意にガスに引火、爆発させたかが主な争点となった。1 審判決は、おおむね訴因どおりの事実を認定したが、X が上記ガスに引火、爆発させた方法については、訴因の「本件ガスコンロの点火スイッチを作動させて点火し」をさらに限定し、「本件ガスコンロの点火スイッチを頭

部で押し込み、作動させて点火し」と認定した。

これに対し、原判決は、このような X の行為を認定することはできないとして、1 審判決を破棄したうえで、本件火災の原因は、偶発的な事故や失火によるものとは考えられず、X の意図的な行為によるものであることが推認でき、X が放火したと認定できるとして有罪の自判をし、X が上記ガスに引火、爆発させた方法については、訴因変更手続を経ることなく、「何らかの方法により」上記ガスに引火、爆発させたと認定した。

X は、訴因変更手続を経ずにされた原判決の上記認定は違法であるなどと主張し上告した。

決定要旨 上告棄却。「X が上記ガスに引火、爆発させた方法は、本件現住建造物等放火罪の実行行為の内容をなすものであって、一般的に被告人の防御にとって重要な事項であるから、判決において訴因と実質的に異なる認定をするには、原則として、訴因変更手続を要するが、例外的に、被告人の防御の具体的な状況等の審理の経過に照らし、被告人に不意打ちを与えず、かつ、判決で認定される事実が訴因に記載された事実と比べて被告人にとってより不利益であるとはいえない場合には、訴因変更手続を経ることなく訴因と異なる実行行為を認定することも違法ではないと解される〔最決平成 13 年 4 月 11 日 **【3-8】**〕。

「本件が上記の例外的に訴因と異なる実行行為を認定し得る場合であるか否かについて検討する。第 1 審及び原審において、検察官は、上記ガスに引火、爆発した原因が本件ガスコンロの点火スイッチの作動による点火にあるとした上で、X が同スイッチを作動させて点火し、上記ガスに引火、爆発させたと主張し、これに対して X は、故意に同スイッチを作動させて点火したことはなく、また、上記ガスに引火、爆発した原因は、上記台所に置かれていた冷蔵庫の部品から出る火花その他の火源にある可能性があると主張していた。そして、検察官は、上記ガスに引火、爆発した原因が同スイッチを作動させた行為以外の行為であるとした場合の X の刑事責任に関する予備的な主張は行っておらず、裁判所も、そのような行為の具体的可能性やその場合の X の刑事責任の有無、内容に関し、求釈明や証拠調べにおける発問等はしていなかったものである。このような審理の経過に照らせば、原判決が、同スイッチを作動させた

行為以外の行為により引火、爆発させた具体的可能性等について何ら審理することなく『何らかの方法により』引火、爆発させたと認定したことは、引火、爆発させた行為についての本件審理における攻防の範囲を越えて無限定な認定をした点において被告人に不意打ちを与えるものといわざるを得ない。そうすると、原判決が訴因変更手続を経ずに上記認定をしたことには違法があるものといわざるを得ない」。

「しかしながら、訴因と原判決の認定事実を比較すると、犯行の日時、場所、目的物、生じた焼損の結果において同一である上、放火の実行行為についても、上記台所に充満したガスに引火、爆発させて火を放ったという点では同一であって、同ガスに引火、爆発させた方法が異なるにすぎない。そして、引火、爆発時にＸが１人で台所にいたことは明らかであることからすれば、引火、爆発させた方法が、本件ガスコンロの点火スイッチを作動させて点火する方法である場合とそれをも含め具体的に想定し得る『何らかの方法』である場合とで、Ｘの防御は相当程度共通し、上記訴因の下で現実に行われた防御と著しく異なってくることはないものと認められるから、原判決の認定がＸに与えた防御上の不利益の程度は大きいとまではいえない。のみならず、原判決はＸが意図的な行為により引火、爆発させたと認定している一方、本件ガスコンロの点火スイッチの作動以外の着火原因の存在を特にうかがわせるような証拠は見当たらないことからすれば、訴因の範囲内で実行行為を認定することも可能であったと認められるから、原審において更に審理を尽くさせる必要性が高いともいえない。また、原判決の刑の量定も是認することができる。そうすると、上記の違法をもって、いまだ原判決を破棄しなければ著しく正義に反するものとは認められない」。

解説 **1** 本件では、放火の方法の認定に関して、訴因変更手続の要否が問題となった。本決定は、本件放火の手段である「ガスに引火、爆発させた方法」について、①「審判対象の画定のために必要不可欠な事項」にはあたらないことを前提に、②一般的に被告人の防御にとって重要な事項であるから、訴因と異なる事実を認定するには、原則として、訴因変更を要するが、③例外的に、被告人の防御の具体的な状況等の審理の経過に照らし、被告人に不意打ちを与えず、かつ、判決で認定される事実が訴因に記載された事実と比べて被告人にとってより不利益といえない場合には、訴因変更手続を経なくとも違法ではないとする。これは、【3-8】判例で示された判断基準を踏襲したものである。

2 そして、㋐当事者の攻防の具体的内容を踏まえ、㋑検察官が、訴因事実以外の事実が存した場合の被告人の刑事責任に関する予備的な主張をせず、㋒裁判所も、求釈明や証拠調べにおける発問等をしなかったという審理経過に照らすと、訴因変更手続を経ずに「何らかの方法により」と認定することは、被告人に不意打ちを与えるもので違法とする。

3 しかしながら、本件では、(1)訴因事実と認定事実とで被告人の防御は相当程度共通し、訴因と異なる認定が被告人に与えた防御上の不利益の程度は大きいとはいえず、(2)訴因の範囲内での実行行為の認定が可能で、(3)原判決の量刑も是認できることから、上告は棄却された。実体的正義と訴訟経済とを重視した判断といえよう（岩﨑・前掲291頁）。

3-10　訴因変更の要否(3)——過失犯の訴因

最 1 小決昭和 63 年 10 月 24 日（刑集 42 巻 8 号 1079 頁・判タ 683 号 66 頁）

［参考］池田修・圏昭 63-349、上口裕・圃昭 63-175、安村勉・圃平 15-194、論313

事実　被告人 X は、普通乗用自動車を運転中、「前方道路は付近の石灰工場の粉塵等が路面に凝固していたところへ、当時降雨のためこれが溶解して車輪が滑走しやすい状況にあったから、対向車を認めた際不用意な制動措置をとることのないよう、あらかじめ減速して進行すべき業務上の注意義務があるのにこれを怠り、時速約 30 ないし 35 km で進行した過失により、対向車を認め急制動して自車を道路右側部分に滑走進入させ、折から対向してきた普通乗用自動車に自車を衝突させ、右自動車の運転者に傷害を負わせた」旨の公訴事実で起訴された。ところが、検察官は、1 審の途中で、公訴事実中、「前方道路は付近の石灰工場の粉塵等が路面に凝固していたところへ、当時降雨のためこれが溶解して車輪が滑走しやすい状況にあったから」という部分を、「当時降雨中であって、アスファルト舗装の道路が湿潤し、滑走しやすい状況であったから」と変更する旨の訴因変更請求をし、許可された。1 審は、変更後の訴因につき、本件事故現場付近の道路が格別滑走しやすい状況にあったことを X が認識し、あるいは認識しえたと認めるには疑問が存するので、X には前記速度以下に減速すべき注意義務があったとは認められないとして、X を無罪とした。

控訴審において、検察官は、当初の訴因と同内容のものを予備的に追加する旨の訴因追加請求をし、許可された。控訴審は、事故現場付近の道路は、石灰が路面に付着凝固していたところへ折からの降雨で湿潤して滑走しやすくなっており、X がそのような状況を認識していたものと認められるとして 1 審判決を破棄し、控訴審で予備的に追加された訴因に基づいて X を有罪とした。

これに対し、弁護人が上告した。

決定要旨　上告棄却。「過失犯に関し、一定の注意義務を課す根拠となる具体的事実については、たとえそれが公訴事実中に記載されたとしても、訴因としての拘束力が認められるものではないから、右事実が公訴事実中に一旦は記載されながらその後訴因変更の手続を経て撤回されたとしても、被告人の防禦権を不当に侵害するものでない限り、右事実を認定することに違法はないものと解される。

本件において、降雨によって路面が湿潤したという事実と、石灰の粉塵が路面に堆積凝固したところに折からの降雨で路面が湿潤したという事実は、いずれも路面の滑りやすい原因と程度に関するものであって、被告人に速度調節という注意義務を課す根拠となる具体的事実と考えられる。それらのうち、石灰の粉塵の路面への堆積凝固という事実は、前記のように、公訴事実中に一旦は記載され、その後訴因変更の手続を経て撤回されたものではあるが、そのことによって右事実の認定が許されなくなるわけではない。また、本件においては、前記のとおり、右事実を含む予備的訴因が原審において追加され、右事実の存否とそれに対する被告人の認識の有無等についての証拠調がされており、被告人の防禦権が侵害されたとは認められない。したがって、

原判決が、降雨による路面の湿潤という事実のみでなく、石灰の粉塵の路面への堆積凝固という事実をも併せ考慮したうえ、事実誤認を理由に第1審判決を破棄し有罪判決をしたことに違法はない」。

解説 **1** 過失犯の場合、訴因事実と認定事実との差異が過失の態様に基本的な変動をもたらす性質のものであれば、訴因変更を要するが、事故の具体的状況に多少の変動はあっても、過失の態様に基本的な差異をもたらさないような性質のもので、被告人の防御に実質的な不利益を与えないものであれば、訴因変更を要しないと解される。

2 最判昭和46年6月22日 (刑集25-4-588) は、「濡れた靴をよく拭かずに履いていたため、一時停止の状態から発進するにあたりアクセルとクラッチペダルを踏んだ際足を滑らせてクラッチペダルから左足を踏みはずした」という過失の訴因で、「交差点で一時停止中の他車の後に進行接近する際ブレーキをかけるのを遅れた」という過失を認定する場合、「両者は明らかに過失の態様を異にしており」、起訴状記載の訴因とは別の態様の過失を認定するには、「被告人に防禦の機会を与えるため」訴因変更が必要であるとした。

ただし、この判決については、被告人の防御のためには訴因変更を要する旨を判示したものと受け取る向きもあり、以来、相当きめ細かい訴因の変更が行われるようになり、不必要な変更まで行われるとする指摘もあった (海老原震一・公判法大系Ⅲ巻130頁)。

3 本件では、速度調節義務を怠った過失が問題となったが、速度調節義務を課す根拠となる路面の滑りやすい原因と程度に関する具体的事実として、訴因に掲げられていた「降雨による路面の湿潤」という事実に加え、訴因としては撤回されていた「石灰の粉塵の路面への堆積凝固」という事実を併せ認定することは、注意義務を課す根拠となる具体的事実には訴因としての拘束力がなく、被告人の防御権も侵害されていないとして、適法とした。これは、過失犯の犯罪事実の構成要素のうち、①注意義務を課す根拠となる具体的状況 (本件では路面の状況)、②注意義務の内容、③注意義務違反の具体的行為 (過失の態様) に変動があった場合につき、①・②の変動が③の変動に及ぶ場合にのみ訴因変更を要するとする見解に立ったものである (なお、本決定は、①は要件事実ではないと判示したものであるが、争点を早く明確にし、第1回公判から実質的な攻防がなされるのが望ましいという実務的要請を考えれば、起訴状に①の事実を記載するという運用を変えるべきではない)。

すなわち、手続上は訴因として扱われている事実の中には、実質的には訴因として扱われるべき事実とそうでない事実が含まれ、後者を認定する際には、必ずしも訴因変更手続を要せず、不意打ちを防止する手立てをしておけば足りるとしたのである (**【3-8】** 参照)。

4 本決定は、詳細な訴因変更をする傾向に歯止めをかける機能を事実上果たしたものといえよう。近時の判例として、たとえば、「進路前方を注視せず、進路の安全を確認しなかった」という訴因に対し「進路前方を注視せず、ハンドルを右方向に転把して進行した」と認定したことに関し、「過失の態様を補充訂正した」にとどまるもので、訴因変更を不要とした最決平成15年2月20日 (判時1820-149) も参照。

3-11　訴因変更の要否(4)

最 3 小決平成 21 年 7 月 21 日〔刑集 63 巻 6 号 762 頁・判タ 1335 号 82 頁〕

[参考] 岩崎邦生・圏平 21-308、植村立郎・J1421-122、亀井源太郎・圃平 21-221、圖314、囚41-1

事実　被告人 X は、原動機付自転車を窃取した窃盗 3 件、通行人からかばん等をひったくり窃取した窃盗 3 件、不正に入手した他人名義のキャッシュカードを用いて現金自動預払機から現金を窃取した窃盗 1 件、同様に現金を窃取しようとしたがその目的を遂げなかった窃盗未遂 1 件につき、いずれも X の単独犯として起訴された。X は 1 審公判で公訴事実を認め、1 審判決は訴因どおりの事実を認定した。

これに対し X は控訴し、1 審で取り調べた X の供述調書に現れている事実を援用して、このうち 4 件の窃盗については、X が実行行為の全部を 1 人で行ったものの、他に共謀共同正犯の責めを負うべき共犯者がおり、X は単独犯ではないから、1 審判決には事実誤認がある旨主張

した。原判決は、1 審で取り調べた証拠により、このうち 2 件の窃盗について、X が実行行為の全部を 1 人で行ったこと、および他に実行行為を行っていない共謀共同正犯者が存在することが認められるとし、1 審裁判所としては共謀共同正犯者との共謀を認定することは可能であったとしたが、このような場合、検察官が X を単独犯として起訴した以上は、その訴因の範囲内で単独犯と認定することは許されるとして、1 審判決に事実誤認はないとした。

これに対し X 側は、X が実行行為の全部を 1 人で行っていても、他に共謀共同正犯者が存在する以上は、被告人に対しては共同正犯を認定すべきであり、原判決には事実誤認があると主張して、上告した。

決定要旨　上告棄却。「検察官において共謀共同正犯者の存在に言及することなく、被告人が当該犯罪を行ったとの訴因で公訴を提起した場合において、被告人 1 人の行為により犯罪構成要件のすべてが満たされたと認められるときは、他に共謀共同正犯者が存在するとしてもその犯罪の成否は左右されないから、裁判所は訴因どおりに犯罪事実を認定することが許されると解するのが相当である」。

解説　**1**　訴因の機能は、審判範囲の対象を画定し、それにより被告人の防御権を保証すること（不意打ち防止）にあると解される。そうであれば、訴因事実中にすでに含まれている事実を認定する場合には、それが訴因によって画定された審判対象の範囲をはみ出ることがなく、しかも被告人に新たな防御の機会を与える必要がないのであれば、訴因変更をすることなく、当該事実を認定することができる。これを「大は小を兼ねる」の原則（縮小認定の理論）という。たとえば、酒酔い運転罪での訴因に対し酒気帯び運転罪を認定することは、両者の関係を実質的に考察すれば、被告人に不当な不意打ちを加え防御権の行使に不利益を与えるおそれはないので、訴因変更をすることなく行いうる（最決昭 55・3・4 刑集 34-3-89）。

2　(1)単独犯の訴因で共同正犯を認定する場合や、逆に(2)共同正犯の訴因で単独犯を認定する場合についても、認定すべき犯罪構成要件に訴因を超えるものがなく、被告人の犯行への関与の程度を軽くする方向のものであれば、縮小認定の考え方が同様に妥当するた

め、訴因変更の必要はない。

3 本件では、Xが窃盗等を単独で行ったという**単独犯の訴因**であったが、証拠調べの結果、Xが実行行為の全部を1人で行ったものの、他に共謀共同正犯の責めを負うべき共犯者が存在することが認められるという場合に、検察官がXを単独犯として起訴した以上、その訴因の範囲内で単独犯と認定することが許されるかが問題となった。

4 まず**実体法上の問題**を検討すると、単独犯の処罰根拠規定は、行為主体の人数を定めてはおらず、他に関与者がいないことを要件としてもいない。また、共犯規定は、実行行為の全部または一部を行っていないため、自ら単独犯の構成要件のすべてを満たしていない者を、一定の要件のもとで処罰できるようにした処罰拡張規定である（前田雅英・刑法総論講義〔5版〕451頁）。それを前提にすれば、本件事案のように、被告人が実行行為の全部を1人で行っていて、被告人の行為だけで犯罪構成要件のすべてを満たしている場合には、ほかに共謀共同正犯者が存在するとしてもその犯罪の成否は左右されない（共同正犯の規定がない場合でも単独犯の規定により処罰される）と解しうる。そうであれば、**訴訟法上の問題**としても、検察官の設定した単独犯の訴因に対する認定として、証拠によって認定できる限度で被告人の単独犯を認定することはできる。しかも、①審判対象の画定に必要不可欠な事項にも、②被告人の防御権の保障の観点から訴因変更が必要となる事項にも変動はないから、訴因変更は不要である（**【3-8】**）。訴追裁量権を有する検察官が単独犯として起訴し、そのとおり認定できるのであるから、他の関与者の存否やその関与の程度は、量刑事情として審理・判断されるにとどまることになる（岩崎・前掲312頁以下）。

5 以上とは異なり、他の関与者が実行行為の一部を行っているような場合には、共同正犯を認定することになるが、⑦それが被告人の犯行への関与の程度を軽くする態様のものであれば、訴因変更が必要とされない場合がある。最判昭和34年7月24日（刑集13-8-1150）は、単独犯による覚せい剤不法所持の訴因に対し、訴因変更の手続を経ずに共犯者Aとの共同所持による覚せい剤不法所持を認定することも、被告人に不当な不意打ちを加え、防御権の行使に不利益を与えるおそれはないので違法ではないとした。

④しかし、被告人が実行行為に関与しておらず共謀共同正犯として責任を問われるような態様を認定する場合には、被告人が関与していないのが実行行為の全部ではなく一部であるとしても、その関与していない部分については共同正犯者の行為を介して被告人の責任を認めることになる。そうであれば、単独犯の訴因には含まれていなかった共同正犯者との共謀という事実の認定が不可欠であって、単なる縮小認定とはいえないから、訴因変更が必要となる（最大判昭33・5・28**【5-1】**は、「『共謀』……は、共謀共同正犯における『罪となるべき事実』にほかならない」と判示している）。

6 他方で、(2)共同正犯の訴因で単独犯を認定する場合も、以上と同様に考えることができる。すなわち、実行行為や結果の範囲に変動がなく、訴因の一部を認定するものであれば、訴因変更の必要はないが（傷害の共同正犯の訴因で暴行の単独犯を認定した事案に関する、最決昭30・10・19刑集9-11-2268参照）、その範囲に変動があったり、被告人の犯行への関与の程度が重くなったりする場合には、訴因変更が必要になる。

3-12　公訴事実の単一性

最 2 小判昭和 33 年 2 月 21 日（刑集 12 巻 2 号 288 頁）

［参考］足立勝義・囲昭 33-68、吉村弘・囲5 版 94、大澤裕・法教 270-56・272-85、圙304

事実　被告人 X は、「被告人は昭和 27 年 12 月 30 日頃の午後 11 時半頃肩書自宅において、A が川崎市 a 番地 B 株式会社工場より同工場長 C の管理にかかる銅製艶付板 32 枚（価格 9 万 6 千円相当）を窃取するに際し、同人より『例の銅板を会社から持出すからリヤカーを貸して呉れ』との依頼を受けこれを承諾し、同人にこれを貸与しよって同人の犯行を容易ならしめ以って窃盗の幇助をしたものである」という公訴事実で起訴された。

しかし、検察官は第 1 審第 2 回公判廷において、「被告人は昭和 27 年 12 月 31 日頃肩書自宅において、A から同人が他より窃取して来たものであることの情を知りながら、銅製艶付板 32 枚（価格 9 万 6 千円相当）を金 3 万円で買受け以って贓物の故買をしたものである」との事実を予備的訴因として追加することを請求した。

1 審は、X および弁護人の同意を得たうえで、検察官の前記追加請求を許可したが、審理の結果、本位的訴因を有罪と認定した。これに対し、原審は、1 審判決には事実誤認があるとして、破棄自判のうえ、予備的訴因の贓物故買〔盗品等有償譲受け〕の事実で X を有罪と認定した。

これに対し、X 側が公訴事実の同一性を問題として上告した。

判旨　破棄自判（被告人は無罪）。「訴因の追加変更は公訴事実の同一性を害しない限度においてのみ許容されること、刑訴 312 条 1 項の明定するところであるから、原審が右の措置に出でたのは、右予備的訴因の事実が前記本位的訴因の事実と公訴事実の同一性を害しないものと解した結果であると認める外はない。

しかし、窃盗の幇助をした者が、正犯の盗取した財物を、その贓物たるの情を知りながら買受けた場合においては、窃盗幇助罪の外贓物故買罪が別個に成立し両者は併合罪の関係にあるものと解すべきである……から、右窃盗幇助と贓物故買の各事実はその間に公訴事実の同一性を欠くものといわねばならない。そして本件における前記本位的訴因、予備的訴因の両事実も、右説明のように、本来併合罪の関係にある別個の事実であり従って公訴事実の同一性を欠くものであるから、前記贓物故買の事実を予備的訴因として追加することは許容されないところといわねばならない」。

解説　**1**　訴因変更は、公訴事実の同一性を害しない限度において許される（法 312 条 1 項）。これは、公訴事実の同一性が認められる範囲内では、審理の過程で必要となった場合に訴因を変更すれば、審判の対象となりうることを意味する。換言すれば、その範囲内では、被告人は審判を受ける危険にさらされることになり、その範囲内では被告人が防御活動を要する可能性があることになる。もっとも、その反面として、判決が確定すれば、その範囲内で一事不再理（二重の危険の禁止）の効果が認められることになる。

公訴事実の同一性の範囲は、審判の対象に関する公訴事実対象説と訴因対象説、さらに

職権主義と当事者主義の対立を直接投影するものではない。もちろん、それらと論理的に無関係とはいえない面もあり、その影響はあるものの、基本的には、⑦審判の危険にさらされ防御活動を要求される範囲と、④一事不再理の効果が及ぶ範囲が、それぞれ両当事者に与える影響のバランスのほか、1回の手続で処理することの合理性という観点を加えて、その範囲が決定される。

2 　狭義の公訴事実の同一性は、審理の過程で訴因とは異なる事実が出現した場合に、特定の訴因をもって出発した1つの裁判の中で、どこまで「遠い」訴因に変更が許されるかという問題である。すなわち、時間的に前後する数個の事実を同一のものとして扱ってよいかという問題である。事実の変化、ずれの許容範囲を問題とするものである（**【3-13】**～**【3-15】**）。

3 　ただし、訴因変更の許される範囲を画する公訴事実の同一性という概念には、この狭義の公訴事実の同一性に加えて、公訴事実の単一性という概念も含まれるとされてきた。公訴事実の単一性とは、公訴事実が1個であること、すなわち犯罪事実が1個であることを意味する。これは、いわば、時間軸を考慮せず、手続のある時点における「横断的な事実の広がり」の問題であり、公訴事実の横の広がり、幅を意味するのである。1回の訴訟で処理しうる範囲は、1個の刑罰を科す範囲ということになる。そこで、その範囲は実体法上の罪数判断に帰着するため、刑法の罪数論によって決せられることになる。すなわち、犯罪事実が1個であれば、公訴事実は単一である。

4 　単純一罪、包括一罪などは、犯罪が1個であることは明らかであるが、観念的競合や牽連犯（科刑上一罪）も、一罪として処断されるから、公訴事実は単一である。これに対し、併合罪の関係にある場合には、公訴事実の単一性は認められない。

　たとえば、窃盗の起訴の際に、窃盗と科刑上一罪の関係にある住居侵入罪は、公訴事実の単一性が認められるから、訴因として追加されることが許される。それに対し、窃盗での起訴に、予備的に殺人罪の訴因を記載することは許されない。また、審理の途中で殺人罪の訴因を追加することも許されない。窃盗罪と殺人罪とは、併合罪の関係にあり、公訴事実の単一性が認められないからである。

　本判決も、窃盗幇助と盗品等有償譲受けとは別個独立に成立し、両者が併合罪の関係にあることを理由として、公訴事実の同一性（単一性）を否定した。

5 　なお、近時、単一性（刑罰権の1個性）と狭義の同一性（1回的処理の妥当性）とは無関係ではなく、両者の判断の性格は接近したものであり、その判断基準も類似する（非両立性基準。**【3-13】**～**【3-15】**）ことを根拠に、単一性と狭義の同一性の統合論が有力に主張されている（大澤・前掲論文、佐藤文哉・河上和雄先生古稀祝賀論文集269頁、酒巻匡・法教302号64頁など）。

3-13　公訴事実の同一性(1)

最1小決昭和53年3月6日（刑集32巻2号218頁・判タ361号230頁）

［参考］香城敏麿・圏昭53-73、古田佑紀・圖7版102、龍岡資晃・圖9版100、中谷雄二郎・圖10版104、圏307

事実　本件は、被告人Xが、運転免許試験官Aと運転免許の取得希望者B（複数）の間に介在し、免許証の不正取得を斡旋するとともに、賄賂の授受に関与するなどしたという事案である。本位的訴因は、Xが収賄側Aの共犯者とみるもの（「被告人Xは、公務員Aと共謀の上、Bから不正な請託のもとに現金の供与を受けた」）であったが、1審において、検察官から、Xを贈賄側Bの共犯者とする訴因（「被告人Xは、Bと共謀の上、Aに対し、職務上の不正行為に対する謝礼の趣旨で現金および酒食を提供して賄賂した」）が予備的に追加請求された。1審は、こ

れを許可し、予備的訴因でXを有罪とした。

控訴審では、両訴因間に公訴事実の同一性がないので、訴因変更は許されないとの主張が相被告人の弁護人からなされたが、控訴審は、両訴因の免許証取得者らは同一であり、不正行為の内容等も同一であるから、両訴因は一連の同一事実関係を対象としながら、証拠評価を異にする結果、犯罪の日時、場所、共犯者の有無、賄賂の額、内容等犯罪の形態を異にしているにすぎないので、両訴因が同時に併立する関係にはなく、公訴事実の同一性は失われないとした。これに対して、弁護人が上告した。

決定要旨　上告棄却。「『被告人Xは、公務員Aと共謀のうえ、Aの職務上の不正行為に対する謝礼の趣旨で、Bから賄賂を収受した』という枉法収賄の訴因と、『被告人Xは、Bと共謀のうえ、右と同じ趣旨で、公務員Aに対して賄賂を供与した』という贈賄の訴因とは、収受したとされる賄賂と供与したとされる賄賂との間に事実上の共通性がある場合には、両立しない関係にあり、かつ、一連の同一事象に対する法的評価を異にするに過ぎないものであって、基本的事実関係においては同一であるということができる」（団藤重光裁判官の補足意見がある）。

解説　**1**　訴因変更は、公訴事実の同一性を害しない限度において許される（法312条1項）。裁判は「動的」な存在であるから、公訴提起時に想定された事実のみの審理で足りるとは限らず、審理が進むにつれて当初の訴因とは異なる事実が明らかになり、対象とすべき事実が変わってくるということもありうる。

このような場合に生じうる問題の1つが、審判対象の変更が可能であるか、という**訴因変更の可否**の問題である。この問題を考える際にも、審判の対象をめぐり、審判対象を公訴事実とし、訴因は被告人の防御を保障するために公訴事実の法律構成を示すもの（法律構成説）と考える公訴事実対象説と、訴因こそが審判対象であり、訴因を構成要件に該当する具体的犯罪事実の記載である（事実記載説）とする訴因対象説の対立が影響する。

2　審理の過程で訴因とは異なる事実が出現した場合に、どこまで「遠い」訴因の変更が許されるかを問題とするのが狭義の公訴事実の同一性である。ただ、公訴事実の同一性の範囲を決定する具体的基準について、刑訴法や同規則には何らの規定も置かれていない

ため、学説は、訴訟物の考え方、訴因の考え方と絡んで複雑に対立してきている。

公訴事実対象説は、訴因に関し法律構成説を採用し、公訴事実の同一性は構成要件の同一性を中心に判断すべきだとする**構成要件共通説**を主張する（団藤151頁）。他方、訴因対象説は、訴因の理解に関し事実記載説を採用し、公訴事実の同一性については、訴因相互がその重要部分においてどれだけ重なっているかによって判断する**訴因共通説**を採用する（平野139頁）。学説ではほかに、**刑罰関心同一説**（田宮206頁）、**訴訟主題同一説**（田口334頁）、**総合評価説**（松尾(上)265頁）など、多くの見解が主張されている。

3 これに対し、判例は、一貫して、社会的事実の重なり合いによって判断されるとする**基本的事実同一説**を採用している。既判力の及ぶ範囲と防御の範囲を中心とした利益の調整のうえに立って、1回の裁判で裁きうる範囲を実質的に判断する以上、事実の共通性（日時、場所、行為、結果等の共通性・近時性等）によって具体的に判断せざるをえないからである。この見解によれば、Ⓐ訴因事実とⒷ訴因事実の基本的部分が同一である場合に、両訴因は公訴事実の同一性の範囲内にあるとされる。

そこで、何がこの基本的部分であるかの判断が問題となる。これは、事案の具体的な検討によって判断されることになるが、その判断を容易にするため、実務では、**両訴因の非両立性**という概念が利用されている。すなわち、一方の訴因が成立すれば他方は成立しえないという関係があれば、同一性が認められるとする。2つの訴因が重なっていればいるほど、2つの犯罪の同時併存は不可能となるからである。

たとえば、最判昭和29年5月14日（刑集8-5-676）では、10月14日ころの静岡県内における背広の窃盗と、10月19日ころの東京都内における盗品（静岡県内の窃盗の客体たる背広）の有償処分のあっせんに関して、「本件においては事柄の性質上両者間に犯罪の日時場所等について相異の生ずべきことは免れないけれども、その日時の先後及び場所の地理的関係とその双方の近接性に鑑みれば、**一方の犯罪が認められるときは他方の犯罪の成立を認め得ない関係にある**」として公訴事実の同一性が認められている。

4 本件では、「Xは、公務員Aと共謀の上、Aの職務に関し、Bから賄賂を収受した」という（加重）収賄の共同正犯の訴因から、「Xは、Bと共謀の上、Aの職務に関し、Aに対して賄賂を供与した」という贈賄の共同正犯への訴因変更が許されるかが問題となった。両訴因は、それぞれ収賄と贈賄であり、重なり合わないようにも思われる。

しかし、本件の基本的事実関係は、公務員AとBとの間に不正な金員の授受があり、その授受にXが関与したという点にある。金員の提供者（B）と収受者（A）は同一であるから、授受の日時、場所、金額も同一もしくは近似していれば、Xが提供側であるか収受側であるかが相違するものの、賄賂の授受に関与したという基本的事実は同一であることになる。賄賂の授受の日時・場所・金額が同一であれば公訴事実の同一性は当然認められる（最判昭36・6・13刑集15-6-961）。これに対し、本件では、日時・場所・態様等が異なるという事情はあったが、最高裁は、収受したとされる賄賂と供与したとされる賄賂との間に事実上の共通性がある（両訴因の事実的共通性）場合には、両事実は両立しない関係にあるから（両訴因の非両立性）、公訴事実の同一性を失わないと判断した。

3-14　公訴事実の同一性(2)

最2小判昭和34年12月11日（刑集13巻13号3195頁・判時214号6頁）

[参考] 寺尾正二・圏昭34-444、香城敏麿・圏昭53-73、出田孝一・固8版104、圖308

事実　被告人Xは、要旨「被告人は家畜商を営むものであるが、昭和25年7月25日頃家畜商Aより同人所有の馬4頭の売却方を依頼され、同月29日うち2頭をBに代金6万円で売却しこれを保管中、同月30日新潟県西蒲原郡c町C旅館において、内金3万円を着服して横領した」との業務上横領の訴因で起訴された。本件の具体的事実関係は、XはAに新潟県c町に馬を輸送して売却することを勧め、これに応じたAが7月25日に父E所有の馬4頭などをc町に輸送してC旅館に滞在し、この4頭をDに預けてXにその売却方を依頼していたところ、Xはうち2頭を同月29日にBに6万円で売却して、翌30日にD方から2頭を引き出してBに引き渡す一方、C旅館でAに対し「馬2頭を12万円で売却したが3万円だけを内金で受け取った」旨の嘘を言って3万円をAに手渡した、というものであった。

ところが、第1次第1審の審理過程において、裁判所は、要旨「被告人は昭和25年7月30日新潟県西蒲原郡d村D方から同人が一時Aより預かっていたAの父E所有の牝馬鹿毛および青色各1頭を窃取した」との窃盗の訴因に変更することを許可し、窃盗の事実を認定してXを有罪とした。これは、Xが、当初Aに約した1頭6万円見当で、しかもAがC旅館に滞在する短期間に売りさばく見込みがなく、また、Aから馬を秋田方面に引き上げる旨告げられるや、AとDに無断でうち2頭を引き出して廉価に売却して代金を取得しようと企て、Bに対し馬2頭を代金6万円で売却することを告げ、D方からひそかに馬2頭を引き出した事実が判明したためであった。Xの控訴を受けた第1次控訴審は、両者は公訴事実の同一性を欠き、訴因変更は違法として1審判決を破棄し、事件を地裁に移送した。

第2次第1審は、第1次第1審の訴因変更許可を取り消し、検察官から、前記変更後の訴因と同一内容で提起された窃盗の別訴を、前記業務上横領の事件と併合審理のうえ、窃盗の事実を認定してXを有罪とし、業務上横領の点は窃盗の不可罰的事後行為であるとして主文において無罪を言い渡した。これを是認した第2次控訴審に対し、弁護人は、第1次第1審の業務上横領の訴因と、第2次第1審で別件として公訴提起された窃盗の訴因とは、事実の同一性があるから、本件窃盗の公訴はすでに公訴の提起があった事件につきさらに同一裁判所に公訴が提起されたときにあたり、法338条3号、憲法39条後段に違反するとして上告した。

最高裁は、本件上告を棄却したが、公訴事実の同一性に関して以下のように判示した。

判旨　「第1次第1審における当初の訴因である『被告人は家畜商を営んでいるものであるが、昭和25年7月25日頃北海道空知郡a町市街地家畜商Aより同人所有の馬4頭の売却方を依頼せられ、同月29日うち2頭を新潟県西蒲原郡b町Bに代金6万円で売却し、これを業務上保管中、同月30日同郡c町C旅館において、Aに右代金を引渡す際ほしいままに、馬2頭を12万円で売ったが日曜日で銀行もなく、買主より3万円だけ内金として受取った旨嘘のことを申し向け、その場において残金3万円を着服して横領したものである』という業務上横領の訴因と、その後第1次第1審

の新潟地方裁判所相川支部が事実の同一性があるとして訴因訴更を許可し変更された訴因について有罪を言渡し、第1次第2審の東京高等裁判所が右は同一性がないとしてこれを破棄し新潟地方裁判所に移送したため、検察官から同裁判所に別件として公訴を提起せられた窃盗の訴因即ち『被告人は昭和25年7月30日新潟県西蒲原郡d村大字eD方から同人が一時北海道空知郡a町市街地Aより預っていたAの父E所有の牝馬鹿毛及び青色各1頭（価格合計12万円相当）を窃取したものである』とは、前者が馬の売却代金の着服横領であるのに対し、後者は馬そのものの窃盗である点並びに犯行の場所や行為の態様において多少の差異はあるけれども、いずれも同一被害者に対する一定の物とその換価代金を中心とする不法領得行為であって、一方が有罪となれば他方がその不可罰行為として不処罰となる関係にあり、その間基本的事実関係の同一を肯認することができるから、両者は公訴事実の同一性を有するものと解すべ」きである。

解説 **1** 社会的事実の重なり合いによって公訴事実の同一性を判断するという、判例の採用する基本的事実同一説の具体的基準として、両訴因の事実的共通性基準と、両訴因の非両立性基準が用いられる。

両者の関係について、非両立性基準は事実的共通性基準とは無関係の別個の基準とする見解もある。しかし、判例では、「基本的事実関係の同一性」の存在が前提とされており、非両立性基準は、事実的共通性基準を法律的・規範的により明確化しようとするものと捉えうる（犯行の日時・場所・行為や客体等が同一ないし近接する事案では、非両立性基準は用いられない。最判昭28・5・29刑集7-5-1158、最判昭29・9・7刑集8-9-1447など）。

2 本件で問題となった、馬2頭の売却代金の業務上横領の訴因と、馬2頭を盗んだという窃盗の訴因については、たしかに両訴因事実の共通性は一見乏しく、両立も可能ではある。本件の第1次控訴審も、両訴因は「その犯行の日時、場所、手段、方法、目的物件等が互に相違しており、その共通するところは、わずかに、他人の財物を不法に領得した点にあるのに過ぎない」として、公訴事実の同一性は認められないとした。

3 しかし、最高裁は、両訴因は「いずれも同一被害者に対する一定の物とその換価代金を中心とする不法領得行為であって、一方が有罪となれば他方がその不可罰行為として不処罰となる関係にあり、その間基本的事実関係の同一を肯認することができる」として、公訴事実の同一性を認めた。

すなわち、本件の具体的事実関係によれば、Xが馬2頭を引き出して売却したという一連の社会的事実に関して、Xに馬の処分権限があったか否かが実質的争点となっている。そして、①処分権限があればその権限を逸脱した売却代金の業務上横領が成立し、②それがなければ馬に対する窃盗が成立し業務上横領は不可罰的事後行為になる、という関係にあるといえるから、結局、同一の事実をいずれとみるかが争点となった事案と捉えうるのである（出田・前掲105頁）。

3-15 公訴事実の同一性(3)

最 3 小決昭和 63 年 10 月 25 日（刑集 42 巻 8 号 1100 頁）

[参考] 川口宰護・圏昭 63-374、植村立郎・圄8 版 106、的場純男・圄9 版 102、山室惠・新実例Ⅱ-64

事実 本件は、覚せい剤使用罪につき、使用時間、場所、方法に差異のある訴因間における公訴事実の同一性が問題となった事案である。

当初の訴因は、捜査段階における被告人 X の供述に基づくもので、「被告人は、『A'』こと A と共謀の上、法定の除外事由がないのに、昭和 60 年 10 月 26 日午後 5 時 30 分ころ、栃木県芳賀郡 a 町 b 番地の被告人方において、右 A をして自己の左腕部に覚せい剤であるフェニルメチルアミノプロパン約 0.04 グラムを含有する水溶液約 0.25 ミリリットルを注射させ、もって、覚せい剤を使用した」というものであった（「旧訴因」）。

ところが、起訴後、X は供述を変えたため、検察官は、その新供述に基づき、「被告人は、法定の除外事由がないのに、昭和 60 年 10 月 26 日午後 6 時 30 分ころ、茨城県下館市 c 番地の d 所在スナック『B』店舗内において、覚せい剤であるフェニルメチルアミノプロパン約 0.04 グラムを含有する水溶液約 0.25 ミリリットルを自己の左腕部に注射し、もって、覚せい剤を使用した」とする訴因（「新訴因」）への変更を、2 度にわたり請求した。しかし、1 審は、両訴因は、公訴事実の同一性を欠くとして検察官の訴因変更請求をいずれも許可せず、旧訴因に関して X を無罪とした。

検察官が控訴したところ、控訴審は、検察官は、X の尿中から検出された覚せい剤にかかる本件逮捕（昭和 60 年 10 月 28 日）に直近する 1 回の使用行為を訴追する趣旨で、旧訴因を起訴し、その後、使用時間では 1 時間、場所では約 1.8km の距離にある X 方と X 経営のスナック「B」店舗内、方法では共犯者による X への使用と X の自己使用という差異のある新訴因への変更請求をしており、X が新訴因に示された日時以降逮捕時までに覚せい剤を使用した証跡はないとの事実関係を前提として、両訴因事実は「同一の社会的、歴史的事象に属し、基本的事実関係を同じくする」として公訴事実の同一性を肯定した。

これに対して、弁護人が上告した。

決定要旨 上告棄却。「記録によれば、検察官は、昭和 60 年 10 月 28 日に任意提出された被告人の尿中から覚せい剤が検出されたことと捜査段階での被告人の供述に基づき、前記起訴状記載の訴因のとおりに覚せい剤の使用日時、場所、方法等を特定して本件公訴を提起したが、その後被告人がその使用時間、場所、方法に関する供述を変更し、これが信用できると考えたことから、新供述にそって訴因の変更を請求するに至ったというのである。そうすると、両訴因は、その間に覚せい剤の使用時間、場所、方法において多少の差異があるものの、いずれも被告人の尿中から検出された同一覚せい剤の使用行為に関するものであって、**事実上の共通性があり、両立しない関係にあると認められるから、基本的事実関係において同一である**ということができる。したがって、右両訴因間に公訴事実の同一性を認めた原判断は正当である」。

解説 **1** 公訴事実の同一性は、判例の採用する基本的事実同一説によれば、「基本的事

実関係の同一性」が認められる場合に認められる。この場合、両訴因の非両立性基準により判断する方式は、多くの場合に妥当な結論を導くことができるため、実務において広く用いられている。

2 具体的には、①Ⓐ訴因事実が存在すればⒷ訴因事実は論理的に考えられないという場合、たとえば、同一の日時・場所で同一被害者の同一財物に対する窃盗罪と強盗罪が2つとも成立することはありえず、また、特定のバッグの窃盗と当該バッグの盗品等有償譲受け罪も、盗んだ本人からその物を譲り受けることはないので、両訴因は両立しえないことになる。この場合の公訴事実の同一性の判断は比較的容易である。

ただし、非両立性については、①の場合のほか、②両訴因が論理的には両立することもありうるが、その事案の具体的事実を前提とすると考え難いという場合もあるということに注意しなければならない。たとえば、同種の犯罪で日時・場所が異なる両訴因の間で公訴事実の同一性が問題となることがある。「10月1日にA駅改札口付近でB所有のバッグを窃取した」という訴因を「同年4月1日に同駅改札口付近で同バッグを窃取した」という訴因に変更できるか、という例を考えると、半年間のズレがあり、その間にバッグが被害者の手元に戻ることもありえないではないから、論理的に両訴因が成立しえないとはいえないであろう。しかし、同一のバッグである以上、2つの事実が共に存在する確率はきわめて低く、その具体的事案においてバッグが手元に戻ったというような事情が存在しない場合には、非両立性は肯定される。とはいえ、日時・場所がきわめて相違するときには、非両立とはいい難くなるであろう。日時・場所の近接性、目的物件の同一性などの要素は、このような意味で非両立性を判断する資料として用いられる（**【3-14】**も参照）。

3 本件のような覚せい剤の自己使用の場合、㋐通常の犯罪とは異なり、同一人に対し短期間に複数回の使用がありうる、㋑尿から覚せい剤を検出できる期間は、通常、10日から2週間とされ、尿鑑定によれば、その期間内における覚せい剤摂取の事実は立証できるが、覚せい剤使用の日時、場所、方法等の特定は、被告人の自白以外に証拠が存在しない場合がほとんどである、といった事情がある（**【2-6】**参照）。それゆえ、使用日時、場所等にズレがある場合、両事実の対比によっただけでは、1回の使用に関するものか、複数回の使用に関するものかは決められず、複数回の使用を意味する可能性がある以上、基本的事実の同一性だけでは、公訴事実の同一性の有無は判定できない。

4 ただし、本件では、Xの供述は変化しているが、あくまで1回の使用についての自白であって、X供述を基にして特定された両訴因は、Xの尿中から検出された同一覚せい剤の1回の使用行為に関するものである。そうであれば、事実上の共通性があり、両立しない関係にあるから、公訴事実の同一性が認められる。

3-16　罪数の変化と訴因

東京高判昭和 52 年 12 月 20 日（高刑集 30 巻 4 号 423 頁）

［参考］田口守一・圓5版 84、小林充=前田巌・注釈 3 版 4-519、高橋省吾・大コメ 4-764、圖315

事実　被告人 X は、拳銃の不法所持の事実で起訴された。当初の訴因は、「(1)被告人は昭和 51 年 11 月 6 日ころから昭和 52 年 4 月 1 日までの間大阪市内の喫茶店『A』店内及び和歌山県 b 町の B 方等においてけん銃（ワルサー 32 口径）1 丁及び実包 17 発を所持した」というものであったが、その後訴因変更手続を経て、「(2)被告人は昭和 51 年 11 月 6 日ころから同年 12 月 28 日ころまでの間前記喫茶店『A』店内及び和歌山県 c 市の C 方等において、けん銃（ワルサー 32 口径）1 丁及び実包 10 発を所持した」こと、および「(3)被告人は昭和 51 年 11 月 6 日ころから同月 12 日ころまでの間前記喫茶店『A』店内及び和歌山県 d 町の飲食店『D』店内等においてけん銃（ミクロス 25 口径）1 丁及び実包 15 発を所持した」ことが追加され、これら各事実は包括一罪を構成するものとして審判の対象となった。

ところが、証拠調べの結果、X は同けん銃等の不法所持期間の中途、すなわち昭和 51 年 11 月 15 日ころから同年 12 月中旬ころまでの間、さきに X にけん銃等の売却を依頼しこれを交付した Y に対して、前記(1)および(2)のけん銃 2 丁と実包 27 発を返却している事実が明らかとなり、Y から再度受領した同年 12 月中旬以降の所持は返却前の所持とは別個独立の新たな所持と認められるにいたった。

そこで、原審は、前記(1)・(2)の各けん銃所持を返却前と返却後とに分けて認定し、両所持を併合罪の関係にあるとして処断した。その際、併合罪となるべき各犯罪事実は、日時場所等すべて起訴された訴因の中に含まれ、その事実関係は明確に示されており、かつ、認定事実は訴因中の事実を縮小認定しているし、また、この一時中断の事実は X らが自ら供述・主張しているのであるから、その防御に実質的に不利益を与えるおそれがないと考えられる、などの理由から、この場合は訴因変更手続は必要でない、とした。

これに対して、弁護人は、包括一罪として公訴が提起されているのに、訴因変更手続を経ることなく併合罪と認定したのは審判の請求を受けない事件について判決した違法がある、などと主張して、控訴した。

判旨　破棄差戻（一部）。「当初は包括一罪として審判の対象とされたものが証拠調べの結果、単に事実に対する法的評価の範囲を超えて訴因事実そのものに変動が生じ、そのため数個の併合罪と認定するのが相当であると判断されるにいたったのであるから、原裁判所としてはその段階で検察官に釈明を求めて、所持に中断があったことのもつ意味や罪数の関係等について検察官の主張を明確にし、場合により罪数補正を伴う訴因変更手続をうながすなどして、もって被告人・弁護人にそれに対応する防禦の機会を与えるべき訴訟法上の義務があるものというべきである」。

解説　**1**　一罪として起訴された犯罪を数罪と認定する場合や、逆に、数罪として起訴された犯罪を一罪として認定する場合でも、(1)その事実関係に変化がなく、罪数の評価が異なるだけであれば、訴因変更を必要としない。たとえば、最判昭和 29 年 3 月 2 日（刑集 8-3-217）は、数か月にわたる物品税逋脱行為について、包括一罪としての物品税逋脱罪の

訴因に対し、訴因変更手続を経ないで、数個の物品税逋脱罪を認定した原審判決を、事実関係に変更がないことを理由に、違法でないとする。また、最決昭和35年11月15日（刑集14-13-1677）は、凶器準備集合・同結集の併合罪の訴因に対し、両者を凶器準備結集の単純一罪と認定処断するのに、訴因変更の手続を要しないとした。

2　以上に対し、(2)事実面に変動が生じた結果、罪数の評価が変化する場合もある。たとえば、㋐強盗と傷害の併合罪とする訴因に対して強盗傷人の一罪であると認定するような場合は、「強盗の機会」という事実を加えることになり、刑責も重くなるから、訴因変更を当然必要とする。

これに対し、本件は、㋑一罪を数罪と認定する場合、すなわち、当初包括一罪とされていたのを併合罪と認定するという場合の処理が問題となった事案である。本判決は、訴因を一罪ごとに書き分け、被告人側に防御の機会を与えるべきであるとする一般的見解を採用した（なお、㋒事後強盗致傷の訴因で起訴されたが、窃盗の機会の暴行・傷害とは認められないために窃盗と傷害の併合罪と認定するなど、起訴された事実の一部が認定できないために一罪を数罪と認定するような場合は、縮小認定に伴う罪数の評価の変化にすぎないから、訴因変更の必要はない）。

3　もっとも、この評価の変化については、(a)訴因変更の問題と解する見解と、(b)そのままでは瑕疵がある訴因の補正の問題と捉えるべきとする見解との対立がある。

最判昭和32年10月8日（刑集11-10-2487）は、XはA・B・Cと共謀のうえ落綿11俵を窃取したとの一罪の訴因に対し、Xは①A・Bと共謀のうえ落綿6俵を、②Cと共謀のうえ落綿5俵を各窃取した旨の併合罪の認定を、「訴因の追加変更若くは訂正」を経ないでしたことにつき、基本的事実関係には同一性があり、被告人の防禦に実質的不利益を生ずるおそれがないから適法であるとする。これは、(a)説を採用しているようにも思われる。

しかし、①包括一罪の1個の訴因が数罪の訴因に分化することをもって訴因変更とするなら、数個の起訴事実について1個の訴因を認めることになり、一罪一訴因の原則に反し、訴因が有効に成立している場合の変容を対象とする訴因変更の問題ではない、②包括一罪の訴因事実について数罪を認定するというのは、起訴状記載の事実から判断して、何個の事実について訴訟係属が生じているかという問題であるから、さしあたり公訴事実の同一性の問題ではない、などの理由から、このような罪数評価の変化は、理論的には訴因の補正の問題とする(b)説も有力である（田宮裕・刑事訴訟法Ⅰ 588頁、小林＝前田・前掲520頁）。

4　本判決は、一罪の起訴に対し数罪を認定するにあたり、事実の変動を伴う訴因変更と訴因の補正とが同時になされるべき事案に対する判示と捉えうる（回9版232頁。なお、仙波厚＝井下田英樹・現代裁判法大系30巻352頁以下参照）。

3-17 訴因変更命令の義務

最3小判昭和58年9月6日（刑集37巻7号930頁・判タ512号88頁）

[参考] 坂井智・刷昭58-248、三井誠・圓8版110、山本正樹・圓9版106、寺崎嘉博・圓10版108、圖318

事実 被告人Xは、(1)昭和43年9月4日に大学会館等に対する占有排除の強制執行が行われた際、数十名の学生らと共謀のうえ、同日午前5時20分ころから同6時15分ころまでの間、同館周辺において職務に従事中の執行官・警察官らに対し、石塊等を投げつけるなどして、その職務の執行を妨害した（「甲事実」）、(2)警察官らが同館内に進入しつつあるのを認めるや、同館5階に来合わせたほか数名の学生らと共謀のうえ、前記警察官らの職務の執行を妨害しようと企て、同日午前5時30分ころから同5時50分過ぎころまでの間、同館5階の窓からレンガ・コンクリート塊等数十個を警察官らめがけて激しく投下して、その職務の執行を妨害し、警察官18名を負傷、1名を傷害により死亡させた（「乙事実」）との事実で起訴され、被告人A・B・C・D・Eは、乙事実のみについて起訴された。

検察官は、第1審審理の冒頭で、乙事実が現場共謀による実行正犯の趣旨である旨と、乙事実は甲事実とは別個の犯罪である旨の釈明をし、その後約8年半に及ぶ審理の全過程を通じてこの主張を維持した。1審裁判所は、審理の最終段階において、前記訴因を前提とする限り被告人らを無罪とするほかないが、乙事実の訴因を現場共謀に先立つ事前共謀に基づく犯行の訴因に変更するならばこれらの点についても犯罪の成立を肯定する余地がありうると考えて、裁判長から検察官に対し、第54回公判において、甲・乙両事実の関係および乙事実の共謀の時期・場所に関する検察官の従前の主張を変更する意思はないかとの求釈明をしたところ、検察官がその意思はない旨明確かつ断定的な釈明をしたので、それ以上進んで検察官に対し訴因変更を命じたり積極的にこれを促したりすることなく、現場共謀に基づく犯行の訴因の範囲内において被告人らの罪責を判断し、B・Eに対しては乙事実について無罪の、その余の被告人らに対しては前記5時40分すぎ以降に生じた傷害、公務執行妨害についてのみ有罪（Xに対しては甲事実についても有罪）の各言渡しをした。

これに対し控訴審は、本件では、証拠の明白性と事案の重大性が認められることを根拠に、1審裁判所には訴因変更命令等の義務がある旨を判示し、1審判決を破棄し差し戻したため、被告人側が上告した。

判旨 破棄差戻。「第1審において右被告人らが無罪とされた乙事実又はその一部が警察官1名に対する傷害致死を含む重大な罪にかかるものであり、また、同事実に関する現場共謀の訴因を事前共謀の訴因に変更することにより右被告人らに対し右無罪とされた事実について共謀共同正犯としての罪責を問いうる余地のあることは原判示のとおりであるにしても、……本件においては、検察官は、約8年半に及ぶ第1審の審理の全過程を通じ一貫して乙事実はいわゆる現場共謀に基づく犯行であって事前共謀に基づく甲事実の犯行とは別個のものであるとの主張をしていたのみならず、審理の最終段階における裁判長の求釈明に対しても従前の主張を変更する意思はない旨明確かつ断定的な釈明をしていたこと、第1審における右被告人らの防禦活動は右検察官の主張を前提としてなされたことなどのほか、本件においては、乙事実の犯行

の現場にいたことの証拠がない者に対しては、甲事実における主謀者と目される者を含め、いずれも乙事実につき公訴を提起されておらず、右被告人らに対してのみ乙事実全部につき共謀共同正犯としての罪責を問うときは右被告人らと他の者との間で著しい処分上の不均衡が生ずることが明らかであること、本件事案の性質・内容及び右被告人らの本件犯行への関与の程度など記録上明らかな諸般の事情に照らして考察すると、第1審裁判所としては、検察官に対し前記のような求釈明によって事実上訴因変更を促したことによりその訴訟法上の義務を尽くしたものというべきであり、さらに進んで、検察官に対し、訴因変更を命じ又はこれを積極的に促すなどの措置に出るまでの義務を有するものではないと解するのが相当である」。

解説 **1** 当事者主義を徹底すると、裁判所は訴因に拘束されるが、審理の経過によっては、証拠と訴因とが食い違い、検察官が訴因を変更しないと、証拠によって認められる「真実」と矛盾した裁判をせざるをえないことになって、明らかに不合理であるという場合も生じうる。そこで、法312条2項は、実体的真実の発見の要請（法1条）を考慮し、このような場合には、裁判所が後見的に介入して例外的に訴因の変更を命ずることができるという**訴因変更命令**を定める。

2 それでは、明らかに訴因を変更すべき事態であるにもかかわらず、検察官が変更しない場合、裁判所には訴因変更を命ずる義務が存するであろうか。審判の対象に関する訴因対象説によれば、訴因の設定・維持については当事者である検察官が全面的に責任を負うべきであるから、裁判所が介入するにしても、せいぜいそれが可能であるという程度に理解すべきで、訴因変更を促したり命じたりする義務はないことになる（最判昭33・5・20刑集12-7-1416は、訴因変更命令は義務ではないとする原則を示す）。

しかし、**最決昭和43年11月26日**（刑集22-12-1352）は、殺人の訴因では犯意の証明が不十分で無罪とすべき場合でも、「審理の経過にかんがみ、これを重過失致死の訴因に変更すれば有罪であることが**証拠上明らか**であり、しかも、その罪が重過失によって人命を奪うという**相当重大**なものであるような場合には、**例外的**に、検察官に対し、訴因変更手続を促しまたはこれを命ずべき義務がある」と判示した。訴因変更をしないことにより著しい不正義が存在する場合、すなわち(1)有罪であることが証拠上明白で(2)事案が重大な場合には、ごく例外的に義務が存すると解するのが判例・通説である。

3 もっとも、本判決は、昭和43年決定を基礎にしつつも、①訴因変更に対する検察官の態度、裁判所の釈明権行使の有無、防御状況等の**手続的事情**、および、②他の共犯者との処分の均衡等の**実体的事情**をも考慮して、訴因変更命令の義務を否定した。これによれば、義務の生ずる場合は、より限定されることになる（三井・前掲111頁）。

4 当事者主義と実体的真実発見の要請のバランスからしても、訴因変更命令の義務が生ずるのはきわめて例外的な場合に限られよう（最決平15・2・20判時1820-149も参照）。

3-18 訴因変更命令の形成力

最大判昭和 40 年 4 月 28 日（刑集 19 巻 3 号 270 頁・判タ 174 号 223 頁）

［参考］海老原震一・囲昭 40-58、石井一正・囲3 版 106、囲319

事実 被告人 X は、「衆議院議員総選挙に立候補の決意を有する B に当選を得しめる目的で C が被告人 A ほか 4 名に対し金 3,000 円宛を供与した際、被告人 X は、その情を知りながら右 C を案内し、受供与者に紹介し、更に受供与を勧める等その犯行を容易ならしめてこれを幇助した」として、公職選挙法違反の供与罪の幇助の訴因で起訴された。

1 審は、審理の途中、この訴因を供与罪の共同正犯の訴因に変更することを適当と認め、第 5 回公判期日において、検察官に共同正犯への

訴因変更を勧告したが、検察官はこれに応じなかった。そのため、裁判所は、訴因変更命令を発し、この命令により訴因が変更されたものとしてその後の手続を進め、供与罪の共同正犯の事実を認定して X を有罪とした。

これに対して控訴審は、幇助犯としての起訴事実に対して共同正犯を認定しても、被告人の防禦権の行使に実質的な不利益を与えるものでないから、訴因変更の手続を要しない旨判示して、1 審判決を是認したため、さらに、弁護人が上告した。

判旨 破棄差戻（一部）。「検察官が裁判所の訴因変更命令に従わないのに、裁判所の訴因変更命令により訴因が変更されたものとすることは、裁判所に直接訴因を動かす権限を認めることになり、かくては、訴因の変更を検察官の権限としている刑訴法の基本的構造に反するから、訴因変更命令に右のような効力を認めることは到底できないものといわなければならない。そうすると、裁判所から右命令を受けた検察官は訴因を変更すべきであるけれども、検察官がこれに応じないのに、共同正犯の事実を認定した 1 審判決は違法であ」る（石坂修一裁判官の反対意見がある）。

解説 **1** 審判の対象に関する訴因対象説によれば、訴因は、一方当事者である検察官の設定した審判の対象であるから、これを変更する権限も検察官に存する。裁判所は、申し立てられた対象について審判すればよく、審判対象の設定・維持に介入すべきではない。ただ、当事者主義を徹底すると、裁判所は訴因に拘束されるから、検察官が訴因を変更しないときには、証拠によって認められる「真実」と矛盾した裁判をせざるをえないことになりかねない。審理の経過によっては、証拠と訴因とが食い違い、検察官が訴因を変更しないことが明らかに不合理という場合も生じうる。

そこで、法 312 条 2 項は、法 1 条に示された実体的真実の発見の要請を考慮し、このような場合には、裁判所が後見的に介入して、例外的に訴因の変更を命ずることができるという訴因変更命令を定める。

2 裁判所が検察官に訴因の変更を命じた場合、検察官も通常は命令どおり訴因の変更を行うであろうが、検察官が、何らかの理由で、これに従わないことも考えられる。その場合に、当該訴因変更命令がどのように扱われるかについては、訴因に関する見解の相違

によって、考え方が異なってくる。

(a)公訴事実対象説の論者は、裁判所が訴因変更命令を出せば、検察官がこれに応じるか否かにかかわらず、命令には形成力があり、訴因変更命令により新しい訴因に変更されると解する。さらに、同説は、①もし形成力を認めないのであれば、裁判所の訴因変更命令は単なる釈明権の行使と同じであり、法312条2項を定めた理由が理解できないことになり、また、②同条項が訴因の撤回を除外していることなども根拠として挙げるが、この見解の根底には、有罪の心証を得ている被告人をそのまま無罪とすることの不合理性を放置し得ないとする職権主義的思考があるといえよう。

これに対して、(b)訴因対象説は、訴因の設定・変更に関する検察官の主体性を重視し、形成力を否定する。形成力を認めることは、①規定の文理や当事者主義を基調とする手続全体の趣旨に反し、②命令があった以上、検察官にはこれに従う義務は生ずるが、この義務違反には職務上の制裁はありえても、訴訟法上の効果はなく、このような訴訟指揮の裁判には執行ということもないことなどを根拠とする。

3　本件では、前提として、幇助の訴因に対して共同正犯の事実を認定するためには、訴因変更が必要であるかどうかが争点となった。訴因変更を不要とした原判決に対し、最高裁は、この場合に「共同正犯を認めるためには、幇助の訴因には含まれていない共謀の事実を新たに認定しなければならず、また法定刑も重くなる場合であるから、被告人の防禦権に影響を及ぼすことは明らかであって、当然訴因変更を要する」とした（なお、【3-11】も参照）。

そのうえで、最高裁は、訴因変更命令に形成力を認めるとなると、裁判所に直接訴因を動かす権限を認めることになり、「訴因の変更を検察官の権限としている刑訴法の基本的構造に反する」として、形成力を明確に否定し、この問題は実務的には完全に解決された。

4　訴因変更命令に形成力が否定されるとするならば、その当然の帰結として、検察官が命令に従わない場合には、裁判所としては、元の訴因について審判をし、訴因について有罪の心証が得られなければ、無罪を言い渡すほかはないことになる。

ただし、検察官としては、変更命令に従う国法上の義務は認められるのであるから、なるべく命令に従うべきである（本判決もその旨を判示する）。検察官としては、一応命令に従って訴因変更をしておいても、それに不服があれば、上訴によってその点を争うことができると解するべきであろう（なお、法312条2項は、訴因変更命令のほか、罰条変更命令も規定するが、通説は、罰条の適用が裁判所の専権に属することを根拠に、罰条変更命令には形成力を認める）。

3-19　訴因変更の許否──訴因変更の時期的限界

福岡高那覇支判昭和 51 年 4 月 5 日（判タ 345 号 321 頁）

[参考] 平良木登規男・圖8 版 108、寺崎嘉博・圖9 版 104、高橋省吾・大コメ 2 版 6-388、圖320

事実　集団示威行進を警備していた警察官 A が、こん棒、角材等で殴られたうえ火炎びんを投げつけられ死亡したという事件につき、被告人 X は、「氏名不詳の者数名の者と共謀の上、……巡査部長 A（当時 49 年）を殺害せんと企て、同人を捕捉し角材、旗竿で殴打し、足蹴し顔面を踏みつけた上、火炎瓶を投げつけ焼く等の暴行を加え、よって右警察官を……殺害したものである」旨の殺人罪の訴因で起訴された。

検察官は、第 1 回公判期日において、「本件における X の具体的行為は、炎の中から炎に包まれている A の肩をつかまえてひきずり出し顔を 2 度踏みつけ脇腹を 1 度蹴った行為である」などと釈明し、冒頭陳述でも同趣旨を述べた。そして、それ以降の攻撃防御は、もっぱら、X が炎の中から A をひきずり出した行為、およびその直後の X の足踏み等の行為が、殺人の実行行為なのか、それとも X の主張する、A に対する救助行為としての消火行為なのかを争点として展開された。

ところが、第 1 回公判期日から約 2 年 6 か月を経た第 18 回公判期日で、検察官は、第 1 回公判期日における前記釈明および冒頭陳述の訂正として、X の前記釈明の冒頭に、「A の腰部附近を足げにし、路上に転倒させたうえ」などと追加する旨を述べた。裁判長は、検察官の釈明および冒頭陳述の追加訂正は訴因変更に通ずるものがあって相当でないとして許さず、検察官によるこの追加訂正を訴因変更とする申立ても、本件審理が長期にわたっており、また結審段階にあることを理由に、許可しなかった。

原判決は、A をひきずり出した X の行為は消火行為であるとしたが、その直前に X が A を蹴った行為に共謀を認め、X には傷害の故意しかなかったとして、傷害致死罪で有罪とした。これに対し、双方が控訴した。

判旨　破棄自判（被告人は無罪）。法 312 条 1 項によれば、訴因変更請求は、「検察官の責任と権限においてなされるべく、裁判所の介入すべきことではない」が、同条 4 項に鑑みると、「右検察官の権限といえども、被告人の防禦に実質的な不利益を生ぜしめないこととの適正な釣合いの上に成り立っていることが明らかであって、もし、被告人の右不利益を生ずるおそれが著しく、延いて当事者主義の基本原理であり、かつ、裁判の生命ともいうべき公平を損うおそれが顕著な場合には、裁判所は、公判手続の停止措置にとどまらず、検察官の請求そのものを許さないことが、例外として認められると解するのが相当である。しかして、ここにいう被告人の防禦に実質的な不利益のなかには、憲法上の要請でもある迅速な裁判をうけ得ないことからくる被告人の不安定な地位の継続による精神的物質的な消耗をも考慮に入れるべきである」。

「このような観点に立って本件を案ずるに、検察官の前記訴因変更の請求は、成程公訴事実の同一性を害しない限度ではあるが、……検察官が弁護人の求釈明によって自ら明瞭に訴因から除外することを確認した事実をあらためて復活させるに等しく……、しかも約 2 年 6 箇月の攻防を経て一貫して維持してきた訴因、即ち本件問題の行為が殺害行為そのものであるとの事実の証明が成り立ち難い情勢となった結審段階のこと

であってみれば、そうしてまた、被告人としては、右足蹴り行為につき、それまで明確に審判の対象から外され、従って防禦の範囲外の事実として何ら防禦活動らしい活動をしてこなかったことの反面、右問題の行為が、殺害行為どころか救助行為としての消火行為であるとの一貫した主張がようやく成功したかにみえる段階であったことをも考えあわせてみれば、それはまさに、不意打ちであるのみならず、誠実な訴訟上の権利の行使（刑訴規則1条2項）とは言い難いうえに、右事実をあらたに争点とするにおいては、……訴訟はなお相当期間継続するものと考えられ、迅速裁判の趣旨(刑訴規則1条1項)に反して被告人をながく不安定な地位に置くことによって、被告人の防禦に実質的な著しい不利益を生ぜしめ、延いて公平な裁判の保障を損うおそれが顕著であるといわなければならない」。それゆえ、「原審裁判所が、検察官の前記訴因の変更を許さなかったことは、さきに示した例外的な場合に該当して結局相当」である。

解説 **1** 審判の対象につき、判例・通説である訴因対象説によれば、訴因の設定・変更は検察官の権限であるから、検察官から訴因変更の請求があった場合、裁判所は、公訴事実の同一性を害しないと判断したときは、原則として許可しなければならない。最判昭和42年8月31日（刑集21-7-879）は、法312条1項の規定を指摘したうえ、「わが刑訴法が起訴便宜主義を採用し（刑訴法248条）、検察官に公訴の取消を認めている（同257条）ことにかんがみれば、仮に起訴状記載の訴因について有罪の判決が得られる場合であっても、第1審において検察官から、訴因、罰条の追加、撤回または変更の請求があれば、公訴事実の同一性を害しない限り、これを許可しなければならない」とする（ただし、変更後の訴因では無罪となる蓋然性が高い場合などには、例外の可能性もある。**【3-17】**参照）。

また、訴因変更の請求ができる時期については何らの規定もないため、一般論としては、公判のいかなる段階でも変更請求は可能である。証拠調べの段階以降である必要もなく、たとえば、起訴状朗読（法291条1項）の前でも可能であるし、弁論再開の請求と同時になしうるとした下級審裁判例（高松高判昭29・4・6高刑集7-8-1169）もある。

2 しかし、訴因変更の請求において、検察官の恣意的な運用が許されるわけではない。たとえば、証拠調べのある時点で当然になしえた訴因変更請求を著しく時期に遅れて行うことが、①被告人にとって不意打ちとなり、その防御を困難にし、過重な負担を課すことになるような場合や、②すでに攻防の対象から外れた争点を蒸し返すような場合などは、適正手続の要求のみならず、迅速な裁判の要請に反するものでもあるから、裁判所は、例外的に、このような請求を許すべきではない。さらに、③裁判所が訴因変更の命令・勧告等をしたのにこれに従わず、後に命令・勧告等を受けた訴因に変更請求する場合などには、訴訟における禁反言ないし信義誠実の原則上、訴訟上の権利行使の制限の観点から、その請求は許されないとする見解もある（なお、札幌高判平19・3・5高検速報（平19）513参照）。

3 また、東京高判平成元年6月1日（判タ709-272）が、訴因変更請求が時期的限界を逸脱しているとして不許可とされるのは、「検察官がその権利を濫用していると目されるような例外的な場合に限られる」としている点も注目される。

3-20　公判前整理手続後の訴因変更

東京高判平成 20 年 11 月 18 日（高刑集 61 巻 4 号 6 頁・判タ 1301 号 307 頁）

[参考] 角田正紀・圖9版 124、西野吾一・圖10版 130、岡慎一・圖平 21-213、圖320

事実　被告人 X は、前方左右を注視せず、進路の安全確認不十分のまま漫然時速約 60km で進路変更した過失により、被害者 A 運転の原動機付自転車右側部に自車左側部を衝突させ、被害者を死亡させたが、救護義務、報告義務を怠ったという業務上過失致死〔当時〕および道路交通法違反の事実で起訴された。

本件の公判前整理手続段階では、X が、本件交通事故を引き起こして逃走した犯人であるかどうかだけが争点であるとされ、当初の訴因における過失内容の成否に関しては、弁護人から何らの主張もされていなかった。ところが、公判における目撃者の証人尋問等の結果からは、本件交通事故の態様が、公訴事実が前提としていたものとは異なることが判明した。そのため、検察官は、過失内容を変更する旨の訴因変更請求をしたところ、原審はこれを許可したうえ、変更後の訴因につき X を有罪とした。

これに対して、X 側は、本件訴因変更請求は、権利の濫用に該当して許されないのに、これを許可した原審には訴訟手続の法令違反があるなどと主張して控訴した。

判旨　東京高裁は、公判前整理手続後の訴因変更の許否について、以下のように判示した。「公判前整理手続は、当事者双方が公判においてする予定の主張を明らかにし、その証明に用いる証拠の取調べを請求し、証拠を開示し、必要に応じて主張を追加、変更するなどして、事件の争点を明らかにし、証拠を整理することによって、充実した公判の審理を継続的、計画的かつ迅速に行うことができるようにするための制度である。このような公判前整理手続の制度趣旨に照らすと、公判前整理手続を経た後の公判においては、充実した争点整理や審理計画の策定がされた趣旨を没却するような訴因変更請求は許されないものと解される」。

本件では、公判前整理手続において確認された争点は、「X が、本件交通事故を引き起こして逃走した犯人であるかどうか」という点であり、弁護人は、公判前整理手続における応訴態度からみる限り、本件交通事故が発生していることが認定されるのであれば、犯行車両の運転者に公訴事実記載の過失が認められるであろうということを暗黙のうちに前提にしていたと解さざるをえず、また、公判で目撃者等の証拠調べをしたところ、本件交通事故の態様が、訴因変更前の公訴事実が前提としていたものとは異なることが明らかとなったため、検察官が訴因変更請求をしたのであるが、その段階で、その訴因変更に伴って追加的に必要とされる証拠調べは、検察官立証についてはきわめて限られており、被告人の防御権を考慮して認められた弁護側立証を含めても、1 期日で終了しうる程度であった。

「以上によれば、本件は、公判前整理手続では争点とされていなかった事項に関し、公判で証人尋問等を行った結果明らかとなった事実関係に基づいて、訴因を変更する必要が生じたものであり、仮に検察官の訴因変更請求を許可したとしても、必要とな

る追加的証拠調べはかなり限定されていて、審理計画を大幅に変更しなければならなくなるようなものではなかったということができる。

　そうすると、本件の訴因変更請求は、公判前整理手続における充実した争点整理や審理計画の策定という趣旨を没却するようなものとはいえないし、権利濫用にも当たらないというべきである」。

解説　**1**　公判前整理手続は、争点を中心とする充実した審理を集中的・連日的に行うため、あらかじめ争点を明らかにし証拠を整理したうえで、明確な審理計画を立てることを目的とする。このような制度の実効性を確保するには、同手続終了後には、新たな主張や証拠調べ請求は認めないことが望ましい。しかし、訴訟の動的構造を考えれば、それを一切許さないとするのも不合理である。法は、新たな証拠調べ請求に関して、それを制限する趣旨の規定を置いて対応している（法316条の32。**【3-26】**参照）。

　2　これに対し、公判前整理手続終了後の訴因変更請求については、同手続導入時に、何ら法改正による手当てはなされなかった。たしかに、公判前整理手続を経たことを根拠とした公判廷における主張制限には、公開の裁判を受ける権利との抵触のおそれという理論的な問題が生じかねないという側面もある（岡・前掲214頁参照）。

　しかしながら、公判前整理手続の趣旨やその実効性担保の規定に照らせば、同手続終了後の主張の変更等は、原則的には許されるべきではない。それゆえ、そういった主張変更を差し控えるべき義務を担保するための主張制限制度が設けられていないだけで、そのような義務が当事者にはあるものと考えるべきであろう（辻裕教・曹時57巻8号112頁）。

　本判決は、「充実した争点整理や審理計画の策定がされた趣旨を没却するような訴因変更請求は許されない」とする一般的な制約原理を示した。そのうえで、本件では、①公判前整理手続で争点化されていない事項について公判段階になって事実が判明したこと、②訴因変更を許した場合に必要となる追加的な立証の程度が、審理計画を大幅に変更するものではない等の事情を考慮して、訴因変更が許されるとした。

　3　訴因変更請求について、時期的限界がその制約根拠になることは、一般に認められている（**【3-19】**）。そして、本判決も、その枠組みで理解する余地もある（岡・前掲215頁参照）。しかし、本件判示では「公判前整理手続の制度趣旨」が強調されており、一定の手続的担保をも背景に、事件の争点や証拠の整理の実効性を目指すという公判前整理手続の趣旨・目的を前提にすれば、第一義的には、同手続を経たことを訴因変更の制約原理としているようにも思われる（角田・前掲125頁参照）。

　4　今後は、「充実した争点整理や審理計画の策定がされた趣旨を没却するような訴因変更請求」の具体的な中身を明らかにしていくことが課題となろう。この点について、①類型的にみた訴因変更請求の態様、②公判前整理手続の中でどの程度詰めた争点および証拠の整理がなされていたか、③訴因変更による新たな証拠調べの負担の程度、④裁判員が関与する事件か否か、⑤変更請求がなされた時期などを総合考慮して判断すべきとする指摘がなされている（角田・前掲125頁。また、東京高判平21・8・6東高時報60-1=12-119、札幌高判平22・8・31高検速報（平22）273なども参照）。

3-21 公判前整理手続における裁判所の見解表明と不意打ち防止

東京高判令和元年 12 月 6 日（判タ 1479 号 72 頁・高検速報（令 1）339 頁）

[参考] 田淵浩二・新・判例解説 Watch28-11、黒澤睦・法教 477-144、圖321

事実 被告人 X は、東名高速道路で A 運転の自動車（「A 車」）に対して、通行妨害目的であおり運転をした（「妨害運転」）後、A 車をして高速道路上に停止を余儀なくさせ（「直前停止行為」）、後続車両を A 車に衝突させ、A ほか 2 名を死亡させ、2 名を負傷させた事実につき、危険運転致死傷罪などで起訴された。

裁判員裁判である本件の公判前整理手続においては、実行行為性や因果関係が争点となった。当事者双方の主張を受けた原裁判所は、「危険運転致死傷罪の解釈（裁判所の見解）」と題する書面により、直前停止行為が実行行為となりえず、妨害運転行為後の介在事情が異質で、妨害運転と死傷の結果との間の因果関係を認めることができないなどとして、「本件において、危険運転致死傷罪の成立を認めることはできないものと判断した」との見解を示し、原審検察官に予備的訴因の追加を検討するよう促した。

原裁判所の見解表明を受けて、原審検察官は、監禁致死傷罪への予備的訴因変更の請求をし、許可後に、本件因果関係を否定した原審裁判所の見解に反論する内容の意見書を提出した。原審弁護人も、本件因果関係が認められない旨の意見書を改めて提出した。以上の経過を経て、本件因果関係の有無を含む争点が整理され、当事者双方との間で争点が確認された。

裁判員裁判による公判審理の第 1 回公判期日での冒頭陳述において、原審検察官が危険運転致死傷罪の成立が認められる旨主張したのに対し、原審弁護人は、同罪が成立しない旨主張し、その中で本件因果関係がない旨を主張し、第 6 回公判期日における論告において、原審検察官が従前と同様の主張をしたのに対し、原審弁護人は、弁論において従前と同様の主張を行った。原裁判所は、第 7 回公判期日で、本件因果関係を肯定して X に主位的訴因である危険運転致死傷罪の成立を認める有罪判決を宣告した。

これに対して、弁護人は、原裁判所は、公判前整理手続において、本件では因果関係が認められず、危険運転致死傷罪は成立しないとの見解を予め表明していたにもかかわらず、その見解の変更を一切当事者に告げることなく、因果関係を肯定したのは、被告人に不意打ちを与えて防御の機会を失わせたのであるから、判決に影響を及ぼすことが明らかな訴訟手続の法令違反があるなどと主張して、控訴した。

判旨 破棄差戻し。「裁判員の参加する刑事裁判に関する法律〔『裁判員法』〕6 条 1 項及び 2 項は、法令の適用については合議体の構成員である裁判官〔『構成裁判官』〕及び裁判員の合議によることとし、法令の解釈に係る判断は構成裁判官の合議によるものと規定しているところ……本件では危険運転致死傷罪の成立が認められないという見解を表明した部分は、本件妨害運転の内容や直前停止行為に至った状況、停止後の事実経過等、本件事案における具体的な事実関係を前提として、これに対する法令の適用について述べたものといわざるを得ない。そうすると、この部分は構成裁判官及び裁判員の合議によって判断すべき事項に該当するから、**構成裁判官のみによる判断の結果として公判前整理手続の中で予め見解を表明することは、裁判員法の上記法条に違反する明らかな越権行為であって、本来許容されるべきものではない。**さらに、

……原裁判所が、裁判員との評議を経ることなく、構成裁判官のみによる合議に基づいて、このような内容の判断を公判前整理手続の段階で予め表明した訴訟手続には、その権限を逸脱した違法があるといわざるを得ない」。

「他方、……争点整理の過程における原裁判所による前記の見解表明は、訴訟当事者がその後の訴訟追行をするに当たって事実上の影響を及ぼす性質のものであったことは否定できず、……特に、原審弁護人は、判決においても主位的訴因の成立が否定されるとの見通しの下に、予備的訴因に力点を置いた主張及び反証活動を行ったと推測するに難くない。……原裁判所が、見解の変更を前提とした主張及び反証の機会を被告人及び原審弁護人に改めて設ける訴訟手続上の手当てを講じることなく、先に表明していた本件因果関係に関する見解を変更して有罪判決を宣告したことは、被告人及び原審弁護人に対する不意打ちとなることが明らかである」。

「原裁判所としては、本件公判前整理手続において検察官に予備的訴因変更の請求の検討を促す必要があると判断したのであれば、裁判員との評議の結果次第で本件因果関係が否定される可能性が少なからずあり得ることを示唆する程度に留めて、訴因変更の請求を促すべきであった」、あるいは、「既に示した構成裁判官による見解を撤回した上、本件因果関係が肯定されることがあり得ることを前提に、当事者双方に新たな追加の主張や立証を行う機会を設けるなどの措置を講じていれば、上記の不意打ちは避けられ、上記訴訟手続上の瑕疵が治癒される可能性もあった」と考えられる。しかし、「前記見解の変更を前提とした主張や反証の機会を一切与えることなく、危険運転致死傷の主位的訴因について有罪とする原判決を宣告した訴訟手続には、被告人の手続保障を十分に確保しなかった点において違法があるとの評価を免れない」。

解説 **1** 裁判員裁判では、事実の認定、法令の適用、量刑は構成裁判官と裁判員の合議、法令の解釈等は構成裁判官の合議によることとされる（裁判員法6条1項・2項）。本判決は、因果関係の一般的解釈に関する見解の表明は「法令の解釈」であるが、本件では危険運転致死傷罪の成立が認められない旨の見解の表明は「法令の適用」であるから、構成裁判官のみの判断の結果として公判前整理手続で予め見解を表明することは、裁判員法違反の越権行為であるとする。もっとも、争点整理では、訴因変更に関することも含まれる（法316条の5第2号）。本判決は、公判前整理手続で検察官に予備的訴因変更の請求の検討を促す必要があると判断した場合には、裁判員との評議の結果次第で因果関係が否定される可能性がありうることの示唆にとどめて、訴因変更の請求を促すべきであったとした。

2 本判決は、被告人側は、本件因果関係が否定される旨の見解表明により、主位的訴因（危険運転致死傷罪）は否定されるとの見通しのもと、予備的訴因（監禁致死傷罪）に力点を置いた主張・反証が行われたとし、本件因果関係に関する見解を変更して主位的訴因で有罪を認定したことは不意打ちであるとする。そして、予備的訴因追加の促しによる争点の変化があった本件では、主位的訴因での有罪を認定するには、見解の変更を前提にした主張・反証の機会を被告人側に改めて設ける措置を講ずることが必要であるとした。

3-22 訴因変更と訴訟条件

最 2 小決昭和 29 年 9 月 8 日（刑集 8 巻 9 号 1471 頁・判時 37 号 24 頁）

［参考］天野憲治・圏昭 29-255、駒澤貞志・固3 版 114、平野龍一・警研 31-10-81、圖321

事実 被告人 X は、A 方土蔵で A 所有の自転車・玄米および衣類 16 点を窃取したという訴因で起訴された。ところが、1 審の事実審理の過程で、A と X とは 6 親等の親族であることが判明したが、A の告訴はなく、告訴期間も経過していた。検察官は、被害物件のうち衣類 16 点の所有者を A の子である B と変更する旨の訴因変更を請求した（これによれば、親族相盗例に関する刑法 244 条 1 項後段〔現 2 項〕は適用されない）。裁判所は、弁護人の同意を得て、この訴因変更を許可し、衣類 16 点についてのみ窃盗罪の成立を認めた。

弁護人は、控訴審以来、本件起訴状に記載された公訴事実は親告罪であるのに告訴がなく、いわゆる訴訟条件を欠くものであるから、法 338 条 4 号により公訴棄却の判決をすべきであり、また、公訴の提起が効力を生じない以上、無から有を生ぜしめようとする訴因変更は許されないと主張し、上告した。

決定要旨 上告棄却。「本件公訴にかかる窃盗の事実が、刑法 244 条 1 項後段の親告罪であるか否かは、最終的には、裁判所により事実審理の結果をまって、判定さるべきものであり、必ずしも起訴状記載の訴因に拘束されるものではない。従って、本件のように、事実審理の過程において起訴状に記載された訴因事実が前示の親告罪にあたることが明らかになった場合にも、適法な告訴がないからといって、所論のようにその起訴手続を直ちに無効であると断定すべきではない。尤も、かように訴因について訴訟条件を欠くことが明らかとなったときは、裁判所は、もはや、この訴因について実体的訴訟関係を進展させることを得ないから、訴訟条件の欠缺が治癒または補正されない以上、その起訴手続は不適法、無効なものとして、公訴棄却の形式的裁判を以って、その訴訟手続を終結せざるを得ないことはいうまでもない（刑訴 338 条 4 号）。しかし、本来の訴因が右の如く訴訟条件を欠くからといって、現行法上、それだけで訴因の変更、追加を絶対に許さないとする理由は何ら存しない（親告罪と否とにより、直ちに公訴事実の同一性を失うものではない）。そして、本件においては、本来の訴因事実の一部について、訴因変更の手続が適法になされているのであって、刑法 244 条の適用のない新しい訴因事実が裁判所により認定され、確定されたのであるから、その部分に関する限り本件被告事件は、本来、親告罪でなかった訳であり、従ってこの点に関する本件起訴手続は、告訴がなくても、もともと有効であって無効でなかったことに帰するのである」。

解説 1 訴訟条件が具備されているか否かは、訴因を基準として判断される。

2 問題となるのは、起訴状記載の訴因を基準とすると訴訟条件が備わっているが、審理の結果認められる事実を基準にすると訴訟条件が欠けている場合、たとえば、強姦致傷

の訴因を審理したところ致傷の事実が認められず、強姦について告訴がないという場合の措置である（あるいは、殺人で地裁に起訴したところ、地裁に管轄権のない過失致死であると認められるという場合も考えられる）。公訴事実対象説によれば、訴因変更手続をとらず、認定事実を基準に公訴棄却の判決をすべきことになり、訴因対象説によれば、訴訟条件は審判対象たる訴因について考えられるべきであるから、裁判所としては、認定事実（強姦）に訴因を変更させたうえ公訴棄却の判決をすることになり、検察官が訴因変更に応じないときは無罪の判決を下すべきものとされる。

　ただし、この例のように、認定事実が訴因の枠内にある場合には、認定事実を基準として訴訟条件の存否を判断することができ、訴因変更を経ることなく公訴棄却の裁判をすることができる。被告人の防御に不利益を来すことはないからである（縮小認定の理論）。最判昭和31年4月12日（刑集10-4-540）は、犯行後1年1月余に名誉毀損罪（公訴時効3年）で起訴された事件について、訴因変更することなく侮辱罪（公訴時効1年）を認定し、かつ起訴時に侮辱につき時効が完成していたとして免訴を言い渡しており、最判昭和48年3月15日（刑集27-2-128）は、非反則行為（40km/hの速度超過）の訴因に対し、訴因を変更をすることなく反則行為（20km/hの速度超過）を認定し、かつ通告手続を経ていないとして公訴棄却の判決を下している（なお、非親告罪（窃盗罪）での起訴に対し、親告罪（器物損壊罪）と判明した場合に、訴因変更の手続等によって親告罪として審判すべき事態に至った時点で有効な告訴があれば、実体判決をすることができるとした裁判例として、東京地判昭58・9・30【2-12】）。

3　これに対し、本件で問題となったのは、変更前の訴因を基準にすると訴訟条件が欠けているが、変更後の訴因を基準にすると具備されているという場合である。この場合に訴因変更を許可すべきかどうかについては、(a)消極説と(b)積極説とに分かれる。

　本判決は、当該窃盗が親告罪にあたるか否かの判断は、裁判所の事実審理の結果により判定されるべきもので、起訴状記載の訴因に拘束されないことを前提にすれば、公訴棄却の裁判をすべき場合ではないので、訴因変更を許して実体審理をすることになるとして、(b)積極説を採用した。

4　なお、訴因の変更があった場合には、変更後の訴因の法定刑を基準として時効期間を計算すべきである。しかし、その場合も、時効の進行は公訴提起時に公訴事実の同一性の範囲内で停止するのであって、訴因変更の時に停止するのではないと解されている（最決昭29・7・14刑集8-7-1100）。

3-23　被告人の特定

最 3 小決昭和 60 年 11 月 29 日（刑集 39 巻 7 号 532 頁・判タ 580 号 58 頁）

[参考] 池田修・醿昭 60-275、三好幹夫・圄8 版 116、岡田悦典・圄10 版 116、團324

事実　本件申立人 X は、窃盗未遂で現行犯逮捕されたが、以前に窃盗罪で実刑に処せられ刑の執行終了後 5 年を経過していなかったため、本名を名乗れば前科との関係で実刑は避けられないものと考え、本籍・生年月日・前科・身上関係等を熟知していた知人 A の氏名を冒用し、取調べの際もその身上、前科等を正確に詳述した。そのため、捜査官は、X の氏名が A であることに何ら不審を抱かなかった。なお、A は、逮捕された際に指紋を採取されたが、同事件の捜査をした警察署では、重大事件や氏名黙秘の事件などを除き、指紋照会をしない取扱基準としていたため、指紋照会を行っていなかった。検察官も、X の氏名が A であることに疑問を抱かず、A の氏名で起訴し、審理を経て、執行猶予の判決が言い渡された。

以上のことから、検察官は、X が 5 年以内に刑の執行を受けていたことに気づかず、執行猶予判決を確定させてしまったが、その後、X が別の住居侵入・窃盗を犯した際、前述の執行猶予判決を A の名前で受けていたことが判明したので、執行猶予取消請求をした。

原々審、原審とも、執行猶予取消請求を認容したのに対し、X は、他人の氏名を冒用して交付を受けた略式命令は冒用者に効力を生じないとした最決昭和 50 年 5 月 30 日（刑集 29-5-360）に相反するなどと主張して、特別抗告を申し立てた。

決定要旨　抗告棄却。「原決定の認定するところによれば、本件においては、申立人が、捜査官に対し、ことさら知人 A の氏名を詐称し、かねて熟知していた A の身上及び前科をも正確に詳しく供述するなどして A であるかのように巧みに装ったため、捜査官は、申立人が右 A であることについて全く不審を抱かず、両者の指紋の同一性の確認をしなかった結果、執行猶予の判決確定前には申立人の前科を覚知できなかったというのであるから、検察官が執行猶予取消請求権を失わないとした原審の判断は正当である」。

解説　**1**　検察官が公訴提起の対象とした者と、起訴状に被告人として表示された者と、公判廷に出頭して被告人として行動する者とは一致するのが常態であるが、捜査機関等に他人の氏名を詐称（冒用）し、当該他人の氏名で起訴され、裁判を受けたという本件事案のように、その間に齟齬が生ずることがある。その場合、誰を被告人として取り扱うべきかという被告人の特定（確定）の問題が生ずる。

2　被告人を確定する基準としては、起訴状の表示を基準とする(a)**表示説**、検察官の意思を基準とする(b)**意思説**、被告人として行動または取り扱われた者を基準とする(c)**行動説**が対立する。しかしながら、形式的にいずれか 1 つの説を選択すれば足りるものではなく、起訴状の記載を基準にしながら、検察官の意思や被告人の行動等の諸事情を考慮し、齟齬の生じた状況・段階に応じて、誰が本来の被告人であるかを実質的・合理的に判定する必要がある。

3 起訴状には、被告人の氏名その他被告人を特定するに足りる事項を記載しなければならないから、特別の事情のない限り、起訴状に表示されていれば、その者が被告人である。その意味では(a)表示説が原則となる。しかし、被疑者として身柄を拘束されて取り調べられたXが別人Aを詐称した場合、起訴状にはAの氏名が表示されるが、(b)検察官としては実際に捜査の対象として取り扱ったXに対して公訴を提起しているのであり、(c)被告人として行動した者もXということになるから、Xを被告人と解するのが合理的である。したがって、Xが法廷に出頭し、Aを詐称していることが明らかにならないまま裁判を受けた場合、その効力はAではなくXに対して生ずることになる。

4 また、本来は被告人でないのに、起訴状に記載されたAが法廷に出頭する場合もある。人定質問の段階で人違いとわかれば、被告人の氏名をXと改め、Xを改めて出頭させて手続を進め、Aに対してはまだ訴訟係属も生じていないので、事実上手続から解放すれば足りる。これと異なり、実質的な審理に進んだ段階で人違いが判明した場合は、詐称されたAに対して有効な訴訟係属が生じたような外観が形成されているから、Aに対し公訴棄却の判決（法338条4号の準用。最判昭25・10・24刑集4-10-2121）をし、Xについて改めて公訴提起を行う必要があろう。また、判決まで終わった場合には、法378条3号により上訴審で破棄し、確定した場合には、非常救済手続で救済すべきことになる。

5 人違いは、実際には、捜査段階で指紋照会も行われないような、比較的軽微な事案に関する略式手続において生ずることが多い。**略式手続の場合には、裁判所が被告人と対面するような手続もなく、書面審理で被告人に裁判が下されるので、(a)起訴状の表示に従って被告人を定めるのが裁判実務である。**いわゆる「在宅略式」の場合のほか、道交法違反事件に関する「三者即日処理方式」（警察官の取調べ、検察官の略式命令請求、裁判官の略式命令が即日処理される）の場合についても同様と解されている。最決昭和50年5月30日（刑集29-5-360）は、無免許者Xが他人Aの運転免許証を示して、その他人A名義で酒気帯び運転に関して三者即日処理方式による略式命令で処罰されたという事案について、他人の氏名を冒用した者（X）には略式命令の効力が及ばないとした。通常の「在庁略式」の場合と異なり、冒用者の特定について確固たる保障がないためである。

以上に対し、逮捕または勾留中の被疑者Xを検察庁に在庁させたまま略式命令の送達まで行う「在庁略式」の場合、(b)身柄拘束中のXを起訴する旨の検察官の意思は明確で、(c)手続においてもXが被告人として扱われるから、XがAと詐称した場合でも、略式命令の効力はXに及ぶ（大阪高決昭52・3・17判タ363-330）。

6 本件では、Xは、Aの氏名を冒用したものの、身柄拘束のまま起訴され、その後保釈されたが、公判廷に出頭して審理を受け、判決の宣告を受けている。それゆえ、(b)**検察官が起訴しようとしたのもXであり**、(c)**被告人として行動したのもXであるから**、(a)起訴状等の表示にかかわらず、Aを名宛人とした執行猶予判決の効力がXに**及ぶ**と解される。

3-24 裁判所の釈明義務

最 2 小判平成 21 年 10 月 16 日（刑集 63 巻 8 号 937 頁・判タ 1311 号 90 頁）

［参考］入江猛・圏平 21-425，植村立郎・囲 9 版 128，川上拓一・圏平 21-216，秋田真志・刑ジャ 22-96，圖264

事実 P 国籍の被告人 X は，下校途中の女児 A（当時 7 歳）に対する強制わいせつ致死，殺人，死体遺棄等で起訴された。

起訴状記載の公訴事実では，本件犯行場所は「T 荘 201 号室の X 方」とされていたが，X は，1 審で，殺害態様，殺意のほか，犯行場所は X 方ではなく，T 荘 1 階外の階段付近であると争った。検察官から請求された X の検察官調書（「本件検察官調書」）は，立証趣旨が弁解状況等とされ，公判でも検察官は，殺意および責任能力の立証に必要との意見を述べるにとどまったため，それらについてはすでに一定の心証を得ていた 1 審裁判所は，任意性を立証してまで取り調べる必要はないとして，この取調べ請求を却下した。他方，検察官は，1 審裁判所の訴訟指揮等を踏まえ，第 5 回公判で，犯行場所をそれまでの X 方から「T 荘及びその付近」とする訴因変更請求をし，1 審裁判所は，これを許可し，犯行場所について変更後の訴因どおりの認定をしたうえ，X に無期懲役を宣告した。

双方控訴の控訴審では，裁判所は，検察官に対し犯行場所等に関して釈明を求めたところ，検察官は，「犯行場所は X 方であると考えているが，犯情等の悪質な本件では，犯行場所の認定如何により刑責に影響を及ぼさない」旨を釈明した。控訴審は，職権で，犯行場所がどこであるかは犯行態様，さらには刑の量定等に影響するから，あいまいなまま判断するのは相当ではなく，1 審の被告人質問の際の発問において，検察官が，「本件検察官調書には，被害児童に由来するものとして矛盾しない毛髪等が付着した毛布を X が X 方から外へは出していないと記載されている」と発言していたことに鑑みると，本件検察官調書を取り調べる必要性が高く，1 審裁判所は検察官，弁護人に釈明をして同調書の任意性について争点を顕在化させ任意性の立証の機会を検察官に与えるべきであったのにそれを行わず，同調書の取調べ請求を却下したことに審理不尽の違法があるとして，1 審判決を破棄し，事件を地裁に差し戻した。

上告審では控訴審判決の適否，ひいては 1 審や控訴審の審理のあり方が問題となった。

判旨 破棄差戻。「刑事裁判においては，関係者，取り分け被告人の権利保護を全うしつつ，事案の真相を解明することが求められるが，平成 16 年に刑訴法の一部改正が行われ，……合理的期間内に充実した審理を終えることもこれまで以上に強く求められている。したがって，審理の在り方としては，合理的な期間内に充実した審理を行って事案の真相を解明することができるよう，具体的な事件ごとに，争点，その解決に必要な事実の認定，そのための証拠の採否を考える必要がある。そして，その際には，重複する証拠その他必要性の乏しい証拠の取調べを避けるべきことは当然であるが，当事者主義（当事者追行主義）を前提とする以上，当事者が争点とし，あるいは主張，立証しようとする内容を踏まえて，事案の真相の解明に必要な立証が的確になされるようにする必要がある」。

本件は，1 審において犯行場所が争点となっていたのであるから，1 審裁判所が本件調書に関して検察官に釈明を求め，さらに立証を促すことも，「選択肢としてはあ

り得た」が、本件調書は犯行場所を立証する証拠として挙げられておらず、「検察官が立証趣旨としていない事項について、検察官の被告人質問における発問内容にまで着目して検察官調書の内容やその証明力を推測して、……釈明をしたり任意性立証の機会を付与したりするなどの措置を採るべき義務が第1審裁判所にあるとまでいうことはできない」。また、原審においても犯行場所がいずれであっても刑責に軽重はない旨検察官が釈明しており、「原審において、検察官はもはやその点を解明する必要があるとはしていないものと解される」。

「以上の訴訟経過からすれば、本件検察官調書の取調べに関し、第1審裁判所に釈明義務を認め、検察官に対し、任意性立証の機会を与えなかったことが審理不尽であるとして第1審判決を破棄し、本件を第1審裁判所に差し戻した原判決は、第1次的に第1審裁判所の合理的裁量にゆだねられた証拠の採否について、当事者からの主張もないのに、前記審理不尽の違法を認めた点において、刑訴法294条、379条、刑訴規則208条の解釈適用を誤った違法があ」る。

解説 **1** 現行法は当事者主義（当事者追行主義。⚖24頁）を基本とするが、裁判所は、公判審理において、当事者の主張・立証に対して、釈明権の行使等の職権発動も可能とされている（規208条）。これは、事案の真相を解明し、適正に刑罰権を実現するという刑事裁判の目的達成のための当事者追行主義を補充するものと位置づけられる。

2 本件犯行場所の立証に関し、原審は、本件検察官調書を取り調べなかった1審判決を、それを取り調べれば、犯行場所についての真相解明の可能性が多分にあるなどとして、訴訟手続の法令違反を理由に破棄した。これは、(a)①釈明権等の職権発動の裁量性は、裁判員裁判の導入等に伴う一連の法改正後も制約されず、当事者の証拠構造にない証拠にかかる求釈明も裁判所の裁量判断として許容され、②釈明権の不行使等が義務違反であれば審理不尽の違法となるとしたもので、実体的真実を重視する姿勢がうかがわれる。

3 これに対し本判決は、当事者追行主義重視の傾向を示す。まず、審理のあり方に関する一般論として、当事者追行主義を前提とする以上、当事者が争点とし、あるいは主張・立証しようとする内容を踏まえて、事案の真相の解明に必要な立証が的確になされるようにする必要があるとする一方、本件1審裁判所の釈明権の行使等については、それも選択肢としてありえたとして裁判所の裁量の範囲内にあるとする。ただし、その義務まではないとして、1審裁判所の合理的裁量にゆだねられた証拠採否について、審理不尽の違法を認めた原判決を、違法とした。これは、(b)①職権の発動は謙抑的であるべきで（もっとも、その裁量性を当事者の当初の証拠構造にかかるものに限るといった当事者追行主義の徹底した重視まではしていない）、他方、②審理不尽を理由とした訴訟手続の法令違反は、釈明権の不行使等が結論に重大な影響を及ぼすような場合に限る、としたものといえる。

4 平成21年の裁判員制度の導入などの一連の法改正を背景に、合理的期間内に充実した審理を終えることが、従来以上に求められるようになった。本判決は、裁判員裁判を含めた1審・控訴審の審理のあり方に関し、一定の指針・方向性を示すものである。

3-25 公判前整理手続における主張明示と被告人質問

最2小決平成27年5月25日（刑集69巻4号636頁・判タ1416号68頁）

［参考］石田寿一・園平27-195、岡慎一・圃10版132、圃268

事実 被告人Xは、某日午後5時50分ころ、W市内で、被害者運転の自動車に故意にX自身の身体を接触させ、負傷事故を装った治療費名目での詐欺の事実（「本件公訴事実」）および同種詐欺2件で起訴され、1審裁判所は、いずれも公判前整理手続に付した。

公判前整理手続中、弁護人は、本件公訴事実につき、公判期日でする予定の主張として、犯人性を否認し、「本件公訴事実記載の日時において、犯行場所におらず、O市N区内の自宅ないしその付近に存在した」旨のアリバイの主張を明示したが、それ以上に具体的な主張は明示せず、1審裁判所の求釈明もなかった。以上を受け、1審裁判所は、本件公訴事実に係る争点の整理結果を「争点は、Xが本件詐欺行為を行った犯人であるか否かである」と確認した。

公判手続中、冒頭手続・弁護人冒頭陳述では、前記予定主張と同趣旨の陳述がなされたが、被告人質問で、Xは、「その日時には、自宅でテレビを見ていた。知人夫婦と会う約束があったことから、午後4時30分頃、Nの同知人方に行った」との供述をし、弁護人がさらに詳しい供述を求め、これに応じたXの供述がなされようとした（「本件質問等」）。これに対し、「公判前整理手続における主張以外のことであって、本件の立証事項とは関連性がない」旨の検察官の異議を容れた1審裁判所は、本件質問等を制限した。なお、Xは、最終陳述で、前記アリバイ主張の具体的内容を陳述し、1審裁判所はこれを制限しなかった。

Xの有罪を認定した1審判決に対し、Xは、前記制限は違法である旨などを主張し控訴したが、原判決は、1審の前記制限が法295条1項に反するとまではいえず、仮に違法であったとしても判決に影響を及ぼすものではないとして控訴を棄却した。そのため、Xが上告した。

決定要旨 上告棄却。「公判前整理手続は、充実した公判の審理を継続的、計画的かつ迅速に行うため、事件の争点及び証拠を整理する手続であり、訴訟関係人は、その実施に関して協力する義務を負う上、被告人又は弁護人は、刑訴法316条の17第1項所定の主張明示義務を負うのであるから、公判期日においてすることを予定している主張があるにもかかわらず、これを明示しないということは許されない。こうしてみると、公判前整理手続終了後の新たな主張を制限する規定はなく、公判期日で新たな主張に沿った被告人の供述を当然に制限できるとは解し得ないものの、公判前整理手続における被告人又は弁護人の予定主張の明示状況（裁判所の求釈明に対する釈明の状況を含む。）、新たな主張がされるに至った経緯、新たな主張の内容等の諸般の事情を総合的に考慮し、前記主張明示義務に違反したものと認められ、かつ、公判前整理手続で明示されなかった主張に関して被告人の供述を求める行為（質問）やこれに応じた被告人の供述を許すことが、公判前整理手続を行った意味を失わせるものと認められる場合（例えば、公判前整理手続において、裁判所の求釈明にもかかわらず、『アリバイの主張をする予定である。具体的内容は被告人質問において明らかにする。』という限度でしか主張を明示しなかったような場合）には、新たな主張に係る事項の重要性等も踏まえた上で、公判期日

でその具体的内容に関する質問や被告人の供述が、刑訴法295条1項により制限されることがあり得るというべきである」。本件質問等は、法295条1項に該当せず、公判前整理手続の経過や結果、Xが公判期日で供述しようとした内容に照らすと、前記主張明示義務には違反せず、本件質問等を許すことが公判前整理手続を行った意味を失わせるものでもなく、本件質問等を同条項で制限することはできず、本件質問等を制限した1審裁判所の措置は是認できない。しかし、Xが最終陳述でした、前記アリバイの主張の具体的な内容の陳述は制限されなかったことなどを指摘し、前記法令解釈の誤りは判決に影響を及ぼすものではないとした結論は相当である。

解説 **1** 充実した公判審理を行うため、事件の争点および証拠を整理するための公判準備の手続である公判前整理手続に関して、訴訟関係人は、その実施に関し協力義務を負う（法316条の2第1項・316条の3第2項）。また、被告人・弁護人は、主張明示義務を負うため（法316条の17第1項）、公判期日ですることを予定している主張があるにもかかわらず、その主張を明示しないことは許されない（**【3-24】**参照）。

2 しかし、公判前整理手続終了後に、訴訟関係人による新たな主張を制限する規定はない。これは、被告人が公判で新たな供述をしたような場合、その発言を禁止して主張をやめさせるのは適当でなく、また、弁護人が、被告人の新たな供述に依拠した主張ができないとすると、弁護人の立場との整合性が問題となることが考慮されているためである。

他方、法295条1項は、裁判長は、訴訟関係人の被告人に対する供述を求める行為（質問）や被告人の供述につき、「事件に関係のない事項にわたるときその他相当でないとき」は、訴訟関係人の本質的な権利を害しない限り制限できるとする。そのため、被告人が、公判前整理手続終了後に、公判期日で新たな主張に沿う供述を始めた場合、法295条1項でそれを制限することの可否や、その範囲をどう考えるべきかが争点となる。

3 本決定は、前記の公判前整理手続の意義、訴訟関係人の協力義務、被告人・弁護人の主張明示義務を踏まえ、公判前整理手続終了後の新たな主張を制限する規定がないことから、新たな主張に沿った被告人の供述を当然に制限できるとは解しえないとする。

そのうえで、裁判所による釈明状況を含む公判前整理手続での被告人・弁護人の予定主張の明示状況、新たな主張がされるに至った経緯や内容等の諸般の事情を総合考慮し、主張明示義務の違反や、新たな主張に関する被告人質問等を許すことが公判前整理手続の意味を失わせるものと認められる場合には、新たな主張に係る事項の重要性等も踏まえ、被告人質問等が法295条1項により制限されることもありうるとした。

4 本件では、必ずしも十分でない明示主張への裁判所の求釈明もなく、本件公判前整理手続で明示された主張の内容をさらに具体化するにとどまる本件質問等を、法295条1項で制限できず、1審の制限措置は違法であるが、最終陳述での具体的な陳述が制限されていなかったことから、その訴訟手続の法令違反は判決に影響を及ぼさないとされた。もとより、新たな主張に係る事項の重要性等も踏まえた判断もなされており、被告人質問等を制限した結果、事実認定を誤ってもやむをえない、といったことは想定されていない。

3-26　公判前整理手続終了後の証拠調べ請求

名古屋高金沢支判平成 20 年 6 月 5 日〔判タ 1275 号 342 頁〕

［参考］岡慎一・囲9 版 126、安東章・囲10 版 134、辻裕教・曹時 57-8-111、圍268、333

事実　本件は、5 名の強盗団が、資産家 A 方で金品を強取し傷害を負わせるという強盗致傷の犯行に及んだ際、被告人 X が、Y と共謀し、強盗団の首領に対して、A 方に常時多額の金品が保管されていることや、A の家族構成などを教示するとともに、Y が、A 方に強盗団を案内し、強盗致傷の犯行を容易にして幇助したという強盗致傷幇助の事案である。

原審では、公判前整理手続を経たうえで審理され、幇助の共犯者 Y は、X の指示で、強盗団を A 方に案内したもので、A の家族構成などは X が強盗団の首領に話していた旨証言し、強盗団の一員である Z も、これを一部分裏づける証言をした。これに対し、弁護人らは、Y・Z の捜査段階の各供述調書を法 328 条の弾劾証拠として取調べ請求したが、原審はこれをすべて却下し、Y 証言の信用性を認めて、X を有罪とした。

これに対し、弁護人らは、原審が法 328 条の弾劾証拠請求を却下したことは訴訟手続の法令違反に該当するなどと主張して控訴したところ、控訴審は本件控訴を棄却したが、法 316 条の 32 第 1 項にいう「やむを得ない事由」に関して以下のように判示した。

判旨　「原審裁判所は、前記弾劾証拠請求について、①『取調べの必要性もない。』との判断をするとともに、②〔刑訴〕法 316 条の 32 第 1 項の『やむを得ない事由』があるということはできないとの判断をしていることが認められる」。

まず、上記②の判断の当否について検討すると、「同法 328 条による弾劾証拠は、条文上『公判準備又は公判期日における被告人、証人その他の者の供述の証明力を争うため』のものとされているから、証人尋問が終了しておらず、弾劾の対象となる公判供述が存在しない段階においては、同条の要件該当性を判断することはできないのであって、証人尋問終了以前の取調請求を当事者に要求することは相当ではない。

そうすると、同条による弾劾証拠の取調請求については、同法 316 条の 32 第 1 項の『やむを得ない事由』があるものと解すべきであ」る。

「次に上記①の判断の当否について検討する。同法 328 条は、公判準備又は公判期日における被告人、証人その他の者の供述が、別の機会にしたその者の供述と矛盾する場合に、矛盾する供述をしたこと自体の立証を許すことにより、公判準備又は公判期日におけるその者の供述の信用性の減殺を図ることを許容する趣旨のものである〔最判平成 18 年 11 月 7 日【4-41】参照〕から、同条による弾劾証拠請求を採用するに当たっては、別の機会にした供述が公判準備又は公判期日の供述と矛盾するものであるとの要件が認定されることが必要である。

そして、公判前整理手続を実施した事件における弾劾証拠の採否に当たっては、同法 316 条の 2 第 1 項に規定する『充実した公判の審理を継続的、計画的かつ迅速に行う』ことの要請から、証拠としての『必要性』についても厳格な吟味を要するものと

いえる」。

「そこで、同法328条の証拠請求の採否に関する判断要素について検討すると、①その供述者の立場（被害者、共犯者、第三者等、被告人）、②その弾劾の対象となる供述者のした供述の重要性（犯罪事実の存否の認定に不可欠か否か）、③弾劾の対象が供述者の供述全体の信用性にかかわるものか、供述中の特定の事項の信用性にかかわるものか、④公判準備又は公判期日における供述と、別の機会にした供述の矛盾の程度（明白に異なるか、意味合いの違いにとどまるか）、⑤別の機会にした供述が複数あって、それらの相互の間にも矛盾がある場合などにおいては、その供述のなされた時期、変遷経緯、⑥その公判期日等において、供述者の別の機会にした供述とのくい違いに関し、十分な尋問がなされているか否か、⑦供述者が、別の機会にした供述とのくい違いについて、十分な説明をしたか否か、等の諸点について、考慮することになる」。

解説 **1** 法316条の32第1項は、公判前整理手続等を経た事件については、やむをえない事由によって公判前整理手続等において請求することができなかったものを除き、新たな証拠調べ請求ができない旨を規定する。公判前整理手続等の終了後に、無制限に新たな証拠調べ請求を許したのでは、その証拠を基にして、当事者間で新たに主張、証拠調べ請求がなされることになり、争点整理・証拠整理をやり直さなければならないことになり、公判前整理手続等による争点整理の実効性を損なうことになるためである。これは公判前整理手続等の終了後における証拠調べ請求を制限するものであるから、裁判所が職権で証拠調べをすることを妨げるものではない（法316条の32第2項）。

2 しかし、裁判は「動的」な存在であるから、公判前整理手続等の段階で特定の主張や証拠調べ請求をしなかったが、手続終了後に新たな主張や証拠調べを請求することに十分な理由がある場合には、それらを許す必要もある。そのため、法316条の32第1項では、「やむを得ない事由によって公判前整理手続……において請求することができなかったものを除き」とする例外規定が置かれている。この「やむを得ない事由」の具体例として、①証拠は存在していたが、それを知らなかったことがやむをえなかったといえる場合、②証人の所在不明等の理由により証拠調べ請求ができなかった場合など、証拠の存在を知っていたが、物理的にその取調べ請求が不可能であった場合、③証拠の存在は知っており、証拠調べ請求も可能であったが、公判前整理手続等における相手方の主張や証拠関係などから、証拠調べ請求をする必要がないと考え、そのように判断することに十分な理由があったと考えられる場合、などが考えられる（辻・前掲116頁）。

3 本判決は、証人尋問終了以前に法328条の弾劾証拠の取調べ請求を要求することは、当該証拠の性質上相当ではないとして、前記「やむを得ない事由」があるものとした。ただし、その一方で、「充実した公判の審理を継続的、計画的かつ迅速に行う」（法316条の2第1項）という公判前整理手続等の趣旨を踏まえ、法328条の弾劾証拠の取調べ請求の採否にあたっては、「必要性」について厳格な吟味を要するものとした。

3-27 職権証拠調べの義務

最1小判昭和33年2月13日（刑集12巻2号218頁・判時142号32頁）

[参考] 竜岡資久・歴昭33-51、大谷剛彦・固5版116、講335

事実 被告人Xは、(1)ほか2名と共謀し、昭和24年9月6日、K市の競輪で出場選手a・b・cら8名をして八百長レースを組ませ、その報酬として、同日、X方で、aを通じ前記8選手に対し現金92500円を支払い、右競走に関し贈賄し、(2)Aほか1名と共謀し、同月30日、O市内で、選手某に対し、同人が、かねて、Xから依頼されていた趣旨に従い、同日施行のO競輪第11レースに、着外となったことの報酬として1万円を支払って、競走に関し贈賄したとして、他の贈賄約束の1件と併せ、A・a・b・cらと同時または相前後して検挙・捜査のうえ、起訴された。

1審では、被告人の数も多く、審理はしばしば併合または分離されつつ同一裁判所で進行し、他の被告人らについては有罪判決が言い渡されたが、残っていたXについては、他の被告人に対する関係で、Xの分離後に提出されたA・a・b・cの検察官に対する各供述調書（しかも、これらがAらに対する有罪の証拠となった）が、提出されないまま結審した（なおa・bは分離前に相被告人として供述している）。裁判所は、XがAその他と「共謀した事実は之を認めるに足る十分な証拠がない」として、3件とも無罪とした。

検察官の控訴に対し、控訴審は、法298条2項は、職権で証拠調べをすべき義務を認めたものとは考えられないが、しかし、裁判所は、実体的真実発見のためには、事件が裁判をなすに熟するまで審理を尽すべき義務があると解すべきことは法1条の精神に照らし疑いを容れないところであるとし、本件では、検察官が、不注意によって前記各証拠を提出しなかったとしても、立証を促し事件に重大な関係のあるこれら各証拠についても十分に審理を尽したうえで判断を下すべきであったとして、1審判決を破棄し、差し戻した。これに対して、弁護人が上告した。

判旨 上告棄却。「わが刑事訴訟法上裁判所は、原則として、職権で証拠調をしなければならない義務又は検察官に対して立証を促がさなければならない義務があるものということはできない。しかし、原判決の説示するがごとく、本件のように被告事件と被告人の共犯者又は必要的共犯の関係に立つ他の共同被告人に対する事件とがしばしば併合又は分離されながら同一裁判所の審理を受けた上、他の事件につき有罪の判決を言い渡され、その有罪判決の証拠となった判示多数の供述調書が他の被告事件の証拠として提出されたが、検察官の不注意によって被告事件に対してはこれを証拠として提出することを遺脱したことが明白なような場合には、裁判所は少くとも検察官に対しその提出を促がす義務あるものと解するを相当とする。従って、被告事件につきかかる立証を促がすことなく、直ちに公訴事実を認めるに足る十分な証拠がないとして無罪を言い渡したときは、審理不尽に基く理由の不備又は事実の誤認があって、その不備又は誤認が判決に影響を及ぼすことが明らかであるとしなければならない。されば、原判決は、結局正当であ」る。

解説 **1** 真実発見の観点から、裁判所が職権によって証拠調べをする義務を負う場合はあるだろうか。この問題は、現行法における当事者主義をどの程度徹底すべきかという一連の問題の中で考察すべきである。

2 現行法のもとでは、裁判所が広く職権証拠調べを行うことは想定されていない。当事者の争いに任せてしまえばよいというものでないのは当然としても、あくまでも、第一次的には当事者の証拠によって真実を発見するのが原則である（法 298 条 1 項）。

たしかに、法 298 条 2 項は、「裁判所は、必要と認めるときは、職権で証拠調をすることができる」として、職権証拠調べを認めているが、いわば二次的補充的に、例外的なものとして認めているにすぎない。実際にも、裁判所が独自に証拠を探すことは考えられず、当事者の提出した証拠からうかがわれるものに限られるわけであるから、職権で証拠調べをすべき場合は、実際にはかなり限定されよう。

3 本判決も、当事者主義を基調とする現行法のもとでは、職権証拠調べの義務と検察官に対して立証を促す一般的な義務は否定される旨を明確に示している。

もっとも、それと同時に、例外的に、当事者が提出し忘れている証拠等の提出を促す義務があることは認めた。すなわち、被告人と共同被告人との事件が併合・分離を繰り返して同一裁判所の審理を受け、一方につき有罪判決が言い渡されたが、その有罪判決の証拠となった供述調書が他方では検察官の不注意によって証拠として提出されていないことが明白であるような場合には、裁判所には、少なくとも検察官にその提出を促す義務があるとした。

4 裁判所が、実体的真実主義や被告人に対する後見的役割などから例外的に証拠提出を促す義務を負うのは、このように、(1)当事者提出の証拠によっては証明が足りないが、いま一歩立証を補充すれば証明が得られ、しかもその立証が容易であることが裁判所に判明している場合や、(2)被告人に弁護人がおらず、証拠調べをしなければ著しく正義に反することになる場合などに限られるであろう。もっとも、その場合も、直ちに立証を命ずるのではなく、まず訴訟指揮として当事者に立証を促すべきであろう。

5 なお、裁判所が職権で証拠調べをしなければならないと定められている場合として、①公判準備として実施された証人等の尋問、検証、押収等の結果を記載した書面と押収された物（法 303 条）、②公判手続を更新する際、更新前の公判期日における被告人もしくは被告人以外の者の供述を録取した書面または更新前の公判期日における裁判所の検証の結果を記載した書面ならびに更新前の公判期日において取り調べられた書面または物（規 213 条の 2）がある。また、③破棄差戻し・移送後の公判においても、②と同様の更新手続が行われる。

3-28　証言能力

東京高判昭和 46 年 10 月 20 日（判時 657 号 93 頁・判タ 274 号 348 頁）

[参考] 飯田喜信・圖5 版 146、廣瀬健二・圖7 版 144、圏338

事実　被告人 X は、自動車を運転して後退する際に、近くで遊んでいた幼児 A（事故時 4 歳 11 月）に、後ろのバンパーやマフラー等をぶつけて負傷させたという業務上過失傷害罪〔当時〕で起訴された。

1 審は、A の検察官調書（供述時 5 歳 7 月）を公判準備期日の証言（証言時 5 歳 9 月）と対比して法 321 条 1 項 2 号で採用し、目撃者である B（事故時 4 歳・証言時 5 歳）の公判準備期日の証言とともに証拠として掲げ、X を有罪とした。

これに対して X は、原判決が証拠とした B の公判準備期日における供述、および A の検察官に対する供述はいずれも証言能力のない者の供述であることに加え、A の検察官調書は法 321 条 1 項 2 号の要件を具備せず、A、B はいずれも証言能力がないので、証拠能力のない証拠を有罪認定の証拠とした点で法令違反があることなどを理由に控訴した。

判旨　控訴棄却。前記各年齢の「幼児の供述であっても供述事項によっては一概に証言能力を否定すべき理由はなく、簡単な事柄についてはかなりの程度の理解ならびに表現の能力があり、記憶力もあると解されるところ、証人 B は原判示の日時、場所において友達の A ら 4 人と一緒に遊んでいた時、A が原判示場所で倒れて起きあがろうとしたとき、たまたま後退してきた X 運転の……車がバックしてきて A にあたって同人がまた倒れたところを目撃した体験にもとづき、約半年後に現場付近において行なわれた裁判官の尋問に際し供述しているのであって、その証言能力に欠けるところはなく、また、A の証言能力についても同様に解されるところ、原判決が証拠とした同人の検察官に対する供述調書によれば、同人は、原判示の日時、場所において B ら 4 人の友達と遊んでいた際、駆けてきたところを友達に押されてうつむきに転んで起きあがったところへ前記の自動車が後退してきたので『止めて止めて』といったがそのまま車の煙の出るところ（マフラーのこと）がぶつかって上向きに倒れた旨供述しているのであるが、これに対し、同人の公判準備としての証言は、その内容に前後くいちがう供述部分などがあることからみると、幼児である同人がその場の雰囲気に影響されて十分な供述ができなかったような事情も窺われるから、直接同人の供述を聴いた原裁判所が、検察官に対する供述を公判準備における供述よりも信用すべき特別の情況があるとして採用したことも首肯することができる。それゆえ、原判決が右検察官に対する供述調書に証拠能力を認めたことも正当である」。

解説　**1**　証人とは、自ら体験した事実を報告する者をいい、その報告内容を証言という。証人が証拠方法であり、証言が証拠資料である。

2　法 143 条は、原則として誰にでも証人適格（証人となりうる資格）があるとする。た

だし、①公務員または公務員であった者が知りえた事実について、本人またはその公務所が職務上の秘密に関するものである旨を申し立てたときは、監督官庁の承諾がなければ証人として尋問することができず（法144条本文）、また、②衆議院議員、参議院議員、内閣総理大臣その他の国務大臣、またはこれらの職にあった者が①の申立てをしたときは、議員の場合はその院の承諾、大臣の場合は内閣の承諾がなければ、証人として尋問することができない（法145条1項）。これらは、公務上の秘密を保護するために、証人適格を制限したものである。

3 被告人については、法311条により、終始沈黙する権利が与えられているので、証人適格を否定すべきである。英米法等では、被告人にも証人適格が認められているが、わが国の刑訴法の解釈としては、証言の義務がある証人の地位に立たせることは、被告人に不利益な取扱いとなるといわざるをえない。これに対し、共同被告人は、手続を分離しない限りは被告人であるから証人適格がないが、手続が分離されれば証人適格を有することになる（最判昭35・9・9【4-43】）。

4 したがって、年少者、精神障害者でも、証人適格はある。ただし、これらの者が、体験した事実を記憶に基づいて供述する能力に欠けていれば、証言能力（証言事項を供述しうる精神力）がないから、証言させることはできないし、証言しても証拠能力はない。

もっとも、証言能力の有無は、証人適格のように一般的なものではなく、精神的能力の発達の程度、証言する事項等を考慮して、裁判所が、個別的・具体的に決するものと解されている。最判昭和23年12月24日（刑集2-14-1883）は、「精神病者であっても症状によりその精神状態は時に普通人と異ならない場合もあるのであるから、その際における証言を採用することは何ら採証法則に反するものではなく、要は事実審の自由な判断によってその採否を決すべき」であるとする。

5 幼児は、特に性犯罪や交通事件などで証人になる例が多く、その供述の証拠能力がしばしば争われる。

幼児の証言能力や信用力を検討するにあたっては、幼児の知的発達や精神的特性等に関する専門知識が不可欠であることは当然であるが、それを前提にすれば、証言事項との関連で、当該幼児が知覚・認知し、記憶し、報告することが可能な事柄であるかの検討が重要となり、幼児の証拠能力の判断にあたり「証人として報告を期待する事項もまた当然大きな要素となる」（東京地判昭48・11・14刑月5-11-1458）と解される。

本判決は、証言を要する事項が「簡単な事柄」であることを重視し、それについては「かなりの程度の理解ならびに表現の能力があり、記憶力もある」として、本件証人が、事故時・証言時に幼児期後期であり、事故から証言まで約半年しか経過しておらず、また証言が事故の現場付近でなされたことなどの事情をも考慮して、証言能力を肯定している（飯田・前掲147頁）。

3-29　遮へい措置・ビデオリンク方式による証人尋問

最 1 小判平成 17 年 4 月 14 日（刑集 59 巻 3 号 259 頁・判タ 1187 号 147 頁）

[参考] 山口裕之・囲平 17-89、渡辺修・囮10 版 156、宇藤崇・囮平 17-201、囮347

事実 被告人 X は、被害者 A 女に暴行を加えて傷害を負わせ、さらに、同女を強姦したという傷害および強姦の事実で有罪とされ、控訴審もこれを是認した。

X 側は、1 審の審理で、被害女性の証人尋問について、法 157 条の 4 によるビデオリンク方式が採用され、あわせて、法 157 条の 3 により、被告人、傍聴人と証人との間で遮へい措置がとられた点を捉え、これらは、憲法 82 条 1 項、37 条 1 項の裁判の公開に反し、憲法 37 条 2 項前段の被告人の証人審問権を侵害するなどと主張して上告した。

判旨 上告棄却。「証人尋問が公判期日において行われる場合、傍聴人と証人との間で遮へい措置が採られ、あるいはビデオリンク方式によることとされ、さらには、ビデオリンク方式によった上で傍聴人と証人との間で遮へい措置が採られても、審理が公開されていることに変わりはないから、これらの規定は、憲法 82 条 1 項、37 条 1 項に違反するものではない。

また、証人尋問の際、被告人から証人の状態を認識できなくする遮へい措置が採られた場合、被告人は、証人の姿を見ることはできないけれども、供述を聞くことはでき、自ら尋問することもでき、さらに、この措置は、弁護人が出頭している場合に限り採ることができるのであって、弁護人による証人の供述態度等の観察は妨げられないのであるから、……制度の趣旨にかんがみ、被告人の証人審問権は侵害されていないというべきである。ビデオリンク方式によることとされた場合には、被告人は、映像と音声の送受信を通じてであれ、証人の姿を見ながら供述を聞き、自ら尋問することができるのであるから、被告人の証人審問権は侵害されていないというべきである。さらには、ビデオリンク方式によった上で被告人から証人の状態を認識できなくする遮へい措置が採られても、映像と音声の送受信を通じてであれ、被告人は、証人の供述を聞くことはでき、自ら尋問することもでき、弁護人による証人の供述態度等の観察は妨げられないのであるから、やはり被告人の証人審問権は侵害されていないというべきことは同様である。したがって、刑訴法 157 条の 3、157 条の 4 は、憲法 37 条 2 項前段に違反するものでもない」。

解説 **1** 平成 12 年改正より、証人の保護のための措置をとることが可能となった。

まず、①証人が著しく不安または緊張を覚えるおそれがあると認められる場合、裁判所は、その不安・緊張の緩和に適当な者（付添人）を、証人尋問の間証人に付き添わせることができる（法 157 条の 2）。

また、②証人が被告人の面前では圧迫を受け精神の平穏を著しく害されるおそれがあると認められる場合で、裁判所が相当と認めるときは、被告人と証人との間で、一方からま

たは相互に相手の状態を認識することができなくするための遮へい措置（衝立等）をとることができる（法157条の3）。ただし、被告人から証人の状態を認識できなくする措置は、弁護人が出頭している場合にのみ可能である。傍聴人と証人との間の遮へいも可能である。さらに、③性犯罪等の被害者等については、裁判所が相当と認めるときに、同じ裁判所構内の別室に証人として在席させ、法廷内にいる訴訟関係人等がテレビモニターを用いてその姿を見ながらマイクを通して尋問を行うビデオリンク方式を用いることができる（法157条の4第1項）。

　いずれも、これらの者が証言することによって受ける精神的負担の軽減を図るというのが制度趣旨である。以上は併用することもできる。このうち、②と③を併用する場合、被告人に証人の映像にかかるモニターを見せず、また、証人に被告人の映像にかかるモニターを、傍聴人に証人の映像にかかるモニターを見せないという措置をとることになる。

　2　本件では、これらの規定の合憲性が争われた。まず、ビデオリンク方式によったうえで傍聴人と証人との間で遮へい措置がとられた点につき、最高裁は、「審理が公開されていることに変わりはない」として、裁判の公開を定める憲法82条1項および37条1項に違反しないとした。裁判の公開をもって、裁判手続を一般公衆へ公開し、その監視のもとに、審判が公正に行われることを確保しようとするものと解する従前の判例（最大決昭33・2・17刑集12-2-253）の見解によれば、このような措置がとられた場合に一般の法廷傍聴と異なるのは、証人が傍聴人と同じ部屋におらず、その姿も見えないという点のみであり、審理が公開されていることに変わりはない。

　3　また、被告人の証人審問権に関しては、証人の供述の信用性を吟味するにあたり、尋問の際の証人の供述態度や表情もその重要な一要素となるため、それらの観察に影響を与える遮へい措置やビデオリンク方式が憲法37条2項に違反しないかが問題となる。

　たしかに、被告人の証人審問権（反対尋問権）は十分に保障される必要がある。ただ、証人が被告人の面前では圧迫を受けて十分な供述をできないおそれがあるために被告人の退廷が命じられるような場合（法304条の2）など、合理的な理由がある場合には、弁護人が立ち会って反対尋問権を行使するなどにより、被告人の証人審問権が実質的に保障されている限り、必ずしも被告人を立ち会わせなくとも、憲法37条2項前段に違反しない（最大判昭25・3・15刑集4-3-335、最大判昭25・3・15刑集4-3-371参照）と解しうる（また、合理的な理由がある場合には、被告人の発問の制限も許される。最大判昭30・4・6刑集9-4-663参照）。

　これを遮へい措置やビデオリンク方式についてみると、まず、これらの制度には、合理的な制度趣旨の存することが認められる。そして、本件のようにビデオリンク方式によったうえで被告人から証人の状態を認識できなくする遮へい措置がとられた場合でも、映像と音声の送受信を通じてではあるが、被告人は、リアルタイムで証人の供述を聞くことができ、自ら質問することもできる。また、被告人から証人の状態を認識できなくする遮へい措置は弁護人が出頭している場合にのみ可能であるから、弁護人による証人の供述態度等の観察も妨げられない。それゆえ、被告人の証人審問権は侵害されていないと解しうる。

3-30　証人の氏名等の秘匿制度の意義とその合憲性

最2小決平成30年7月3日（刑集72巻3号299頁・判タ1470号27頁）

［参考］小島淳・団平30-170、圖325

事実　被告人Xは、複数の共犯者とともに、拉致・監禁を繰り返し、その被害者らを殺害または死傷させた事案に共謀共同正犯として関与したとして、殺人2件、逮捕監禁致死1件を含む7件の事案で起訴された。公判前整理手続で、Xおよび弁護人はすべての公訴事実を争い、事件性や共犯者との共謀が争点となった。

検察官は、公訴事実を立証するために多数の証人を請求し、そのうち20名について、氏名は開示したものの、住居につき、法292条の4第2項に基づいてXおよび弁護人に知る機会を与えず、検察官の所属する地方検察庁支部を代替する連絡先とする措置をとった。このうちの16名分の措置について、弁護人は、本案係属の裁判所に対し、法299条の5第1項により、検察官の措置の取消しを求める裁定請求をしたが、原決定は請求をすべて棄却した。

これに対して、弁護人が即時抗告した。

決定要旨　抗告棄却。(1)　法299条の4は、検察官が、証人等の尋問請求に際し、相手方に対し、証人等の氏名・住居を知る機会を与えるべき場合に、証人等やその親族に対する加害行為等のおそれがあるときには、被告人の防御に実質的な不利益を生ずるおそれがある場合を除き、弁護人にその証人等の氏名・住居を知る機会を与えたうえでこれらを被告人に知らせてはならない旨の条件を付す等の条件付与等措置（同条1項）を、それでは加害行為等を防止できないおそれがあるときには、被告人・弁護人に対し、その証人等の氏名・住居を知る機会を与えず、証人等の氏名に代わる呼称、住居に代わる連絡先を知る機会を与える代替開示措置をとることができる（同条2項）などとする。また、(2)　法299条の5は、被告人・弁護人は、検察官の措置に不服があるとき、裁判所に対して裁定請求をすることができ（同条1項）、裁判所は、裁定請求について決定をするとき、検察官の意見を聴かなければならず（同条3項）、裁判所の決定に不服があるとき、即時抗告をすることができる（同条4項）などとする。

「(3)　条件付与等措置及び代替開示措置は、証人等又はその親族に対する加害行為等のおそれがある場合に、弁護人に対し証人等の氏名及び住居を知る機会を与えた上で一定の事項が被告人その他の者に知られないようにすることを求めることなどでは、証人等の安全を確保し、証人等が公判審理において供述する負担を軽減することが困難な場合があることから、加害行為等を防止するとともに、証人等の安全を確保し、証人等が公判審理において供述する負担を軽減し、より充実した公判審理の実現を図るために設けられた措置であると解される。このうち、代替開示措置については、検察官が、被告人及び弁護人に対し、証人等の氏名又は住居を知る機会を与えなかったとしても、それにより直ちに被告人の防御に不利益を生ずることとなるわけではなく、被告人及び弁護人は、代替的な呼称又は連絡先を知る機会を与えられることや、証人等の供述録取書の取調べ請求に際してその閲覧の機会が与えられることその他の措置

により、証人等と被告人その他の関係者との利害関係の有無を確かめ、予想される証人等の供述の証明力を事前に検討することができる場合があり、被告人の防御に実質的な不利益を生ずるおそれがないこととなる場合があるということができる。

(4) しかしながら、検察官は、被告人の防御に実質的な不利益を生ずるおそれがあるときには、条件付与等措置も代替開示措置もとることができない。さらに、検察官は、条件付与等措置によっては加害行為等を防止できないおそれがあるときに限り代替開示措置をとることができる。裁判所は、検察官が条件付与等措置若しくは代替開示措置をとった場合において、加害行為等のおそれがないとき、被告人の防御に実質的な不利益を生ずるおそれがあるとき、又は検察官が代替開示措置をとった場合において、条件付与等措置によって加害行為等を防止できるときは、被告人又は弁護人の裁定請求により、決定で、検察官がとった措置の全部又は一部を取り消さなければならない。裁定請求があった場合には、検察官は、裁判所からの意見聴取において、刑訴法 299 条の 5 第 1 項各号に該当しないことを明らかにしなければならず、裁判所は、必要なときには、更に被告人又は弁護人の主張を聴くなどすることができるということができる。そして、裁判所の決定に対しては、即時抗告をすることができる。これらに鑑みれば、刑訴法 299 条の 4、299 条の 5 は、被告人の証人審問権を侵害するものではなく、憲法 37 条 2 項前段に違反しないというべきである」。

解説 1 証人等の尋問を請求する訴訟当事者は、あらかじめその氏名・住居を知る機会を相手方に与えなければならない（法 299 条 1 項本文）。しかし、証人等やその親族への加害行為等のおそれがある場合には、訴訟の相手方に、証人等の住居等が特定される事項が、被告人を含む関係者に知られないようにし、その他、その安全が脅かされないよう配慮を求めることができる（法 299 条の 2）。さらに、この措置では、証人等の安全の保護や証言の負担の軽減が困難な場合に、証人等の氏名・住居を知る機会を弁護人に与えたうえで、被告人に知らせてはならない旨の条件を付す①条件付与等措置（法 292 条の 4 第 1 項）、および、それでは加害行為等を防止できないおそれがある場合、被告人・弁護人に、証人等の氏名・住居を知る機会を与えず、証人等の氏名に代わる呼称、住居に代わる連絡先を知る機会を与える②代替開示措置（法 292 条の 4 第 2 項）が、平成 28 年改正で新設された。

2 しかし、①・②の措置が講ぜられても、証人の代替的な呼称や連絡先を知る機会、また、証人等の供述録取書の取調べ請求に際して閲覧の機会が与えられること等の措置により、被告人・弁護人は、証人等と被告人その他の関係者との利害関係の有無を確かめ、予想される証人等の供述の証明力を事前に検討できる場合もある。被告人の防御に実質的な不利益を生ずるおそれがある場合には、①・②の措置を講ずることはできない。さらに、裁判所は、被告人・弁護人の裁定請求により、検察官の①・②の措置の当否を判断でき、裁判所の決定には即時抗告が認められている。これらは、証人等の安全や証言に負担の軽減を図りつつ、憲法 37 条 2 項の定める被告人の証人審問権を保障しようとするものである。

3 本決定は、①・②の措置の合憲性を認め、事例判断として②措置を肯定した。

3-31　弁護人の誠実義務違反と裁判所の訴訟手続

東京高判平成 23 年 4 月 12 日（東高時報 62 巻 1=12 号 33 頁）

[参考] 芦澤政治・團平 17-640、村岡啓一・圖9 版 118、笠井治・実務体系現代の刑事弁護 1-204、圖352

事実　住居侵入窃盗事件（「本件事件」）で起訴された被告人 X は、犯人性を争い、本件犯行現場の遺留毛髪の DNA 型が X から採取した口腔内細胞の DNA 型と一致したとする検察官の立証に対し、上記毛髪は鑑定に供された毛髪とは異なると主張した。さらに、弁護人は、X の逮捕は違法で、X の勾留中に収集された証拠に基づく公訴提起は無効として公訴棄却の判決を求めるとともに、違法な身柄拘束中に収集された X の口腔内細胞の鑑定結果等の証拠排除を主張したが、差戻前 1 審判決は、以上をいずれも排斥し、X を本件事件の犯人と認めた。

X の控訴に対し、差戻前控訴審判決（東京高判平 22・1・26 判タ 1326-280）は、差戻前 1 審判決が、②鑑定に供された X の口腔内細胞の採取手続の違法性を否定したことについて、同判断の前提となる①現行犯逮捕の違法性の存否・程度を考慮に入れないとする点で誤り、ひいては証拠能力の判断を誤った違法があるとした。また、差戻前第 1 審裁判所が、現行犯逮捕の適法性を立証するため検察官が請求した書証に弁護人が同意しなかったにもかかわらず、訴訟法上の事実の立証には伝聞法則は適用されないとして、それらを採用し、現行犯逮捕に関与した警察官等の証人尋問を行わなかったのは、当事者に攻撃、防御を十分尽くさせたとはいえず、審理不尽の違法もあるとした。そのうえで、差戻前控訴審判決は、本件を差戻前 1 審裁判所（原裁判所）に差し戻した。

原審では、上記①・②の手続の適法性につき、証人として⑦現行犯逮捕前の X の行動を目撃した近隣住民 2 名、④現行犯逮捕および口腔内細胞の採取に関与した警察官 4 名がそれぞれ取り調べられた。以上の証人尋問において、X は、自ら証人に対する反対尋問を行おうとしたが、原裁判所は、それを制止し、弁護人を介して尋問するよう指示した。それを受け、原審弁護人は、⑦の尋問については、X から希望する尋問事項を記載した書面を受け取り、X の意向を確認して、必要と考える範囲で反対尋問を行った。しかし、その後の④の尋問については、原審弁護人は、X と上記のようなやりとりをすることもなく、自ら事実関係を簡単に確認する反対尋問を行ったにとどまり、証人の証言内容を X の意向に沿って弾劾するような反対尋問は行わなかった。その後行われた被告人質問において、X は、原審弁護人からの質問に対して答えることを頑なに拒絶し、検察官からの質問に対し、自己の主張の概要を供述するにとどまった。

原審弁護人は、原審の最終弁論において、X の口腔内細胞の DNA 鑑定結果を除いても、それ以外の証拠から X が本件事件の犯人性を認定できるとしたうえ、X は、自らが犯人であることを内心深く自覚しながらも、不合理・不自然な弁解を行っているのに、差戻し前控訴審判決は、それに対して適切に対応することができずに、漫然と本件を原審に差し戻したもので、無意味にして空疎な「破棄・差戻し」判決というほかないと批判し、さらに、弁護人の真実義務を強調したうえ、X の現行犯逮捕手続の適法性については、原審における証拠調べの結果から認定できる事実関係を摘示した後、X の主張の骨格を整理し紹介するだけで、同手続の違法を積極的に主張することはしなかった。

判旨　破棄自判。「以上を踏まえて、原審において被告人の防御権ないし弁護人選任権が侵害されているか否かを検討する。

原審弁護人は、その最終弁論に現れているように、Xの有罪を確信するとともに、Xの弁解は不合理・不自然であると断じ、差戻し前控訴審判決による『破棄・差戻し』は無意味であると批判する姿勢を堅持している。原審の証人尋問において、原審弁護人が、当初こそ被告人の意向を酌んだ反対尋問を行っていたものの、その後は、Xの意向に沿った反対尋問を行わず、さらには、被告人質問において、Xから回答を拒絶されるに至ったのは、上記のような姿勢に由来するものと看取することができる。殊に、原審弁護人は、差戻し前控訴審判決により原審で行うべきであるとされていた、Xの現行犯逮捕手続及びそれに引き続いて行われた被告人から口腔内細胞を採取した手続の適法性に関し十分な証拠調べを行うことについて、全く意義を見出さなかったため、Xの主張に即した弁護活動を行う意欲を欠いていたとみざるを得ない。

　そうすると、原審弁護人は、被告人の利益のために訴訟活動を行うべき誠実義務に違反し、被告人の防御権及び実質的な意味での弁護人選任権を侵害しているというほかなく、それを放置して結審した原審の訴訟手続には法令違反がある〔最決平成17年11月29日刑集59巻9号1847頁参照〕。原裁判所は、少なくとも、原審弁護人の違法な訴訟活動が明らかになった最終弁論の時点で、国選弁護人である原審弁護人を交替させるなどして、不適切に行われた証人に対する反対尋問の部分及び被告人質問並びに最終弁論をそれぞれ補完する必要があったというべきである。原裁判所は、上記の違法がある状態をそのままにして、有罪の判断をすることは許されなかったのであるから、原審の訴訟手続の法令違反が判決に影響を及ぼすことは明らかである」。

解説　**1**　弁護人は、被告人の利益を保護すべき立場からの**誠実義務**（被告人の利益のために訴訟行為を行うべき義務）と、法律専門家として真相の解明を使命とする刑事裁判の一翼を担う立場からの**真実義務**（裁判所の真実発見に協力すべき義務）も負うとされる。両義務は、被告人から真犯人であると告白されつつ、無罪方向での弁護を依頼された場合などに拮抗するが、証明不十分による無罪の主張なら可能と解して調和を図る見解が主流である。

　2　弁護人が、**最終弁論**で、無罪を主張する被告人に対して有罪の主張をする場合、誠実義務に違反し、被告人の防御権・実質的な意味での弁護人選任権を侵害するものとして、それ自体、またはそのような主張を放置して結審した裁判所の訴訟手続が違法とされうる。ただし、最終弁論でのいかなる主張が弁護人として相当かの判断は、両義務との関連で、何をもって被告人の利益とみなすかも微妙であり、第1次的には弁護人にゆだねられる。また、最終弁論は弁護人の意見表明手続であり、その主張は、裁判所の実体判断を拘束しない。それゆえ、弁護人の誠実義務違反の主張を放置して結審した裁判所の措置が違法とされるのは、当事者主義の訴訟構造のもとで検察官と対峙し被告人を防御すべき**弁護人の基本的立場**と相容れないような場合に限られよう（最決平17・11・29刑集59-9-1847参照）。

　3　本件の弁護人は、被告人の有罪を確信し、その主張に即した弁護活動を行う意欲を欠いており、誠実義務に違反し、被告人の防御権・実質的な弁護人選任権の侵害を伴う違法な訴訟活動であって、それを放置して結審した裁判所の訴訟手続は違法と判断された。

3-32 迅速な裁判—高田事件上告審判決

最大判昭和 47 年 12 月 20 日（刑集 26 巻 10 号 631 頁・判タ 287 号 165 頁）

[参考] 時國康夫・圏昭 47-255、松本時夫・圖3 版 124、田中開・圄9 版 130、圃358

事実 被告人らは、昭和 27 年 5 月から 6 月にかけて、名古屋市内で発生した一連の集団暴行事件の総称である高田事件に関して、住居侵入、放火、傷害等の事実で起訴された。1 審で審理が開始された後、被告人らの一部がほぼ同時期に発生した大須事件の被告人にもなり、大須事件の審理の終了を待って本件の審理を進めてもらいたい旨の弁護人側の要望を裁判所がいれたため、審理が中断された。しかしその後、大須事件の審理が予想外に長期化する一方、裁判所による期日指定も、審理促進のための検察官の措置もなかった。そして、15 年余り後の審理の再開後、1 審は、本件では、憲法 37 条 1 項が保障する被告人の迅速な批判を受ける権利が著しく侵害されており、その実体は公訴時効が完成したのと同じであるから、公訴時効が完成した場合に準じ、被告人らを免訴するのが相当であるとした。

検察官の控訴に対し、控訴審は、本件において憲法で保障する被告人らの迅速な裁判を受ける権利を現実に保障するためにはいわゆる補充立法を必要とするが、それがない以上、本件の被告人らを免訴とすることは法解釈の限度を著しく逸脱するとして、1 審判決を破棄差戻しした。被告人らが上告したところ、最高裁は以下のように判示した。

判旨 「憲法 37 条 1 項の保障する迅速な裁判をうける権利は、憲法の保障する基本的な人権の 1 つであり、右条項は、単に迅速な裁判を一般的に保障するために必要な立法上および司法行政上の措置をとるべきことを要請するにとどまらず、さらに個々の刑事事件について、現実に右の保障に明らかに反し、審理の著しい遅延の結果、迅速な裁判をうける被告人の権利が害せられたと認められる異常な事態が生じた場合には、これに対処すべき具体的規定がなくても、もはや当該被告人に対する手続の続行を許さず、その審理を打ち切るという非常救済手段がとられるべきことをも認めている趣旨の規定であると解する。

刑事事件について審理が著しく遅延するときは、被告人としては長期間罪責の有無未定のまま放置されることにより、ひとり有形無形の社会的不利益を受けるばかりでなく、当該手続においても、被告人または証人の記憶の減退・喪失、関係人の死亡、証拠物の減失などをきたし、ために被告人の防禦権の行使に種々の障害を生ずることをまぬがれず、ひいては、刑事司法の理念である、事案の真相を明らかにし、罪なき者を罰せず罪ある者を逸せず、刑罰法令を適正かつ迅速に適用実現するという目的を達することができないことともなるのである。上記憲法の迅速な裁判の保障条項は、かかる弊害発生の防止をその趣旨とするものにほかならない」。

「具体的刑事事件における審理の遅延が右の保障条項に反する事態に至っているか否かは、遅延の期間のみによって一律に判断されるべきではなく、遅延の原因と理由などを勘案して、その遅延がやむをえないものと認められないかどうか、これにより右の保障条項がまもろうとしている諸利益がどの程度実際に害せられているかなど諸

般の情況を総合的に判断して決せられなければならないのであって、たとえば、事件の複雑なために、結果として審理に長年月を要した場合などはこれに該当しないこともちろんであり、さらに被告人の逃亡、出廷拒否または審理引延しなど遅延の主たる原因が被告人側にあった場合には、被告人が迅速な裁判をうける権利を自ら放棄したものと認めるべきであって、たとえその審理に長年月を要したとしても、迅速な裁判をうける被告人の権利が侵害されたということはできない」。

「被告人らが迅速な裁判をうける権利を自ら放棄したとは認めがたいこと、および迅速な裁判の保障条項によってまもられるべき被告人の諸利益が実質的に侵害されたと認められる……から、本件は、昭和44年第1審裁判所が公判手続を更新した段階においてすでに、憲法37条1項の迅速な裁判の保障条項に明らかに違反した異常な事態に立ち至っていたものと断ぜざるを得ない。したがって、本件は、……被告人らに対して審理を打ち切るという非常救済手段を用いることが是認されるべき場合にあたる……。

刑事事件が裁判所に係属している間に迅速な裁判の保障条項に反する事態が生じた場合において、その審理を打ち切る方法については現行法上よるべき具体的な明文の規定はないのであるが、前記のような審理経過をたどった本件においては、これ以上実体的審理を進めることは適当でないから、判決で免訴の言渡をするのが相当である」（1審の免訴判決が確定）。

解説 **1** 憲法37条1項は、被告人に迅速な裁判を受ける権利を保障するが、どの程度裁判に時間がかかれば、憲法の保障する迅速な裁判の要請に反するかは、一概には決められない。他方、裁判は迅速でありさえすればよいともいえず、真相の解明に必要な審理は尽くさなければならない。「早すぎる裁判」が拙速な裁判（ラフジャスティス）となれば、被告人と国家の双方の利益を害することになる。

2 本判決は、憲法37条1項は、個々の事件について、現実に迅速な裁判の保障に明らかに反し、審理の著しい遅延の結果、迅速な裁判を受ける被告人の権利が害されたと認められる異常な事態が生じた場合には、その審理を打ち切るという非常救済手段がとられることをも認める趣旨であるとした。そして、事件が裁判所に係属している間に、迅速な裁判の保障条項に反する事態が生じた場合は、判決で免訴を言い渡すのが相当であるとして、1審判決を支持したのである。

3 ただし、審理の遅延が迅速裁判の保障条項に違反するかは、遅延の期間のみによって一律に判断されるべきでなく、遅延の原因と理由を検討して、被告人の権利がどれだけ実質的に害されたのかを中心に判断されなければならない。現実の訴訟では、遅延の原因が、事件自体の複雑困難さにあったり、被告人側の責めに帰するものであったりすることが多い。したがって、免訴という「審理打ち切り」の手段は、まさに例外的にしか発動されえないものといえよう（最判昭50・8・6刑集29-7-393など参照）。

4 なお、司法制度改革の一環として、民事・刑事を併せた裁判の迅速化を図るため、「裁判の迅速化に関する法律」が平成15年に制定されている。

3-33　被告人の訴訟能力

最 3 小決平成 7 年 2 月 28 日（刑集 49 巻 2 号 481 頁・判タ 885 号 160 頁）

[参考] 川口政明・圏平 7-125、中谷雄二郎・圏平 10-25、駒田秀和・圄10 版 118、圃361

事実　被告人 X は、事務所荒らしや車上狙い等計 11 件の窃盗で起訴された。ところが、X は、耳も聞こえず、言葉も話せない者で、聴覚障害者としての適切な教育を受ける機会がなかったことから、手話を会得してもおらず、文字もわからず、意思疎通の手段としては、ほとんど身振り・手振りによるほかなかった。

1 審は、国選弁護人のほかに特別弁護人を選任し、手話通訳人も 2 名を選任して、手続を進め、7 年近くをかけて実体審理を終えたが、本件では、通訳の有効性はほとんど失われ、「刑訴法が公訴の適法要件として本来当然に要求する訴追の正当な利益が失われている」として、

公訴提起の手続自体が不適法であった場合に準じ、公訴を棄却した（法 338 条 4 号）。

検察官の控訴に対し、控訴審は、1 審判決が問題点として認定する事実は被告人の訴訟能力の欠如を意味するが、このような事由で「訴訟能力を欠く被告人については、手続の公正を確保するため、刑事訴訟法 314 条 1 項を準用して公判手続を停止すべきであると考えられ」、公判手続を停止すべきかどうかについては、医師等専門家の意見を聴くなどしてさらに審理を尽くすのが相当であるとして、1 審判決を破棄し、事件を差し戻した。これに対して、弁護人が上告した。

決定要旨　上告棄却。「刑訴法 314 条 1 項にいう『心神喪失の状態』とは、訴訟能力、すなわち、被告人としての重要な利害を弁別し、それに従って相当な防御をすることのできる能力を欠く状態をいうと解するのが相当である。

原判決の認定するところによれば、被告人は、耳も聞こえず、言葉も話せず、手話も会得しておらず、文字もほとんど分からないため、通訳人の通訳を介しても、被告人に対して黙秘権を告知することは不可能であり、また、法廷で行われている各訴訟行為の内容を正確に伝達することも困難で、被告人自身、現在置かれている立場を理解しているかどうかも疑問であるというのである。右事実関係によれば、被告人に訴訟能力があることには疑いがあるといわなければならない。そして、このような場合には、裁判所としては、同条 4 項により医師の意見を聴き、必要に応じ、更にろう（聾）教育の専門家の意見を聴くなどして、被告人の訴訟能力の有無について審理を尽くし、訴訟能力がないと認めるときは、原則として同条 1 項本文により、公判手続を停止すべきものと解するのが相当であり、これと同旨の原判断は、結局において、正当である」。

解説　**1**　法 314 条 1 項は、被告人が心神喪失の状態にあるときは、その状態の続いている間公判手続を停止しなければならないと定める。これは、**被告人の防御権を尊重して手続の公正を担保しようとする趣旨**であるから、ここにいう心神喪失の状態とは、刑法上の責任能力の概念とは、内容的にも、その存否が問題となる時点も異なる。本決定は、それらを目的論的に解釈して、「**被告人としての重要な利害を弁別し、それに従って相当な**

防御をすることのできる能力」、すなわち「訴訟能力」を欠く状態をいう、と定義した。

　さらに、本決定は、精神病その他の精神障害のために意思能力を欠くというわけではないが、身体障害者（聴覚障害者）で、適切な教育を受けなかったために、意思疎通能力に著しい制約があり、ひいては、理解力、判断力にも問題のあることがうかがわれる者についても、法314条1項の適用が問題となりうることを明らかにしている。

　2　その具体的判断について、本決定は、①黙秘権の告知が可能か、②各訴訟行為の内容を正確に伝達することが可能か、③現在置かれている立場を被告人自身が理解できているか、という3要素を挙げている。その判断により、弁護人による補佐と裁判所の後見的役割とを考慮に入れても、なお手続の公正の担保の見地から手続の続行を認めることが相当でないとされる場合に、訴訟能力が否定されることになろう。本件被告人については、これらはすべて否定されるものの、本決定は、原判決の認定・評価に基づき、訴訟能力に疑いがある場合であることを肯定したにすぎない。それゆえ、訴訟能力の有無に関する具体的な判断事例の集積が待たれる。

　3　この点で参考になるのが、**最判平成10年3月12日**（刑集52-2-17）である。被告人が重度の聴覚障害および言語を習得しなかったことによる二次的精神遅滞により精神的能力および意思疎通能力に重い障害を負っている場合であっても、手話通訳を介することで、刑事手続において自己の置かれている立場をある程度正確に理解して、自己の利益を防御するために相当に的確な状況判断をすることができ、個々の起訴手続においても、手続の趣旨に従い、自ら決めた防御方針に沿った供述や対応が可能であるなどの事情がある場合には、利害弁別能力、防御能力が著しく制限されてはいるが、これを欠くものではなく、弁護人・通訳人からの適切な援助を受け、かつ、裁判所が後見的役割を果たすことにより、これらの能力をなお保持していると認められるとする。この判示によれば、手続において自己の置かれた立場、訴訟行為の内容、黙秘権等に関して、一般的・抽象的・言語的な理解能力や意思疎通能力までは必要なく、**具体的・実質的・概括的な理解能力や意思疎通能力があれば足りる**ことになる。

　また、訴訟能力がないと判断された場合、一方では被告人の防御の権利は擁護されるが、他方、被告人の裁判を受ける権利が奪われるということにもなるため、その判定は慎重に行うべきである（渡辺・前掲119頁。なお、**【6-1】**も参照）。

　4　被告人の訴訟能力の欠如を理由とした公判手続停止後の措置についての規定はないが、訴訟能力の回復可能性がないと認められる場合には、公判手続を停止した状態を継続しても無意味であり、被告人の人権保障の観点からも不当である。それゆえ、検察官としては公訴を取り消すべきであろうが、控訴審段階で心身喪失になった場合には検察官による公訴取消の方途もないことをも考えれば、裁判所としても、「被告人の状態等によっては、**手続を最終的に打ち切ることができる**」（千種秀夫裁判官の補足意見）とすべきである。

3-34 訴訟能力の回復見込みがない場合の手続打切りの可否

最1小判平成28年12月19日（刑集70巻8号865頁・判タ1448号66頁）

[参考] 川田宏一・歴平28-274、松代剛枝・重平28-192、團247、361

事実 被告人Xは、平成7年5月3日、面識のない2名を文化包丁で刺殺したとして、殺人、銃砲刀剣類所持等取締法違反で起訴された。

1審で、Xは心神喪失の状態にあると認められ、法314条1項により、約17年間にわたり公判手続が停止された。そして、1審裁判所は、非可逆的な慢性化した統合失調症の症状に脳萎縮による認知機能の障害が重なったXに訴訟能力の回復の見込みがないと判断し、本件では、「公訴提起後に重要な訴訟条件を欠き、後発的に『公訴提起の手続がその規定に違反したため無効』になった」として、法338条4号を準用して公訴棄却の判決を言い渡した。

検察官の控訴（本件控訴）を受けた原判決は、Xに訴訟能力の回復の見込みがないとした1審判決の判断に誤りはないが、訴追権限を独占的に有する検察官が公訴を取り消さないのに、裁判所が訴訟手続を一方的に打ち切ることは基本的には認められておらず、裁判所が訴訟手続を打ち切ることができるのは、公判手続停止後、訴訟能力の回復の見込みがないのに検察官が公訴を取り消さないことが明らかに不合理であると認められるような極限的な場合に限られると判示した。そのうえで、本件では、その極限的な場合にあたらず、1審判決は、法338条4号の解釈適用を誤って不法に公訴を棄却したとして1審判決を破棄し、事件を1審に差し戻した。

これに対して、弁護人が上告した。

判旨 原判決棄却、本件公訴棄却。「(1) Xは、非可逆的で慢性化した統合失調症の症状に加え、脳萎縮による認知機能の障害が重なり、訴訟能力が欠けており、その回復の見込みがないとした原判断は、正当として是認することができる。

(2) 訴訟手続の主宰者である裁判所において、被告人が心神喪失の状態にあると認めて刑訴法314条1項により公判手続を停止する旨決定した後、被告人に訴訟能力の回復の見込みがなく公判手続の再開の可能性がないと判断するに至った場合、事案の真相を解明して刑罰法令を適正迅速に適用実現するという刑訴法の目的（同法1条）に照らし、形式的に訴訟が係属しているにすぎない状態のまま公判手続の停止を続けることは同法の予定するところではなく、裁判所は、検察官が公訴を取り消すかどうかに関わりなく、訴訟手続を打ち切る裁判をすることができるものと解される。刑訴法はこうした場合における打切りの裁判の形式について規定を置いていないが、訴訟能力が後発的に失われてその回復可能性の判断が問題となっている場合であることに鑑み、判決による公訴棄却につき規定する同法338条4号と同様に、口頭弁論を経た判決によるのが相当である。

したがって、被告人に訴訟能力がないために公判手続が停止された後、訴訟能力の回復の見込みがなく公判手続の再開の可能性がないと判断される場合、裁判所は、刑訴法338条4号に準じて、判決で公訴を棄却することができると解するのが相当である」。

解説 **1** 法314条1項は、被告人が「心神喪失の状態」で訴訟能力を欠く状態にあるときは、原則として、「その状態の続いている間公判手続を停止しなければならない」とする。また、訴訟能力の回復の見込みがないとき、検察官が法257条により公訴を取り消した場合には、裁判所は、同法339条1項3号により、公訴棄却の決定をもって手続を打ち切らなければならない。しかし、本件のように、訴訟能力を欠くため、公判手続が停止された後、その回復の見込みがないが、検察官が公訴を取り消さない場合に、裁判所がいかなる措置を採りうるかにつき、現行法では明文規定がない。判例でも、最決平成7年2月28日（【3-33】）において、「被告人の状態等によっては、手続を最終的に打ち切ることができる」とする旨の千種秀夫裁判官の補足意見が示されるのみであった。そのような状況下、本件では、裁判所による訴訟手続の打切りが認められるかが問題となった。

2 このような場合の裁判所による訴訟手続の打切りにつき、学説では、打切りを認める明文規定がないのに、検察官が公訴を取り消さない訴訟係属を裁判所が消滅させるのは、当事者主義訴訟構造に反するなどとする(a)消極説もある。しかし、多数説は(b)積極説に立つ。その内部では、法337条の準用により免訴も可能とする㋑免訴説（なお、【3-32】参照）もあるが、法338条4号に準じて判決による公訴棄却を認めるべきとする㋺公訴棄却説が多数説である（なお、法339条1項3号または4号の準用を主張する見解もある）。

3 本判決は、この問題につき、①理論的根拠として、法1条の定める「事案の真相を明らかにし、刑罰法令を適正且つ迅速に適用実現する」という刑訴法の目的に照らし、形式的に訴訟が係属しているにすぎない状態のまま公判手続の停止を続けることは法の予定するところではないとし、裁判所は、検察官が公訴を取り消すかどうかにかかわりなく、訴訟手続を打ち切る裁判ができるとする。そして、②その場合の打切り裁判の形式について、直接の明文規定はないものの、訴訟能力が後発的に失われてその回復可能性の判断が問題となる場合であることから、口頭弁論を経た判決によるのが相当であるとして、(b)㋺判決による公訴棄却に関する法338条4号に準じて処理すべきとする見解を示した。

法314条1項による公判手続の停止は、訴訟能力の回復見込みがない場合の規定を前提としないため、公判手続の再開を前提とした手続と解される。本判決は、訴訟能力の回復見込みがなく公判手続再開の可能性がないとの判断に裁判所が至った場合、その判断内容に照らし、当然に同法338条4号に準じて公訴棄却の判決で訴訟手続を打ち切ることができるとする。1審判決は、訴訟条件論の一環として同条同号の類推適用を認めたが、本判決は、刑事訴訟の趣旨等に照らし訴訟係属状態を維持すべきではないという点に、「公訴提起の手続がその規定に違反したため無効」に準ずる要素を見出したものといえる。

4 裁判所が、訴訟能力の回復の見込みがなく公判手続の再開の可能性がないと判断した場合、現実には、訴訟指揮権の行使として、検察官に公訴取消しの検討をまずは促すことになろう。弁護人との円滑な意思疎通も踏まえ、検察官による公訴取消しの活用を含めた適切な運用が求められる。検察官による公訴取消しが認められない控訴審段階以降（法257条）での訴訟能力の有無の判断や訴訟手続の打切りのあり方は、今後の課題である。

3-35　即決裁判手続の合憲性

最3小判平成 21 年 7 月 14 日（刑集 63 巻 6 号 623 頁・判タ 1313 号 97 頁）

[参考] 三浦透・圏平 21-233、中野目善則・回10 版 136、川上拓一・刑ジャ 22-84、圏366

事実　自衛隊に勤務していた被告人 X は、業務上保管していた官給品のパソコン 1 台を横領したとして立件された。捜査段階では事実に争いはなく、1 審では、私選弁護人が選任されて即決裁判手続がとられ、執行猶予付き懲役刑の有罪判決が言い渡された。

ところが、X は控訴し、1 審とは別の弁護人を選任して、事実誤認等の主張とともに、即決裁判手続では事実誤認を理由とする控訴はできないとする法 403 条の 2 第 1 項は憲法 32 条に違反するなどと主張したが、控訴審は合憲と判断したため、さらに上告した。

判旨　上告棄却。「審級制度については、憲法 81 条に規定するところを除いては、憲法はこれを法律の定めるところにゆだねており、事件の類型によって一般の事件と異なる上訴制限を定めても、それが合理的な理由に基づくものであれば憲法 32 条に違反するものではないとするのが当裁判所の判例とするところである」。

「そこで即決裁判手続について見るに、同手続は、争いがなく明白かつ軽微であると認められた事件について、簡略な手続によって証拠調べを行い、原則として即日判決を言い渡すものとするなど、簡易かつ迅速に公判の審理及び裁判を行うことにより、手続の合理化、効率化を図るものである。そして、同手続による判決に対し、犯罪事実の誤認を理由とする上訴ができるものとすると、そのような上訴に備えて、必要以上に証拠調べが行われることになりかねず、同手続の趣旨が損なわれるおそれがある。他方、即決裁判手続により審判するためには、被告人の訴因についての有罪の陳述……と、同手続によることについての被告人及び弁護人の同意とが必要であり……、この陳述及び同意は、判決の言渡しまではいつでも撤回することができる……。したがって、即決裁判手続によることは、被告人の自由意思による選択に基づくものであるということができる。また、被告人は、手続の過程を通して、即決裁判手続に同意するか否かにつき弁護人の助言を得る機会が保障されている……。加えて、即決裁判手続による判決では、懲役又は禁錮の実刑を科すことができないものとされている……。

　刑訴法 403 条の 2 第 1 項は、上記のような即決裁判手続の制度を実効あらしめるため、被告人に対する手続保障と科刑の制限を前提に、同手続による判決において示された罪となるべき事実の誤認を理由とする控訴の申立てを制限しているものと解されるから、同規定については、相応の合理的な理由があるというべきであ」り、「刑訴法 403 条の 2 第 1 項が、憲法 32 条に違反するものでないことは、……明らかであ」る。

解説　**1**　即決裁判手続は、手続の合理化・効率化と迅速化を図るため、争いのない軽微な事件について、簡易な手続で迅速に裁判をできるとする制度である。

　2　検察官は、事案が明白・軽微で、証拠調べも速やかに終わると見込まれるなど相当と認めるときは、被疑者の同意等を得たうえで、公訴提起と同時に、即決裁判手続の申立

てができる（法350条の2）。被疑者が、同手続に同意するか否かを明らかにしようとする
場合、国選弁護人の選任を請求でき（法350条の3）、裁判所は、被疑者・被告人の同意に
加え、弁護人の同意もなければ同手続によって判決を言い渡すことはできず（法350条の6
参照）、同手続を行うべき公判期日は弁護人を必要的としている（法350条の9）。法は、**弁
護人の同意を即決裁判手続による審理・判決の前提とすることで**、被疑者・被告人の権利
保護を図っている。

3　即決裁判手続に特徴的な点として、①**科刑制限**と②**上訴制限**がある。すなわち、①
懲役・禁錮の言渡しをする場合には、その刑の執行を猶予しなければならない（法350条
の14）。これは、被告人が利用しやすくすることを意図したものとされる。

また、②**再審請求ができるような場合を除き、当該判決で示された罪となるべき事実の
誤認を理由とする上訴はできない**（法403条の2）。同手続の対象となるのは、執行猶予付
き懲役刑・禁錮刑の有罪判決を受けることに同意した者であるため、控訴の数も少なく、
控訴して事実誤認の主張をすることも基本的には想定されないためである。

4　②については、本件のように、1審判決後に事実誤認の主張の意思が生ずる場合も
ありうるが、**争いのない軽微事件につき、簡易な方法による証拠調べを行ったうえ、即日
判決を下すという、簡易迅速な裁判を可能とし手続の合理化・効率化を図るという制度趣
旨**に鑑みれば、事実誤認を理由とする控訴を許容するのは相当でない。また、手続面での
権利保護（被告人の同意と弁護人の必要的関与）と実体面での科刑制限を前提に、事実誤認を
理由とする控訴の申立てを制限しているのであり、制度の合理性は認めうる。

また、判例では、憲法32条にいう裁判を受ける権利とは、「裁判所」において裁判を受
ける権利のことであり、裁判所の管轄や審級制度をどう定めるかは、法律にゆだねられた
立法政策の問題であるとする立場をとってきているが（最判昭和23・3・10刑集2-3-175など）、
本判決は、その立法に際しては、**制度の合理性**が前提となる旨を明示している。

5　なお、本件のXは、即決裁判手続は刑の執行猶予の言渡しが必要的であるため、安
易な虚偽の自白を誘発しやすく、憲法38条2項に違反する旨も主張した。

しかしながら、即決裁判手続の申立ては、検察官が、事案が明白・軽微で、証拠調べも
速やかに終わると見込まれるなど相当と認めるときになされるのであるが、それは、基本
的に捜査終結時に確認される性質のものである。たしかに、捜査官が、その前段階の取調
べ中に、即決裁判手続がとられ必ず執行猶予になる旨の示唆をするなど、任意性に影響を
及ぼす事態も考えられなくはないが、それは取調べ方法一般の問題というべきである
（**【4-12】**参照）。また、公判段階での被告人の自白についても、裁判所の手続におけるも
のであるうえ、前述のように、同手続では弁護人の助言をうる機会を十分に保障するなど、
不任意自白を防ぐための制度的手当もなされている（三浦・前掲255頁以下）。

以上を前提に、本判決は、「被告人に対する手続保障の内容に照らすと、即決裁判手続
の制度自体が所論のような自白を誘発するものとはいえないから、憲法38条2項違反を
いう所論は前提を欠く」と判示した。

3-36 裁判員裁判の合憲性とその意義

最大判平成 23 年 11 月 16 日（刑集 65 巻 8 号 1285 頁・判タ 1362 号 62 頁）

[参考] 西野吾一＝矢野直邦・圏平 23-257、笹田栄司・圃平 24-10、酒巻匡・固10 版 112、圖374、図33-1

事実 被告人 X は、覚せい剤取締法・関税法違反の事実で、1 審で、裁判員の参加する合議体によって審理され、有罪とされた。

上告審で X 側は、裁判員制度は、①憲法に裁判官以外の国民が裁判体の構成員となり評決権を持って裁判を行うことを想定した規定はなく、憲法 80 条 1 項は、下級裁判所が裁判官のみで構成されることを定めていると解されるので、裁判官以外の者が構成員となった裁判体は憲法にいう「裁判所」にはあたらず、その手続は適正な司法手続とはいえないので、憲法 80 条 1 項、32 条、37 条 1 項、76 条 1 項、31 条に違反する、②裁判官は、裁判員の判断に影響、拘束されるから、憲法 76 条 3 項に違反する、③裁判員が参加する裁判体は、憲法 76 条 2 項の禁止する特別裁判所に該当する、④裁判員となる国民に憲法上の根拠のない負担を課すものであるから、憲法 18 条後段に違反する旨主張した。

判旨 上告棄却。「1 ……憲法は、国民の司法参加を許容しているものと解され、裁判員法に所論の憲法違反はないというべきである」。

「2 まず、国民の司法参加が一般に憲法上禁じられているか否かについて検討する」。「憲法上、刑事裁判に国民の司法参加が許容されているか否かという刑事司法の基本に関わる問題は、憲法が採用する統治の基本原理や刑事裁判の諸原則」、「憲法制定の経緯及び憲法の関連規定の文理を総合的に検討して判断されるべき事柄である」。憲法は、刑事裁判の基本的な担い手として裁判官を想定していると考えられるが、憲法の制定に際しては、陪審制や参審制を排除する趣旨は認められない。「刑事裁判に国民が参加して民主的基盤の強化を図ることと、憲法の定める人権の保障を全うしつつ、証拠に基づいて事実を明らかにし、個人の権利と社会の秩序を確保するという刑事裁判の使命を果たすこととは、決して相容れないものではなく」、「国民の司法参加と適正な刑事裁判を実現するための諸原則とは、十分調和させることが可能であり、憲法上国民の司法参加がおよそ禁じられていると解すべき理由はなく、国民の司法参加に係る制度の合憲性は、具体的に設けられた制度が、適正な刑事裁判を実現するための諸原則に抵触するか否かによって決せられるべきものである。換言すれば、憲法は、一般的には国民の司法参加を許容しており、これを採用する場合には、上記の諸原則が確保されている限り」、「その内容を立法政策に委ねていると解されるのである」。

「3 そこで、次に、裁判員法による裁判員制度の具体的な内容について、憲法に違反する点があるか否かを検討する」。

(1)所論①について、憲法は、「下級裁判所については、国民の司法参加を禁じているとは解されない。したがって、裁判官と国民とで構成する裁判体が、それゆえ直ちに憲法上の『裁判所』に当たらないということはできない」。「裁判員の権限は、裁判官と共に公判廷で審理に臨み、評議において事実認定、法令の適用及び有罪の場合の刑の量定について意見を述べ、評決を行うことにある」。「裁判員が、様々な視点や感

覚を反映させつつ、裁判官との協議を通じて良識ある結論に達することは、十分期待することができる。他方、憲法が定める刑事裁判の諸原則の保障は、裁判官の判断に委ねられている」。「このような裁判員制度の仕組みを考慮すれば、公平な『裁判所』における法と証拠に基づく適正な裁判が行われること（憲法31条、32条、37条1項）は制度的に十分保障されている上、裁判官は刑事裁判の基本的な担い手とされているものと認められ、憲法が定める刑事裁判の諸原則を確保する上での支障はない」。

(2)所論②について、「裁判員法が規定する評決制度の下で、裁判官が時に自らの意見と異なる結論に従わざるを得ない場合があるとしても、それは憲法に適合する法律に拘束される結果であるから、〔憲法76条3〕項違反との評価を受ける余地はない」。「評議に当たって裁判長が十分な説明を行う旨が定められ、評決については、……多数意見の中に少なくとも1人の裁判官が加わっていることが必要とされていることなどを考えると、被告人の権利保護という観点からの配慮もされているところであり、裁判官のみによる裁判の場合と結論を異にするおそれがあることをもって、憲法上許容されない構成であるとはいえない」。

(3)所論③について、「裁判員制度による裁判体は、地方裁判所に属するものであり、その第1審判決に対しては、高等裁判所への控訴及び最高裁判所への上告が認められており、裁判官と裁判員によって構成された裁判体〔は〕特別裁判所に当たらない」。

(4)所論④について、「裁判員の職務等は、司法権の行使に対する国民の参加という点で参政権と同様の権限を国民に付与するもので」、「苦役」ということは適切でなく、また負担を過重にしないための措置も講じられ、「これらの事情を考慮すれば、裁判員の職務等は憲法18条後段が禁ずる『苦役』に当たらないことは明らかであ」る。

解説 **1** 裁判員制度に関し、最高裁は、(1)国民の司法参加が憲法上一般に禁じられているか否かの点について、国民の司法参加と適正な刑事裁判を実現するための諸原則との調和は可能であり、具体的に設けられた制度が、それら諸原則に抵触しない限り、制度の合憲性が認められるとした。そのうえで(2)裁判員制度の具体的な内容について、そのような抵触はなく、裁判員法は合憲であると判示した。

2 さらに最高裁は、裁判員制度の意義について、「〔司法の役割を実現するためには、法に関する専門性は必須であるが、〕法曹のみによって実現される高度の専門性は、時に国民の理解を困難にし、その感覚から乖離したものにもなりかねない側面を持つ。刑事裁判のように、国民の日常生活と密接に関連し、国民の理解と支持が不可欠とされる領域においては、この点に対する配慮は特に重要である。裁判員制度は、司法の国民的基盤の強化を目的とするものであるが、それは、国民の視点や感覚と法曹の専門性とが常に交流することによって、相互の理解を深め、それぞれの長所が生かされるような刑事裁判の実現を目指すものということができる。その目的を十全に達成するには相当の期間を必要とすることはいうまでもないが、その過程もまた、国民に根ざした司法を実現する上で、大きな意義を有するものと思われる」との見解を示している。

4-1　厳格な証明—白鳥事件

最 1 小判昭和 38 年 10 月 17 日（刑集 17 巻 10 号 1795 頁・判時 349 号 2 頁）

[参考] 吉川由己夫・圏昭 33-81、渥美東洋・圓3 版 142、安廣文夫・大コメ 2 版 7-334、340、圃391

事実　被告人 X は、(1) B らと共謀のうえ、拳銃およびその実包を所持したという拳銃等不法所持、(2) 警察官 S を殺害しようとして、A・C・D と殺害の謀議をし、これに基づき D において札幌市内路上で拳銃を用いて S を射殺したという殺人（白鳥事件）の各共謀共同正犯などの事実で起訴された。

本件の争点は多岐にわたるが、そのうち、原判決が、X の(1)事実を認定できるとした際、「共謀の点や、A、B らが所持していた拳銃が同一の拳銃であったという点については直接証拠を欠いており、これらの事実も厳格な証明を必要とするのであるが、それは直接証拠によらなければならないという制約はな」く、「間接証拠によって右の点を認めうる」として、X を有罪とした 1 審判決を支持するなどした点について、弁護人は、共謀共同正犯における「共謀」は「厳格な証明」の対象で、それを認定する証拠は抽象的、間接的であってはならない、などと主張して上告した（【4-20】【6-7】 も参照）。

判旨　上告棄却。「所論は、原判決が間接証拠のみによって『共謀』その他を認定した第 1 審判決を支持しているのは、『厳格な証明』を必要とするといういわゆる練馬事件および松川事件に関する最高裁判所大法廷の判例〔最大判昭和 33 年 5 月 28 日【5-1】、最大判昭和 34 年 8 月 10 日刑集 13-9-1419〕に違反する旨主張するが、右各判決にいう『厳格な証明』とは、刑訴の規定により証拠能力が認められ、かつ、公判廷における適法な証拠調を経た証拠による証明を意味するものと解すべきところ、原判決がかかる厳格な証明によらずして共謀その他の事実を認定しているものではないことは、記録上明らかであって、所論判例に違反する点はな」い。

解説　**1**　証拠によって過去に存在した事実の存在を推論させ、その事実について一定の心証を抱かせることを証明という。推論は、社会一般の通常人を納得させるに足りる論理則、経験則によらなければならない。証明には、厳格な証明、自由な証明、疎明（裁判官に確からしいという程度の心証（推測）を生じさせることで足りる証明）の 3 種類がある。

2　証拠能力が認められ、かつ、公判廷における適法な証拠調べを経た証拠による証明が**厳格な証明**である。刑訴法には、証拠能力についていくつかの制限が設けられ（法 319 条 1 項・320 条 1 項等）、証拠調べの方法も証拠の種類に応じたものが定められている（法 304 条〜307 条）が、これらの要件をいずれも満たした証拠による証明のことである。

3　刑罰権の存否および刑罰の量を定める事実には、厳格な証明が必要である。犯罪事実が厳格な証明の対象であることに争いはない。犯罪事実とは、構成要件に該当する違法・有責な事実であるから、構成要件に該当する事実（客観的構成要件要素である実行行為・結果・因果関係、主観的構成要件要素である故意・過失）はもちろんのこと、違法性および有責性の基礎となる事実の存在も、厳格な証明を必要とする。また、**違法性阻却事由または責任阻却事由**にあたる事実の不存在についても、厳格な証明を必要とする。共犯事件の場合

には、共謀、共同実行、正犯の実行行為、教唆、幇助等の事実も厳格な証明の対象となる（最大判昭 33・5・28【5-1】は、「『共謀』または『謀議』は、共謀共同正犯における『罪となるべき事実』にほかならないから、これを認めるためには厳格な証明によらなければならない」と判示する。また、最大判昭 34・8・10 刑集 13-9-1419〔松川事件〕も参照）。

処罰条件および処罰阻却事由も、行為が可罰的であるか否かの要件であるから、犯罪事実に準ずる重要な事項にあたる。したがって、処罰条件の存在および処罰阻却事由の不存在についても、厳格な証明を要する。

4　刑の重さを規定する事実（刑の加重減免の理由となる事実）にも厳格な証明が必要である。刑の加重事由には、累犯前科（刑法 56 条）がある。これは、犯罪事実そのものではないにせよ、その存否によって処断刑の範囲が異なるのであって（刑法 57 条）、被告人にとっては犯罪事実とほぼ等しい意味を持つから、厳格な証明を要する（最大決昭 33・2・26 刑集 12-2-316）。さらに、数個の犯罪事実が併合罪になることを妨げる確定判決の存在も、相対的な意味では刑を加重する理由となる不利益な事実であるから、厳格な証明を必要とするとされている（最判昭 36・11・28 刑集 15-10-1774）。

刑の減免事由の場合、刑の減免の理由となる事実は、犯罪事実に属するか（未遂、従犯）、有責性ないし違法性に関係する事実（心神耗弱、過剰防衛、過剰避難）であるから、その不存在についてはいずれも厳格な証明を必要とする。自首は、犯罪事実そのものには関係しないが、その存否によって処断刑の範囲（刑法 42 条）や刑を科すことの要否（刑法 80 条・93 条）が左右される以上、その不存在については厳格な証明を要する。

5　刑の量定の基礎となる情状のうち、①犯行の動機、手段・方法、被害の程度など犯罪事実に属する情状事実については厳格な証明が必要である。これに対して、②犯行後の反省や被害弁償など犯罪事実から独立した情状事実については争いがある。

6　以上に対して、通常の知識・経験を持つ人が疑いを持たない程度まで一般に知れわたっている公知の事実は、明文規定はないが、厳格な証明の対象であっても、証明の必要はない。(1)ことさらに証明の手続をとっても確実さが増すわけではなく、(2)事実認定の公正さを保障するという観点からも無意味だからである。判例は、たとえば、東京都内において普通自動車の最高速度を原則として 40km/h とする規制が道路標識によりなされている事実を、東京都内における日常の経験により一般人に知れわたっている事柄であるとして、公知の事実に属するとする（最決昭 41・6・10 刑集 20-5-365）。

7　このほか、必ずしも一般に知られた事実ではないが、裁判所が職務上知った事実（裁判上顕著な事実）についても、それが、①両当事者も知っている事実については証明の必要はないと解される。これに対し、その裁判所が以前に下した判決など、②少なくとも裁判所には顕著であるが、当事者にとっては必ずしも知りえないような事実に関して証明を不要とするのであれば、当事者にとって不意打ちとなり、裁判の公正に対する信用を失わせることにもなりかねない。それが争点に関連するような場合には、その点を当事者に説明し、反証の機会を与える必要がある（東京高判昭 62・1・28 判タ 647-222 参照）。

4-2　自由な証明

最 2 小決平成 23 年 10 月 26 日（刑集 65 巻 7 号 1107 頁・判タ 1364 号 87 頁）

[参考] 寺崎嘉博・圖平 23-199、高橋省吾・刑ジャ 32-166、宮木康博・圡2012 Ⅱ-43、圃391

事実　被告人 X（シンガポール人）は、氏名不詳らと共謀のうえ、マレーシアからシンガポール経由で福岡空港まで、覚せい剤 1188g 余りを隠匿したスーツケースを本邦内に持ち込み、営利目的で覚せい剤を本邦に輸入しようとしたが、税関職員に発見され、その目的を遂げなかったとして、覚せい剤取締法違反および関税法違反で起訴された。X は、故意や共謀を争ったが、1 審判決は上記犯罪事実を認定し、X を懲役 9 年・罰金 500 万円に処した。X は、事実誤認を主張して控訴したが、控訴棄却されたため、さらに上告した。

ところで、本件の審理では、原判決時まで関税法違反の罪となる本件輸入未遂罪に関する告発書が裁判所に提出されておらず、原審決後に原審に対して検察官から告発書の謄本が提出されたという事情があった。そして、X の上告を受けて原審から上告審に送付された記録中にこれがつづられており、その謄本の写しが最高裁から弁護人に送付された。そのため、上告趣意では、故意や共謀などに関する事実誤認のほか、1 審および 2 審には訴訟条件である告発の存在に関する証拠を取り調べなかった違法がある旨の単なる法令違反の主張がなされた。

決定要旨　上告棄却。「本件関税法違反の罪は、同法 140 条所定の告発をまって論ずべきものとされているから、訴訟条件である告発の存在を確認しないまま審理、判決した 1、2 審の訴訟手続にはその調査を怠った法令違反があるといわざるを得ない」。

「しかしながら、記録によれば、原判決後、本件関税法違反の事件を告発した告発書の謄本を含む関係証拠が検察官から原審に提出され、被告人の上告申立てを受けて原審から当審に送付された記録中には、これら関係証拠がつづられており、上記謄本の写しは、当審から弁護人に送付された。

訴訟条件である告発の存在については、当審において、証拠調手続によることなく、適宜の方法で認定することができるものと解されるところ、以上のような事情の下においては、記録中の上記謄本により、上記訴因の追加に先立って、本件関税法違反の罪について同法 140 条所定の告発があったことを認めることができる」。

解説　**1**　訴訟において認定されなければならない事実は多様であり、すべての事実を厳格な証明によって証明する必要があるとすると、制度が動かなくなってしまう。そこで、手続的な事実等、訴訟法的事実については、より簡便な証明で足りるとされる。厳格な証明のような証拠能力の存在と適式な証拠調べという制約のない証明を自由な証明という。それゆえ、自由な証明の内容は、厳格な証明ほど一様ではないが、証拠能力の制限がないことは共通する（もっとも、証拠能力は不要といっても、任意性のない供述を用いることは許されず〔法 319 条 1 項・325 条参照〕、主に伝聞法則の制約がないことに実質的な意味がある）。

2　最決昭和 58 年 12 月 19 日（刑集 37-10-1753）は、電報電話局長に対する逆探知資

料の送付嘱託を行うことの当否または逆探知に関する証人申請の採否等の判断のための資料に関し、「右のような訴訟法的事実については、いわゆる自由な証明で足りる」とする。

3　もっとも、訴訟法的事実といっても、その重要性には程度の差がある。前記昭和58年決定のように、(1)実体に直接関係のない訴訟手続上の事実の場合には、自由な証明で足りるとすることに争いはないが、(2)訴訟条件に関する事実や、証拠能力判断の基礎となる事実などについては、訴訟において重要であるから、厳格な証明を要するとする見解もある。だが、厳格な証明とは、証拠能力が認められ、かつ適法な証拠調べを経た証拠による証明であり、それらの諸規定が適用されるのは、刑罰権の存否や刑罰の量を定める事実等に限るとすべきで（**【4-1】**）、証拠能力の基礎となる事実については、自由な証明で足りるとせざるをえない。

しかし、(2)に関する事実が訴訟において重要であることに鑑みれば、当事者に攻撃・防御を尽くさせるため、少なくとも、公判廷における適当な証拠調べをした証拠による証明を要するとすべきであろう。実務的にも、違法収集証拠の排除法則との関係で証拠の収集過程が重要な争点となっている場合には、これらの証拠能力に関する事実については厳格な証明による扱い（適正な証明）も多い（なお、安廣文夫・圖平22年236頁は、「『厳格な証明』の『厳格な』という用語に荘重なニュアンスを感じ取り、この概念を一人歩きさせ、重要な事実だから『厳格な証明』が必要などという解釈をすべきではない。同様に、『自由な証明』の『自由な』という用語に文字どおりのフリーハンドの意味を持たせてはならず、『自由な証明』は多様性に富んでおり、その自由度は寛厳様々に制限されると解されることを閑却すべきではない」とする）。

たとえば、東京高判平成22年1月26日（判タ1326-280）は、当該事案に対する判断において、「現行犯人逮捕の適法性は、訴訟の帰趨に直接影響を与える重要な争点の1つであるから、当事者に攻撃、防御を十分尽くさせるべきである」とした。証拠収集過程関係の証拠には伝聞法則の厳格な適用はなく、捜査の過程で逐次作成された書面は、不同意のまま証拠採用してよい場合が多いであろう。しかし、被告人側が捜査手続の違法を具体的に主張し、違法収集証拠であるとする証拠が重要なものである場合には、捜査官等の関係者の証人尋問を実施するなどして、当事者に攻撃・防御を尽くさせる必要があろう。

4　本決定は、まず、①訴訟条件である告発の事実を上告審で認定する方法について判断を示した。すなわち、訴訟条件である告発の存在を確認しないまま審理・判決した原審までの訴訟手続には、その調査を怠った法令違反があるが、告発の存在については、上告審において、証拠調べ手続によることなく、適宜の方法で認定することができるとした。そして、本件事情のもとでは、記録中の告発書の謄本により、本件関税法違反の罪についての告発の存在を認めることができるとした。

そのうえで、本決定は、②上告審で告発の事実を認定することができる場合の判決への影響の有無に関して、1審および2審が告発について調査を怠った法令違反があっても、本件のように上告審において告発の事実を認定できる場合には、判決に影響を及ぼすべきものとはいえないとの判断を示した。

4-3　被害者供述の信用性

最 3 小判平成 21 年 4 月 14 日（刑集 63 巻 4 号 331 頁・判タ 1303 号 95 頁）

［参考］家令和典・囻平 21-119、村上光鵄・囻平 21-225、遠藤邦彦・囻10 版 160、囻47-2

事実　本件は、被告人 X（60 歳）が、強制わいせつ罪に問われた事案である。

X は、午前 7 時 34 分ころ、B 線 C 駅から準急列車の前から 5 両目の車両に、女子高校生 A は、午前 7 時 44 分ころ、D 駅から同車両に乗った。X と A は、遅くとも、本件電車が午前 7 時 56 分ころ H 駅を発車して間もなくしてから、満員の車両の、進行方向に向かって左側の前から 2 番目のドア付近に、互いの左半身付近が接するような体勢で向かい合うような形で立っていた。A は、本件電車が I 駅に着く直前、左手で X のネクタイを摑み、「電車降りましょう」と声をかけた。これに対して、X は、声を荒げて「何ですか」などと言い、A が「あなた今痴漢をしたでしょう」と応じると、A を離そうとして、右手でその左肩を押すなどした。本件電車は、間もなく、I 駅に止まり、2 人は、開いたドアからホームの上に押し出された。A は、その場にいた同駅の駅長に対し、X を指さし、「この人痴漢です」と訴えた。そこで、駅長が X に駅長室への同行を求めると、X は、「おれは関係ないんだ、急いでいるんだ」などと怒気を含んだ声で言い、駅長の制止を振り切って車両に乗り込んだが、やがて、駅長の説得に応じて下車し、駅長室に同行した。

A は、1 審公判および検察官調書（同意採用部分）において、要旨、次のように供述した。「D 駅から乗車した後、左側ドア付近に立っていると、E 駅を発車してすぐに、私と向かい合わせに立っていた X が、私の頭越しに、かばんを無理やり網棚に載せた。そこまで無理に上げる必要はないんじゃないかと思った。その後、私と X は、お互いの左半身がくっつくような感じで立っていた。F 駅を出てから痴漢に遭い、スカートの上から体を触られた後、スカートの中に手を入れられ、下着の上から陰部を触られた。G 駅に着く少し前に、その手は抜かれたが、G 駅を出ると、H 駅に着く直前まで、下着の前の方から手を入れられ、陰部を直接触られた。触られている感覚から、犯人は正面にいる X と思ったが、されている行為を見るのが嫌だったので、目で見て確認はしなかった。H 駅に着いてドアが開き、駅のホーム上に押し出された。X がまだいたらドアを替えようと思ったが、X を見失って迷っているうち、ドアが閉まりそうになったので、再び、同じドアから乗った。乗る直前に、X がいるのに気付いたが、後ろから押し込まれる感じで、また X と向かい合う状態になった。私が、少しでも避けようと思って体の向きを変えたため、私の左肩が X の体の中心にくっつくような形になった。H 駅を出ると、今度は、スカートの中に手を入れられ、右の太ももを触られた。私は、いったん電車の外に出たのにまたするなんて許せない、捕まえたり、警察に行ったときに説明できるようにするため、しっかり見ておかなければいけないと思い、その状況を確認した。すると、スカートのすそが持ち上がっている部分に腕が入っており、ひじ、肩、顔と順番に見ていき、X の左手で触られていることが分かった。その後、X は、下着のわきから手を入れて陰部を触り、さらに、その手を抜いて、今度は、下着の前の方から手を入れて陰部を触ってきた。その間、再び、お互いの左半身がくっつくような感じになっていた。私が、I 駅に着く直前、X のネクタイをつかんだのと同じころ、X は、私の体を触るのを止めた」。

1 審判決は、A の供述内容は、当時の心情も交えた具体的・迫真的なもので、その内容自体に不自然・不合理な点はなく、A は、意識的に当時の状況を観察・把握していたというのであり、犯行内容や犯行確認状況について、勘違い

や記憶の混乱等が起こることも考えにくいなどとして、被害状況および犯人確認状況に関する

Ａの上記供述は信用できると判示し、原判決もこれを是認した。これに対して、Ｘが上告した。

判旨 破棄自判（被告人は無罪）。「当審における事実誤認の主張に関する審査は、当審が法律審であることを原則としていることにかんがみ、**原判決の認定が論理則、経験則等に照らして不合理といえるかどうかの観点から行うべきである**」。

「Ｘは、捜査段階から一貫して犯行を否認しており、本件公訴事実を基礎付ける証拠としては、Ａの供述があるのみであって、物的証拠等の客観的証拠は存しない……。Ｘは、本件当時 60 歳であったが、前科、前歴はなく、この種の犯行を行うような性向をうかがわせる事情も記録上は見当たらない。したがって、Ａの供述の信用性判断は特に慎重に行う必要があるのであるが、(1) Ａが述べる痴漢被害は、相当に執ようかつ強度なものであるにもかかわらず、Ａは、車内で積極的な回避行動を執っていないこと、(2) そのことと〔Ｉ駅直前で〕ＡのしたＸに対する積極的な糾弾行動とは必ずしもそぐわないように思われること、また、(3) Ａが、Ｈ駅でいったん下車しながら、車両を替えることなく、再びＸのそばに乗車しているのは不自然であること……などを勘案すると、同駅までにＡが受けたという痴漢被害に関する供述の信用性にはなお疑いをいれる余地がある。そうすると、その後にＡが受けたという公訴事実記載の痴漢被害に関する供述の信用性についても疑いをいれる余地があることは否定し難いのであって、Ａの供述の信用性を全面的に肯定した第 1 審判決及び原判決の判断は、必要とされる慎重さを欠くものというべきであり、これを是認することができない。Ｘが公訴事実記載の犯行を行ったと断定するについては、なお合理的な疑いが残るというべきである」。

解説 **1** 供述証拠の信用性については、①犯人・犯行状況等を観察等して**知覚**（認識）し、②これを**記憶**として保持し、③一定時間経過後に識別（表現・叙述）する各過程の誤謬の有無の検討が必要となる。

問題なのは、主に認識・記憶過程の誤りである。犯人識別供述の場合、①認識の正確性は、その過程における客観的条件（距離・位置関係、明暗、時間等）、主観的条件（視力、観察の意識性等）、観察対象の特徴の存否と内容、観察対象の既知性等に、②記憶の正確性は、目撃時点から犯人識別までの期間、犯人選別手続の正確性（特に、捜査官による示唆・誘導の有無）にかかる。

2 また、利害関係の検討も重要であり、被害者の供述の場合、犯人に対する悪感情から被害を作り上げたり誇張したりするおそれや、自己の責任を免れ、社会的評価を守るためなどに、虚偽の供述をするおそれがある。

3 本判決は、満員電車内の痴漢事件の特質を踏まえ、事案に即した慎重な判断の結果、被害者供述の信用性に疑問があり、痴漢被害の存在に疑いが残るとして、原判決を破棄自判し、無罪を言い渡した。

また、上告審における事実誤認審査のあり方について、**【6-3】【6-4】** 参照。

4-4 情況証拠による事実認定

最 2 小判平成 30 年 7 月 13 日（刑集 72 巻 3 号 324 頁・判タ 1458 号 114 頁）

[参考] 久禮博一・團曹時 72-8-147、鹿野伸二・團平 22-54、團47-1、47-3

事実 被告人 X は、平成 21 年 9 月 29 日午後 9 時 40 分ころ、約 2 週間前まで店長を務めていた本件ホテルの本件事務所で金品を物色するなどしていたところ、ホテル支配人 A に発見されたことから金品を強取しようと考え、A に対し、殺意をもって暴行を加え、同所にあった現金約 43 万円余りを強取し、その際、前記暴行により A に重傷を負わせ、A を約 6 年後に死亡させた旨の強盗殺人の公訴事実で起訴された。

X は犯人性を争ったが、裁判員裁判の 1 審は、(1)本件の犯人は、本件事務所から少なくとも二百数十枚の千円札を含む現金 26 万円余りを奪取したと認められるが、X は、本件発生の約 12 時間後に、ATM から 230 枚の千円札を入金しており、日常生活で、これほど大量の千円札を持ち合わせることは通常ないと考えられることもあわせると、この事実は、特段の事情がない限り、X が本件の犯人であることを強く推認させる、(2)犯行時刻の前後、X は本件ホテル周辺に滞在していた、(3)本件事務所は、本件ホテ

ルの内部構造を知らない者にとっては最もアクセスしにくい場所にあり、本件ホテルの内部構造や施錠状況等に関する知識があった X は、これらの間接事実等から推認される犯人像に合致する、(4)以上に加え、X が本件直後に県外へ移動し、妻や交際相手との音信を絶ち、警察官からの出頭要請を無視していたという一連の行動は、本件による検挙を恐れての逃走と評価でき、X 以外の本件ホテル従業員が本件犯行を行った可能性は認められないという事実関係が同時に存在することは、X が犯人であると考えなければ合理的な説明がつかない、との理由からX を本件犯人と認定し、強盗の故意は否定して、殺人罪および窃盗罪を認定した。

検察官・弁護人側双方の控訴に対し、控訴審は、X を犯人と認定した 1 審判決には事実誤認があるとして弁護人の控訴趣意をいれ、検察官の控訴趣意について検討することなく 1 審判決を破棄し、X に無罪の言渡しをした。

これに対し、検察官側が上告した。

判旨 原判決破棄差戻し。「第 1 審判決は、……(1)から(3)までの事情を中心に、同(4)の諸事情も総合考慮して、X が本件の犯人であると結論付けたものと解される。これに対し、原判決は、以下に詳述するとおり、全体として、第 1 審判決の説示を分断して個別に検討するのみで、情況証拠によって認められる一定の推認力を有する間接事実の総合評価という観点からの検討を欠いている。」

具体的には、原判決は、①本件犯人が現場事務所から少なくとも二百数十枚の千円札を奪取し、その約 12 時間後に X が ATM から自己名義の預金口座に 230 枚の千円札を入金したという客観的事実自体の推認力を検討していない、②千円札所持の経緯に関する X の説明が信用できないとした 1 審判決の理由の説示を分断し、その理由をほとんど示さないまま、X の説明によれば 1 審判決の判断は不合理であるなどと結論づけている、③X が本件発生時刻前後の 40 分間以上にわたり本件ホテル付近にいた事実の推認力について、千円札に関する間接事実との総合考慮を欠いている。

「以上のとおり、原判決は、全体として、第 1 審判決の説示を分断して個別に検討

するのみで、情況証拠によって認められる一定の推認力を有する間接事実の総合評価という観点からの検討を欠いており、第1審判決の事実認定が論理則、経験則等に照らして不合理であることを十分に示したものと評価することはできない。第1審判決に事実誤認があるとした原判断には刑訴法382条の解釈適用を誤った違法があり、この違法が判決に影響を及ぼすことは明らかであ」る（控訴審における事実誤認審査のあり方については、【6-3】など参照）。

解説 **1** 最決平成19年10月16日（刑集61-7-677）は、有罪認定に必要な「合理的な疑いを差し挟む余地のない程度の立証」につき、「反対事実が存在する疑いを全く残さない場合をいうものではなく、抽象的な可能性としては反対事実が存在するとの疑いをいれる余地があっても、健全な社会常識に照らして、その疑いに合理性がないと一般的に判断される場合には、有罪認定を可能とする趣旨」であるとし、それは、「直接証拠によって事実認定をすべき場合と、情況証拠によって事実認定をすべき場合とで、何ら異なるところはない」旨を判示した。

2 ところが、最判平成22年4月27日（刑集64-3-233）は、「直接証拠がないのであるから、情況証拠によって認められる間接事実中に、被告人が犯人でないとしたならば合理的に説明することができない（あるいは、少なくとも説明が極めて困難である）事実関係が含まれていることを要する」として、事実認定に関する新しい基準を定立したかのような説示をした。しかし、これとは逆の、「被告人が犯人でないとしても合理的に説明できる事実関係しか存在しない」という場面を考えた場合、それは、犯人が他に存在する可能性があるということであるから、そのような事実関係しかない場合に被告人の犯人性を認定できないのは当然である。それゆえ、この説示は、有罪の立証レベルや判断方法の基準として新たなものを打ち出そうとしたものではない（鹿野・前掲80頁）。

3 情況証拠による事実認定は、①間接証拠による間接事実の認定、②認定された間接事実による要証事実の推認という2つの過程を経るものと解される。控訴審での事実誤認審査も、これら2つの過程に関する1審の判断につき論理則・経験則違反の有無という観点から行うべきであるが、本判決は、原判決が②の観点に基づく検討を欠いているとした。

4 この②の検討にあたっては、平成22年判決の前記説示が、「事実」ではなく「事実関係」としていることに留意を要する。つまり、「被告人が犯人でないとしたならば合理的に説明することができない（あるいは、少なくとも説明が極めて困難である）事実関係が含まれている」との心証に達するのに、決め手となる1個の事実の存在を求めるのではなく、複数の事実を総合判断した評価として、当該心証に至ることを求めるものと理解できる。

5 間接事実の推認力の強弱は連続的であるから、情況証拠による事実認定は、情況証拠から認められる一定の推認力を有する間接事実を、積極・消極の両面から総合評価して、「合理的な疑いを差し挟む余地のない」程度の立証がされたか否かで判断される。有罪認定の前提として、総合評価の基礎となる個別の間接事実それ自体に、「被告人が犯人でないとしたならば合理的に説明することができない」程度の推認力を要するものではない。

4-5 論理則・経験則による故意の認定

最1小決平成25年10月21日（刑集67巻7号755頁）

[参考] 矢野直邦・圏平25-216、前田雅英・捜研725-2、岩瀬徹・実例Ⅲ-185、圃388

事実 被告人Xは、ベナン共和国から約2.4kgの覚せい剤（「本件覚せい剤」）をスーツケース内に隠匿して持ち込んだとして、覚せい剤取締法違反、関税法違反の罪で起訴された。Xは、1審公判で、メイドに用意してもらったスーツケースをそのまま携帯したもので、内容物には手を触れていない、中に覚せい剤が隠されているとは知らなかった（「知情性」）、誰とも共謀はしていないなどとして、無罪を主張した。

裁判員裁判で審理された1審判決は、Xの知情性についてはなお疑いの余地が残るとして、Xを無罪とした。①隠匿された覚せい剤の量の多さや隠匿の巧妙さから、本件密輸には覚せい剤密輸組織が関与していると推認され、このような犯行においては、覚せい剤密輸組織は、目的地到着後に運搬者から覚せい剤を回収するために必要な措置をあらかじめ講じているはずであると考えられるが、そのような措置としては様々なものが考えられ、運搬者に事情を知らせないまま同人から回収する方法がないとまではいえず、また、本件スーツケースの外観等からXにおいて本件スーツケース内に隠匿物が存在することに気付いたはずであるとは認められない。そうすると、Xが本件覚せい剤が隠匿された本件スーツケースを自己の手荷物として持ち込んだという事実から、特別の事情がなければ通常中身を知っているとまで推認することはできない。②Xの渡航経路およびXの供述する渡航目的が不自然であるともいえない。③税関検査時のXの態度も色々な意味に解釈でき、

直ちに知情性と結びつくものではない。④X供述には不自然な点も散見されるが、X供述の中核部分は税関検査の初期の段階から一貫し、本件スーツケースに関連して、虚偽の内容が含まれている可能性はあるものの、同時に、明らかにされていない事情が存在する可能性等もあるから、直ちにこれを虚偽の供述として排斥するだけの証拠はない。結局、Xが本件覚せい剤の隠匿された本件スーツケースを自己の荷物として持ち込んだという事実に、X供述の不自然さを併せて考慮しても、Xの知情性が常識に従って間違いなくあるとはいえない（【5-5】も参照）。

これに対し、原判決は、1審判決の知情性の認定について、判決に影響を及ぼすことが明らかな事実誤認があるとして破棄し、Xを有罪とした。①覚せい剤密輸組織によるこの種の犯罪において、運搬者が、誰からも何らの委託も受けていないとか、受託物の回収方法について何らの指示も依頼も受けていないということは、現実に想定することは困難な、机上の論理でしかなく、事実認定の方法自体において誤っている。この経験則とXが大量の覚せい剤が隠匿された本件スーツケースを携帯して来日したことなどからは、Xは本件スーツケースを日本に運ぶよう指示または依頼を受けて来日したと認定でき、②渡航費用等は覚せい剤密輸組織が負担したと考えられることなども併せ考えれば、Xにおいて、少なくとも、本件スーツケースの中に覚せい剤等の違法薬物が隠匿されているかもしれないことを認識していたと推認できる。

決定要旨 上告棄却。「1、2審判決が前提とするとおり、本件覚せい剤の量や隠匿態様等に照らし、本件密輸には覚せい剤密輸組織が関与していると認められるところ、原判決が説示するとおり、密輸組織が多額の費用を掛け、摘発される危険を冒してまで密輸を敢行するのは、それによって多額の利益が得られるからに他ならず、同組織は、上記利益を実際に取得するべく、目的地到着後に運搬者から覚せい剤を確実に回

収することができるような措置を講じるなどして密輸を敢行するものである。そして、同組織にとってみれば、引き受け手を見付けられる限り、報酬の支払を条件にするなどしながら、運搬者に対して、荷物を引き渡すべき相手や場所等を伝えたり、入国後に特定の連絡先に連絡するよう指示したりするなど、荷物の回収方法について必要な指示等をした上、覚せい剤が入った荷物の運搬を委託するという方法が、回収の確実性が高く、かつ、準備や回収の手間も少ないという点で採用しやすい密輸方法であることは明らかである。これに対し、そのような荷物の運搬委託を伴わない密輸方法は、目的地に確実に到着する運搬者となる人物を見付け出した上、同人の知らない間に覚せい剤をその手荷物の中に忍ばせたりする一方、目的地到着後に密かに、あるいは、同人の意思に反してでもそれを回収しなければならないなどという点で、準備や実行の手間が多く、確実性も低い密輸方法といえる。そうすると、密輸組織としては、荷物の中身が覚せい剤であることまで打ち明けるかどうかはともかく、運搬者に対し、荷物の回収方法について必要な指示等をした上で覚せい剤が入った荷物の運搬を委託するという密輸方法を採用するのが通常であるといえ、荷物の運搬の委託自体をせず、運搬者の知らない間に覚せい剤をその手荷物の中に忍ばせるなどして運搬させるとか、覚せい剤が入った荷物の運搬の委託はするものの、その回収方法について何らの指示等もしないというのは、密輸組織において目的地到着後に運搬者から覚せい剤を確実に回収することができるような特別な事情があるか、あるいは確実に回収することができる措置を別途講じているといった事情がある場合に限られるといえる。したがって、この種事案については、上記のような特段の事情がない限り、運搬者は、密輸組織の関係者等から、回収方法について必要な指示等を受けた上、覚せい剤が入った荷物の運搬の委託を受けていたものと認定するのが相当である」。

解説 **1** 薬物事犯における違法薬物の認識（知情性）の認定を中心にして、故意の認定方法や、控訴審での事実誤認審査のあり方に関する判例が相次いでいる（【6-3】【6-4】）。

2 本決定は、⑦覚せい剤の密輸組織の関与が認められる事案では、利得が重視され、①荷物の回収方法について必要な指示をしたうえ、覚せい剤が入った荷物の運搬を委託するという密輸方法が通常であり、⑤回収方法について何らの指示等もしないのは特段の事情がある場合に限られ、⑤この種の事案では、このような特段の事情がないかぎり、運搬者は密輸組織の関係者等から、回収方法ついて必要な指示等を受けたうえ、覚せい剤の荷物の委託を受けていたものと認定するのが相当であるという経験則を認め、覚せい剤等を含む違法薬物の知情性を肯定する原判決の推認過程や認定内容を、合理的であるとした。

3 そして、本件 X の違法薬物の認識（知情性）を否定した本件 1 審（裁判員裁判）の特に① （**事実** 参照）の事実認定は、この種の事案に適用されるべき経験則等の内容を誤認したか、その適用を誤っているとし、原判決（1 審の①の判断を「現実に想定することは困難な、机上の論理でしかな」いとする）は、1 審判決の事実認定が経験則等に照らし不合理である旨を具体的に示しており、法 382 条の事実誤認の判断として是認できるとした。

4-6　疫学的証明—千葉大チフス菌事件

最 1 小決昭和 57 年 5 月 25 日（判時 1046 号 15 頁・判タ 470 号 50 頁）

[参考] 田中清・判タ 471-62、植村立郎・圖6 版 146、上田信太郎・圖9 版 138、後藤昭・圉昭 57-186

事実　C 大学医学部付属病院の医局員として細菌を研究していた被告人 X は、昭和 39 年 9 月から同 41 年 3 月まで、勤務先の病院等で 13 回にわたりチフス菌または赤痢菌をカステラ、バナナ等に付着または混入させ、計 65 人を腸チフスまたは赤痢に罹患させたとして、傷害に関する 13 の訴因で起訴された。

1 審判決（千葉地判昭 48・4・20 判タ 299-196）は、13 の訴因全部について無罪とした。疫学調査に関しては、証拠による推理の一場面であって裁判の事実認定と本質的に異なるものではないとしつつ、被害者とされる者の中には、①発病したことの明らかでない者がいる、②発病するまでの潜伏期間が短すぎる者がいる、③発病するには菌の量が少なすぎると思われるケースがある、④自然感染の疑いがあるケースが多くみられることを指摘し、さらに、被告人の自白は信用できず、納得すべき犯行の動機もない、というのが、その主な理由であった。

ところが、控訴審判決（東京高判昭 51・4・30 判時 851-21）は、1 審判決の挙げた論拠すべてについてほぼ反対の見解を示し、事実誤認でこれを破棄し、13 の訴因全部について X を有罪としたため、X 側が上告した。

決定要旨　上告棄却。最高裁は、控訴審の判断を支持し、事実認定に関して詳細な説示を行ったうえで、「原判決は疫学の法則を恣意的に解釈し、蓋然性の程度で事実を認定している」旨の上告趣意に対し、「なお書き」で以下のように判示した。

「原判決は、疫学的証明があればすなわち裁判上の証明があったとしているのではなく、『疫学的証明ないし因果関係が、刑事裁判上の種々の客観的事実ないし証拠又は情況証拠によって裏付けられ、経験則に照らし合理的であると認むべき場合においては、刑事裁判上の証明があったものとして法的因果関係が成立する。』と判示し、本件各事実の因果関係の成立の認定にあたっても、右立場を貫き、疫学的な証明のほかに病理学的な証明などを用いることによって合理的な疑いをこえる確実なものとして事実を認定していることが認められるので、原判決の事実認定の方法に誤りはないというべきである」。

解説　**1**　疫学的証明は、科学的証明の 1 つである。疫学の定義には争いがあるが、「病気・事故等について、地域・職場など多数の人の集団を対象とし、その原因や発生条件を統計学的手法によって解明する学問」（松尾㊦116 頁）、「人間集団を対象として、発生した疾病や異常の分布およびその原因を探求する科学であり、しかも、宿主、病院、環境の 3 面より包括的に探求して、予防をはかる学問」などとされる（植村・前掲 146 頁。なお、本件控訴審は、「流行の発生、経過、消滅の原理を考究する学問」としている）。疫学的証明は、民事裁判では、公害訴訟、薬害訴訟などで採用され、定着しているとされるが、本決定は、刑事裁判における疫学的証明の意義が論じられる契機となった判例である（また、本件では、事実認定のあり方や被告人の自白の証拠能力や信用性など、多くの争点が問題となってもいる）。

2 疫学的証明の意義も多義的である。現実には、因果関係（条件関係）の証明が問題となることが多い。その際に、①蓋然性の証明で足りるという意味で用いられることがあるが、「合理的な疑いを超える程度の立証」が要求される刑事裁判では、蓋然性の証明で足りるとする見解は存しない。これに対して、②因果関係の証明に関する情況証拠として疫学的証明を利用するのを認めることにも、ほぼ異論はないといってよい。

本決定も、「疫学的な証明のほかに病理学的な証明などを用いることによって合理的な疑いをこえる確実なものとして事実を認定している」原判決の事実認定の方法に誤りはない、と判示しており、上記①および②を肯定したものということができる（本決定以降、水俣病事件に関する最決昭 63・2・29 **【2-13】** は、疫学的証明につき本決定と同旨の判示をした原判決に対する弁護人の事実誤認の主張について、職権判断を示していない）。

3 ただし、刑事裁判における因果関係の立証に疫学的証明を用いることの評価については、なお見解の相違がある。一方では、もともと疾病予防を目的とし、人間集団を対象とする疫学的法則の中には、疾病予防のための必ずしも精度の高くない法則も含まれうるのであり（疑わしきは罰す）、「疑わしきは罰せず」であるはずの刑法上の因果関係の立証に疫学的証明を採用することに否定的・消極的な見解も主張される（内藤謙・刑法講義総論(上) 259 頁、西田典之・刑法総論〔2 版〕94 頁、後藤・前掲 188 頁など）。

これに対し、疫学的証明の方法は、いままで一般に事実認定の方法として用いられてきた情況証拠と経験則を活用した事実認定、情況証拠による推断の方法にほかならない、などとして、その採用に積極的な見解も有力に主張されている（藤木英雄・新しい刑法学 154 頁、西原春夫・刑法総論 105 頁、板倉宏・刑法の争点〔新版〕43 頁など）。

4 疫学的証明が証明の対象とするのは、(1)因果関係認定の前提となる科学法則そのもの（たとえば、ある物質が有害か否か）と、(2)既知の科学上の因果法則を具体的な事案に応用したときある事実がある被害の原因と認められるか否かである。疫学的証明の証明力は、(1)(2)の合理性にかかっているが、疫学的調査、統計処理により、(1)については精度の高い場合がありうるものの、(2)については、本件のように深刻な争点となることが少なくない。その場合に、適正妥当な認定をするためには、裁判所が疫学的証明の制度に対する評価を適切に行うこと、すなわち、疫学的資料の精度、情況証拠としての信頼性、経験則としての科学性について厳密な検討がなされなければならない（植村・前掲 147 頁、高橋省吾・別冊判タ 12 号 87 頁）。

ただ、こういった検討は、情況証拠の証明力の分析に関して一般的に要求されるものであり、また、情況証拠のみでも、合理的な疑いを超える程度の立証に至ることはありうる。それゆえ、(2)についても、それだけで因果関係の証明として十分であるとしても差し支えない程度に疫学的証明の精度が高い場合には、③疫学的証明に基づいて因果関係を認めることが許されることもありうる（前田雅英・刑法総論講義〔7 版〕134 頁）。本決定は、この点に関する判断を示しているわけではないが、このように解したとしても、本件決定要旨に反することにはならないと思われる（植村・前掲 147 頁）。

4-7　同種前科・類似事実による事実認定

最 1 小決平成 25 年 2 月 20 日（刑集 67 巻 2 号 1 頁・判タ 1387 号 104 頁）

[参考] 綿引紳郎・廱昭 41-222、秋吉淳一郎・回 8 版 134、圏388、図48-1、48-2

事実　被告人 X は、住居侵入、窃盗（未遂を含む。以下同じ）、現住建造物等放火等計 20 件で起訴された。X は、うち 10 件の住居侵入・窃盗については概ね事実を認めたが、その他 10 件の住居侵入・窃盗・現住建造物等放火については犯人性を争った（うち 2 件は、住居侵入・窃盗の犯人が X であることは認め、現住建造物等放火の犯人性のみを争った）が、1 審は、すべての事実につき X の有罪を認定した。

原判決は、X の前科にかかる犯罪事実（昭和 47 年 9 月から 48 年 9 月までの窃盗 13 件、同未遂 1 件、現住建造物等放火 1 件、同未遂 2 件等、平成 2 年 3 月から同年 12 月までの住居侵入・窃盗 10 件、住居侵入・窃盗・現住建造物等放火 2 件、住居侵入未遂 1 件）、および本件のうち X 自認 10 件の住居侵入・窃盗の事実等から、X には、⑦住居侵入・窃盗の動機について、いわゆる色情盗という特殊な性癖が、④住居侵入・窃盗の手口および態様について、①侵入先を決めるにあたって下見をするなど何らかの方法により女性の居住者がいるという情報を得る、②主な目的は女性用の物を入手することにあり、それ以外の金品を盗むことは付随的な目的である、③家人の留守中に窓ガラスを割るなどして侵入するという特徴が、⑦現住建造物等放火について、女性用の物を窃取した際に、X 本人にも十分に説明できないような、女性に対する独特の複雑な感情を抱いて、室内に火を放ったり石油を撒いたりするという極めて特異な犯罪傾向がそれぞれ認められるとし、これらの特徴等が、X が犯人性を争っている住居侵入・窃盗・現住建造物等放火の各事実に一致することが上記各事実の犯人が X であることの間接事実の 1 つとなるとした。これに対し、X 側が上告した。

決定要旨　上告棄却。「前科証拠を被告人と犯人の同一性の証明に用いようとする場合は、前科に係る犯罪事実が顕著な特徴を有し、かつ、その特徴が証明の対象である犯罪事実と相当程度類似することから、それ自体で両者の犯人が同一であることを合理的に推認させるようなものであって、初めて証拠として採用できるところ〔最判平成 24 年 9 月 7 日刑集 66 巻 9 号 907 頁参照〕、このことは、前科以外の被告人の他の犯罪事実の証拠を被告人と犯人の同一性の証明に用いようとする場合にも同様に当てはまると解すべきである。そうすると、前科に係る犯罪事実や被告人の他の犯罪事実を被告人と犯人の同一性の間接事実とすることは、これらの犯罪事実が顕著な特徴を有し、かつ、その特徴が証明対象の犯罪事実と相当程度類似していない限りは、被告人に対してこれらの犯罪事実と同種の犯罪を行う犯罪性向があるという実証的根拠に乏しい人格評価を加え、これをもとに犯人が被告人であるという合理性に乏しい推論をすることに等しく、許されないというべきである」。

これを本件についてみると、⑦の性癖はさほど特殊なものとはいえず、④の手口および態様も、さほど特殊なものではなく、これらは、単独ではもちろん、総合しても顕著な特徴とはいえないから、犯人が被告人であることの間接事実とすることは許さ

れない。また、⑦については、原判決のいう X の行動傾向は、前科に係る犯罪事実等に照らしても曖昧なもので、「特異な犯罪傾向」ということは困難であるうえ、そもそも、このような犯罪性向を犯人が X であることの間接事実とすることは、被告人に対して実証的根拠の乏しい人格的評価を加え、これをもとに犯人が被告人であるという合理性に乏しい推論をすることにほかならず〔前掲最判平成 24 年 9 月 7 日参照〕、許されないというべきである（もっとも、上記間接事実を除外しても、その余の証拠によれば、1 審判決の各犯罪事実の認定に事実誤認はないとした原判断は是認できる）。

解説 **1** 被告人と犯人の同一性を立証するために、被告人の悪性格、とりわけ同種前科や類似した犯罪事実により公訴事実を認定することは、原則として許されない。他の犯罪事実（前科や余罪）の証拠によって公訴事実を推認する場合、「(1)他の犯罪事実を犯していることから被告人には犯罪行為を行う悪性格があることが推認され、(2)その悪性格から公訴事実を被告人が行ったことが推認される」という「二重の推認過程」を経る。しかし、いずれの過程の推認も実証的根拠に乏しく、不確実な推認なのに、一見すると強い推認力を持つかのような不当な影響力を有する（秋吉・前掲 134 頁）。それゆえ、裁判所に不当な偏見を与え、事実認定を誤らせるおそれがあり、被告人に対する不当な不意打ち（被告人の反駁が困難となる）や、争点混乱の危険（本来の争点から外れた 2 次的争点に引きずりこむ危険）の防止という政策的観点も含め、証拠能力（法律的関連性）が一般に否定される。

2 もっとも、同種前科等による立証を許すことが合理的で、不当な偏見にあたらない場合は、例外が認められる。たとえば、特殊な犯行方法・態様による同種前科等の存在により被告人と犯人の同一性を立証する場合、類似行為が複数回生じたことの立証があれば、当該行為も被告人による行為である旨を立証できるとする「偶然の理論」によるなら、「二重の推認過程」ではなく、他の犯罪事実から公訴事実に関する犯人の同一性を直接推認する過程をたどり、論理則・経験則に基づく合理的な推認となる。その場合、それらの事実に関する証明力は高く、事実認定を誤る危険性は低いと解される（秋吉・前掲 135 頁）。

3 最判平成 24 年 9 月 7 日（刑集 66-9-907）は、「前科証拠によって証明しようとする事実について、実証的根拠の乏しい人格評価によって誤った事実認定に至るおそれがないと認められるときに」証拠として許容されるとし、その具体的基準として、①前科に係る犯罪事実が顕著な特徴を有し、かつ、②それが起訴に係る犯罪事実と相当程度類似することから、③それ自体で両者の犯人が同一であることを合理的に推認させるようなものであることを要するとし、これが自然的関連性のほかに証拠能力の要件として課されるとする（もっとも、同判決は、その原判決よりも、この基準を厳格に評価する）。本決定は、この判断が、「前科以外の被告人の他の犯罪事実の証拠」にも、ほぼ同様にあてはまるとした。

4 なお、同種前科等による立証は、故意や知情のような主観的要素を認定する場合にも認められることがある（最決昭 41・11・22 刑集 20-9-1035 など）。こういった場合の許容性については、本決定や平成 24 年判決での直接の判示はなく、「顕著な特徴」や「相当程度の類似」が認められる具体的場合の判断も含め、今後の課題といえよう。

4-8　自白の排除法則と任意性の意義──切り違え尋問事件

最大判昭和 45 年 11 月 25 日（刑集 24 巻 12 号 1670 頁・判タ 256 号 95 頁）

［参考］鬼塚賢太郎・園昭 45-403、川出敏裕・団9 版 158、緑大輔・団10 版 164、団413

事実　被告人 X は、妻 Y の拳銃不法所持の共謀共同正犯で起訴され、1 審で有罪とされた。本件で問題となった供述調書は、共謀を認定する根拠となったものであるが、その作成経過は、以下のとおりであった。

B 警察署での取調べでは、X の妻 Y は、「自分の一存で本件拳銃等を買い受けかつ自宅に隠匿所持していたものである」旨を供述し、X も、「本件拳銃は妻 Y が勝手に買ったもので、自分はそんなものは返せといっておいた」旨を述べ、共に X の犯行を否認した。ところが、その後、京都地検での取調べで、検察官 C は、まず X に対し、実際は Y がそのような自供をしていないのにかかわらず、Y が本件犯行につき X と共謀したことを自供した旨を告げて X を説得したところ、X が共謀を認めるに至った。そこで、X を Y と交替させ、Y に対し、X が共謀を認めている旨を告げて説得すると、Y も共謀を認めたので直ちにその調書を取り、さらに Y を X と交替させ、再度 X に対し Y も共謀を認めているがまちがいないかと確認したうえ、その調書を取り、X が勾留されている B 警察署の警部補 A に対し、もう一度 X を調べ直すよう指示し、A が X を翌日取り調べた結果、X の司法警察員に対する供述調書が作成された。

X 側は、このような偽計を用いた取調べ方法は違法で、その結果得られた X の共謀に関する自白は任意性がないとして控訴したが、控訴審は、取調べの際に偽計が用いられた場合には、その偽計に虚偽の自白を誘発する蓋然性の大きい他の要素が加わった場合にのみ、任意性がないとして排除されるべきとしたうえで、「本件において検察官が用いた弁護人の所謂切り違え尋問は、……成程偽計を用いたものではあるけれども、他に虚偽の自白を誘発する虞のある事情は何ら認められないから、右尋問により得られた X 及びその妻 Y の自白は何れも任意性がある」としたため、さらに上告した。

判旨　破棄差戻。「捜査手続といえども、憲法の保障下にある刑事手続の一環である以上、刑訴法 1 条所定の精神に則り、公共の福祉の維持と個人の基本的人権の保障とを全うしつつ適正に行なわれるべきものであることにかんがみれば、捜査官が被疑者を取り調べるにあたり偽計を用いて被疑者を錯誤に陥れ自白を獲得するような尋問方法を厳に避けるべきであることはいうまでもないところであるが、もしも偽計によって被疑者が心理的強制を受け、その結果虚偽の自白が誘発されるおそれのある場合には、右の自白はその任意性に疑いがあるものとして、証拠能力を否定すべきであり、このような自白を証拠に採用することは、刑訴法 319 条 1 項の規定に違反し、ひいては憲法 38 条 2 項にも違反するものといわなければならない。

これを本件についてみると、原判決が認定した前記事実のほかに、C 検察官が、X の取調にあたり、『奥さんは自供している。誰がみても奥さんが独断で買わん。参考人の供述もある。こんな事で 2 人共処罰される事はない。男らしく云うたらどうか。』と説得した事実のあることも記録上うかがわれ、すでに妻 Y が自己の単独犯行であると述べている本件被疑事実につき、同検察官は X に対し、前示のような偽計を用いたうえ、もし X が共謀の点を認めれば X のみが処罰され妻 Y は処罰を免れることがあ

るかも知れない旨を暗示した疑いがある。要するに、本件においては前記のような偽計によって被疑者が心理的強制を受け、虚偽の自白が誘発されるおそれのある疑いが濃厚であり、もしそうであるとするならば、前記尋問によって得られたＸの検察官に対する自白およびその影響下に作成された司法警察員に対する自白調書は、いずれも任意性に疑いがあるものといわなければならない」。

解説 **1** 自分の犯罪事実の全部またはその重要部分を認める被告人自身の供述を自白という。自白は、事実認定において「証拠の王」として重んじられたこともあり、その獲得方法などに大きな問題を抱えてきた。それゆえ、憲法・刑訴法は、(1)証拠能力に関して任意性を要件とし、(2)証明力に関して補強証拠（**【4-17】【4-18】**）を要求する。

2 (1)自白法則の意義に関しては、従来の判例は、(a)強制、拷問等によって得られた任意性のない自白は虚偽内容を含む可能性が高く信用性が低いので証拠排除するとする虚偽排除説に立つとされていた。これに対し、学説では、(b)供述の自由を中心とする被告人の人権を保障するため、強制、拷問等により得られた自白の任意性を否定する人権擁護説、または、両者を組み合わせて考える(c)任意性説が主張されるようになる。

3 しかしその後、捜査の適正を目指すという観点から、(d)違法排除説が有力に主張された。これは、自白法則は、自白採取の過程に違法がある場合に、その自白を排除する趣旨を規定したものとする見解であり、法 319 条の「任意性」の概念から切り離された違法手段一般を問題視するところに大きな特徴がある。

4 本件は、もっぱら虚偽排除説的立場から自白の任意性を肯定した原判決に対して、①適正手続の理念を指摘したうえで、取調べにあたっては「偽計を用いて被疑者を錯誤に陥れ自白を獲得するような尋問方法を厳に避けるべき」としつつ、具体的な事案に対する判断として、②本件「偽計によって被疑者が心理的強制を受け、虚偽の自白が誘発されるおそれのある疑いが濃厚」で、「前記尋問によって得られた被告人の検察官に対する自白およびその影響下に作成された司法警察員に対する自白調書は、いずれも任意性に疑いがある」として自白の任意性を否定したものである。

それゆえ、①判示を重視し、「違法排除説の当然の帰結を伝統的なタームでしめくくったもの」にすぎず、違法排除説へのコペルニクス的転回を示したものと評する見解もある（田宮裕・刑事訴訟法入門〔3 訂版〕196 頁）。しかし、やはり、任意性の文言をも用いた②判示も併せ考えると、違法排除の観点も容れつつも、任意性説によったものと解すべきであろう。

5 宇都宮地判平成 22 年 3 月 26 日（判時 2084-157）は、客観的に誤った DNA 鑑定（後に証拠能力否定。**【4-50】**参照）を被疑者に示したうえで得られた自白につき、捜査官は、証拠能力が認められない証拠であると認識して被疑者に示したのではないから、偽計による自白として任意性が否定されることはなく、それは信用性に影響する事情にすぎないとした。これについて、心理的強制を受けた虚偽自白の誘発のおそれを問題とする立場からは、任意性を否定する余地はあるとの指摘もあるが（川出・前掲 159 頁）、それに加え、違法排除の観点も補充的に考えるならば、必ずしも任意性は否定されないであろう。

4-9 取調べの違法と自白法則——ロザール事件

東京高判平成 14 年 9 月 4 日（判時 1808 号 144 頁）

[参考] 小林充・判評 535-189、廣瀬健二・圖10 版 168、大澤裕＝川上拓一・法教 312-75、圖495、圖45-2

事実 被告人 X（外国籍）は、同棲相手に関する殺人事件への関与が疑われたが、捜査に協力する気持ちもあって、警察の任意同行に応じた（11 月 10 日）。警察官は、11 月 10 日以降 17 日まで X を参考人として警察署で取り調べ、その間書面の承諾を得てポリグラフ検査を実施するなどした。そして、17 日夕刻、X の着衣に被害者と同じ型の血痕が付着しているという鑑定結果が出たため、11 月 18 日から、X を参考人から被疑者に切り替えて取り調べ始めた。X は、11 月 19 日午後になって本件犯行を認めて上申書を作成し、午後 9 時 32 分通常逮捕さ

れ、犯行を自白する旨の検事調書が 2 通作成されるなどした後、殺人罪で起訴された。

なお、任意同行から逮捕されるまでの間、夜間に X を帰宅させず、X の長女が入院していた病院（2 日間）、警察官宿舎の女性警察官用の空室（2 日間）、ビジネスホテル（5 日間）に、複数の警察官による監視のもと、X を宿泊させているが、X からは宿泊斡旋要望の書面などは出されていなかった。

原審は、証拠収集手続の違法を認めたが、その違法は重大ではないとして自白に関する証拠能力を肯定した。

判旨 破棄自判。「X は、参考人として警察署に任意同行されて以来、警察の影響下から一度も解放されることなく連続して 9 泊もの宿泊を余儀なくされた上、10 日間にもわたり警察官から厳重に監視され、ほぼ外界と隔絶された状態で 1 日の休みもなく連日長時間の取調べに応じざるを得ない状況に置かれたのであって、事実上の身柄拘束に近い状況にあ」り、そのため X は、心身に多大の苦痛を受け、また、当初は捜査に協力する気持ちもあって取調べに応じたが、このような長期間の宿泊を伴う取調べは予想外で、X には宿泊できる可能性のある友人もいたから、少なくとも 3 日目以降の宿泊は X 自らが望んだものでないなどの理由から、「任意捜査における取調べにおいて本件の程度まで徹底して自由を制約する必要性があるかは疑問であ」り、「他方、本件は殺人という重大事件であり、……重要参考人として X から事情を緊急、詳細に聴取する必要性が極めて強く、また、通訳を介しての取調べであったため時間を要したこと、X は自宅に帰れない事情があったことなどの点を考慮するとしても、本件の捜査方法は社会通念に照らしてあまりにも行き過ぎであり、……任意捜査として許容される限界を越えた違法なものであるというべきである」。

「自白を内容とする供述証拠についても、証拠物の場合と同様、違法収集証拠排除法則を採用できない理由はないから、手続の違法が重大であり、これを証拠とすることが違法捜査抑制の見地から相当でない場合には、証拠能力を否定すべきであると考える。

また、本件においては、憲法 38 条 2 項、刑訴法 319 条 1 項にいう自白法則の適用の問題（任意性の判断）もあるが、本件のように手続過程の違法が問題とされる場合に

は、強制、拷問の有無等の取調方法自体における違法の有無、程度等を個別、具体的に判断（相当な困難を伴う）するのに先行して、**違法収集証拠排除法則の適用の可否を検討し、違法の有無・程度、排除の是非を考える方が、判断基準として明確で妥当であると思われる**」。

　「本件自白……は違法な捜査手続により獲得された証拠であるところ、本件がいかに殺人という重大事件であって被告人から詳細に事情聴取（取調べ）する必要性が高かったにしても、……事実上の身柄拘束にも近い9泊の宿泊を伴った連続10日間の取調べは明らかに行き過ぎであって、**違法は重大であり、違法捜査抑制の見地からしても証拠能力を付与するのは相当ではない。本件証拠の証拠能力は否定されるべきであ**」る。

解説　**1**　捜査において、相手の同意を得て行う任意処分であっても許容限界はあり、①事案の重大性・嫌疑の強さ、②当該具体的捜査の必要性・緊急性、③被疑者の利益侵害の種類・程度、④被疑者の同意の範囲・程度を基準に判断される。

　本件では、③9泊もの宿泊を余儀なくされ、ほぼ外界と隔絶された状態で取調べに応じざるをえない状況にあり、④当初は捜査に協力する気持ちもあったが、少なくとも3日目以降の宿泊は自ら望んだものではないことなどから、①被疑事実が殺人で、②重要参考人として事情を緊急かつ詳細に聴取する必要があり、通訳を介しての聴取で時間がかかることなどを勘案しても、許容される限界を越えた違法な捜査とされた（**【1-7】**を見よ）。

　2　そして、本件のような違法捜査によって得られた自白については、その証拠能力が問題となる。法319条1項は任意性のない自白は排除されると定める。その実質的根拠について、学説では、自白採取の過程に違法がある場合にその自白を排除する趣旨であるとする**違法排除説**が有力に主張されている（**【4-8】**参照）。しかし、違法排除説の論者も認めるように、法319条の解釈論として、「任意性」の概念から切り離された自白採取の過程一般を問題とすることには無理がある。たしかに、同説は、捜査の適正を目指した主張であり、かつては一定の実践的意義を有したが、違法収集証拠の排除法則が判例（**【4-52】**）で認められるようになった現在では、その存在意義は少なくなっている。

　3　とはいえ、本件のように、身柄拘束に違法があれば、その違法がその間になされた供述にも強い影響を及ぼすのは当然で、違法排除説の趣旨を考える必要はある。この点で、本判決は、違法な取調べによる自白についてもすべて違法収集証拠排除法則で判断するかのように判示している。もっとも、自白については、手続の違法は供述内容の真実性に影響するため、任意性の有無を判断基準としても、排除の結論が導かれたものと思われる。

　4　なお、排除法則による場合、自白に関しては、証拠物の場合などとは異なり、「自白を得るための令状」というものはないのであるから、違法の重大性の程度と、その違法が供述に及ぼす影響の程度等を検討し、もっぱら、**違法の重大性と将来の違法捜査抑制の見地から、当該自白を排除すべきかどうか**（**【4-52】**参照）が判断される。

4-10　暴行・脅迫を伴う取調べと自白──大阪南港事件

大阪地決昭和 59 年 3 月 9 日（刑月 16 巻 3=4 号 344 頁）

[参考] 多田辰也・圖2 版 194、大澤裕・圖3 版 170、圖409

事実　被告人 X は、昭和 56 年 2 月 22 日に殺人の被疑事実により逮捕（同月 24 日勾留、4 月 27 日大阪拘置所に移監されるまで S 警察署に留置）され、3 月 14 日に同事実で公訴を提起されるまでの間の捜査段階で、当初は大阪南港の現場における殺害行為を否認していたが、3 月 2 日以降この点を自白するに至り（その後 3 月 11 日になって再度否認したが、その翌日からまた自白を維持した）、司法警察員および検察官により数通の供述調書を作成されるなどした。

X は、逮捕の翌日から、大阪南港での殺害行為を認めさせようとする警察官から、襟をつかみ首を締め上げて壁に頭を打ち当てる、みぞおちを殴る、太股を踏みつける、マジックを指の間に挟まれてその指をねじ曲げられるなどの暴行を受け、また「否認したら子供が学校に行けなくなるなど家族に危害が及ぶ」、「認めたら家族のことは警察で面倒をみてやる」などの脅迫ないし利益誘導などを受けた結果、南港現場での殺害行為を自白するに至ったと主張した。

決定要旨　大阪地裁は以下のように述べて、X の供述の一部について任意性を否定した。「上申書と題する 3 月 2 日付供述書、司法警察員に対する 3 月 3 日付、同月 4 日付、同月 5 日付、同月 6 日付、同月 7 日付、同月 9 日付……、同月 10 日付、同月 12 日付、同月 13 日付及び同月 14 日付各供述調書ならびに『今の私しの気持』と題する同月 14 日付供述書……これら各書面の供述にはその任意性に疑いがある。すなわち、X は留置中の S 警察署において、本件殺人被疑事件の捜査（ことに X の取調）を担当した警察官から大要 X が述べるような暴行（拷問）、脅迫ないし利益誘導を受け、その影響下において右供述（自白ないし不利益事実の承認）をした疑いが濃厚であって、右各書面は、その供述の任意性に疑いがあり、記述内容の真否にかかわらず証拠能力を認めることができない」。

また、検察官に対する 3 月 4 日付供述調書については、「検察官の取調は X の身柄が S 警察に留置され警察官による取調が進行している状況下においてこれと平行してなされたものであり、しかも検察庁へ護送される自動車の中で取調担当の警察官から『絶対に殴ったんをひっくり返すなよ。ひっくり返したらどないなるか分っとるな。』と釘をさされていた疑いがあり、さらに検察官の取調時、取調担当の警察官が取調室に滞留したままであった」こと、同月 12 日付及び同月 13 日付各供述調書についても、「これら両日の取調べにおいて検察官は初めから警察官を取調室外に出すなどの配慮をしているが、……これら供述調書もまた警察官による不当な取調（強制）の影響力がなんら遮断、排除されていない状況のもとで作成されたと言わざるを得」ず、「これら各供述調書についてもその供述の任意性には疑いがあり、記述内容の真否にかかわらず証拠能力を認めることができない」。

解説 **1** 任意性を欠く疑いのある自白を排除する原則（自白法則）につき、憲法38条2項は、「強制、拷問若しくは脅迫による自白又は不当に長く抑留若しくは拘禁された後の自白」を証拠にできないとし、法319条1項は、以上に加えて「その他任意にされたものでない疑のある自白」も証拠にできないと規定する。任意性のない自白は、絶対的に証拠能力が否定される。

2 自白法則の根拠については、(a)強制、拷問等によって得られた任意性のない自白は虚偽内容を含む可能性が高く信用性が低いので証拠にならないとする虚偽排除説、(b)供述の自由を中心とする被告人の人権を保障するため、強制、拷問等によって得られた任意性のない自白は証拠とならないとする人権擁護説、(c)両者を組み合わせて考える任意性説、(d)憲法38条2項、法319条1項は、自白採取の過程に違法がある場合に、その自白を排除する趣旨を規定したものであるとする違法排除説とが対立する。

「任意性がない」とは、(a)説では、虚偽の自白を誘引する情況の存在を、(b)説では、被告人の供述の自由を侵す違法な圧迫の存在をいうことになり、被告人の供述（心理状態）を基準とする点で（(c)説を含めて）共通する。これに対し、(d)説は、「任意性」の概念から切り離された違法手段一般を問題とする点に、その特徴と解釈論上の難点とがあり、また、違法収集証拠の排除法則が発展した現在では、それとは別に自白法則の中で証拠収集の違法性を論ずる意味は少ない（なお、**【4-9】**参照）。

3 従来の判例には(a)説によると解されるものもあったが（強制行為があっても、虚偽のおそれがあるかどうかをさらに調査すべきとする最大判昭26・8・1刑集5-9-1684など）、真実主義に基づく同説の見解では、自白内容が真実であれば任意性を肯定せざるをえない点に問題がある。「任意性」には(b)説の趣旨も含まれるとするのが自然であり、それゆえ、両者の観点を総合して判断する(c)任意性説が合理的である。ただし、虚偽誘発・人権侵害の有無を考えるに際し、違法排除の観点も補充的に必要となる場合はある**【4-8】**参照）。本決定が、「暴行（拷問）、脅迫ないし利益誘導を受け、その影響下において右供述……をした疑いが濃厚であって、右各書面は、その供述の任意性に疑いがあり、記述内容の真否にかかわらず証拠能力を認めることができない」としたのも、そのような趣旨と解しうる。

4 自白法則は、任意性の疑いがあると認められる場合を類型化して、外形的な事情によって判断できるように明確化される必要がある。強制行為によって得られた自白は、その典型例の1つであるが、法319条の強制、拷問、脅迫とは、肉体的または精神的な苦痛を与える強制行為のすべてを含む表現である。

5 (c)任意性説によれば、自白の排除には強制行為と自白との間の因果関係を要するが、自白と時間的に近接した強制行為があれば、因果関係が推認されることも多いであろう。また、警察官から強制等を加えられて自白した場合に、引き続き拘束されている間になされた検察官に対する自白も、その影響下に行われたものと推認され、因果関係を断つ特段の事情がない限り、任意性に疑いが残ることになろう（なお、近時の刑法総論の因果関係論に大きな影響を及ぼした最決平2・11・20刑集44-8-837の、被告人が第1暴行を加えた後に第三者の故意行為（第2暴行）が介在した旨の事実認定は、本決定が基になっていることにも留意されたい）。

4-11　手錠をかけたままの取調べと自白

最2小判昭和38年9月13日（刑集17巻8号1703頁・判時352号80頁）

[参考] 石丸俊彦・圏昭38-114、大澤裕・圏3版170、齊藤啓昭・実例Ⅲ-150、圏412

事実　衆議院議員選挙に立候補したAの選挙運動者である被告人らは、Aのため投票ならびに投票取りまとめ方依頼趣旨のもとに供与されるものであることを知りながら、金品等の供与を受けるなどしたとして、1審で公職選挙法違反で有罪とされた。

控訴審で弁護側は、1審が採用した被告人らの検察官に対する供述調書は、被告人らはいずれも検察官の面前で手錠を施されたまま供述させられたものであって、その供述は任意性を欠くと主張したが、東京高裁は、「手錠を施されたまま検察官の取調を受けたからといって、それだけでは直ちに供述に任意性がないとは解されないこと勿論であり、被告人等の検察官に対する供述調書中の記載はいずれも一貫性があるばかりでなく、……検察官は被告人等に対していずれも手錠を施したまま取調を行ったけれども、終始おだやかな雰囲気の中に取調を進め、何ら強制を加えなかったことが認められるから、被告人等の検察官に対する供述はすべて任意になされたものであることが明かである」として、任意性は否定されないとした。

これに対し、弁護人は、本件において検察官が被告人らの取調べに際して両手錠のまま取調べにあたったという点で、供述の自由を侵害するような不当な圧迫が加えられたものと認めるべきであるなどと主張して上告した。

判旨　上告棄却。「すでに勾留されている被疑者が、捜査官から取り調べられるさいに、さらに手錠を施されたまゝであるときは、その心身になんらかの圧迫を受け、任意の供述は期待できないものと推定せられ、反証のない限りその供述の任意性につき一応の疑いをさしはさむべきであると解するのが相当である」。

しかし、本件では、検察官は被告人らに手錠を施したまま取調べを行ったけれども、終始おだやかな雰囲気のうちに取調べを進め、被告人らの検察官に対する供述は、すべて任意になされたものであることが明らかであると認定されているので、被告人らの自白は任意になされたものである。

解説　**1**　強制、拷問または脅迫による自白、不当に長く抑留または拘禁された後の自白以外であっても、任意性の認められない自白がある。それにあたるかは、法319条1項に例示された事由に示された「証拠としない」理由を勘案しつつ判断する必要がある。任意性に疑いがあると認められる場合を類型化して、できるだけ外形的事情によって判断できるように明確化されなければならない。また、自白の「任意性」の判断である以上、虚偽排除・人権擁護の視点から実質的に考察していく必要がある（任意性説）。

2　手錠をかけたままの取調べによる自白は、通常は任意性を欠くと考えられる。捜査機関が被疑者を取り調べる際に手錠を施すことの適否については、公判廷のような場合の規定はない（法287条1項は、「公判廷においては、被告人の身体を拘束してはならない」と規定す

る）が、供述の自由を担保するためには、手錠をしないで取り調べるのが原則である。それゆえ、そのような観点に基づき、「供述の任意性につき一応の疑いをさしはさむべき」とした本決定は妥当である。

3　ただし、具体的な判断には微妙な面も残る。たしかに違法排除説を徹底すれば、手錠をかけたままの取調べという自白採取過程が適法とされる余地はほとんどなく、その取調べの違法それ自体で自白の証拠能力を否定すべきことになろう。しかし、本件では、取調べ自体は終始おだやかに行われたので任意性は否定されないとされた。

　法 319 条 1 項の自白の任意性の解釈として、虚偽排除と人権擁護とを実質的根拠とするなら、「手錠を施されたことにより、その心身になんらかの圧迫を受け、任意の供述が期待できない」場合に任意性が否定されることになる。片手錠の場合には、事案にもよるが、一般的には心理的圧迫の程度が軽いので、任意性に疑いをさしはさむべき理由とはならず（最決昭 52・8・9 刑集 31-5-821 など）、腰縄をされたままの場合も同様であるとされている（福岡高判昭和 54・8・2 刑月 11-7=8-773）。

4　なお、自白の任意性の立証に関しては、その実質的挙証責任は検察官が負う（最大判昭 23・6・23 刑集 2-7-715 など）。それゆえ、真偽不明であれば、不任意自白であると認定される。ただ実際には、述録取後に一定の手続を経た供述調書には任意性が推定される。そのため、被告人側が争った場合に検察官が反証するという形になる。

　もっとも、本件では、前述のように任意性に疑いを生じさせない事情の存在の立証に検察官は成功したものの、現実には、両当事者の主張が水掛け論に終始してしまうなど、その立証は困難であることも多い。そのため、実際上は、自白内容の信用性の検討を通じて任意性の有無の実質的判断をなさざるをえない面があり、従来の判例が虚偽排除的な視点から任意性判断をしていたのも、その意味で理由のあることであった（大澤・前掲 173 頁）。

5　ただし、実務においても、たとえば被告人の供述経過全体に着目して自白採取過程を積極的に立証する必要があるとの指摘もなされており、また、平成 16 年の法改正により、取調べ状況を記録した書面が証拠開示の対象となった（法 316 条の 15 第 1 項 8 号参照）。

　今後は、取調べ状況報告書や録音・録画記録など取調べ状況に関する客観的資料のより一層の活用が考えられる（【4-23】参照）。また理論的にも、自白採取手段の違法は、特に人権擁護の視点からする任意性判断の有力な手がかりとなりうるのであり、その意味で、違法排除説の趣旨を考慮する必要性は認められるのである（大谷剛彦・新実例Ⅲ巻 137 頁参照）。

4-12 約束による自白

最 2 小判昭和 41 年 7 月 1 日（刑集 20 巻 6 号 537 頁・判タ 196 号 149 頁）

[参考] 坂本武志・圏昭 41-100、竹崎博允・圃5 版 164、池田公博・圃10 版 162、圃412

事実 被告人 X に賄賂を贈った A の弁護人 B は、本件を担当する C 検事に面談した際に X のため陳弁したところ、C より、X が見えすいた虚構の弁解をやめて素直に金品収受の犯意を自供して改悛の情を示せば、検挙前に金品をそのまま返還しているとのことであるから起訴猶予処分も十分考えられる案件である旨の内意を打ち明けられ、また X に対し無益な否認をやめ率直に真相を自供するよう勧告したらどうかという趣旨の示唆を受けた。そこで、B は、X の弁護人である弁護士 D を伴って警察署へ赴き留置中の X に面接し、「検事は君が見えすいた嘘を言っていると思っているが、改悛の情を示せば起訴猶予にしてやると言っているから、真実貰ったものなら正直に述べたがよい。馬鹿なことを言って身体を損ねるより、早く言うて楽にした方がよかろう」と勧告した。ただ B は、X が貰った金品を返還したと信じていたので、金品の返還が C の内意の前提条件であることを X に伝えなかった。X は、B の言を信じ起訴猶予になることを期待した結果、その後の取調べから順次金品を貰い受ける意図のあったこと、および金銭の使途等について自白するに至り、その旨の供述調書が作成されたが、それにより、X が金銭の大半を費消していることが判明したため、C は X を起訴し、1 審判決で有罪が認定された。

原判決は、自白の動機が上記のような原因によるものとしても、捜査官の取調べそれ自体に違法が認められない以上、前記各供述調書の任意性は否定されないと判示したが、X 側は、これは福岡高判昭和 29 年 3 月 10 日（判特 26-71）に相反するとして上告した。

判旨 上告棄却。X 側引用の「福岡高等裁判所の判決は、所論の点について、『検察官の不起訴処分に附する旨の約束に基く自白は任意になされたものでない疑のある自白と解すべきでこれを任意になされたものと解することは到底是認し得ない。従って、かかる自白を採って以て罪証に供することは採証則に違反するものといわなければならない。』と判示しているのであるから、原判決は、右福岡高等裁判所の判例と相反する判断をしたこととなり、刑訴法 405 条 3 号後段に規定する、最高裁判所の判例がない場合に控訴裁判所である高等裁判所の判例と相反する判断をしたことに当るものといわなければならない。そして、本件のように、被疑者が、起訴不起訴の決定権をもつ検察官の、自白をすれば起訴猶予にする旨のことばを信じ、起訴猶予になることを期待してした自白は、任意性に疑いがあるものとして、証拠能力を欠くものと解するのが相当である」（ただし、本件では、X の司法警察員および検察官に対する各供述調書を除外しても、その余の各証拠により 1 審判決の判示する犯罪事実を優に認定できるので、法 410 条 1 項但書にいう判決に影響を及ぼさないことが明らかな場合にあたり、原判決を破棄する事由にはあたらない）。

解説 **1** 本件は、いわゆる約束による自白の任意性に関する初の最高裁判例である。

2 約束による自白については、本判決以前の下級審裁判例でも任意性が否定されるとする見解が有力であった。上告趣意の引用する福岡高判昭和 29 年 3 月 10 日（判特 26-71）は、X・Y が A から選挙運動の報酬として各 2000 円の交付を受けたという公職選挙法違反事件において、A が、捜査段階で担当副検事から「供与金額が 2、3000 円ならば被供与者は起訴されることはない。自分も紳士である。被供与者のうち 2 名だけ氏名を述べよ」と要請されて X・Y 両名に各 2000 円を供与した旨を自供し、さらに A から担当副検事の話を伝え聞いた X・Y も同副検事に同様の供述をした事案につき、「検察官の不起訴処分に附する旨の約束に基く自白は任意になされたものでない疑のある自白」であるとし、各供述調書の証拠能力を否定した。そして、本判決もそのような判断を是認したのである。

3 もっとも、約束による自白の任意性を否定する根拠について、本判決は、特に理由を明示していない。また本件では、結局は他の証拠により自白の真実性自体は裏づけられており、また、結果的に本件約束が履行されなかったという事情が存することを重視すれば、取調べ方法の違法性に着目する違法排除説によったと解する余地もある。

しかし、(1)本件原審が「捜査官の取調べそれ自体に違法が認められない」としているのに対し、本判決は、その点に何ら言及することなく任意性を否定しており、(2)自白をしても起訴猶予になるという保障があるから、あえて自白をしぶる必要がないまま自白した場合などに存する「強い自白への吸引力」といった、供述者への心理的影響に重点を置いた判旨とも捉えうる点からすれば、利益誘導による虚偽のおそれや供述の自由の侵害とを根拠とした、虚偽排除と人権擁護とを組み合わせる任意性説によったとも考えられる。

4 約束による自白として任意性が否定されるか否かは、事案の具体的事情を勘案して判断される。①約束の主体は、裁判例では、事件担当の検察官か警察官である場合がほとんどである。本判決は「起訴不起訴の決定権をもつ検察官」としているが、自白と因果関係が認められるのであれば、警察官の場合でも任意性が否定されることはありうる。②約束の内容には、刑事責任や刑事手続上の利害（起訴・不起訴、証拠としない約束、刑の軽重、身柄釈放や恩赦など）のほか、個人的・世俗的利益についても自白との因果関係が肯定される限り、含まれうる。③約束と自白との因果関係については、たとえば、爆発物取締罰則違反事件につき、法定刑の軽い火薬類取締法違反の罪名で取り調べて得られた自白につき、警察官が偽計を用いて故意に欺くとか火薬類取締法違反による起訴を約束していなくても、瑕疵重大な利益誘導を伴うとして任意性を否定した事案（東京高判昭 58・12・15 判時 1113-43）がある。④約束内容の履行の有無は、違法排除説からは重要な問題となりうるが、任意性説からすれば必ずしも重視されないとの指摘がある（竹崎・前掲 165 頁）。

5 本件では、起訴・不起訴の決定権をもつ検察官による、自白すれば X 自身を起訴猶予にする旨の、X の心理状態に重大な影響をもたらす利益を提示する約束であり、弁護人を介してはいるが、その自白の任意性には疑いが生ずる。ただし、自白の任意性が否定されるとしても、当該取調べ手法に違法があるといえるかは別途検討を要する問題である。

6 なお、即決裁判手続と自白法則の関係につき、【**3-35**】参照。

4-13 黙秘権の不告知と供述の証拠能力

東京高判平成 22 年 11 月 1 日（判タ 1367 号 251 頁）

[参考] 小川佳樹・圖9 版 160、緑大輔・圖平 24-175、石田倫識・刑ジャ 34-112、圖414、圀46-1、46-2

事実 被告人 X（19 歳）の所属する O 消防団分団の受け持ち区域内で、5 月 23 日から 6 月 12 日までの 21 日間に、計 11 件の連続放火が発生した。T 警察署は、O 消防団長からの情報等に基づき、X を連続放火犯人の容疑者の 1 人として、6 月 4 日夜から X の行動確認（X が自宅を出てから自宅へ帰るまでの動きを追尾して確認）を開始したところ、尾行中、X を見失ったときに放火が発生することが判明した。

6 月 12 日午後 10 時 40 分ころ、D 方敷地内のゴミ置場で火災が発生し（「原判示第 3 の放火事件」）、その翌日、警察は、この事件の捜査のため、X を参考人として事情聴取し、供述録取書（「本件警察官調書」）を作成した。そして、X は、6 月 18 日に逮捕され、以上を含めた放火の事実で起訴された。1 審は、本件警察官調書等を証拠採用し、X の有罪を認定した。

これに対して、X 側は控訴し、本件警察官調書は、X の逮捕前の 6 月 13 日に参考人として事情聴取を受けて作成されたもので、被告人に不利益な事実の承認を内容とするものであり、任意になされたものではないから、証拠能力が認められず、これを証拠として取り調べたのは事実誤認を招くことになる、などと主張した。

判旨 控訴棄却。「X の警察官調書（原審乙 15）は、原判示第 3 の放火事件が発生した 6 月 12 日の翌日に、同事件の捜査のために、X を参考人として事情聴取をして作成された供述録取書であるが、捜査機関は、連続放火犯人の容疑者の 1 人として 6 月 4 日から X の尾行をしていたのであり、X を 6 月 13 日に参考人として事情聴取した際、原判示第 3 の放火事件について X の立件を視野に入れて X を捜査対象としていたとみざるを得ないが、この警察官調書については、捜査機関が、X に黙秘権を告げず、参考人として事情聴取し、しかも放火発生時の X の行動などに関して、X に不利益な事実の承認を録取した書面を作成したものであるから、この警察官調書は、黙秘権を実質的に侵害して作成した違法があるといわざるを得ず、X に不利益な事実の承認があるからといって、これを刑訴法 322 条 1 項により証拠として採用して取り調べ、X の有罪認定の証拠として用いることは、許されないといわなければならない。したがって、弁護人から不同意、任意性を争うとの証拠意見が述べられているこの警察官調書について、検察官からの刑訴法 322 条 1 項による取調べ請求に対し、弁護人が異議がないと述べても、原審が、これを証拠として採用して取り調べ、原判決の（証拠の標目）欄に掲げて、原判示第 3 の事実について、X の有罪認定の証拠として用いたのは違法であるといわなければならない」（しかし、この違法は判決に影響を及ぼすほどの違法ではなく、この警察官調書だけを証拠から排除すれば足りるというべきであり、この警察官調書を除いた関係各証拠によれば、原判示第 3 の事実を認めることができる）。

解説 **1** 弁護人選任権とならんで、被疑者の防御権として重要な黙秘権（自己負罪拒否

特権）は、憲法38条1項に由来する。そして、その黙秘権を実効性のあるものとするためには、捜査官らが被疑者を取り調べる前に、その権利があることを告知する必要がある（法198条2項）。そのため、**黙秘権を侵害して得られた証拠資料**は、適法な証拠として使用できないものとなり、自白に関してはその任意性を否定すべきことになる。

2 もっとも、**黙秘権の事前の告知**は、あくまでも黙秘権の保障を実効的なものとするための制度であって、憲法の保障する黙秘権の内容には含まれず、その告知を欠いた取調べにより得られた自白について、直ちに任意性を否定すべきものとはならない（最判昭25・11・21刑集4-11-2359など）。黙秘権の不告知を理由に自白の任意性を否定した浦和地判平成3年3月25日（判タ760-261）も、具体的な事実関係に即して、黙秘権の不告知を、「黙秘権告知を受けることによる被疑者の心理的圧迫の解放がなかったことを推認させる事情」として、自白の任意性に関する任意性説的立場を基本にしたうえで、「取調べにあたる警察官に被疑者の黙秘権を尊重しようとする基本的態度がなかったことを象徴するもの」という、違法排除の観点を補充的に考慮するものと解される判断を示している。

3 本件では、捜査機関が、被告人を容疑者として行動確認などをしていた最中、警察官が、被告人を参考人として、黙秘権を告げずに事情聴取して作成した警察官調書を、法322条1項により証拠として採用することができるか否かが問題となった。

被害者以外の参考人の取調べに関する法223条2項は、法198条2項を準用していない。そのため、判例では、参考人に対する取調べの場合には、参考人に対して、あらかじめ供述拒否権を告げることは必要ないとされている（最判昭25・6・13刑集4-6-995）。

では、被疑者を参考人として、黙秘権を告知せずに取り調べた結果作成された供述録取書を、その当該被告事件の証拠に採用できるだろうか。被疑者の弁解録取書（法203条以下）については、法198条所定の被疑者の供述調書ではないから、あらかじめ供述拒否権を告げる必要はないとされ（最判昭27・3・27刑集6-3-520など）、また、他人の被疑事件に関する参考人として取り調べられた供述調書を自己の被告事件の証拠とすることについても、その供述内容が自己の被疑事件と必然的関連性を有する事項でも、その供述が任意になされその内容に真実性が認められるなら、法198条2項を準用して供述拒否権の告知がなかったとの一事をもって、当該供述調書を違法または特信状況の欠如とはできないとする下級審判例（東京高判昭26・3・14判特21-43など）もある。そうであれば、本件のように、被告人を参考人として、黙秘権を告げずに事情聴取した警察官調書についても、黙秘権の不告知という一事をもって、直ちにその証拠能力を否定すべきことにはならないであろう。

4 しかし、本件で、捜査機関がXを参考人として取り調べるに至ったのは、1週間以上前から、連続放火犯人の容疑者の1人としてXの尾行等の行動確認をし、その最中に発生した本件公訴事実の1つである放火事件につき、その翌日に、当該事件の捜査のために当該事情聴取した、という経緯によるものであった。それを前提にするなら、捜査機関としては、当該事情聴取をした際、本件公訴事実についてXの立件を視野に入れてXを捜査対象にしていたとみざるをえず、にもかかわらず、Xに黙秘権を告げなかった点において、本件警察官調書は、黙秘権を実質的に侵害して作成した違法があり、法322条1項により証拠として取り調べ、有罪認定の証拠として用いることはできないとされた。

4-14　接見制限と自白の任意性

最 2 小決平成元年 1 月 23 日（判時 1301 号 155 頁・判タ 689 号 276 頁）

[参考] 中谷雄二郎・囲6版156、池田修・囲7版170、関正晴・囲8版170、稲田隆司・囲10版170、圃414

事実　被告人 X は、①詐欺罪で起訴された後に勾留中、さらに②恐喝事件で逮捕・勾留されていた。検察官は、昭和 41 年 11 月 28 日、②に関して法 39 条 3 項に関して接見のいわゆる一般指定を行った。そして 12 月 2 日、検察官が余罪の贈収賄事件について任意の取調べを行ったところ、X は「弁護士に会ってから話す」と自白をほのめかした。そのため、検察官は、接見を求めてきた A 弁護人に対し接見指定を行い、A 弁護人は午後 4 時 25 分から 20 分間 X と接見したところ、X はその直後から贈収賄事件の自白を始めた。ところが、検察官は、同日午後 4 時半ころ、B 弁護人が X との接見を求めたのに対しては、取調べ中であることを理由にそれを拒否したため、B 弁護人が X と接見できたのは、検察官が取調べを終えた後である午後 8 時 58 分から 50 分間であった。なお、そのころの X と弁護人らは、11 月 30 日に A 弁護人と C 弁護人が、12 月 1 日に B 弁護人と D 弁護人が接見しているほか、その後の 12 月 5 日に C 弁護人が接見していた。

控訴審が、B 弁護人との接見を拒否した瑕疵があったとしても、自白の任意性に疑いを差し挟む事情は認められないとして、贈収賄事件に関する X の自白調書の証拠能力は肯定されるとしたのに対し、弁護人は、憲法 31 条・34 条・38 条違反を主張し上告した。

決定要旨　上告棄却。「右自白は A 弁護人が接見した直後になされたものであるうえ、同日以前には弁護人 4 名が相前後して X と接見し、B 弁護人も前日に接見していたのであるから、接見交通権の制限を含めて検討しても、右自白の任意性に疑いがないとした原判断は相当と認められる」。

解説　**1**　接見指定（法 39 条 3 項）は、捜査の必要と接見交通権の行使との合理的な調整を図るために行使することができる（最大判平 11・3・24【1-65】）。判例では、被告事件の勾留と被疑事件（余罪）の逮捕・勾留が競合する場合には、検察官等は、被告事件について防御権の不当な制限にわたらない限り、接見指定権を行使できるが（最決昭 55・4・28【1-67】）、余罪である被疑事実について逮捕・勾留されていない場合は、同事実が逮捕・勾留の基礎となった事実と社会的事実として一連の密接な関連がある場合等を除き（最決昭 52・8・9 刑集 31-5-821 参照）、余罪の取調べを理由として接見指定権を行使することはできないとされている（最決昭 41・7・26 刑集 20-6-728）。

本件で接見拒否の理由とされたのは、逮捕・勾留されていない、恐喝事件とは関連のない贈収賄事件の取調べであるから、接見指定権は行使しえないはずである。そのような余罪について任意捜査としての取調べをしている際に、弁護人が直ちに面会させるよう求めたときは、特段の事情がない限り、その旨を被疑者に伝え、被疑者が求めた場合には、弁護人と面会する機会を速やかに与える必要がある（福岡高判平 5・11・16【1-70】参照）。それ

ゆえ、B弁護人からの接見の申出を拒否し、Xにその旨を告げることもなく、取調べ終了まで数時間面会させなかった本件検察官の措置は、違法といえる。

2　そうだとすると、弁護人との接見交通権が侵害された状況下で得られた自白の証拠能力が問題となる。この点に関する議論は、任意性に疑いのある自白が証拠から排除される理由に関する見解の相違を反映し、(a)任意性説、(b)違法排除説、(c)重大違法排除説が対立する。(a)任意性説は、自白の任意性に関する虚偽排除の観点を基本とし、接見交通権の不当な侵害が自白の任意性の影響を及ぼす場合にのみ証拠能力が否定されるとする。これに対し(b)違法排除説は、自白の任意性に関する人権擁護・違法排除の観点を重視し、接見交通権が不当に侵害された状況で得られた自白につき、任意性の有無にかかわらず、手続違反を理由に証拠能力が否定されるとする。(c)重大違法排除説は、両説のいわば折衷説であり、違法収集証拠排除法則を援用して、弁護権侵害の程度が重大で、弁護権を保障した趣旨を没却させるに等しいほど高度な違法性がある場合には、その状況下で得られた自白は証拠としての許容性を失うが、その程度に至らない侵害の場合には、任意性の有無の判断資料となるにとどまるとする。

　(a)説には、憲法31条や34条の保障に十分ではない、(b)説には、任意性の有無によって自白の証拠能力を決する現行法の解釈の枠を出たものである、(c)説にも、違法の程度により扱いに差異を設けるのは論理的に一貫しない、などの批判が考えられる（以上について、池田・前掲170頁など。なお、中谷・前掲156頁も参照）。

3　弁護人との接見時間を2〜3分に制限し、接見の際に警察官が立ち会った事実があった事案について、最判昭和28年7月10日（刑集7-7-1474）は、これらの措置は不当であるが、それによって直ちに自白の任意性に疑いがあると断定できず、任意性の有無はそれらの事情とはかかわりなく、自白をした当時の情況に照らして判断すべきであるとしていた。これは、前記(a)説の立場に立ったものといえ、接見交通権の制限により、被疑者が心理的圧迫などを受け、供述の自由な意思決定ができなくなった疑いが生じたような場合には、任意性が否定されることになる（池田・前掲171頁）。

4　本決定は、検察官の本件措置を「違法」ではなく、「接見交通権の制限」とするのみで、また、⑦Xの自白がA弁護人との接見直後になされたものであること、⑦当時、4名の弁護人が相前後して接見し、B弁護人も前日には接見していたことなどの事情に照らし、任意性に疑いがないとする形で原判決を是認しており、(a)説の立場に立つ。本件検察官の措置が違法と解しうることを考えれば、(b)説に基づいたと捉える余地はない。

　もっとも、前記⑦に関しては、必ずしも任意性を肯定すべき直接的要素ではなく、むしろ、⑦と併せて、接見拒否処分の違法の程度が比較的軽微と認定する根拠ともいえる。それゆえ、接見制限の程度が被告人の弁護人選任権の重大な侵害にあたるような場合には、違法収集証拠排除の見地から、その間になされた自白の証拠能力を否定する可能性はありうる（**【4-9】**参照）。したがって、本決定は、(c)説の採否については判断を留保したとする余地もある（池田・前掲171頁、稲田・前掲171頁。なお、中谷・前掲157頁）。

4-15　取調べ状況の録音・録画

東京高判平成 20 年 6 月 30 日（高検速報（平 20）100 頁・LEX/DB25420403）

［参考］本江威憙・判時 1922-11、伊藤睦・速報判例解説 vol.6-197、齊藤啓昭・実例Ⅱ-162、圖504

事実　被告人 X は、共犯者らと共謀のうえ、保険金目的で A を殺害したが、保険会社に殺害の疑いを抱かれ死亡保険金等の詐取は未遂に終わったという殺人や詐欺未遂等（「**本件保険金殺人**」）の被疑事実で逮捕・起訴された。

X は、捜査段階では、当初本件保険金殺人への関与を頑強に否定したが、その後、共犯者との共謀を認めるに至った。ところが、X は、起訴後に自白を翻したため、1 審では共謀の存否が争点となり、X の検察官に対する供述調書 4 通（「**当該検察官調書**」）の任意性と信用性が争われた。検察官は、弁護側が問題視した取調べを担当した警察官の証人尋問のほか、当該検察官調書の任意性立証の証拠として、同じ検察官による平成 18 年 11 月 21 日の取調べ状況を撮影した DVD（「**本件 DVD**」）を提出し、その証拠価値が争われた。

本件 DVD の映像の中では、検察官が、X に対し、本件保険金殺人への関与や自白に転じた理由などを質問し、X が、自己の関与を認め、自白に転じた心情等を吐露していた。そのやり取りは、まず、検察官が「共犯として関わっていたのは間違いないですか」などと尋ねると、X は「間違いありません」とその関与を認め、次に、検察官が、自白に転じた理由につき「ど

ういった心境だったの」などと質問すると、X は、「主犯が黙秘をしていると聞いたので、被害者のことを考えると、自分の口から言わないといけないなと思ったから」などと説明するものであったようである。

1 審は、取調べ警察官の証言から、取調べに任意性が否定される点はなかったとして当該検察官調書の任意性を肯定し、X を有罪とした。しかし、本件 DVD については、「X が自白に至った時点よりも、約 1 か月後である時期において、しかも、全体で 10 分余りの間、自白した理由、心境等を簡潔に述べているのを撮影したものにすぎず、弁護人が問題視する、10 月 14、15 日の正に自白に転じるまでの経緯を撮影したものではない。したがって、本件 DVD の証拠価値を当該検察官調書の任意性についての有用な証拠として過大視することはできず、取調べ警察官の証言の信用性を支える資料に止まると評価すべきである」旨判示した。

弁護人は、本件 DVD について、X の供述に証拠価値を認められず、むしろ、重要な場面が録画されていないという事実自体が、自白の任意性に疑問を生じさせる、などと主張して控訴した。

判旨　控訴棄却。「X の当該供述が、最初の自白から 1 か月以上経過した時期に行われたものであることや、その録画時間が 10 分程度にすぎないことは所論指摘のとおりであり、初めて X が自白に転じた場面を録音・録画したものでないことはもとより、当該検察官調書の作成過程を録音・録画したものでもない。しかしながら、DVD に録音・録画された供述内容は、否認から自白に転じた理由やその際の心情等について、簡潔ではあるが、何ら誘導されることなく自らの言葉で供述しているものであることなどにかんがみれば、DVD に録音・録画された供述状況は、その前後に録取された当該検察官調書における自白の任意性を認めるべき証拠に当たるというべきである」。

解説 **1**　自白の任意性について、検察官が実質的挙証責任を負うことには異論はない。

　ただし、供述調書の任意性・信用性等が争われる場合、往々にして取調べ状況に関する証拠調べに時間を要し、審理長期化の一因ともなっている。そのため、取調べ経過一覧表、留置人出入簿、留置人動静簿等の客観的資料も利用されるようになっているが、これらの資料は、被告人や捜査官の供述の信用性を判断する間接証拠にはなるが、取調べ状況自体を表す直接証拠ではないため、なお、十分な解決が得られない場合もある。

　2　平成17年、検察官に対し、被告人等の取調べの状況を立証しようとするときは、取調べ状況記録書面等の資料を用いた迅速・的確な立証に努めなければならない旨が刑訴規則に規定された（規198条の4）。また、裁判員裁判では、自白調書の任意性や信用性について、裁判員にとって理解しやすい立証方法を工夫する必要がある。

　そのため、平成18年8月から、検察官の裁量により、裁判員裁判対象事件について、「立証責任を有する検察官の判断と責任において、任意性の効果的・効率的な立証のため必要性が認められる事件について、取調べの機能を損なわない範囲内で、検察官による被疑者の取調べのうち相当と認められる部分の録音・録画」が試行されており（警察でも、平成20年9月から試行されている）、その記録媒体が任意性立証のため証拠請求され、公判で取り調べられる例も増えている（もっとも、従来も、自白の任意性や信用性の判断資料として録音テープ等が提出された事例は多い。山崎学・新刑事手続III巻226頁）。

　3　本件の原審（東京地判平19・10・10判タ1255-134）は、被告人の取調べ状況を撮影したDVDにつき、裁判所として初めてその証拠価値を判断し、①弁護人が問題視した取調べは、本件DVDが撮影された時点よりも約1か月前であり、②全体で10分余りの間、自白した理由・心境等を簡潔に述べているだけであるとして、その証拠価値を過大視することはできず、取調べ警察官の取調べ状況等についての証言の信用性を支える資料にすぎないとした。

　これに対し、東京高裁は、①・②の事情を前提にしつつも、「否認から自白に転じた理由やその際の心情等について、簡潔ではあるが、何ら誘導されることなく自らの言葉で供述している」ことから、「その前後に録取された当該検察官調書における自白の任意性を認めるべき証拠に当たる」とした。

　4　本件以外の裁判例をみると、大阪地決平成19年11月14日（判タ1268-85）は、取調べ状況を録画したDVDを取り調べた結果、高齢で聴力・理解力等が劣る被告人に対し、検察官が供述を誘導ないし誤導した疑いが払拭できないなどとして、自白調書の任意性を否定している。

　また、福岡高判平成21年3月25日（LEX/DB25450862）は、自白の信用性を立証するため提出された取調べ状況の録画DVDにつき、その信用性を否定した原審（佐賀地判平20・7・8 LEX/DB25420919）の判断を覆し、その内容から窺える被告人の供述態度や供述経過等によれば、被告人の検察官調書の信用性を裏づける限度で価値を有するとした。

4-16 自白の信用性判断

最 1 小決平成 24 年 2 月 22 日（判時 2155 号 119 頁・判タ 1374 号 107 頁）

[参考] 尾島明・圏民平 12 上-54、山室惠・圏8 版 174、中川武隆・圏9 版 168、圏500、刔47-2

事実 被告人 X は、①元妻 Y と共謀のうえ、平成 12 年 8 月から 13 年 8 月にかけ、児童扶養手当の受給要件を偽って同手当合計 74 万円余りを詐取した、②保険金取得目的で、平成 13 年 1 月 17 日、実母 A を殺害し、さらに A の家に放火して実子 2 名を殺害したが、実妹の殺害は遂げなかった（「本件殺人、放火事件」）、③その後、A および実子 2 名の生命保険金または共済金合計 7346 万円あまりを詐取した（「本件保険金等詐欺事件」）という公訴事実で起訴された。

1 審判決は、②事件について、自己が犯人であるとする X の捜査段階の自白を信用することはできず、X がその犯人であると認めるには合理的な疑いが残るとし、その他①・③事件も含めて、X に対し無罪を言い渡した。

控訴審も、1 審判決を是認して検察官の控訴を棄却したが、②事件については、(1)①事件の犯人が X であると認定できるほどの有力かつ確実な情況証拠は存在せず、X と犯行とを結びつける唯一の証拠は X の自白であるが、(2)その X の自白は、主に、⑦ A の生命保険金を取得することが動機であるというのに、X は、肝心要の A の生命保険契約について、実に漠然とした認識しかなかったどころか、それ以上のことを知ろうとすらしなかったという点、④ X の自白する犯行態様で、X の手だけに灯油が付着し、その着衣等に灯油が付着しないのは不自然であるところ、X の周辺のいずれにも灯油が付着した形跡を示す証拠がないという点で、不自然、不合理であり、信用できない、とした。

本決定は、検察官の上告を棄却したが、②事件について、以下のように判示した。

決定要旨 上告棄却。「原判断に論理則、経験則等に照らして不合理な点があるかについて検討する」。X の自白以外に本件殺人、放火事件の犯人が X であると認定できるほどの有力かつ確実な情況証拠は存在しないとした原判決の証拠構造に関する判断は是認でき、X の自白の信用性について検討する。X の自白は、①客観的証拠関係と符合し、②自白の経過等に不自然な点はなく、③ X が捜査官以外の者に対して犯行の告白と解される言動をしており、④客観的情況からは犯人は A と身近な関係を有する者であるとみるのが自然であるといった、「その信用性を高める複数の事情が認められ、これらによれば、その信用性は相当に高いという評価も可能と思われ、……本件殺人、放火事件の犯人が X である疑いは濃いというべきである」。しかしながら、原判決の指摘する⑦・④の 2 点について、⑦ A の生命保険契約に関する認識および犯行動機の形成過程については、(1)「A の生命保険契約について漠然とした認識しかなく、A を殺害しても生命保険金が入るかどうかも確かではないのに、その取得を動機として実母の殺害に及ぶのかという疑問を払しょくし去ることは困難というべきである」し、(2)犯行動機の形成過程に関する自白についても、「著しい変転と飛躍があり……不自然さがあるといえ」、(1)と併せ考えたときには、X の自白の信用性に看過できない疑いを抱かせるとする「原判断が論理則、経験則等に違反するとはいえない」。また、④ X の周辺から灯油成分が検出されたことを示す証拠がないことについても、

「Xの身辺、特に、灯油の臭いが気になって2度も洗ったという手で相当時間握ったはずの自動車のハンドル等からもその形跡が発見できなかったという不自然さは否定しきれないというべきである」。「以上のとおり、Xの自白については、その信用性を肯定する方向に作用する複数の事情が認められ、その信用性は高いとみる余地も十分にあるものの、原判決がXの自白について不自然、不合理であると指摘する点は、いずれも論理則、経験則等に違反するものとはいえない。そして、原判決が、これらの点と、客観的情況証拠を含む、Xの自白の信用性を高める諸事情を総合的に評価した上で、結論としてXの自白の信用性を否定したことも、論理則、経験則等に照らして不合理であるということはできない」。

解説 **1** 自白の信用性を評価するための判断基準については、従来から様々な見解が明らかにされている（田崎文夫ほか・自白の信用性、山崎学・新刑事手続Ⅲ巻255頁など）。

2 民事判例であるが最判平成12年2月7日（民集54-2-255〔草加事件民事上告審判決〕）は、①秘密の暴露の不存在、②自白を裏づける客観的証拠の不存在、③犯行事実の中核的部分についての供述の変遷の3点から、自白の信用性を否定する判断を示した。

3 ①秘密の暴露は、「あらかじめ捜査官の知りえなかった事項で捜査の結果客観的事実であると確認されたというもの」（最判昭57・1・28刑集36-1-67〔鹿児島夫婦殺害事件〕）とされ、自白の信用性判断のための重要な検証基準である。前掲平成12年判決は、犯行と秘密の暴露との間に厳密な関連性を要求する。②自白と客観的状況との符合性も、重要な判断要素となりうるが、真犯人が虚実織りまぜた自白をすることもあり、その判断には困難が伴う。自白を裏づける客観的証拠の存否の検討も必要となる。③一般に、自白の内容に一貫性があれば信用性は高く、変遷があれば低いといえよう。また、変遷が自白の中核部分であるか、変遷したことに合理的な理由があるか否かも、重要な検討事項である。

4 本件は、争点である被告人Xの犯人性の証明がもっぱらXの自白によるという事案であり、本決定は、自白の信用性に関する原判決の判断の事実誤認について、最判平成21年4月14日（**【4-3】**）が示した、上告審での事実誤認の審査における「原判決の認定が論理則、経験則等に照らして不合理」であるかの観点から詳細な判示をした。本件は、自白に①秘密の暴露がなく、他方で違法・不当な取調べの存在も認定されず、その信用性判断において決定的な事情がないため、その判断が容易でない事案であった。

5 なお、本件では、Xが、捜査官に対して自白したのみならず、実妹らに対し、Xの自白の核心部分が真実であることを前提とする内容の手紙を送るなどした点が注目される（**決定要旨** ③）。本決定は、捜査官以外の者に対する告白等は、性質はあくまで自白（あるいはこれに準ずるもの）であるが、「その存在自体が、捜査官に対する自白を含めた全体としての被告人の自白の信用性判断において重要な要素となり得る」とする。そして、当該告白等はXの自白の信用性判断において重要な要素となりうると位置づけたうえで、捜査官に対する迎合等である疑いの有無等や当該告白等をしたことについてのXの弁解内容を検討し、「Xの自白の信用性を高める事情として、相当に重視されるべきである」とした。

4-17　補強証拠適格

最 2 小決昭和 32 年 11 月 2 日（刑集 11 巻 12 号 3047 頁）

[参考] 三井明・圏昭 32-566、宇津呂英雄・固4 版 158、河村博・固5 版 172、圏417、445

事実　米穀小売販売業者である被告人 X は、法定の除外事由がないのに、(1)昭和 26 年 3 月初めころから同年 8 月 12 日ころまでの間、104 回にわたって A ほか 2 名の者から玄米等計約 16 石を代金合計約 22 万円で買い受け、(2)同年 4 月 3 日ころから同年 8 月 12 日ころまでの間、265 回にわたって B ほか 62 名の者に精米約 25 石を代金約 36 万円で売り渡したとの事実（いわゆる主食の闇売買）で起訴され、1 審で有罪とされた。

ただし、(2)の事実に関しては、売渡先 63 名中、X から精米を買い受けた旨の供述調書が作成されたのは 16 名のみであり、そのため、残り 47 名については、X の公判廷および公判廷外（司法警察職員および検察官に対するもの）の自白のほかは、X が、販売の月日、数量、金額、相手等を記入していた販売未収金控帳のみが証拠として挙示されていた。

弁護人は、闇米の販売は統制法規上自己に不利益な事実であり、備忘のためにこれを記入することも不利益事実の承認にほかならないから、この販売未収金控帳は被告人の自白と同一性質のものであって、これを補強証拠とすることはできない旨主張して上告した。

決定要旨　上告棄却。「所論未収金控帳は原判決説示の如く、被告人が犯罪の嫌疑を受ける前にこれと関係なく、自らその販売未収金関係を備忘のため、闇米と配給米とを問わず、その都度記入したものと認められ、その記載内容は被告人の自白と目すべきものではなく、右帳面はこれを刑訴 323 条 2 号の書面として証拠能力を有し、被告人の第 1 審公判廷の自白に対する補強証拠たりうるものと認めるべきである」。

解説　**1**　被告人を有罪とするには、自白以外に他の証拠（補強証拠）を必要とする。これを補強法則という（憲法 38 条 3 項、法 319 条 2 項・3 項）。補強法則は、自由心証主義の唯一の例外である。

自白は、犯罪体験者の告白として過大に評価される危険がある。自白は、歴史的にも証拠の中でもっとも重んじられてきたが、他方で、任意性のない虚偽の自白によって誤判を招いた例も少なくない。第三者の供述であれば反対尋問の機会があるが、自白にはその機会もない。そこで、自白の偏重を避けることによって誤判を防止し（虚偽排除的側面）、あわせて、間接的には、自白の強要を防止するため（人権擁護的側面）、自白には補強証拠を必要としたものと考えられる（自白偏重防止の狙いは、自白は補強証拠が取り調べられた後でないと取り調べられないとされていること（法 301 条）などにも現れている）。

2　証拠能力のある証拠であれば、原則として、補強証拠になりうる。人証、物証、書証を問わないし、直接証拠であると間接証拠であるとを問わない（最判昭 26・4・5 刑集 5-5-809）。ただし、補強証拠の趣旨を考えると、実質的に考察して**自白からの独立性**がなければ補強証拠となりえないことに注意を要する。他の機会の自白であっても、自白を自

白の補強証拠とすることはできない（最大判昭 25・7・12 刑集 4-7-1298）。自白をどれだけ集めても、自白のみで処罰することの危険性を克服することはできないからである。

3 本件で問題となったのは、被告人が、犯罪の嫌疑を受ける前に嫌疑と関係なしに作成したメモ（販売未収金控帳）に補強証拠適格が認められるかである。

最高裁は、本件未収金控帳は、①犯罪の嫌疑を受ける前にこれと関係なく作成されたもので、②自らその販売未収金関係を備忘のために作成したものであり、③闇米と配給米とを問わず、その都度記入したものと認められることを根拠として、その記載内容は被告人の自白と目すべきものではなく、法 323 条 2 号の書面として独立の証拠価値を有するものであり、補強証拠たりうるとの判断を示している。

被告人の承認（自己に不利益な事実を認める供述）に補強証拠適格が認められるかについては、被告人の自白である実質に変わりはないなどとして消極説も有力ではある。しかし、少なくとも、法 323 条の「特信文書」にあたるような場合には、高度の信用性が認められるだけでなく、任意性も類型的に問題となりえないから（宇津呂・前掲 159 頁）、自白からの独立性を認めることができ、また前述した補強証拠を要する趣旨から考えても、補強証拠適格を認めうると解されよう。

4 また、形式的には自白と別個の第三者の供述であっても、実質的には被告人の自白を内容とし、それを伝えるにすぎないものであれば、補強証拠にはなりえない。これに対し、被告人との共同犯行の状況を述べる共犯者や共同被告人の供述は、自白からの独立性が認められるから、補強証拠になりうる（**【4-46】**）。

5 なお、補強証拠については、(1)補強証拠適格のほか、(2)補強証拠を必要とする範囲（**【4-18】**）および(3)補強証拠の証明力も問題となる。判例は、(2)と(3)の問題とを明確に区別せず、自白と補強証拠とが相まって犯罪事実を証明する程度で足りるとする（最判昭 24・4・7 刑集 3-4-489、最判昭 28・5・29 刑集 7-5-1132）。

学説では、補強証拠を必要とする範囲につき、補強証拠だけで合理的な疑いを生ずる余地がない程度に真実であると証明できるまでの必要はないが、自白に補強証拠を必要とする理由から考えれば、(a)補強証拠だけで事実について一応心証を抱かせる程度の証明力は必要とする説も有力である。しかし、証拠としての自白も存在しているのであるから、(b)自白と相まって事実を証明できる程度であれば足りると解することも可能である。具体的には、補強証拠と自白との間に、被害物件の種類・数量や犯行時間などの細部では多少の相違があっても、自白を加味することにより補強証拠によって事実を証明することができれば足りると解すべきである。

4-18　補強証拠の必要な範囲

最 1 小判昭和 42 年 12 月 21 日（刑集 21 巻 10 号 1476 頁・判タ 216 号 114 頁）

[参考] 海老原震一・圏昭 42-354、松代剛枝・圄10 版 178、木藤繁夫・警論 35-4-146、圖417

事実　被告人 X は、無免許で大型貨物自動車を運転中、自車を誤って通行中の自動車に接触させ、それに乗っていた A を死亡させたという業務上過失致死罪〔当時〕と道路交通法違反（同法 64 条・118 条 1 項 1 号〔当時〕のいわゆる無免許運転罪）の併合罪で起訴された。

1 審の有罪判決に対し、X は、無免許運転罪に関する自白に補強証拠が足りない旨を主張して控訴したところ、控訴審は、無免許運転罪について、「被告人の自白に補強証拠を必要とするのは、自白にかかる犯罪事実そのもの、即ち犯罪の客観的側面についてその真実性を保障せんがためであり、無免許という消極的身分の如きその主観的側面については、被告人の自白だけでこれを認定して差支えないと解するのが相当」であるとして、X が免許を受けていなかった事実については、補強証拠を要しない旨を判示した。

判旨　上告棄却。最高裁は、第 1 審公判廷において X が自白をした点について、憲法 38 条 3 項にいう「本人の自白」には公判廷における被告人の自白は含まれないとするのが判例であるとしたうえで、括弧書きで以下のように判示した。

「無免許運転の罪においては、運転行為のみならず、運転免許を受けていなかったという事実についても、被告人の自白のほかに、補強証拠の存在することを要するものといわなければならない。そうすると、原判決が、……無免許の点については、被告人の自白のみで認定しても差支えないとしたのは、刑訴法 319 条 2 項の解釈をあやまったものといわざるを得ない。ただ、本件においては、第 1 審判決が証拠として掲げた B の司法巡査に対する供述調書に、同人が、被告人と同じ職場の同僚として、被告人が運転免許を受けていなかった事実を知っていたと思われる趣旨の供述が記載されており、この供述は、被告人の公判廷における自白を補強するに足りるものと認められるから、原判決の前記違法も、結局、判決に影響を及ぼさない」。

解説　**1**　自白について補強証拠を要するのは犯罪事実についてであり、それ以外の事実については補強証拠は不要である。補強証拠は、架空の犯罪で被告人が処罰されるのを防止することにある（最判昭 24・4・7 刑集 3-4-489）と解されるからである。それゆえ、累犯となる前科は、被告人の供述だけで認定できる（最決昭 29・12・24 刑集 8-13-2343）。

刑事訴訟において犯罪事実を認定するには、刑法の構成要件に該当する事実の存在と、それが被告人によって犯されたことの証明が必要となる。構成要件該当事実は、実行行為・結果・因果関係という客観的な事実（罪体）と、故意・過失・目的等の主観的な事実からなるが、①前者に補強証拠があれば架空の犯罪による処罰は防止でき、②主観的事実についての補強証拠は存在しない場合も少なくないため、通説は、主観的事実まで補強証拠は必要としないとする（罪体説）。ただし、(a)罪体説内部では、罪体概念について、①客

観的な法益侵害とする（死体の存在）、㋺犯罪行為に起因する法益侵害とする（他殺死体の存在）、㋩法益侵害に加え、被告人と犯罪行為との結びつき（被告人によって殺害された死体であること）も含むとする見解が対立し、㋺説が通説であるとされる。

これに対して、罪体説のように形式的に範囲を画するのでは不当な場合が生じうるとの問題意識から、**自白にかかる事実の真実性を担保するに足りるものであればよいとする**(b)**実質説**が有力に主張されている。

2 判例は、補強証拠の趣旨を架空の犯罪による被告人の処罰の防止と解する見解に立ち、犯罪の主観的事実には補強証拠は不要とする（前掲最判昭24・4・7）。

また、被告人が犯人であることについては、最大判昭和30年6月22日（刑集9-8-1189）が、「被告人が犯罪の実行者であると推断するに足る直接の補強証拠が欠けていても、その他の点について補強証拠が備わり、それと被告人の自白とを綜合して本件犯罪事実を認定するに足る以上、憲法38条3項の違反があるものということはできない」として、補強証拠の必要はないとしている。たしかに、被告人が犯人であることについては、補強証拠のない場合が少なくないため、一律に補強証拠を要求すると真相解明のかなりの部分を断念せざるをえなくなるうえ、そのような証拠の存否は偶然性に左右されることになるので、補強証拠を必要とするのは相当でない（それゆえ、(a)㋩説は妥当でない）。

3 また、架空の犯罪による処罰の防止という補強証拠の趣旨を考えれば、(a)㋑説では足りないが、逆に、犯罪の客観的構成要件事実のほぼすべてにわたり補強が必要と解する必要もなく、重要な部分について補強証拠があれば足りるものと解される。(a)罪体説は、実体法上の構成要件の重要部分をこの「重要な部分」であるとするが、判例は、補強証拠は「必ずしも自白にかゝる犯罪組成事実の全部に亘って、もれなく、これを裏付けするものでなければならぬことはなく、**自白にかかる事実の真実性を保障し得るものであれば足る**」としており（最判昭23・10・30刑集2-11-1427）、(b)実質説に立つものとされる。

実際には、(b)説も、主観的要素や被告人と犯人との同一性については補強証拠は不要と解しているため、(a)㋺説との相違はないといってよい。補強証拠の趣旨を考えれば、犯罪事実の存在を認める自白内容の真実性を担保するものであれば足りるとすべきである。

4 本件では、「無免許で運転が行われた」事実が無免許運転罪の客観的事実であるとして補強を要するとした。たしかに、運転行為そのものは何ら犯罪的色彩のない性質のもので、**運転免許を受けていないことが犯罪構成要件要素**と解されるから、(a)犯罪の重要部分と考えられるし、(b)無免許の事実に補強証拠が存在して初めて、被告人の自白の真実性を保障できるといえる。これに対して、薬物事犯における「**法定の除外事由の不存在**」については、犯罪成立阻却事由に関する事実と考えられるから、補強証拠は不要と解される（東京高判昭56・6・29判時1020-136）。

5 また、盗難被害届は、自白にかかる事実の真実性を保障しうるから、窃盗罪や盗品等有償譲受け等の罪の場合の補強証拠として十分であることになる。

6 なお、憲法38条3項の「自白」に「公判廷の自白」が含まれるかについては争いがあるが、本判決は、否定説を採用する旨を確認している。

4-19　伝聞の意義

最 2 小判昭和 30 年 12 月 9 日（刑集 9 巻 13 号 2699 頁・判タ 56 号 61 頁）

[参考] 寺尾正二・圏昭 30-393、金築誠志・圏5 版 178、香城敏麿・注釈新版 5-282、圖428

[事実]　被告人 X は、被害者 A 女に対する強姦致死事件で起訴されたが、X は、犯人であることを争っていた。1 審判決は、X がかねて A 女と情を通じたいとの野心を持っていたことを本件犯行の動機として掲げ、その証拠として、証人 B の「A 女は『X につけられていけない……〔X は〕新開川の方から出て来た。それで自分はおそろしく飛んで帰った』……『あの人はすかんわ、いやらしいことばかりするんだ』といっておりました」とする証言を挙げていた。

また、原判決は、B 証言は「A 女が、同女に対する X の野心にもとづく異常な言動に対し、嫌悪の感情を有する旨告白した事実に関するものであり、これを目して伝聞証拠であるとするのは当らない」とした。これに対して、X 側が上告した。

[判旨]　破棄差戻。「第 1 審判決は、X は『かねて A 女と情を通じたいとの野心を持っていた』ことを本件犯行の動機として掲げ、その証拠として証人 B の証言を対応させていることは明らかである。そして原判決は、同証言は『A 女が、同女に対する X の野心にもとづく異常な言動に対し、嫌悪の感情を有する旨告白した事実に関するものであり、これを目して伝聞証拠であるとするのは当らない』と説示するけれども、同証言が右要証事実（犯行自体の間接事実たる動機の認定）との関係において伝聞証拠であることは明らかである。従って右供述に証拠能力を認めるためには刑訴 324 条 2 項、321 条 1 項 3 号に則り、その必要性並びに信用性の情況保障について調査するを要する。殊に本件にあっては、証人 B は A 女の死の前日まで情交関係があり且つ本件犯罪の被疑者として取調べを受けた事実あるにかんがみ、右供述の信用性については慎重な調査を期すべきもので、これを伝聞証拠でないとして当然証拠能力を認める原判決は伝聞証拠法則を誤り、引いて事実認定に影響を及ぼすものといわなければならない」。

[解説]　**1**　反対尋問を経ていない供述証拠（伝聞証拠）は原則として証拠となりえないことを、**伝聞法則**と呼ぶ。伝聞証拠とは、「公判期日における供述に代わる書面」および「公判期日外における他の者の供述を内容とする供述」（伝聞証言）で、その原供述の内容である事実の証明に用いられる証拠を意味する。

供述証拠には、**知覚⇒記憶⇒表現**（叙述）のそれぞれの段階で誤りが混入する危険がある。それゆえ、このような供述証拠の危険性を除去するには、供述者本人を公判廷に出頭させて尋問すること、とりわけ反対当事者による反対尋問が有効である。反対尋問権は、被告人・検察官の双方が有するが、特に被告人の反対尋問権は憲法で保障されている（憲法 37 条 2 項前段）。

これに対し、法廷外の供述は、反対尋問によるチェックがなく、公判廷での証言と異な

り、宣誓し偽証罪に問われるおそれもない。また、供述内容の正確性を評価するうえでは、事実認定をする裁判所が供述者の態度等を直接観察することも重要であるが（直接主義）、法廷外の供述の場合、供述時の供述者の態度状態を観察することもできないので、真実性の担保が弱い。

2　ただし、一見すると法320条1項により証拠にできない供述証拠のようにみえるが、実は伝聞証拠でないという場合がある（伝聞法則の不適用）。要証事実が原供述の内容となる事実ではなく、原供述の存在自体である場合、すなわち、**言葉が立証の対象となっている場合**である。証人Bが公判廷で「Xは『Aが放火したところを見た』と言っていた」旨証言する場合、それを被告人Aが放火の実行行為をしたという事実の証拠として用いるのであれば、発言内容の真実性が問題となり伝聞証拠となる。しかし、被告人Xがそのような発言をしてAの名誉を毀損したという事実の証拠として用いるのであれば、Aが本当に放火したか否かという発言内容の真実性は問題とならない。「Aが放火したところを見た」とXが発言したこと自体が立証すべき事実（要証事実）なので、原供述者Xに反対尋問を行う必要はなく、Xの言葉を聞いたというBを尋問すればよい。

また、言葉の存在を情況証拠として用いる場合も、伝聞証拠ではない。証人Bが公判廷で「Xは『おれはキリストの生まれ変わりだ』と言っていた」旨証言する場合、Xがキリストの生まれ変わりであることを証明しようとするわけではなく、Xがそのような言葉を述べたことをXの責任能力の欠如を推認させる情況証拠（間接事実）として用いようとするのであるから、原供述者Xを反対尋問する意味はない。

3　困難な問題となるのが、**現在の心の状態を述べる供述を伝聞とみるか**である。一方では、発言者の知覚・記憶については誤りの生ずる余地はないが、その誠実性（真摯性）については疑う余地があるから、発言者を証人として取り扱う必要があるなどとして、(a)**伝聞であるとする見解**も有力である。しかし、この場合の供述の真摯性は、原供述を聞いた際の状況や原供述者の態度等を伝聞供述者に対して反対尋問をすることでも十分に確認できると考えられ（山室惠・刑事手続(下)852頁）、やはり知覚・記憶の過程が問題とならない以上、(b)**伝聞ではないと解するのが妥当**である。

4　本件で問題となった、被害者（原供述者）の「あの人はすかんわ、いやらしいことばかりするんだ」という供述も、要証事実（証明事項）との関係で伝聞であるか否かが決まる。①その供述を、被害者が被告人に対して抱いていた心情（嫌悪の情）を立証するために用いる（たとえば、被告人の和姦の主張を否定する情況証拠として）のであれば、**原供述者の心の状態が要証事実となるから、非伝聞供述**である。しかし、本件では、②被告人の過去の行動、さらには犯行の動機を証明するためにこの供述を用いており、そうであれば、**原供述者の知覚した事実が要証事実となるため**、原則として反対尋問による吟味が必要となるから、**伝聞供述にあたる**ことになる。それゆえ、伝聞法則の例外に該当しない限り、証拠能力は認められない。

4-20 非伝聞⑴—白鳥事件

最 1 小判昭和 38 年 10 月 17 日（刑集 17 巻 10 号 1795 頁・判時 349 号 2 頁）

[参考] 川添万夫・圏昭 38-151、宮崎栄一・新刑事手続Ⅲ-279、安永健次・実例Ⅲ-5、圃425、428

事実 被告人 X（K 党 P 委員会委員長）は、K 党員が警察官 S らにより検挙されるなどしたことから、S を殺害しようとして、A・B・C と殺害の謀議をし、これに基づき C が、昭和 27 年 1 月 21 日夜、札幌市内路上で拳銃を用いて S を射殺したという殺人事件（白鳥事件）の各共謀共同正犯などの事実で起訴された（また被告人 Y は、この事実を幇助した旨の殺人幇助などの事実で起訴された）。

上告審では多くの点が争われたが、本件事実に関して、X は終始否認し、実行正犯である C、共謀共同正犯である A・B、幇助犯である D・E がいずれも逃亡しているため、これらの者の発言を内容とする他の者の供述が重要な地位を占めることになり、そのいくつか（昭和 26 年 11 月ころの K 党幹部教育講習会で講師を務めた X の発言を聞いた F、X から犯行企図を打ち明けられた K 党員 G〔S の行動調査を行った〕、本件事件前の X の言動に関する K 党 P 委員会委員 H〔なお、事件後に X から C がやったと聞いた〕、事件翌日に C から犯行の模様を聞いた K 党員 I の各供述等）につき、伝聞法則の適用の有無が争われた（【4-1】【6-7】も参照）。

判旨 上告棄却。「伝聞供述となるかどうかは、要証事実と当該供述者の知覚との関係により決せられるものと解すべきである。被告人 X が、T 社宅で行われた幹部教育の席上『S はもう殺してもいいやつだな』と言った旨の F の検察官に対する供述調書における供述記載……は、被告人 X が右のような内容の発言をしたこと自体を要証事実としているものと解せられるが、被告人 X が右のような内容の発言をしたことは、F の自ら直接知覚したところであり、伝聞供述であるとは言えず、同証拠は刑訴 321 条 1 項 2 号によって証拠能力がある旨の原判示は是認できる。次に、被告人 X が E の家の 2 階か Y の下宿かで、『S 課長に対する攻撃は拳銃をもってやるが、相手が警察官であるだけに慎重に計画をし、まず S 課長の行動を出勤退庁の時間とか乗物だとかを調査し慎重に計画を立てチャンスをねらう』と言った旨の証人 G の第 1 審第 38 回公判における供述……、被告人 X が H の寄寓先で『K 党を名乗って堂々と S を襲撃しようか』と述べた旨の証人 H の第 1 審第 40 回公判における供述……等は、いずれも被告人 X が右のような内容の発言をしたこと自体を要証事実としているものと解せられるが、被告人 X が右のような内容の発言をしたことは、各供述者の自ら直接知覚したところであり伝聞供述に当らないとした原判示も是認できる。次に、I が 1 月 22 日 C 宅を訪問した際、C が S 課長を射殺したのは自分であると打ち明けた旨の証人 I の第 1 審第 36 回公判における供述……は、C が S 課長を射殺したことを要証事実としているものと解せられ、この要証事実自体は供述者たる I において直接知覚していないところであるから、伝聞供述であると言うべきであり、原判決がこれを伝聞供述でないと判示したのは誤りであるが、右供述は刑訴 324 条 2 項、321 条 1 項 3

号による要件を具備していることが記録上認められ、従って右刑訴の規定により証拠能力を有することは明らかであるから、原判決がこれを証拠としたことは、結局違法とは認められない」。

解説 **1** 公判廷外の供述（原供述）が伝聞にあたるか否かは、要証事実との関係で決まる。その供述内容の真実性が問題となる場合には伝聞となるが、原供述の存在自体が要証事実であるような場合には伝聞ではない（伝聞法則の不適用）。本判決も、この趣旨を明らかにしている。

2 本件で問題となったXの、「Sはもう殺してもいいやつだな」という発言について、最高裁は、Sが殺してもいいような人間であることが要証事実なのではなく、Xがこの発言をしたこと自体が、XのSに対する内心の敵意を推測させる間接事実として要証事実とされていると考え、そのため、この発言を面前で直接知覚したFの供述は伝聞ではないとする。また、Sの行動調査指示等に関するXの発言については、いわば「謀議」そのものであり、実行共同正犯における実行行為の分担に相当するから、この発言をしたこと自体が犯罪行為の内容として要証事実とされていると考え、やはりこれを面前で直接知覚したGの供述も伝聞ではないとしている（川添・前掲158頁以下）。

これに対して、Cの「S課長を射殺したのは自分である」との発言を聞いた旨のIの供述については、原審が、C発言自体の存在が、CがSを殺害したという主要事実の証明にいくらかの寄与をするものであると解したのに対し、最高裁は、発言があったという事実からその発言内容の真実性を推認することにほかならず、Iはその内容が真実であるかは直接知覚していないのであるから、伝聞であるとしたのである。

3 このように、本件のXの前記一連の発言について、本判例は、(a)発言したこと自体が要証事実となるから、伝聞供述にはあたらないとしている。

もっとも、これに対しては、(b)発言の立証を通じて、発言時の心の状態（意図・計画）を推認させる情況証拠とした趣旨と解する見解（田宮372頁など）もある。心の状態を述べる供述の場合、知覚・記憶の過程が問題とならず、表現（叙述）過程、すなわち、供述の真摯性・正確性等については、原供述を聞いた際の状況や原供述者の態度等を伝聞供述者に対して反対尋問をすることでも十分に確認できると考えれば（【4-19】）、このように解することも可能となる（正確性は、どんな証拠についても問題となるのであり、一般的関連性の問題として検討すべきことになる。田宮373頁）。

さらに、(c)この発言は、単に被告人の心の状態を立証すべき証拠にとどまらず、殺人の謀議の成立過程を立証すべき証拠でもあり、発言自体が共謀を構成する事実として要証事実となっているという面もある。それゆえ、このような発言は、心の状態を述べる供述を伝聞と考えるかどうかにかかわりなく、後者の面で非伝聞の取扱いを受けるべきと解することもできる（金築誠志・圖5版180頁、山室恵・刑事手続(下)854頁など。【4-21】も参照）。

4-21　非伝聞⑵─謀議メモ

東京高判昭和 58 年 1 月 27 日（判時 1097 号 146 頁・判タ 496 号 163 頁）

[参考] 村瀬均・圊7版 180、川出敏裕・圊8版 180、井上弘通・圊9版 174、下津健司・圊10版 182、圖430

事実　被告人 X は、いわゆる山谷地区において日雇労働者のための活動を行ってきたが、暴力手配師等を追放する闘争の一環と称して、大挙して飯場を襲い、手配師を監禁して暴行したうえ慰謝料名下に金員を喝取したとして、恐喝罪で起訴された。

1 審では恐喝の事前謀議の有無が争点の 1 つとなったが、裁判所は、本件犯行前に共犯者が作成したメモ（「(25) 確認点─しゃ罪といしゃ料」という記載。以下、「A メモ」）を証拠の 1 つとして、事前共謀の事実を認定した。この A メモは、「戦術会議及び犯行準備等に関する記載のあるメモの存在」という立証趣旨で検察官により証拠請求され、弁護人の異議がない旨の意見により証拠調べが行われたものであった。A メモは、その後の審理の結果、共犯者 A が、作成の 3 日前の会議で確認された事項をその出席者である B から聞き、これを書き留めたものであることが判明した。

控訴審で弁護人は、①この A メモの立証趣旨は、同メモの存在というにすぎず、単に心覚えのために書き留めたメモであるから、法 323 条 3 号に該当せず、A 作成のものであるから、法 321 条 1 項 3 号書面にも該当しない、② A メモ中の「しゃ罪といしゃ料」の記載部分は、B から A が戦術会議の結果を聞いてこれをメモしたもので、再伝聞証拠であるから、B と A 間の伝聞性につき吟味の必要があるのに、B が死亡等により公判廷で供述しえないとする証拠や特信情況についての証拠が存在しないから、伝聞証拠である A メモの証拠能力は否定される、などと主張した。

判旨　控訴棄却。「人の意思、計画を記載したメモについては、その意思、計画を立証するためには、伝聞禁止の法則の適用はないと解することが可能である。それは、知覚、記憶、表現、叙述を前提とする供述証拠と異なり、知覚、記憶を欠落するのであるから、その作成が真摯になされたことが証明されれば、必ずしも原供述者を証人として尋問し、反対尋問によりその信用性をテストする必要はないと解されるからである。そしてこの点は個人の単独犯行についてはもとより、数人共謀の共犯事案についても、その共謀に関する犯行計画を記載したメモについては同様に考えることができる」。

本件 A メモの「(25) 確認点─しゃ罪といしゃ料」という記載部分は、「原供述者を B とする供述証拠であることが明らかとなったのである。前記のように、数人共謀の共犯事案において、その共謀にかかる犯行計画を記載したメモは、それが真摯に作成されたと認められるかぎり、伝聞禁止の法則の適用されない場合として証拠能力を認める余地があるといえよう。ただ、この場合においてはその犯行計画を記載したメモについては、それが最終的に共犯者全員の共謀の意思の合致するところとして確認されたものであることが前提とならなければならないのである」が、その点について確認されたとすれば証拠能力を認めるべきは当然である。また、確認されなかったとし

ても、本件の「訴訟の経過をみるときは、Ａメモの右記載部分については、弁護人としてＢに対する反対尋問権を放棄したものと解され」るので、証拠能力を認めることができる。

解説 **1** 公判廷外における供述に伝聞法則が適用されるか否かは、要証事実との関係で決まる。本件で問題となったのは、共謀参加者が事前共謀の内容を記したメモ（謀議メモ）である。この場合、①メモを会議で謝罪と慰謝料を要求することが確認されたことの認定に用いるのであれば、メモの内容の真実性が問題になるから、伝聞証拠にあたる。これに対し、②メモの作成者が被害者に謝罪と慰謝料を要求する意思を有していた旨を推認するために使用するのであれば、心の状態を述べる供述となり、知覚・記憶の過程がないので非伝聞と解すべきことになる（**【4-19】**参照）。

2 大阪高判昭和57年3月16日（判タ467-172）では、過激派Ｃ派の構成員らが、被害者を鉄パイプ等で襲撃したという傷害事件に関して、Ｃ派事務所から押収された「犯行現場付近の地理関係等を示した図面、また、犯行の手順や犯行後の逃走方法に関する事項、さらに、本件犯行現場付近から他へ連絡するために必要な事項」等が記載された作成者不詳の襲撃計画メモが問題となった。この場合も同じ問題が生ずる。ただ、当該メモに関しては、共謀参加者のうちの1人が犯行計画等の謀議結果をその場でメモしたことが、メモの記載内容や押収状況、犯行態様等から推認でき、作成者が謀議の一員として他の共謀参加者と共通の認識を持って記載したものといえる。そうであれば、(1)作成者の意図・計画の立証との関係（前記②）だけでなく、(2)これと一体をなす共謀加担者全員の意図・計画、すなわち共謀の事実を立証する関係でも非伝聞と解することができる（山室惠・刑事手続(下)854頁、村瀬・前掲181頁。また、井上・前掲175頁）。

3 本件Ａメモに関しても、共謀参加者Ｂから謀議結果として説明を受けたメモ作成者Ａが、単に過去の事実として書き記したのでなく、Ａが同一の意思内容を形成し、さらにＡ自身を含む共犯者らの一致した犯罪意思内容として記載したことが、他の証拠から認められるのであれば、Ａの意図・計画だけでなく、共謀の事実を立証する関係でも非伝聞であることになる（もし、この前提事実が認められなければ、Ａメモの記載内容は、当該会議で確認された内容に関するＢを原供述者とする再伝聞供述証拠となる。ただ、本件の審理状況によれば、弁護人は反対尋問権を放棄したとみられるので、同意文書として証拠能力は認められるとされた）。

4 なお、謀議メモが、犯罪遂行過程で作成された証拠物であるという側面から、③メモの存在や記載自体を要証事実とする余地もある。当該メモが、回覧されるなど謀議の形成手段に供された場合や、共謀参加者全員の間で共謀の結果を確認し合った際に参加者の1人がその結果を記載したものであることが判明しているような場合には、そのような観点から、非伝聞と解することもできる（なお、村瀬・前掲181頁参照）。

4-22　機械的記録

最2小決昭和 59 年 12 月 21 日（刑集 38 巻 12 号 3071 頁・判タ 546 号 107 頁）

［参考］高橋省吾・圏昭 59-568、山崎学・圃6 版 180、関正晴・圃9 版 192、水谷規男・圃10 版 202、圃432

事実　被告人 X ら 8 名を含む全学連各派の学生は、いわゆる国際反戦デーである昭和 43 年 10 月 21 日に、新宿駅で集団示威運動を行ったうえ、同駅構内を占拠し列車等の運行を妨害するなどして同駅内外を混乱に陥れるとの方針のもと、同日午後、新宿駅東口広場で集会、集団示威運動を行っていたが、午後 8 時 45 分ころから翌 22 日午前 1 時ころまでの間、前記学生およびこれに同調する群衆等数千名が相次いで同駅構内に侵入して占拠し、規制検挙にあたった警察官に激しく投石するなどして多数の警察官に傷害を負わせ、また同駅ホームにいたる階段に電車座席シートを積み上げて放火し、同駅構内の列車等の諸施設に対し手当たり次第に投石するなどの暴行を継続し、よって、同駅構内やその周辺地域一帯を混乱に陥らせるなどの騒乱をなした（新宿駅騒擾事件）として逮捕、起訴された。

本件では、騒擾の状況等を撮影した多数の現場写真が報道、出版関係者らから警察に任意提出され、検察官は、これを本件犯行状況を立証するための独立証拠として取調べ請求した。しかし、警察官が証人尋問に際し、そのフィルムの入手先、撮影者について、公務員の職務上の秘密を理由に証言を拒否したため（法 144 条）、現場写真の証拠能力が争点の 1 つとなった。

1 審、控訴審とも現場写真は非供述証拠であるとしたが、弁護人は、現場写真は供述証拠と解すべきで、当該写真の撮影者の証言によって、その写真の撮影状況および現像・焼付が通常の方法により適正に行われ、その過程で対象を歪めるような行為がなかったことを立証する必要があるなどと主張して上告した。

決定要旨　上告棄却。「犯行の状況等を撮影したいわゆる現場写真は、非供述証拠に属し、当該写真自体又はその他の証拠により事件との関連性を認めうる限り証拠能力を具備するものであって、これを証拠として採用するためには、必ずしも撮影者らに現場写真の作成過程ないし事件との関連性を証言させることを要するものではない」。

解説　**1**　写真、録音テープ、ビデオテープ等に伝聞法則の適用があるかが問題とされる。科学技術の進歩に伴い、新しい態様の証拠が法廷に提出されるようになったためである。そこでの争点は、これらの新しい態様の証拠が供述証拠に該当するか否かであり、(a)供述証拠説と(b)非供述証拠説とが対立する。

2　写真、映画の場合、撮影機のレンズ等を通した画像がフィルム等に焼き付けられるなどして記録され、それが再生される。(a)供述証拠説（検証調書類似説）は、その際に、対象物の知覚・記憶・表現のいずれの過程も機械を介して行うことになるが、その機械を人間が操作することによって誤りが入り込む危険性があるという点を重視する。すなわち、人間が機械を操作して作成するため、対象の選定、撮影の位置・角度等によって実際とは異なった画面を作成することが可能であるうえ、修正の危険性もあることを重視して、供

述証拠と解し、撮影者を喚問して反対尋問を経なければ証拠とすることができないとする。

これに対して、(b)非供述証拠説は、機械による科学的正確性は、人間の知覚・記憶・表現よりはるかに高いという点、すなわち、機械による科学的記録においては、供述証拠のように知覚・記憶・表現の過程に誤りが入り込む危険性は著しく低いから、反対尋問によってテストする必要はなく、撮影者の喚問を含め可能な方法で、意図的な撮影や修正の有無を慎重に吟味すれば足りると解するのである。

3 機械的装置による記録は、人の記憶よりはるかに正確性が高く、修正の危険性等は物的証拠であっても否定できないことであるから、(b)説が相当である。本判決も、「犯行の状況等を撮影したいわゆる**現場写真**は、非供述証拠に属し、当該写真自体又はその他の証拠により事件との関連性を認めうる限り証拠能力を具備する」としている。

ただし、(b)説によっても、証拠申請された写真等について作為的操作や事後的修正が主張された場合には、関連性や信用性等の認定のためにも撮影者等を証人として喚問することになるから、実際には(a)説による場合と大きな際の生じないことが多い。もっとも、撮影者が不明・出廷不能等によって尋問できない場合でも、他の方法（写真自体を含む）で関連性や作為的操作・修正の有無の立証が可能であるため、(a)説よりも有用である。

4 なお、写真等のうちには、検証調書や鑑定書に添付された写真のように、説明や供述を補充するために用いられるものもあるが、その場合には供述と一体をなしており、独立の証明力を持たないから、本体である書面と同一の証拠能力（法 321 条 3 項または 4 項）を持つとする見解が通説である（田宮 328 頁、**【4-26】**）。もっとも、それらの写真のみが独立して証拠となることもあり、その場合にはやはり非供述証拠（証拠物等）として取り扱われることになる（なお、**【4-28】**も参照）。

5 録音テープ等の音声記録の証拠能力についても、犯罪現場の状況等を録音したいわゆる**現場録音**の場合、機械的記録であるから、非供述証拠と解される（最決昭 35・3・24 刑集 14-4-462 参照。なお、**【1-13】**）。

これに対し、被疑者や参考人の供述を録音したいわゆる**供述録音**は、調書に録取されるべきものが代わりに録音テープに収録されたものであり、録音された話者の供述内容である事実が要証事実となるから、伝聞法則が適用される供述証拠に該当する。そこで、法 321 条以下の伝聞法則の例外の規定が準用されることになる。その際には、原供述と録音された内容が一致することは、録音の科学的正確さによって担保されているから、供述者の署名・押印がなくても、供述録取書に準じてその証拠能力が決せられると解される（**【4-24】**）。

4-23 最良証拠法則と写し

東京高判昭和 58 年 7 月 13 日（高刑集 36 巻 2 号 86 頁）

[参考] 三好幹夫・固6版 182、山田道郎・固9版 194、臼井滋夫・証拠法体系 I -98・111、講434

事実 被告人ら多数の過激派 C 派学生らは、沖縄返還協定批准阻止闘争の一環として、昭和 46 年 11 月 14 日「首都総決集戦」の名のもとに、渋谷区内で機動隊や B 派出所に火炎びんを投げつけ 3 名の警察官に傷害を負わせ K 派出所に放火し、さらに、警察官 A を鉄パイプ等で乱打して火炎びんを投げつけて火傷死させるなどした（渋谷暴動事件）として、1 審で有罪とされた。

1 審は、放映されたテレビニュースの映像を録画したビデオテープ 2 巻およびその映像の一部を静止写真化したテレビニュース画面写真帳 2 冊を証拠採用した。このビデオテープは、事件当日に放映された各テレビ局のニュース番組を磁気録画装置を用いて正確に録画したものであり、写真帳は、このビデオテープの再生画面を、警察官が写真機によって撮影した静止写真 44 枚によって構成されていた。被告人側は、控訴理由の 1 つとして、これらの証拠能力を争った。

判旨 一部破棄自判。「本件写真帳は、本件ビデオテープの映像の一部の写しであり、また、本件ビデオテープは、テレビフィルムを放映したテレビ映像の写しであるから」、①その原本に相当するテレビフィルム（ないしはその映像）自体の証拠能力につき検討し、②原本に代え、その写しを証拠とすることの可否につき考察を加える。そして、①については、非供述証拠として「その証拠能力を肯認して妨げない」。

②については、①写し一般の許容性と、回テレビニュースの映像の写しであることに伴う特殊な論点に区分し、「まず、①写し一般を許容すべき基準としては、ⓐ原本が存在すること（さらに厳密に言えば、写しを作成し、原本と相違のないことを確認する時点で存在すれば足り、写しを証拠として申請する時点まで存在することは不可欠の要件ではない。テレビ映像の如きは、放映とともに消滅する。）、ⓑ写しが原本を忠実に再現したものであること（原本の完全な複製である必要はなく、立証事項との関連において、その必要な性状が忠実に再現されていれば足りる。）、ⓒ写しによっては再現し得ない原本の性状（たとえば、材質、凹凸、透し紋様の有無、重量など）が立証事項とされていないことを挙げることができる。以上に反し、ⓓ原本の提出が不可能又は著しく困難であることを、写しの許容性の基準に数える必要はない。蓋し、それは、最良証拠の法則ないしは写し提出の必要性の問題であるに過ぎないからである。

本件ビデオテープ及び写真帳は、前示作成経過及び作成に用いられた機器の性質に鑑み、右ⓐⓑの要件を充たすものであることは明らかであり、また、その立証事項が右ⓒ掲記のような原本の性状に亘るものでないことも当然である。従って、テレビフィルムないしはこれを放映したテレビ映像の写しとして、これらを提出することは、写し一般の許容基準に合致するものであ」る（また、回について、本件ビデオテープ等を

取り調べることは報道機関の憲法上の権利等を侵害しない）。

解説 **1** 謄本とは、原本の内容全部について同一の文字、符号により転写した文書であって、内容を証明する権限を有する者が原本と同一である旨の認証を付したもの、抄本とは、原本の内容の一部について謄本と同じように作成された文書、写しとは、原本の内容全部を同一の文字、符号により転写した文書であるが、認証文が付されていないものをいう。

謄本・抄本・写しの証拠能力についての規定はない。もちろん、原本のほうが優れた証拠であることに疑いはないが、実際問題として、謄本等で足りるとしなければ審理が進められない場合も少なくない。

2 そこで、通説は、原本が証拠能力を有する場合で、①原本が存在し、または存在していたこと（原本の存在）、②原本の提出が不能または困難であること（必要性）、③原本と同一内容であること（正確性）の3要件が満たされれば、その謄本や写しを証拠として利用することができるとし、判例でも一般に承認されているといってよい（東京高判昭36・2・1高刑集14-2-51など）。謄本等の取調べを請求する場合には、原本の証拠能力の要件に加えて、これら3要件の挙証が必要となる。もっとも、相手方が、謄本等を証拠とすることに同意（法326条1項）するか、あるいは、同意はしないとしても謄本等を利用することに異義がなければ、上記要件の証明は必要ないと考えられる。

3 ただし、謄本・抄本の場合は、特別の事情のない限り、認証文によって原本の存在および原本との同一性が証明されていると考えられるので、①と③の点はほぼ満たされており、実際には写しの場合に問題になるにすぎない。また、②必要性の点は、原本を証拠として用いる必要性の程度や、原本の提出が困難な事情等の検討を経て判断されることになる（最判昭31・7・17刑集10-8-1193、最判昭35・3・24刑集14-4-447参照）。

4 ただし、科学技術の進歩により、近時の電子的複写については形状まで原本と同一のものとなっている。そのため、②要件をゆるやかに解し、たとえば、証拠物たる書面については、原本自体について証拠調べをする必要性が高いので、原本提出の不能・困難が積極的に証明される必要があるが、証拠書類については、原本自体に証拠調べを行う必要のある具体的理由が主張されない限り、写し等の提出が許されるとする見解も有力に主張されている（臼井・前掲107頁など）。

本判決が、②要件について、最良証拠の法則ないし写しの提出の必要性の問題にすぎないとして、それを不要とし、代わりに「写しによっては再現し得ない原本の性状が立証事項とされていないこと」を挙げたのは、このような文脈で理解できるものである。

5 なお、証拠物の写しである写真（たとえば、凶器であるナイフの写真、契約書の写真）も、現物に証拠能力があれば、謄本等と同様の要件のもとに証拠とすることができる。

4-24　被告人のインタビュー映像のビデオテープ

和歌山地決平成 14 年 3 月 22 日（判タ 1122 号 131 頁）

［参考］本件コメント・判タ 1122-459、圖433

事実　本件は、被告人 X が、自治会の夏祭りに提供されたカレーに亜砒酸を混入して 4 名を死亡させるなどした殺人・殺人未遂の事案 1 件（和歌山毒カレー事件）、夫 A ほか 2 名を砒素を用いて保険金目的で殺害しようとしたという殺人未遂事案 4 件、A の神経症状等 4 つの事由を基にして保険会社等から高度障害保険金等を騙し取るなどした詐欺の各事案について、保険金目的の殺人未遂事案 1 件について無罪とし

たほかは、X を有罪とし、死刑を言い渡した事案である。

本事案では、X 夫婦の逮捕前の時点での報道機関による X らへのインタビュー映像が、その後放映されていた。本件では、その映像を捜査機関がビデオテープに録画したものを、検察官が、X の供述部分については法 322 条 1 項（A の供述部分については法 328 条）等に基づき証拠請求し、証拠採用の当否が争われた。

決定要旨　報道機関の報道の自由との関係について、事案の重大性や争点の内容と本件ビデオテープの内容を考えると、本件ビデオテープに証拠としての価値が認められ、他方、取材源を秘匿しなければならないような状況にはなく、すでに放送されたものであるから、報道の自由等を侵害するものではない（また、被告人の黙秘権は「供述を強要されないことを権利として保障したものであり、……自ら積極的にした供述がどのような形で刑事裁判に利用されるかは、黙秘権の問題ではなく、どのような供述証拠に証拠能力を付与するかという証拠政策の問題である」から、被告人の黙秘権も侵害しない）。

本件ビデオテープは、供述状況を録画したもので、映像中の供述内容に意味がある「供述映像」というべきものであり、ビデオテープ自体への署名押印のないビデオテープが「供述録取書」にあたるかが問題となるが、「署名押印は、供述録取の正確性を担保するためのものであって、供述の証拠化について供述者に処分権を認めたものではないから、他の証拠によって録取内容が正確であり、供述者の供述であることが認められるのであれば、署名押印がなくても、供述録取書と同様に扱ってよいと解される」。

さらに、本件ビデオテープは、取材内容、放送内容を編集したものであり、「映像上での編集の相当性（再現の正確性）について供述者の了解を経ていないから、……供述録取書といえるためには、編集の相当性（再現の正確性）を担保する事情、すなわち、供述映像中の当該供述が、元々の供述（原供述）と趣旨を異にすることなく録画されているという事情が必要と解され」、①供述の内容、②供述の状況、③編集状況の各判断要素を総合的に検討し、「実際のインタビューの際には、本件各ビデオテープに録画されている X や A の供述に前後して、種々の供述がなされていることが当然に予想されるが、当該供述と独立した供述が編集上省略されていても、上記要素から検討して当該供述が趣旨を異にすることなく録画されていると認められるのであれば、

前後の供述の省略は、当該供述部分が供述録取書に該当することを妨げるものではなく、当該供述部分が供述録取書に該当することを前提に、種々の証拠法則の観点からの証拠能力の検討やその信用性の検討を行えば足りる」。

　そして、Aが、証人尋問において、逮捕前に報道されたインタビュー内容について不当な編集である等の不満を述べていないことや報道された映像内容を検討し、証拠請求されたビデオテープ2本に収められた合計8本の映像のうち、元々の供述と趣旨を異にすることなく録画されていると認められた（その一部分に限られるものも含め）6本について証拠能力を肯定した。

解説　**1**　本件は、報道機関のインタビューに対して被告人らが供述している状況がテレビ放映され、その放映された映像を捜査機関が録画したビデオテープに証拠能力が認められるかが争われた。

　2　本件ビデオテープの証拠採用による、報道機関の報道の自由・取材の自由の侵害の有無については、博多駅事件判決など（【1-39】【1-40】）において示された、犯罪の性質や取材結果の証拠としての価値等と、取材結果を証拠として押収されることによって報道機関の報道の自由が妨げられる程度等を比較考量するとの見解を踏襲した（また、「報道内容が刑事裁判で証拠にされるのなら、市民は取材に応じなくなり、取材の自由に限らず言論の自由までをも後退させる」旨の弁護人の主張に対しては、取材結果を報道した内容は、報道機関が公にしたものである以上、一定の合理的目的のために利用されることは報道機関において甘受すべきであるとした）。

　3　本件ビデオテープは、被告人の公判廷外における供述を録取したものであり、「現場映像」が問題となった【1-39】【1-40】とは異なり、映像中の供述内容に意味がある場合であって、いわば「供述映像」とでもいうべきものである。この場合に、法322条1項の「供述録取書」として証拠能力を認めうるかを判断する際、ビデオテープに「被告人の署名若しくは押印」がない点が問題となりうる。しかし、供述録取書に署名・押印が必要とされるのは、供述者の供述を録取者が録取したという点で二重の伝聞証拠にあたる供述録取書から、録取による伝聞性を除去し、供述者自身が作成したのと同様に取り扱いうるようにするためである（それゆえ、供述書の場合は「署名・押印」は必須ではない。最決昭29・11・25刑集8-11-1888参照）から、録取内容が正確で、供述者の供述であることが確認できれば、署名・押印がなくても、同条の供述録取書と同様に扱ってよいと解される。

　4　このように、ビデオテープへの撮影等の記録の過程が機械的操作によってなされるという点では、署名・押印は不要と解される（【4-22】参照）が、それに加え、本件では、報道機関（および捜査機関）による編集を経たビデオテープであるため、編集の相当性（再現の正確性）を担保する事情、すなわち、供述映像中の当該供述が、元々の供述（原供述）と趣旨を異にすることなく録画されているという事情が必要となる。

　本決定は、編集者（供述録取者）の喚問によることができなくても、他の証拠関係から検討することは可能であるとした（本件ビデオテープが原本ではなく「写し」である点については、【4-23】参照）。

4-25　酒酔い鑑識カード

最 2 小判昭和 47 年 6 月 2 日（刑集 26 巻 5 号 317 頁・判タ 277 号 129 頁）

［参考］ 大久保太郎・圖昭 47-68、棚町祥吉、圓5 版 190、森井暲・圉昭 47-137、圖441

事実　被告人 X は、業務上過失傷害罪および酒酔い運転の罪により起訴され、1 審は、検察官が証拠調べ請求した「酒酔い鑑識カード」が不同意となったので、作成警察官の証人尋問を経て、法 321 条 4 項の書面として証拠採用した。

控訴審も 1 審判決を支持したので、弁護人は、鑑識カードの証拠能力を認めたのは憲法 37 条 2 項に違反するなどと主張して上告した。

判旨　上告棄却。「本件『鑑識カード』を見るに、まず、被疑者の氏名、年令欄に本件被告人の氏名、年令の記載があり、その下の『化学判定』欄は、B 警察署巡査 A が被疑者の呼気を通した飲酒検知管の着色度を観察して比色表と対照した検査結果を検知管の示度として記入したものであり、また、被疑者の外部的状態に関する記載のある欄は、同巡査が被疑者の言語、動作、酒臭、外貌、態度等の外部的状態に関する所定の項目につき観察した結果を所定の評語に印をつける方法によって記入したものであって、……以上の部分は、同巡査が、被疑者の酒酔いの程度を判断するための資料として、被疑者の状態につき右のような検査、観察により認識した結果を記載したものであるから、紙面下段の調査の日時の記載、同巡査の記名押印と相まって、刑訴法 321 条 3 項にいう『検証の結果を記載した書面』にあたるものと解するのが相当である。つぎに、本件『鑑識カード』のうち『外観による判定』欄の記載も、同巡査が被疑者の外部的状態を観察した結果を記載したものであるから、右と同様に、検証の結果を記載したものと認められる（もっとも、同欄には、本来は『酒酔い』、『酒気帯び』その他の判定自体が記載されるべきものであろう。もしその趣旨における記載がなされた場合には、その証拠能力は、別に論ぜられなければならない。）。しかし、本件『鑑識カード』のうち被疑者との問答の記載のある欄は、同巡査が所定の項目につき質問をしてこれに対する被疑者の応答を簡単に記載したものであり、必ずしも検証の結果を記載したものということはできず、また、紙面最下段の『事故事件の場合』の題下の『飲酒日時』および『飲酒動機』の両欄の記載は、以上の調査の際に同巡査が聴取した事項の報告であって、検証の結果の記載ではなく、以上の部分は、いずれも同巡査作成の捜査報告書たる性質のものとして、刑訴法 321 条 1 項 3 号の書面にあたるものと解するのが相当である」。

1 審が、公判期日において作成者 A 巡査を証人として尋問し、それが真正に成立したことについての供述を得たうえで、本件「鑑識カード」を取り調べ、犯罪事実認定の証拠に供し、原判決がこれを是認したことは、そのうち被疑者との問答の記載のある欄ならびに「飲酒日時」および「飲酒動機」の両欄の記載部分を除いて正当である。また、被疑者との問答の記載のある欄ならびに「飲酒日時」および「飲酒動機」の両

欄の記載部分は、法321条1項3号の書面にあたるから、1審が同号所定の事由がないのにこの部分を取り調べて証拠に掲げたのは違法であり、原判決も、これを是正しなかったものであるが、この部分自体は、本件の争点に直接関係のある証拠ではなく、かつ、作成者が証人尋問され、被告人・弁護人に反対尋問を行う機会が与えられたことに鑑みれば、いまだ憲法37条2項に違反するものとは認められない。

解説 **1** 道路交通法67条3項は、酒気帯び運転をしていると認められる者等に対し呼気検査をする権限を警察官に付与しており、その結果作成されるのが「酒酔い・酒気帯び鑑識カード」であって、行政・捜査の両目的を有しているものである。

本件で用いられた鑑識カードには、①被疑者の氏名・年齢欄、②「化学判定」欄、③「外観による判定」欄、④被疑者との問答の記載のある欄、⑤被疑者の外的状態に関する記載のある欄、紙面最下段に⑥「事故事件の場合」の題下の「飲酒日時」および「飲酒動機」の欄などがあるものであった（現在の鑑識カードの様式は、かなり異なっている）。

2 任意処分として行う検証の結果を記載した、いわゆる実況見分調書について、**最判昭和35年9月8日**（刑集14-11-1437）は、法321条3項の書面に含まれるとする。学説では(a)否定説もあるが、同じ捜査機関が職務として作成した検証調書と実況見分調書とで取扱いを異にすべき理由は見出し難く、検証調書について伝聞法則の例外とした趣旨は実況見分調書にも妥当すると解されるから、(b)肯定説が妥当である。

3 本判決は、(b)肯定説を前提として、鑑識カードのうち、(1)①欄のほか、②欄については、「被疑者の呼気を通した飲酒検知管の着色度を観察して比色表と対照した検査結果を検知管の示度として記入したもの」、⑤欄については、「被疑者の言語、動作、酒臭、外貌、態度等の外部的状態に関する所定の項目につき観察した結果を所定の評語に印をつける方法によって記入したもの」であって、いずれも、作成した警察官が「被疑者の酒酔いの程度を判断するための資料として、被疑者の状態につき右のような検査、観察により認識した結果を記載したもの」であるから、調査の日時の記載・作成者の記名押印と相まって、法321条3項にいう「検証の結果を記載した書面」であるとした。

また、(2)③欄についても、警察官が「被疑者の外部的状態を観察した結果を記載したもの」であるから、「検証の結果を記載したもの」として法321条3項にあたるとした（なお、本判決は、③欄には、本来は「酒酔い」、「酒気帯び」その他の判定自体が記載されるべきものと指摘しているが、現在は「酒酔い」等の判定文が不動文字で記載され、印をつけるようになっている）。

4 これに対し、(3)④欄は、警察官が「所定の項目につき質問をしてこれに対する被疑者の応答を簡単に記載したもの」であって、必ずしも検証の結果を記載したものではなく、また、⑥欄の記載は、以上の調査の際に警察官が聴取した事項の報告であって、検証の結果の記載ではないから、いずれも警察官作成の捜査報告書たる性質のものであり、法321条1項3号の書面にあたるものと解するのが相当であるとした。

5 以上のように解するならば、同じ「鑑識カード」中でも、その記載欄により、法321条3項の書面にあたる部分とそうでない部分とがあることになる。

4-26 立会人の指示説明

最 2 小判昭和 36 年 5 月 26 日（刑集 15 巻 5 号 893 頁・判時 266 号 31 頁）

［参考］ 栗田正・囻昭 36-131、中山善房・囻5 版 188、田中康郎・新実例Ⅲ-31、囻442

事実 被告人Ｘの業務上過失致死傷〔当時〕の事実を認定した１審は、その証拠として、司法警察員Ａ作成の実況見分調書等を掲げた。この実況見分調書は、不同意となったが、作成者Ａは検証現場および公判廷において証人として尋問され、それが真正に作成された旨供述したものであり、同調書中には、Ｘおよび事件の目撃者Ｂが実況見分の際に立ち会って必要な現場の指示説明をした結果の記載（「④地点で加害車両が横ぎりして被害者に接近していた」「Ⓐその時に被害者等が歩行していた位置」等）があった。また、Ｂは検証現場および公判廷において証人として尋問されていた。

Ｘ側は、本件実況見分調書について、ＸおよびＢの指示説明は、実況見分者Ａの認識とは理論上異なるから、実況見分調書中に記載されていても証拠法上別個に考慮されるべきであり、そうでないとＸは実況見分者Ａ以外の者の供述につき同人に対する反対尋問権を失い、憲法 37 条 2 項に違反する、などと主張して上告した。

判旨 上告棄却。「捜査機関は任意処分として検証（実況見分）を行うに当り必要があると認めるときは、被疑者、被害者その他の者を立ち会わせ、これらの立会人をして実況見分の目的物その他必要な状態を任意に指示、説明させることができ、そうしてその指示、説明を該実況見分調書に記載することができるが、右の如く立会人の指示、説明を求めるのは、要するに、実況見分の１つの手段であるに過ぎず、被疑者及び被疑者以外の者を取り調べ、その供述を求めるのとは性質を異にし、従って、右立会人の指示、説明を実況見分調書に記載するのは結局実況見分の結果を記載するに外ならず、被疑者及び被疑者以外の者の供述としてこれを録取するのとは異なるのである。従って、立会人の指示説明として被疑者又は被疑者以外の者の供述を聴きこれを記載した実況見分調書には右供述をした立会人の署名押印を必要としないものと解すべく……、これと同旨に出た原判示……は正当である」。

「いわゆる実況見分調書が刑訴 321 条 3 項所定の書面に包含されるものと解される以上は、同調書は単にその作成者が公判期日において証人として尋問を受け、その真正に作成されたものであることを供述しさえすれば、それだけでもって、同条 1 項の規定にかかわらず、これを証拠とすることができるのであり、従って、たとえ立会人として被疑者又は被疑者以外の者の指示説明を聴き、その供述を記載した実況見分調書を一体として、即ち右供述部分をも含めて証拠に引用する場合においても、右は該指示説明に基く見分の結果を記載した実況見分調書を刑訴 321 条 3 項所定の書面として採証するに外ならず、立会人たる被疑者又は被疑者以外の者の供述記載自体を採証するわけではないから、更めてこれらの立会人を証人として公判期日に喚問し、被告人に尋問の機会を与えることを必要としないと解すべきものである」。

解説 **1**　検証または実況見分（以下、検証を例に説明する）に際しては、目撃者、被害者、被疑者等を立会人として、その指示説明を求めることが、明文の規定はないが一般に認められている。そして、検証調書には、立会人の検証現場における供述を記載した部分や、図面・絵図・写真等が添付されることが多い。このうち、添付された図面・写真等は、いずれも供述ではなく、検証結果の理解の便宜のための表示方法として検証調書と一体をなすものであれば、321 条 3 項により検証調書全体として証拠能力を有する（東京高判昭 44・6・25 高刑集 22-3-392 等。【4-22】）。

2　立会人の供述の記載には、現場における指示説明部分（現場指示）と供述部分（現場供述）とがあるとされる。検証（実況見分）では、立会人の現場における指示説明がなければ、検証の対象の存在や状態を確定することができないことが多く、検証の手段として必要・相当な指示を与える立会人の供述を**現場指示**という（たとえば、「自動車の衝突地点は×点である」という指示）。立会人の指示説明は、その内容が証拠となるものではなく、それを手がかりとして検証等を行ったものと考えられるから、**検証の結果と一体のものとして意義を有する**と解されるので、現場指示に関しては、法 321 条 3 項により証拠能力が認められる。

本件で問題となった、「④地点で加害車両が横すべりして被害者に接近していた」等の事情は、立会人が体験した事実であり、実況見分者の体験していない伝聞供述であるから、実況見分調書が証拠採用されたとしても、この伝聞供述まで証拠能力を有するとすべきではない。他方、立会人の説明（供述）を切り離して指示（非供述）だけをみても無意味である。見分者がなぜその場所（「④地点」）を特定し、実況見分したのかという実況見分の動機・手段を示すものとみるかぎり、実況見分の内容と密接に関連し、一体をなしていると解すべきであろう。それゆえ、立会人の指示説明は、検証等の動機・手段にすぎず、その内容については証拠能力がない、すなわち、内容が真実であることの立証には用いることができないことを明らかにすれば十分であると解される。本判決が「立会人の指示、説明を求めるのは、要するに、実況見分の 1 つの手段であるに過ぎず」としているのも、この趣旨を明らかにしたものといえよう（中山・前掲 189 頁、田中・前掲 41 頁）。

3　このようなことから、指示説明は必要最小限度のものとすることが望ましい（犯罪捜査規範 105 条）。また、いわゆる「**現場供述**」（たとえば、「衝突時に自動車は猛スピードであった」という供述）のように、指示説明の限度を超えた場合、その内容が証拠となるものではない。その部分を内容の真実性を証明する供述証拠として用いるというのであれば、「供述録取書」として、同意がなければ、第三者の供述の場合には法 321 条 1 項 3 号により、被疑者の供述の場合には法 322 条 1 項により、証拠能力の有無が判断される。ただし、第三者の場合には、法 321 条 1 項 3 号の要件を満たすことは考え難いから、その者（立会人）の証人尋問が必要となることが、また、被疑者の場合も、法 322 条 1 項の要件である署名・押印を欠くことが、それぞれ多いであろう。

4-27 犯行再現実況見分調書の証拠能力

最2小決平成17年9月27日（刑集59巻7号753頁・判タ1192号182頁）

[参考] 芦澤政治・圏平17-338、池田公博・圓9版180、田野尻猛・圓10版190、圖443、团43-2

事実 検察官は、1審公判において、被告人Xの電車内での痴漢行為（迷惑行為等防止条例違反）に関する公訴事実につき、立証趣旨を「被害再現状況」とする実況見分調書（「本件実況見分調書」）および立証趣旨を「犯行再現状況」とする写真撮影報告書（「本件写真撮影報告書」）の証拠調べを請求した。

本件実況見分調書は、警察署内で、長いすの上に被害者と犯人役の女性警察官が並んで座り、被害者が電車内で隣に座った犯人から痴漢の被害を受けた状況を再現し、これを別の警察官が見分し、写真撮影するなどして記録したものである。同調書には、被害者の説明に沿って被害者と犯人役警察官の姿勢・動作等を順次撮影した写真12葉が、各説明文付きで添付されていた。うち写真8葉の説明文には、被害者の被害状況についての供述が録取されていた。また、本件写真撮影報告書は、警察署内で、並べて置いた2脚のパイプいすの一方にXが、他方に被害者役の男性警察官が座り、Xが犯行状況を再現し、これを別の警察官が写真撮影するなどして、記録したものである。同調書には、Xの説明に沿ってXと被害者役警察官の姿勢・動作等を順次撮影した写真10葉が、各説明文付きで添付されていた。うち写真6葉の説明文には、Xの犯行状況についての供述が録取されていた。

弁護人は、本件実況見分調書および本件写真撮影報告書（「本件両書証」）について、いずれも不同意との意見を述べ、両書証の共通の作成者である警察官の証人尋問が実施された。同証人尋問終了後、検察官は、本件両書証につき、いずれも「刑訴法321条3項により取り調べられたい」旨の意見を述べ、弁護人はいずれも「異議あり」と述べたが、裁判所は、これらを証拠として採用して取り調べた。1審判決は、本件両書証を有罪認定の証拠にし、控訴審も、事実誤認の控訴趣意に対し、本件両書証も含めた証拠を判断資料にしたため、弁護人が上告した。

決定要旨 上告棄却。「本件両書証は、捜査官が、被害者や被疑者の供述内容を明確にすることを主たる目的にして、これらの者に被害・犯行状況について再現させた結果を記録したものと認められ、立証趣旨が『被害再現状況』、『犯行再現状況』とされていても、実質においては、再現されたとおりの犯罪事実の存在が要証事実になるものと解される。このような内容の実況見分調書や写真撮影報告書等の証拠能力については、刑訴法326条の同意が得られない場合には、同法321条3項所定の要件を満たす必要があることはもとより、再現者の供述の録取部分及び写真については、再現者が被告人以外の者である場合には同法321条1項2号ないし3号所定の、被告人である場合には同法322条1項所定の要件を満たす必要があるというべきである。もっとも、写真については、撮影、現像等の記録の過程が機械的操作によってなされることから前記各要件のうち再現者の署名押印は不要と解される。

本件両書証は、いずれも刑訴法321条3項所定の要件は満たしているものの、各再現者の供述録取部分については、いずれも再現者の署名押印を欠くため、その余の要件を検討するまでもなく証拠能力を有しない。また、本件写真撮影報告書中の写真は、

記録上被告人が任意に犯行再現を行ったと認められるから、証拠能力を有するが、本件実況見分調書中の写真は、署名押印を除く刑訴法321条1項3号所定の要件を満たしていないから、証拠能力を有しない」(1審および原審裁判所の訴訟手続には違法があるが、他の証拠で公訴事実を認めうる本件では、判決の結論に影響を及ぼさない)。

解説 **1** 犯行再現実況見分調書は、①被疑者の再現した被害者との位置関係や体勢等を立証するものとしては、実況見分調書の性質を有する。しかしながら、同時に、②犯行状況を立証するための証拠としても用いる場合には、被疑者の自白としての性質も有する(いわゆる「現場供述」にあたる場合)。その場合に、証拠能力を有するためには、同意(法326条)がなければ、①実況見分調書としての法321条3項の要件と、②自白としての法322条1項の要件(すなわち、任意に犯行再現を行ったこと)とを満たす必要がある。被害者に被害状況を再現させた経過と結果を記載した被害再現実況見分調書(あるいは、同様の写真撮影報告書等)についても同様で、法321条3項と法321条1項3号の各要件の充足を要する。

2 証拠としての性質は、第一義的には、当事者の設定した立証趣旨(規189条1項)を基に判断される。当事者主義原則に基づく帰結で、それを徹底すれば、その立証趣旨を前提にすると証拠価値がおよそ無意味となる場合には、自然的関連性がなく証拠能力が否定される。しかし、本決定は、審理の充実を図る観点から、裁判所において実質的な要証事実を考慮することも許されるとした。これは、職権主義的な、まさに例外的措置であり、犯行再現実況見分調書等につき常に実質的な要証事実の考慮が必要なわけではない。

3 本件両書証は、警察署内で警察官を相手に、被疑者と被害者とが犯行・被害の状況を再現したものであるが、本件において、電車内で隣り合って座っていた被疑者と被害者との間での犯行態様の物理的可能性等は、実況見分によらなくとも明らかである。それゆえ、①「犯行再現状況」という立証趣旨、すなわち実況見分調書としては意味がなく、②再現どおりの犯罪事実の存在が直接の立証事項、すなわち被疑者等の「再現写真付き供述調書」としてならば意味があるため、裁判所の実質的な要証事実の考慮により証拠能力が認められた。それゆえ、再現者の説明部分や再現行為を撮影した写真は「現場供述(供述写真)」にあたる。これに対し、失神した被害者を乗せた自動車を無人で岸壁から海中に転落させる行為の再現などの場合は、犯行態様の物理的可能性等を吟味検討する必要がある。その場合に、検察官が立証趣旨を①「犯行再現状況」と設定したならば、法321条3項の要件を満たせば、実況見分調書として証拠能力が認められる。また、「被害者をこのように自動車に乗せた」等の被疑者の説明は、「現場指示」として実況見分調書と一体的に評価する余地も生ずる(**【4-26】**参照)。

4 本件の場合、②法322条1項(または法321条1項3号)に該当するためには、供述者の署名・押印が必要となる。もっとも、供述写真の部分は、撮影や現像等の記録の過程が機械的操作によってなされるので署名・押印は不要だが(**【4-22】**)、その余の供述録取部分等については、署名・押印がなければ要件を満たさないことになる。

4-28　犯行再現写真を使用した尋問と調書への添付

最1小決平成23年9月14日〔刑集65巻6号949頁・判タ1364号90頁〕

[参考] 上田哲生・囲平23-123、古江頼隆・囲平23-192、平出喜一・回10版158、講344、団43-1

事実　被告人Xは、電車内における痴漢行為（強制わいせつ）により起訴された。

1審の期日間整理手続において、検察官は、「被害再現状況」を立証趣旨とする捜査報告書・実況見分調書、さらには被害者A立会いによる犯行再現時の写真等を証拠請求したが、弁護人は同意しなかった。そこで、検察官は、第3回公判期日のAの証人尋問において、被害状況、犯人とXの同一性等について尋問を行って証言を得た後に、被害状況等を明確にするために必要であるとして、捜査段階で撮影していた被害再現写真を示して尋問することの許可を求めた。これに対し弁護人は、「写真によって証言のどの部分が明確になるかということが分かるように尋問すること」を求めたものの、写真を示すことには反対しなかったので、裁判官は、写真を示して尋問を行うことを許可した。

そこで、検察官は、被害再現写真を示しながら、個々の場面ごとにそれらの写真がAの証言した被害状況等を再現したものであるかを問う尋問を行い、その結果、Aは、被害の状況等について具体的に述べた各供述内容は、再現写真のとおりである旨の供述をした。公判期日終了後、裁判所は、尋問に用いられた写真の写しを被害者証人尋問調書の末尾に添付する措置をとったが、添付することに同意するかどうかを当事者に明示的に確認しておらず、その後もこれらの写真は証拠として採用されなかった。

1審は、主としてAの証言により、強制わいせつ行為を認定した。

これに対し、原判決は、本件被害再現写真は犯行当時の状況に関して独自の証明力を持ちうるものなので、漫然と調書に添付することは相当ではないとしたが、独立の証拠として扱い実質判断に用いた事情は認められず、被害者供述も写真の調書添付にかかわりなく十分信用に値するので、判決に影響を及ぼす訴訟手続の法令違反はないとした。

これに対して、弁護側は、被害再現写真は伝聞法則の例外の要件を具備せず、証拠として採用することができない証拠であるにもかかわらず、尋問に用いて記録の一部とすることは、伝聞法則の厳格な要件を潜脱する違法な措置であるとして上告した。

決定要旨　上告棄却。「本件において、検察官は、証人（被害者）から被害状況等に関する具体的な供述が十分にされた後に、その供述を明確化するために証人が過去に被害状況等を再現した被害再現写真を示そうとしており、示す予定の被害再現写真の内容は既にされた供述と同趣旨のものであったと認められ、これらの事情によれば、被害再現写真を示すことは供述内容を視覚的に明確化するためであって、証人に不当な影響を与えるものであったとはいえないから、第1審裁判所が、刑訴規則199条の12を根拠に被害再現写真を示して尋問することを許可したことに違法はない。

また、……証人に示した被害再現写真を参照することは、証人の証言内容を的確に把握するために資するところが大きいというべきであるから、第1審裁判所が、証言の経過、内容を明らかにするため、証人に示した写真を刑訴規則49条に基づいて証人尋問調書に添付したことは適切な措置であったというべきである。この措置は、訴

訟記録に添付された被害再現写真を独立した証拠として扱う趣旨のものではないから、この措置を決するに当たり、当事者の同意が必要であるとはいえない。

　そして、本件において証人に示した被害再現写真は、独立した証拠として採用されたものではないから、証言内容を離れて写真自体から事実認定を行うことはできないが、本件証人は証人尋問中に示された被害再現写真の内容を実質的に引用しながら上記のとおり証言しているのであって、引用された限度において被害再現写真の内容は証言の一部となっていると認められるから、そのような証言全体を事実認定の用に供することができるというべきである。このことは、被害再現写真を独立した供述証拠として取り扱うものではないから、伝聞証拠に関する刑訴法の規定を潜脱するものではない」。

解説　**1**　規199条の12は、証人の供述を明確にするため必要があるときは、裁判長の許可を受けて、写真等を利用して尋問することができる旨を定めている。

　本件では、証人から被害状況等に関する具体的な供述が十分にされた後に、その供述を明確化するために被害再現写真を示して尋問することを許可した裁判所の措置は適法であるとされた。供述内容を視覚的に明確化するためであり、証人に不当な影響を与えるものではないので、裁判所の許可は違法でないとしたのである。

　2　さらに、このような形で尋問に用いられた写真の写しを、当事者（弁護人）に確認することなく、証人尋問調書の末尾に添付することも許されるとした。

　規49条は、調書に写真等を引用し訴訟記録に添附して調書の一部とすることを認めるが、被害再現写真は、供述の明確化にとどまらず、犯行当時の状況に関して独自の証明力を持ちうる。犯行そのものを被害者が説明する写真（それを含む実況見分調書）は、法326条の同意が得られない以上、独自の証拠として証拠能力を得るには、法321条3項の要件に加えて法321条1項3号の要件を満たす必要がある。後者は「公判廷で証言できないこと」が要件となっており、そうであれば、本件写真は、伝聞法則の例外にはなりえないようにも思われる。

　3　しかし、本件写真については、供述の明確化のために利用され、「写真のとおりである」旨の供述を得ており、写真を参照することは、証人の証言内容を的確に把握するために資するところが大きいので、証人に示した写真を規49条に基づいて証人尋問調書に添付したことは適切な措置であるとされた。そして、本件措置は、訴訟記録に添付された被害再現写真を独立した証拠として扱う趣旨のものではないから、当事者の同意は必要ないとした。

　そして、引用された限度において被害再現写真の内容が含まれている証言の全体を事実認定の用に供することは、被害再現写真を独立した供述証拠として取り扱うものではないから、伝聞証拠に関する刑訴法の規定からも許されるとしたのである。

4-29　供述調書に添付された電子メール

最 3 小決平成 25 年 2 月 26 日（刑集 67 巻 2 号 143 頁・判タ 1387 号 100 頁）

[参考] 小林充=前田巌・注釈 3 版 4-404、高橋省吾・大コメ 2 版 6-302、楢井英夫・実例Ⅲ-87、圏344

事実　被告人 X は、Y とともに、いわゆる平成電詐欺事件に関して、詐欺罪で起訴された。

1 審第 10 回公判期日において、X の被告人質問が行われ、検察官は、X が送信した平成 17 年 10 月 30 日付け電子メールのうち、同メールにより転送されたオリジナルメッセージ（同年 9 月 21 日に A が X に宛てて送信した電子メール）部分（「本件電子メール」）を X に示して質問した。そして、本件電子メールは、1 審第 10 回公判調書中の X の被告人供述調書の末尾に添付されたが、これとは別に証拠として取り調べられなかった。1 審判決は、本件電子メールの存在および記載内容を X の詐欺の故意

や共犯者との間の共謀の認定の用に供した。

原判決は、上記 1 審判決が本件電子メールを事実認定の用に供したことについて、①本件電子メールは証拠物と同視できる客観的証拠であること、②それを示された X がその同一性や真正な成立を確認していること、③本件電子メールを X に示すにあたり規 199 条の 10 第 2 項の要請が満たされていたことを根拠に、本件電子メールは X の供述と一体になったとみることができ、本件電子メールを証拠として取り調べることなく事実認定に用いた措置に、訴訟手続の法令違反はないとした。

これに対して、X が上告した。

決定要旨　上告棄却。「(1)本件電子メールは、刑訴規則 199 条の 10 第 1 項及び 199 条の 11 第 1 項に基づいて X に示され、その後、同規則 49 条に基づいて公判調書中の被告人供述調書に添付されたものと解されるが、このような公判調書への書面の添付は、証拠の取調べとして行われるものではなく、これと同視することはできない。したがって、公判調書に添付されたのみで証拠として取り調べられていない書面は、それが証拠能力を有するか否か、それを証人又は被告人に対して示して尋問又は質問をした手続が適法か否か、示された書面につき証人又は被告人がその同一性や真正な成立を確認したか否か、添付につき当事者から異議があったか否かにかかわらず、添付されたことをもって独立の証拠となり、あるいは当然に証言又は供述の一部となるものではないと解するのが相当である。

(2)本件電子メールについては、原判決が指摘するとおり、その存在及び記載が記載内容の真実性と離れて証拠価値を有するものであること、X に対してこれを示して質問をした手続に違法はないこと、X が本件電子メールの同一性や真正な成立を確認したことは認められるが、これらのことから証拠として取り調べられていない本件電子メールが独立の証拠となり、あるいは X の供述の一部となるものではないというべきである。本件電子メールは、X の供述に引用された限度においてその内容が供述の一部となるにとどまる〔最決平成 23 年 9 月 14 日【4-28】参照〕。

したがって、上記の理由により本件電子メールが X の供述と一体となったとして、これを証拠として取り調べることなく事実認定の用に供することができるとした原判

決には違法があるといわざるを得ない」（しかし、Xが本件電子メールについてした供述やその他の関係証拠によれば、Xについて1審判決判示の犯罪事実を認定することができるから、上記の違法は判決に影響を及ぼすことが明らかなものとはいえない）。

解説 **1** 規199条の10ないし12は、証人または被告人に対し書面を示して尋問または質問をすることを、一定の要件のもとで許容している。

2 本件で、被告人質問で被告人Xに示された本件電子メールは、Xが送付を受けたもので、Xに示したうえで、その同一性等の確認に加えて、Xが本件電子メールを閲読することで得た認識を問題とする質問がされた。この場合、本件電子メールを示した根拠は、規199条の10（その成立、同一性等の尋問）と規199条の11（記憶喚起）に求められる。これらの規定に基づき示す書面等については、実務・多数説は、証拠能力を不要と解する（前者の提示は、書面等を提示しなければ尋問の目的を達しえないのが通常で、書面等を提示しても証人の供述に不当な影響を及ぼさず、後者の提示では、その提示が証人に対して不当な影響を及ぼすおそれがある供述録取書〔条文上で除外〕以外は、提示された書面そのものが証拠となるのではなく、これによって回復された記憶に基づく証人の供述が証拠となるにすぎないからである）。

3 証人または被告人に示した書面は、規49条により公判調書に引用（添付）できる。その際、①同条に基づく公判調書への添付について、当事者の同意は不要であり、②添付する書面についての証拠能力も不要と解されている（以上について、【4-28】を見よ）。

4 しかし、公判調書への書面の添付は、証拠の取調べとして行われるものではない。それゆえ、規199条の11や12により示された書面等を証拠とするには、別に請求・決定・証拠調べを必要とする点にほぼ争いはない。【4-28】も、証人尋問調書に添付された被害再現写真について、「証言内容を離れて写真自体から事実認定を行うことはできない」として、規49条により調書に添付されても直ちに証拠にはならない旨を前提にする。

以上によれば、規49条により調書に添付された書面は、その添付が、㋐証言と添付書面と一体化するか、㋑証拠請求・証拠決定・証拠の取調べと同視可能であれば、別途証拠として取り調べていなくても証拠になる余地もある。ただし、㋐は、証人・被告人に示した書面の内容と証言内容の関係で判断されようが、当該書面を示した尋問手続の適法性とは別の問題であり、また、書面が証言・供述の一部となる場合も、事実認定に用いるのは、あくまでも証言・供述であることになろう。

㋑は、当該書面の存在や記載が記載内容の真実性を離れて証拠価値を有する場合は、伝聞法則の適用はなく非供述証拠として証拠能力が肯定され、当該書面を別に証拠として取り調べることも容易になる。しかし、それを根拠に、調書への添付を請求・決定・取調べと同視することは、これらの手続の省略を意味するが、証拠調べ手続を厳格に規律した刑訴法・刑訴規則に鑑みれば、安易に認めるべきでない。

5 本決定は、以上に基づき、本件電子メールが被告人の供述と一体となったとして、証拠として取り調べることなく事実認定の用に供する措置を違法としたうえで、本件電子メールは、Xの供述に引用された限度でその内容が供述の一部となるにとどまるとした。

4-30　私人作成の火災原因に関する報告書

最 2 小決平成 20 年 8 月 27 日（刑集 62 巻 7 号 2702 頁・判タ 1279 号 119 頁）

[参考] 小島淳・百9 版 182、古江頼隆・匠平 20-214、堀田周吾・百10 版 192、團440、444

[事実]　被告人 X は、自分がその代表取締役である会社が所有する家具店店舗に放火して、火災保険金をだまし取ろうとしたという非現住建造物等放火、詐欺未遂の事実で起訴された。X は犯行を全面的に否認したが、1 審、控訴審ともに X の犯行であると認定した。

その過程で、本件非現住建造物等放火罪にかかる火災の原因に関する「燃焼実験報告書」（「本件報告書」）の抄本の証拠能力が問題となった。本件報告書は、火災原因の調査を多数行ってきた会社において、福岡県消防学校の依頼を受けて燃焼実験を行い、これに基づく考察の結果を報告したものであり、同社で実際に実験を担当した本件報告書の作成者は、かつて消防士として 15 年間の勤務経験があり、通算 20 年にわたって火災原因の調査、判定に携わってきた者であるが、捜査機関ではなく私人である。

1 審において、検察官から本件報告書の証拠請求がなされたが弁護人が不同意としたため撤回され、その後、検察官からその抄本（「本件報告書抄本」）が証拠請求された。抄本とされた結果、記載されているのは、本件と同様の条件の下で点火した場合、何分何秒後にどこまで燃えたか等を客観的に記述したものとなっており、実況見分調書に類似した内容になっていた。1 審は、上記作成者の証人尋問の後に、法 321 条 3 項により本件報告書抄本を証拠として採用した。

X は、本件報告書抄本について法 321 条 3 項を準用したのは違法であるなどと主張して控訴したが、原判決は、前記のような本件報告書とその作成者の性質を指摘し、本件報告書抄本は、捜査機関の実況見分調書に準ずるだけの客観性、業務性が認められ、法 321 条 3 項を準用して証拠能力を認めるのが相当である旨判示したため、X は、原判決のこの証拠能力にかかる判断は法令に違反するなどと主張して、上告した。

[決定要旨]　上告棄却。法 321 条 3 項「所定の書面の作成主体は『検察官、検察事務官又は司法警察職員』とされているのであり、かかる規定の文言及びその趣旨に照らすならば、本件報告書抄本のような私人作成の書面に同項を準用することはできないと解するのが相当である。原判断には、この点において法令の解釈適用に誤りがあるといわざるを得ないが、上記証人尋問の結果によれば、上記作成者は、火災原因の調査、判定に関して特別の学識経験を有するものであり、本件報告書抄本は、同人が、かかる学識経験に基づいて燃焼実験を行い、その考察結果を報告したものであって、かつ、その作成の真正についても立証されていると認められるから、結局、本件報告書抄本は、同法 321 条 4 項の書面に準ずるものとして同項により証拠能力を有するというべきであ」る。

[解説]　**1**　法 321 条 3 項は、「検察官、検察事務官又は司法警察職員」の作成する検証調書について、所定の要件を満たせば証拠能力が認められるとする。そして、同項は「検証の結果を記載した書面」とするが、判例・通説は、書面としての同質性を理由に、いわゆ

る実況見分調書も含まれると解してきた（【4-25】）。

　他方、本件で問題となったのは、書面の性質としては捜査機関の作成する実況見分調書に準ずるが、同項に列挙された者以外の者（私人）が作成した書面であり、その場合に同項の準用が認められるかが争われた。

　2　一方では、私人作成の書面について、法321条3項の準用を広く認める(a)積極説も有力である。同説は、①法321条3項の立法時にいわゆるメモの理論（証人が当該事項について記憶を喪失しているが、同人が当時作成したメモの記載は正確であると認定できる場合、当該メモに書証として証拠を付与するとする理論）が参照されたこと、②書面を基礎として証人尋問を進めることがふさわしいという本項の書面と同様の性格をもつ書面については、広く準用を認めても不都合はない、ことなどを根拠とする。これに対して、準用を認めない(b)消極説、さらには、収税官吏・消防吏員など捜査官に類似した者が作成した検証調書には準用されるとする(c)中間説が対立してきた。

　3　現行法は、原則として伝聞証拠の証拠能力を否定し（法320条）、法321条以下でその例外を定める。そして、法321条は、誰の面前での供述か、または書面作成者が誰であるか、などに応じて各要件を掲げて伝聞法則の例外を定めている。こういった規定形式に鑑みれば、同条3項においても、作成者に着目し、そこに列挙された者の作成する検証調書等については、類型的に正確性が期待できると立法者が判断したものと捉えることもでき、そうであれば、限定的な趣旨で規定されたものと解すべきことになる。また、判例で準用が認められてきた実況見分調書も、その作成主体は、同条3項に挙げられた者であることに留意すべきである。

　本決定は、以上のような立場を明らかにしたものである。ただ、「本件報告書抄本のような私人作成の書面」としており、(c)説の主張するような、捜査官に類似した者が作成した検証調書に対する準用の可否についてまで直接に判断したものではない（なお、下級審裁判例では、東京高判昭57・11・9東高時報33-10=12-67が、消防吏員が作成した現場見分調書を法321条3項書面に準ずるとしつつも法323条3号により、また、仙台高秋田支判昭25・4・19判特7-93が、収税官吏が作成した犯則事件顛末書について法323条3号により、それぞれ証拠能力を認めている）。

　4　もっとも、本件報告書は、火災原因の調査・判定に関する学識経験者が、燃焼実験を行い、その考察結果を報告した書面であって鑑定書としての性質を有する。

　鑑定書は、特別の知識経験のある者が認識しうる法則や事実を記載した書面であるということに基づく類型的な信用性の高さが伝聞例外の根拠である。それゆえ、それが認められる書面である場合には、法321条4項の準用が広く認められてきている（たとえば、医師の診断書については、作成者である医師の専門的知識・経験に基づく判断を内容としており、鑑定人の場合と類似していることや、記憶に基づく口頭の報告よりも書面による報告に親しみやすいことなどから、同項の準用が認められる。最判昭32・7・25刑集11-7-2025）。

　それゆえ、本件抄本が鑑定書としての性質を有する限りにおいて、法321条4項所定の書面に準ずる書面として、証拠能力を認めることができる。

4-31　業務文書

最1小決昭和61年3月3日（刑集40巻2号175頁・判タ597号36頁）

[参考] 仙波厚・圏昭61-40、岡部泰昌・回7版186、鯰越溢弘・圃昭61-185、圃446

事実　漁船団「A船団」に所属する漁船Bが、規制水域において流し網を使用していかを採捕したとして、この漁船の漁労長である被告人Xとその事業主である被告人Y社が、いかつり漁業等の取締りに関する省令〔当時〕違反の事実で起訴された。

本件では、この違反操業の事実を認定するための証拠として、検察官の申請したQRY受信用紙（「本件受信記録」）の謄本の証拠能力の有無が重要な争点の1つとなった。A船団所属の各漁船の間では、事前の取決めにより、洋上操業中、毎日定時に操業位置、操業状況、漁獲高等を暗号表等を用いて相互に無線電話で通信し合い、その通信内容を所定の受信用紙に記載することになっていた。本件受信記録は、同船団所属の「C」の乗組員が、この取決めに従い、洋上操業中のC船内において、通信業務担当者として、他船の乗組員が通常の業務として発する定時通信を受信した都度その内容を所定の受信用紙に機械的に記入したものである。また、本件受信記録の謄本は、警察官が他の被疑事件の証拠として、本件受信記録をDから押収し、その押収中に電子コピー機を使用して正確にこれを複写し、これに謄本である旨の認証文を付して作成したものであった。

弁護人は、本件受信記録は、その大半が航海中に記載されたものでなく、後日になって陸上で記載されたものと推測されるから、法323条2号にいう「業務の通常の過程において作成された書面」にあたらない、などと主張して上告した。

決定要旨　上告棄却。「本件QRY受信用紙（以下、『本件受信記録』という。）の謄本の証拠能力について検討すると、……本件受信記録の原本は、それ自体だけからでは刑訴法323条2号にいう『業務の通常の過程において作成された書面』であることが必ずしも明らかではないけれども、その作成者の証言等関係証拠をも併せて検討すると、『A船団』所属の各漁船は、同船団の事前の取決めにより、洋上操業中、毎日定時に操業位置、操業状況、漁獲高等を暗号表等を用いて相互に無線電話で通信し合い、その通信内容を所定の受信用紙に記載することになっていたものであるところ、本件受信記録は、右船団所属のCの乗組員が、右取決めに従い、洋上操業中の同船内において、通信業務担当者として、他船の乗組員が通常の業務として発する定時通信を受信した都度その内容を所定の受信用紙に機械的に記入したものであることが認められるから、本件受信記録自体は、船団所属の漁船の操業位置等を認定するための証拠として、『業務の通常の過程において作成された書面』に該当すると認めるのが相当である」（また、本件受信記録の謄本の証拠能力も肯定されるとした）。

解説　**1**　刑訴法は、その性質上高度の信用性があり、かつ、伝聞証拠であっても証拠とする必要性が強い特定の書面については、文書の提出で口頭による報告の代替を認めるのが合理的であると考え、証拠能力を認めている（法323条）。具体的には、①公務員が職

務上証明することができる事実について作成した書面、②業務の通常の過程において作成された書面、③以上の場合と同程度に信用性のある書面である。

2　このように、商業帳簿、航海日誌、その他業務の通常の過程において作成された書面には、証拠能力が認められる。例示の**商業帳簿**（商法 19 条）、**航海日誌**（船員法 18 条 1 項 3 号）は、いずれも業務の過程においてその都度正確に記入される性質の書類であるから、高度の信用性が認められる。しかも、作成者が複数であることが多く、それらの者の喚問を必要とするのは合理的でない。近時では、帳簿も電磁的に記録されることが少なくないが、その場合の記録もこれに該当するものと考えられる（電磁的記録が破産法の「商業帳簿」にあたるとした、最判平 14・1・22 刑集 56-1-1 参照）。

3　当該文書が業務文書にあたるか否かの判断については、一方では、(a)特に信用すべき情況のもとに作成されたことが書面自体によって明らかである場合に限られるとする見解もある。しかし、本決定は、(b)当該書面の形状、内容だけでなく、その作成者の証言等から認められる書面の性質、作成状況等をも資料とすることができるとする見解を採用した。①業務の通常の過程において作成されたかどうかは必ずしも書面自体から明らかでない場合も少なくなく、②判断資料を書面自体に限定すると、法 321 条 1 項 3 号の厳しい要件を充足した場合にしか証拠能力を肯定できず、実質的に価値のある証拠を失うことになり、実体的真実発見の見地から好ましくないことを考慮すれば、妥当な判断といえよう（仙波・前掲 45 頁）。

4　ただし、業務文書については、作成者自身が直接に経験した事実のみならず、再伝聞にかかる事実が記載されることも多い。本件受信記録でも、受信記録の作成者は、他船からの通信を受信した都度、機械的に記載してはいるものの、他船の操業位置等を自ら知覚・経験しているわけではない。それゆえ、本件受信記録を、他船の操業位置等を認定するための証拠として使用しようとすれば、再伝聞（**【4-39】**参照）となる。

再伝聞にあたる場合に、本件受信記録でいえば、他船の操業位置等を認定するための証拠として業務文書（2 号書面）該当性を認めるためには、受信側の記載が「業務性」をもっているだけでは足りず、再伝聞にかかる事実の真実性にも情況的な保障が必要となる。本件では、毎日定時に操業位置等を通信し合い、所定の用紙に記載する旨の事前の取決めがなされていた。本決定は、この点を捉え、発信側の通信自体にも「業務性」があることをもって特信性を認め、本件受信記録を、他船の操業位置等を認定するための証拠として、2 号書面にあたることを認めたと解される（仙波・前掲 46 頁）。

5　なお、本件では、本件受信記録の謄本が警察官により作成された後、検察官（謄本申請者）が後に本件で証拠調べを請求するに至るであろうことについての配慮を欠いて原本を提出者Ｄに還付し、Ｄのもとで滅失してしまったという事情があった。ただ、本決定は、そのような事情があったとしても、原本が滅失しており、その謄本が原本を正確に再現したものであれば、謄本の証拠能力は否定されないとした（**【4-23】**参照）。

4-32 法 323 条 3 号の特信書面

最 3 小判昭和 31 年 3 月 27 日（刑集 10 巻 3 号 387 頁・判タ 59 号 63 頁）

［参考］香城敏麿・注釈新版 5-338、石丸俊彦＝服部悟・刑事訴訟の実務 3 訂版(下)265、圖446

事実 被告人 X は、A から密造たばこを 3 度にわたり計 13110 本買い受けたとの公訴事実で 1 審、原審において、ともに有罪の判決を受けた。

原審は、密造たばこを A から買い受けたことはあるが、数量は全部で 5000 本くらいである旨の X の 1 審公判廷の供述、X の検察官面前調書（自白）、相被告人 B（A の妻）の 1 審公判廷の供述、および押収の A 作成と思われるメモ（手帳）1 冊（日付・本数・価格などの取引状況を書き留めたもの。法 323 条 3 号により証拠採用）とで本件公訴事実を認定して破棄自判した。

これに対し、X 側は、本件メモは証拠とすることはできないものである、などと主張して上告した。

判旨 上告棄却。「証拠物であっても書面の意義が証拠となる場合は、書証に準じて証拠能力があるかどうかを判断すべきものであることはいうまでもない。原審は、〔本件〕メモを刑訴 323 条 3 号の書面に当るものとして証拠能力を認めたのであるが、同号の書面は、前 2 号の書面すなわち戸籍謄本、商業帳簿等に準ずる書面を意味するのであるから、これらの書面と同程度にその作成並びに内容の正確性について信頼できる書面をさすものであることは疑ない。しかるに、本件メモはその形体からみても単に心覚えのため書き留めた手帳であること明らかであるから、右の趣旨によるも刑訴 323 条 3 号の書面と認めることはできない。してみれば、本件メモに証拠能力があるか否かは、刑訴 321 条 1 項 3 号に定める要件を満すかによって決まるものといわなければならない。ところで、本件においては記録により明らかなとおり、A は逃亡して所在不明であって公判期日において供述することができないものであるし、本件メモの内容は被告人 X の犯罪事実の存否の証明に欠くことができない関係にあるものと認められるのであるから、もし本件メモが A の作成したもので、それが特に信用すべき情況の下にされたものであるということができれば、右メモは刑訴 321 条 1 項 3 号により証拠能力があることとなる……。そこで記録を調べてみると、本件メモは専売監視が裁判官の捜索押収令状によって A 方を捜索した際同家のタンスの中から発見されたものであり、B の専売監視に対する昭和 26 年 1 月 27 日附犯則事件調査顛末書によると、右メモは夫 A のものだと思うと述べられているので、かかる状況の下においては右メモは A が使用していたものであり、同人の意思に従って作成されたものと認めることができる。そして、本件メモが前記のような経過によって発見され、A の意思に従って作成されたものと認め得ること及びその形体、記載の態様に徴すれば、本件メモは A の備忘のため取引の都度記入されたもので、特に信用すべき情況の下に作成されたものと認めるのを相当とする」。

解説 **1** その性質上高度の信用性があり、かつ、伝聞証拠であっても証拠とする必要性が強い特定の書面については、文書の提出で口頭による報告の代替を認めるのが合理的であると考えられ、証拠能力が認められる（法323条）。

2 法323条では、①公務員が職務上証明することができる事実について作成した書面、②業務の通常の過程において作成された書面（【4-31】）のほか、③特に信用すべき情況の下に作成された書面について、無条件に証拠能力が認められている（法323条3号）。それゆえ、本判決もいうように、3号書面の特信性は、1号書面・2号書面に準ずる程度の高度の信用性を意味する。

3 3号書面の例として、公の統計表、スポーツの記録、株式の相場等が挙げられる。

これに対し、日記、手紙、メモについては、一律に3号書面にあたるとはいえない。もとより、日記帳でも航海日誌に準ずる程度の実質を備えているものは、証拠能力を認めることができるが、一般の日記には、類型的にそのような高度な信用性は認め難いであろう。手紙も同様であり、その作成経過、形式、内容等から高度の信用性が認められる場合に限り、3号書面として証拠とすることができる。ただ、その際には、書面自体で信用すべき情況の存在が明らかである場合に限定する必要はない（【4-31】。最判昭29・12・2刑集8-12-1923は、Aの服役中に、妻Bとの間でやりとりした一連の手紙について、公判におけるA・Bの証言および同手紙の外観内容等から、特に信用すべき情況のもとに作成されたものと認められるとする）。

4 メモの特信性についても、実質的に判断されなければならない。(1)作成者が自ら経験した内容を、(2)その印象が鮮明なうちに作成したもので、(3)記述の正確性を推認する事情が存在する場合に、例外的に3号の書面として取り扱うことができる。

本件で問題となったメモについて、最高裁は、「その形体からみても単に心覚えのため書き留めた手帳」であるにすぎず、その作成ならびに内容の正確性について信頼できる書面とはいえないとして、法323条3号には該当しないとした。ただ、この判旨に対しては、本件では作成者が所在不明であったが、作成者が作成過程を証言し特信情況が十分に現れていれば、3号書面として採用できたはずであるとする指摘も有力である（戸田弘・曹時17巻9号7頁。香城・前掲347頁参照）。

5 また、法323条3号の書面の特信性は、法321条1項3号にいう特信性よりも高度なものと考えられる。後者の場合には、「供述の再現不能」という要件があり、当該書面の作成者が公判期日等で証人として証言すれば、必要性・特信性を勘案するまでもなく、当該書面の証拠能力を論ずる余地がなくなるのに対し、前者の場合には、作成者が証人として証言した場合でも、特信性があれば、なお独立して書面に証拠能力を付与する余地があるからである（石丸=服部・前掲269頁、香城・前掲340頁参照）。

それゆえ、本件のように、法323条3号書面にいう特信性がないとされても、なお法321条1項3号にいう特信性が認められることはありうる（【4-37】参照。なお、いわゆる謀議メモに関して、【4-21】を参照）。

4-33 供述不能の意義

東京高判平成 22 年 5 月 27 日（高刑集 63 巻 1 号 8 頁・判タ 1341 号 250 頁）

[参考] 山室惠・圆6 版 170、岩瀬徹・圆9 版 176、吉村典晃・圆10 版 184、圖451、圏44-2

事実 殺人と死体遺棄で起訴された被告人 X は、犯行を全面的に否認していた。公判前整理手続でも、X が共犯者らと共謀のうえ、被害者の殺人・死体遺棄を実行したかが争点と確認され、共犯者らの各供述が、X の犯人性や共謀を立証する重要な証拠として位置づけられていた。

1 審第 4 回公判期日に、共犯者 A が、証人（立証趣旨は「殺人及び死体遺棄の共謀の状況、犯行状況等」）として出廷して宣誓したものの、一方で、本件に関する大半の尋問に対して、自らも共犯者として刑事裁判が係属中で殺人につき否認しているので、ここでの証言が自己の裁判で不利益に使われたくない、などとして証言を拒絶した。しかし他方で、証言できないのは被害者の遺族に申し訳なく、証言したい気持ちもあり、自らの弁護人と相談しないと証言でき

るか分からない、などとも供述した。そこで、1 審は、第 6 回公判期日において、検察の請求に基づき A の検察官調書を法 321 条 1 項 2 号前段により採用し、X の有罪認定の用に供した。

X 側は、証人が証言を拒絶した場合に同号前段の供述不能にあたる場合があるにしても、その証言拒絶は一時的なものでは足りず、相当な期間内に翻意して証言する可能性が認められるときには、同号の要件を満たしているとはいえないうえ、前記の各検察官調書には信用性の情況的保障も認められないのに、A が自身の公判が終わっていないので証言を差し控えたい旨述べて証言を拒絶し、自身の公判が終了した後に証言する意思がある旨を明確にしていないから、同号前段の要件を満たすとした 1 審判決は、その解釈適用を誤った、などと主張し控訴した。

判旨 破棄差戻。「刑訴法 321 条 1 項 2 号前段に供述者が公判準備若しくは公判期日において供述することのできないときとしてその事由を掲記しているのは、その供述者を裁判所において証人として尋問することを妨げるべき障害事由を示したもので、これと同様又はそれ以上の事由の存する場合において検察官調書に証拠能力を認めることを妨げるものではないから、証人が証言を拒絶した場合にも、同号前段によりその検察官調書を採用することができる〔最大判昭和 27 年 4 月 9 日刑集 6 巻 4 号 584 頁〕。しかし、同号前段の供述不能の要件は、証人尋問が不可能又は困難なため例外的に伝聞証拠を用いる必要性を基礎付けるものであるから、一時的な供述不能では足りず、その状態が相当程度継続して存続しなければならないと解される。証人が証言を拒絶した場合についてみると、その証言拒絶の決意が固く、期日を改めたり、尋問場所や方法を配慮したりしても、翻意して証言する見通しが少ないときに、供述不能の要件を満たすといえる。もちろん、期日を改め、期間を置けば証言が得られる見込みがあるとしても、他方で迅速な裁判の要請も考慮する必要があり、事案の内容、証人の重要性、審理計画に与える影響、証言拒絶の理由及び態度等を総合考慮して、供述不能といえるかを判断するべきである」。

「以上を前提に本件についてみると、A は、自らの刑事裁判が係属中であり、弁護

人と相談した結果、現時点では証言を拒絶したい、としているにすぎず、他方で、被害者の遺族の立場を考えると、自分としては証言したいという気持ちがあるとまで述べているのであって、自らの刑事裁判の審理が進み、弁護人の了解が得られれば、合理的な期間内に証言拒絶の理由は解消し、証言する見込みが高かったと認められる。……なお、原判決は、A自身の公判が終了した後に証言する意思がある旨を明確にしていないことを供述不能の理由の1つとしている。しかし、供述不能に関する立証責任は検察官にあるのであって、Aの証言意思、裏返せば証言拒絶意思が明確でないというならば、その点について立証を促すべきである。

　原審は、本件を公判前整理手続に付し、あらかじめ争点及び証拠を整理した上、第8回公判前整理手続期日で審理予定を定め、平成21年4月22日から同年6月19日までの間に合計7回の公判期日を指定している。しかし、第6回公判前整理手続調書によると、検察官は、同期日において、Aの取調べ状況等に関する捜査報告書……及びAとその弁護人との接見状況等に関する回答書……を請求したのは、Aが全く証言しない可能性を考慮してのことである旨釈明している。原審においても、この時点でAの証言拒絶を想定し得たはずである。そうであれば、検察官に対して、Aの証言拒絶が見込まれる理由につき求釈明し、Aの審理予定を確認するなどした上、Aが証言を拒絶する可能性が低い時期を見極めて、柔軟に対応することができるような審理予定を定めるべきであったのに、原審はそのような措置を講じることなく、審理予定を定めている。

　本件が殺人、死体遺棄という**重大事案**であること、Xが犯行を全面的に否認していること、Aは共犯者とされる極めて重要な証人であることなどを考え併せると、このような公判前整理手続の経過がありながら、Aが前記のような理由で一時的に証言を拒絶したからといって、直ちに前記の各検察官調書を刑訴法321条1項2号前段により採用し、有罪認定の用に供した原審及び原判決には訴訟手続の法令違反がある」。

解説　**1**　伝聞法則の例外を定めた法321条1項各号に共通する要件として、**供述者の死亡、精神・身体の故障、所在不明または国外にいること**により、公判準備または公判期日における**供述が不能**であることが掲げられている。これらの事由は、例外的に伝聞証拠を用いる必要性を基礎づけるものであるから、死亡以外の要件は**一定程度の継続性**を要する。

2　各号の事由は、供述不能に関する制限列挙ではなく、例示列挙とされている。しばしば問題となるのが、**証言拒絶等**（証人の**宣誓拒絶**、証言拒否権による**証言拒絶**、相被告人の**黙秘権の行使**など）である。判例は、公判廷の供述が得られない点では、死亡や所在不明等の事由と異なるところはなく、書面を証拠としても、証言拒否権や黙秘権を侵したことにはならないことから、これらも供述不能にあたるとする（最大判昭27・4・9刑集6-4-584など）。

3　もっとも、一時的な証言拒絶にすぎない場合には、必ずしも供述不能にはあたらない。本件東京高裁は、事案の内容（事案の重大性）、証人の重要性、審理計画に与える影響、証言拒絶の理由および態度等を総合考慮して、供述不能といえるかを判断すべきとした。

4-34　国外退去と供述不能

最 3 小判平成 7 年 6 月 20 日（刑集 49 巻 6 号 741 頁・判タ 890 号 80 頁）

[参考] 池田耕平・閣平 7-239、上冨敏伸・回9 版 178、河原俊也・回10 版 186、團452、刑44-1

事実　売春クラブの経営者 X らは、共謀の
うえ、タイ人女性 14 名、日本人女性 1 名の計
15 名を自己の管理する場所に居住させ、これ
に売春させることを業としたとして、売春防止
法 12 条の管理売春で起訴された。本事件の参
考人であるタイ人女性らは、入管法に基づく退
去強制手続により身柄を大阪入国管理局に収容
されているときに検察官から取調べを受け、検
面調書が作成された後、その当日ないし 7 日後
までの間に順次タイ国へ強制送還された。

1 審で、検察官は、タイ人女性ら 13 名の検
面調書につき、法 321 条 1 項 2 号前段の「国外

にいるため公判準備若しくは公判廷において供
述できないとき」にあたるとして証拠請求した
ところ、1 審はこれを採用して事実認定の証拠
とし、控訴審も肯定した。

弁護人は、「公判時には証人たる外国人は出
国していて国内にいないことが予想されるとき
は、検察官は、被告人の反対尋問権を確保する
ために第 1 回公判前に弁護人の立会いの下での
証拠保全としての証人尋問を請求する義務があ
ると解すべきであり、検察官がこの義務を怠っ
たときは、検面調書は同条 1 項 2 号前段による
証拠能力を取得しない」と主張して上告した。

判旨　上告棄却。「〔刑訴〕法 321 条 1 項 2 号前段は、検察官面前調書について、そ
の供述者が国外にいるため公判準備又は公判期日に供述することができないときは、
これを証拠とすることができると規定し、右規定に該当すれば、証拠能力を付与すべ
きものとしている。しかし、右規定が同法 320 条の伝聞証拠禁止の例外を定めたも
のであり、憲法 37 条 2 項が被告人に証人審問権を保障している趣旨にもかんがみ
ると、検察官面前調書が作成され証拠請求されるに至った事情や、供述者が国外にい
ることになった事由のいかんによっては、その検察官面前調書を常に右規定により証
拠能力があるものとして事実認定の証拠とすることができるとすることには疑問の余
地がある」。

「本件の場合、供述者らが国外にいることになった事由は退去強制によるものであ
るところ、退去強制は、出入国の公正な管理という行政目的を達成するために、入国
管理当局が出入国管理及び難民認定法に基づき一定の要件の下に外国人を強制的に国
外に退去させる行政処分であるが、同じく国家機関である検察官において当該外国人
がいずれ国外に退去させられ公判準備又は公判期日に供述することができなくなるこ
とを認識しながら殊更そのような事態を利用しようとした場合はもちろん、裁判官又
は裁判所が当該外国人について証人尋問の決定をしているにもかかわらず強制送還が
行われた場合など、当該外国人の検察官面前調書を証拠請求することが手続的正義の
観点から公正さを欠くと認められるときは、これを事実認定の証拠とすることが許容
されないこともあり得る」。

本件では、「検察官において供述者らが強制送還され将来公判準備又は公判期日に

供述することができなくなるような事態を殊更利用しようとしたとは認められず、また、〔タイ〕国女性1名……について、弁護人の証拠保全請求に基づき裁判官が証人尋問の決定をし、その尋問が行われているのであり、〔他の〕タイ国女性のうち弁護人から証拠保全請求があった1名については、右請求時に既に強制送還されており、他の12名の女性については、証拠保全の請求がないまま強制送還されたというのであるから、本件検察官面前調書を証拠請求することが手続的正義の観点から公正さを欠くとは認められないのであって、これを事実認定の証拠とすることが許容されないものとはいえない」。

解説　**1**　法321条1項2号前段は、「供述者が……国外にいるため公判準備若しくは公判期日において供述できないとき」には、その検察官面前調書を証拠にできる旨を規定している。規定上、供述者が国外にいることになった事由に限定はなく、また、特信情況の存在は要件とされていないので、「国外にいる」という事由が退去強制による場合も、形式的には常にこの規定に該当することになる。

　2　ただし、本判決は、法321条1項2号の規定は法320条の伝聞証拠禁止の例外を定めたもので、また、憲法37条2項が被告人の証人審問権を保障している趣旨にも鑑みると、訴追側が不当に供述不能の状態を作出したような場合には、当該調書の証拠請求が、手続的正義の観点から公正さを欠くと認められる場合があり、供述不能の状態になっても証拠能力を否定されることもありうるとした。そして、退去強制との関係で手続的正義を欠く場合として、①検察官において供述者の国外退去という事態をことさら利用しようとした場合、②裁判官・裁判所によって供述者についての証人尋問の決定がなされたにもかかわらずあえて強制送還が行われた場合を挙げている。

　3　①の場合に、検面調書が証拠として許容されないことに異論はないであろう。これに対し、②の場合には、入国管理当局による退去強制の執行義務と適正な刑事裁判の実現との調整を図る必要が生ずる。その場合の解釈については、(a)証拠保全としての証人請求を重視し、尋問決定があった場合に期待される、当該尋問の実施に向けた関係者の協議等を排して強制送還が行われた場合に証拠能力が否定されるとする見解（池田・前掲257頁、三井誠・固7版185頁など）と、(b)刑事手続と退去強制手続は別個の手続であること、証人尋問決定があっても当該外国人に在留資格が与えられるわけではないこと、出国の自由の保障等の理由から、証人尋問決定のあった当該外国人について通常の退去強制手続によって送還された場合ではなく、虚偽の情報を裁判所に伝える・ことさら公判期日を引き延ばしその間に送還を行うなど、検察官の違法・不当な行為により証人尋問が実施できないといった極端な場合に限るとする見解（椎橋・前掲165頁、本田守弘・固8版185頁、上冨・前掲179頁など）とがある。

　4　本件は、前記①・②には該当しない事案であるから、検面調書の証拠能力は認められる（なお、本決定以降の実務上の扱いについて、圖452頁）。また、東京高判平成21年12月1日（判タ1324-277）は、本決定の趣旨が、法227条1項に基づいて作成された証人尋問調書にも妥当するとの判断を示している（山田道郎・圖平22年237頁）。

4-35　検察官面前調書の相反性

最 2 小決昭和 32 年 9 月 30 日（刑集 11 巻 9 号 2403 頁）

［参考］青柳文雄・圏昭 32-472、金築誠志・圏昭 58-150、香城敏麿・注釈新版 5-313、圏454

事実　被告人 X は、自らが船主の漁船に海上で火を放って焼燬沈没させ、失火と称して保険金を騙取する計画を立て、機関長 A（1 審相被告人）を介して船長 B（原審相被告人）と X の息子 C（1 審相被告人）と共謀し、これらの者に実行させたという事実で起訴された。

X は逮捕以来犯行を否認したが、B は第 1 回公判期日において共謀による放火と保険金騙取の公訴事実の認否を問われ、保険金の具体的数字は知らないがその他は相違ないと簡単に答え、その後第 6 回公判期日に至り、焼いたのは A がやったことであると述べ、積極的な関与は否定した。B は、検察官による取調べでは「A から放火と保険金騙取の計画を打ち明けられて、船を火をつけやすい位置に投錨した」旨を供述していた。また A は、第 1 回公判期日で公訴事実を全面的に認め、第 4 回公判期日における A に対する質問で、本件の動機、船主との相談、保険金額、共犯者の態度等かなり詳しく供述しており、ただ放火については単に火をつけたかと尋ねられて「左様です」といっただけであったが、検察官面前調書はこの点がかなり詳細であった。1 審は、A・B の検察官面前調書を有罪認定の証拠として掲げ、原審も是認した。

弁護人は、A は公判廷において終始検察官面前調書の記載とまったく同一の主張をしており、また B も、1 審の第 5 回公判期日までは検察官面前調書の記載と同様事実を認めており、いずれも検察官面前調書の記載と相反したか実質的に異った供述をしていないから、この証拠はいずれも X に対する関係では証拠能力がない、などと主張して上告した。

決定要旨　上告棄却。「相被告人の供述調書は、公判廷における夫々の供述と大綱においては一致しているが、供述調書の方が詳細であって、全く実質的に異らないものとはいえないのであるから、〔刑訴法〕321 条 1 項 2 号の要件をも満たしているということができる」。

解説　**1**　検察官が参考人等（被告人以外の者）を取り調べたときは、供述録取書を作成する（法 223 条 2 項・198 条 3 項）。これを、検察官面前調書（検面調書）という。検面調書は、第 1 に、供述者の死亡等による供述不能の場合には、それのみで証拠能力が認められる（法 321 条 1 項 2 号前段・「前段書面」）。この場合、特信性は要件とされてない。

2　第 2 に、供述者が公判準備または公判期日において、検察官の面前で行った供述と相反するかまたは実質的に異なった供述をしたとき（相反性）で、しかも公判準備または公判期日における供述よりも検察官の面前で行った供述を信用すべき特別の情況の存する場合（特信性。**【4-36】**）にも、証拠能力が認められる（法 321 条 1 項 2 号後段・「後段書面」）。この規定は、1 人の者が検察官の面前と裁判所の面前で異なる供述（自己矛盾の供述）をしたときに関係する。伝聞法則の例外のうち、実務上はこの規定がもっとも重要な働きをすることが多い。法廷外における自己矛盾の供述は、諸外国の法制でも証明力を争う証拠として用いることが認められているが、わが国の刑事法はそれを一歩進めて、特信性が備わる場合に限って、法廷外における前の供述に実質証拠としての証拠能力を認める。

316　**4　証拠法**　**Ⅲ　伝聞法則とその例外**

3 法321条1項2号に関しては、前段は、裁面調書に比べ公正性が担保されていないのに、必要性を規定するだけで信用性の情況的保障を欠くこと、後段は、信用性の情況的保障はあるが、この種の書面が提出された場合、反対尋問は可能でもその実質的効果をあげることは困難なことを理由に、いずれも証人審問権を保障した憲法37条2項に違反するとする(a)違憲説も主張された。しかし、判例は一貫して(b)合憲説に立つ（前段につき最大判昭27・4・9刑集6-4-584など、後段につき最判昭30・11・29刑集9-12-2524）。

ただし、実務上は、特に後段書面について特信性要件を厳格に認定し、また公判での反対尋問の実効性を高めるため事前開示をするなど、運用面での対応がなされている。

4 後段書面にいう前の供述と相反するかまたは実質的に異なった供述とは、立証事項との関係で、公判準備または公判期日の供述と検面調書記載の供述とが、表現上明らかに矛盾しているか、あるいは表現自体としては矛盾していないようにみえても前後の供述などを照らし合わせると、結局は異なった結論を導く可能性のある供述のことをいう。どちらも、当該証人から、検面調書と同一趣旨の供述を公判準備または公判期日において得られないために、伝聞証拠である検面調書を用いる必要がある場合を意味する。

本件では、検面調書に、その公判廷における供述よりも内容において詳細な記載がある場合であれば、「公判期日において前の供述と実質的に異なった供述をしたときにあたらないとはいえない」とされている。

5 また、供述が全部にわたって相反したり、実質的に異なる必要はなく、事実に関する供述の一部についてその要件を満たせば足りる。この場合、相反部分のみが2号で証拠となるとする見解もあるが、当該部分のみが証拠とされても適切な信用性評価は困難であり、その関連でまとまりのある一定範囲までは証拠となると解すべきである。

6 なお、公判期日等において証人として供述した後に作成した検面調書は、「前の」供述ではないから、2号の書面に該当しない（東京高判昭31・12・15高刑集9-11-1242）。

しかし、この場合でも、再び公判期日等において証人として証言し、その検面調書と相反する供述をしたときには、2号が適用される。最決昭和58年6月30日（刑集37-5-592）は、「すでに公判期日において証人として尋問された者に対し、捜査機関が、その作成する供述調書をのちの公判期日に提出することを予定して、同一事項につき取調を行うことは、現行刑訴法の趣旨とする公判中心主義の見地から好ましいことではなく、できるだけ避けるべきではあるが、右証人が、供述調書の作成されたのち、公判準備若しくは公判期日においてあらためて尋問を受け、供述調書の内容と相反するか実質的に異なった供述をした以上、同人が右供述調書の作成される以前に同一事項について証言をしたことがあるからといって、右供述調書が刑訴法321条1項2号にいう『前の供述』の要件を欠くことになるものではないと解するのが相当である（ただし、その作成の経過にかんがみ、同号所定のいわゆる特信情況について慎重な吟味が要請されることは、いうまでもない。）」としている。「前の供述」と矛盾する供述をしたという要件を満たしており、また、真実発見の要請からも、このような場合に検面調書を証拠とする途を一切閉ざしてしまうと不当な事態が生ずることが十分予想されるからである（【4-36】も参照）。

4-36　検察官面前調書の特信性

最 3 小判昭和 30 年 1 月 11 日（刑集 9 巻 1 号 14 頁・判タ 47 号 52 頁）

[参考] 青柳文雄・圏昭 30-6、上口裕・圄5 版 182、中山善房・大コメ 2 版 7-602、圏455

事実　被告人 X・Y は共謀また単独で、衆議院議員選挙に際して選挙人十数名を饗応し、または選挙人、選挙運動者に対し金員を供与したという事実で起訴された。1 審裁判所は、証人 A ほか 16 名および B ほか 6 名を取り調べた後、A ほか 16 名および B ほか 6 名の検察官面前調書を法 321 条 1 項 2 号後段により証拠採用して、被告人両名を有罪とし、控訴審もこれを是認した。

弁護人は、「原審において C 弁護人は、第 1 審判決が A 外 16 名及び B 外 6 名の検察官に対する供述調書を証拠として採用したことを不当とし、その理由として、刑事訴訟法第 321 条は証拠能力に関する規定であって、理論上、信憑力の問題に先行する、しかるに判例の中には、検事調書の内容自体とその他の証拠に徴し検事調書の内容を措信すべきものと認めるときはこれを証拠として採用しても差支ないと云っているものがあるが、これは理論上不当である旨」を主張したが、原判決は検事調書の内容それ自体ならびに他の証拠と対照上法 321 条 1 項 2 号の要件を具備しているものと認めるから 1 審判決が検事調書を証拠として採用したことは違法でない趣旨の判決をしているだけであって、C 弁護人の主張が当然誤りであるということを前提にしているが、その主張が何故に誤りであるかということを少しも判示していないため、原判決は判断遺脱理由不備がある、などと主張して上告した。

判旨　上告棄却。「刑訴 321 条 1 項 2 号は、伝聞証拠排斥に関する同 320 条の例外規定の 1 つであって、このような供述調書を証拠とする必要性とその証拠について反対尋問を経ないでも充分の信用性ある情況の存在をその理由とするものである。そして証人が検察官の面前調書と異った供述をしたことによりその必要性は充たされるし、また必ずしも外部的な特別の事情でなくても、その供述の内容自体によってそれが信用性ある情況の存在を推知せしめる事由となると解すべきものである。このことは既に当裁判所再三の判例の趣旨とするところであり〔最判昭和 26 年 11 月 15 日刑集 5 巻 12 号 2393 頁〕、原判決の判断もこれと同趣旨に出るものであるから、原判決には何ら理由の不備又は判断の遺脱」はない。

解説　**1**　検面調書（検察官面前調書）に関する法 321 条 1 項 2 号後段は、相反性が認められる場合で、さらに、公判準備または公判期日における供述よりも前の供述を信用すべき特別の情況の存するときのみ、証拠能力が認められると規定している（2 号後段ただし書）。この後者の要件を、特信性（特信情況）と呼ぶ。反対尋問に代わる信用性の情況的保障を証拠能力の要件としているのである（この特信性を、証明力判断の基準を示したものであって証拠能力の要件ではないとする見解もあったが、伝聞証拠が例外的に証拠能力を認められるための要件を規定する法 321 条以下のうち、特に本号ただし書だけを証明力の判断基準だと解することには、無理があろう）。

2　特信性の調査方法は、特に規定されているわけではないが、⒜供述がなされた際の外部的な事情を基準として判断されなければならない。仮に⒝外部的事情でなく供述内容の信用性の比較に求めるとする見解を採ると、証拠能力の要件を決めるために証拠の証明力を評価しなければならないことになってしまい、証拠評価に混乱が生じるおそれがあり、不当である。証拠能力の問題と証明力の問題は一応別個の問題とすべきである。

　ただし、⒜説によるにせよ、外部的事情を推知させる資料としては、供述内容も用いざるをえない。本判決は、「必ずしも外部的な特別の事情でなくても、その供述の内容自体によってそれが信用性ある情況の存在を推知せしめる事由となると解すべきものである」とするが、これはその趣旨を明らかにしたものと解すべきである。

3　法 321 条 1 項 2 号の特信性は、絶対的な特信情況をいう 3 号の特信性（【4-37】）や、それ以上の特信性を必要とする法 323 条 3 号の特信性（【4-32】）とは異なり、検察官の面前における供述（検面供述）と公判準備または公判期日における供述（公判供述）とを比較して、どちらにより信用性の情況的保障があるかという相対的判断である（相対的特信情況）。

　したがって、㋐検面供述の際の情況が通常よりも高い信用性のある場合のみでなく、㋑検面供述の際の情況は通常と変わりなくても、公判供述の際の情況に信用性の欠けるところがあれば、特信性が肯定される。

　実務上は、後者にあたる例が多い。たとえば、供述者が被告人に不利なことを供述するのをためらったり、関係者らから働きかけを受けたりした事情があれば、被告人の在廷する公判廷における供述は信用性が低下する情況にあるといえる。

4　法 321 条 1 項 2 号後段によって証拠とすることができる書面については、検察官は必ずその取調べを請求しなければならない（法 300 条）。証人の公判廷における供述よりも検面調書の方が被告人に不利益な内容であれば、検察官が当然その取調べを請求するであろうから、この規定は、被告人に利益な調書について特に実益がある。

　取調べの請求時期について特別の規定はなく、当該証人尋問期日に限られるわけではないが（本判決は、後の公判期日に調書の取調べが行われても、憲法 37 条 2 項に違反しないとしている）、被告人側で調書に関しても尋問する機会を与えるため、証人尋問が終了するまでの間に請求または開示することが通常は望まれる。特に、検察官が被告人に不利な内容の検面調書を請求する場合は、当該証人尋問の過程において、証言と調書との相反性と、調書作成時の信用できる情況あるいは証言時の信用性が乏しい情況を明らかにすべきである。

4-37 法321条1項3号の書面

最1小判平成23年10月20日（刑集65巻7号999頁・判タ1384号136頁）

［参考］池田修・解平12-215、三浦透・解平23-176、東山太郎・百10版188

事実 日本に留学してきた中国国籍の被告人Xは、共犯者らと共謀のうえ、一家4名を殺害して金品を強取し、その死体を海中に投棄する（「(5)の事実」）などしたとして、住居侵入、強盗殺人、死体遺棄等の罪で起訴された。

Xは、前記犯行について自白したが、同犯行は、Xおよび共犯者のY・Zのみで謀議、準備、実行されたものであるうえ、被害者らは全員殺害され、犯行自体の目撃者もいないことから、特に同犯行のうちXが直接関わっていない部分の犯行状況などについては、Y・Zの供述がなければ事実が確定し難いという事情があった。ところが、Y・Zはいずれも事件後中国に帰国し、中国で本件について捜査公判が行われ、処罰されたことから、Y・Zの供述に係る証拠は、国際捜査共助に基づき、中国の捜査機関が作成した供述調書（「本件供述調書」）以外にはなかった。そして、本件供述調書が法321条1項3号により証拠能力を有するかどうかが問題となった。中国の刑訴法では、被疑者は事件と関係のない質問に対しては回答を拒否できるとされているだけで、事件と関係のある質問に対しては回答を拒否する権利はなく、制度上被疑者には黙秘権が保障されていないと解されることから、①本件供述調書はそもそも証拠としての許容性を欠くのではないか、また、②法321条1項3号の「特に信用すべき情況」（特信情況）を満たさないのではないかが問題とされた。

1審は、本件供述調書が作成された取調べの情況を詳細に認定し、その取調べは、国際捜査共助に基づいて実施されたものであり、日本の捜査官が立ち会っていたこと、Y・Zに対しては、日本の捜査官の要請に基づき供述拒否権が告知されたこと、質問内容はあらかじめ日本の捜査官が作成した質問事項に基づいて行われたものであったこと、取調べにおいて肉体的、精神的強制が加えられたことはなく、Y・Zが供述の自由を侵害されたとみるべき事情はないことなどを理由に、本件供述調書について証拠の許容性および法321条1項3号の特信情況を肯定して証拠能力を認めた。原判決もこの判断を是認したため、Xが上告した。

判旨 上告棄却。「前記(5)の事実については、中国の捜査官が同国において身柄を拘束されていた共犯者であるY及びZを取り調べ、その供述を録取した両名の供述調書等が被告人の第1審公判において採用されているが、所論は、上記供述調書等について、その取調べは供述の自由が保障された状態でなされたものではないなどとして、証拠能力ないし証拠としての許容性がないという。そこで検討するに、上記供述調書等は、**国際捜査共助に基づいて作成された**ものであり、前記(5)の**犯罪事実の証明に欠くことができないもの**といえるところ、日本の捜査機関から中国の捜査機関に対し両名の取調べの方法等に関する要請があり、取調べに際しては、両名に対し**黙秘権が実質的に告知され**、また、取調べの間、両名に対して**肉体的、精神的強制が加えられた形跡はない**などの原判決及びその是認する第1審判決の認定する本件の具体的事実関係を前提とすれば、上記供述調書等を刑訴法321条1項3号により採用した第1審の措置を是認した原判断に誤りはない」。

解説 **1** 被告人以外の者の裁判官面前調書と検察官面前調書を除くその他の供述録取書およびすべての供述書は、法321条1項3号で証拠能力の有無が判断される（3号書面）。これにあたる供述録取書としては、検察事務官、司法警察職員、特別司法警察職員（麻薬取締官等）、弁護人等の作成した供述調書がある。外国の裁判官は、同項1号の裁判官にあたらないから、その面前での証人尋問調書も、この書面にあたる（嘱託証人尋問調書につき東京高判昭62・7・29刑集49-2-402、韓国の公判調書につき最決平15・11・26刑集57-10-1057）。被告人以外の者の作成した**供述書**（被害届、告訴状、任意提出書等）も、すべてこの書面にあたる。捜査機関が捜査の過程で作成する文書（現行犯人逮捕手続書、捜索差押調書、捜査報告書等）も、法323条の業務文書ではないので、本号で証拠能力の有無が判断される。

2 3号書面に関しては、①供述不能の要件が存し（供述不能）、②供述が犯罪事実の存否の証明に不可欠のものであり（不可欠性）、さらに、③供述が**特に信用すべき情況**のもとにされたものであるとき（特信情況の存在）に限り、証拠能力が認められる。このような厳しい要件を満たす証拠は少ない。②要件の「欠くことができない」とは、必ずしも他の適法な証拠では同一の立証目的を達しえない場合に限られるわけではないが、犯罪事実の証明のために実質的に必要と認められなければならず（東京高判昭29・7・24高刑集7-7-1105）、かなり厳しい限定となる。③要件については、1項2号後段（相対的特信情況。**【4-36】**）とは異なり、比較すべき供述がないので、**絶対的特信情況**をいうとされる。具体的にどのような情況があればよいのかは明確でないが、一般的に、(1)**供述の内容自体**に信用すべき情況がある場合（客観的に資料に基づき説得力のある供述をし虚偽を述べる理由もないなど）、(2)**供述の動機**から信用すべき情況がある場合（事件直後に関係のない者が積極的に目撃状況を申告し捜査に協力したなど）、(3)十分に信用できる供述を得るため、**親密な関係**によるか、**反対尋問に代わるテスト**をしながら**客観性を保ちつつ供述を録取**した場合などに認められるとされる（香城敏麿・注釈〔新版〕5巻323頁など。**【4-32】**も参照）。

3 国際司法共助や国際捜査共助によって獲得された証拠の証拠能力等も、わが国の法令に則って決せられる。**最決平成12年10月31日**（刑集54-8-735）は、日本国政府からアメリカ合衆国政府に対する捜査共助の要請に基づき、同国の在住者が、黙秘権の告知を受け、同国の捜査官および日本の検察官の質問に対して任意に供述して作成された供述書につき、3号書面の特信情況の存在を認めた。公証人の面前において、偽証罪の制裁のもとで、記載された供述内容が真実であることを言明する旨を記載して供述書に署名するなど、日本にない手続がとられている点に特徴があるが、それも、特信情況の判断において考慮されよう。

4 これに対し、本件では、黙秘権の保障がない中国において捜査機関により作成された供述調書が問題となった。本判決は、中国の法制度やその運用のみに依拠するのではなく、本件供述調書の具体的な作成経過等を検討して証拠能力を判断するという手法を採用した。そして、①・②要件の存在を前提に、黙秘権が実質的に告知され、取調べ時に強制が加えられた形跡がないこと等をも根拠として、法321条1項3号の該当性を認めた。

4-38 伝聞証言

最 2 小判昭和 33 年 10 月 24 日（刑集 12 巻 14 号 3368 頁）

[参考] 竜岡資久・團昭 33-699、戸田弘・判タ 196-51、團457

事実 被告人 X は、当初、「被告人は A および B と共謀して、D 所有の衣類等 66 点時価合計金 384,000 円相当を窃取した」旨の窃盗の訴因で起訴された。

X は、この窃盗の事実を否認し、公判でも、盗品等運搬らしい弁解をし、すでに有罪判決を受けていた A の供述ないし証言にも不審な点があったため、検察官は、公判の途中で、「被告人は A ほか 1 名に頼まれ同人らがその頃他から窃取して来た衣類等在中の風呂敷包 2 個をその贓物であることの情を知りながら C 方附近から同人宅四畳半の押入までの間を運んでやり、もって贓物を運搬した」旨の盗品等運搬の予備的訴因を追加したところ、X は、この事実をも否認するに至った。

X を無罪とした 1 審に対し、控訴審は、窃盗の事実を認めるに足りる証拠はないが、盗品等運搬の事実は、X の第 1 審第 2 回公判における供述、X に対する勾留尋問調書、X の司法警察員に対する第 1・2 回供述調書、証人 C の第 1 審第 7 回公判における供述、その他の証拠を総合すれば、これを認定することができるとして破棄自判し、X を有罪とした。

弁護人は、証人 C の証言は、E こと F の供述を内容とするもので伝聞供述であるから、法 324 条 2 項により準用される法 321 条 1 項 3 号の要件を充足しない限り証拠とすることはできないのに、F は記憶を喪失しているわけではなく、明らかに事実を否定した証言を行っているのであるから、原判決が、法 324 条 2 項、法 321 条 1 項 3 号により、C の伝聞供述に証拠能力を認めたのは違法である、などと主張して上告した。

判旨 上告棄却。「原判決が判示贓物運搬の事実認定の証拠として挙示している被告人の司法警察員に対する第 1、2 回供述調書が被告人の自白調書であり、その有力な補強証拠となっている第 1 審第 7 回公判における証人 C の証言中に E の供述を内容とするいわゆる伝聞部分のあることは所論のとおりである。しかし、右証言に際し被告人側から異議の申立のあった形跡はない。のみならず、同証言と被告人の司法警察員に対する第 1 回供述調書とを総合すれば右 E と F とは同一人であることが窺われ、第 1 審第 5 回および同第 11 回各公判における証人 F の証言によれば、同人は既に本件犯行当時の記憶は全くこれを喪失していると認められること原判示のとおりであり、しかも原審公判当時同人が既に所在不明となっていたことは本件記録に徴し明らかである。しからば、原判決が刑訴 324 条 2 項、321 条 1 項 3 号の趣旨に則り、右証人 C の供述に証拠能力を認めたのは相当であ」る。

解説 1 被告人以外の者の公判準備または公判期日における供述で、被告人の供述を内容とするもの、たとえば、証人 B の「被告人は『放火した』と言っていた」旨の供述（伝聞証言）は、原供述が被告人の供述であるから、法 322 条を準用して証拠能力の有無を判断する。したがって、被告人の供述が自白または不利益事実の承認である場合は任意性

に疑いがないときに、それ以外の場合は、特に信用すべき情況でなされたものであるときに、証拠能力が認められる。

2 被告人以外の者の公判準備または公判期日における供述で、被告人以外の者の供述を内容とするもの、たとえば、証人Bの「Aが『被告人が放火したのを見た』と言っていた」旨の供述（伝聞証言）は、原供述が被告人以外の者の供述であるから、法321条1項3号を準用して証拠能力の有無を判断する（法324条2項）。したがって、供述不能、不可欠性、特信性の各要件が満たされる場合にのみ、証拠能力が認められる。

3 本件では、第1審公判における検察官側の証人Cの証言中にEことFの供述を内容とする伝聞部分があったという場合であるが、最高裁は、Cの証言に際し被告人側から異議の申立てのあった形跡がないばかりでなく、Fはすでに当時の記憶をまったく喪失しており、控訴審の際には所在不明となっていたことが明らかであるときは、法324条2項、法321条1項3号の趣旨に則り、第1審公判中の当該伝聞証言を証拠とできると判示した。

4 また、判例では、伝聞証言（伝聞供述）の原供述者の氏名等が不明である場合（福岡高判昭28・8・21高刑集6-8-1070）や、特定のAまたはBのいずれか不明の場合であっても足りるとされている。後者につき、最判昭和38年10月17日（**【4-20】**）は、法324条2項と法321条1項3号所定の要件を具備した伝聞供述の原供述者が特定のAまたはBのいずれであるか不明確であっても、原供述者の範囲が特定の両者に限定されている以上、所在不明等の事由さえなければ証人として各尋問し、反対尋問を行うことができるのであるから、それだけの理由でその伝聞供述が証拠能力を有しないものとはいえない、としている。

ただし、原供述者の不特定の程度が甚だしければ、現況供述の特信性に疑問が生ずることになるし、まったく不特定であれば、風聞・噂の類いになるから、伝聞供述の範疇を超えるであろうとする指摘もある（条解886頁）。

5 以上と異なり、被告人の公判準備または公判期日における供述で、被告人以外の者の供述を内容とするものについては、規定がない。被告人に不利益なものについては、反対尋問権の放棄があったとして、法326条の同意があったものと解し、他方、被告人に不利益でないものについては、検察官の反対尋問の機会を確保するため、法324条2項にならって法321条1項3号を準用すべきであろう。

4-39 再伝聞証拠

最 3 小判昭和 32 年 1 月 22 日（刑集 11 巻 1 号 103 頁）

[参考] 三井明・圏昭 32-20、吉村典晃・圁8 版 192、中川孝博・圁10 版 200、圎458

事実 被告人 X は、共同被告人 Y 外 4 名と共謀して A の住宅に火炎びんを投げつけたが焼燬するに至らなかったという放火未遂の事実について起訴された。

X は、検察官の取調べに対しこの事実を供述したが、その供述調書の一部に、「自分は実行に参加しなかったが、その翌朝 Y から Y 外 3 人で A 方へ火炎びんを投げつけて来たという話を聞いた」旨の伝聞の供述記載があった。1 審はこの伝聞の供述記載を含む検察官面前調書を Y に対する放火未遂の事実の証拠とした。

弁護人は、この伝聞の供述の記載部分を証拠採用したのは違法であるなどと主張して控訴したが、控訴審は、「刑訴 321 条 1 項各号所定の事由があるとき、その供述調書に証拠能力を認めたのは、公判準備又は公判期日における供述にかえて書類を証拠とすることを許したものに外ならないから、刑訴 321 条 1 項 2 号により証拠能力を認むべき供述調書中の伝聞に亘る供述は、公判準備又は公判期日における供述と同等の証拠能力を有するものと解するのが相当である。換言すれば、検察官供述調書中の伝聞でない供述は刑訴 321 条 1 項 2 号のみによってその証拠能力が決められるに反し、伝聞の部分については同条の外同法 324 条が類推適用され、従って同条により更に同法 322 条又は 321 条 1 項 3 号が準用されて証拠能力の有無を判断すべきであり、伝聞を内容とする供述はそうでない供述よりも証拠能力が一層厳重な制約を受けるわけであるが、検察官に対する供述調書中の伝聞に亘る供述なるが故に証拠能力が絶無とはいえない」（「弁護人の論旨第 6 点に対する判断」）とし、法 321 条 1 項 2 号、法 324 条 1 項、法 322 条により X の検面調書の Y からの伝聞供述の部分の証拠能力を肯定したため、弁護人はさらに上告した。

判旨 上告棄却。「所論は被告人 X の検察官に対する供述調書中の被告人 Y から同人外 3 名が A 方に火焔瓶を投げつけて来たということを聞いたとの被告人 X の供述は、伝聞の供述であるから刑訴 321 条 1 項 2 号により証拠とすることはできず、又公判期日において反対尋問を経たものではないから、同 324 条によっても証拠とすることはできない。然るにこれを証拠とすることは憲法 37 条 2 項に違反するというに帰する。

しかし、原審が弁護人の論旨第 6 点に対する判断において説示する理由によって、刑訴 321 条 1 項 2 号及び同 324 条により右供述調書中の所論の部分についての証拠能力を認めたことは正当である。そして、これが反対尋問を経ない被告人 X の供述の録取書であるからという理由で、憲法 37 条 2 項によって証拠とすることが許されないものではないことは当裁判所の判例の趣旨に徴して明らかである〔最大判昭和 24 年 5 月 18 日刑集 3-6-789、最大判昭和 25 年 9 月 27 日刑集 4-9-1774 参照〕。又右伝聞の供述の原供述者に対する反対尋問権について考えるに、この場合反対尋問をなすべき地位にある者は被告人 Y であり、反対尋問をされるべき地位にある原供述者もまた被告人 Y であるから、結局被告人 Y には憲法 37 条 2 項の規定による原供述者に対する反対尋

問権はないわけである。従ってその権利の侵害ということもありえないことは明白である（被告人Ｙは、欲すれば、任意の供述によってその自白とされる供述について否定なり弁明なりすることができるのであるから、それによって自らを反対尋問すると同一の効果をあげることができるのである）」。

解説 **1** 参考人Ａの検察官面前調書の中に「被告人Ｘが『Ｖを殺してきた』と言っていた」という供述記載がある場合のように、伝聞証拠の中に伝聞供述が含まれている場合を再伝聞という。⑦ＸがＡにある事実を伝え（①再伝聞）、Ａが書面で報告する（②一次伝聞。録取した検察官が調書を作成したという伝聞過程は、Ａの署名押印により②と同視される）という2つの伝聞過程が含まれる、すなわち、Ａの供述は、書面による報告である点で伝聞であり、その供述の中に他人（Ｘ）の供述を含んでいる点で再伝聞なのである。また、④Ｃがあるある事実をＢに伝え（①再伝聞）、ＢがそれをＡに伝え（②一次伝聞）、Ａが法廷で供述をするような場合もある。

2 再伝聞の証拠能力について明示した規定はない。学説では、(a)法320条は「公判期日における供述に代えて」という文言を用いていることから、例外の場合には、いわば公判供述に代わるものとなり、ここからさらにもう一度伝聞例外原則の適用を考えればよいとして、各伝聞過程に法321条〜324条の要件が備われば証拠能力を肯定できるとする肯定説、(b)特に④の場合、②一次伝聞に伝聞例外規定（法324条→321条1項3号）を適用し、さらに①再伝聞にもう一度伝聞例外規定（法324条→321条1項3号）を適用し、それぞれの要件を満たせばＡの供述を伝聞例外として認めることになるが、このような伝聞例外の機械的適用は伝聞（禁止）法則とは調和しないとする否定説、さらに、(c)⑦の場合には、②一次伝聞には検面調書に関する321条1項2号が適用され、①再伝聞には法324条→322条が適用されることになるが、このように同一の伝聞例外規定が重複適用されない場合に限り、再伝聞の証拠能力を認めるとする中間説がある。

本件は⑦の場合であるが、最高裁は、(a)肯定説に立ち、②一次伝聞である検面調書が証拠能力を有するための要件（法321条1項2号）に加え、①再伝聞の部分に関しては法324条を準用し、法322条（供述者が被告人の場合）または法321条1項3号（供述者が第三者の場合）により判断すべきものとした（なお、多重伝聞に関して、東京地決昭53・9・21判時904-14）。

3 なお、再伝聞は、このように二重の要件が必要となるので、再伝聞供述が証拠となることは、被告人の同意があるか、あるいは一方が被告人の供述である場合を除くと、現実には考え難い。

4 また、当事者が再伝聞証拠を証拠とすることにつき、何らの制限をも加えず同意（法326条1項）した場合には、その同意は一次伝聞である供述調書の供述者に対してのみでなく原供述者に対しても反対尋問権をあわせて放棄したものと認められるから、同意を積極的証拠能力の付与と解するか否か（**【4-40】** 参照）にかかわらず、全体について証拠能力を取得する（広島高岡山支判昭27・2・27高刑集5-2-274）。

4-40　証拠とすることの同意

大阪高判平成 8 年 11 月 27 日 （判時 1603 号 151 頁）

[参考] 辻裕教・圖8版 188、福島至・圖10版 196、山田道郎・圍平 9-190、大澤裕・曹時 56-11-2557、圍461

事実　被告人 X は、警察官から職務質問され所持品の提示を求められた際、覚せい剤在中のポリ袋を足元に投棄するのを現認され、覚せい剤所持で現行犯逮捕され、その後、①覚せい剤の自己使用および②覚せい剤所持の各公訴事実で起訴された。第 1 回公判において、X は、①覚せい剤を使用した事実はない、②覚せい剤を所持していたことは間違いないが、それが覚せい剤であるとの認識はなかった旨陳述し、弁護人は、X の述べたところと同じであると述べた。

検察官は、冒頭陳述において、覚せい剤所持に関する X の弁明内容につき、「覚せい剤は拾った千円札に挟まっていたもので、職務質問を受けた際に始めて気付いたと弁解し、覚せい剤所持の犯意を否認している」ことを明らかにした。弁護人は、各公訴事実についての検察官請求証拠に全部同意した。1 審は、検察官請求の全証拠を採用して取り調べたほか、被告人質問を行い、各公訴事実について X を有罪としたが、控訴審は職権で以下の判断を示した。

判旨　破棄自判。「被告人が公訴事実を否認している場合には、検察官請求証拠につき弁護人が関係証拠に同意しても、被告人の否認の陳述の趣旨を無意味に帰せしめるような内容の証拠については、弁護人の同意の意見のみにより被告人がこれら証拠に同意したことになるものではないと解される。

本件の場合、被告人は原判示第 2 の覚せい剤所持の事実につき、覚せい剤であることの認識はなかった旨具体的に争っており、前記の弁解内容に照らし、被告人の否認の陳述の趣旨を無意味に帰せしめるような内容の証拠、すなわち、公訴事実第 2 の覚せい剤所持の事実に関する証拠の中、被告人に覚せい剤であるとの認識があった旨の立証に資する司法巡査作成の現行犯人逮捕手続書……、被告人を現行犯逮捕した警察官である A 及び B の各検察官調書……については、右弁護人の同意の意見によって被告人の同意があったとすることはできず、従って、被告人の意思に沿うものか否か確認することなく、直ちにこれら証拠を同意証書として取調べ事実認定の資料とした原判決には、刑訴法 326 条 1 項の適用を誤った違法がある……（なお、被告人は原判示第 1 の覚せい剤自己使用の事実についても、前記のように否認しているが、具体的主張のないその否認態様等にかんがみ、弁護人が、同意した被告人の尿に関する鑑定書……を含む関係証拠は、右否認の陳述の趣旨を無意味に帰せしめるような内容の証拠ではないから、弁護人の同意の意見のみで、被告人の同意があったものとしたことに違法・不当はない。）」。

解説　**1**　検察官と被告人の双方が証拠とすることに同意した書面または供述は、その書面が作成されまたは供述のされたときの状況を考慮し、相当と認めるときに限り、法 321 条ないし 325 条の規定にかかわらず、証拠とすることができる（法 326 条 1 項）。

同意は、第一義的には、原供述者に対する反対尋問権を放棄する意思表示であるが、そ

れにとどまらず積極的に証拠に証拠能力を与える当事者の訴訟行為である。その意義につき、学説上は、(a)反対尋問権放棄説が通説であるが、実務上は、(b)証拠能力付与説が採用され、それに従って運用されている（そして、被告人の自白調書のみでなく、証拠物と非供述証拠についても、本条を準用して同意による証拠能力の付与が行われる）。

すなわち、⑦原供述者を証人として喚問してみてもその書面と同じ供述しか得られないと思われる場合には、反対尋問権を放棄する例が多い。さらに、④実務的には、反対尋問の余地のない被告人の自白調書等についても同意される例が少なくないが、この場合は積極的な証拠能力の付与の趣旨と解することができる。

2 また、当事者の同意だけで直ちに証拠能力を付与するわけではなく、相当性が要求されていることに注意を要する。それを証拠とすることが手続の公正に反する場合には、証拠能力を否定すべきだからである。たとえば、同意を積極的な証拠能力の付与と解すれば、違法収集証拠への同意も有効ではあるが、証拠収集の手続にきわめて重大な違法があり、当事者の放棄できない憲法上の権利の侵害が認められる場合には、同意により証拠として許容することは手続の基本的公正に反することになるから、相当性の要件を欠くとされることも考えられる（福岡高判平7・8・30【4-55】など）。

3 同意権者は、検察官と被告人である（法326条1項）。弁護人については、同条2項ただし書の場合のほか明示がないが、いわゆる包括代理権に基づき、被告人の意思に反しない限り同意することができ、通常は、弁護人が訴訟活動の一環として同意の有無を述べる（なお、同条2項の擬制同意は、必ずしも被告人の同意の意思が推定されることを根拠に同意を擬制しようとするものではなく、裁判所が被告人の同意の有無を確かめる方法がないときは、訴訟の進行が著しく阻害されるので、これを防止するため、被告人の真意のいかんにかかわらず同意があったものとみなす趣旨の規定である。最決昭53・6・28刑集32-4-724）。

4 被告人が事実を全面的に争っているが、弁護人はこれを認めて、その主張を完全に異にしているような場合には、弁護人による、証拠調べ請求に異議がない旨の「異議なし」という答弁だけでは、被告人が書証を証拠とすることに同意したものとは必ずしもいえない（最判昭27・12・19刑集6-11-1329）。もっとも、被告人が事実を全面的に争っている場合であっても、その争点の内容や当該事件の証拠構造によっては、弁護人の証拠への同意の陳述が合理的な弁護活動と考えられることもあるから、常に被告人が書証を全部不同意にする意思であると解することはできない。

5 本件では、②覚せい剤所持の事実に関しては、Xが具体的な主張をして争っているのに対し、警察官はXが覚せい剤を投棄したのを現認したと供述しているため、警察官を証人尋問することが、Xの防御上意味があると考えられるのに、弁護人が特段の弁護活動を行っていないことから、弁護人の同意は、被告人の意思に反するものと判断されたと解しうる。他方、①使用の事実に関しては、尿中から覚せい剤が検出された旨の鑑定書があり、Xも具体的な主張をしておらず、その他の検察官請求証拠も争う余地の少ない伝聞証拠であったと考えられるため、弁護人の同意は被告人の意思に反しないとされたものであろう（辻・前掲189頁。広島高判平15・9・2判時1851-155なども参照）。

4-41　証明力を争う証拠の許容範囲

最3小判平成 18 年 11 月 7 日（刑集 60 巻 9 号 561 頁・判タ 1228 号 137 頁）

［参考］芦澤政治・圏平 18-398、山口雅高・圖9 版 188、江見健一・圖10 版 198、小倉哲浩・実例Ⅲ-66、圖467

事実　被告人 X は、内妻 Y と共謀のうえ、Y の連れ子である女児 A（当時 11 歳）にかけた保険金を取得することなどを目的に、A を入浴させている間に X が家屋内の車庫に放火して、家屋を全焼させて A を焼死させ、さらに保険金を詐取しようとしたが、詐欺は未遂に終わったという事実で起訴された。

1 審では、証人 B が証言したが、弁護人は、この証言には、事件後間もなく消防吏員 C が B から聞き取ったとされる「聞込み状況書」と題する書面中の B の供述内容との間に齟齬があるとして、「聞込み状況書」を法 328 条で証拠請求したが、裁判所はこれを却下した（この「聞込み状況書」には B の署名・押印はなかった）。

原判決は、1 審の証拠却下手続を適法としたが、その理由として、「刑訴法 328 条により許容される証拠は、現に証明力を争おうとする供述をした者の当該供述とは矛盾する供述又はこれを記載した書面に限られると解すべきところ、前記の C 作成の聞き込み状況書は、C の供述を記載した書面（C の供述書）であるから、同条により許容される証拠には該当しない」とした。

弁護人は、原判決は、法 328 条で許容される証拠にはおよそ限定がないとした高裁判例（福岡高判昭 24・11・18 判特 1-295）に違反する旨主張して上告した。

判旨　上告棄却。最高裁は、原判決が弁護人の引用する判例と相反する判断をしたものであることを認めつつ、以下のように判示した。

「しかしながら、刑訴法 328 条は、公判準備又は公判期日における被告人、証人その他の者の供述が、別の機会にしたその者の供述と矛盾する場合に、矛盾する供述をしたこと自体の立証を許すことにより、公判準備又は公判期日におけるその者の供述の信用性の減殺を図ることを許容する趣旨のものであり、別の機会に矛盾する供述をしたという事実の立証については、刑訴法が定める厳格な証明を要する趣旨であると解するのが相当である。

そうすると、刑訴法 328 条により許容される証拠は、信用性を争う供述をした者のそれと矛盾する内容の供述が、同人の供述書、供述を録取した書面（刑訴法が定める要件を満たすものに限る。）、同人の供述を聞いたとする者の公判期日の供述又はこれらと同視し得る証拠の中に現れている部分に限られるというべきである。

本件書証は、前記 B の供述を録取した書面であるが、同書面には同人の署名押印がないから上記の供述を録取した書面に当たらず、これと同視し得る事情もないから、刑訴法 328 条が許容する証拠には当たらないというべきであり、原判決の結論は正当」である。

解説　**1**　公判期日における証人等の供述の証明力を争う証拠を弾劾証拠という。証明力を争うとは、証明力を減殺させることである。伝聞証拠であっても、事実認定に用いる

のではなく他の証拠の証明力を弾劾するためにだけ用いるのであれば、弊害が少ないので、使用が認められる。したがって、弾劾証拠として提出された証拠によって犯罪事実を認定してはならないのは当然のことである（最決昭28・2・17刑集7-2-237）。

2 弾劾証拠については、証明力を争おうとする供述をした者の相反する供述（自己矛盾の供述）に限るかどうか、すなわち、証人等が他の機会に矛盾した供述をしていたことこそが弾劾になるとする(a)**限定説**と、証人等の供述の信用性一般を揺るがすものであれば足りるとする(b)**非限定説**とが対立する（中間的見解として、純粋補助事実（信用性を争う供述を行った者の資質、能力、偏見、利害関係などの事実）は自由な証明の対象であるから伝聞法則の適用がなく許容されるとする(c)**自由な証明説**、検察官請求証拠は自己矛盾供述に限られるとする(d)**片面的構成説**なども主張される）。

(a)説は、たとえば証人Aが公判廷で「Xが放火するのを見た」と供述した場合、この供述の弾劾証拠として使用できるのは、たとえば「Yが放火するのを見た」旨の自己矛盾の供述などに限定され、同一内容であっても別人Bの供述であれば、弾劾証拠として使用できないとする。自己矛盾の供述であれば、Aが「放火犯は誰か」という事実に関し、**異なる機会に異なる供述をしたこと自体**を立証することにより、法廷における証言の信用性を減殺する効果をもたらすことになる。この場合、弾劾証拠たる法廷外の供述（「Yが放火するのを見た」）は、その供述内容の真実性（「Yが放火した」）を証明するために提出されたわけでないので、そもそも伝聞証拠ではないことになる。

しかし、証明力を争うために「Yが放火するのを見た」旨のBの法廷外の供述を用いる場合、自己矛盾供述とは異なり、その内容が真実であることが前提となる（Yが放火した事実が真実であってはじめて、Xが放火するのを見た旨のAの証言の証明力が減殺される）。

3 問題は、法328条が後者の場合にまで伝聞法則の例外を認めたと解すべきか否かである。たしかに、(b)説は法文に忠実な解釈ともいえるが、(b)説では、第三者の供述を弾劾証拠として用いる場合、前記のように実質証拠として用いている可能性があるし、法321条以下の規定によっても証拠となりえないものが際限なく法廷に持ち込まれるおそれもある。そういったことも併せ考えれば、(a)説が妥当である（芦澤・前掲412頁）。実務はそのように運用されているといえるし、本件もそれを是認したものである。

4 なお、本件で問題となったのは、Bが供述し（①供述過程）、Cが録取して書面化した（②供述過程）**供述録取書**である。(a)説によれば、自己矛盾供述に限り伝聞法則による制限を外すのであるから、法328条により伝聞法則の制限が解かれるのは①供述過程のみであり、②供述過程の伝聞性の問題はなお残る。そうであれば、②供述過程に関しては、供述録取書の伝聞例外の要件である**供述者の署名・押印**（または、それに代わるもの）が備わっていない限り、伝聞法則の制限は解けず、法328条によっても証拠として許容されないことになる（「自己矛盾供述の存在」につき厳格な証明を要するとする見解。芦澤・前掲415頁）。すなわち、Cが録取して書面化した供述録取書にBが署名・押印することで、Bの供述の存在が当該供述録取書で確認されるのであり、それにより、当該供述録取書が法328条により証拠として許容されることになるのである。

4-42　法 328 条の定める「証明力を争う証拠」と回復証拠

東京高判昭和 54 年 2 月 7 日（判時 940 号 138 頁・判タ 391 号 144 頁）

［参考］小早川義則・圖昭 54-234、加藤克佳・圖 6 版 178、津村政孝・刑ジャ 13-98、圖466

事実　被告人 X は、自らが経営するスナックの従業員 A に対する強姦致傷〔当時〕等の公訴事実により起訴された。1 審公判で、A は、X から強姦された旨、公訴事実に沿う内容を明確に証言し（「A の原審証言」）、これに対しては、弁護人による反対尋問も十分に行われた。

ところが、その後、弁護人 B は、A が公判廷での原審証言後に行った供述の内容を B が録取した書面で末尾に A の署名押印がある、B 宛供述書の取調べを請求した。この供述書には、本件性交は合意によるもので、A の原審証言は事実に反する旨の供述の記載があった。これが法 328 条の弾劾証拠として取り調べられた。

これに対し、検察官は、その後の公判期日で、前記供述書以後に作成された A の司法警察員に対する供述調書を、法 328 条の書面として取調

べ請求した。この調書には、A の前記弁護人宛て供述書の作成経過等に関し、「原審で証言をした後 C 弁護人から上申書を書いて欲しいとの申し出があり、喫茶店で C と会い C が自分の話を聞きながら作成した供述書に署名した。その中には事実と違うことがかなり書かれていて、自分の本心と全く異る内容の供述書であり、自分は C に対し偽証罪になると困ると言ったが、C が、『これは私が裁判のときにあなたに質問するメモにする、公には絶対に出さないんだ』と言うので、早く裁判が終ってほしいという願いもあって、右供述書に署名した。自分が公判廷で証言したことは真実である」旨の記載があった。原審は、この供述調書を法 328 条の書面として取り調べ、X を有罪とした。弁護人は、この措置の違法性などを主張して控訴した。

判旨　破棄自判。「検察官請求の右供述調書は、弁護人請求の供述書によって一旦減殺された A の原審証言の証明力を回復する内容のものであり、検察官もその趣旨のもとに同供述調書の取調を請求したものであることは公判調書の記載上明らかである。

ところで刑訴法 328 条の弾劾証拠とは、供述証拠の証明力を減殺するためのもののみでなく、弾劾証拠により減殺された供述証拠の証明力を回復するためのものをも含むものと解するのが相当である。けだし、同法 328 条には『……証明力を争うためには、これを証拠とすることができる。』とあり、規定の文言上証明力回復のための証拠を除外すべき根拠に乏しいばかりでなく、右のように解することがすなわち攻撃防禦に関する当事者対等・公平という刑訴法の原則、さらに真実の究明という同法の理念にもよく適合するからである。同条の弾劾証拠を証明力減殺のためのものに限定する所論の見解には賛同できない。

なお所論は、仮に証明力を回復するための弾劾証拠が許容されるとしても、検察官請求の供述調書は、結果的に A の原審証言の証明力を増強する趣旨をも含むものであるから、いずれにしても同調書は刑訴法 328 条の書面としての適格性を欠くと主張する。

しかし、本件において、検察官が、いったん減殺された A の原審証言の証明力を回復する趣旨のもとに A の前記供述調書の取調を請求したものであることは前記のとお

りであり、同調書の取調により事実上Aの原審証言の証明力が増強される結果となったとしても、これによる不利益は前記のような内容の弾劾証拠を提出したXの側において甘受すべきものであって、このことのゆえに右調書の刑訴法328条書面としての適格性を否定すべきいわれはない」（量刑不当により原判決を破棄し自判）。

解説　**1**　法328条の「証明力を争う」ための証拠、すなわち弾劾証拠の意義について、証明力を減殺する①減殺証拠が含まれることに異論はないが、(a)減殺証拠に限るとする説以外に、(b)証明力を増強する②増強証拠を含むとする説、(c)減殺証拠に加えて、いったん減殺された供述の証明力を回復する③回復証拠を含むとする説との対立がある。なお、③回復証拠とは、相手方の減殺証拠によりいったん減殺された供述の証明力を回復する場合に用いられる証拠のことをいい、②増強証拠との区別に注意しなければならない。

　2　かつては、弾劾証拠に関して自己矛盾供述に限られないとする非限定説（**【4-41】**参照）を前提に、(b)増強証拠も法328条の弾劾証拠に含まれるとする高裁判例もあった（東京高判昭31・4・4高刑集9-3-249など）。しかし、増強証拠は「証明力を争う」の字義に沿わず、公判廷での供述だけで犯罪事実を認定できない場合に、増強証拠とあわせて認定するのであれば、増強証拠を実質証拠として犯罪事実の認定に用いるのと同じ結果になり、伝聞法則に反する。さらに、弾劾証拠を自己矛盾供述により「信用性の減殺を図ることを許容する趣旨」と解する判例（**【4-41】**）の限定説の立場からも、(b)説は相当でない。

　3　多数説は、(c)回復証拠については、弾劾証拠をさらに弾劾（再弾劾）するもので、結果的に元の供述の証明力が回復されるのであるから「証明力を争う」に含まれるとする文言解釈と、公判廷における供述等の信用性の判断にのみ用いるものと考えられるという実質的理由から、許容されるとする。本判決は、攻撃防御に関する当事者対等・公平という刑訴法の原則や、真実究明という刑訴法の理念にも適合する旨の根拠も挙げている。

　4　弾劾証拠（減殺証拠）を自己矛盾供述に限定する前述の判例の立場からすれば、回復証拠についても、元の供述者自身の同一内容の供述（一致供述）に限定されることになる。もっとも、証人に虚言癖があると弾劾された場合などは、一致供述であっても証明力が回復するわけではなく、証拠の必要性・関連性の判断は別途必要となる。

　5　また、回復証拠に限らず減殺証拠の場合も同様であるが、証明力を争う対象となった供述の後に作成された書面・供述が、法328条の弾劾証拠として許容されるかも争われる。供述（証言）や相手方の弾劾証拠が不利な場合に、法廷外でこれを取り調べ、有利な供述を引き出して弾劾証拠に用いるのは、公判中心主義や武器対等の原則に反し、証明力を争う方法の適正さとしても疑問とする消極説もある。しかし、法328条にそのような限定はなく、証言後に、証人が尋問当時真実を供述できなかった事情が判明したり、間違った証言をしたことを自認している場合などは、当該証人を再尋問し、前の証言の証明力を弾劾することは許容される。それゆえ、このような場合には、証言後に捜査機関が当該証人を取り調べて作成した供述調書を法328条の弾劾証拠として認める積極説が妥当である。

4-43　共同被告人の証人適格

最2小判昭和35年9月9日（刑集14巻11号1477頁）

[参考]　竜岡資久・囲昭35-361、内田一郎・囲5版144、囲473

事実　被告人X・Y・Zは専売公社〔当時〕指定の製造たばこ小売人ではないのに、製造たばこを小売販売したという、たばこ専売法違反事件で起訴された。

被告人らは、当初はまったく同一の公訴事実につき互に共謀したものとして同一起訴状により起訴され、併合して審理が行われたが、1審第3回公判期日において被告人らを相互に証人として尋問するため、被告人Xを同人以外の事件から分離して審理する旨の決定をし、第4回公判期日において被告人X以外の事件について被告人Xが証人として尋問された後同日再び同被告人の事件を併合した。次いで、被告人Yを同人以外の事件から分離して同人以外の事件の証人として尋問した後再度これを併合し、引き続き被告人Zについても同様分離して同人以外の事件の証人として尋問したうえ、またこれを併合して審理する旨の決定をした。さらに第5回公判期日には、裁判官は前記被告人らの証人尋問調書をそれぞれの被告人らに対する起訴事実を立証するため法322条の証拠と

してこれを職権で取り調べ、裁判官は同期日に被告人らに対する質問を行うにあたり、各その冒頭において、被告人らに対して、被告人らがそれぞれ証人として述べたことに誤りはないかどうかを問い、被告人らはその誤りのない旨を述べ、したがって、実質的に同証言は被告人らの公判廷における供述となり、形式的にも、1審判決は被告人Xおよび同Z両名の公判廷における供述を証拠として採用し、XおよびZを有罪とした（Yについては、関与の程度が低く共犯とはいえないとして無罪とした）。

以上の1審の措置を適法とした原審に対し、弁護人は、「被告人として自己の事件につき黙否権を有する以上は、同一事実につき、被告人としての危険よりも軽微な危険を予想して設けられた証言拒絶権のあることを理由として他の被告人に対する証人として尋問し、右証言を記載した書面を被告人自身の事件についての証拠として採用することは明らかに憲法38条第1項の趣旨に反する」などと主張して上告した。

判旨　上告棄却。「所論は原判決の憲法38条1項違反を主張する。同規定が、何人も自己が刑事上の責任を問われる虞れのある事項について供述を強要されないことを保障したものであることは昭和27年（あ）第838号、同32年2月20日大法廷判決、刑集11巻2号802頁に示されているとおりであるところ、共同被告人を分離して証人として尋問しても、同証人は自己に不利益な供述を拒むことができ、これを強要されるものでないこと〔最決昭和29年6月3日刑集8巻6号802頁参照〕および共同被告人でも事件が分離された後、他の共同被告人の証人として証言することは差支えなく、また他の事件の証人としての証言が自己の犯罪に対しても証拠となること〔最決昭和31年12月13日刑集10巻12号1629頁参照〕もまた当裁判所の判例とするところであるから、所論違憲の主張は採用できない」。

解説　**1**　共同被告人の法律関係については、特に共同被告人の供述をどのような方法によって獲得できるかが問題となる。XとAが共犯者等であるとき、Aの供述をXの証

として用いる方法には、①Aが証人として供述する場合、②Aが共同被告人として供述する場合（**【4-44】**）、③公判廷外におけるAの供述（供述調書）を用いる場合（**【4-44】** 参照）が想定される。

2　①については、Aを共同被告人のまま証人とすることはできない。被告人であれば、第三者と違って黙秘権を有し（法311条）、供述義務がないから、そのような者を証人とすることは、供述義務を負う証人の地位と矛盾するためであり、被告人の証人適格は否定すべきだからである。この点、Aの犯罪事実に関係がなくもっぱらXに関する事項について供述する場合であれば、被告人のまま証人として証言できるとする見解もあるが、やはり、同一手続内で被告人と証人という相容れない立場にAを置くのは相当でない。

これに対して、AとXの**弁論を分離**すれば共同被告人ではなくなり、Aは、Xの公判で第三者の立場になるから、Xの事件につきAを証人として尋問することは可能である（最決昭和31・12・13刑集10-12-1629）。

3　もっとも、被告人は、自分の事件の関係では、終始沈黙し、またはいつでも供述を拒否できるのに、証人として尋問される場合には、証言拒否によってその事実について自分が有罪であることを暗示するか、さもなければ偽証の制裁という威嚇のもとに供述を余儀なくされるのであるから、実質的に憲法38条1項の精神に反するという批判が存在する（田宮387頁など）。

しかし、刑訴法は、原則として何人でも証人適格を有するものとしているから（法143条以下）、たまたま共同被告人であっても、被告人たる地位を離れれば、その者を証人として尋問することは何ら差し支えないはずである。証人であっても、法146条により、その者が有罪判決を受けるおそれのある事項については証言を拒否することができるから、自己の防御権はなお保障されている。このように証言拒絶権が保障されているのであるから、宣誓のうえ供述を求められるとしても、直ちに自己に不利益な供述を強要される結果となるわけではない（最決昭和29・6・3刑集8-6-802）。また、分離されたAが証人として証言拒絶権を行使したからといって、Aの有罪を推認しえないことは明らかである（不利益推認の禁止。**【1-63】** 参照）。

4　なお、A本人について、事件が分離された後にXとの関係で証人として証言した場合、その証言は、A自身の犯罪についての証拠として用いることもありうるのであり、本件判例もその旨を是認している。

4-44　共同被告人の供述の証拠能力

最3小判昭和28年10月27日（刑集7巻10号1971頁）

[参考] 菊池則明・新刑事手続Ⅲ-376、中山善房・大コメ2版7-655

事実　T県道路課長である被告人Xは、Aらから賄賂を収受したとして有罪とされたが、この有罪認定にあたり、必要的共犯である贈賄者であり、共同被告人として審理を受けていたAの公判廷における供述が証拠採用された。

弁護人は、相互に共犯関係にある共同被告人は、相互に被告人本人たる資格に終始するものであって証人たる適格を有しないこと、共同被告人である共犯者は被告人としての黙秘権を有するのに、共同被告人である共犯者の供述を証拠に供しうるとするなら、憲法37条2項、法304条2項で保証された被告人やその弁護人の反対尋問権を行使することができず不当であること、などを主張して上告した。

判旨　上告棄却。「共犯者たる共同被告人の供述であるからといって全く証拠能力を欠くものではないことは当裁判所の判例の趣旨に徴して明らかである。……被告人及び弁護人は刑訴311条3項により共同被告人に対し任意の供述を求めうる機会が与えられているのであって、所論は未だ共同被告人の公判廷における供述の証拠能力を当然に否定すべき事由となるものではない」。

解説　**1**　共同被告人の供述については、(1)公判廷における供述と、(2)公判廷外の供述（供述調書）とに関して、証拠能力の判断がそれぞれ問題となる。

2　(1)AとXが共犯者で、かつ共同被告人である事件において、Aが公判廷で（共同）被告人として供述する場合、Aは被告人の地位のままであるから、手続を分離して証人として供述する場合の証言拒絶権よりも広い黙秘権の保障が認められる。しかし逆に、Xにとっては、AがXに不利益な供述をした場合でも黙秘権を行使されて反対尋問できないおそれを生ずる。同じ被告人であるXの反対尋問権をいかにして実質的に確保するかが、Aの供述の証拠能力判断の核心部分となるため、Aの供述は、形式は伝聞ではないが、反対尋問を経ていないという点で伝聞法則の実質的根拠と同じ問題を含む。

3　学説では、(a)反対尋問権は、供述者が尋問に応ずべき法律上の義務があることを前提とした観念であるから、AがXからの質問に応答したとしても、反対尋問権が確保されたとは言えず、弁論を分離して証人として尋問しない限り、Xにとって不利益な供述に証拠能力を認めえないとする見解（分離説）や、(b)AがXの質問に対して供述することで事実上反対尋問権が確保されれば、Aの供述に証拠能力を認めうるが、AがXの質問に対し黙秘権を行使し、質問が現実に効果を収めなかった場合には、Aの供述をXに対する関係で証拠とすることはできないとする見解（中間説）もある。

しかし、(c)共同被告人Aの供述に対し、Xには法311条3項により質問の機会が与えられ、実質的には反対尋問の機会が保障されていると考えられるから、弁論を分離して証人として尋問しないでも、Xに対する関係で証拠能力を認めてよい（無条件説）。本判例も、

このような立場を採用した。また、実務的にも、供述者が、共同被告人として供述するか証人として証言するかによって供述範囲が異なることは稀であり、黙秘権を行使したAを分離して証人として尋問しても、ほぼ同じ範囲で証言拒絶権が行使されるであろうから、(b)説は合理的とはいえない。もっとも、共同被告人が黙秘権を有することから、ある被告人が他の共同被告人の尋問に対して現実に黙秘権を行使した場合、黙秘権行使の仕方などを考慮して、その供述の証拠価値を慎重に判断する必要はある。

4 なお、(c)説からすると、Aに供述を求めるのに、被告人質問によるか、公判を分離して証人として尋問するかは、裁判所の合理的な裁量にゆだねられる。その場合、①共同被告人のA・Xがともに否認し利害対立がない場合には、黙秘権に配慮して被告人質問による、②ともに否認していても、相互に罪をなすり合っているような場合には、分離して証人尋問による、これに対し、一方が自白し他方が否認している場合には、否認している者の利益に配慮する観点から、③Xが否認し、Aは自白している場合には、Xの反対尋問を保障するため証人尋問による、④Xが自白し、Aは否認している場合には、Aの黙秘権を保障する必要性が高いので被告人質問による、とする提案もある (河村・前掲251頁)。

5 以上に対し、(2)AとXが共同被告人であるときの、Aの公判廷外の供述 (供述調書) は、同じ被告人であるXにとっては伝聞証拠となる。それゆえ、共同被告人の供述の証拠能力の問題は、Xの同意 (法326条1項) がある場合のほか、法321条以下のいずれかの規定により、証拠能力を例外的に認められるかという点に求められる。

この場合、(イ)Aを「Xにとっても被告人」として扱うのであれば、法322条1項の適用が問題となる (322条説)。同説は、Aの供述は、共同被告人A・Xの両者にかかわる不可分な内容の供述であることや、共同被告人については合一的確定の要求が強いこと、共同被告人の黙秘権は被告人の反対尋問権に優先すること、被告人の供述として任意性を厳格に解すべきことなどを、実質的な根拠とする。

これに対し、(ロ)Aを「Xにとっては第三者」として扱うのであれば、被告人以外の者の公判廷外の供述に関する法321条1項の適用が問題となる (321条1項説)。Xにとってみれば、Aの供述はX自身の供述とは同視しえず、A自身に不利益で任意性があればよいとするとXの反対尋問権が軽視され、Xが不利になりすぎるとする配慮もある。

6 刑事責任の有無は個別に考えるべきであり、単に弁論が併合されているか否かという事情によって取扱いを異にするのは相当でないことなどを考慮すれば、単純に、Aが共同被告人であっても、被告人Xにとっては「被告人以外の者」にあたると解すべきで、法321条1項各号の要件を充足した場合にのみ、Aの供述調書は証拠能力を有するとすべきである。この点では、共同被告人の供述調書も、第三者の供述調書と同じ扱いを受け、共同被告人が刑法上の共犯であると否とは問われないことになる。

判例も、最決昭和27年12月11日 (刑集6-11-1297) が、「相被告人Aの検察官に対する供述調書は、被告人Xに対する関係においては刑訴321条1項2号の書面」であるとして、共犯である共同被告人の検面調書について、最判昭和28年6月19日 (刑集7-6-1342) が、共犯でない共同被告人の検面調書について、(ロ)説を採用している。

4-45 共犯者の供述と補強証拠

最1小判昭和51年2月19日（刑集30巻1号25頁・判タ335号317頁）

［参考］高木典雄・圏昭51-7、光藤景皎・法セ258-180、圏477

事実 被告人Xは、衆議院議員総選挙の立候補者Bを当選させる目的をもってAに現金を供与したという、公職選挙法違反で起訴された。

捜査段階で、対向犯たるAは金員受供与の事実を自白し、その旨の検面調書が作成された。しかし、1審は、当該検面調書には本件公訴事実を認めるに足る証明力があるとしつつも、Xの対向犯として起訴されXと併合審理されたが、病気不出頭により公判分離され、その後死亡したAにつき、もし生存していれば必要的共同正犯として同一訴訟で審理を受けたであろうと思われるところ、Aの犯罪を認めるべき証拠としてはAの自白が存するだけであるから、Aに対しては法319条2項により無罪となるが、対向犯相互間でなされた歴史的客観的事実は、同一訴訟手続で審理されるときは合一に確定されなければならず、Aを有罪と認めることができない以上、疑わしき被告人の利益の鉄則によりXに不利益に有罪を認定できず、X事件は結局犯罪の証明なきに帰するとして、Xを無罪とした。

これに対して、原審は、被告人本人にとって共同審理を受けていると否とにかかわらず共犯者（必要的共犯者を含む）の自白は、本人の自白と同一視し、またはこれに準ずるものではないから、これを唯一の証拠として被告人本人の犯罪事実を認定し有罪とすることは許されるとの最高裁判例（最大判33・5・28【5-1】、最判昭45・4・7刑集24-4-126）を引用したうえで、法は共犯事件につき犯罪の成否が合一に確定されなければならないとしているわけでなく、犯罪の証明があった一方を有罪とし、犯罪の証明がなかった他方を無罪とすべきことは当然で、この理は、必要的共犯につき共同審理がなされ、一方の自白が唯一の証拠である場合についても何ら異なるところはないとして1審判決を破棄し、Xを有罪とした。

これに対し、弁護人は、共犯者の自白といえども、本人の自白と同様であり、補強証拠なく有罪認定したとして憲法38条3項違反などを主張し、上告した。

判旨 上告棄却。「弁護人……の上告趣意第1点は、憲法38条3項違反をいうが、共犯者の供述を、右憲法の規定にいう『本人の自白』と同一視し、又はこれに準ずるものとすべきでないことは、当裁判所の判例〔最大判昭和33年5月28日【5-1】〕とするところであるばかりでなく、本件については、原判決が共犯者の供述のみによって被告人の本件犯罪事実を認定したものでないことは、原判決が掲記する証拠の標目自体によっても明らかであるから、所論は採用することができない」。

解説 **1** 共犯者の供述（共犯者の側から捉えると自白）については、自己の刑事責任を免れたり、軽減されることを企図して第三者を巻き込むおそれ、あるいは、真犯人を隠すために他の者を犯人に仕立て上げるおそれなどの、いわゆる**巻き込みの危険**がある。そのため、共犯者の供述だけで被告人を有罪とできるか、それとも、共犯者の供述（自白）も本人の自白と同一視して、補強証拠がなければ被告人を有罪となしえないかが争われている。

2 この点、自白に補強証拠を必要とする趣旨に照らし、共犯者の自白を被告人本人の

自白と区別すべき理由がないこと、共犯者の1人Aが自白し他方Xが否認した場合、他に補強証拠がない限り、自白したAは無罪となり、否認したXは有罪になるという不都合な結果を生ずることなどを理由に、補強証拠を必要とする説（必要説）も有力であり、本件でも、その立場に立つ団藤重光裁判官による反対意見が付されている。

しかし、共犯者といっても第三者であって被告人本人ではないし、共犯者の供述については被告人に反対尋問の機会があるのであるから、両者を同一視すべきではない。また、補強証拠は自由心証主義の例外であるから、この規定を安易に拡張するのは妥当ではない。

3 判例は当初動揺したが、本判決も引用する最大判昭和33年5月28日（**【5-1】**）が、憲法38条3項は、完全な自白があることを前提とする規定で、証拠の証明力に対する自由心証主義に対する例外規定として厳格に解釈すべきで、「共犯者の自白をいわゆる『本人の自白』と同一視し又はこれに準ずるものとすることはできない。けだし共同審理を受けていない単なる共犯者は勿論、共同審理を受けている共犯者（共同被告人）であっても、被告人本人との関係においては、被告人以外の者であって、被害者その他の純然たる証人とその本質を異にするものではないからである。されば、かかる共犯者又は共同被告人の犯罪事実に関する供述は、憲法38条2項のごとき証拠能力を有しないものでない限り、自由心証に委かさるべき独立、完全な証明力を有する」として以降、一貫して、共犯者の供述に第三者の供述と同様の証拠能力を認め、補強証拠は必要でないとしている（**不要説**）。

4 とはいえ、共犯者の供述については、従来から巻き込みの危険が指摘されており、その信用性は慎重に吟味すべきものとされていることもあって、多くの裁判例では、必ずしも補強証拠とはいえないこともあるが、供述の信用性を肯定するに足る何らかの積極的根拠を求めている（本件も同様である）。また、巻き込みの危険と同種の危険は、純然たる第三者の場合にも存在し、被告人から被害を受けたという被害者の供述などでも、犯人に仕立て上げるおそれがないとはいえない。

さらに、共犯者の供述を証拠能力の次元で捉えるとしても、証拠能力のある供述については次に証明力の判断をしなければならず、巻き込みの危険を十分意識して信用力を判断するのであれば、補強証拠の有無を独立の証拠能力の要件とする必要性は少ない。

4-46　共犯者の供述による補強

最1小判昭和51年10月28日（刑集30巻9号1859頁・判タ344号309頁）

[参考] 香城敏麿・<u>齏</u>昭51-293、中野目善則・<u>齏</u>9版172、山名京子・<u>齏</u>10版180、<u>齬</u>478

事実　被告人X、およびA・B・Cの4名は、交通事故を偽装して故意に受傷し、保険金を騙取しようと共謀のうえ、X・A・Bの乗車する自動車に、Cが運転する自動車を故意に追突させ、この事故によりX・A・Bがいずれも外傷性頸椎症等の傷害を受けたとして入院し、X・A・Bが、それぞれ保険金の支払いを請求して、その支払いを受け、または受けようとしたとして、詐欺および詐欺未遂の共同正犯で起訴された。

1審では、Xは犯行を否認したが、共同被告人でもあるA・B・Cは、大筋で一致して犯行を認めたため、1審判決は、これら3名の自白を主な証拠として、Cに詐欺罪の幇助のみを認定した以外は、起訴どおりの事実を認定して、Xを含め全員を有罪とした。

X側が控訴したところ、原審は、共犯者A・B・Cの自白はいずれも十分信用するに足るものであるとし、Xの量刑不当の主張のみを認めた。これに対して、弁護人は、共犯者の自白のみによって共謀の事実を認定し、Xの有罪を認定した原審判決は憲法38条3項に違反するなどとして、さらに上告した。

判旨　上告棄却。「弁護人……の上告趣意第1点は、憲法38条3項違反を主張するが、当裁判所大法廷判決〔最大判昭和23年7月14日刑集2巻8号876頁、最大判昭和23年7月19日刑集2巻8号952頁、最大判昭和33年5月28日**【5-1】**〕の趣旨に徴すると、共犯者2名以上の自白によって被告人を有罪と認定しても憲法38条3項に違反しないことが明らかであるから、共犯者3名の自白によって本件の被告人を有罪と認定したことは、違憲ではない。のみならず、原判決がその基礎とした第1審判決の証拠の標目によると、共犯者らの自白のみによって被告人の犯罪事実を認定したものでないことも、明らかである」。

解説　**1**　共犯者の供述（共犯者の側から捉えると自白）については、いわゆる巻き込みの危険があることが指摘され、共犯者の供述だけで被告人を有罪とできるか、それとも、共犯者の供述（自白）も本人の自白と同一視して、補強証拠がなければ被告人を有罪となしえないかが争われてきている（**【4-45】**）。

2　これに対して、共犯者の供述が被告人本人の自白を補強しうることには争いはない。判例も、たとえば最大判昭和23年7月19日（刑集2-8-952）が、「被告人の自白が存する場合に補強証拠として相被告人の供述を用いることは、差支ない」としており、本判決もその立場を確認したものである。これは、共犯者の供述に補強証拠を必要としないとする不要説によれば、もちろん肯定できる。本件でも、不要説を前提に、「被告人の自白がなく、共犯者2名以上の自白がある場合には、右の共犯者らの自白を証拠として被告人を有罪としても、憲法38条3項に違反するものでな」く、「憲法38条3項が『本人の自白』を唯一の証拠として有罪とすることを禁止し、補強証拠の存在を必要としているのは、自

白の偏重により誤判を招くことを防止する趣旨なのであるから、本人とは独立した共犯者の自白があって、それにより本人の自白の信用性が認められるならば、本人を有罪としても、憲法の趣旨にすこしも反するものではない。共犯者の自白が相互に補強証拠となりうるのは、……むしろ当然」とする、岸盛一、岸上康夫両裁判官の補足意見が付されている。

3 また、共犯者の自白に補強証拠が必要であるとする補強証拠必要説も、共犯者の自白と本人の自白を全く同じものと考えるわけではないから、補強証拠になりうるものとする。本件でも、団藤重光裁判官が、【**4-45**】の反対意見で示した必要説の立場から、「共犯者の自白は、いうまでもなく、各別の主体による別個・独立のものである。2人以上の者の自白が一致するときは、たといそれが共犯者のものであろうとも、誤判の危険はうすらぐことになるから、相互に補強証拠となりうるもの」とし、「ただ、本件のように、本人の自白がないばあいに、共犯者2人以上の自白だけで本人の有罪をみとめてよいかどうかについては、右の見地以外に、さらに他の観点からも考察を」要し、「2人の共犯者の証言があっても、なお、補強証拠を要する」とするアメリカ法制があるが、その「背景には、イギリスにおける同様の実務慣行以来の歴史的な沿革があるのであって、その主眼は、共犯者による誤った他人の巻きこみを防止することに置かれている。だから、このばあいに補強証拠が必要とされるのは、一般のばあいのように罪体についてではなく、被告人と犯罪との結びつきの点についてなのである。このような法制は、それなりに合理性をもつものというべきであろうが、こうした沿革をもたないわが国の法制において、憲法38条3項の解釈としてそのままの結論を導くことは困難」であり、「共犯者の自白も『本人の自白』に含まれ補強証拠を必要とするものと解するのは、英米法制を参照しながら、可能なかぎりで、これに近い取扱いをわが憲法38条3項の解釈論にも持ちこもうとする意図をもつものであるが、そこには一定の限界があ」って、「2人以上の共犯者の自白は相互に補強し合うものであって、否認している本人をこれによって有罪とすることは、憲法38条3項に反するものではない」とし、下田武三裁判官が同調している。

4 なお、補強証拠必要説によったとしても、共犯者3名のうちAとBが自白してXが否認している場合には、AとBについては、ともに自白していて、相互にその供述が補強されていることになる。また、Xについても、共犯者であるBまたはAの供述に補強されていることになるから、Xも有罪となる。

4-47　筆跡鑑定

最 2 小決昭和 41 年 2 月 21 日（判時 450 号 60 頁）

[参考] 山崎学・圖7 版 156、井上正仁・研修 560-3・562-6、中島宏・圖10 版 150、圖480

事実　被告人 X は、札幌市役所で「餅代よこせ」等の要求をして座り込みをしたという住居侵入事件について取調べを担当した警察官 S 課長（白鳥事件の被害者）や検察官 T に対し計 5 通の脅迫ハガキ（「本件ハガキ」）を郵送したという脅迫の事実で起訴された。

本件ハガキについては、捜査段階で 1 回、1 審で 2 回、控訴審で 2 回の計 5 回の筆跡鑑定が、それぞれ別の鑑定人によって行われた。控訴審最後の E 鑑定を除く 4 鑑定は、いずれもいわゆる伝統的筆跡鑑定の方法によったもので、X に不利な結論を出しており、これが有罪の決め手となった。これに対し、E 鑑定は、鑑定人が理論物理学者で、前記 4 鑑定の鑑定方法は近代統計学上からみて信頼度が薄いとする結論であった。

弁護人らは、E 鑑定を根拠として、いわゆる伝統的筆跡鑑定によった 4 鑑定が、鑑定人の主観と勘を頼りにした客観性、科学性のないものであり、特定の文字について「相同性」のみを強調し、「相異性」「稀少性「常同性」を無視してなされた信頼度の薄いものであるなどと主張して上告した。

決定要旨　上告棄却。「いわゆる伝統的筆跡鑑定方法は、多分に鑑定人の経験と感〔勘〕に頼るところがあり、ことの性質上、その証明力には自ら限界があるとしても、そのことから直ちに、この鑑定方法が非科学的で、不合理であるということはできないのであって、筆跡鑑定におけるこれまでの経験の集積と、その経験によって裏付けられた判断は、鑑定人の単なる主観にすぎないもの、といえないことはもちろんである。したがって、事実審裁判所の自由心証によって、これを罪証に供すると否とは、その専権に属することがらであるといわなければならない」。

本件では、E 鑑定人を除く 4 鑑定人は、いずれも筆跡鑑定の経験が豊富であり、それぞれの観点にたって、本件ハガキ 5 枚と X の筆跡と認められる盗難届、ノートなどを比較検討した結果、すべてが同一人の筆跡であるという結論、あるいは異筆のものがない、という結論に到達し、4 鑑定人ともこれを断定しており、その鑑定にあたり、「相異性」「稀少性」「常同性」などの点も斟酌したことがうかがわれ、しかも 4 鑑定人のうち、B、C、D 各鑑定人は、X 側の請求にかかる鑑定につき選任されたものであり、選任については異議申立てもなく、また 4 鑑定人作成の各鑑定書はいずれも証拠とすることに同意のうえで取り調べられている。一方、E 鑑定人は、これまで筆跡鑑定をした経験がまったくなく、本件をきっかけにしてはじめてその研究にとりかかったものであり、その鑑定も、要するに「4 鑑定人の本件筆跡鑑定方法は、近代統計学上からみて信頼度がうすく、客観的な証明力をもたないと認める」というに帰するものであって、本件ハガキの筆跡と X の筆跡との同一性につき判断を示しているものではないから、原判決が、E 鑑定を採用せず、4 鑑定人の各鑑定およびその他 1 審判

決が掲げた各証拠を総合して本件犯罪事実を認定しうるとしたことは、何ら採証法則に違反するものではない。

解説 **1** 非供述証拠については、伝聞性や供述の任意性の問題がないことから、刑訴法には特別の規定は置かれていない。ただし、非供述証拠は、証拠として採用されれば大きな証拠価値を有することも少なくないため、①証拠としての関連性の有無や、②その収集方法が問題となりうる。

2 科学的証拠の証明力については、その社会的評価が固まるまでの間、困難な問題を生ずる場合が少なくない。そこでは、どのような条件が備わっていれば自然的関連性（要証事実に対する必要最小限度の証明力の存在）を認めることができるかが問題となる。一般的には、その科学技術が一般的に信頼できるものであり、当該事案における用いられ方が相当なもので、その方法や結果の当否を事後的に評価しうる場合には、証拠としての関連性を認めることができよう（アメリカでは、新しい科学的証拠には当該専門分野における一般的承認が得られる程度の信憑性が必要であるとするフライ基準が支配的であったが、1993年のドーバート判決は、専門家の証言が信頼できる科学的根拠に基づいていれば、当該分野における一般的承認がなくても証拠として許容されるというより柔軟な基準を示している）。

3 本件で問題となった筆跡鑑定は、筆記者の確認できていない資料（鑑定資料）と筆記者の確定している資料（対照資料）の筆跡を比較対照して、筆記者の異同を識別するものである。

これは、文書鑑定の一種であり、古文書・書画の研究家、警察鑑識係官のほか、心理学、日本語学、統計学、推計学等を主たる背景とする研究者等が鑑定人となる。また、鑑定の手法についても、筆跡から類似する特徴（相同性）と相違する特徴（相異性）を比較対照する伝統的手法や、筆跡の個人間の希少性と個人内の恒常性（常同性）に着目しこれを計量化し統計的処理をする手法など様々であり、判断手法によっては客観性に乏しいものもあるため、その証明力に限界はあるものの、経験によって裏づけられた合理的なものであれば、証拠として用いることができる。本決定が、「事実審裁判所の自由心証によって、これを罪証に供すると否とは、その専権に属することがらである」としたのも、この趣旨を明らかにしたものであろう。

また、本決定は、「筆跡鑑定を唯一の直接証拠として有罪の判決をすることができないという、刑訴法上の証拠法則は存しない」とも判示している。もっとも、そのような制限を加える刑訴法上の明文規定がないのはたしかだが、前記のような筆跡鑑定の性質に鑑みれば、それは例外的な場合に限られるであろう。

4 筆跡鑑定書は、法321条4項により、作成者が作成の真正を証言すれば証拠能力が認められる。

4-48　声紋鑑定

東京高判昭和 55 年 2 月 1 日（判時 960 号 8 頁・判タ 407 号 58 頁）

[参考] 柳川重規・圖9 版 144、増井清彦・刑罰法体系 5-254、植村立郎・注釈新版 4-53、圖480

事実　被告人 X は、いわゆるロッキード事件に関連して、当時の M 首相に対し、検事総長の A であると詐称して、同事件で勾留中の被疑者（T 前首相）の処分等につき直接裁断を仰ぎたい旨の電話をかけたとして、検事総長の官職を詐称したという軽犯罪法違反の事実につき、渋谷簡裁で有罪とされた。

X は、事実誤認等を理由に控訴し、控訴審では、本件ニセ電話の主が X である旨の 1 審判決の認定に事実誤認があるかが争点となった、1 審では、本件ニセ電話で最高検察庁の A であると称する者の音声と新聞記者に対して電話中の X の音声等についての声紋鑑定書が、その作成経緯の証言を経て証拠として採用されたが、1 審判決は、これを証拠の標目には掲げなかった。

判旨　控訴棄却。東京高裁は、本件声紋鑑定書の証拠能力および証明力につき、以下のように判示した。

「音声を高周波分析や解析装置によって紋様化し画像にしてその個人識別を行なう声紋による識別方法は、その結果の確実性について未だ科学的に承認されたとまではいえないから、これに証拠能力を認めることは慎重でなければならないが、他面陪審制を採らず、個別的具体的な判断に親しむわが国の制度の下では、各種器械の発達及び声紋識別技術の向上に伴い、検定件数も成績も上昇していることにかんがみれば、一概にその証拠能力を否定し去るのも相当でなく、その検査の実施者が必要な技術と経験を有する適格者であり、使用した器具の性能、作動も正確でその検定結果は信頼性あるものと認められるときは、その検査の経過及び結果についての忠実な報告にはその証明力の程度は別として、証拠能力を認めることを妨げないから、本件において、10 数年音声識別の研究に従事し多数の声紋法による個人識別の鑑定例を持つ鑑定人 B の作成した鑑定書について原審がその作成経緯の証言を経て証拠として採用したことは相当と認められるところ、原判決はこれを罪となるべき事実についての証拠としては掲げていないが、同鑑定書の記載中……の鑑定結果は、前記原審における B の証言からも明らかなように、これらの対照音声がいずれも識別の容易な通常会話中のものであることに徴しても、また〔本件〕テープを再生して繰返し聴取すると、右偽電話の A と称する者の声が当初は含み声であるのが会話でのやり取りが激しくなるにつれて、その音声、語調、合いの手の入れ方等が次第に他の録音における X の声に似て聞えることを併せ考えても信頼性が低いとはいえず、少なくとも原判決の前示の判断を補強するものと認められる」（本件の上告審である最決昭 56・11・20 刑集 35-8-797 は、本判決を維持したが、声紋鑑定については実質的な判断を示していない）。

解説　**1**　電話による脅迫事件や恐喝事件などでは、犯人の声と被告人の声との同一性

を判定して、それを立証することが、広く行われている。

声紋鑑定とは、音声を解析装置（サウンドスペクトログラフ）によって紋様化（画像化）して個人識別を行う手法である。わが国では、昭和38年の吉展ちゃん事件で犯罪捜査に初めて使用されたとされる。

2 声紋鑑定は、言葉のつながり方や語調などによって変動すること、同一人でも、その時の身体の状態や年齢によって微妙に変化し、偽装の余地もあること、周囲の雑音の混入があること、声紋の特徴点やその分析判断には相当の技術と経験を必要とすることなどから、その確実性が完全に確立されているとはいい難く、その証明力には限界があるといわざるをえない。

3 しかしながら、声紋鑑定書の証拠能力については、それを肯定した下級審裁判例もかなりみられるようになっている。

本判決は、声紋鑑定について、「その結果の確実性について未だ科学的に承認されたとまではいえないから、これに証拠能力を認めることは慎重でなければならないが、他面陪審制を採らず、個別的具体的な判断に親しむわが国の制度の下では、各種器械の発達及び声紋識別技術の向上に伴い、検定件数も成績も上昇していることにかんがみれば、一概にその証拠能力を否定し去るのも相当でな」いとしたうえで、①検査の実施者が必要な技術と経験を有する適格者であり、②使用した器具の性能、作動も正確でその検定結果は信頼性あるものと認められるときは、「その検査の経過及び結果についての忠実な報告にはその証明力の程度は別として、証拠能力を認めること」ができるとした。

声紋鑑定の証拠能力・証明力につき正面から判断を加えた本判決の意義は大きい。本件以降に証拠能力を肯定した仙台高判昭和57年2月18日（判例集未登載、増井・前掲259頁）、札幌高判昭和63年1月21日（判時1281-22）、東京地判平成2年7月26日（**【1-13】**）、千葉地判平成3年3月29日（判時1384-141）では、いずれも、検査者の適格性、機器の性能、検査実施の正確性等を対象に、鑑定自体の信頼性（自然的関連性）の有無の検討を中心に行っている（植村・前掲54頁）。このような状況は、**2**で述べたように、声紋鑑定の証明力に限界があることを反映したものといえよう。

4 なお、言語学・方言学を基礎として、話者の言葉にみられるアクセント・音韻・語法・語彙等を分析し、その特徴点から話者の出身地を推定したり、特徴点の対比により、話者の同一性を判断する鑑定を言語学鑑定という。前掲東京地判平成2年7月26日および千葉地判平成3年3月29日は、適格者により実施され、その結果が信頼できると認められる場合に、言語学鑑定の証拠能力を肯定できるとする。ただし、「話者の言葉の言語学上の特徴」というのは評価的な要素を排除しきれない事項であり、鑑定者の主観に負うところは声紋鑑定以上に大きいと考えられるから、その証明力の評価には、より慎重さが求められるであろう。

4-49 警察犬による臭気選別

最 1 小決昭和 62 年 3 月 3 日（刑集 41 巻 2 号 60 頁・判タ 639 号 137 頁）

［参考］仙波厚・圏昭 62-37、勝丸充啓・囲7 版 158、德永光・囲10 版 152、酒巻匡・J893-64、圏481

事実 被告人 X は、昭和 56 年 4 月 8 日午前 7 時 35 分ころ、歩行中の A 女を強いて姦淫しようとし、包丁様の刃物を突きつけ、道路から山中に同女の手を引っ張るなどの暴行、脅迫を加え、その反抗を抑圧して強いて同女を姦淫しようとし、その際 A 女に傷害を負わせたが、たまたま自動車が接近してきたため強姦の目的を達せず、犯行の発覚を恐れて山中に逃走した、という強姦致傷等の事実につき起訴された。

捜査では、警察犬による臭気選別が 2 回にわたり行われた。犯行当日に行われた第 1 回臭気選別は、犯人が残したと思われる足跡からの臭気（①）、犯行現場近くの山中で発見された遺留靴下の臭気（②）、犯行現場近くで発見された X 車両の運転手側ドアの取っ手の臭気（③）につき、①—②、①—③の各同一性を判別するために行われた。警察犬カール号は、①を原臭とし、他方に 4 つの誘惑臭と対照臭（②または③）を置き、いずれを持来するかという選別方法で、予備選別で 3 回、本選別で 3 回、いずれも対照臭を持来した。

X は、同年 6 月 9 日に逮捕されたものの、一貫して本件犯行を否認した。そして、その後の

勾留中の 6 月 29 日に、遺留靴下（②）と、勾留中の X が使用していたゴム草履臭（④）とふとんカバー臭（⑤）とで、②—②、②—④、②—⑤、④—⑤の間で、臭気の各同一性を識別するための第 2 回臭気選別が行われた。識別にあたったカール号は、予備選別ではすべて対照臭を持来し、本選別でも④—⑤以外の組合せでは、各 3 回でいずれも対照臭を持来した（④—⑤では、計 5 回のうち、3 回は対照臭を持来したが、2 回は断念した）。

公判では、X と犯人との同一性が争点となったが、第 1 回臭気選別に関して、1 審、控訴審とも証拠能力だけでなく高度の証明力を認め、第 2 回臭気選別については、1 審は、証拠能力は認めつつ、2 回の断念があったことなどから、証明力に疑問を呈し同一性認定の証拠とはしなかったが、控訴審は、高度の証明力も認め、他の証拠もあわせ、X が犯人であると認定した。

これに対して弁護人は、犬の臭気選別に一般的な科学的裏づけはなく、カール号の臭気選別能力やその指導手の能力、選別実施方法に問題があるとして、本件臭気選別結果の証拠能力、証明力を争って上告した。

決定要旨 上告棄却。「警察犬による本件各臭気選別の結果を有罪認定の用に供した原判決の当否について検討するに、記録によると、右の各臭気選別は、右選別につき専門的な知識と経験を有する指導手が、臭気選別能力が優れ、選別時において体調等も良好でその能力がよく保持されている警察犬を使用して実施したものであるとともに、臭気の採取、保管の過程や臭気選別の方法に不適切な点のないことが認められるから、本件各臭気選別の結果を有罪認定の用に供しうるとした原判断は正当である（右の各臭気選別の経過及び結果を記載した本件各報告書は、右選別に立ち会った司法警察員らが臭気選別の経過と結果を正確に記載したものであることが、右司法警察員らの証言によって明らかであるから、刑訴法 321 条 3 項により証拠能力が付与されるものと解するのが相当である。）」。

解説 **1** 警察犬による臭気選別検査とは、犯行現場に遺留された犯人の使用したとみ

られる物品等を採取したうえ、指導手がそれに付着した犯人の体臭（原臭）を警察犬に嗅がせて記憶させ、一定距離離れた台の上に置かれた複数の物品（被疑者の体臭の付着した物品を含む）の中から、原臭と同じ体臭の付着している物件を選別して持って来させる方法によって、被告人と犯人との同一性を立証する手法である。

2 この手法には、①臭気の実体について科学的に十分解明されておらず、人の体臭に、指紋のように千差万別であり同一のものがありえないという科学的な根拠がない、②犬の嗅覚についての科学的解明が十分でなく、犬がどのようにして人の体臭を識別するのか、特に類似した臭気について、どの程度の識別能力があるかが明らかでない、③犬の嗅覚に個体差があるばかりでなく、犬の選別能力が体調、情緒等によっても影響を受ける、④犬の指導手に対する迎合性がある、⑤結果の正確性（犬が2個以上の臭気が同一であると識別している根拠）についての科学的な検証が不可能であり、追試（再実験）も著しく困難である、といった問題があるとされる（仙波・前掲50頁）。そのため、(a)犬の臭気選別に証拠としての適格性（自然的関連性または法律的関連性）を否定する見解も主張されている。

3 しかし、(b)臭気識別につき犬が人間よりはるかに高い能力を有し、個体差のあることが経験的に裏づけられている人の体臭を嗅ぎ分けることができ、臭気識別能力の特に優れた犬を選び出して訓練を施すことで、個々人の臭気の異同を高度の正確性をもって識別できる状態に達し得ること、その臭気選別結果には一般的に高度の正確性が認められることは、経験的に裏づけられていると思われ、臭気選別結果の信頼性が一般的に乏しいとはいえないであろう（仙波・前掲51頁）。

本決定は、(1)専門的な知識と経験を有する指導手の関与、(2)臭気選別能力が優れ、選別時において体調等も良好でその能力がよく保持されている警察犬の使用、(3)臭気の採取、保管の過程や臭気選別の方法に不適切な点がないことを、臭気選別結果を有罪認定の用に供しうるための要件として挙げている。

ただ、臭気選別結果については、それを被告人の犯人性を肯定する唯一の証拠として使用するのではなく、犯人識別に関する他の証拠と総合して事実認定に資するものとする運用が望まれよう（東京高判昭60·6·26判タ564-288参照）。

4 なお、臭気選別検査の経過と結果を記載した書面は、専門的な知識と技能を有する指導手が作成したものであれば、鑑定受託者による鑑定書の一種として法321条4項（**【4-30】**参照）を、選別実験に立ち会った警察官がそれを記載したものであれば、実況見分調書の一種とみて同条3項を（**【4-25】**参照）それぞれ準用して、証拠能力を判断することになる。

4-50　DNA 型鑑定―足利事件

最 2 小決平成 12 年 7 月 17 日（刑集 54 巻 6 号 550 頁・判タ 1044 号 79 頁）

[参考] 後藤眞理子・⿈平 12-172、小木曽綾・⿈9 版 142、佐々木一夫・⿈10 版 148、⿈481、⿈296

事実　本決定に至る事実関係は、以下のとおりである。

平成 2 年 5 月、幼女 A（当時 4 歳）が行方不明となり、翌朝、付近の河川敷の草むらから、全裸の遺体で発見され、付近の川底から A の半袖下着などが発見されるという事件が発生した。A の死因は頸部圧迫による窒息死で、遺体の表面に唾液が付着し、半袖下着には精液斑が付着していた。その後の捜査で被告人 X が不審者として捜査線上に浮上し、捜査官は、X の精液が付着したティッシュペーパーを入手したため、以前保管していた A の半袖下着に付着していた精液斑との同一性について、科学警察研究所に鑑定を嘱託した。その結果、両者の血液型は ABO 式とルイス式とで同型で、MCT118DNA 型も同型であるとの鑑定結果が得られた（「本件鑑定書」）。そこで嫌疑を深めた捜査当局は、事件発生から約 1 年半後に X を事情聴取したところ、自白したため逮捕した。X は、その後も犯行を認め続け、1 審の被告人質問の途中で一時否認に転じたものの再度自白し、弁論が終結された。しかし、その後 X が再び否認したため、弁論が再開され、X は、再度実施された被告人質問以後一貫して犯行を否認した。1 審は、1 審弁護人が本件鑑定書を不同意としたため、鑑定を実施した技官を証人尋問したうえで、本件鑑定書の証拠能力を認め、また X の自白の信用性をも肯定して、X を有罪とし、無期懲役に処した。

X 側は、DNA 型鑑定の証拠能力・証明力および X の自白の任意性・信用性を争って控訴したが、控訴審判決は、以上について関係証拠を詳細に検討したうえで、いずれもこれを肯定し、控訴を棄却したため、さらに上告した。

決定要旨　上告棄却。「本件で証拠の 1 つとして採用されたいわゆる MCT118DNA 型鑑定は、その科学的原理が理論的正確性を有し、具体的な実施の方法も、その技術を習得した者により、科学的に信頼される方法で行われたと認められる。したがって、右鑑定の証拠価値については、その後の科学技術の発展により新たに解明された事項等も加味して慎重に検討されるべきであるが、なお、これを証拠として用いることが許されるとした原判断は相当である。」

解説　**1**　DNA 型鑑定とは、人の細胞内に存在する DNA（デオキシリボ核酸）の塩基配列を鑑定対象として個人識別を行う手法である。非常に高い確率で個人を識別できる方法として注目され、平成 17 年 9 月からは、警察において鑑定記録がデータベース化され（警察庁 DNA 型記録取扱規則）、鑑定件数も増加している。

2　本決定は、本件 DNA 型鑑定（「原鑑定」）について、(1) MCT118DNA 型鑑定の科学的原理が理論的正確性を有すること、(2)本件鑑定が技術を習得した者により科学的に信頼される方法で具体的に実施されたと認められることを掲げて、証拠の許容性を肯定した。

さらに、当該鑑定の証拠価値については、(3)その後の科学技術の発展により新たに解明された事項等も加味して慎重に検討されるべきである旨を指摘をしている。上告趣意は前記(1)・(2)に加えて再鑑定の担保を要件とするように主張していたが、本決定は、これを不可欠の要件とすることまでは認めていないと解される。もちろん、鑑定に関して、残余の

資料がある場合には、再鑑定のための資料の保存等がなされることが好ましいとはいえるが、本件に即した判断としては、資料の絶対量が少なく、追試のための資料の保存等の余裕がなかったという事情があり、少なくともこのような場合には、再鑑定が担保されていることを要件とする必要はない、と判断したものといえよう。

3 科学的鑑定の証明力（自然的関連性）を認めるための基準として、(1)科学的法則を応用した技術に理論的妥当性があり、(2)その技術を特定の状況で正当に用いている、という2つの要件が必要とされること自体には異論はないであろう（後藤・前掲178頁。なお、科学的証拠に当該分野での一般的承認を要するかに関するアメリカの議論につき、**【4-47】**も参照）。

また、原鑑定の用いたMCT118型検査法は平成元年に実用化されたものだが、DNA型鑑定の方法は、科学技術の発展に伴って技術的改良が進められている。それゆえ、(3)科学技術の発展により新たに解明された事項があれば、それを考慮することは必要となる。

4 本件に関しては、その後、Xが、原鑑定の結果に疑念を生じさせる内容の大学教授ら作成の報告書等を新証拠として再審を請求をしたところ、東京高決平成21年6月23日（判時2057-168）は、「新証拠の内容、本件の証拠構造における本件DNA型鑑定の重要性及びDNA型鑑定に関する著しい理論と技術の進展の状況等にかんがみ、弁護人が申し立てたDNA型の再鑑定を行う」旨を決定した。そして、大学教授AおよびBを鑑定人に選定し判定させたところ、いずれも鑑定資料から抽出されたDNA型は、いずれもXとは異なるものであるという鑑定結果となった。検察官も、B鑑定の信用性は争ったが、A鑑定については信用性を争わず、A鑑定が用いた精液のDNAの抽出方法についても適切なものであると認めており、「B鑑定の信用性について判断するまでもなく、Xは本件の犯人ではない可能性が高いということになる」とし、結論として法435条6号の無罪を言い渡すべき明らかな証拠を新たに発見したときに該当するとして、再審の開始を決定した（再審開始の基準については、いわゆる白鳥決定**【6-7】**を参照）。そして、宇都宮地判平成22年3月26日（判時2084-157）は、Xに無罪を言い渡した（確定判決でXが有罪とされた根拠の1つであるXの自白の信用性について、**【4-8】**も参照）。

なお、以上に関して、検察官も信用性を争わなかったA鑑定には、原鑑定の検査方法は刑事司法に適用する科学技術として標準化が達成されていなかった旨の指摘があるとの由で、原鑑定の先の(1)・(2)要件の充足性に疑念が生ずる余地もあったとの指摘もある（判タ1303-90のコメント）。

5 また、DNA型鑑定において、鑑定資料の適正な保管、適格な検査者による正確な作業と解析等の点に不正確さがあるとして、DNA型鑑定結果の信用性を否定した事案として、福岡高判平成7年6月30日（判タ900-275）がある。さらに、被害者の遺体およびその着衣、ならびに犯行現場の遺留物から検出されたDNAの型鑑定等に基づき、強盗殺人罪で有罪とされた被告人について、被告人以外の男性1名のDNAが検出されたとする鑑定書等の新証拠に関して、「無罪を言い渡すべき明らかな証拠」にあたるとして再審開始請求を容認した事案として、東京高決平成24年6月7日（高刑集65-2-4）がある。

4-51　ポリグラフ検査結果回答書

最1小決昭和43年2月8日（刑集22巻2号55頁・判タ221号173頁）

[参考] 坂本武志・圏昭43-29、大谷直人・圃5版152、山室惠・別冊判タ9-76、圃483

事実　被告人Xは、A名義の定額郵便貯金証書1通を窃取し、さらに同証書に関して、A名義の払戻受領書を偽造したうえ、郵便局係員に提出して行使し、金員の交付を受けたという事実につき、窃盗、私文書偽造・同行使・詐欺の各罪で起訴された。

Xは、捜査段階で司法警察員たる郵政監察官による2月14日の取調べで自白をしたものの、その後は否認を続けていたところ、取調官は、XおよびAの希望により、両者に関してポリグラフ検査を実施し、検査者Sにより、4月13日付および14日付の各検査結果回答書が作成された。

1審において、検察官は前記検査結果回答書の証拠調べを請求し、被告人側が証拠とすることに同意したため、同回答書について証拠調べがなされた。そして、東京地裁は、公訴事実全部についてXを有罪としたが、その証拠中に本件回答書も掲げていた。

弁護人は、「ポリグラフ検査結果の確実性は未だ科学的に承認されていないから、これらはすべて刑事裁判の本質に照らし、証拠能力を有しない」などと主張して控訴したが、東京高裁は、「ポリグラフ検査の経過及び結果に関する各証拠をまつまでもなく、Xの所為にかかる原判示窃盗、私文書偽造、同行使、詐欺の各事実を優に肯認することができる」としたうえで、本件ポリグラフ検査結果回答書に関して、「いずれも原審において検察官が、刑事訴訟法第321条第4項所定の書面としてその取調を請求し、被告人側において、これを証拠とすることに同意したものであり、……各書面はいずれも**検査者が自ら実施した各ポリグラフ検査の経過及び結果を忠実に記載して作成したものであること、検査者は検査に必要な技術と経験とを有する適格者であったこと、各検査に使用された器具の性能及び操作技術から見て、その検査結果は信頼性あるものであること**が窺われ、これによって各書面が作成されたときの情況に徴し、……これを証拠とするに妨げがないものと認められるので、同法第326条第1項所定の書面として証拠能力があ」ると判示した。

決定要旨　上告棄却。「ポリグラフの検査結果を、被検査者の供述の信用性の有無の判断資料に供することは慎重な考慮を要するけれども、原審が、刑訴法326条1項の同意のあった警視庁科学検査所長作成の昭和39年4月13日付ポリグラフ検査結果回答についてと題する書面〔S作成の検査結果回答書添付のもの〕および警視庁科学検査所長作成の昭和39年4月14日付鑑定結果回答についてと題する書面〔S作成のポリグラフ検査結果報告についてと題する書面添付のもの〕について、その作成されたときの情況等を考慮したうえ、相当と認めて、証拠能力を肯定したのは正当である」。

解説　**1**　ポリグラフ検査とは、被験者に被疑事実等に関連する質問を関連のない質問に交ぜて答えさせ、検査者の発問に対する供述時の呼吸、血圧、脈拍、発汗（皮膚電気反射）等の複数の生理的変化を多現象同時記録装置（ポリグラフ）に記録させるものである。検査者は、検査記録を観察分析し、被験者の返答の真偽を判断して、検査の経過と結果をポリグラフ検察結果回答書に記載する。この書面は、専門家たる検査者が被験者の応答に

対する検査記録から判断する「一種の心理検査若しくは心理鑑定」（東京高決昭和41・6・30 高刑集19-4-447）ともいうべきものである。

2 ポリグラフ検査の結果を記したポリグラフ検査回答書について、本決定は、①その検査結果が、検査者の技術経験、検査器具の性質に徴して信頼できるものであり、かつ、②検査の経過および結果を忠実に記載したものであるときは証拠能力があるとした原審判断を肯定している。

ただし、本件は、法326条1項の同意があった検査結果報告書に関する事案である。同意の意義に関しては、(a)それを反対尋問権の放棄と考える見解と、(b)積極的な証拠能力付与行為であるとする見解との対立がある（**【4-40】**）。(a)説からは、同意によってもポリグラフ検査と事件との関連性を基礎づけることにはならないとの前提のもと、本件は、検査結果に同意があることを要件とした証拠能力の新法則を創ったものと解することになる（田宮・前掲195頁）。これに対し、実務の採用する(b)説では、本件では、同意の存在に重要な意義があることになる。すなわち、本件は、ポリグラフ検査の信頼性（あるいは事件との関連性）に対する評価を訴訟当事者の自由な処分にゆだねられるべき問題であるとし、当事者がこの点を争う権利を放棄（同意）する限り、当該書証に証拠能力を認めて採用しても差し支えないと判断したものと捉えることができ（山室・前掲78頁、大谷・前掲153頁参照）、少なくとも回答書の自然的関連性は肯定されるといえよう。

3 それでは、ポリグラフ検査回答書に同意がない場合はどう解するべきであろうか。本件決定では何ら言及されていない点ではあるが、当該書面は、検査者（専門家）が被検者の応答に関する検査記録等から判断した一種の心理鑑定ともいうべきものであるから、法321条4項を準用して証拠能力の有無を判断すべきである（前掲東京高決昭41・6・30）。

4 ポリグラフ検査の証明力については、(a)科学的信頼性になお問題があるなどとして、関連性に疑問があるとする見解もある。これに対しては、(b)捜査官と被害者以外には犯人だけしか知らない事実の質問とその他の質問との組み合わせによる「緊張最高点質問法」など、技術は進歩しており判定の正確性は高いとする見解もある。

ただ、証明力については慎重な吟味が必要であり、証明力を認める場合でも、他の証拠と総合して事実を認定する運用が一般的であろう。

5 なお、ポリグラフ検査については、(a)発問に対応する変化を内心の表出として解釈するのであるから供述証拠としての性質があるとして、黙秘権の保障が及ぶとする有力説もあるが、(b)証拠となるのは質問に対する回答（供述）内容そのものではなく、その質問に対して生じた生理的な変化であり「供述」ではないから、黙秘権の保障は及ばないと解される（**【1-62】**）。

もっとも、実務上、被検者の同意を得て行うこととされており、また、同意しない者に鑑定処分許可状を得たうえで検査を行うことには慎重であるべきであろう。

4-52　違法収集証拠の排除法則(1)―大阪覚せい剤事件

最 1 小判昭和 53 年 9 月 7 日（刑集 32 巻 6 号 1672 頁・判タ 369 号 125 頁）

［参考］ 岡次郎・圏昭 53-386、椎橋隆幸・圄9 版 196、小木曽綾・圄10 版 204、圏486

事実　深夜、覚せい剤事犯や売春事犯の多発地帯で挙動不審の X を職務質問した A 巡査らは、X の態度や顔色などから覚せい剤中毒の疑いを持ち、X を降車させ所持品の提示を求めた。X は拒否したものの、応援の警察官が来てからは、X はぶつぶつ言いながらも右側内ポケットから目薬とちり紙を取り出して A 巡査に渡した。A 巡査は、さらにほかのポケットを触らせてもらうと言って、これに対して何も言わなかった X の上衣とズボンのポケットを外から触ったところ、上衣左側内ポケットに「刃物ではないが何か堅い物」が入っている感じでふくらんでいたので、その提示を要求したが、X は黙ったままであった。A 巡査は「いいかげんに出してくれ」と強く言ったが、それにも答えないので、「それなら出してみるぞ」と言ったところ、X は何かぶつぶつ言って不服らしい態度を示していた。A 巡査が同ポケット内に手を入れて取り出すと、それはちり紙の包とプラスチックケース入りの注射針 1 本であり、ちり紙の包を開披してみると、「ビニール袋入りの覚せい剤ようの粉末」が入っていた。これを試薬を用いて検査した結果、覚せい剤と判明したので、X を覚せい剤不法所持で現行犯逮捕し、覚せい剤粉末（「本件証拠物」）を差し押さえた。

1 審は、本件証拠物を違法収集証拠として排除し、X の自白に補強証拠がないとして X を無罪とし、控訴審もこの判断を支持した。

判旨　破棄差戻。所持品検査の適法性判断について最判昭和 53 年 6 月 20 日（**【1-18】**）を引用したうえ、本件では、所持品検査の必要性・緊急性は肯認できるが、「X の承諾がないのに、その上衣左側内ポケットに手を差し入れて所持品を取り出したうえ検査した A 巡査の行為は、一般にプライバシイ侵害の程度の高い行為であり、かつ、その態様において捜索に類するものであるから」、「本件の具体的な状況のもとにおいては、相当な行為とは認めがたい」ため、職務質問に附随する所持品検査の許容限度を逸脱したものと解され、本件証拠物の差押手続も違法である。

「違法に収集された証拠物の証拠能力については、憲法及び刑訴法になんらの規定もおかれていないので、この問題は、刑訴法の解釈に委ねられている」。「刑訴法は、『刑事事件につき、公共の福祉の維持と個人の基本的人権の保障とを全うしつつ、事案の真相を明らかにし、刑罰法令を適正且つ迅速に適用実現することを目的とする。』（同法 1 条）ものであるから、違法に収集された証拠物の証拠能力に関しても、かかる見地からの検討を要する」。「ところで、刑罰法令を適正に適用実現し、公の秩序を維持することは、刑事訴訟の重要な任務であり、そのためには事案の真相をできる限り明らかにすることが必要であることはいうまでもないところ、証拠物は押収手続が違法であっても、物それ自体の性質・形状に変異をきたすことはなく、その存在・形状等に関する価値に変りのないことなど証拠物の証拠としての性格にかんがみると、その押収手続に違法があるとして直ちにその証拠能力を否定することは、事案の真相の

究明に資するゆえんではなく、相当でない」が、「他面において、事案の真相の究明も、個人の基本的人権の保障を全うしつつ、適正な手続のもとでされなければなら」ず、「ことに憲法35条が、憲法33条の場合及び令状による場合を除き、住所の不可侵、捜索及び押収を受けることのない権利を保障し、これを受けて刑訴法が捜索及び押収等につき厳格な規定を設けていること、また、憲法31条が法の適正な手続を保障していること等にかんがみると、証拠物の押収等の手続に憲法35条及びこれを受けた刑訴法218条1項等の所期する令状主義の精神を没却するような重大な違法があり、これを証拠として許容することが、将来における違法な捜査の抑制の見地からして相当でないと認められる場合においては、その証拠能力は否定されるものと解すべきである」。本件のA巡査の行為は、「職務質問の要件が存在し、かつ、所持品検査の必要性と緊急性が認められる状況のもとで、必ずしも諾否の態度が明白ではなかった被告人に対し、所持品検査として許容される限度をわずかに超えて行われたに過ぎ」ず、「もとより同巡査において令状主義に関する諸規定を潜脱しようとの意図があったものではなく、また、他に右所持品検査に際し強制等のされた事跡も認められないので、本件証拠物の押収手続の違法は必ずしも重大であるとはいえないのであり、これを被告人の罪証に供することが、違法な捜査の抑制の見地に立ってみても相当でないとは認めがたいから、本件証拠物の証拠能力は」肯定される。

解説 **1** 違法収集証拠の排除法則とは、違法な手続によって収集されたものは裁判における証拠から排除すべきとする理論である。令状主義による事前抑制や違法捜査に対する事後的措置のみでは、刑事訴訟の適正が完遂できないという考慮が基本に存在する。

　ただし、現行法に明文の規定はなく、また、自白とは異なり、証拠物の場合には、収集手続に違法があってもその証拠価値に変わりはない。そのため、判例は当初排除法則に消極的であった（最判昭24・12・13裁集刑15-349）が、本件は違法収集証拠排除の原則を認めるに至った重要判例である。

　2 排除法則を認める根拠として、憲法の適正手続条項の要求と解する(a)憲法保障説（規範説）、違法収集証拠の使用は司法に対する国民の信頼を損なうとする(b)司法廉潔性説、違法捜査を将来にわたって抑止する手段と解する(c)抑止効説があるとされる。

　3 これらの見解は、排除基準の解釈にも関係するとされる。(a)説からは、憲法の保障する基本権の侵害があれば証拠を直ちに排除すべきとされるため、端的に手続の違法の有無のみを基準とする(イ)絶対的排除説につながる。しかし、(b)司法に対する国民の信頼の確保の観点と(c)違法捜査の抑止の観点から、採証手続の違法性の程度や抑止効果等を総合的に考慮して判断する(ロ)相対的排除説が有力である。

　4 本判決は、①令状主義の精神を没却するような重大な違法があり、②将来における違法捜査の抑制の見地から相当でないと認められる場合に排除すべきとしており、実質的に(ロ)説を採用したものといえる。

4-53　違法収集証拠の排除法則(2)

最 2 小判昭和 61 年 4 月 25 日〈刑集 40 巻 3 号 215 頁・判タ 600 号 78 頁〉

［参考］松浦繁・圏昭 61-65、村瀬均・圄9 版 198、高崎秀雄・圄10 版 206、大谷直人・圏3 版 194、團490

事実　被告人 X が覚せい剤の使用を再開している旨の情報を得た奈良県 I 警察署防犯係の警察官 3 名は、私服で X 方に赴き、「I 署の者ですが、一寸尋ねたいことがあるので、上ってもよろしいか」と声をかけ、X の明確な承諾があったとは認められないにもかかわらず、X の在室していた部屋に入った。そこで X に声をかけたところ、金融屋の取立てだろうと認識したと窺える X は、「わしも大阪に行く用事があるから一緒に行こう」と言ったので、警察官同乗の警察用車両で午前 9 時 50 分ころ I 署に着いた。X は、午前 11 時ころ本件覚せい剤使用の事実を認め、午前 11 時 30 分ころ採尿に応ずるなどし、その前後に少なくとも 2 回、警察官

B に対し、受験票を示すなどして午後 1 時半までに大阪市内でタクシー乗務員の試験を受けることになっている旨申し出たが、B はこれに応じなかった。そして、午後 2 時 30 分ころ尿の鑑定結果の電話回答を得て、午後 5 時 2 分に X を通常逮捕した。

1 審が、本件尿の鑑定書の証拠能力を肯定したのに対し、控訴審は、X の真の任意の承諾に疑いのある警察署への任意同行を違法とし、また逮捕までの警察署へ留置きは違法な身体拘束であったとして、そうした一連の違法な手続中に行われた採尿手続は違法であるから、尿の鑑定書の証拠能力は、弁護人の同意があったとしても否定されるとしたため、検察官が上告した。

判旨　破棄差戻。「X 宅への立ち入り、同所からの任意同行及び警察署への留め置きの一連の手続と採尿手続は、X に対する覚せい剤事犯の捜査という同一目的に向けられたものであるうえ、採尿手続は右一連の手続によりもたらされた状態を直接利用してなされていることにかんがみると、右採尿手続の適法違法については、採尿手続前の右一連の手続における違法の有無、程度をも十分考慮してこれを判断するのが相当である。そして、そのような判断の結果、採尿手続が違法であると認められる場合でも、それをもって直ちに採取された尿の鑑定書の証拠能力が否定されると解すべきではなく、その違法の程度が令状主義の精神を没却するような重大なものであり、右鑑定書を証拠として許容することが、将来における違法な捜査の抑制の見地からして相当でないと認められるときに、右鑑定書の証拠能力が否定されるというべきである〔最判昭和 53 年 9 月 7 日【4-52】参照〕。以上の見地から本件をみると、採尿手続前に行われた前記一連の手続には、X 宅の寝室まで承諾なく立ち入っていること、X 宅からの任意同行に際して明確な承諾を得ていないこと、X の退去の申し出に応ぜず警察署に留め置いたことなど、任意捜査の域を逸脱した違法な点が存することを考慮すると、これに引き続いて行われた本件採尿手続も違法性を帯びるものと評価せざるを得ない。しかし、X 宅への立ち入りに際し警察官は当初から無断で入る意図はなく、玄関先で声をかけるなど X の承諾を求める行為に出ていること、任意同行に際して警察官により何ら有形力は行使されておらず、途中で警察官と気付いた後も X は異議を述べるこ

となく同行に応じていること、警察官においてXの受験の申し出に応答しなかったことはあるものの、それ以上に警察署に留まることを強要するような言動はしていないこと、さらに、採尿手続自体は、何らの強制も加えられることなく、Xの自由な意思での応諾に基づき行われていることなどの事情が認められるのであって、これらの点に徴すると、本件採尿手続の帯有する違法の程度は、いまだ重大であるとはいえず、本件尿の鑑定書をXの罪証に供することが、違法捜査抑制の見地から相当でないとは認められないから、本件尿の鑑定書の証拠能力は否定されるべきではない」。

解説 **1** 証拠収集手続の違法性の判断にあたっては、当該証拠を収集した直接的手続の違法性の有無だけでなく、それに先行する手続の違法性をも検討する必要がある。後行手続（直接的手続）が先行手続の違法を直接利用しているような場合には、後行手続も違法性を帯びることがあるからである（違法の承継）。

本件は、任意同行等の一連の手続と採尿手続は、「Xに対する覚せい剤事犯の捜査という同一目的に向けられたものであるうえ、採尿手続は右一連の手続によりもたらされた状態を直接利用してなされている」ことを挙げ、本件採尿手続（後行手続）の違法性については、先行する一連の手続における違法の有無、程度をも考慮して判断すべきであるとした。ただし、最判平成15年2月14日（【4-54】）は、「同一目的・直接利用」ほど厳格ではない、両手続の密接関連性を問題としている（さらに、【1-12】も参照）。

2 もっとも、後行手続と先行手続との密接関連性がない場合や、先行手続の違法の程度が重大とはいえない場合には、後行手続によって得られた証拠の証拠能力は肯定される。本件では、先行手続の違法性はそれほど重大ではなく、Xが任意に採尿に応じており、さらに物理的強制力がまったく行使されていないなどの事情から、尿の鑑定書の証拠能力を肯定している（また、最決昭63・9・16刑集42-7-1051、最決平6・9・16【1-16】【1-60】、最決平7・5・30刑集49-5-703等。山田耕司・判タ779-51参照）。

3 なお、違法収集証拠に基づいて発見された他の証拠（派生的証拠）も排除されるとする見解を、**毒樹の果実の理論**という。同理論によりいかなる範囲の派生的証拠が排除されるかは、当初の証拠収集手続の違法の程度と両証拠間の関連性の強弱によって判断されるべきである。当初の違法が重大なら、その影響力は強く、派生的証拠との間に何らかの関連性がある程度でも派生的証拠を排除すべきであり、当初の違法が軽度であれば、派生的証拠との関連性が強くても証拠能力の認められる場合がある。また、①派生的証拠を得る際に被疑者の同意があった、②原証拠と派生的証拠との間に他の適法に得られた証拠が介在する、③原証拠によらなくてもそれと同一内容を証明しうる他の適法な証拠が存在する、④派生的証拠が当初の違法捜査とは独立した捜査活動から得られたような場合などは、違法に収集された原証拠との関連性が否定され、証拠能力を認めることができる（たとえば、【4-54】。なお、【4-57】参照）。

この判断構造は、前述の「先行手続の違法の影響」と基本的に同様と考えられる。

4-54　違法収集証拠の排除法則⑶──大津覚せい剤事件

最 2 小判平成 15 年 2 月 14 日（刑集 57 巻 2 号 121 頁・判タ 1118 号 94 頁）

[参考] 朝山芳史・圏平 15-21、大澤裕・圃8 版 140、合田悦三・圃10 版 208、圃490、493、図34-2

事実　滋賀県大津警察署の A 外 2 名の警察官は、平成 10 年 5 月 1 日朝、窃盗の被疑事実による逮捕状（「本件逮捕状」）が発付されていた被告人 X の動向を視察し、その身柄を確保するため、本件逮捕状を携行しないで X 方に赴き、任意同行に応じるよう X を説得したが、X はこれに応じず、隣家の敷地に逃げ込むなどしたが、午前 8 時 25 分ころ、X 方付近の路上（「本件現場」）で警察官らに制圧され、逮捕された。X は、警察車両に乗せられ大津警察署に連行され、午前 11 時ころ到着後、間もなく警察官から本件逮捕状を呈示された。本件逮捕状には、午前 8 時 25 分ころ、本件現場で本件逮捕状を呈示して X を逮捕した旨の A 作成名義の記載があり、さらに、A は同日付でこれと同旨の記載のある捜査報告書を作成した。X は、午後 7 時 10 分ころ、警察署内で任意の採尿に応じ（その際、X に強制は加えられていない）、鑑定の結果、覚せい剤が検出された。同月 6 日、X に対する覚せい剤取締法違反被疑事件について X 方を捜索すべき場所とする捜索差押許可状が発付され、すでに発付されていた X に対する窃盗被疑事件についての捜索差押許可状と併せて同日執行され、X 方から覚せい剤 1 袋（「本件覚せい剤」）が発見され差し押さえられた。X は、同年 6 月 11 日、覚せい剤の使用と所持の事実で起訴された（同年 10 月 15 日、窃盗の事実で追起訴）。

公判において、A らは、証人として、本件逮捕状を本件現場で X に示すととともに被疑事実の要旨を読み聞かせた旨の証言をしたが、1 審は、警察官らの証言の信用性を否定し、逮捕時に逮捕状不呈示の違法があり、違法な逮捕手続を利用して採取された X の尿に関する鑑定書、これを疎明資料として発付された捜索差押許可状により押収された本件覚せい剤等の証拠を排除し、覚せい剤の使用と所持に関して X を無罪とし、控訴審もこれを是認したため、検察官が上告した。

判旨　一部破棄差戻。「⑴　本件逮捕には、逮捕時に逮捕状の呈示がなく、逮捕状の緊急執行もされていない（逮捕状の緊急執行の手続が執られていないことは、本件の経過から明らかである。）という手続的な違法があるが、それにとどまらず、警察官は、その手続的な違法を糊塗するため、……逮捕状へ虚偽事項を記入し、内容虚偽の捜索報告書を作成し、更には、公判廷において事実と反する証言をしているのであって、本件の経緯全体を通して表れたこのような警察官の態度を総合的に考慮すれば、本件逮捕手続の違法の程度は、令状主義の精神を潜脱し、没却するような重大なものであると評価されてもやむを得ないものといわざるを得ない。そして、このような違法な逮捕に密接に関連する証拠を許容することは、将来における違法捜査抑制の見地からも相当でないと認められるから、その証拠能力を否定すべきである〔**【4- 52】** 参照〕。

⑵　……本件採尿は、本件逮捕の当日にされたものであり、その尿は、上記のとおり重大な違法があると評価される本件逮捕と密接な関連を有する証拠であるというべきである。また、その鑑定書も、同様な評価を与えられるべきものである。

したがって、原判決の判断は、上記鑑定書の証拠能力を否定した点に関する限り、相当である。

　(3)　次に、本件覚せい剤は、被告人の覚せい剤使用を被疑事実とし、被告人方を捜索すべき場所として発付された捜索差押許可状に基づいて行われた捜索により発見されて差し押さえられたものであるが、上記捜索差押許可状は上記(2)の鑑定書を疎明資料として発付されたものであるから、証拠能力のない証拠と関連性を有する証拠というべきである。

　しかし、本件覚せい剤の差押えは、司法審査を経て発付された捜索差押許可状によってされたものであること、逮捕前に適法に発付されていた被告人に対する窃盗事件についての捜索差押許可状の執行と併せて行われたものであることなど、本件の諸事情にかんがみると、本件覚せい剤の差押えと上記(2)の鑑定書との関連性は密接なものではないというべきである。したがって、本件覚せい剤及びこれに関する鑑定書については、その収集手続に重大な違法があるとまではいえず、その他、これらの証拠の重要性等諸般の事情を総合すると、その証拠能力を否定することはできない」。

【解説】　**1**　本件は、違法収集証拠の排除法則に関する判例理論を適用して、最高裁として証拠能力を否定する積極的判断を示し、また、派生証拠の証拠能力についても新たな判断を示した重要判例である。

　2　本件逮捕手続の違法は、客観的には、令状不呈示または緊急執行手続の不履行という手続的違法であり、必ずしも証拠排除を基礎づける重大な違法とはいえないが（最決昭63・9・16刑集42-7-1051参照）、警察官が、その手続的違法を糊塗するため、逮捕状へ虚偽事項を記入するなどし、また公判廷で事実と反する証言をしたことなどに表れた警察官の態度を総合的に考慮し、本件逮捕手続の違法の程度は、令状主義の精神を潜脱し、没却するような重大なものであるとされた。このように、捜査官の令状主義潜脱の意図が顕著であったような場合には、違法捜査抑制の必要性は高まる。

　3　また、違法な逮捕状態のもとで採取された尿の鑑定書については、これを逮捕と密接関連性のある証拠であるとし、これを許容することは、「将来における違法捜査抑制の見地からも相当でない」として証拠能力を否定した。本件逮捕の被疑事実は窃盗であり、覚せい剤使用の嫌疑に基づく採尿手続とは別目的のものであるが、なお証拠能力を否定すべきとの判断から、同一目的・直接利用がある場合に先行手続の違法が後行の証拠収集手続に影響を及ぼすとする従来の判例（【4-53】）ほど厳格でない基準が援用されている。

　4　本件覚せい剤等の証拠能力については、毒樹の果実の理論が問題となり、派生証拠と違法収集証拠（尿の鑑定書）との関連性、派生証拠の重要性等を総合考慮して判断される。本件では、本件覚せい剤は司法審査を経て発付された令状に基づいて押収されたもので、証拠能力のない尿の鑑定書との関連性は密接とはいえないとして、証拠能力が肯定された。派生証拠の収集が令状により行われた場合には、令状の発付により先行手続の違法性が遮断ないし希釈されるとする見解によったものであろう（【4-53】参照）。

4-55　違法収集証拠の排除法則(4)

福岡高判平成7年8月30日（判時1551号44頁・判タ907号281頁）

[参考] 渡辺修・圖平8-181、植村立郎・注釈新版5-101、笠井治・新実例Ⅲ-109、辻川靖夫・実例Ⅲ-133

事実　大麻取締法違反事件で勾留中のAから、覚せい剤事件等の情報を入手したB警察官は、後日裏づけができたら調書化して読み聞けに行くと話してAから白紙の供述調書用紙に署名・指印を徴した。しかし、これとは別のルートから被告人Xの覚せい剤所持に関する情報を入手したBは、X方等を捜索するための令状を裁判所から得るため、前記の白紙の供述調書用紙が手元にあるのを奇貨として、Xが覚せい剤を所持しているのをAが目撃した旨の内容虚偽の供述調書を捏造し、この供述調書をXの覚せい剤所持の被疑事実を直接裏付ける唯一の疎明資料として裁判所に対しX方等に対する捜索差押許可状の発付を請求し、発付を受けた（なお、Bは有印虚偽公文書作成・同行使罪で後日訴追された）。この（第1次）捜索差押許可状に基づき捜索が実施され、X方から覚せい剤（「本件覚せい剤」）が発見され、裁判所から新たな（第2次）差押許可状の発付を受けたうえで、その差押えがなされた。Xは、本件覚せい剤所持の事実で起訴され、1審公判廷で本件覚せい剤所持の事実を自白するとともに、証拠物としての本件覚せい剤の取調べ請求に対する意見として「異議なし」と述べ、本件覚せい剤の差押調書および鑑定書の取調べ請求に対しては「同意」し、1審は、Xを有罪とした。

しかし、Xは、上記事実の存在に気づいたため、本件覚せい剤、同差押調書、鑑定書などと逮捕勾留中の供述調書の証拠排除や、これに基づく無罪を主張して控訴した。

判旨　破棄自判（被告人は無罪）。原審が証拠とした本件覚せい剤の押収手続を検討するに、「第1次捜索差押許可状請求の被疑事実を疎明する唯一の証拠資料が、令状主義に関する諸規定を潜脱する意図を有した警察官による、有印虚偽公文書作成、同行使という重大な犯罪行為により捏造された虚偽の内容の供述調書であり、これを除けば第1次の捜索差押許可状の請求が認められなかったことは明らかである。従って、本件覚せい剤を発見するに至った捜索は明らかに違法なものであり、その違法性の程度は、憲法35条及びこれを受けた刑訴法218条1項等の所期する令状主義の精神を没却するような重大なものであり、これを許容することが将来における違法の捜査の抑制の見地からして相当でないと認められる」。「本件においては、第1次捜索差押許可状に基づくX方捜索の手続と、第2次差押許可状に基づく差押手続は、Xの覚せい剤所持事犯の捜査という同一目的に向けられたものである上、右差押手続は第一次捜索差押許可状に基づくX方捜索の手続によりもたらされた、X方における本件覚せい剤の発見状態を直接利用してなされていることにかんがみると、差押手続の違法性については、同手続に先行する捜索手続における違法の有無、程度をも十分考慮してこれを判断するのが相当である。そうすると、第一次捜索差押許可状に基づく捜索手続の違法は第二次差押許可状に基づく差押手続にも及び、これによって差し押さえられた本件覚せい剤はその証拠能力を否定され」、「本件覚せい剤の差押調書及びこれの鑑定書も……本件覚せい剤との一体性が強い証拠であるから……証拠能力は否定されな

ければならない」。

「原審において、Xは差押調書及び鑑定書の取調べに同意し、本件覚せい剤の取調べに異議なしと意見を述べているけれども、その前提となる捜索差押えに、当事者が放棄することを許されない憲法上の権利の侵害を伴う、前叙の重大な違法が存するのであり、このような場合に右同意等によって右各証拠を証拠として許容することは、手続の基本的公正に反することになるから、右同意等があっても右各証拠が証拠能力を取得することはないといわなければならない」。

なお、逮捕状請求の主要証拠である覚せい剤、その差押調書、鑑定嘱託書、鑑定書等がその証拠能力を否定されるべきものであり、これらを除けば逮捕状の請求が認められなかったのであるから、本件逮捕は違法であり、「逮捕状請求の主要証拠の収集過程に前記のような警察官の重大な犯罪行為による違法がある本件においては、将来における違法な捜査の抑制的見地からして、逮捕、勾留中の供述調書は違法に収集された証拠として証拠能力を否定するのが相当である」から、Xの勾留中に作成されたXの検察官および司法警察員に対する各供述調書にも証拠能力は認められない。

解説 **1** 本件では、覚せい剤所持の嫌疑でX方の捜索差押許可状を請求した際、唯一の疎明資料となった参考人の員面調書が、白紙調書にAが署名指印し、警察官が内容を創作したものであった。この違法は、当該警察官に「令状主義に関する諸規定を潜脱する意図」があったとされてもやむをえないものである。

2 さらに、当該許可状（第1次捜索差押許可状）による捜索で本件覚せい剤が発見され、改めて差押許可状（第2次差押許可状）の発付を得て差押手続がなされた。福岡高裁は、両手続につき、Xの覚せい剤所持犯の捜査という同一目的に向けられ、この差押手続は先行手続による本件覚せい剤の発見状態を直接利用してなされたものとして、本件覚せい剤等の証拠能力を否定した（ただ、【4-54】の基準では、本件ほどの厳格性は不要であろう）。

3 本件原審で、Xは、本件覚せい剤等を証拠とすることに同意している。法326条の同意を、反対尋問権の放棄のみでなく、積極的な証拠能力の付与と考えれば（【4-40】）、違法収集証拠への同意も有効たりうる（最大判昭36・6・7【1-51】、大阪高判昭60・7・18刑月17-7=8-653）。しかし、本件のように、証拠収集の手続にきわめて重大な違法があり、当事者の放棄できない憲法上の権利の侵害が認められる場合、同意により証拠として許容することは手続の基本的公正に反することになるから、同意は不相当として排除される。

4 また、違法捜査抑止の観点からすれば、(a)違法捜査を受けた者以外の者に対して証拠が提出された場合にも証拠排除は認められる。しかし、(b)違法捜査を受け権利を侵害された者にしか違法収集証拠の排除を申し立てる適格（スタンディング）がないとする見解もある。違法収集証拠としての排除の判断には違法の重大性が検討されるが、その際には、当該事件および当該被告人との関係が考慮されることになるから、少なくともその限度では、誰が申し立てるかによって結論が左右される場合もあるといえよう（【4-60】参照）。

4-56 違法な任意捜査により得られた証拠の排除

さいたま地判平成 30 年 5 月 10 日（判時 2400 号 103 頁①事件）

[参考] 前田雅英・捜研 817-2、宇藤崇・法教 457-135、中島宏・法セ 765-126、**團**489

事実 被告人 X は、建造物等以外放火等（「本件放火事件」）の公訴事実で起訴された。本件放火事件は、平成 28 年 3 月 16 日に発生したもので、実行行為を行った Y・Z と、X との共謀が認められるかが争点となった。

本件放火事件ではガソリンが使用されたが、犯行に使用された自動車の車内からガソリン入りの赤色ガソリン携行缶 2 つが発見された。そして、同年 3 月 4 日に、X 方車庫から X 方玄関内に向かって赤色のガソリン携行缶様のものを持ち歩き、同月 12 日には、前記自動車内に赤色のガソリン携行缶 2 つを運び込む様子が警察官によってビデオ撮影されていた（「本件撮影」）。

本件撮影は、①平成 27 年 10 月 4 日から平成 28 年 5 月 19 日までの間、X 方近隣の私人管理場所の中にビデオカメラを設置し、データを保存するハードディスクの交換時を除いて 24 時間連続で行われ、②撮影範囲は、主に X 方前の公道および X 方玄関であったが、X 方玄関ドアが開いた際には、ドアの内部の様子が映り込み、ドアの内部の様子が撮影されていた時間が連続約 25 分間に及ぶこともあり、③警察官は、人や車の動きのある部分をパソコンにダウンロードして保存しており、この際明らかに無関係な郵便配達人等以外の、事件と関係のない人や車等の映像でも残されていたものがあった。

また、本件撮影は、平成 27 年 7 月 21 日に発生した盗品等運搬事件につき逮捕状が出されていた Y の逮捕に向けて、Y の所在確認や行動パターン把握のために開始され、ビデオカメラを設置した同年 10 月中から、同年中はほぼ毎日 Y の立寄りが確認されていたが、Y の逮捕に失敗した平成 28 年 1 月以降、Y の立寄りの頻度が減り、その後確認できなくなった。しかし、警察官は Y が再び立ち寄る可能性もあると考えて撮影を継続し、Y が逮捕された 2 日後の同年 5 月 19 日に本件撮影を終了した。

弁護人は、本件撮影は違法であり、この撮影に関する証拠（「本件各証拠」）は違法収集証拠として排除すべきである旨を主張した。

判旨 一部（本件放火事件につき）無罪。本件撮影の違法性について、本件の「事情を基に考えれば、本件撮影が類型的に強制処分に当たるとまではいえないものの、少なくとも平成 28 年の初め頃以降はその撮影の必要性が相当程度低下していたことは明らかで、それにもかかわらず長期間にわたって撮影を継続したこと自体不適切であった上、しかも本件撮影方法は他の類似事案と比べるとプライバシー侵害の程度が高いものであったと評価できることを考慮すれば、本件放火事件当時の撮影は、任意捜査として相当と認められる範囲を逸脱した違法なものであったと認められる」。

本件各証拠の証拠能力について、本件において警察官は、前述のような違法のある点を認識していたにもかかわらず、「本件撮影の必要性等を適切に検討せず、漫然と撮影を続けていたことは明らかである。加えて、本件撮影は、逮捕の現場等の緊急の場面において警察官が咄嗟の判断を誤ったなどというようなものではなく、その経過に照らし、必要性、緊急性及び相当性を検討する機会が十分にあったにもかかわらず、必要性等を適切に検討することを長期間にわたって怠りつつ本件撮影を継続していた

と認めるほかないのであって、そのような警察官らの態度は、判例や被撮影者のプライバシーを軽視し、違法精神を大きく欠いたものであ」り、さらに、「警察官として本件撮影の問題点を当時のみならず現時点においても理解していないことは明らかである。そのような警察官の証言内容及び証言態度に照らせば、将来における違法捜査抑止の見地からも、証拠排除の必要性が高いと言うほかない」。「以上総合考慮すれば、本件撮影の違法の程度は重大であったと評価できる上、将来における違法捜査抑止の見地からしても、本件各証拠を採用することは相当でないから、当裁判所は、これらの証拠能力は認められないものと判断する」。

解説 **1** 本件では、被撮影対象者方前の公道や玄関を約7か月間にわたり連続撮影し、人や車の動きのある部分を保存する態様でのビデオ撮影の適法性が争点となり、本判決は、ⓐ❷任意処分として相当と認められる範囲を逸脱し違法であるとした（【1-3】参照）。

まず、本件撮影が、X方近隣の私人管理場所から見ることができる範囲での撮影であったことから、「公道上でみだりに容ぼう等を撮影されない自由」等の被撮影対象者の権利・利益への影響の程度は、ⓐ任意処分のそれにとどまるとされたものといえよう。

しかし、(1)途中で撮影の必要性が相当程度低下した一方で、(2)その後も約5か月間撮影を継続し、撮影態様も、場合によってはX方玄関ドアの内部の様子も映り込むという、いわば「住居内をみだりに撮影されない自由」をも一部侵害するもので、さらに映像の保存方法も考慮すると、プライバシー侵害性の高いものであり、(3)❷任意捜査としての許容範囲を逸脱し違法と判断された（「必要性、緊急性及び相当性を検討する機会」といった表現もあるが、撮影の必要性に関する事案に即した具体的判断では緊急性への言及はなく、比例原則による総合的考慮に基づいた判断によるものと解される。【1-1】【1-9】、判時2400-105匿名コメント参照）。

2 また、本件では、違法な本件撮影から得られた証拠の証拠能力が否定されている。

違法収集証拠の排除基準については、【4-52】判例が、「令状主義の精神を没却するような重大な違法があり、これを証拠として許容することが、将来における違法な捜査の抑制の見地からして相当でないと認められる場合」という枠組みを示し、定着している。ただし、従来の判例（【4-52】【4-53】【4-54】等）では、違法な強制捜査により得られた証拠が問題となっていた。これに対し、違法な任意捜査で得られた証拠についても排除すべき場合は考えられるが、その場合には、任意捜査である以上、「令状主義の精神を没却」という要素は関係しない。これは、強制捜査の違法性評価に関係する要素であることになるが、その実質は、「重大な違法」を認定するための判断基準である（宇藤・前掲135頁）。

3 違法な任意捜査が問題となった本件では、端的に「違法の程度の重大」性と「将来における違法捜査抑止の見地」から排除の判断がなされた。任意捜査における重大な違法とは、その法益侵害の程度との相関で、強制捜査で「令状主義の精神を没却」するのと同等と評価可能な程度のものを意味することになろう。被疑者の取調べ（【4-9】）や、おとり捜査（札幌地決平28・3・3判時2319-136等）など、違法な任意捜査により得られた証拠の排除が問題となる事案での下級審判例では、このような判断枠組みがとられている。

4-57 救急患者から医師が採取した尿の押収

最 1 小決平成 17 年 7 月 19 日（刑集 59 巻 6 号 600 頁・判タ 1188 号 251 頁）

［参考］山田耕司・圏平 17-253、安村勉・圉平 17-191、佐久間修・J1303-64、圖486

事実 被告人 X 女は、同棲相手と口論となり、ナイフにより右腰背部に刺創を負い、午後 7 時 55 分ころ、病院で応急措置を受けたが、出血が多く、救急車で国立病院 T 医療センターに搬送された。X は、午後 8 時 30 分ころ医療センターに到着した際には、意識は清明であったが、少し興奮し、担当医師 A が X を診察したところ、その右腰背部刺創の長さが約 3cm で、着衣に多量の血液が付着していたのを認めた。

医師 A が、上記刺創が腎臓に達していると必ず血尿が出ることから、X に尿検査の実施について説明したのに対し、X は、強くこれを拒んだものの、A は、先に CT 検査等の画像診断を実施したところ、やはり採尿が必要であると判断し、その旨 X を説得した。X は、もう帰るなどと言ってこれを聞かなかったが、A は、なおも約 30 分間にわたって X に対し説得を続け、最終的に止血のために X に麻酔をかけて縫合手術を実施することとし、その旨 X に説明し、その際に採尿管を入れることを X に告げたところ、X は、拒絶することなく、麻酔の注射を受けた。A は、麻酔による X の睡眠中に、縫合手術を実施したうえ、カテーテルを挿入して採尿を行った。採取した尿から血尿は出ていなかったものの、A は、X が興奮状態にあったことなどから、薬物による影響の可能性を考え、簡易な薬物検査を実施したところ、アンフェタミンの陽性反応が出た。

A は、その後来院した X の両親に対し、X の傷の程度等について説明したうえ、X の尿から覚せい剤反応があったことを告げ、国家公務員として警察に報告しなければならないと説明したところ、X の両親も最終的にこれを了解した様子であったことから、警察官に通報し、警察官は、差押許可状の発付を得て、これに基づいて A が採取した X の尿を差し押さえた。

弁護人は、担当医師の行為は、X の承諾なく強行された医療行為であって、このような行為をする医療上の必要もないうえ、警察官への通報は医師の守秘義務に違反し、しかも、警察官が同医師の上記行為を利用して X の尿を押収したものであるから、令状主義の精神に反する重大な違法があり、X の尿に関する鑑定書等の証拠能力はない、などと主張して上告した。

決定要旨 上告棄却。「上記の事実関係の下では、同医師は、救急患者に対する治療の目的で、X から尿を採取し、採取した尿について薬物検査を行ったものであって、医療上の必要があったと認められるから、たとえ同医師がこれにつき X から承諾を得ていたと認められないとしても、同医師のした上記行為は、医療行為として違法であるとはいえない。

また、医師が、必要な治療又は検査の過程で採取した患者の尿から違法な薬物の成分を検出した場合に、これを捜査機関に通報することは、正当行為として許容されるものであって、医師の守秘義務に違反しないというべきである。

以上によると、警察官が X の尿を入手した過程に違法はないことが明らかであるから、……これらの証拠の証拠能力を肯定した原判断は、正当」である。

解説 **1** 本件では、医師が救急患者でもある被告人Xの承諾なく尿を採取し、薬物検査をしたところ覚せい剤が検出されたため警察に通報し、通報を受けた警察官が差押許可状の発付を得て、これに基づいて当該尿を差し押さえた手続の違法性が問題となった。

2 ①担当医師のした尿の採取および薬物検査の適法性判断については、Xの承諾の有無と医療上の必要性の有無が問題となる。本件では、Xは尿の採取を頑強に拒んでいたものの、医師の治療を受けることそれ自体は受け入れていたという事情があり、また、尿の採取や薬物検査を行う必要が認められる客観的事情があったことを考慮して、担当医師による前記行為は、医療行為として訴訟法的にも適法であるとされている。

3 そうだとしても、さらに、②医師が警察に通報した行為の適法性が問題となる。これは、担当医師の守秘義務の理解にかかわる。1審判決、控訴審判決は、(a)本件担当医師が国立病院の医師であり、法239条2項により公務員の告発義務があることを重視して、守秘義務違反はないとした。

しかし、公務員が職務上知りえた秘密については、押収や証人尋問に関する法103条や法144条との均衡上、告発義務はないと一般に解されており、(a)説は妥当とはいえない。本決定は、国立病院と民間病院の医師とで守秘義務の有無に関する解釈が同一であることを前提に、(b)司法作用（犯罪の検挙、治安維持）と守秘義務（患者等のプライバシー保護）の調和をどのように図るかという問題と位置づけているように思われる（山田・前掲268頁）。そのうえで、本件のように、医師が、患者に対し（治療目的を有して）必要な治療・検査をする過程で患者の違法薬物の使用を知ったような場合には、警察官に通報しても、それは正当行為にあたり、医師の守秘義務に違反する違法な行為とはされない旨が、具体的な判断として示されている（なお、医師が法105条の押収拒絶権を行使せずに被疑者から採取した尿を任意提出し、それを受けて警察官が領置したことに違法はないとした、東京高判平9・10・15東高時報48-1=12-67も参照）。

4 また、本件では、結局のところ、尿の入手過程に違法はなく、尿の鑑定書等の証拠能力が認められたが、仮に医師の前記行為が違法とされた場合、私人が違法に収集した証拠を訴追機関が利用したことになる。その場合の証拠能力については、証拠排除法則の意義を、適正手続の保障や司法の廉潔性、違法捜査の抑止の観点に求めるならば、そのいずれの点からも、本件の具体的事情のもとでは、証拠を排除すべき理由は導きえないように思われる。もっとも、捜査機関が自ら違法捜査を行ったものと実質的に同視できるような形で私人を利用した場合には排除もありえよう（山田・前掲272頁）。

本件は、医師による尿の採取過程や警察官への通報に違法があれば、その程度等によっては尿に関する鑑定書等の証拠能力に影響を及ぼすこともあるとの考えから、違法の有無を判断したものと理解できる。

4-58　反復自白の証拠能力

最 3 小判昭和 58 年 7 月 12 日（刑集 37 巻 6 号 791 頁・判タ 509 号 71 頁）

［参考］森岡茂・囮昭 58-174、長沼範良・囮5 版 168、上口裕・囮昭 58-172、囮493

事実　A 方住宅の火災事件を捜査していた捜査官は、内偵していた X に怨恨による放火の嫌疑を抱いたが、同嫌疑で逮捕状を請求するに足る資料を収集できなかった。しかし、A 方への無断立入りの事実について A の供述を得たため、A の被害調書を作成し、住居侵入被疑事実の逮捕状を請求し、その発付を得て、5 月 1 日に X を逮捕した（第 1 次逮捕）。

捜査官は逮捕後約 1 時間にわたって住居侵入の事実につき取り調べて供述調書を作成したのち、本件放火に関連する事実についてポリグラフ検査や取調べを行い、その間に X の自白を得たので、その供述調書を作成した。そして翌日、この自白調書を疎明資料として、本件放火被疑事件の逮捕状を請求し、その発付を得たのち、住居侵入被疑事件で逮捕中の X をいったん釈放し、前記放火被疑事件の逮捕状により警察署内で X を再度逮捕した（第 2 次逮捕）。X は 5 月 4 日に、放火被疑事件について検察庁に送致され、検察官から勾留請求がなされた。裁判官の勾留質問に対して、X は「事実はそのとおり間違いありませんが、布団に火をつけて直ぐ外に出たので燃え上がったことは知りませんでした」と陳述し、その旨の記載のある勾留質問調書が作成され、本件放火罪について勾留状が発付され、X は勾留された（第 2 次勾留）。5 月

6 日には、所轄消防署消防司令補が、本件火災の調査のため勾留場所である警察署に赴き X に対し質問調査をしたところ、犯行の動機や方法等についての自白が得られたので、それを記載した質問調書が作成されている。その後、検察官は、5 月 23 日に、X を放火罪のみで起訴した。

1 審は、第 1 次逮捕中に得た放火事件に関する自白は、違法な別件逮捕中になされた取調べによるもので証拠能力がなく、同供述調書を疎明資料としてなされた第 2 次逮捕およびそれに引き続く勾留も依然として違法であり、その間に得られた供述調書の証拠能力も否定した。しかし、勾留質問調書と消防職員の質問調書に関しては、捜査官の行う犯罪検査のための取調べとは、その本質・目的を異にする手続で作成されたものであるから、証拠能力は認められるとして、X を有罪とし、控訴審もこの判断を維持した。

弁護人は、違法な逮捕中になされた勾留請求やそれに基づく勾留質問は違法であり、勾留質問調書も違法収集証拠である、また、本件消防職員の質問調書も、違法な捜査手続と密接不可分であり、いずれも適正手続の要請から証拠能力を否定すべきと主張した。

判旨　上告棄却。「勾留質問は、捜査官とは別個独立の機関である裁判官によって行われ、しかも、右手続は、勾留の理由及び必要の有無の審査に慎重を期する目的で、被疑者に対し被疑事件を告げこれに対する自由な弁解の機会を与え、もって被疑者の権利保護に資するものであるから、違法な別件逮捕中における自白を資料として本件について逮捕状が発付され、これによる逮捕中に本件についての勾留請求が行われるなど、勾留請求に先き立つ捜査手続に違法のある場合でも、被疑者に対する勾留質問を違法とすべき理由はなく、他に特段の事情のない限り、右質問に対する被疑者の陳述を録取した調書の証拠能力を否定すべきものではない」。

「また、消防法 32 条 1 項による質問調査は、捜査官とは別個独立の機関である消防署長等によって行われ、しかも消防に関する資料収集という犯罪捜査とは異なる目的で行われるものであるから、違法な別件逮捕中における自白を資料として本件について勾留状が発付され、これによる勾留中に被疑者に対し右質問調査が行われた場合でも、その質問を違法とすべき理由はなく、消防職員が捜査機関による捜査の違法を知ってこれに協力するなど特段の事情のない限り、右質問に対する被疑者の供述を録取した調書の証拠能力を否定すべきものではない」。

解説　**1**　本件上告審で争われたのは、違法な別件逮捕（第 1 次逮捕）中に得られた本件の自白を疎明資料として逮捕された X に関して、①本件での勾留（第 2 次勾留）の際の勾留質問調書と②第 2 次勾留中の消防職員の質問調書の、それぞれの証拠能力である。

　2　かつての最高裁判例には、捜査官が作成した被告人の供述調書は、それが違法な逮捕勾留中に作成されたとしても、その一事をもって、直ちに無効と解すべきではないとするものもあった（最判昭 25·9·21 刑集 4-9-1751、最判昭 27·11·25 刑集 6-10-1245）。

　3　ただし、その後、自白の任意性に関し違法排除の観点を考慮したと解する余地もある判例（**【4-8】**）も現れている。そして、本判決も、①につき、前記判例に基づき直ちに証拠能力を肯定することはせず、違法な別件逮捕に基づく勾留中の供述であっても、裁判官による勾留質問の手続は、捜査とは異なった独立のものであり、勾留の理由と必要性の有無の審査に慎重を期する目的のもので、被疑者の権利保護に資するものであるから、公正な立場にある裁判官の質問に対する供述であれば、身柄拘束の違法性の影響は遮断されると解し、それを、勾留質問調書の証拠能力を認める根拠とした。

　それゆえ、「毒樹の果実論」の適用を理論的に否定したものではなく、前記身柄拘束の違法性の影響を遮断しないような「特段の事情」があれば、勾留質問調書が証拠排除される余地も残されてはいる。しかし、㋐ 1 審・原審が、毒樹の果実論により第 2 次逮捕・勾留の違法性を肯定し、その間の司法警察員や検察官に対する供述調書の証拠能力を否定した点が上告審で争点とされなかったこと（証拠能力を否定する程度の違法の存在を当然視）との対比（伊藤正己裁判官の補足意見参照）や、㋑非供述証拠と異なり、供述証拠には、各供述ごとに質問者の出方に対応する供述者の意思が働くという意味で、質問機関を異にする各供述ごとに独立的要素もあること（森岡・前掲 188 頁）などに鑑みれば、前記事情を有する勾留質問調書の証拠能力が否定される「特段の事情」があるとされる場合は、きわめて限られよう（勾留質問調書の証拠能力も否定した裁判例として、金沢地七尾支判昭 44·6·3 判タ 237-272）。

　4　また、②消防職員による質問調書も、基本的には、①勾留質問調書の場合と同様の考え方によっていると解される。

4-59　虚偽の約束による自白に基づき発見された証拠物

東京高判平成 25 年 7 月 23 日（判時 2201 号 141 頁）

[参考] 山上圭子・圖8 版 172、中谷雄二郎・圖9 版 166、圖493、圖34-1、34-2、圖305

事実　A 警察官らは、被告人 X を覚せい剤使用の疑いで通常逮捕し X 方を捜索したが、覚せい剤は発見できなかった。A らは、5 日後に X の取調べを行った際、「覚せい剤所持では逮捕も家宅捜索もしない、ここだけの話にするから（覚せい剤のありかを）教えてくれないか」などの説得を何回か繰り返した。これに対し、X は、当初は回答を拒絶していたが、最終的には A らの言を信じるに至り、X 方における覚せい剤の隠し場所を供述した。

A らは、いったん取調べを終えた後、同日中に取調べを再開し、X に対し、覚せい剤を差し押さえる旨告げたので、X は話が違うと怒り、接見に来た弁護人に対し、その間の事情を伝えた。A らは、X の自白に依拠した捜索差押許可状の発付を受け、X 方を捜索し覚せい剤を発見した。

原判決は、X の自白は任意性を欠くうえ、覚せい剤は白白と密接な関連性を有することは否定できないとしたうえで、①X の自白がなされた取調べの時間は長くて 1 時間半程度で、暴行や脅迫も用いられておらず、違法性の程度が高くないこと、②事案の重大性、証拠の必要不可欠性等を併せて考えると、令状主義の趣旨を潜脱するような重大な違法は認められず、将来の違法捜査抑止の観点から証拠排除することが相当ともいえないので、覚せい剤や鑑定書等の証拠能力を肯定した。これに対し、東京高裁は、以下のように判示して、覚せい剤およびその鑑定書等をも違法収集証拠として排除した。

判旨　「(1) ……X から問題の被告人供述を引き出した A 警部補らの一連の発言は、利益誘導的であり、しかも、少なくとも結果的には虚偽の約束であって、発言をした際の A 警部補らの取調べ自体、X の黙秘権を侵害する違法なものといわざるを得ず、問題の被告人供述が任意性を欠いていることは明らかである。

(2) また、本件覚せい剤の捜索差押調書……によると、本件覚せい剤は、問題の被告人供述を枢要な疎明資料として発付された捜索差押許可状に基づき、いわば狙い撃ち的に差し押さえられている。さらに、原判決の覚せい剤所持の事実……に関する証拠の標目に掲げられた『捜索差押調書』……、『写真撮影報告書』……、『鑑定嘱託書謄本 2 通』……及び『鑑定書 2 通』……は、いずれも本件覚せい剤に関する捜索差押調書、写真撮影報告書、鑑定結果等の証拠であり、問題の被告人供述と密接不可分な関連性を有すると評価すべきである。しかも、弁護人が正当に指摘するとおり、虚偽約束による供述が問題となる本件においては、その供述を得られた取調べ時間の長さや暴行、脅迫の有無を検討要素とする意味はなく、捜査官が利益誘導的かつ虚偽の約束をしたこと自体、放置できない重大な違法である。

(3) 確かに、本件全証拠によっても、A 警部補らが、当初から虚偽約束による自白を獲得しようと計画していたとまでは認められないが、少なくとも、X との本件覚せい剤のありかを巡るやり取りの最中には、自分たちの発言が利益誘導に当たり、結果的には虚偽になる可能性が高いことは、捜査官として十分認識できたはずである」。

「(4) そうすると、A警部補らの違法な取調べにより直接得られた、第1次的証拠である問題の被告人供述のみならず、それと密接不可分の関連性を有する、第2次的証拠である本件覚せい剤、鑑定嘱託書、鑑定書及び捜索差押調書をも違法収集証拠として排除しなければ、令状主義の精神が没却され、将来における違法捜査抑制の見地からも相当ではないというべきである」。

解説 **1** 任意性を欠く自白に基づいて発見された派生的証拠の証拠能力については、違法な捜査によって得られた証拠から派生する証拠をどこまで排除すべきかの判断とほぼ同様に、事件の重大性や違法性の程度、両証拠間の関連性などを考慮したうえで、適正手続の保障や違法捜査抑止の観点から判断すべきである（大阪高判昭 52・6・28 判タ 357-337 参照）。本件原審判決も、①取調べの時間は短く暴行・脅迫も用いられず、違法性の程度は高くないので、②事案の重大性、証拠の必要不可欠性等を考慮すると、③覚せい剤は白白と密接な関連性を有することは否定できないとしても、証拠能力を否定するような重大な違法は認められず、違法捜査抑止のための証拠排除の相当性も認められないとした。

2 それに対して東京高裁は、①鑑定書などは、任意性を欠く自白（供述）と密接不可分な関連性を有する以上、取調べ時間の長さや暴行・脅迫の有無を検討する意味はないとして、証拠排除を認める根拠となる重大な違法性があるとした。また、強い関連性の根拠として、自白による令状に基づき、「狙い撃ち的」に差し押さえたという言い方もしている。そして、警察官は、「利益誘導に当たり、結果的には虚偽になる可能性が高いことは十分認識できた」として、証拠排除を認めなければ、令状主義の精神が没却され、将来における違法捜査抑制の見地からも相当ではないとしたのである。

3 もっとも、東京高裁は、本件のような「利益誘導的かつ虚偽の約束」自体、放置できない重大な違法で、取調べ時間の長さや暴行・脅迫の有無を検討するまでもなく、排除相当だと認定しているようにもみえる。やはり、証拠（自白）を得る手段の違法性の程度は、派生証拠の証拠能力判断においても考慮されるように思われる。

4 「関連性」の判断に関しては、任意性を欠く自白の事案ではないが、最判平成 15 年 2 月 14 日（【4-54】）は、違法な逮捕後に任意提出された尿に関する鑑定書の証拠能力を否定しつつ、同鑑定書等を疎明資料として発付された捜索差押許可状の執行により押収された覚せい剤等については、証拠能力を肯定したことに注意を要する。この判決では、覚せい剤の差押えは、令状によるもので、違法な逮捕前に適法に発付されていた窃盗事件についての捜索差押許可状の執行と併せて行われたものであることなどを根拠に、同鑑定書との関連性は密接なものではないとした。また、最決平成 21 年 9 月 28 日（【1-12】）は、収集証拠である宅配便荷物に対するエックス線照射により得られた射影の写真等を疎明資料として発付された捜索差押許可状に基づく捜索に基づき発見・押収された覚せい剤等について、令状発付にあたってはエックス線検査の結果以外の証拠も資料として提供されたとうかがえることなどの事情を挙げて、証拠能力を肯定している。

4-60　刑事免責による供述強制──ロッキード事件丸紅ルート

最大判平成 7 年 2 月 22 日（刑集 49 巻 2 号 1 頁・判タ 877 号 129 頁）

［参考］龍岡資晃ほか・圏平 7-1、井上和治・固 10 版 154、井上正仁・J1069-13・1072-140、圖496

事実　総合商社社長の被告人 X は、L 社の航空機を航空会社 A 社へ売り込むため、L 社社長 C と共謀のうえ、秘書官 Y を介して内閣総理大臣 T に対し現金 5 億円を賄賂として供与したとして起訴された。本件の争点の 1 つが、刑事免責を付与して獲得された C の供述（「**本件嘱託証人尋問調書**」）の証拠能力であった。

　本件嘱託証人尋問調書の作成の経緯は、次のとおりである。東京地検検察官は、東京地裁裁判官に対し、X ほか 2 名に対する贈賄および氏名不詳者数名に対する収賄等を嫌疑事実として、法 226 条に基づき、当時アメリカ合衆国に在住した C・D らに対する証人尋問を、国際司法共助として同国の管轄司法機関に嘱託してされたい旨請求した。この請求に際して、検事総長は、本件証人の証言内容等に仮に日本国法規に抵触するものがあるとしても、証言した事項について証人らを法 248 条により起訴を猶予するよう東京地検検事正に指示した旨の宣明書を、また、東京地検検事正は、この指示内容と同じく証人らを同条により起訴を猶予する旨の宣明書を発しており、東京地裁裁判官は、アメリカ合衆国の管轄司法機関に対し、以上の宣明の趣旨を C らに告げて証人尋問されたいとの検察官の要請

を付記して、C らに対する証人尋問を嘱託した。しかし、嘱託を受けた同国の管轄司法機関であるカリフォルニア州中央地区連邦地方裁判所が、本件証人尋問を主宰する執行官（コミッショナー）を任命し、C らに対する証人尋問を開始したところ、C らが日本国において刑事訴追を受けるおそれがあることを理由に証言を拒否したので、連邦地方裁判所 F 判事が、C らに対する証人尋問を命じるとともに、日本国において公訴を提起されることがない旨を明確にした最高裁判所のオーダーまたはルールが提出されるまで本件嘱託に基づく証人尋問調書の伝達をしてはならない旨裁定した。そこで、検事総長が改めて C らに対しては将来にわたり公訴を提起しないことを確約する旨の宣明をし、最高裁判所は検事総長の確約が将来にわたりわが国の検察官によって遵守される旨の宣明をし、これらが連邦地方裁判所に伝達された。これによって、以後 C らに対する証人尋問が行われ、すでに作成されていたものを含め、同人らの証人尋問調書が順次わが国に送付された。

　1 審および控訴審は、本件嘱託証人尋問調書について、法 321 条 1 項 3 号により証拠能力を認めたため、X らが上告した。

判旨　上告棄却。「刑事免責の制度は、自己負罪拒否特権に基づく証言拒否権の行使により犯罪事実の立証に必要な供述を獲得することができないという事態に対処するため、共犯等の関係にある者のうちの一部の者に対して刑事免責を付与することによって自己負罪拒否特権を失わせて供述を強制し、その供述を他の者の有罪を立証する証拠としようとする制度であって、本件証人尋問が嘱託されたアメリカ合衆国においては、一定の許容範囲、手続要件の下に採用され、制定法上確立した制度として機能しているものである」。

　「我が国の憲法が、その刑事手続等に関する諸規定に照らし、このような制度の導入を否定しているものとまでは解されないが、刑訴法は、この制度に関する規定を置

いていない。この制度は、前記のような合目的的な制度として機能する反面、犯罪に関係のある者の利害に直接関係し、刑事手続上重要な事項に影響を及ぼす制度であるところからすれば、これを採用するかどうかは、これを必要とする事情の有無、公正な刑事手続の観点からの当否、国民の法感情からみて公正感に合致するかどうかなどの事情を慎重に考慮して決定されるべきものであり、これを採用するのであれば、その対象範囲、手続要件、効果等を明文をもって規定すべきものと解される。しかし、我が国の刑訴法は、この制度に関する規定を置いていないのであるから、結局、この制度を採用していないものというべきであり、刑事免責を付与して得られた供述を事実認定の証拠とすることは、許容されない」。

「このことは、本件のように国際司法共助の過程で右制度を利用して獲得された証拠についても、全く同様であって、これを別異に解すべき理由はない」。

「以上を要するに、我が国の刑訴法は、刑事免責の制度を採用しておらず、刑事免責を付与して獲得された供述を事実認定の証拠とすることを許容していないものと解すべきである以上、本件嘱託証人尋問調書については、その証拠能力を否定すべきものと解するのが相当である」。

解説 **1** 証拠収集手続に、明文規定の違反がなく違法収集証拠排除法則も適用されない場合でも、なお手続的正義に反すると認められる場合に、証拠としての許容性が否定されることがある（**【4-34】**も参照）。

2 本件で問題となったのは、犯罪者に対して刑事免責を与えて獲得された供述（嘱託証人尋問調書）である。刑事免責制度とは、「自己負罪拒否特権に基づく証言拒否権の行使により犯罪事実の立証に必要な供述を獲得することができないという事態に対処するため、共犯等の関係にある者のうちの一部の者に対して刑事免責を付与することによって自己負罪拒否特権を失わせて供述を強制し、その供述を他の者の有罪を立証する証拠としようとする制度」であり、アメリカでは、一定の許容範囲、手続要件のもとに採用され、制定法上確立した制度として機能している。しかし、最高裁は、本件当時、わが国の刑訴法がこの制度を採用していない趣旨を踏まえて、刑事免責を付与して獲得された供述を事実認定の証拠とすることも許容されていないものと解されるとし、そうである以上、本件嘱託証人尋問調書の証拠能力は否定されるとした。これは、刑訴法上の明文規定や違法収集証拠排除法則以外に、適正手続の観点に基づき、新たな証拠としての許容性の要件を認めたものと解される（龍岡ほか・前掲61頁）。現在は、刑事免責制度（法157条の2以下）、協議・合意制度（法350条の2以下）が導入されている（圖339頁、164頁）。

3 なお、本件は、わが国が採用していない手続によって得られた証拠はすべて許容されないとしたものではなく、刑事免責によって得られた供述を対象としたものである。そのことは、国際的な捜査共助の要請に基づいて作成された供述書（公証人の面前で偽証罪の制裁のもとに供述し作成したもの）が法321条1項3号に該当するとした判例（**【4-37】**）からも明らかである。

5-1 罪となるべき事実──練馬事件

最大判昭和 33 年 5 月 28 日（刑集 12 巻 8 号 1718 頁・判時 150 号 6 頁）

［参考］岩田誠・圏昭 33-399、藤木英雄・囲新版 196、中谷雄二郎・大コメ 2 版 8-131、圏476、516

事実 昭和 26 年 12 月ころ、練馬区の製紙会社で発生した争議に際し、第 2 組合の委員長 A、および紛争の処理にあたった練馬警察署 B 巡査に対する反感が、第 1 組合員の間で高まった。被告人 X は K 党軍事組織の地区委員長、被告人 Y は地域細胞の責任者であったが、A および B に暴行を加えようと計画し、Y 方等において、ほか 1 名と相談り、具体的な実行の指導ないし連絡については Y がその任務にあたることを決めた。12 月 26 日夜、被告人 Z ほか数名が Z 方、被告人 D ほか数名は D 方に集合し、それぞれ B 巡査および A の襲撃について協議したが、たまたま A の所在が不明であったことか

ら、Y の連絡示唆によって D らのグループも B 巡査の襲撃計画に合流、さらに Y 等を介して別の被告人数名も加わることになった。そして、Z ほか数名が、深夜、B 巡査を偽って路上に誘い、鉄管や丸棒をふるって後頭部等を乱打し、脳損傷によりその場で死亡させた。

1 審および原審が、現場に参加しなかった X・Y 両名を含む全被告人について、傷害致死の共同正犯を認めた。これに対し、被告人側は多岐にわたる主張をして上告したが、そのうち、共謀共同正犯を認めることの適否に関連して「共謀」は「罪となるべき事実」にあたるか、などが争点となった。

判旨 上告棄却。「共謀共同正犯が成立するには、2 人以上の者が、特定の犯罪を行うため、共同意思の下に一体となって互に他人の行為を利用し、各自の意思を実行に移すことを内容とする謀議をなし、よって犯罪を実行した事実が認められなければならない。したがって右のような関係において共謀に参加した事実が認められる以上、直接実行行為に関与しない者でも、他人の行為をいわば自己の手段として犯罪を行ったという意味において、その間刑責の成立に差異を生ずると解すべき理由はない。さればこの関係において実行行為に直接関与したかどうか、その分担または役割のいかんは右共犯の刑責じたいの成立を左右するものではないと解するを相当とする。他面ここにいう『共謀』または『謀議』は、共謀共同正犯における『罪となるべき事実』にほかならないから、これを認めるためには厳格な証明によらなければならないこというまでもない。しかし『共謀』の事実が厳格な証明によって認められ、その証拠が判決に挙示されている以上、共謀の判示は、前示の趣旨において成立したことが明らかにされれば足り、さらに進んで、謀議の行われた日時、場所またはその内容の詳細、すなわち実行の方法、各人の行為の分担役割等についていちいち具体的に判示することを要するものではない。

以上説示する趣旨にかんがみ原判決のこの点に関する判文全体を精読するときは、原判決がたまたま冒頭に共謀は『本来の罪となるべき事実に属さないから……』と判示したのは、その後段の説示と対照し、ひっきょう前示の趣旨において、共謀はくわしい判示を必要とする事項かどうかを明らかにしたに止まるものと解すべく、原判決

は結局において正当であ」る。

解説 **1** 起訴された事件について犯罪の証明があると認められたときは、有罪の判決を言い渡さなければならない（法333条1項）。

2 判決は、主文と理由からなる。主文とは、裁判における意思表示の部分をいう。有罪判決において、刑の言渡しをする場合には、事件の内容に応じ裁判の執行に関係のある事項（主刑または刑の執行の減軽・免除、未決勾留日数の算入、刑の執行猶予・保護観察、没収・追徴、押収物の被害者還付など）について言い渡さなければならない。刑の免除の判決（法334条）の場合には、刑を免除する旨を言い渡せばよい。

また、有罪判決においては、その理由として、罪となるべき事実、証拠の標目および法令の適用を示す必要がある（なお、法律上犯罪の成立を妨げる理由または刑の加重減免の理由となる事実が主張されたときは、これに対する判断も示さなければならない）。

3 罪となるべき事実とは、客観的構成要件に該当する具体的事実、主観的構成要件要素（故意・過失）の存在、**未遂および共犯**にあたる場合はその事実、処罰条件が問題となる場合にはその存在などである。これらの事実は、日時・場所・方法等を示すことによって特定された具体的事実でなければならない。これに対し、**違法性阻却事由・責任阻却事由の不存在や情状**などは、罪となるべき事実ではない（最判昭24・3・10刑集3-3-281、最判昭24・9・1刑集3-10-1551参照）。

4 共犯の場合において、「共謀」ないし「謀議」は、共謀共同正犯における罪となるべき事実であるから、その摘示が必要となる。ただ、その場合、(a)特に、謀議にのみ参加した者に関しては、謀議への参加行為が「罪となるべき事実」であるから、日時・場所・方法等による特定を要するとする見解もある。

しかし、本判決は、(b)謀議の行われた日時・場所・その内容の詳細（実行の方法、各人の行為の役割分担等）まで具体的に判示する必要はないとした。①共謀共同正犯の場合でも、犯罪の日時・場所は、実行行為の日時・場所であり、適用法令等もそれを基準に決定される（東京高判昭25・3・4高刑集3-1-68）、②共謀が時間をかけて徐々に醸成される場合や、共謀の成立した日時・場所が証拠上不明確な場合も多い、③共謀を、謀議行為としてではなく、犯罪の共同遂行の合意と把握することも可能で、そうであれば、共謀成立の経過自体は不明でも、実行行為の時点までに共同正犯を基礎づける合意が形成・存続していた旨の事実が明示されれば十分であることなどを考えれば、正当な判示といえよう。

もっとも、事案によっては、謀議の日時・場所等を明示した方がよい場合もあり、共謀共同正犯については、できるだけ判示することが、また、現場共謀については、共犯者間の言動を判示して共謀の成立過程を明らかにすることが望ましい。共犯者間の意思に食い違いがある場合（共犯の錯誤）には、それが明らかになるような摘示が必要とされよう（中谷・前掲119頁）。

5-2　概括的認定

最2小決昭和58年5月6日（刑集37巻4号375頁・判タ500号138頁）

[参考] 龍岡資晃・圏昭58-93、中谷雄二郎・大コメ2版8-69、114、圏517

事実　かねてから妻Aの男性関係を疑っていた被告人Xは、Aと口論し、未必の殺意をもって、Aを2階建ての自宅屋上からコンクリート舗装の路上に落下させ脳挫傷等の全治不明の重傷を負わせたが、殺害するには至らなかったという殺人未遂の事実で起訴された。

Xは捜査段階から一貫して犯行を否認し、Aは当時の記憶をまったく喪失していて、ほかに目撃者もなかったところから、本件がXの犯行であることを認定するだけの情況証拠はあるが、犯行の具体的な手段・方法については、「有形力を行使して」被害者を屋上から落下させ路面に激突させた、という以上には認定することができなかった。そのため、1審判決は、

「罪となるべき事実」の一部として、「屋上に上ったXは、〔昭和55年11月14日〕午前5時20分ころ、同屋上において、A（当時40歳）を殺害してもかまわないという気持で、あえて同女の身体を、有形力を行使して同屋上の高さ約0.8メートルの転落防護壁手摺り越しに約7.3メートル下方のコンクリート舗装のX方北側道路上に落下させて、路面に激突させた」旨認定判示した。

弁護人は、このような「罪となるべき事実」の判示では不十分で、理由不備の違法があると主張して控訴したが、控訴審がこれを退けたため、さらに上告した。

決定要旨　上告棄却。「弁護人Kの上告趣意のうち、判例違反をいう点は、第1審判決は、罪となるべき事実中のXの本件行為として、Xが、未必の殺意をもって、『被害者の身体を、有形力を行使して、X方屋上の高さ約0.8メートルの転落防護壁の手摺り越しに約7.3メートル下方のコンクリート舗装のX方北側路上に落下させて、路面に激突させた』旨判示し、Xがどのようにして被害者の身体を右屋上から道路に落下させたのか、その手段・方法については、単に『有形力を行使して』とするのみで、それ以上具体的に摘示していないことは、所論のとおりであるが、前記程度の判示であっても、Xの犯罪行為としては具体的に特定しており、第1審判決の罪となるべき事実の判示は、Xの本件犯行について、殺人未遂罪の構成要件に該当すべき具体的事実を、右構成要件に該当するかどうかを判定するに足りる程度に具体的に明白にしているものというべきであり、これと同旨の原判断は相当である」。

解説　**1**　罪となるべき事実（**[5-1]**）は、既判力の範囲を明らかにする必要があるため、他の行為から区別できる程度に特定されるべきであり、また、特定の刑罰法令を適用する事実上の根拠を確認できる程度に明らかにされるべきである。最判昭和24年2月10日（刑集3-2-155）は、有罪判決における「罪となるべき事実」の判示の程度について、刑罰法令「各本条の構成要件に該当すべき具体的事実を該構成要件に該当するか否かを判定するに足る程度に具体的に明白にし、かくしてその各本条を適用する事実上の根拠を確認し得られるようにするを以て足るものというべく、必ずしもそれ以上更にその構成要件の内

容を一層精密に説示しなければならぬものではない」とする一般的な基準を示している。

2　したがって、犯行の手段・方法は、犯行の日時・場所などとともに、一般的には「罪となるべき事実」そのものではないが、事実を特定するために必要な事項であるから、「罪となるべき事実」は、これらを示すことによって、できる限り特定された具体的事実でなければならない（訴因の特定の場合と同様の議論が妥当する。**【2-5】**～**【2-8】**）。これに違反する場合には、理由不備の違法（法378条4号）となる。

3　被告人が犯行を否認しているような場合、証拠上、犯罪の日時・場所・方法などについて、一定程度以上具体的に特定できないときは、犯罪事実の蓋然性の判断に影響を与え、訴因事実の存在自体に合理的な疑いを生じさせる場合もある。

　しかし、証拠関係によっては、犯罪事実の存在は確実に認められるが、犯行の日時・場所・方法などについてある程度幅のある認定をせざるをえないこともある。それらに幅のある概括的認定しかできない場合には、やはり訴因の特定の問題と同様、他の事実との識別が可能な程度に特定されたものであれば足りる。たとえば、最判昭和38年11月12日（刑集17-11-2367）は、アパートの隣室押入れの天井板の節穴からガソリンを流し込んだ後、火を落として放火したことが認定できれば、「右節穴から落された火は、燐寸に点火されたものであったか、ガソリンに濡れ滲みたボロ切れ、ガーゼ、紙又は蠟燭等に点火されたものであったか或いはその他の火であったかというような更に詳細な事情は明らかでなくても、被告人が判示住居に火を放ったという原判決の放火未遂罪の事実認定並びに罪となるべき事実の判示としては何ら欠けるところはない」とする。

4　本件1審判決の「罪となるべき事実」における、未必の殺意をもって「有形力を行使して」被害者を屋上から落下させて路面に激突させた旨の判示については、それによって、当該行為が殺人（未遂）罪の構成要件に該当する行為であることは明らかであり、当該犯罪行為は具体的に特定されているといえる。さらに、被害者を屋上から落下させたその具体的、詳細な手段・方法については、証拠上明らかでないため、「有形力を行使して」と不特定的な判示がなされているものであって、このような判示であっても、犯行の日時・場所、被害者、受傷の部位・程度等の判示と相まって、被告人の行為が殺人未遂罪の構成要件に該当するものであることを認識できる。それゆえ、他の事実との識別が可能な程度に特定されているといえよう。

5　もちろん、犯罪の具体的な手段・方法のいかんは、犯情にも関係するものでもあり、できる限り具体的に判示することが望ましい。しかし、犯行の日時・場所・方法等の概括的認定が理由不備になるかどうかという問題に関しては、各犯罪ごとにその構成要件を基準として、事案に即して個別に判断するほかはない（龍岡・前掲99頁）。

5-3　択一的認定⑴—同一構成要件に属する場合

最3小決平成 13 年 4 月 11 日（刑集 55 巻 3 号 127 頁・判タ 1060 号 175 頁）

［参考］池田修・圏平 13-57、大澤裕・現刑 2-8-64、戸倉三郎・新実例Ⅲ-191、上田信太郎・圖10 版 102、圖517

事実　被告人 X は、Y・A らと共謀し、他人の住居に火災保険をかけて放火し、火災保険金を騙取するなどしたほか、口封じのため、Y と共謀して、A を殺害し、死体を遺棄したという事実で起訴された。

　このうち、殺人事件の公訴事実は、当初、「被告人は、Y と共謀の上、昭和 63 年 7 月 24 日ころ、青森市大字 a 所在の産業廃棄物最終処分場付近道路に停車中の普通乗用自動車内において、A に対し、殺意をもってその頸部をベルト様のもので絞めつけ、そのころ窒息死させて殺害した」というものであった。ところが、X が Y との共謀の存在と実行行為への関与を否定して、無罪を主張したことから、その点に関する証拠調べが実施されたところ、検察官が 1 審係属中に訴因変更を請求したため、「被告人は、Y と共謀の上、前同日午後 8 時ころから午後 9 時 30 分ころまでの間、青森市 b 所在の共済会館付近から前記最終処分場に至るまでの間の道路に停車中の普通乗用自動車内において、殺意をもって、被告人が、A の頸部を絞めつけるなどし、同所付近で窒息死させて殺害した」旨の事実に変更された。

　この事実につき、1 審裁判所は、審理の結果、「被告人は、Y と共謀の上、前同日午後 8 時ころから翌 25 日未明までの間に、青森市内又はその周辺に停車中の自動車内において、Y 又は被告人あるいはその両名において、扼殺、絞殺又はこれに類する方法で A を殺害した」旨の事実を認定し、罪となるべき事実としてその旨判示し、控訴審もこれを是認した。

　上告審では、このような択一的認定の適否などが争点となった（訴因変更の要否に関して【3-8】を見よ）。

決定要旨　上告棄却。「以上のような判示が殺人罪に関する罪となるべき事実の判示として十分であるかについて検討する。上記判示は、殺害の日時・場所・方法が概括的なものであるほか、実行行為者が『Y 又は被告人あるいはその両名』という択一的なものであるにとどまるが、その事件が被告人と Y の 2 名の共謀による犯行であるというのであるから、この程度の判示であっても、殺人罪の構成要件に該当すべき具体的事実を、それが構成要件に該当するかどうかを判定するに足りる程度に具体的に明らかにしているものというべきであって、罪となるべき事実の判示として不十分とはいえないものと解される」。

解説　**1**　事実が Ⓐ または Ⓑ のどちらかであることは間違いないが、そのいずれであるかを確定しえない場合に、「Ⓐ または Ⓑ である」という形で認定を行うことを択一的認定（選択的認定）という。択一的認定の可否については、場合を分けて検討すべきである。

　2　択一的な関係にある Ⓐ 事実と Ⓑ 事実が同一の構成要件の中にある場合には、概括的認定の一場面と考えられ、構成要件に該当するか否かを判定するに足る程度に具体的な認定であれば（最判昭 24・2・10 刑集 3-2-155 参照。さらに、【5-2】）、択一的認定も許される。

　共同正犯内部で実行行為者が確定できないという本件事案は、このような場合に該当す

る。すなわち、殺人罪の共同正犯において、実行行為者の認定が「YまたはXあるいはその両名」という択一的認定が許されるかを考えると、共謀共同正犯の法理においては、共謀関与者の全部または一部が犯罪を実行すれば、共謀関与者の間で刑事責任の成立に差異はなく、実行行為を担当した者も担当しなかった者も、いずれも共同正犯として処罰されることになるから、殺人罪の罪となるべき事実の判示として不十分とはいえない（池田・前掲66頁）。

本決定も、殺害の日時・場所・方法の判示が概括的なものであるだけでなく、実行行為者の判示が「YまたはXあるいはその両名」という択一的なものであっても、その事件がXとYの2名の共謀による犯行であるときには、殺人罪の罪となるべき事実の判示として不十分とはいえない旨判示している（これに対し、被告人と第三者のいずれかが被害者を殺害したという場合で、両者に共謀関係がないのであれば、被告人が当該犯行を犯したと認めるには合理的な疑いが残るということになるから、「被告人または第三者」というような不特定な認定が許されないのは当然である）。

3 以上の場合は、構成要件的評価とは関係がなく、また、刑事責任の成否および程度にも影響が少ない事実に関するものであるから、択一的認定が許容される。

それゆえ、たとえば、同一構成要件内であっても、単独犯か共同正犯かが確定できない場合（共同正犯であっても、共謀共同正犯の法理により、単独犯の場合と責任の範囲に変わりがない場合）に択一的認定が許されるかは問題となる（なお、【3-11】参照）。

下級審裁判例は分かれており、(a)東京高判平成4年10月14日（高刑集45-3-66）は、強盗事件について、単独犯と共同正犯との択一的認定は許されるとし、ただ量刑は被告人に有利な共同正犯の事実を基礎とすべきであるとする。また、(b)札幌高判平成5年10月26日（判タ865-291）は、択一的認定によるのではなく、「疑わしきは被告人の利益に」の原則を適用して、犯情の軽い共同正犯を認定すべきであるとする。これに対し、(c)東京高判平成10年6月8日（判タ987-301）は、覚せい剤の所持事犯につき、被告人Xの所持が認められる一方、Yとの共謀による所持の疑いがあってもその旨を認めるに足りない場合には、また、犯情が軽いからといって立証されていない共同正犯の認定や、それとの択一的認定は許されず、被告人が構成要件該当事実のすべてを行っているので単独犯を認定し、ただし、共同正犯の疑いがある点は量刑において考慮するという見解によっている。

4 さらに、数個の過失行為の択一的認定は、結果が共通する限り、行為態様としての過失行為に関する概括的認定の許容範囲の問題となる。

それゆえ、数個の過失行為の択一的認定は、①刑事責任の成否および程度に影響の少ない細目的事実の認定にとどまる場合であれば許される（名古屋高判昭31・5・30裁特3-14-681）。しかし、②数個の過失行為の間の犯情に明らかな差異があるときは、量刑の基準となる犯罪事実を特定する訴因の機能に鑑みれば、これら数個の過失を1個の訴因に包摂することはできないと考えられ、このような択一的訴因に対する認定としては、「疑わしきは被告人の利益に」の原則により、縮小認定として軽い訴因の限度で認定すべきことになる（【5-4】。もちろん、数個の過失が併存する場合は、択一的認定の問題ではない）。

5-4　択一的認定(2)─構成要件を異にする場合

札幌高判昭和 61 年 3 月 24 日（高刑集 39 巻 1 号 8 頁・判タ 607 号 105 頁）

[参考] 田口守一・圏7 版 198、古田佑紀・圏8 版 198、古江頼隆・圏9 版 202、甲斐行夫・圏10 版 210、圏517

事実　被告人 X は、昭和 60 年 1 月 29 日午後 6 時 40 分ころから、大型特殊自動車であるショベル・ローダを使用して自宅付近の除雪を始め、午後 8 時 30 分ころ、途中からスコップを使って雪かきの手伝いをしていた妻 A に対し、「もういいぞ」と声をかけて家の中に入るように促した。その後、X は、午後 8 時 50 分ころまで除雪作業を行い、ショベル・ローダを返却しに行ったりして、同日午後 11 時ころ帰宅し、翌 30 日午前 0 時ころ、A が自宅内にいないことに気づいた。そこで、X は、付近を探したが、午前 0 時 30 分ころ、除雪作業中にショベル・ローダを廃車に衝突させた際に A を轢いて雪の中に埋没させたかもしれないと思い、雪を掘ったところ、午前 1 時ころに A を発見した。X は、A の顔を叩くなどして呼びかけたが何の反応もなく、顔も氷のように冷たく、呼吸や心臓の鼓動も感じられなかったことなどから、死亡してしまったと思い込み、A を自宅に運ぼうとしたが、事故後 4 時間近く経過しており、殺人の嫌疑がかかることをおそれ、A を交通事故に見せかけて遺棄しようと決意し、午前 2 時 40 分ころ付近の国道脇まで A を運んで投げ捨てた。

A には、ショベル・ローダとの衝突によると認められる多数の創傷があったが、その死因は凍死であり、死亡推定時刻は、29 日午後 7 時 10 分ころから 30 日午前 3 時 10 分ころの間であった。ただ、仮死状態のときは、呼吸や心拍の有無を確かめることは非常に困難で、一般人であれば、A はすでに死亡していたものと考えるのが自然であるとともに、少なくとも遺棄時点では A が死亡していた可能性がきわめて高いが、結局その時点での生死は確定することができなかった。

1 審は、遺棄時点における死亡の証明がないとしたうえ、X は、A が生存しているのに死亡したものと誤認して遺棄したのであるから、死体遺棄罪の故意で保護責任者遺棄罪を犯したことになり、両罪には実質的な構成要件上の重なり合いがあるから、軽い死体遺棄罪が成立するとした。これに対し、X が控訴した。

判旨　破棄自判。「前記死亡推定時刻は、あくまでも死体解剖所見のみに基づく厳密な法医学的判断にとどまるから、刑事裁判における事実認定としては、同判断に加えて、行為時における具体的諸状況を総合し、社会通念と、X に対し死体遺棄罪という刑事責任を問い得るかどうかという法的観点をふまえて、A が死亡したと認定できるか否かを考察すべきである」。

「仮に遺棄当時 A が……生存していたとすると、X は、…A を……寒冷の戸外に遺棄して死亡するに至らしめたことになり、……死亡したものと誤信し、……死期を早める行為に及ぶということは、……重過失致死罪に該当するものというべ」きである。また、「客観的側面からみると、……保護責任者遺棄罪を犯したことになるが、同罪も〔重過失致死罪も〕死体遺棄罪より法定刑が重い罪である。本件では、A は生きていたか死んでいたかのいずれか以外にはないところ、重い罪に当たる生存事実が確定できないのであるから、軽い罪である死体遺棄罪の成否を判断するに際し死亡事実が存

在するものとみることも合理的な事実認定として許されてよいものと思われる」。

「本件においてはXの遺棄行為当時Aは死亡していたものと認定するのが相当である」から、Xには死体遺棄罪が成立する。

[解説] **1** 択一的認定の可否については、場合を分けて検討する必要がある（択一関係にある両事実が同一の構成要件の中にある場合については、【5-3】）。

Ⓐ事実とⒷ事実とが構成要件を異にしている場合については、(1)両者の間に包摂関係がある場合と、(2)包摂関係もないという場合とに分けられる。

2 まず、(1)択一関係にある両事実が構成要件を異にしていても、たとえば、殺人と傷害致死の場合のように、両者の間に包摂関係がある場合に、A訴因（Ⓐ事実＋Ⓑ事実）とB訴因（Ⓑ事実）について、共通するⒷ事実は認定できるが、Ⓐ事実は認定できないという場合には、「疑わしきは被告人の利益に」の原則により、いわゆる縮小認定として、軽いⒷ事実の限度で認定すべきことになる（これを「秘められた択一的認定」とか「予備的認定」などということもある）。

このような関係にあるものとしては、①構成要件上の包摂関係がある場合（たとえば、業務上横領と単純横領）、②構成要件上の包摂関係はないが、類型的にみて事実上の包摂関係が認められる場合（たとえば、殺人と傷害致死、強姦と強制わいせつ、強盗と恐喝）などが考えられる。

3 これに対し、問題となるのは、(2)構成要件を異にするⒶ事実とⒷ事実（たとえば、Ⓐ窃盗とⒷ横領）とに、包摂関係もないという場合である（狭義の択一的認定）。この場合には、Ⓐ事実・Ⓑ事実のいずれであるかを確定しえない以上、(a)どちらの事実（訴因）の認定にも合理的な疑いが残ることになるから、無罪を言い渡すほかはない（通説）。この場合に、(b)両事実の択一的認定を認める見解もありうるが、それを認めると「ⒶまたはⒷにより処罰する」という新たな合成的構成要件を作り出す結果になるので、罪刑法定主義に違反することになる（さらに、両立しない2つの訴因を包摂するような事実認定をすることになり、訴因制度にも反することになるとする見解もある）。

4 本件では、保護責任者遺棄と死体遺棄との関係について、(a)行為時点での生死という違いはあるものの、同一被害者に対する身体の遺棄で、罪質的にも共通する部分があり、法定刑の差異も考慮すれば、両事実に包摂関係が認められるとしたものといえよう。

しかし、(b)死体遺棄罪は宗教感情に対する罪であり、「被害者の死亡」に関する積極的な証明が必要であるから、両者に包摂関係は認められないとする見解も有力である（大阪地判昭46・9・9判時662-101は、乳児の頭を段打等した後、置き去りにした事案につき、死亡していれば死体遺棄が、生存していれば保護責任者遺棄が成立するが、その生死が不明であるためいずれについても証明が十分でないとして、その点において無罪としている）。

5-5　無罪判決後の再勾留

最 2 小決平成 23 年 10 月 5 日（刑集 65 巻 7 号 977 頁・判タ 1361 号 138 頁）

[参考] 松田俊哉・圏平 19-476、飯田喜信・固9 版 206、渡辺咲子・J1413-118

[事実]　被告人 X は、ベナン共和国から約 2.4 kg の覚せい剤をスーツケース内に隠匿して持ち込んだとして、覚せい剤取締法違反、関税法違反の罪で逮捕、勾留され、勾留のまま起訴された。X は、1 審公判では、メイドにスーツケースの購入と衣類等の詰め込みを依頼し、用意してもらったスーツケースをそのまま携帯したもので、内容物には手を触れていない、中に覚せい剤が隠されているとは知らなかった、誰とも共謀はしていないなどとして、無罪を主張した（千葉地判平 23・6・17 LEX/DB25472851〔最決平 25・10・21 【4-5】の原々審〕）。

裁判員が参加した 1 審判決は、検察官の主張する X の税関検査時の言動等の間接事実からは、覚せい剤についての X の認識を推認することはできず、また、スーツケースを持ち込ん

だ経緯等に関する X の供述には不自然な点が散見されるものの、直ちにこれを虚偽のものとして排斥するだけの証拠はなく、結局、X がスーツケースに覚せい剤を含む違法な薬物が収納されていることを認識していたことが、常識に従って間違いないとは言えないなどとして、無罪を言い渡した。その結果、法 345 条の規定により勾留状が失効した。

これに対し、検察官は、控訴を申し立てるとともに、X の退去強制手続が開始されることになるなどとして、X の職権勾留を求めたところ、1 審裁判所は職権発動をしなかったが、訴訟記録を受理した控訴審裁判所は、法 60 条 1 項 1 号・3 号にあたるとして職権で X を勾留した。これに対し、X が異議申立てをしたが、棄却されたことから、さらに特別抗告した。

[決定要旨]　抗告棄却。「第 1 審裁判所が犯罪の証明がないことを理由として無罪の言渡しをした場合であっても、控訴審裁判所は、第 1 審裁判所の判決の内容、取り分け無罪とした理由及び関係証拠を検討した結果、なお罪を犯したことを疑うに足りる相当な理由があり、かつ、刑訴法 345 条の趣旨及び控訴審が事後審査審であることを考慮しても、勾留の理由及び必要性が認められるときは、その審理の段階を問わず、被告人を勾留することができるというべきである〔最決平成 12 年 6 月 27 日刑集 54 巻 5 号 461 頁、最決平成 19 年 12 月 13 日刑集 61 巻 9 号 843 頁参照〕。以上のような観点から見て、被告人に対して犯罪の証明がないことを理由に無罪を言い渡した第 1 審判決を十分に踏まえても、なお被告人が罪を犯したことを疑うに足りる相当な理由があり、勾留の理由及び必要性も認められるとして本件勾留を是認した原決定に所論の違法はない」。

[解説]　**1**　終局的裁判が外部的に成立すると、変更または撤回することができなくなる（不可変更力）。上訴を許す裁判については、上訴権が発生する。

その付随的効果として、(1)禁錮以上の刑に処する判決（実刑判決）の宣告があったときは、保釈または勾留の執行停止はその効力を失い、新たにそれらの決定がない限り、被告人は法 98 条に従って刑事施設に収容され（法 343 条）、その後は、勾留更新の制限および

必要的保釈の規定は適用されなくなる（法344条）。

2　逆に、(2)無罪、免訴、刑の免除、刑の執行猶予、公訴棄却（法338条4号の場合を除く）、罰金または科料の裁判の告知があったときは、勾留状はその効力を失い（法345条）、被告人は直ちに釈放される。もっとも、勾留状が失効した場合であっても、上訴があった後に再勾留することは可能であると解されている。

3　1審判決が犯罪の証明がないことを理由として無罪とした場合に、再勾留できるかについては争いがあるが、従来の判例はこれを肯定してきた。

ただし、それが認められる要件について、①**最決平成12年6月27日**（刑集54-5-461）が、「第1審裁判所が犯罪の証明がないことを理由として無罪の判決を言い渡した場合であっても、控訴審裁判所は、記録等の調査により、右無罪判決の理由の検討を経た上でもなお罪を犯したことを疑うに足りる相当の理由があると認めるときは、勾留の理由があり、かつ、控訴審における適正、迅速な審理のためにも勾留の必要性があると認める限り、その審理の段階を問わず、被告人を勾留することができる」とした。これに対し、②**最決平成19年12月13日**（刑集61-9-843）は、前記平成12年決定を引用したうえで、1審裁判所で犯罪の証明がないとして無罪判決を受けた被告人を控訴裁判所が勾留する場合、法60条1項にいう「被告人が罪を犯したことを疑うに足りる相当な理由」の有無の判断は、「**無罪判決の存在を十分に踏まえて慎重になされなければならず、嫌疑の程度としては、第1審段階におけるものよりも強いものが要求される**」としている。

4　本決定も、これらを踏まえ、控訴審裁判所は、その審理の段階を問わず被告人を再勾留できるとした。ただし、①・②決定が、主として嫌疑の程度の点を判示していたのに対し、本決定は、㋐「1審の無罪判決の内容、取り分け無罪とした理由及び関係証拠」を検討した結果、なお「罪を犯したことを疑うに足りる相当の理由」があるかどうかを判断し、また、㋑「刑訴法345条の趣旨及び控訴審が事後審査審であること」を考慮しても、勾留の理由および必要性が認められるか否かを判断すべきとしている点に特徴がある。

これは、嫌疑の程度のみならず、勾留の理由や必要性の点についても、上記㋐・㋑を踏まえたうえで、慎重に検討、判断していく必要があることを、これまでの決定に付け加える形で示したものであり、前記両判例について統一的な理解を示したものといえよう。

5　本決定の指摘する「法345条の趣旨」としては、ⓐ1審裁判の重視、ⓑ被告人の権利保障、ⓒ身柄拘束の必要性の減少などが挙げられるが、②決定の「未確定とはいえ、無罪の判断が示されたという事実を尊重」すべきという説示をも踏まえれば、主としてⓐを指しているとも理解できる。また、「控訴審が事後審査審であること」については、裁判員裁判の導入を契機に、控訴審のあり方が論じられるなか（**【6-3】【6-4】**）、勾留の必要性判断においても、控訴審のあるべき審査方法や、それを前提にした個別の審理方針などを常に意識すべき旨を述べたものと理解できると指摘されている（判タ1361-138のコメント）。

6　なお、本件のXは、控訴審判決（東京高判平24・4・4 LEX/DB25502304）で有罪とされ、最決平成25年10月21日（**【4-5】**）で有罪が確定した。

5-6 一事不再理効と二重の危険

最大判昭和 25 年 9 月 27 日（刑集 4 巻 9 号 1805 頁・判タ 6 号 41 頁）

［参考］田宮裕・憲囲126、瀧川春雄・囲3 版 216、中谷雄二郎・大コメ 2 版 8-8、囲525、531

事実　被告人 X は、選挙違反事件について起訴され、1 審判決は、X に対して罰金刑を言い渡した。これに対し、検察官は、刑の量定が軽きに失するとして、重い処罰を求めて控訴したところ、控訴審は、検察官の主張を容れ、X を禁錮 3 月に処した。

これに対し、弁護人は、日本国憲法が英米法思想を多く採り入れていることと、憲法第 39 条後段の「同一の犯罪について、重ねて刑事上の責任を問はれない」という規定の英訳に、「二重の危険」という言葉が用いられていることを根拠に、同条はアメリカ合衆国憲法修正第 5 条と同趣旨であって、英米法系の「二重の危険」の法則を採用したものと考えられるが、この「二重の危険」の法則によると、一度判決があった以上は確定を待つまでもなく二重の危険の原因があるものとされ、国家の機関たる裁判官による裁判に対して、同じく国家の機関たる検察官によってさらに重い処罰を求められることは、二重の危険の禁止に反し、重刑への変更を求める検察官の上訴を認めた原判決は、憲法第 39 条に違反するものである旨を主張して、上告した。

判旨　上告棄却。「元来一事不再理の原則は、何人も同じ犯行について、2 度以上罪の有無に関する裁判を受ける危険に曝さるべきものではないという、根本思想に基くことは言うをまたぬ。そして、その危険とは、同一の事件においては、訴訟手続の開始から終末に至るまでの 1 つの継続的状態と見るを相当とする。されば、一審の手続も控訴審の手続もまた、上告審のそれも同じ事件においては、継続せる 1 つの危険の各部分たるにすぎないのである。従って同じ事件においては、いかなる段階においても唯一の危険があるのみであって、そこには二重危険（ダブル、ジェバーディ）ないし二度危険（トワイス、ジェバーディ）というものは存在しない。それ故に、下級審における無罪又は有罪判決に対し、検察官が上訴をなし有罪又はより重き刑の判決を求めることは、被告人を二重の危険に曝すものでもなく、従ってまた憲法 39 条に違反して重ねて刑事上の責任を問うものでもないと言わなければならぬ」。

解説　**1**　裁判の内容が確定すると、他の訴訟で同一事項についてこれと異なった判断をすることは許されなくなる（内容的確定力）。さらに、刑事訴訟においては、有罪・無罪および免訴の判決が形式的に確定すると、これと同一の事件について、再度の公訴提起は許されず、公訴提起があっても、実体的訴訟条件がないものとして免訴の判決が言い渡されなければならないものとされている（法 337 条 1 号）。これを一時期不再理の効力といい、刑事訴訟において既判力というときは、主にこの効力を意味している。このように、同一事件に関する限りは、一事不再理効が認められるから、内容的確定力の有無が問題とされる局面は考えにくい（形式裁判の場合につき、**【5-8】**）。

2 既判力の意義に関しては、(a)確定裁判によって当該事件について「法（具体的規範）」が形成されると考える具体的規範説と、(b)確定裁判の後の裁判への影響力のことであって、不可変更力（拘束力）と考えるべきであるとする訴訟法説との対立を軸に、多数の理論的主張がなされ、議論はかなり錯綜している。

3 判例では、一事不再理効は、既判力の一作用とされ、また、憲法 39 条の二重の危険の禁止に基づく政策的なものと考えられている。すなわち、「一事不再理の原則は判決の既判力の一作用に過ぎない」としたうえで、「検事の起訴のやり方によって一罪につき数度に亘って処罰される危険から被告人を救済して、人権擁護の理想を現実のものとしようとした」ものであるとし（最大判昭 24・5・18 刑集 3-6-796）、あるいは、「本件の如き場合において、公訴事実の同一性なしとするにおいては、一方につき既に確定判決があっても、その既判力は他に及ばないと解せざるを得ないから、被告人の法的地位の安定性は、そのため却って脅かされるに至る」（最判昭 29・5・14 刑集 8-5-676）とする。

さらに、本件も、検察官による被告人に不利益な上訴は憲法 39 条に反しないとする判断において、「一事不再理の原則は、何人も同じ犯行について、2 度以上罪の有無に関する裁判を受ける危険に曝さるべきものではないという、根本思想に基く」ものであり、「同じ事件においては、いかなる段階においても唯一の危険があるのみであって、そこには二重危険（ダブル、ジェパーディ）ないし二度危険（トワイス、ジェパーディ）というものは存在しない」としたのである。

4 判例・通説は、一事不再理効は公訴事実の同一性の範囲に及ぶとする。ところが、現行刑訴法では、訴因に拘束力が認められ、審判対象は訴因に限定されると解されるため（訴因対象説）、確定力の範囲も訴因で画されることになってしまい、従来の確定力説では、この帰結を説明することが困難となる。

そこで、訴因変更の可能性を含みつつ手続が追行されることに鑑み、その全範囲で被告人は手続の危険にさらされること、すなわち二重の危険を根拠に当該結論を導くことになる（田宮 453 頁）。そうであれば、一事不再理効の根拠は二重の危険に求められる（二重の危険説）。

ただ、同説内部でも、一事不再理効の本質について、(a)もっぱら訴訟手続の事実的・具体的効果とする手続効力説（訴訟法説の観点から、二重の危険を手続的効力とする）と、(b)確定裁判の効力とする裁判効力説（田口 431 頁は、二重の危険を訴訟法説的に理解された裁判の効力とする。なお、中谷・前掲 14 頁）とが対立する。

5 また、一事不再理効を二重の危険の問題（特に手続効力説）とすると、その発生時期を裁判の確定時に求める必然性はなくなり、確定以前の手続段階へ遡上させることも理論的には可能となる（田宮 452 頁）。その 1 つの具体例が、いわゆる検察官上訴の合憲性の問題である。学説には、(a)違憲説もある（英米法では、二重の危険を理由として検察官上訴は一般に禁止されている）。しかし、本判決は、(b)1 審から上訴までが「1 つの継続的危険」であると捉え、それゆえ二重の危険原則に反せず、憲法 39 条に違反しないとした（合憲説）。

5-7　一事不再理効の及ぶ範囲と検察官の訴追裁量

最3小判平成15年10月7日〔刑集57巻9号1002頁・判タ1139号57頁〕

[参考] 多和田隆史・圏平15-456、高田昭正・圖10版222、宇藤崇・圃平15-202、團527

事実　被告人Xは、侵入盗等を繰り返し、その一部の犯行が、建造物侵入・単純窃盗の訴因で起訴され有罪判決が確定した（「前訴」）後、これの余罪にあたる本件の窃盗事犯（計22件）が、単純窃盗または建造物侵入・単純窃盗の訴因で起訴された（「後訴」）。

1審で、弁護人は、本件起訴にかかる窃盗事犯は、実体的に常習特殊窃盗罪に該当するとし、その一罪の一部を構成する単純窃盗についてすでに確定判決を経ている以上、前の訴訟の確定判決の一事不再理効が後の訴訟に及ぶと主張し、免訴の言渡しをすべきであると主張したが、1審判決は、事実認定の問題として、一連の犯行がXの「常習性」の発露として行われたとは認められないとして、有罪判決を言い渡した。

これに対し、同じ主張に基づきX側が控訴したが、棄却されたため、X側は、本件と同様の事案で、前訴および後訴の訴因が共に単純窃盗として起訴された場合に後訴を免訴とした高裁例（高松高判昭59・1・24判時1136-158）と相反する判断を示した旨を主張し、上告した。

判旨　上告棄却。最高裁は、前記高裁判例を変更して、以下のように判示した。

「この問題は、確定判決を経由した事件（以下『前訴』という。）の訴因及び確定判決後に起訴された確定判決前の行為に関する事件（以下『後訴』という。）の訴因が共に単純窃盗罪である場合において、両訴因間における公訴事実の単一性の有無を判断するに当たり、①両訴因に記載された事実のみを基礎として両者は併合罪関係にあり一罪を構成しないから公訴事実の単一性はないとすべきか、それとも、②いずれの訴因の記載内容にもなっていないところの犯行の常習性という要素について証拠により心証形成をし、両者は常習特殊窃盗として包括的一罪を構成するから公訴事実の単一性を肯定できるとして、前訴の確定判決の一事不再理効が後訴にも及ぶとすべきか、という問題であると考えられる。

思うに、訴因制度を採用した現行刑訴法の下においては、少なくとも第1次的には訴因が審判の対象であると解されること、犯罪の証明なしとする無罪の確定判決も一事不再理効を有することに加え、前記のような常習特殊窃盗罪の性質や一罪を構成する行為の一部起訴も適法になし得ることなどにかんがみると、前訴の訴因と後訴の訴因との間の公訴事実の単一性についての判断は、基本的には、前訴及び後訴の各訴因のみを基準としてこれらを比較対照することにより行うのが相当である。本件においては、前訴及び後訴の訴因が共に単純窃盗罪であって、両訴因を通じて常習性の発露という面は全く訴因として訴訟手続に上程されておらず、両訴因の相互関係を検討するに当たり、常習性の発露という要素を考慮すべき契機は存在しないのであるから、ここに常習特殊窃盗罪による一罪という観点を持ち込むことは、相当でないというべきである。そうすると、別個の機会に犯された単純窃盗罪に係る両訴因が公訴事実の

単一性を欠くことは明らかであるから、前訴の確定判決による一事不再理効は、後訴には及ばないものといわざるを得ない」。

解説 **1** 一事不再理効（既判力）の及ぶ範囲については、①人的範囲、②物的範囲および③時間的範囲に分けて考えることができる。

2 ①人的範囲は、その判決を受けた被告人に限定される。たとえ共犯者であっても、判決を受けた被告人以外の者には一事不再理効は及ばない（法249条参照）。

3 ②物的範囲は、訴因だけでなく、これと単一かつ同一の関係にある公訴事実の全体（広義の公訴事実の同一性）である。公訴事実の同一性の範囲内にある犯罪事実については、検察官は1回の訴訟で解決する義務、すなわち、同時追行の義務を負うと考えられる。なぜなら、訴因以外の犯罪事実でも、訴因と公訴事実とに同一性があれば、検察官は、通常それを認識することが可能であり、1個の起訴で審判を求めるか（法256条5項）、訴訟の途中で訴因の変更・追加（法312条）ができるからである。したがって、この範囲の事実については、「重ねて刑事上の責任を問はれない」（憲法39条後段）とすることに合理性が認められる（【5-6】）。

4 このように、一事不再理効の物的範囲は、公訴事実の同一性の範囲と同一であるから、Ⓐ事実に対する判決の一事不再理効がⒷ事実に及ぶかどうかは、ⒶとⒷが公訴事実の同一性の範囲内にあるかどうかによって判断される。

もっとも、このように考えると、継続犯や常習犯などが判決の前後にまたがって行われた場合でも、それが一罪である限り、単一の事件として、判決後の犯行にまで一事不再理効が及んで処罰できないことになりかねない。これは明らかに不合理であるから、物的範囲の例外を認め、どこかで一事不再理効を遮断しなければならない。これが、③一事不再理効の及ぶ時間的範囲の問題であり、原則として、事実審理の可能性のある最後の時（原則として第1審における判決言渡しの時、例外として上訴審が破棄自判したときは上訴審の判決言渡しの時）までと解すべきであろう。

5 一事不再理効の物的範囲に関する以上の理解を前提にすれば、前訴の訴因と後訴の訴因が科刑上一罪、常習一罪、包括一罪など一罪の関係にあれば、一事不再理効が及ぶことになる。したがって、常習窃盗（盗犯等防止法2条・3条）の確定判決がある場合に、その訴訟より前に犯された窃盗の事実をさらに起訴することは、それが常習窃盗罪としてであればもちろん、単純な窃盗罪としてであっても、再訴禁止に反することになる。また、窃盗罪の確定判決がある場合に、それと同時期の常習窃盗を起訴することも、同様である。

この点、本判決は、前訴が単純窃盗罪の確定判決であり、後訴も単純窃盗罪の起訴であれば、仮に両者が実体的には1つの常習窃盗罪を構成するとしても、前訴の確定判決による再訴禁止の効力は後訴には及ばないものとした。訴因の設定に関しては、検察官が訴追裁量権を有しており（【2-3】）、裁判所はその訴因の範囲内で裁判を行うことになり、常習窃盗罪と認定することはできないからである。

5-8 形式裁判の内容的確定力

大阪地判昭和 49 年 5 月 2 日（刑月 6 巻 5 号 583 頁・判時 745 号 40 頁）

[参考] 出田孝一・圕9 版 210、小島淳・圕10 版 224、中谷雄二郎・大コメ 2 版 8-20、圖521

事実 被告人 X は、Ⓐ事件で昭和 37 年 1 月 10 日に 1 審で懲役 2 年 6 月を言い渡され、この判決に対して控訴中に保釈された。ところが、その間にⒷ事件（有価証券偽造・同行使など）を起こしたとして大阪地裁に起訴され、昭和 43 年 1 月 24 日に 1 審で懲役 3 年および罰金 10 万円の判決の宣告を受けたが、これも不服として控訴し、その間に保釈された。

X は、以上の各事件について実刑判決を回避することは困難な見通しにあり、その刑期も予想を上回るものであったので、自己が戸籍上死亡したことにして刑の執行を免れようと企て、自らの死亡診断書を偽造し、これを内容虚偽の死亡届と共に大阪市 N 区役所戸籍係員に提出して、戸籍に不実の記載をさせるなどしたうえ、X 死亡の旨を実弟 A などを介して事件担当の弁護人 B に連絡し、さらに内容虚偽の除籍謄本を B に交付するなどした。その結果、大阪高裁は、この控訴事件につき、同 43 年 4 月 16 日、X が同年 3 月 1 日に死亡したことを理由に法 339 条 1 項 4 号に基づき公訴棄却の決定をし、同決定は即時抗告の申立てもなく確定した。

ところが、その後 X が生存している事実がわかり、Ⓑ事件についても大阪地裁に再起訴された。弁護人は、本件昭和 48 年 2 月 22 日付起訴状による公訴提起は、すでに 1 審で有罪判決があり、控訴審で被告人死亡を理由とする公訴棄却決定の確定したのと同一の事実に対するものであるから、違法であり、法 338 条 4 号によって公訴を棄却すべきであると主張した。

判旨 大阪地裁は、弁護人の「形式裁判とはいえ公訴棄却の決定が確定すれば、内容的確定力が生ずるから、本訴において、先に大阪高等裁判所がした被告人死亡の認定を覆えして、再度の公訴提起を肯定することはできない」とする主張に対して、以下のように判示して、X を有罪とした。

「公訴棄却の決定はいわゆる形式裁判であるから、その裁判が確定しても再起訴は原則として妨げられないと解すべきであり、これは、刑事訴訟法 340 条が例外的に、公訴取消による公訴棄却決定が確定したときに再起訴が妨げられる旨規定していることに照らしても明らかである。このことは、被告人死亡を理由とする公訴棄却決定が確定しているときも同様であり、まして、被告人死亡の事実認定が内容虚偽の証拠に基づくものであったことが、新たに発見された証拠によって明白になったような場合にまで、なおも、この公訴棄却決定の示した判断が拘束性を保有して、後の再起訴を妨げるものとは、とうてい解することはできない。本件において、大阪高等裁判所の公訴棄却決定が内容虚偽の証拠に基づくものであり、それが新たに発見された証拠によって明白になったことも、……明らかであり、何にもまして、死亡したとする被告人が当法廷に立つに至ったこと、この事実に優る証拠はないのであるから、大阪高等裁判所が公訴棄却決定で示した判断は当裁判所を拘束しないものと解するのが相当である」。

解説 **1** 裁判が形式的に確定すると、内容的確定力が生ずる。これは、後訴の判断に対する拘束力（不可変更力）である。

形式裁判にも内容的確定力が認められることは一般に承認されており、判例でも、最決昭和56年7月14日（刑集35-5-497）が、そのことを前提とした判断を示していると解される。もっとも、実体裁判の場合には、内容的確定力は一事不再理効と重なるところが大きい。それゆえ、内容的確定力の有無や内容は、実体的法律関係について判断がなされていないために一事不再理効が生じないと解される形式裁判について、論ずる必要性や実益が認められる。

2 内容的確定力が認められる理論的根拠として現在有力なのは、訴訟というものの機能から説明する訴訟法説であり、その観点に基づき、(a)1つの事件は1回の訴訟で確定的に解決すべきであり、同じ論点が何度も蒸し返されるのを避けるため、制度上設けられた手続的効力にすぎないとする見解（田宮439頁）や、(b)被告人の法的安定性、すなわち、訴追側に矛盾行為の禁止を要求するという一種の禁反言の法理であるとする見解（光藤Ⅱ303頁）、さらには(c)確定裁判の確認効を理論的基礎にしつつ、これに真実主義の保障と被告人の法的安定性の保障の比較衡量という政策的考慮を加え、後者を重視すべき場合に拘束力を承認する見解（田口444頁）などが主張されている。

3 ただし、判断の基礎たる事情に変更があった場合には、内容的確定力が破られることは、いかなる見解からも認められている。たとえば、親告罪に告訴がないとして公訴棄却の判決が確定しても、その後に有効な告訴があれば、再訴は適法である。まだ判断がなされていない論点については、そもそも蒸し返しが問題とならないという観点において、訴訟法説からは当然の帰結ということになろう（宇藤崇・圁8版207頁）。

4 本件は、被告人が死亡した旨を偽装したことで前訴で公訴棄却の決定を受けたという場合であるが、このように、訴訟条件の欠缺が真実ではなく、当事者が偽装工作を用いたが、後に新証拠により偽装工作の事実が判明したという場合、その後、同一事件について再起訴することが許されるかが問題となる。

この場合、(a)内容的確定力が及ばなくなる「事情の変更」とは、新証拠の発見ではなく事実自体の変化でなければならないから、この場合も内容的確定力が及び再訴は違法とする見解もあるが（田宮443頁）、(b)当事者による「偽装」の点に注目して、内容的確定力の受益適格を否定する見解も有力である（光藤Ⅱ304頁、田口446頁。その場合、被告人が証拠隠滅をして無罪判決を受けた場合でも不利益再審が認められないこととの対比において、形式裁判の内容的確定力が実体裁判のそれよりも緩いことを承認する必要が生じうる。出田・前掲211頁）。また、(c)裁判の確定力は、過去の事実の存否に関する判断を真実と擬制するものであるから、現に当該被告人が生存しているという事実は、この擬制を破るに足りる事実証明ということができ、その限りで内容的確定力が破られたとする余地もある（本件の「死亡したとする被告人が当法廷に立つに至ったこと、この事実に優る証拠はない」とする判示は、その趣旨に解することもできよう。中谷・前掲26頁）。

6-1　上訴の放棄・取下げ

最 2 小決平成 7 年 6 月 28 日（刑集 49 巻 6 号 785 頁・判タ 880 号 131 頁）

[参考] 中谷雄二郎・圏平 7-260、松本一郎・重平 7-171、園532

事実　申立人 X は、被害者 5 名に対する殺人等の事件で起訴され、昭和 63 年 3 月 10 日に 1 審で死刑を宣告され、即日控訴を申し立てた。ところが、平成 2 年 5 月ころから、「『世界で一番強い人』が透明になって部屋に入ってきた」、「X は助からないと『世界で一番強い人』が言った」などという発言を頻発するようになった。そして、平成 3 年 4 月 23 日には、弁護人の説得にも応じず、控訴取下書を作成・提出した。

控訴裁判所による事実の取調べに際し、X は、控訴取下げについて、無罪を主張しつつも、「世界で一番強い人に魔法をかけられて、ものすごく苦しい」、「世界で一番強い人は、10 年間の生き地獄にすると言ったが、控訴をやめれば、もっと早く死刑になって、早く楽になれるかもしれないと思って、控訴取下書を書いた」などと供述した。しかし、X は、平成 3 年 11 月 18 日の事実の取調べに際し、「一日も早く無罪になって出たいから、この控訴はやめないで裁判を続ける」、「世界で一番強い人が控訴をやめるなと言っている」などと供述し、控訴取下げを撤回する旨の意思を表明した。

控訴審は、X の精神鑑定を行ったうえで、X には、控訴取下げ当時、その意義を理解し、自己の権利を守る能力に欠けるところはなく、控訴取下げは有効であるとして、決定により訴訟終了を宣言した（原々決定）。

弁護人の異議申立てを受けた原審は、2 回にわたり、控訴取下げ時における X の精神状態について鑑定を実施したうえで、控訴取下げ時の X の精神状態が拘禁反応の状態にあったと認定したうえ、現状からの逃避願望が死刑願望にまで発展した心理も了解不可能なものでないことなどからすると、その妄想状態は、影響が部分的・表層的で、その人格を支配するようなものではなく、その訴訟能力に著しい影響を与えたものとはいえないことなどを理由として、X は、控訴取下げの意義を理解し、真意に基づいて控訴を取り下げたものであり、自己の権利を守る能力に欠けるところはなかったとして、異議申立てを棄却した（原決定）。

これに対して、X 側が特別抗告を申し立てた。

決定要旨　原決定・原原決定取消差戻。「死刑判決に対する上訴取下げは、上訴による不服申立ての道を自ら閉ざして死刑判決を確定させるという重大な法律効果を伴うものであるから、死刑判決の言渡しを受けた被告人が、その判決に不服があるのに、死刑判決宣告の衝撃及び公判審理の重圧に伴う精神的苦痛によって拘禁反応等の精神障害を生じ、その影響下において、その苦痛から逃れることを目的として上訴を取り下げた場合には、その上訴取下げは無効と解するのが相当である。けだし、被告人の上訴取下げが有効であるためには、被告人において上訴取下げの意義を理解し、自己の権利を守る能力を有することが必要であると解すべきところ〔最決昭和 29 年 7 月 30 日刑集 8 巻 7 号 1231 頁参照〕、右のような状況の下で上訴を取り下げた場合、被告人は、自己の権利を守る能力を著しく制限されていたものというべきだからである」。本件では、「X は、1 審の死刑判決に不服があり、無罪となることを希望していたにもかかわらず、右判決の衝撃及び公判審理の重圧に伴う精神的苦痛により、拘禁反応として

の『世界で一番強い人』から魔法をかけられ苦しめられているという妄想様観念を生じ、その影響下において、いわば八方ふさがりの状態で、助かる見込みがないと思い詰め、その精神的苦痛から逃れることを目的として、本件控訴取下げに至ったものと認められるのであって、Xは、本件控訴取下げ時において、自己の権利を守る能力を著しく制限されていたものというべきであるから、本件控訴取下げは無効と認めるのが相当である」。

解説 **1** 上訴権は、裁判の告知により**発生し**（法358条）、上訴期間の徒過、上訴の放棄・取下げにより**消滅する**（法359条）。上訴の**放棄**は、上訴権の発生後、上訴の申立てまたは上訴期間満了までの間にすることができる。裁判告知の前にあらかじめ放棄することはできない、また、死刑または無期の判決に対しては上訴の放棄は認められない（法360条の2）。上訴の**取下げ**は、上訴の申立て後上級審の終局判決があるまでの間、いつでもすることができる。上訴の放棄・取下げをした者は、再上訴することはできない（法361条）。

2 上訴の取下げを有効に行うには**上訴取下げ能力**が必要である。それは、(a)責任能力と同様の基準により判断されるとする見解もある。

しかし、訴訟行為能力は、被告人に責任非難を加えるための基礎である責任能力と異なり、当該訴訟行為の法律効果を本人に帰属させるための基礎であって、その帰属を認めるに足る正常な判断を行いうるかどうかの問題であるから、(b)個々の訴訟行為ごとに検討する必要がある（最決昭29・7・30刑集8-7-1231は、「一定の訴訟行為をなすに当たり、その行為の意義を理解し、自己の権利を守る能力を指すのであるから両者必ずしも一致するものではない」とする）。とりわけ、被告人による上訴の取下げは、①上訴の放棄と同様、訴訟を終結させ有罪判決を確定させるもので、他の訴訟行為に比べ、格段に重大な不利益を伴うものであること、しかも、②被告人本人しか行うことができず、弁護人がこれを事後に取り消したり、裁判所が後見的役割を果たすことのできない能動的訴訟行為であることに鑑みれば、上訴取下げ能力については、他の訴訟行為能力よりも高い能力が要求されると解すべきである（中谷・前掲277頁）。

3 本決定は、(1)「自己の権利を守る能力」を喪失している場合に加え、その能力が著しく制限されていると認められる場合にも上訴取下げは無効とされるとし、(2)被告人の精神障害に加え、判決宣告の衝撃や公判審理の重圧のように訴訟手続に必然的に伴う精神的苦痛が上訴取下げに与えた影響についても考慮している点で、公判手続続行能力（**【3-33】**参照）等より高い能力を要求したと考えられる（中谷・前掲274頁）。

ただし、(2)については、このような精神的苦痛からの逃避のみを目的として上訴を取り下げることは一般の事件では考えられず、この判断要素は、死刑判決の宣告を受けたような場合に意義を有することになろう。

6-2 攻防対象論──控訴審の職権調査の限界

最1小決平成25年3月5日（刑集67巻3号267頁・判タ1389号120頁）

［参考］山田利夫・圏平1-121、香城敏麿・圐5版232、龍岡資晃・圐10版226、圑538、囝50-1、50-2

事実 本件起訴状記載の公訴事実は、要旨「被告人Xが、Aと共謀のうえ、平成22年5月8日、N県M市内のB組組事務所2階において、賭博場を開張し、賭客らをして、金銭を賭けて麻雀賭博をさせ、同人らから寺銭として金銭を徴収し、もって賭博場を開張して利益を図った」という賭博開張図利の共同正犯の訴因によるものであった。その後、検察官は、要旨「被告人Xは、B組組長であるが、Aが、平成22年5月8日、N県M市内のB組組事務所2階において、賭博場を開張し、賭客らをして、金銭を賭けて麻雀賭博をさせ、同人らから寺銭として金銭を徴収し、賭博場を開張して利益を図った際、その情を知りながら、Aが同所を麻雀賭博場として利用することを容認し、もって同人の前記犯行を容易にさせてこれを幇助した」という賭博開張図利の幇助犯の予備的訴因の追加請求をし、1審裁判所もこれを許可した。

1審判決は、本位的訴因については、X自身が主宰者として本件賭博場を開張したとは認められず、また、Aを主宰者とする賭博開張図利の共謀共同正犯についても、Xには同罪の正犯意思を認め難く、Aとの共謀も認定できないとして、賭博開張図利の共同正犯の成立を否定し、予備的訴因である賭博開張図利の幇助犯の成立を認めた（懲役10月、執行猶予5年）。

Xのみが控訴したところ、原判決は、理由不備や訴訟手続の法令違反、法令適用の誤りをいうXの控訴趣意を排斥する一方、職権調査によれば、B組の組長であるXが、配下のAと共謀して、B組の組ぐるみで本件賭博開張図利を敢行したものと認められ、XとAとの賭博開張図利の共同正犯を認定するのが相当であるから、Xに賭博開張図利の幇助犯が成立するとした1審判決には判決に影響を及ぼす事実を誤認した違法があり、破棄を免れないとして、1審判決を破棄したうえ、本位的訴因である賭博開張図利の共同正犯を認定してXを有罪とし、1審判決と同じ刑を言い渡した。

これに対し、X側は、1審判決に対する検察官の控訴がなかった以上、共同正犯の本位的訴因は当事者の攻防の対象から外れ、控訴審がこれについて職権調査をすることは許されないなどと「攻防対象論」の適用を主張し上告した。

決定要旨 上告棄却。「本件のように、第1審判決の理由中で、本位的訴因とされた賭博開張図利の共同正犯は認定できないが、予備的訴因とされた賭博開張図利の幇助犯は認定できるという判断が示されたにもかかわらず、同判決に対して検察官が控訴の申立てをしなかった場合には、検察官は、その時点で本位的訴因である共同正犯の訴因につき訴訟追行を断念したとみるべきであって、本位的訴因は、原審当時既に当事者間においては攻防の対象から外されていたものと解するのが相当である〔最大決昭和46年3月24日刑集25巻2号293頁、最判昭和47年3月9日刑集26巻2号102頁参照〕。そうすると、原審としては、本位的訴因については、これを排斥した第1審裁判所の判断を前提とするほかなく、職権により本位的訴因について調査を加えて有罪の自判をしたことは、職権の発動として許される限度を超えたものであり、違法というほかない」（もっとも、原判決を破棄しなくてもいまだ著しく正義に反するものとは認められない）。

解説　**1**　控訴裁判所は、控訴趣意書に含まれていないものであっても、控訴理由となりうる事項については、職権で調査することができる（法 392 条 2 項）。控訴審の性格を考えると、当事者が審査の対象を設定するのが原則であるから、職権調査は義務的なものではないが、原判決自体から法令適用の誤りが明白な場合や、訴訟記録から当然に重大な手続違反が判明するような場合には、例外的に、調査義務が認められよう。

2　法 392 条 2 項に明文の規定はないが、判例は、被告人に不利益な方向での職権調査には限界を設けるべきとする理論（攻防対象論）を認める。最大決昭和 46 年 3 月 24 日（刑集 25-2-293〔新島ミサイル事件〕）は、①刑訴法は当事者主義を基本原則とし、②その現れとして訴因制度を採用し、この訴因につき、当事者の攻撃防御をなさしめるものとされ、審判の対象の設定が原則として当事者に委ねられている、③控訴審の事後審査が当事者の主張する控訴趣意を中心にして行われる、さらには④職権調査は補充的・後見的なものであることなどを理由に、控訴審の職権調査に限界があることを明らかにした。

3　そして、昭和 46 年決定は、科刑上一罪（実質数罪）の関係にあるⒶ訴因につき有罪、Ⓑ訴因につき無罪とした 1 審判決に対し、被告人のみが控訴した場合、控訴審が無罪部分（Ⓑ）を職権調査して有罪に変更することは許されないとした。上記のように、控訴審の職権調査権限が制約を受けるとなると、当事者の攻撃防御の対象から外された事実については、一罪の一部である以上それが控訴審に移審係属するとしても、職権調査の限界を超えるものと解すべきことになる（さらに、最判昭 47・3・9 刑集 26-2-102 も参照）。

4　本決定は、単純一罪の訴因（Ⓐ本位的訴因：共同正犯、Ⓑ予備的訴因：幇助）に関しても攻防対象論の適用を認めた。本件では、共同正犯で起訴するか、幇助犯で起訴するかには検察官の裁量が働くので、法定刑の重い共同正犯の本位的訴因を排斥した 1 審判決に対して検察官が控訴しなかった時点で、検察官が本位的訴因については訴訟追行を断念したとみるべきであり、本位的訴因は当事者間の攻防の対象から外されたとすべきことになる。

5　そうであれば、検察官が本位的訴因（Ⓐ訴因：窃盗）と予備的訴因（Ⓑ訴因：横領）を主張し、両訴因が両立しえない関係にある場合において、1 審がⒶ訴因を排斥してⒷ訴因を有罪とし、これに被告人のみが控訴した場合は、検察官が 1 審判決に対し控訴を申し立てないのは、予備的訴因につき有罪なら、あえて本位的訴因で処罰を求めなくてもよいとする意向であって、予備的訴因が成立しない場合にまで本位的訴因による処罰を断念する意思とみるのは不自然であるから、1 審裁判所が認定しなかった訴因は攻撃防御の対象から外れないと解すべきことになる。それゆえ、控訴審が、Ⓑ訴因どおりの犯罪事実を認定した 1 審判決は事実誤認であると判断した場合は、Ⓐ訴因について職権調査は可能となる。最判平成元年 5 月 1 日（刑集 43-5-323）は、単一の交通事故における過失の態様について本位的訴因と予備的訴因が構成された場合には、1 審が予備的訴因を認定し、被告人のみが控訴したときでも、本位的訴因は攻撃防御の対象から外れないとする。

6　このように、攻防対象論の適用の有無に関しては、検察官の訴因構成についての裁量権限や処罰意思に着目して判断すべきことになる。

6-3　控訴審の事後審性と事実誤認審査

最 1 小判平成 24 年 2 月 13 日（刑集 66 巻 4 号 482 頁・判タ 1368 号 69 頁）

[参考] 上岡哲生・圏平 24-115、村瀬均圓10 版 228、後藤昭・圏平 24-187、圖536、図49-1

事実　被告人 X は、マレーシアから帰国したが、成田空港税関において、バッグの中のチョコレート缶（本件缶）から覚せい剤合計約 1kg を発見され、覚せい剤営利目的輸入罪と関税法違反の罪で起訴された。X は、本件缶について、知人 A から偽造旅券の日本への密輸を依頼されマレーシアを訪れ、偽造旅券を受け取った際に、その相手から、土産として日本に持ち帰るように頼まれて、他人に渡すためのものとして預かったと説明し、本件缶を受け取った際、違法薬物が隠されているという一抹の不安があったが、本件缶の周りを見たところ開けられた形跡がなかったので何も隠されていないと思った、缶の中に覚せい剤が隠されていることは知らなかった旨述べ、覚せい剤輸入の故意等を争った。検察官は、本件犯行の態様（間接事実①②③）、X の税関検査での言動（④）、A らの高額報酬の約束等（⑤）、X の弁解状況（⑥）などを X の覚せい剤の認識を推認させる間接事実である旨指摘し、これらを総合すれば、X の覚せい剤の認識が認められる旨主張した。

1 審判決は、検察官主張の間接事実からは X に違法薬物の認識があったと推認するに足りず、また、違法薬物の認識を否定する X の弁解にはそれを裏づける事情が存在し、その信用性を否定できないとして、X を無罪とした。

原判決は、X の供述は信用し難いとし、検察官の主張した間接事実は覚せい剤の認識を認める証拠になりえ、1 審判決が指摘した疑問は是認できないとしたうえで、これらを総合すれば、X の覚せい剤の認識を認めるのが相当とし、1 審判決には判決に影響を及ぼすことが明らかな事実誤認があるとして破棄し、各事実について X を有罪と認めたため、X が上告した。

判旨　原判決破棄（本件控訴棄却）。「刑訴法は控訴審の性格を原則として事後審としており、控訴審は、第 1 審と同じ立場で事件そのものを審理するのではなく、当事者の訴訟活動を基礎として形成された第 1 審判決を対象とし、これに事後的な審査を加えるべきものである。第 1 審において、直接主義・口頭主義の原則が採られ、争点に関する証人を直接調べ、その際の証言態度等も踏まえて供述の信用性が判断され、それらを総合して事実認定が行われることが予定されていることに鑑みると、控訴審における事実誤認の審査は、第 1 審判決が行った証拠の信用性評価や証拠の総合判断が論理則、経験則等に照らして不合理といえるかという観点から行うべきものであって、刑訴法 382 条の事実誤認とは、第 1 審判決の事実認定が論理則、経験則等に照らして不合理であることをいうものと解するのが相当である。したがって、控訴審が第 1 審判決に事実誤認があるというためには、第 1 審判決の事実認定が論理則、経験則等に照らして不合理であることを具体的に示すことが必要であるというべきである。このことは、裁判員制度の導入を契機として、第 1 審において直接主義・口頭主義が徹底された状況においては、より強く妥当する」。

「第 1 審判決は、検察官主張の間接事実①ないし④は X に違法薬物の認識があった

と推認するに足りず、また、間接事実⑤はその認識をうかがわせるものではあるが、違法薬物の認識を否定するＸの弁解にはそれを裏付ける事情が存在し、その信用性を否定することができないとして、Ｘを無罪としたものであ」り、「第１審判決は、これらの間接事実を個別に検討するのみで、間接事実を総合することによってＸの違法薬物の認識が認められるかどうかについて明示していないが、各間接事実がＸの違法薬物の認識を証明する力が弱いことを示していることに照らすと、これらを総合してもなお違法薬物の認識があったと推認するに足りないと判断したものと解される」。

「したがって、本件においては、上記のような判断を示してＸを無罪とした第１審判決に論理則、経験則等に照らして不合理な点があることを具体的に示さなければ、事実誤認があるということはできない」が、「原判決は、間接事実がＸの違法薬物の認識を推認するに足りず、Ｘの弁解が排斥できないとしてＸを無罪とした第１審判決について、論理則、経験則等に照らして不合理な点があることを十分に示したものとは評価」できず、「原判断には刑訴法382条の解釈適用を誤った違法があ」る。

解説 **1** 法382条にいう「事実の誤認」の意義に関しては、大別して、原判決（1審判決）の事実認定に論理則、経験則違反がある場合を事実誤認と解する(a)論理則・経験則違反説と、原判決に示された心証ないし認定と控訴審裁判官のそれとが一致しないことを事実誤認というとする(b)心証優先（心証比較）説とが対立すると整理される。

また、平成21年の裁判員制度導入の際には、控訴審は、まったく新たに証拠を調べて独自に心証を形成するのではなく、あくまで1審の判決を前提として、その内容に誤りがないかどうかを記録に照らして事後的に検討するという事後審査を行うだけであると位置づければよい旨が確認され、控訴審については制度改正等は行われていない。

2 本判決も、控訴審の法的性格について、「刑訴法は控訴審の性格を原則として事後審としており、控訴審は、第１審と同じ立場で事件そのものを審理するのではなく、当事者の訴訟活動を基礎として形成された第１審判決を対象とし、これに事後的な審査を加えるべきもの」とする。そのうえで、「控訴審における事実誤認の審査は、第１審判決が行った証拠の信用性評価や証拠の総合判断が論理則、経験則等に照らして不合理といえるかという観点から行うべきもの」として、事実誤認の意義について(a)説を採用した。

また、本判決は、この問題が審査の手法や手順の問題のみでなく、「事実誤認」の判断基準でもあり、この判断の当否自体が上告審の審査の対象となることも示した。そして、控訴審が1審判決に事実誤認があるとする際に、その根拠を具体的に示すことも求める。

3 今後は、いかなる場合に「論理則・経験則違反の事実認定」が認められるのかに関し、事案の集積による解明が求められることになろう（この点につき、【4-5】【6-4】参照）。

4 本判決は、覚せい剤輸入の故意の認定に関する間接事実の評価に関し、Ｘの違法薬物の認識に疑いがあるとした1審判決は、論理則、経験則に照らして不合理とはいえないとした。また、1審が行ったＸの弁解の信用性判断に不合理性がないともしているが、これは供述の信用性判断と関わる判断であって、同じような証拠構造の事案において特定の結論を導くようなものではないであろう（上岡・前掲107頁）。

6-4　控訴審における事実誤認審査の基準

最 3 小決平成 25 年 4 月 16 日（刑集 67 巻 4 号 549 頁・判タ 1390 号 158 頁）

［参考］岡本章・捜研 62-8-10、豊崎七絵・法セ 703-148、圖536、圏42-1、49-1

事実　メキシコ人である被告人 X は、メキシコから、氏名不詳者が、段ボール箱に覚せい剤約 6kg を隠匿して国際航空貨物として日本に持ち込むに際し、本件貨物の発送に先立って日本に入国し、国際貨物会社の保税蔵置場に X 宛てに到着した本件貨物を受け取ろうとしたが、税関検査で覚せい剤を発見されたため、受け取ることができなかったという覚せい剤取締法違反、関税法違反の事実で起訴された。X は、公判において、メキシコで、犯罪組織関係者から脅されて日本に渡航して貨物を受け取るように指示され、航空券や現金 2000 米ドル等を提供されて来日し、本件貨物を受け取ろうとしたが、覚せい剤輸入の故意および共謀はないと主張した。ただし、1 審および控訴審の被告人質問では、メキシコで、犯罪組織関係者に脅され、日本に行って貨物を受け取るように指示された際、貨物の中身は覚せい剤であるかもしれないと思った旨認める供述をした。

1 審判決（裁判員裁判）は、①X が、来日に際して犯罪組織関係者から資金提供を受け、来日前後に犯罪組織関係者と電子メール等で連絡を取り合い来日後に犯罪組織関係者と思われる人物らと接触していたことなどの検察官の主張に係る事実全体を総合して考えても、故意および共謀を推認させるには足りず、②ただし、X は、公判廷で、前記のように、覚せい剤である可能性を認識していたと自白しており、この自白は自然で信用できるから、覚せい剤輸入の故意は認められるものの、③X の供述その他の証拠の内容にも、X と共犯者の意思の連絡を推認させる点は見あたらず、両者が共同して覚せい剤を輸入するという意思を通じ合っていたことが常識に照らして間違いないとはいえないから、共謀についてはなお疑いを残すというほかない旨を判示して、X を無罪とした。

検察官の控訴に対し、原判決は、1 審判決の事実認定に関し、覚せい剤輸入の故意を認定しながら、覚せい剤輸入についての暗黙の了解があったことを裏づける客観的事情等を適切に考察することなく、共謀の成立を否定したのは、経験則に照らし、明らかに不合理であり、事実誤認があるとして 1 審判決を破棄して自判し、X を有罪とした。これに対し、X が上告した。

決定要旨　上告棄却。「所論は、事実誤認を理由に第 1 審判決を破棄して自判した原判決には刑訴法 382 条の解釈適用の誤り及び事実誤認があるという」。

「同条の事実誤認とは、第 1 審判決の事実認定が論理則、経験則等に照らして不合理であることをいうものと解するのが相当であり、控訴審が第 1 審判決に事実誤認があるというためには、第 1 審判決の事実認定が論理則、経験則等に照らして不合理であることを具体的に示すことが必要である〔最判平成 24 年 2 月 13 日【6-3】〕。」

「そこで検討するに、原判決は、本件においては、X と犯罪組織関係者との間の貨物受取の依頼及び引受けの状況に関する事実が、覚せい剤輸入の故意及び共謀を相当程度推認させるものであり、X の公判供述にも照らすと、X は、犯罪組織が覚せい剤を輸入しようとしているかもしれないとの認識を持ち、犯罪組織の意図を察知したものといえると評価し、X の公判廷における自白に基づいて覚せい剤の可能性の認識を

認めた第1審判決の認定を結論において是認する。他方、覚せい剤の可能性についての被告人の認識、貨物の受取の依頼及び引受けの各事実が認められるにもかかわらず、第1審判決が、覚せい剤輸入の故意を認定しながら、客観的事情等を適切に考察することなく共謀の成立を否定した点を経験則に照らし不合理であると指摘している。

　Xが犯罪組織関係者の指示を受けて日本に入国し、覚せい剤が隠匿された輸入貨物を受け取ったという本件において、Xは、輸入貨物に覚せい剤が隠匿されている可能性を認識しながら、犯罪組織関係者から輸入貨物の受取を依頼され、これを引き受け、覚せい剤輸入における重要な行為をして、これに加担することになったということができるのであるから、犯罪組織関係者と共同して覚せい剤を輸入するという意思を暗黙のうちに通じ合っていたものと推認されるのであって、特段の事情がない限り、覚せい剤輸入の故意だけでなく共謀をも認定するのが相当である。原判決は、これと同旨を具体的に述べて暗黙の了解を推認した上、本件においては、上記の趣旨での特段の事情が認められず、むしろ覚せい剤輸入についての暗黙の了解があったことを裏付けるような両者の信頼関係に係る事情がみられるにもかかわらず、第1審判決が共謀の成立を否定したのは不合理であると判断したもので、その判断は正当として是認できる」。「以上によれば、原判決は、第1審判決の事実認定が経験則に照らして不合理であることを具体的に示して事実誤認があると判断したものといえるから、原判決に刑訴法382条の解釈適用の誤りはなく、原判決の認定に事実誤認はない」。

解説　**1**　最判平成24年2月13日（**【6-3】**）は、控訴審の審査のあり方に関し、(a)論理則・経験則違反説を採用し、控訴審が、(b)心証優先（心証比較）説的な見地から、1審を事実誤認を理由に破棄できないことが明確になった。そして、議論の中心は、どのような1審の事実認定が経験則に違反するのか、また、どのような控訴審判決が、論理則・経験則違反を具体的に示したことになるのかに移行してきている。

　2　覚せい剤輸入の故意を認めつつも、共謀は認められないとしてXを無罪とした1審判決の事実認定について、控訴審判決は、Xの故意を認めながら共謀を認めなかった1審判決の事実認定は、経験則に照らし明らかに不合理であり、事実誤認があるとして1審判決を破棄自判した。そして本決定は、①共謀の認定に関して、覚せい剤が隠匿されている可能性を認識しながら貨物受取の依頼と引受けがされたという事実関係のもとでは、特段の事情がない限り共謀が認められるという経験則の1事例を示す。それとともに、②控訴審判決のあり方について、上記の経験則を具体的に述べたうえ、特段の事情がなくむしろ共謀を裏づける事情があるとした控訴審判決につき、経験則違反を具体的に示したものとして是認される1事例を示したものと理解できる（**【4-5】**も参照）。

　3　本決定は、前掲平成24年判決の示す法理の具体的適用例を示した初の最高裁判断である。原判決を破棄した同判例と対をなし、また、控訴審の審査のあり方に関する、論理則・経験則違反説の具体的内実を示す判例としても、参照価値の高いものといえよう。

6-5 控訴審における新たな証拠の取調べ

最 1 小決昭和 59 年 9 月 20 日（刑集 38 巻 9 号 2810 頁・判タ 540 号 195 頁）

[参考] 安廣文夫・圏昭 59-381、土本武司・圄5 版 240、髙木俊夫・圄6 版 206、圃539

事実 道路交通法違反（右側はみ出し禁止違反）により略式命令（罰金 9000 円）を受けた被告人 X が正式裁判を申し立てたところ、1 審は、執行猶予付罰金刑（罰金 9000 円、執行猶予 2 年）を言い渡したため、検察官は量刑不当を理由に控訴した。

1 審では、X の前科の存否は明らかにされてなかったが、控訴審において、検察官は、1 審判決後の調査により X の多数の交通関係の前科前歴が判明したとして、1 審では取調べ請求をしていない X の前科調書等の取調べを新たに請求した。これに対し、弁護人は、法 382 条の 2 第 1 項の「やむを得ない事由」がないとしてその取調べに異議を述べたが、控訴審はこれらの新証拠を採用して取り調べ、これらの証拠をも量刑資料に加えて 1 審判決を破棄し、罰金刑（罰金 9000 円）の実刑としたため、弁護人が上告した。

決定要旨 上告棄却。「記録によれば、第 1 審判決が X を罰金刑に処し、その刑の執行を猶予したため、検察官が量刑不当を理由に控訴したこと、原審において、検察官が、刑訴法 382 条の 2 第 1 項にいう『やむを得ない事由』があると主張して、第 1 審では取調請求していない X の前科調書、交通事件原票謄本 4 通及び交通違反経歴等に関する照会回答書の取調を請求し、原審がこれらを取り調べたことが明らかであるが、原審が右前科調書等につき、右『やむを得ない事由』の疎明があったものと判断したのか否かは必ずしも明らかではない。しかしながら、右『やむを得ない事由』の疎明の有無は、控訴裁判所が同法 393 条 1 項但書により新たな証拠の取調を義務づけられるか否かにかかわる問題であり、同項本文は、第 1 審判決以前に存在した事実に関する限り、第 1 審で取調ないし取調請求されていない新たな証拠につき、右『やむを得ない事由』の疎明がないなど同項但書の要件を欠く場合であっても、控訴裁判所が第 1 審判決の当否を判断するにつき必要と認めるときは裁量によってその取調をすることができる旨定めていると解すべきであるから〔最決昭和 27 年 1 月 17 日刑集 6 巻 1 号 101 頁、最決昭和 42 年 8 月 31 日裁集刑 164 号 77 頁参照〕、原審が前記前科調書等を取り調べたからといって、所論のようにこれを違法ということはできない」。

解説 **1** 控訴裁判所の調査の方法に制限はなく、一般的には、1 審の訴訟記録と証拠物の点検・調査が中心となるが、必要があるときは、当事者の請求または職権により事実の取調べをすることができる。

ただし、控訴審で、1 審で取調べ請求しなかった証拠によって 1 審判決の破棄を求めることを当事者に無条件に許すと、当事者が 1 審を軽視し、控訴審で初めて重要な証拠を提出する傾向を生じかねない。そこで、現行法は、証拠第 1 審集中主義を原則とし、事実誤認および量刑不当の主張を基礎づける事実については、控訴趣意書に援用できるのは原

則として訴訟記録または原審で取り調べられた証拠に現れている事実に限るとし（法381条・382条）、例外的に、やむをえない事由によって1審の弁論終結前に取調べ請求することができなかった証拠により証明することのできる事実の援用を許している（法382条の2）。そして、この「やむを得ない事由」の疎明があった証拠については、事実誤認または量刑不当を証明するために欠くことのできない場合には、控訴裁判所は、義務的にこれを取り調べなければならない（法393条1項ただし書）。

2 ところで、控訴審が、法393条1項本文により、原審で取調べも取調べ請求もされていない新証拠をどの範囲で取り調べることができるかについては、控訴審の構造論とも関連して、見解が多岐に分かれている。すなわち、当初は、(a)原審が取り調べた証拠と原審で取調べ請求したが却下された証拠に限るとする厳格制限説が主張されたが、これは、控訴審でも具体的事件の解決として新証拠を取り調べて実体真実に適合した妥当な結論をとらざるを得ないとする実務的要請に応えうるものではなかった。

そこで、それを修正する一定制限説が主張された。同説はその内部で、(b)(a)説の認める証拠に加えて、原審が職権で取り調べるべきであった証拠も含まれるとする説と、(c)原審の記録あるいは証拠にその存在が現れている証拠も含まれるとする説とに分かれる。さらに、(d)当事者の請求による場合は以上のような制約を受けるが、職権による場合は無制限であるとする修正無制限説、(e)請求による場合も職権による場合も、自由に新たな資料の取調べができるとする完全無制限説、また、(f)被告人に有利な証拠は無制限説、不利な証拠は制限説によるとする片面的構成説なども主張されている。

3 本決定は、1審判決の当否を判断するため必要と認めるときは、同判決以前に存在した事実に関する限り、1審で取調べないし取調べ請求されていない新たな証拠についても、裁量によりその取調べをすることができる旨判示し、(d)説に近い立場に立ったものと評価できる（(e)説に立つとする評価もある）。これは、従前の実務的運用の動向を踏まえた判断でもあり、本決定以降、証拠第1審集中主義と実体的真実主義の調和を図るものなどとして、(d)説は支持を集めている（議論状況につき、原田國男・大コメ〔2版〕9巻381頁など）。

4 しかし、これに対しては、控訴審は事後審に徹すべきであり、事実の取調べを謙抑的にすべきとする批判も根強い（土本・前掲243頁など）。さらに、近時、裁判員裁判の導入を契機として、控訴審の在り方として事後審という控訴審本来の趣旨を運用上より徹底させることが望ましいとする観点（【6-3】参照）から、本決定の解釈を、より制限的な方向に変えていく必要がある、あるいは、本決定は、控訴審における新証拠の取調べについての基本的な枠組みを確認したにとどまり、法393条1項本文による証拠採否の裁量のあり方については触れていないため（安廣・前掲413頁）、その裁量の基準については、裁判員制度や公判前整理手続の導入の意義を踏まえつつ、具体的に判断していくことも可能とする指摘もなされている（司法研修所編・裁判員裁判における第一審の判決書及び控訴審の在り方92頁など。なお、上訴審における事実誤認の審査のあり方について、同書103頁、【6-3】【6-4】）。

6-6　抗告審の審査方法と裁量保釈の審査

最1小決平成 26 年 11 月 18 日（刑集 68 巻 9 号 1020 頁・判タ 1409 号 123 頁）

［参考］伊藤雅人=細谷泰暢・團平 26-313、後藤昭・團平 27-171、宮村敬太・論究 J21-162、團274、549

事実　被告人 X は、LED 照明の架空取引に関する詐欺事件で起訴されたが、X は、実際に商品が納品される通常取引であると認識し、X 自身が述べたとされる欺罔文言を述べてもいないなどとして、共犯者らとの共謀および欺罔行為を否認していた。原々審は、最重要証人である被害会社の担当者の主尋問が終了した第 10 回公判期日終了後に、保証金額を 300 万円とし、共犯者その他の関係者との接触禁止等の条件を付したうえで X の保釈を認めた。

これに対し検察官が抗告を申し立てたところ、原々審は、原審に対し意見書を送付した（法 423 条 2 項後段）。それによれば、原々審は、X と共犯者らとの主張の相違ないし対立状況、X の関係者に対する影響力、被害会社担当者の主尋問における供述状況等に照らせば、X がこれらの者に対し実効性のある罪証隠滅行為に及ぶ現実的可能性は高いとはいえないこと、本件における X の立場は、複数回の架空発注のうちの 1 件に発注会社の担当者として関与したにと

どまること、X に対する勾留はすでに相当期間に及んでおり、前述のような現実的でない罪証隠滅のおそれを理由にこれ以上身柄拘束を継続することは不相当であること等を考慮して保釈を許可したと理解されるものであった。

これに対し、原決定は、「X は、共謀も欺罔行為も争っているのであるから、共犯者らと通謀し、あるいは関係者らに働き掛けるなどして、罪証隠滅に出る可能性は決して低いものではない。そうすると、罪証隠滅のおそれは相当に強度というほかなく、X には刑訴法 89 条 4 号に該当する事由があると認められる。また、その罪証隠滅のおそれが相当に強度であることに鑑みれば、多数の証人予定者が残存する中にあって、未だ被害者 1 名の尋問さえも終了していない現段階において、X を保釈することは、原審の裁量の幅を相当大きく認めるとしても、その範囲を超えたものというほかない」として、保釈を認めた原々決定を取り消した。これに対して、弁護人が特別抗告を申し立てた。

決定要旨　原決定取消し（原々決定に対する抗告棄却）。「抗告審は、原決定の当否を事後的に審査するものであり、被告人を保釈するかどうかの判断が現に審理を担当している裁判所の裁量に委ねられていること（刑訴法 90 条）に鑑みれば、抗告審としては、受訴裁判所の判断が、委ねられた裁量の範囲を逸脱していないかどうか、すなわち、不合理でないかどうかを審査すべきであり、受訴裁判所の判断を覆す場合には、その判断が不合理であることを具体的に示す必要があるというべきである。」

「しかるに、原決定は、これまでの公判審理の経過及び罪証隠滅のおそれの程度を勘案してなされたとみられる原々審の判断が不合理であることを具体的に示していない。本件の審理経過等に鑑みると、保証金額を 300 万円とし、共犯者その他の関係者との接触禁止等の条件を付した上で被告人の保釈を許可した原々審の判断が不合理であるとはいえないのであって、このように不合理とはいえない原々決定を、裁量の範囲を超えたものとして取り消し、保釈請求を却下した原決定には、刑訴法 90 条、426 条の解釈適用を誤った違法があり、これが決定に影響を及ぼし、原決定を取り

消さなければ著しく正義に反するものと認められる」。

解説 **1** 抗告とは、裁判所の決定に対する上訴のことをいう。抗告審は、基本的に事後審であり、原裁判所の決定当否を事後的に審査するものと位置づけられる。もっとも、新資料や原決定後に生じた事情も、例外的に考慮することが許されると解されている。

2 裁判員裁判導入を期に、1審判決に対する控訴審の事後審性が改めて問われることとなった。そして、法382条の事実誤認について、①1審判決の事実認定が論理則、経験則等に照らして不合理であることをいい、②事実誤認があるというためには、1審と控訴審自らが抱いた心証との比較ではなく、1審判決の事実認定が論理則、経験則等に照らして不合理であることを具体的に示すことが必要とする見解が確立している（【6-3】）。

3 本決定は、控訴審による原決定の当否の事後的審査に関して、これと類似の見解を示したものといえる。本件で問題となった職権保釈については、本件当時は「裁判所は、適当と認めるときは、職権で保釈を許すことができる」と規定されており（法90条〔当時〕）、保釈の判断は、基本的に、現に審理を担当している受訴裁判所の自由な裁量に委ねられている。もちろん、自由裁量に基づく判断といっても、合理性のあるものでなければならない。

この保釈許可決定については、判例上、抗告審は、その決定が違法か否かのみならず、それが不当か否かも審査できるとされている（最決昭29·7·7刑集8-7-1065）。この場合の不当性の判断について、本決定は、①受訴裁判所の判断が、委ねられた裁量の範囲を逸脱したか否か、すなわち、不合理か否かを審査すべきで、②受訴裁判所の判断を覆す場合には、その判断が不合理であることを具体的に示す必要があるとした。逆にいえば、受訴裁判所の裁量の範囲内にとどまる判断について、抗告審の心証と異なる（控訴審の立場なら、裁量保釈をしない／する）という場合には、受訴裁判所の判断を尊重すべきことになる。

なお、保釈の決定には詳細な理由は付されない。そのため、抗告審が受訴裁判所の判断の詳細な理由を知るには意見書がほぼ唯一の手段となるので、とりわけ、判断権者によって保釈の判断が分かれうるような事案の場合には、受訴裁判所としては保釈を認めた理由、または却下した理由を具体的に記載すべきである（伊藤=細谷・前掲323頁）。

4 本件では、保釈を許可した原々決定は不合理とはいえないとし、これを取り消して保釈請求を却下した原決定が取り消された（最決平27·4·15裁集刑316-143も参照）。

5 なお、本件の判断の背景には、勾留および保釈という身柄拘束については、慎重に検討すべきとの考えがあるといえよう。この問題に関しては、本決定とその前日に【1-28】判例が相次いで示されるなど、そのあり方に関する議論が注目されている。本決定後の平成28年に法90条が改正され、職権保釈に際しては、「被告人が逃亡し又は罪証隠滅するおそれの程度のほか、身体の拘束の継続により被告人が受ける健康上、経済上、社会生活上又は防御の準備上の不利益の程度その他の事情」が考慮要素として明示された。

6-7　再審—白鳥決定

最 1 小決昭和 50 年 5 月 20 日（刑集 29 巻 5 号 177 頁・判タ 321 号 69 頁）

[参考] 田崎文夫・暦昭 50-82、松尾浩也・固9 版 217、大野平吉・匪昭 50-170、團555

事実 本件の再審申立人Ｘは、昭和 27 年 1 月 21 日夜当時の札幌市警察警備課長Ｓ警部を札幌市内の道路上でピストルにより射殺したという事件（白鳥事件）などの共謀共同正犯で起訴され、1 審で有罪（無期懲役）、2 審でも有罪（懲役 20 年、量刑不当で職権破棄自判）とされ、最判昭和 38 年 10 月 17 日（【4-1】【4-20】）の上告棄却の判決で、この事件は確定した。

Ｘは、確定判決（2 審判決）中のＳ殺害に関する事実を対象に再審請求をし、ピストルの発射弾丸の腐食等に関する新証拠を多数提出して、法 435 条 6 号の再審理由がある旨を主張した。しかし、札幌高裁は、この再審請求を棄却し、この棄却決定に対する異議申立ても棄却したため、Ｘは特別抗告を申し立てた。

決定要旨 抗告棄却。「〔刑訴〕法 435 条 6 号にいう『無罪を言い渡すべき明らかな証拠』とは、確定判決における事実認定につき合理的な疑いをいだかせ、その認定を覆すに足りる蓋然性のある証拠をいうものと解すべきであるが、右の明らかな証拠であるかどうかは、もし当の証拠が確定判決を下した裁判所の審理中に提出されていたとするならば、はたしてその確定判決においてなされたような事実認定に到達したであろうかどうかという観点から、当の証拠と他の全証拠と総合的に評価して判断すべきであり、この判断に際しても、再審開始のためには確定判決における事実認定につき合理的な疑いを生ぜしめれば足りるという意味において、『疑わしいときは被告人の利益に』という刑事裁判における鉄則が適用されるものと解すべきである。

この見地に立って本件をみると、原決定……の真意がＸに無罪の立証責任を負担させる趣旨のものでないことは、その説示全体に照らし明らかであって、Ｘ提出の所論証拠弾丸に関する証拠が前述の明らかな証拠にあたらないものとした原決定の判断は、その結論において正当として首肯することができる」。

解説 **1** 再審は、有罪の確定判決に対し、被告人の利益のため、主として事実認定の不当を救済するために設けられた非常救済手続である。上訴が未確定の裁判に対する救済手続である点で、上訴と相違する。三審制のもとで不服申立てをせずに、あるいはその方策を尽くして裁判が確定した以上、それを変更させないことが法的安定にも資することになるが、確定判決に重大な誤りがあっても是正できないとするのは具体的妥当性に欠けることになる。そこで、両者の要請をバランスよく満たすため、一定の理由がある場合に限って再審請求が認められている。

なお、旧刑訴法は被告人に不利益な再審も認めていたが、現行法は、二重処罰を禁止する憲法 39 条の趣旨に基づき、被告人の利益のための再審のみが認められている。

2 再審請求の理由は大きく分けて 3 種類あるが、実務的に重要なのは、無罪等を言い

渡すべき明らかな証拠を新たに発見した場合（法435条6号）である。

　新たに発見（新規性）とは、原判決後に発見された場合のみでなく、原判決以前から存在していた場合でもよい。裁判所にとって新規であることで足りるか、当事者にとっても新規であることを要するかについては争いがある。たとえば、犯人の身代わりとなって有罪判決を受けた者が、その後、身代わりであることの明らかな証拠があるとして再審請求することが許されるかについて、見解が分かれている。判例では、そのような請求が許されないとしたもの（最決昭29・10・19刑集8-10-1610）がある一方、上告審係属後に身代わりと判明した事案で法435条6号にあたるとして法411条4号により職権破棄したもの（最判昭45・6・19刑集24-6-299）があるため、理解は分かれる。検察官からの請求は認める一方、身代わり犯人自身からの請求は認めないとしているものと解するのが相当であろう。

　3　明らかな証拠（明白性）の意義につき、本決定（白鳥決定）は、原判決の事実認定について合理的な疑いを抱かせ、その認定を覆すに足りる蓋然性のある証拠をいう、とした。そのうえで、「明らかな証拠であるかどうかは、もし当の証拠が確定判決を下した裁判所の審理中に提出されていたとするならば、はたしてその確定判決においてなされたような事実認定に到達したであろうかどうかという観点から、当の証拠と他の全証拠と総合的に評価して判断すべきであり、この判断に際しても、再審開始のためには確定判決における事実認定につき合理的な疑いを生ぜしめれば足りるという意味において、『疑わしいときは被告人の利益に』という刑事裁判における鉄則が適用される」旨を判示した。

　このように、再審請求を受けた裁判所は、請求後に提出された新証拠と確定判決を言い渡した裁判所で取り調べられた全証拠とを総合的に評価して、確定判決の有罪認定につき合理的な疑いを生じさせうるか否かを判断することになる。

　4　本決定自体は、再審請求を認めなかったが、この決定により、非常に狭かった再審の門が広がったとされ、死刑で確定していた4件（免田、財田川、松山、島田の各事件）の再審無罪が次々と確定するなどした（その後の例として、【4-50】参照）。しかし、再審が認められるのは、新証拠が加わることによって有罪認定に合理的疑いが生ずる事案に限られるのが当然であり、事案の個別的な検討なしに再審請求の当否を論ずることはできない。

　その後、判例は、新証拠によって確定判決の有罪認定の根拠となった証拠の一部について証明力が大幅に減殺された場合であっても、新旧全証拠を総合して検討すれば合理的な疑いを生ずる余地がないときは、「無罪を言い渡すべき明らかな証拠」を発見した場合にあたらない（最決平9・1・28刑集51-1-1）とか、旧証拠は、確定判決が有罪認定の根拠として掲げていなくても、その審理中に提出されていたものであれば、検討の対象となる（最決平10・10・27刑集52-7-363）などと判断して、再審請求を棄却した原決定を是認しているが、これらも、本決定の趣旨を変更するものではない。

　これに対し、再審をより広く認めるべきものとする論者は、新証拠によって確定判決の証拠構造が維持できなくなれば明白性が認められるとする、いわゆる証拠構造論を主張するなどしているが、前記各判例は、証拠構造論を排斥している。

判 例 索 引

著者紹介

前田雅英（まえだ　まさひで）

1949 年　東京都生まれ
1972 年　東京大学法学部卒業
現　職　東京都立大学法科大学院客員教授・名誉教授
主　著　『刑法総論講義〔第 7 版〕』（東京大学出版会・2019）
　　　　『刑法各論講義〔第 7 版〕』（東京大学出版会・2020）
　　　　『刑事法最新判例分析』（弘文堂・2014）
　　　　『裁判員のための刑事法入門』（東京大学出版会・2009）
　　　　『刑事訴訟法講義〔第 6 版〕』（東京大学出版会・2018、共著）
　　　　『最新重要判例 250〔刑法〕〔第 12 版〕』（弘文堂・2020、共著）
　　　　『条解刑法〔第 4 版〕』（弘文堂・2020、共編）
　　　　『ケースブック刑法〔第 5 版〕』（弘文堂・2015、共編）
　　　　『ケースブック刑事訴訟法〔第 3 版〕』（弘文堂・2012、共編）
　　　　『刑事訴訟実務の基礎〔第 3 版〕』（弘文堂・2017、編）

星周一郎（ほし　しゅういちろう）

1969 年　愛知県生まれ
1992 年　東京都立大学法学部卒業
現　職　東京都立大学法学部教授
主　著　『放火罪の理論』（東京大学出版会・2004）
　　　　『防犯カメラと刑事手続』（弘文堂・2012）
　　　　『アメリカ刑法』（レクシスネクシス・ジャパン・2008、訳）
　　　　『ケースブック刑法〔第 5 版〕』（弘文堂・2015、共著）
　　　　『最新重要判例 250〔刑法〕〔第 12 版〕』（弘文堂・2020、共著）

刑事訴訟法判例ノート〔第 3 版〕

2012（平成24）年 2 月29日　初　版 1 刷発行
2014（平成26）年 3 月30日　第 2 版 1 刷発行
2021（令和 3 ）年 5 月15日　第 3 版 1 刷発行

著　者　前　田　雅　英
　　　　星　周　一　郎

発行者　鯉　渕　友　南

発行所　株式会社　弘文堂　　101-0062　東京都千代田区神田駿河台 1 の 7
　　　　　　　　　　　　　　TEL 03(3294)4801　振替 00120-6-53909
　　　　　　　　　　　　　　https://www.koubundou.co.jp

装　丁　松村大輔
印　刷　三美印刷
製　本　井上製本所

ISBN978-4-335-35852-4